# Das Staatsrecht

des

# Deutschen Reiches.

Von

Dr. Philipp Zorn,

Geh. Justizrat, ordentlichem Professor der Rechte zu Königsberg.

## Erster Band:

## Das Verfassungsrecht.

Zweite völlig neu bearbeitete Auflage.

Berlin SW. 48.

J. Guttentag, Verlagsbuchhandlung

Wilhelmstraße 119/120.

1895.

# Vorwort zur ersten Auflage.

Das nachfolgende Lehrbuch soll den Stoff des Reichsstaatsrechtes in möglichst gedrängter Kürze zur Darstellung bringen. Sein Zweck ist kein politisch-historischer, sondern lediglich ein juristischer. Dennoch hofft das Lehrbuch sich auch unter Nichtjuristen Freunde zu erwerben: die konstitutionelle Natur unserer modernen Staaten verlangt gerade auf dem Gebiete des Staatsrechtes so vielfach die Mitwirkung von Nichtjuristen, daß alle, die am staatlichen Leben irgendwie positiven Anteil zu nehmen berufen sind, sich der Pflicht der Orientierung über die Grundzüge des Staatsrechtes nicht entziehen sollten. Diesem Bedürfnisse durch Herstellung eines übersichtlichen Handbuches zu dienen, war einer der Gesichtspunkte, die den Verfasser bei seiner Arbeit leiteten. — Ein zweiter Gesichtspunkt war ferner die Rücksichtnahme auf das akademische Lehren und Lernen im Staatsrecht. Der lebhafteste Wunsch des Verfassers wäre erfüllt, wenn es dem Lehrbuch gelänge, unter den Studierenden mehr Neigung an staatsrechtlichen Studien hervorzurufen, als welche denselben bis jetzt im allgemeinen entgegengebracht wurde.

Daß der Verfasser die kurze Fassung, welche ihm der Plan dieser ganzen Sammlung von Lehrbüchern des Reichsrechtes zur Pflicht machte, nicht zum Deckmantel nahm, um den schwierigen Kontroversen des Staatsrechtes überhaupt und speciell unseres heutigen Reichsstaatsrechtes aus dem Wege zu gehen, wird hoffentlich die Darstellung bezeugen. Der Verfasser hielt es im Gegenteil geradezu für seine Hauptaufgabe, den prinzipiellen Fragen ganz besondere Aufmerksamkeit zu widmen. Nicht Neigung allein zog ihn gerade nach dieser Seite der Arbeit, sondern in erster Linie die Erkenntnis, daß es dem Staatsrecht nur dann gelingen könne, eine den übrigen Rechtsdisziplinen ebenbürtige Stellung zu gewinnen und zu behaupten, wenn die prinzipiellen Grundlagen sowie die einzelnen Begriffe zu einer dem Privatrecht analogen scharfen Fixierung gebracht werden könnten. Von diesem Gesichtspunkt aus ist insbesondere den schwierigen Kontroversen über die Entstehung und rechtliche Natur des Reiches in der nachfolgenden Darstellung ein breiter Raum zugewiesen worden. Dagegen glaubte der Verfasser in Behandlung der Detailbestimmungen von Spezialgesetzen und Vollzugsverordnungen sich eine größere Beschränkung auferlegen und dieses Material mehr den von Anfang an breiter angelegten Werken überlassen zu dürfen.

Der zweite Band, welcher binnen Jahresfrist erscheinen wird, soll das Verwaltungsrecht im engeren Sinne (VIII), das Gerichtsverfassungsrecht (IX), das Finanzrecht (X) und endlich eine umfassende systematische Darstellung der Rechtsbeziehungen des Reiches zu auswärtigen Staaten (XI) enthalten.

Königsberg i. Pr., Ende Mai 1880.

# Vorwort zur zweiten Auflage.

Die erste Auflage dieses Lehrbuches war Otto Mejer gewidmet als Zeichen treuer Verehrung und Dankbarkeit. Der väterliche Freund und Berater ist inzwischen in die Wohnungen des ewigen Friedens eingegangen, und es ist mir nicht mehr vergönnt, dieses Buch in seine Hand zu legen. Dankbar werde ich das Andenken des teuren Mannes bewahren. —

Die neue Auflage ist völlig umgearbeitet; das System der Darstellung ist dasselbe geblieben, nur das Militärrecht ist weggefallen, indem der kaiserliche Oberbefehl in das Kapitel vom Kaisertum eingestellt wurde, indeß die Militärverwaltung dem II. Bande vorbehalten bleibt. Hinzugekommen ist das Kapitel über die Kolonieen. —

Es ist herkömmlich, in Vorworten besondere Dankesschulden zu lösen. Auch ich fühle mich dazu gedrängt. Der junge, aber sehr gut und kräftig emporgewachsene Stamm der Disziplin des deutschen Reichsstaatsrechts ist gepflanzt von Laband und Hänel. Trotz vieler und schwerwiegender Differenzen mit jedem dieser beiden Schriftsteller, von denen die nachfolgende Darstellung Kunde giebt, ist es mir fast bei jedem Schritte der Arbeit stark zum Bewußtsein gekommen, wie viel Dank die Wissenschaft jenen beiden

Männern, den Begründern der Theorie des heutigen deutschen Reichsstaatsrechtes, schuldet. Gerne nenne ich hierbei als dritten Max Seydel, der, besonders nach dem Gesetz des Widerspruchs, die Theorie mächtig gefördert hat.

Es ist mir Bedürfnis und lebhafte Freude, dieses Dankeswort als Vorwort an jene Männer, insbesondere an Laband und Hänel, die Meister deutscher Staatsrechtswissenschaft, zu richten. Möchten ihnen noch lange Jahre fruchtbaren Schaffens beschieden sein!

Das alphabetische Register verdanke ich meinem lieben jungen Freunde und Kollegen, Herrn Privatdocent Dr. Schön.

Königsberg i. Pr., 18. Oktober 1894.

Zorn.

# Inhaltsverzeichnis.

# Erstes Buch.

# Die Entstehung des Reiches und der Reichsverfassung.

## §. 1.

### Historische Einleitung (1806—1866).

Das „heilige römische Reich deutscher Nation" war durch den Preßburger Frieden vom 26. Dezember 1805 staatsrechtlich aufgelöst worden, indem Bayern, Württemberg und Baden „la plénitude de la souveraineté et de tous les droits qui en dérivent" erhielten (Art. 14). Am 6. August 1806 legte alsdann Franz II. formell die deutsche Kaiserkrone nieder, und damit war auch der letzte Schein des altehrwürdigen tausendjährigen Reiches dahin.

Das alte Reich war staatsrechtlich bis zu seinem Ende ein Staat gewesen:[1] obwohl faktisch der Reichsverband so lose als möglich geworden war, und Österreich sowohl wie Preußen in thatsächlicher Mißachtung des Reiches wett-

[1] Laband, Staatsr. 2. Aufl. I, 7; Hänel, Staatsr. I, 3; Schulze, Deutsch. Staatsr. I, 50 ff.; vgl. auch über die ältere Theorie Gierke, Genossensch.-R. III, 691; Brie, Staatenverbindungen 119, 127; Triepel, Interregnum 20; G. Meyer, Lehrb. (3) S. 52. Eine umfassende vortreffliche Darstellung des alten Reichsstaatsrechtes im Grundriß giebt das schöne Buch von Mejer, Einleitung in das deutsche Staatsrecht (1. A. 1861, 2. A. 1884) §§. 12—41.

eiferten, ruhte doch rechtlich bis zu der durch den Preßburger Frieden herbeigeführten Auflösung die Souveränetät, das erste und oberste Attribut des Staates, in der Centralgewalt.[2]

Durch die Ereignisse der Jahre 1805 und 1806 waren die deutschen Einzelstaaten in aller Form Rechtens souverän geworden.[3] Juristisch änderte hieran auch der Rheinbund für die an demselben beteiligten deutschen Staaten nichts, so wenig auch den von Napoleon zu diesem Bunde zusammengezwungenen Staaten faktisch von ihrer Souveränetät übrig blieb.[4]

Der Wiener Kongreß, der die Ära der französischen Revolution abschloß, gab den noch übriggebliebenen deutschen Staaten eine neue Gesamtverfassung,[5] auf Grund deren der Deutsche Bund bis zum 14. Juni 1866 ein kümmerliches Dasein fristete. Es ist nicht unsere Aufgabe, die für die Erkenntnis von Deutschlands damaligem politischen Zustand hochinteressante Entstehungsgeschichte jener Bundesverfassung zu schildern; nur die wichtigsten Momente mögen kurz hervorgehoben werden: an dem Widerspruch von

---

[2] Meyer, Einleitung (2) §. 16. Hier auch §§. 37/41 Nachweisungen über die einschlägige historische, sowie ältere staatsrechtliche Litteratur. Vgl. auch Meyer, Lehrbuch §§. 21—34; desselben Grundzüge des nordd. Bundesrechtes (1868) S. 26 und bes. Jellinek, Staatenverbindungen 142 ff.

[3] Meyer §§. 33, 34; Treitschke, Deutsche Gesch. I, 226 ff.

[4] Vgl. Meyer §. 42; Meyer, Lehrb. §§. 35, 36. Die Bemerkung von Brie, DLZ. 1881, 409 gegen das „zusammengezwungen" ist nicht berechtigt, vgl. Sybel, Erhebung Europas geg. Napoleon S. 3 f. 63.

[5] Vgl. zum folgenden: von Völderndorff, Deutsche Verfassungen u. Verfassungsentwürfe (1890); Hänel St.R. I, 4 ff.; G. Meyer, Lehrb. §. 38 ff.; Meyer, Einl. (2) §§. 42—67.

Bayern und Württemberg hauptsächlich scheiterten alle Versuche, eine einigermaßen brauchbare und entwicklungsfähige Bundesverfassung herzustellen;[6] Preußen wurde dank dem Übelwollen und der Eifersucht der Kongreßmächte territorial in einer Weise abgegrenzt, welche seine Weiterentwicklung möglichst zu hemmen offensichtlich bestimmt war, indem zu den sechs alten östlichen Provinzen zwei in der Hauptsache neue westliche hinzugefügt wurden, welche territorial von der Hauptländermasse des preußischen Staates durch dazwischen liegende hannöversche, kurhessische, nassauische und andere Territorien geschieden waren, was um so bedenklicher war, als die in kurzer Zeit sehr festgewurzelten Sympathieen für französische Einrichtungen sowie katholische Traditionen gegenüber dem „protestantischen Staat" Preußen anfänglich die Bevölkerung jener neuen Provinzen ziemlich schwierig machten.[7] Die Verhandlungen des Wiener Kongresses über die staatsrechtliche Neugestaltung Deutschlands sowie über die territoriale Neugestaltung Preußens bilden eines der unerquicklichsten Blätter deutscher Geschichte.

Die endlich zustande gebrachte Bundesverfassung, bestehend aus der Bundesakte vom 8. Juni 1815 und der Wiener Schlußakte vom 8. Juni 1820,[8] war auf dem Prinzipe begründet: daß den Staaten die Souveränetät verbleibe; daß nur in einzelnen, genau fixierten Punkten die Bundesglieder

[6] Mejer §. 45; Meyer §. 38; v. Völderndorff 13[3]. 14[4].

[7] Treitschke I, 173. 190.

[8] S. dieselben bei G. v. Meyer, Corpus Juris Conf. Germ. II, 1 ff. 101 ff., neu gedruckt bei Binding, Deutsche Staatsgrundgesetze H. 3.

sich vertragsmäßig hinsichtlich der Ausübung der Souveränetät zu Gunsten der Centralgewalt beschränkten; daß die einzelnen Bundesglieder grundsätzlich gleiche Rechte, nur Österreich den Vorsitz im Bundestage haben sollten. Der so geschaffene Bund war ein „völkerrechtlicher Verein der deutschen souveränen Fürsten und freien Städte“ (Wiener Schlußakte Art. 1);[9] er beruhte auf einem Vertrage der Mitglieder und für ihn galten alle staatsrechtlichen Konsequenzen des Vertragsverhältnisses, nur mit der Beschränkung, daß die Möglichkeit einseitigen Ausscheidens aus dem Bunde vertragsmäßig ausgeschlossen worden war.

Der deutsche Bund führte zunächst ein unrühmliches Dasein bis 1848: dem Ausland zum Spott, den Deutschen zum Ärger. Von Anbeginn an von niemandem geliebt, war er allen deutschen Patrioten geradezu ein Gegenstand des Hasses geworden, seit er sich ganz und gar zum Polizeibüttel Metternichs erniedrigt hatte. „Der heimliche Bundestag ist den Deutschen ein Gegenstand erst der Scheu, dann kalter Anwiderung geworden“ — so erklärte der bayrische Minister des Auswärtigen am 12. März 1849.[10]

Die Bewegungen von 1848 brachten auch die deutsche Verfassungsfrage wieder in Fluß.[11] Sollten die Bewegungen auch zunächst resultatlos verlaufen, so förderten sie doch sehr wertvolle Vorarbeiten für den Neubau der

---

[9] Laband I, 8; Hänel StR. I, 4 ff.

[10] Citat bei Binding, Der Versuch der Reichsgründung durch die Paulskirche (1892).

[11] Vgl. Mejer §§. 53—58; Schulze DStR. §. 55 ff.; Binding, Versuch d. Reichsgründung ꝛc.; v. Völderndorff 16 ff.; Hänel StR. I, 9 ff.

Verfassung zu Tage. Zwei Strömungen sind bezüglich der Bewegung d. J. 1848 zu unterscheiden: die eine und zwar die ursprüngliche, besonders in Süddeutschland mächtig auftretende und dort bis zur Stunde noch nachwirkende brach sich direkt aus dem Volke heraus Bahn; die andere ging aus der Initiative der preußischen Regierung hervor. An dem Umstande, daß diese beiden Strömungen nicht zu organischem Zusammenwirken gelangen konnten, scheiterte die ganze, kurze Zeit so vielverheißende Bewegung.

Mehr und mehr aber erkannte man allenthalben, daß der Mittelpunkt der so heiß erstrebten staatsrechtlichen Neugestaltung Deutschlands nur Preußen sein könne.[12] Zwar war der preußische Staat in der trüben Periode, die auf die Freiheitskriege folgte, fast willenlos in den Bahnen Metternichscher Politik gewandelt und hatte durch schnöde Verfolgung jeder freieren Regung die Sympathieen des deutschen Volkes verscherzt: gleichwohl vereinigten die Vertreter des Volkes bei der Kaiserwahl mit überwiegender Mehrheit ihre Stimmen auf den König von Preußen. Daß man immer allgemeiner die Notwendigkeit erkannte, Preußen müsse an die Spitze Deutschlands treten, dazu hatte vor allen Dingen ein Werk beigetragen, welches die preußischen Staatsmänner in der ersten Hälfte des neunzehnten Jahrhunderts geschaffen hatten, ein Werk, das die granitene Basis des künftigen deutschen Staates werden sollte: der deutsche Zollverein mit Ausschluß Österreichs.

[12] Am charakteristischsten hierfür waren wohl die Schriften Pfizers: Über die Entwickelung des öffentlichen Rechts in Deutschland, 1835, Gedanken über Reich, Staat und Kirche, 1842, Briefwechsel zweier Deutschen, 1851.

Während das Gefüge des Bundes immer loser und sein Inhalt immer leerer wurde, schufen die Staatsmänner des preußischen Finanzministeriums den festen Bau der wirtschaftlichen Einheit Deutschlands; als noch Jahrzehnte unfruchtbaren qualvollen Ringens um die staatsrechtliche Einheit bevorstanden, war durch den Zollverein seit dem 1. Januar 1834 (Staatsvertrag vom 22. März 1833) bereits ein unzerreißbar festes Band der wirtschaftlichen Einheit um den Süden und Norden Deutschlands mit Ausschluß Österreichs geschlungen.[13]

Infolgedessen war i. J. 1848 die Überzeugung bereits ziemlich allgemein Gemeingut der Nation geworden, daß nur derjenige Staat, der die wirtschaftliche Einheit der Nation in so genialer Weise geschaffen, auch die staatsrechtliche Einheit werde herstellen können. Am 28. März 1849 wurde in der That zugleich mit dem Erlaß und der Verkündigung der von der Nationalversammlung beschlossenen „Verfassung des Deutschen Reiches" Friedrich Wilhelm IV. vom Frankfurter Parlament zum deutschen Kaiser erwählt, nachdem bereits vorher eine gesamtdeutsche Bundesverfassung mit

[13] Die hohe Bedeutung des Zollvereins für die staatsrechtliche Entwickelung Deutschlands hebt besonders treffend hervor v. Treitschke in seiner auch sonst ausgezeichneten Abhandlung: die Anfänge des deutschen Zollvereins. Preuß. Jahrb. XXX S. 397 ff., 479 ff.; ferner Deutsche Gesch. III, 29 ff., II, 607 ff. Vgl. auch Meyer, Lehrb. §. 58[8] (hier auch weitere Litteraturangaben), Hänel StR. I, 39 ff. Der Zollverein ist die Weiterentwickelung der preußischen Zollgesetzgebung von 1818. Die Aufhebung der Provinzialzölle in Preußen war bereits durch den neben und nach Bismarck größten deutschen Staatsmann der Neuzeit, den Reichsfreiherrn vom Stein, in die Wege geleitet, s. Pertz, Leben Steins I, 287. Mejer §. 53.

starker, wohlausgerüsteter Centralgewalt beschlossen worden war.[14] Der König von Preußen aber lehnte die ihm vom Volke dargebotene Kaiserkrone ab, erklärte sich jedoch bereit, einem Rufe der deutschen Fürsten zur Kaiserwürde zu folgen. Diese aber riefen ihn nicht.[15]

In materieller Beziehung hatte der König von Preußen bezüglich der Verfassungsfrage bereits durch seine berühmte Proklamation vom 18. März 1848 wesentlich den gleichen Standpunkt eingenommen, den weiterhin die Vertreter des Volkes in der Paulskirche — zuerst in dem sog. Siebzehnerentwurf, dem „ersten festen Plan des Wiederaufbaues der Staatseinheit Deutschlands unter erblichem Kaisertum in voller konstitutioneller Ausgestaltung" (Hänel) — festhielten; jene Proklamation bezeichnete als Ziel der Verfassungsreform: ein deutsches Parlament, ein einheitliches deutsches

[14] Meyer, Lehrbuch §. 59. v. Völderndorff 18 ff.; v. Sybel, Die Errichtung des Deutschen Reiches I, 306 ff.; Herzog Ernst II., Aus meinem Leben I, 476 ff.; Binding, Reichsgründung 49 ff. Das „Gesetz" über die provisorische Centralgewalt ist vom 28. Juni 1848, das „Gesetz" über die Grundrechte v. 27. Dez. 1848, die Reichsverfassung v. 28. März 1849; die Ablehnung der Republik erfolgte mit 339 gegen 122, die Kaiserwahl mit 290 gegen 248 Stimmen.

[15] Vgl. hierher Ranke: Briefwechsel zwischen Friedrich Wilhelm IV. und Bunsen 199 ff., 233 ff., 253 ff., 270 ff. Die Frankfurter Versammlung, so schrieb der König, „habe weder eine Krone zu geben noch zu bieten, die Krone, die sie ihm biete, sei das eiserne Halsband, durch welches er, das Haupt von 16 Millionen, zum Leibeigenen der Revolution gemacht werden solle. Es sei ferne von ihm, sie anzunehmen. Würde aber der echt und recht vereinte Rat der Kurfürsten und der Völker ihm die alte wahre, rechtmäßige tausendjährige Krone deutscher Nation anbieten, dann würde er antworten, wie ein Mann antworten muß, wenn ihm die höchste Ehre dieser Welt geboten wird". Fürst Bismarck: „Kaiserkronen werden nur auf Schlachtfeldern gewonnen."

Heer, eine deutsche Flotte, Einheit des Zoll-, Münz-, Maß- und Gewichtswesens, Freizügigkeit, Preßfreiheit, ein oberstes Bundesgericht, Einführung konstitutioneller Verfassungen in allen Einzelstaaten.

Der Grund, warum trotz dieser materiellen Übereinstimmung zwischen der Regierung von Preußen und dem Frankfurter Parlament kein einheitliches Zusammenwirken erreicht werden konnte, lag darin, daß alle Beratungen und Beschlußfassungen des Frankfurter Parlamentes vom Prinzip der Volkssouveränetät beherrscht waren: schon das sog. Vorparlament hatte beschlossen, die künftige deutsche Verfassung sollte einzig und allein von der Volksvertretung geschaffen und als bindendes Gesetz sanktioniert werden; die Monarchen wurden einfach als nicht vorhanden betrachtet.[16] Das Parlament selbst stellte sich durchaus auf den gleichen Standpunkt und zog auch daraus die staatsrechtlichen Konsequenzen.[17]

Dem stellte Friedrich Wilhelm IV. den festen Felsen des preußischen Königtumes gegenüber, und an diesem Felsen brachen sich die wilden Wogen der ungestümen Volksbewegung. Mit Recht: denn der Neubau der deutschen

[16] Der Beschluß sagt: „daß die Beschlußnahme über die künftige Verfassung Deutschlands einzig und allein dieser vom Volke zu wählenden konstituierenden Nationalversammlung zu überlassen sei". Demgegenüber ist die Abschwächung, welche Binding, Reichsgründung 13ff. versucht, völlig unmöglich. Vgl. auch Hänel StR. I, 9; Mejer, Einl. (2) S. 209[7]. [12].

[17] S. besond. die Frankfurter Reichsverf. §. 101, 2. Schulze DStR. §. 56. In der Wahl des Reichsverwesers ebenso wie in der Kaiserwahl ohne jegliche Mitwirkung der Regierungen kam diese Anschauung zum klarsten Ausdruck. S. auch die bei Mejer a. a. O. gegebenen Nachweisungen.

Staatsverfassung durfte unter keiner Bedingung von der republikanischen Basis der Volkssouveränetät aus unternommen werden.[18]

Preußen versuchte nunmehr von sich aus zu einer Reform der Bundesverfassung auf der Basis der in der Proklamation v. 18. März enthaltenen Grundzüge zu gelangen. Die Versuche aber scheiterten an den Intriguen Österreichs und dem Widerspruch der Fürsten, welche wenig geneigt waren, zu Gunsten einer neu zu konstituierenden Centralgewalt erhebliche Konzessionen zu machen.[19] Erst hielten noch Sachsen und Hannover zu Preußen, und auf der Grundlage des sog. Dreikönigsbündnisses (26. Mai 1849) schien eine gedeihliche Entwickelung der Verfassungsfrage für Nord- und Mitteldeutschland möglich — Bayern und Württemberg lehnten jede Mitwirkung ausdrücklich ab —: die Führung in dem neu zu errichtenden Bundesstaate sollte naturgemäß Preußen zufallen; als Verbindung mit Österreich war ein völkerrechtliches Unionsverhältnis in Aussicht genommen; die Bundesverfassung sollte unter Mitwirkung eines Parlamentes festgestellt werden. Als jedoch die Wahlen zu letzterem ausgeschrieben werden sollten,

---

[18] Binding 18 f., 63 verurteilt Preußen und den König hart, aber durchaus ungerecht. Binding gelangt zu seinem Urteile nur durch Verkennung der sehr klaren Stellungnahme von Vorparlament und Parlament. Ich halte das Urteil Rankes für zutreffend, der über die Ablehnung sagt: sie könne „als die vornehmste Handlung des Königs, wenigstens als die nachwirkendste seines Lebens betrachtet werden". „Vielleicht ist es dem Könige zuzuschreiben, wenn die Idee der Nationalsouveränetät in Deutschland niemals festen Grund und Boden gefunden hat." „Nach beiden Seiten erhielt er das Selbst des preußischen Staates." Briefw. m. Bunsen 369. 267.

[19] Mejer S. 216 ff.; Schulze DStR. §. 57; v. Sybel I, 306 ff., 529; v. Völderndorff 26 ff.

schieden Sachsen und Hannover mit Protest aus dem Bündnis aus. Gleichwohl wurde das Parlament gewählt und trat zu Erfurt zusammen; seine Beratungen sind für die spätere Verfassungsarbeit immerhin von großem Nutzen geworden. Die Frankfurter Verfassung fand auch in Erfurt in der Hauptsache unveränderte Annahme („Unionsverfassung"); dadurch waren „endgültig und unwiderstehlich die Bahnen vorgeschrieben, in denen sich die politische Entwickelung bewegen sollte"; diese Verfassung bietet den „einzigen und maßgebenden rechtshistorischen Anknüpfungspunkt".[20]

Österreich aber stellte nunmehr dem so gut wie isolierten Preußen das zu München abgeschlossene sog. Vierkönigsbündnis (27. Februar 1850) (Bayern, Württemberg, Sachsen, Hannover) entgegen, das gegen die preußischen Reformabsichten gerichtet war. Am 26. April 1850 wurde die Bundesversammlung wieder formell nach Frankfurt berufen und am 10. Mai eröffnet; Preußen widerstrebte zwar noch einige Zeit, mußte aber schließlich unter dem Druck drohender auswärtiger Konstellationen nachgeben; am Tage zu Olmütz (29. November 1850) wurden die Hoffnungen auf eine Erneuerung Deutschlands noch einmal begraben.[21]. Preußen beschickte die Bundesversammlung wieder, alles blieb beim Alten und der Zustand wurde infolgedessen schlimmer als je zuvor.

---

[20] Hänel StR. I, 10, 11 u. bes. S. 197 ff. Die Reichsverfassung v. 28. März 1849 und die Unionsverfassung sind in sehr dankenswerter Weise neu abgedruckt bei Binding, Deutsche Staatsgrundgesetze. H. 2.

[21] Über die Dresdener Ministerkonferenzen s. v. Sybel II, 70 ff.; Herzog Ernst, Aus meinem Leben II, 1 ff.; Mejer, Einl. (2) S. 225.

Soviel aber war durch den bisherigen Gang der Dinge zur Evidenz klar gestellt: die deutsche Frage, welche gelöst werden mußte, konnte nicht auf friedlichem Wege bezw. dem Wege friedlichen Zwanges gelöst werden. Die Monarchie überhaupt, und speziell die preußische, waren in Deutschland zu starke Mächte, als daß es möglich gewesen wäre, dieselbe unter den revolutionären Volkswillen und die republikanische Volkssouveränetät zu beugen wie in Frankreich. Andererseits war nicht zu hoffen, daß Österreich auf friedlichem Wege auf seine Stelle als deutscher Staat verzichten und ebensowenig, daß die Mittelstaaten sich entschließen würden, in selbstloser Weise soviel von ihren Hoheitsrechten aufzugeben als nötig war, um eine starke Centralgewalt zu schaffen.[22]

Die Lösung der deutschen Frage durch das Mittel kriegerischen Zwanges entwickelte sich aus der seit 1863 brennend gewordenen Frage nach dem staatsrechtlichen Verhältnis von Schleswig-Holstein.[23] Altdeutsche Lande

[22] Treffende Bemerkungen üb. die Bedeutung des Jahres 1848 für die Zukunft Deutschlands bei Hänel I, 10 f. Über den am 17. Sept. 1859 gegründeten Nationalverein v. Böldern-dorff 30 ff.; über den Frankfurter Fürstentag von 1863 ebenda 29 ff., 34; v. Sybel II, 525 ff.; Herzog Ernst, Aus meinem Leben, II, 531 ff. Sowohl die staatsrechtlichen Bewegungen der Jahre 1848/49 als die Geschichte des Zollvereins haben, was gegen Laband I, 9[1] entschieden betont werden muß, unmittelbare rechtsgeschichtliche Bedeutung für die Gründung des heutigen Deutschen Reiches: die Geschichte desjenigen deutschen Einheitsgedankens, der in jenen Vorgängen zum Ausdruck kam oder sich an sie anknüpfte, ist Rechtsgeschichte des heutigen Deutschen Reiches. Insoweit hat Gierke in Schmollers Jahrb. VII, 1115 ff. Recht. Ebenso Hänel StR. I, 197 ff. Vgl. auch die treffenden Bemerkungen von Mejer, Einl. (2) S. 31.

[23] Meyer §. 60; Schulze

und durch mächtige Sympathieen der Bevölkerung mit dem übrigen Deutschland verbunden, waren die Elbherzogtümer seit langer Zeit in das staatsrechtliche Verhältnis der Personalunion zu Dänemark gekommen. Holstein und Lauenburg waren daneben Bestandteil des deutschen Bundes, Schleswig nicht. Die staatsrechtliche Verbindung der Herzogtümer mit dem dänischen Staate war eine personale, durch die bis 1863 regierende Linie des Königshauses vermittelte. Zum Nachfolger des kinderlosen Friedrich VII. hatte eine Konferenz der Großmächte zu London durch Staatsvertrag v. 8. Mai 1852[24] den Prinzen Christian von Glücksburg bestimmt, und zwar hatte die Konferenz auch die Nachfolge in Schleswig-Holstein diesem Prinzen zugesprochen, obwohl diese Verfügung über die Herzogtümer ein reiner Willkürakt war. Der deutsche Bund trat jenem Protokoll nicht bei, Preußen zog seine Unterschrift durch Cirkulardepesche v. 15. Mai 1854 zurück: die Frage der Succession in den Elbherzogtümern nach Aussterben der regierenden Linie war somit für Preußen wie den deutschen Bund offen. Zu energischer That gegenüber der dänischen Brutalisierung der Herzogtümer aber vermochte vorerst weder Preußen noch der Bund sich aufzuraffen. Mit Mühe nur wurde durchgesetzt, daß die im J. 1855 erlassene dänische Gesamtstaatsverfassung für Holstein und Lauenburg außer Kraft gesetzt wurde (1859); um so sicherer suchte man nun dänischerseits wenigstens

---

DStR. §. 65; Hänel StR. I, 11ff.; Meyer, Einl. (2) §. 61ff.

[24] Das sog. Londoner Protokoll, abgedruckt Staatsarchiv VI, Nr. 1004.

Schleswig durch gewaltsame Mittel dem dänischen Staate einzuverleiben.

Am 15. November 1863 starb Friedrich VII.; am 18. November schon leistete Christian IX. den Eid auf eine neue Verfassung, welche Schleswig definitiv dem dänischen Staate einverleibte. Der deutsche Bund, für welchen die Successionsfrage rechtlich unentschieden war, ließ nunmehr durch sächsische und hannöversche Truppen Holstein und Lauenburg besetzen; zu einer That für Schleswig vermochte man sich von Bundeswegen nicht zu ermannen. Daraufhin einigten sich die beiden deutschen Großmächte, für Schleswig von sich aus einzutreten und eroberten 1864 in einem kurzen glänzenden Feldzuge das Land. Im Wiener Frieden v. 30. Oktober 1864 Art. III entsagte Christian IX. namens des dänischen Staates definitiv allen Anrechten auf die beiden deutschen Herzogtümer zu Gunsten Preußens und Österreichs.

Nun aber begann erst die eigentliche Schwierigkeit. Von den um die Herzogtümer streitenden Prätendenten war staatsrechtlich unzweifelhaft der Prinz Friedrich von Augustenburg am besten legitimiert; ihm standen auch die Sympathieen des Volkes, besonders in Süddeutschland, zur Seite. Die von dorther lebhaft befürwortete Konstituierung eines selbständigen Herzogtumes Schleswig-Holstein unter dem Augustenburger erklärte jedoch Preußen, wo seit 1862 von Bismarck an der Spitze der Geschäfte stand, nur unter mehreren Bedingungen für durchführbar, deren wichtigste eine enge militärische, maritime und wirtschaftliche Verbindung des neuen Staates mit Preußen war. Um seinen

Forderungen mehr Nachdruck geben zu können, setzte Preußen gemeinsam mit Österreich, das willenlos im Schlepptau Bismarcks segelte, die Räumung Holsteins und Lauenburgs durch; die deutschen Großmächte teilten sich sodann in der Weise in die Verwaltung, daß Holstein den Österreichern, Schleswig den Preußen eingeräumt wurde; Lauenburg wurde in Personalunion mit dem preußischen Staate verbunden; endlich wurde der Kieler Hafen an Preußen übergeben (Gasteiner Konvention v. 14. August 1865).

In dieser Ordnung der Dinge aber konnte eine definitive Entscheidung der schleswig-holsteinischen Frage nicht gefunden werden. Nach längeren diplomatischen Winkelzügen kam es vielmehr zu dem unvermeidlich gewordenen Kriege zwischen den beiden Großmächten. Schon am 6. Juni 1866 hatten die Preußen ohne Widerstand auch Holstein besetzt. Am 14. Juni 1866 beschloß nun der Bundestag in zweifellosem Widerspruch zum Bundesrecht die Mobilmachung aller nichtpreußischen Korps gegen Preußen. Dagegen hatten gestimmt: Baden, Luxemburg, beide Mecklenburg, Oldenburg mit Anhalt und Schwarzburg, die thüringische Kurie außer Meiningen und die Kurie der freien Städte außer Frankfurt.[25] Preußen erklärte das ganze Verfahren für bundesrechtswidrig und den Bund für gewaltsam zerrissen; der preußische Gesandte am Bundestage verließ den Saal, nachdem er zuvor die „Grundzüge zu einer neuen

[25] S. die genauen Angaben bei Meyer, Lehrb. S. 147. Die Urkunden zur Krisis d. J. 1866 und der Aufrichtung des nordd. Bundes sind gesammelt bei Hahn, zwei Jahre preußisch-deutscher Politik 1866/67 (1868).

Bundesverfassung" (den Regierungen mitgeteilt durch Cirkular-Dep. v. 10. Juni) auf den Tisch des Hauses niedergelegt hatte.[26]

Der Krieg war rasch beendigt. Der Prager Friede v. 23. August 1866[27] enthält folgende, die staatsrechtliche Neugestaltung Deutschlands betreffende Bestimmungen:

1. Verzicht Österreichs auf jede staatsrechtliche Verbindung mit Deutschland (Art. IV);[28]

2. Zustimmung Österreichs zur Einverleibung folgender Staaten und Staatsteile in den preußischen Staat: Hannover, Kurhessen, Nassau, Frankfurt a. M., ferner geringfügiger bayrischer und großherzoglich hessischer Territorien (Art. VI. 2);[29]

---

[26] Thudichum, Verfassungsrecht des norddeutschen Bundes S. 1 ff.; Laband §§. 1. 2; Ägidi in seiner Ztschr. f. deutsches Staatsrecht I, 522 ff.; Meyer, Grundzüge 33 ff.; Mejer, Einleit. (2) S. 252 ff. Text der „Grundzüge" Staatsarchiv XI, 104 ff.

[27] Text bei Hahn 194 ff. Hinsichtlich der übrigen Friedensschlüsse vgl. Meyer, Grundz. 32 f. und die dort gegebenen Nachweisungen; Thudichum 2; Hänel I, 12. Über die sittliche Berechtigung des Krieges von 1866 im gesamtdeutschen Interesse siehe die schönen Worte bei Laband I, 10 f. im Anschluß an die Erklärungen des Fürsten Bismarck. Die preußische Proklamation „An das deutsche Volk" bei Hahn 134.

[28] Der Art. IV hat folgenden Wortlaut: „S. M. der Kaiser von Österreich erkennt die Auflösung des bisherigen deutschen Bundes an und giebt seine Zustimmung zu einer neuen Gestaltung Deutschlands, ohne Beteiligung des österreichischen Kaiserstaates. Ebenso verspricht S. M. das engere Bundesverhältnis anzuerkennen, welches S. M. der König von Preußen nördlich der Linie des Mains begründen wird, und erklärt sich damit einverstanden, daß die südlich von dieser Linie gelegenen deutschen Staaten in einen Verein zusammentreten, dessen nationale Verbindung mit dem norddeutschen Bunde der näheren Verständigung zwischen beiden vorbehalten bleibt, und der eine internationale unabhängige Existenz haben wird."

[29] Nähere Angaben s. bei

3. Zustimmung Österreichs zur Einverleibung Schleswig-Holsteins in den preußischen Staat, jedoch mit dem Vorbehalt, daß diejenigen nordschleswigschen Distrikte, welche durch freie Abstimmung den Wunsch äußern würden, wieder mit Dänemarck vereinigt zu werden, an letzteren Staat zurückfallen sollten (Art. V); eine solche Abstimmung wurde weder von Österreich, das allein hierzu berechtigt gewesen wäre,[30] verlangt, noch von Preußen freiwillig ins Werk gesetzt; durch Staatsvertrag zwischen Österreich und dem Deutschen Reiche v. 11. Okt. 1878 (Österr. StGB. 1879, Nr. 22) hat Österreich auf jenen Vorbehalt des Art. V verzichtet, so daß die Einverleibung von ganz Schleswig in den preußischen Staat nunmehr ohne jeden rechtlichen Vorbehalt ist;

4. Zustimmung Österreichs zur Herstellung eines aus den mittel- und norddeutschen Staaten bestehenden deutschen Bundesstaates unter preußischer Führung (Art. IV).[31]

Damit war der deutsche Bund in aller Form Rechtens aufgelöst; alle früheren Bundesglieder (mit Ausnahme von Liechtenstein) hatten beigestimmt.[32] Überdies erkannten auch

---

Thudichum a. a. O. 9. Der betr. Art. VI garantiert die territoriale Integrität Sachsens und fährt dann fort: „dagegen verspricht S. M. der Kaiser von Österreich, die von S. M. dem König von Preußen in Norddeutschland herzustellenden Einrichtungen einschließlich der Territorialveränderungen anzuerkennen.“

[30] Thudichum 55 ff.

[31] S. oben N. 28 den Wortlaut des Art. IV.

[32] Die einzelnen Daten giebt Schulze, Einleitung in das deutsche Staatsrecht. Neue Ausg. (1867) S. 399[8]. Laband I, 4 ff. Die Urkunden bei Hahn S. 188 ff., ferner im Staatsarchiv von Ägidi und Klauhold Bd. XI.

die Wiener Kongreßmächte, deren Vertreter sich i. J. 1867 zu London zum Zwecke der Feststellung des staatsrechtlichen Verhältnisses von Luxemburg versammelt hatten, die neugeschaffenen Zustände an.[33]

Luxemburg und Limburg schieden aus der staatsrechtlichen Verbindung mit Deutschland aus (Staatsvertrag der Großmächte v. 11. Mai 1867).[34]

Bayern, Württemberg und Baden wurden zwar nicht in das bundesstaatliche Verhältnis einbezogen, traten jedoch durch Erneuerung der Zollvereinsverträge sowie durch Schutz- und Trutzbündnisse mit Preußen schon damals in den engsten wirtschaftlichen und militärischen Verband mit dem neu geschaffenen deutschen Bundesstaate (hierüber unten §. 2 VII).

## §. 2.

## Die Aufrichtung des Norddeutschen Bundes.[1]

I. Das im Prager Frieden bereits von Österreich anerkannte „engere Bundesverhältnis" für die Staaten nördlich des Maines empfing seine erste feste Rechtsbasis durch den Staatsvertrag vom 18. August 1866, welchen sechzehn deutsche Staaten, Preußen an der Spitze, miteinander abschlossen. Dieser Staatsvertrag bestimmte: daß zwischen den kontrahierenden Staaten auf der Grundlage

---

[33] Laband I, 7.

[34] Text bei Hahn 586. Vgl. Meyer, Lehrb. §. 65; Thudichum 47 ff.; Laband I, 5. 7. Über das Verhältnis Luxemburgs zum Zollverein s. Bd. II §. 32.

[1] Laband I §§. 2 u. 3. Meyer, staatsrechtl. Erörterungen S. 20 ff. u. Lehrb. §. 64; Thudichum 12 ff.; Schulze DStR. I §§. 69 ff.; Hänel, Studien zum deutschen Staatsrecht I, 68 ff.; II, 9 ff., StR. I, 14 ff.; Mejer, Einleit. (2) 272 ff.

des vom preußischen Gesandten am 14. Juni bei seinem Ausscheiden aus dem Bundestage überreichten Reformantrages ein neues staatsrechtliches Verhältnis unter dem Namen „Norddeutscher Bund" begründet werden solle.[2]

Die kontrahierenden Staaten waren: Preußen, Sachsen-Weimar, Oldenburg, Braunschweig, Sachsen-Altenburg, Sachsen-Coburg-Gotha, Anhalt, Schwarzburg-Rudolstadt, Schwarzburg-Sondershausen, Waldeck, Reuß j. L., Schaumburg-Lippe, Lippe, Lübeck, Bremen, Hamburg. Auf Grund späterer Spezialverträge traten noch bei: beide Mecklenburg (21. August), Hessen für seine nördlich des Maines belegenen Landesteile (3. September), Reuß ä. L. (26. Septbr.), Sachsen-Meiningen (8. Oktbr.) — die letztgenannten beiden Staaten hatten zuerst formell abgelehnt, dem Bunde beizutreten — endlich das Königreich Sachsen (21. Oktober).

Der Augustvertrag bestimmte folgendes:

1. „Offensiv- und Defensivbündnis zur Erhaltung der Unabhängigkeit und Integrität, sowie der inneren und äußeren Sicherheit", gegenseitige Garantie des Besitzstandes, Stellung sämtlicher Truppenkontingente der Bundesglieder unter den Oberbefehl des Königs von Preußen (Art. I);

2. Herstellung einer „Bundesverfassung auf der Basis der Grundzüge vom 10. Juni 1866" „unter Mitwirkung eines gemeinschaftlich zu berufenden Parlamentes", das nach Maßgabe des „Reichswahlgesetzes" v. 12. April 1849 gewählt und für dessen Bildung die Wahlen sofort angeordnet werden sollten (Art. II. V);

---

[2] Text des „Augustbündnisses" bei Hahn 463 ff. Vgl. Hänel StR. I, 17 ff.

3. Dauer des geschlossenen Bündnisses „bis zum Abschluß des neuen Bundesverhältnisses, eventuell auf ein Jahr, wenn der neue Bund nicht vor Ablauf eines Jahres geschlossen sein soll“ (Art. VI).

Die preußischen Grundzüge vom 10. Juni 1866, deren Hauptinhalt bereits in der Proklamation Friedrich Wilhelms IV v. 18. März 1848 und genauer präcisiert in einer preuß. Denkschrift v. 15. September 1863[8] (anläßlich des von Österreich damals in Scene gesetzten Frankfurter Fürstentages der Bundesversammlung überreicht) enthalten war, hatten folgende Hauptpunkte der durchzuführenden Bundesreform aufgestellt:

1. Ausschluß von Österreich und Limburg aus dem Bundesverhältnis; 2. Bundesgesetzgebung durch einen umzugestaltenden Bundestag unter Mitwirkung einer aus allgemeinen direkten Wahlen hervorgegangenen Nationalvertretung; 3. Einheit des Zoll-, Handels-, Bank-, Münz-, Maß- und Gewichtswesens; einheitliche Gesetzgebung über Erfindungspatente und das sog. geistige Eigentum; über Freizügigkeit, Heimats- und Niederlassungsverhältnisse, Gewerbebetrieb, Kolonisation, Auswanderungswesen, Schutz des deutschen Handels und der deutschen Schiffahrt im Auslande durch Bundeskonsuln, einheitliche Regelung des Eisenbahnwesens „im Interesse der Landesverteidigung und des allgemeinen Verkehrs“, des Schiffahrtsbetriebes auf den mehreren Staaten gemeinsamen Wasserstraßen, des Post-

[8] Laband I, 10. Text der Denkschrift im Staatsarchiv VIII, 206 ff.

und Telegraphenwesens, Einheit der Civilprozeßordnung und des Konkursverfahrens, einheitliche Marine unter preußischem Oberbefehl, Bildung zweier Bundesheere, eines norddeutschen unter preußischem, eines süddeutschen unter bayrischem Oberbefehl.

Das war gleichsam das Programm für das aufzurichtende Bundesverhältnis, welches eine durch den thatsächlichen Verlauf der Dinge gebotene Modifikation nur in Hinsicht des süddeutschen Bundesheeres unter bayrischem Oberbefehl fand.

Das Rechtsverhältnis unter den zweiundzwanzig obengenannten Staaten war zunächst ein rein vertragsmäßiges; überdies hatte der Vertrag nur, soweit er auf Offensiv- und Defensivallianz gerichtet war, eine gegenwärtige thatsächliche Bedeutung; aber auch in dieser Beziehung beschränkt auf die kurze Zeitdauer eines Jahres; soweit er auf das zu begründende Bundesverhältnis ging, war er lediglich auf die Zukunft gerichtet.[4] Gerade um dieses letzteren Punktes willen wurde der Vertrag zeitlich begrenzt: nicht „ewig", „unauflöslich", wie z. B. die Bundesakte, wollte das Augustbündnis sein, nicht ein dauerndes Bundesverhältnis sollte durch dasselbe unmittelbar begründet werden; vielmehr ging es auf einen ganz bestimmten konkreten Zweck und war somit nach Erreichung dieses Zweckes bezw. nach Ablauf der Zeitfrist eines Jahres rechtlich dahingefallen. Es ist positiv irrig, anzunehmen, der Augustvertrag sei „auf

[4] Hänel, Stud. I, 69 ff.; Laband I, 17 ff.

Begründung **immerwährender** Verpflichtungen" gerichtet gewesen,[5] während er doch, soweit er das Bundesverhältnis betraf (und nur um diesen Punkt kann es sich hier handeln), nur auf **eine einzige höchstens im Zeitraum eines Jahres zu erfüllende Leistung** sich bezog. Rechtliche Bedeutung konnte der Augustvertrag in keinem Falle länger beanspruchen, als bis der in demselben bezeichnete Zweck erreicht bezw. ein Jahr verflossen war.[6] Diejenige juristische Konstruktion, welche zur Erklärung nicht bloß der historischen Genesis, sondern der staatsrechtlichen Natur des Reiches auf den Augustvertrag sich stützt, ist völlig unhaltbar, weil mit Sinn und Wortlaut jenes Vertrages in klaffendem, evidentem Widerspruch.

II. Alsbald nach dem Abschluß des Augustvertrages wurden die nötigen Maßnahmen zu seiner Erfüllung getroffen. Dabei handelte es sich zunächst um folgende zwei Punkte:

1. Vertreter der „Regierungen" traten in Berlin zusammen zur Feststellung des Verfassungsentwurfes;

2. ein Parlament „zur Beratung und Vereinbarung" (Art. V) der Verfassung mit den Regierungen mußte berufen werden.[7]

---

[5] Dies thut Seydel, Kommentar zur Verfass.-Urkunde S. 5, und gerät von diesem falschen, mit dem klaren Wortlaut des Augustvertrages in Widerspruch stehenden Ausgangspunkt in ein Meer von falschen Konsequenzen.

[6] Dies mit größter Schärfe hervorgehoben und dadurch die Unhaltbarkeit des Seydelschen Fundamentes nachgewiesen zu haben, ist das hohe Verdienst Hänels, Stud. I, 69 ff. Übereinstimmend und ergänzend Laband I, 17 f.

[7] S. hierher Hänel StR. I, 19[12], gegen Binding, die Gründung d. Nordd. Bundes 6.

Der erste Punkt konnte nach seiner formellen Seite ohne Schwierigkeit in Vollzug gesetzt werden; die Konferenzen der Regierungsvertreter fanden in Berlin vom 15. Dezbr. 1866 bis 7. Febr. 1867 statt; in einem Schlußprotokoll wurde der in diesen Beratungen vereinbarte Verfassungsentwurf fixiert.[8]

Mehr Schwierigkeiten bietet für die juristische Konstruktion der zweite Punkt.[9] Der Augustvertrag schrieb als Norm für Berufung des Parlamentes „das Reichswahlgesetz vom 12. April 1849" vor. Selbstverständlich hatte dieses an sich keinerlei rechtliche Kraft für die verbündeten Staaten, sondern mußte eine solche erst dadurch erhalten, daß es als Staatsgesetz in jedem einzelnen derselben erlassen wurde.[10] Dies geschah, nicht ohne daß von den

---

[8] Hahn 480 ff.; Meyer, Lehrbuch 139[14]; Thudichum 17 f.; Hänel StR. I, 21. Text des preuß. Verfassungsentwurfes bei Hänel, Stud. I, 270 ff. Über die in Protokollen niedergelegten Resultate s. Laband I, 20 ff.; Mejer, Einleitg. (2) S. 282[20]. Die Protokolle im Staatsarchiv XII, 353 f., der Entwurf 371 f.

[9] Vgl. zum folgenden Hänel StR. I, 18 ff., bes. 20: Das Parlament war „in keinem Sinne das Organ eines Staates oder eines nach der Weise des Staates konstituierten Bundes und mithin auch nicht die Vertretung eines Volkes im staatsrechtlichen Sinne". Mejer, Einl. (2) §. 70.

[10] S. jetzt auch Hänel StR. I, 28 gegen Binding, Die Gründung des nordd. Bundes 15 ff., der dies Recht der Einzelstaaten leugnen will. Mit Recht bemerkt Hänel zu der Bindingschen Deduktion: sie sei „nach allen Seiten hin unhaltbar". Die ganze Bindingsche Schrift steht von S. 2 ab in unlösbarem Widerspruch mit den auf S. 2 richtig festgestellten Ausgangspunkten. Der von Binding ironisierte „Gesetzlichkeitsfehler" ist nur die — auch von Binding als vorhanden zugegebene — Absicht der Einzelstaaten, auf dem Wege Rechtens den Bund und dessen Verfassung zustande zu bringen. Was Binding als den richtigen Weg schildert, war gewiß politisch möglich, ist aber

beteiligten Gesetzgebungsfaktoren mehrfache Textänderungen an jenem „Reichsgesetz" vorgenommen wurden,[11] wozu die rechtliche Befugnis unbestreitbar vorhanden war; doch stimmten materiell die 22 einschlägigen Einzelgesetze bezw. Verordnungen überein, und damit war der hierauf bezüglichen Vereinbarung des Augustvertrages Genüge gethan. Durch diese 22 übereinstimmenden Einzelstaatsgesetze wurde angeordnet, daß in jedem Staate nach einem übereinstimmenden Wahlmodus Vertreter des Volkes zur Beratung des von den Regierungsvertretern formulierten Verfassungsentwurfes gewählt werden sollten, je einer auf 100 000 Seelen. Zur Beratung: in einigen der Wahlgesetze (so im preußischen auf Antrag Twestens nach einer interessanten Verhandlung der Kammern) wurde dies ausdrücklich gesagt; aber auch wo dies nicht der Fall war, konnte das Verhältnis staatsrechtlich kein anderes sein; wenn auch der Augustvertrag bestimmte: „zur Beratung und Vereinbarung", so war doch staatsrechtlich das auf Grund der so angeordneten und am 12. Februar vollzogenen Wahlen am 24. Februar 1867 in Berlin zusammengetretene Parlament nichts mehr und nichts weniger als eine Versammlung von Notablen der deutschen Nation,[12] dessen ein-

---

juristisch völlig unkonstruierbar. Durch die Hänelschen Bemerkungen darf die Bindingsche „Gründung" als definitiv abgethan betrachtet werden.

[11] Hahn 465 ff.

[12] Nicht haltbar ist demnach die Ansicht Hänels, Stud. I, 71 f. über den rechtlichen Charakter dieses „verfassungsvereinbarenden" Parlamentes. Richtig Meyer, Lehrb. 139, bes. N. 16 die treffende Polemik gegen Hänel und bes. auch jetzt Hänel selbst im StR. I, 20 (s. oben N. 9); richtig Seydel 4. Laband I, 18[2] behandelt diesen Punkt auch nicht scharf genug,

zige staatsrechtliche Basis eine gesetzliche Ermächtigung der Einzelstaaten war, welche ihrerseits wieder sich als Erfüllung einer durch Staatsvertrag übernommenen Pflicht qualifizierte. Die Thätigkeit dieses Parlamentes konnte garkeine andere als eine verfassungberatende sein;[13] wenn der Augustvertrag dem Parlamente eine „verfassungvereinbarende" Thätigkeit vindiziert, so wäre, selbst wenn alle 22 Einzelstaatsgesetze dies sanktioniert hätten, die Thätigkeit dieses Parlamentes doch nur eine beratende gewesen. „Wenn wir annehmen oder amendieren, sind wir eben Ratgeber", bemerkte vollkommen richtig der Abgeordnete Waldeck im preußischen Abgeordnetenhaus. Denn es fehlte diesem Parlamente zu einer rechtlich verbindenden Thätigkeit die absolut notwendige Voraussetzung, auf welcher die Rechtskraft aller parlamentarischen

---

die richtige Ansicht war aber in der vollkommen zutreffenden Note 1 auf S. 33 der 1. Auflage gegen Thudichum 51 mit großer Schärfe zum Ausdruck gebracht und die Meinung von der „kontrahierenden" Funktion jenes Parlamentes mit Recht als ein „höchst sonderbares Mißverständnis" bezeichnet. In der 2. Auflage ist diese Ausführung leider nicht enthalten. Es kann dahingestellt bleiben, ob die Einzelstaaten imstande waren, „durch ein in verfassungsmäßiger Weise zustande gekommenes Gesetz im voraus die zwischen den Regierungen und dem Parlament zu vereinbarende Verfassung anzuerkennen". Jedenfalls geschah dies nicht. Mit dem Zollparlament kann der sog. konstituierende Reichstag rechtlich nicht verglichen werden: das Zollparlament war die Volksvertretung des Norddeutschen Bundes als Staates; die Einbeziehung der süddeutschen Staaten in dasselbe ist allerdings rechtlich nicht konstruierbar.

[13] Mejer, Einleitung 284 f. Meyer, Lehrb. §. 64 N. 7. 15, u. bes. Hänel StR. I, 27[6].

Thätigkeit beruht: der Staat.[14] Das norddeutsche Parlament v. 25. Februar 1867 hatte in seiner Gesamtheit gar keine gesetzliche, sondern nur eine vertragsmäßige Basis. Die Beschlüsse desselben hatten als solche keine Rechtskraft, sondern mußten eine solche erst durch die Einzelstaaten erhalten.[15]

Das Parlament war vom König von Preußen kraft der ihm von den verbündeten Regierungen erteilten „Vollmacht“[16] berufen worden. Alsbald wurde demselben der von den Regierungsvertretern zuvor festgestellte Verfassungsentwurf vorgelegt. Nach längerer Beratung wurde die Verfassung, gegenüber dem vorgelegten Entwurfe nicht unerheblich verändert, mit 230 gegen 53 Stimmen, darunter 11 Polen und 5 Vertreter von Berlin, am 16. April 1867 angenommen; die verbündeten Regierungen stimmten diesen Abänderungen sofort zu.[17] Somit war die Verfassung „vereinbart“.

Staatsrechtlich aber war damit noch nicht mehr erreicht, als daß den Bestimmungen des Augustvertrages über Mitwirkung eines Parlamentes zur Herstellung der Bundesverfassung genügt war: die Verfassung selbst war dadurch weder Gesetz noch Vertrag geworden, vielmehr vorerst nichts mehr und nichts weni-

---

[14] Genau ebenso jetzt Hänel StR. I, 20.

[15] Ebenso jetzt Hänel a. a. O.: „sie konnten immer nur auf den vertragsmäßigen Vereinbarungen der Regierungen beruhen“; „damit verpflichteten und berechtigten sich die Verbündeten gegenseitig, nur eine Verfassung zum Inhalte ihrer Vereinbarung zu machen, welche die Zustimmung des Parlamentes gefunden hatte“. Vgl. auch S. 20[18].

[16] Hahn 496; Laband I, 20; Hänel StR. I, 28.

[17] Text des betr. Protokolles d. d. 16. April bei Hahn 575.

ger als ein rechtlich ganz unverbindlicher Entwurf. Durch Annahme des Entwurfes, wie er aus den Beratungen des Parlamentes hervorgegangen war, hatten sich die Regierungen jedoch neuerdings verpflichtet, auf der Basis des, gemäß Art. II u. V des Augustvertrages, mit dem Parlament „vereinbarten" Verfassungsentwurfes diejenigen Schritte zu thun, welche zur endlichen Erfüllung des Augustvertrages, nämlich zur Aufrichtung des Bundesverhältnisses selbst, noch notwendig waren.[18]

III. Zu diesem Zwecke mußten zunächst abermals die gesetzgebenden Faktoren der 22 Einzelstaaten in Bewegung gesetzt werden. Die sämtlichen Regierungen, mit einziger Ausnahme von Braunschweig, das die Zustimmung zum Augustvertrag für genügend erachtete, legten ihren Kammern den „vereinbarten" Verfassungsentwurf vor,[19] und allenthalben wurde derselbe unverändert angenommen. „Es ist unzweifelhaft und ist nirgends bezweifelt worden, daß dem Inkrafttreten der Bundesverfassung eine Änderung der Partikularverfassungen auf verfassungsmäßigem Wege vorhergehen müsse." (Hänel.) Eine Rechtspflicht zu unveränderter Annahme bestand somit keineswegs:[20] jede Ab-

[18] Laband I, 23 f. charakterisiert den Rechtszustand scharf und treffend.

[19] Binding 30 f. erklärt dies für rechtswidrig, nachdem die Parlamente den Augustvertrag angenommen hatten. S. dagegen Hänel StR. I, 24 f., der ausführt, daß ein solcher Verzicht der Einzellandtage, einer Annahme „im voraus" (Laband I, 18²) — thatsächlich erfolgte nur in Braunschweig ein solcher Verzicht — staatsrechtlich unmöglich war (s. folgende Note).

[20] Wenn Laband I, 19 sagt: „jeder Versuch eines Einzellandtages, an der Feststellung der Verfassung positiven Anteil zu nehmen, hätte die Regierungen ihrer vertragsmäßigen Verpflichtung entbunden", so ist dagegen zu bemerken, daß vielmehr ein solcher Anteil der Einzelland-

änderung aber hätte zu überaus weitläufigen neuen Verhandlungen führen müssen.

Wie aber läßt sich der juristische Sinn der in den 22 Einzelstaaten erfolgten „Annahme" der Bundesverfassung präcisieren?

Das formelle Verfahren in den Einzelstaaten gegenüber dem Verfassungsentwurf unterschied sich in nichts von dem Verfahren gegenüber anderen Gesetzentwürfen: in Form von 22 Einzelstaatsgesetzen [21] wurde die Bundesverfassung angenommen und verkündet.

Gleichwohl aber ist es staatsrechtlich durchaus falsch, den juristischen Inhalt dieses Vorganges dahin zu bezeichnen: die Bundesverfassung sei übereinstimmendes Einzelstaatsgesetz der 22 verbündeten Staaten geworden.[22] Mit Recht ist dagegen der durchschlagende Grund geltend gemacht worden,[23] daß ein Einzelstaatsgesetz mit dem Inhalt der Bundesverfassung eine staatsrechtliche Unmöglichkeit war. Ein Staat kann auf gesetzlichem Wege nur über sich und seine Angelegenheiten disponieren, nicht aber kann ein sächsisches Gesetz bestimmen, daß der König von Preußen den Ober-

---

tage absolut notwendig und selbstverständlich, geradezu ein Bestandteil der „vertragsmäßigen Verpflichtungen" war. Die Einzellandtage konnten staatsrechtlich garnicht auf ihre positive Mitwirkung, die eine Konsequenz der konstitutionellen Prinzipien war, verzichten. Vortrefflich Laband I, 24: „Hierzu waren die Regierungen der verbündeten Staaten nach dem Staatsrecht der letzteren ohne Zustimmung der Landesvertretungen nicht befugt." Richtig G. Meyer, Lehrb. 154 f., über das Recht der Landtage.

[21] Der Text dieser Gesetze findet sich bei Glaser, Archiv I H. 4 S. 117 ff.

[22] Seydel 5 ff.

[23] Hänel, Stud. I, 53, 75 ff.; Laband I, 24 ff.

befehl über mecklenburgische Truppen zu führen habe. Die Ansicht, die Bundesverfassung sei übereinstimmendes Einzelstaatsgesetz von 22 Staaten geworden, ist durch Hänel definitiv beseitigt worden.[24]

Ganz ebenso irrig aber, wie diese Meinung, ist die andere: die Bundesverfassung sei durch jene Einzelstaatsgesetze übereinstimmender „völkerrechtlicher Vertrag“ geworden und habe dadurch „ihre verbindliche Kraft in den Einzelstaaten gewonnen“.[25] Alle Gründe, welche gegen das „übereinstimmende Einzelstaatsgesetz“ sprechen, sprechen ganz ebenso gegen den „übereinstimmenden völkerrechtlichen Vertrag“; so wenig ein sächsisches Gesetz über mecklenburgische Truppen, so wenig kann ein Staatsvertrag zwischen Sachsen und Preußen über mecklenburgische Truppen irgendwelche „verbindliche“ Norm konstituieren. Das eine ist staatsrechtlich genau so unmöglich wie das andere, da Staatsverträge nur durch Gesetz rechtlich bindende Kraft erlangen können.[26] Vor allem aber hat die Bundesverfassung überhaupt nicht die rechtliche Natur eines Ver-

---

[24] Jetzt auch Hänel StR. I, 29 ausgezeichnet.

[25] Meyer, Lehrb. S. 153: „Die Gründung des norddeutschen Bundes ist durch einen völkerrechtlichen Vertrag erfolgt; auf demselben beruht auch die Verbindlichkeit seiner Verfassung.“ Auch Westerkamp 21 nimmt einen völkerrechtlichen Vertrag als rechtliche Basis der Bundesverfassung an. Kontrahenten dieses Vertrages seien gewesen: „1. die Fürsten und die freien Städte in Norddeutschland; 2. die Bevölkerungen der einzelnen Staaten, repräsentiert durch ihre gesetzlichen Vertreter; 3. das norddeutsche Volk in seiner Gesamtheit, repräsentiert durch den konstituierenden Reichstag.“ S. ferner die Angaben bei Laband I, 30[2].

[26] S. unten §. 18 über die Staatsverträge. Völlig übereinstimmend hier Laband I, 31.

trages, was weiterhin noch nachzuweisen sein wird (vgl. unten §. 4).

Der Inhalt jener 22 Einzelstaatsgesetze kann staatsrechtlich vielmehr nur mit Laband[27] dahin präzisiert werden:

Die 22 Staaten gaben in Form von Gesetzen übereinstimmend die Erklärung ab, vom 1. Juli 1867 ab Glieder eines auf der Basis der von den Regierungen und dem Parlament „vereinbarten" Verfassung zu errichtenden Bundesstaates sein zu wollen.

Nur in diesem Sinne war es möglich, daß die Einzelstaaten die Bundesverfassung „annahmen", daß die letztere „Gesetz" der Einzelstaaten wurde.[28]

Die Bundesverfassung selbst hatte aber auch dadurch noch keinen rechtlich verbindenden Charakter gewonnen, der Bundesstaat selbst war auch dadurch noch nicht staatsrechtlich existent geworden. Wohl aber war damit die letzte „Vorbedingung" — preuß. Thronrede v. 24. Juni 1867 — für das Existentwerden erfüllt. Die Einzelstaatsgesetze der 22 Staaten enthalten die Über-

---

[27] I, 25 ff. Wenn Hänel 30 die Partikulargesetze als „Ausführungsgesetze zum Augustvertrag" bezeichnet, so ist dies zutreffend; ob sie aber „bedingt" in dem Sinne waren, daß jedes einzelne nur unter der Voraussetzung des Inkrafttretens aller Rechtskraft empfangen sollte, kann füglich dahingestellt bleiben. Gegen die im wesentlichen nur negative Bedeutung — Außerkraftsetzung des der Verfassung widersprechenden Partikularrechtes — der Einzelstaatsgesetze (Hänel, Stud. I, 76) s. die zutreffende Erörterung bei Laband I, 26 f.

[28] Hänel StR. I, 30: „es war für jede, auch die höchste juristische Technik unmöglich, diesen Rechtssatz anders zu formulieren, als dadurch, daß die vereinbarte Verfassung für jeden Einzelstaat rechtsverbindlich verkündet werde."

nahme einer zukünftigen, am 1. Juli 1867 — dieser Zeitpunkt ist in allen Partikulargesetzen mit Ausnahme von Braunschweig (s. oben S. 26[19]) ausdrücklich genannt — zu erfüllenden Leistung.[29]

IV. Am 1. Juli 1867 trat der norddeutsche Bundesstaat ins Leben. Auf diese Thatsache und auf diesen Zeitpunkt waren die 22 Einzelstaatsgesetze gerichtet. Nur der 1. Juli kann staatsrechtlich als der Geburtstag des deutschen Bundes in Betracht kommen. Das Entstehen eines Staates ist an sich immer etwas lediglich Faktisches:[30] so auch beim nord-

[29] Laband I, 29 sagt, daß die Publikationsgesetze und die zu ihrer Durchführung erfolgten Regierungs-Handlungen die „Gründung des Bundes“ „darstellen“. Nur die „Regierungshandlung“ aber, die im Text sub IV bezeichnet ist, kann als „Gründung des Bundes“ im eigentlichen Sinne bezeichnet werden. Es ist ein Widerspruch, wenn Laband a. a. O. sagt: „die Publikationsgesetze — — stellen die Gründung des Bundes dar“, und unmittelbar darauf: „am 1. Juli war der nordd. Bund errichtet, nicht früher und nicht später“. Die Publikationsgesetze sind nicht vom 1. Juli. Das „Leistungsversprechen“ gab jeder Staat den sämtlichen außer ihm beteiligten in gesetzlicher Form; dasselbe war allerdings schon im Augustvertrag enthalten, hatte aber nunmehr erst seine endgültige rechtliche Formulierung gefunden (vgl. Laband I, 29[4] mit 24).

[30] Dieser bereits in der 1. Aufl. lange vor Jellinek und Liebe (Laband I, 32[2]) zum Mittelpunkt der Konstruktion gemachte Satz hat seitdem mehrfach Vertretung gefunden, so von Stengel in seinem Wörterb. d. D. Verwalt.-R. II, 179 und bes. von Jellinek in seinem Werke über die Staatenverbindungen S. 162, 259: vgl. auch Mejer, Einleit. 301 und Gierke in Schmollers Jahrb. VII, 1153. Auch Hänel StR. I, 32 sagt doch das Nämliche in den Worten: „der hierzu vertragsmäßig Berufene mußte in demselben Atemzug, in dem er sich zum Organ des Bundes aufwarf, die für den Bund vereinbarte Verfassung dem Bunde als solchem aneignen“; wenn er dann freilich fortfährt: „und sie, wie dies der Vertrag

deutschen Bunde.[81] Der Augustvertrag war gerichtet auf Herstellung eines Bundesstaates: dazu bedurfte es der durch Gesetze zu erteilenden Zustimmung der beteiligten Staaten:[82] diese wurde erteilt mit der Maßgabe, daß die bereits festgestellte Verfassung die staatsrechtliche Grundlage für den Bundesstaat zu bilden habe: daraufhin konstituierte sich am 1. Juli die neue Staatsgewalt, welche in der Ein-

---

wollte, als die verfassungsgesetzliche Norm für sich selbst wie für jeden, den es anging, anerkennen und verkünden", so ist und bleibt dies eine generatio aequivoca, abgesehen überdies davon, daß das Präsidium allein dies rechtlich garnicht konnte. Wenn die Entstehung des Staates etwas Thatsächliches und „juristisch nicht ableitbar" ist, so muß dies ebenso für Staatenbildungen bei hochentwickelter Kultur, wie für solche der Vorkultur gelten; es ist nicht zu erkennen, worauf hier eine Verschiedenheit gegründet werden könnte. Aber etwas völlig anderes sind die Vorgänge, welche „zur Aufrichtung der neuen Staatsgewalt" führen, als diese Aufrichtung selbst; erstere können „juristisch erfaßt werden nach den Rechtsvorschriften der bereits bestehenden Staatsordnung, unter deren Herrschaft sich diese Vorgänge vollziehen". Aber diese Möglichkeit reicht nur bis zur Schwelle des neuen Staates, sie kann nur bestehen für die „Gründungsvorgänge", nicht für die Gründung selbst. Brie, Theorie der Staatenverb. 7 ist, soviel ich sehe, der einzige Schriftsteller, der auch die Entstehung des Staates für einen rechtlichen Vorgang hält.

81 So sagt auch Laband I, 27: „die Gründung des norddeutschen Bundes — — kann nicht als die Aufstellung einer Rechtsregel angesehen werden, sondern als eine That"; Laband zieht aber aus diesem richtigen Gesichtspunkte nicht die juristischen Konsequenzen. Keineswegs wurde dieser „Entschluß" „verwirklicht" durch die Einzelstaatsgesetze, durch die letzteren wurde er nur „erklärt". So Laband selbst S. 28: „der Entschluß des Staates, in den durch diese Verfassung definierten Bund einzutreten, ist in jedem Einzelstaat durch Landesgesetz erklärt worden"; ebenso S. 33.

82 Jellinek, Staatenverb. 256 spricht von einer That des deutschen Volkes, s. dagegen Zorn in Hirths Ann. 1884, S. 477; Laband I, 88[1].

heit der verbündeten Regierungen bestand und bis heute besteht. Damit war der Augustvertrag erfüllt, folglich, gemäß der klaren Vorschrift des Art. VI, juristisch dahingefallen:[33] als Dokument eines völkerrechtlichen Vertragsverhältnisses[34] zwischen den verbündeten Staaten hat er seit dem 1. Juli, seit der Aufrichtung des staatsrechtlichen Baues, der die verbündeten Staaten umschließt, nur mehr historische Bedeutung.[35]

Welches aber ist das staatsrechtliche Verhältnis der Bundesverfassung zu dem neu konstituierten Staatswesen?

In dem Publikandum des Königs von Preußen vom 26. Juli 1867 ist gesagt, daß die Bundesverfassung seit 1. Juli Gesetzeskraft erlangt hat. Die rechtliche Konstruktion dieses Verhältnisses bietet erhebliche Schwierigkeiten. Laband durchhaut den Knoten, indem er sagt: der neue Bundesstaat habe sein Grundgesetz, seine Verfassung „gleich mit auf die Welt gebracht".[36] Dies ist that-

[33] Hänel, Stud. I, 77.

[34] Laband I, 47. Grund zur Polemik gegen Hänel liegt m. E. hier für Laband nicht vor, da beide Schriftsteller nur im Wort, nicht in der Sache differieren.

[35] Hänel, Stud. I, 87 ff.

[36] Staatsrecht I, 33 (1. Aufl.). In der 2. Aufl. ist an Stelle dieses Satzes eine längere Erörterung S. 30—33 getreten, deren negativer Teil völlig konkludent ist, während der positive die Streitfrage nicht erledigt, s. dazu unten Note 43. Ganz unzureichend ist die Argumentation von Brie, Staatenverb. 130 f., der sein „unzweifelhaft Reichsgesetz" in keiner Weise beweist. Die Abhandlung von Bornhak im Archiv f. öff. R. VII, (1892), 329 ff. über „die vertragsmäßigen Grundlagen der Reichsverf." enthält eine gute kritische Erörterung der großen wissenschaftlichen Streitfrage, ohne zur Lösung neues beizubringen. Den von Jellinek übernommenen Satz: „jeder Versuch, die Bundesverfassung als Rechtsprodukt konstruieren

sächlich unzweifelhaft richtig; für die juristische Betrachtung aber erhebt sich die Schwierigkeit: wie ist es möglich, daß ein Staat und sein Gesetz zugleich in einem Akte entstehen, da doch jedes Gesetz begrifflich eine Staatsgewalt voraussetzt? Diese Schwierigkeit löst Laband nicht. Ebensowenig Hänel,[37] wenn er sagt: „in rechtlich gebundener Ausführung des Vertrags, durch die auf die Erfüllung desselben gerichtete Handlungsweise der Beteiligten wird es bewirkt, daß der Inhalt der im Vertrag für das zu begründende Staatswesen vorgesehenen Verfassung mit dessen Begründung zum Inhalt des organisierten Gemeinwillens erhoben wird und damit losgelöst von ferneren vertragsmäßigen Dispositionen der Gründer als das eigene Gesetz des begründeten Staates gilt." Ihre Lösung liegt in folgender Deduktion.

Der Begriff „Verfassung" im engeren Sinne — im weiteren Sinne ist überhaupt jede wie immer geartete Ordnung eines Staates eine „Verfassung"[38] — geht dahin:

---

zu wollen, ist eitel. Sie erscheint ebensowohl wie der Bundesstaat, mit dem sie entstand, als juristisch nicht faßbares Erzeugnis geschichtlicher Thatsachen" (S. 357) halte ich aus den unten N. 40 gegen Jellinek beigebrachten Gründen für unmöglich; das Bornhaksche Ergebnis, das mit dem Texte übereinstimmt (s. 1. Aufl. 1880, S. 26), kann eben nur durch die von Bornhak S. 357[21] „begrifflich" wie „historisch" abgelehnte Deduktion gewonnen werden, die Bornhaksche negiert den Rechtscharakter des Verfassungsrechtes überhaupt, s. unten N. 40, 43.

[37] StR. I, 36. Die Konstruktion von Mejer, Einl. 302, der sich im übrigen an Laband anschließt: die Annahme der Verfassung sei ein „Unterwerfungsantrag" unter Preußen gewesen, ist rechtlich unhaltbar.

[38] S. die treffende Bemerkung über den „willkürlichen Sprachgebrauch" von Mejer, Einl. (2) S. 10.

die bisher absolute monarchische Staatsgewalt beschränkt sich selbst bei Ausübung der staatlichen Funktionen, speziell der höchsten derselben, der Gesetzgebung, durch Zuziehung von Vertretern des Volkes, überhaupt durch Aufrichtung einer Ordnung, an welche der Träger der Staatsgewalt künftig gebunden sein zu wollen erklärt. Die Erteilung einer Verfassung in diesem Sinne ist staatsrechtlich immer eine Konzession,[39] welche der Träger der Staatsgewalt, der Monarch, an einen anderen bisher nicht berechtigten Faktor, das Volk, bezüglich der Ausübung der Staatsgewalt macht.

Die Konsequenz dieses Satzes führt mit logischer Notwendigkeit zu dem Schlusse: der Staat und die Staatsgewalt sind immer das Primäre, die Verfassung, d. i. die Ordnung der Gewalten im Staate (Aristoteles Pol. IV, 4), und folglich insbesondere auch die konstitutionelle Beschränkung bei Ausübung der Staatsgewalt kann begrifflich erst das Sekundäre sein.

Um sich die Entstehung des norddeutschen Bundes staatsrechtlich klar zu machen, muß man demnach unterscheiden: zuerst trat die neue Staatsgewalt, die juristische Einheit der 22 vorher unabhängigen und souveränen Staaten, faktisch ins Leben; diese neue Staatsgewalt hat sofort eine Verfassung, und zwar wozu sich deren Faktoren erst vertragsmäßig unter sich, dann

---

[39] Vgl. hierher Jellinek, Gesetz u. Verordnung 94[29] und die dort cit. Beläge: Einl. z. oktroy. Charte von 1815, Bayr. Verf. T. 7. II §. 1.

jeder einzelne gesetzlich verpflichtet hatten, eine Verfassung, durch welche sie sich konstitutionell beschränkte, erlassen. Die norddeutsche Bundesverfassung ist demnach staatsrechtlich als Gesetz oktroyiert, und zwar sofort beim Inslebentreten des neuen Bundesstaates, thatsächlich mit, staatsrechtlich sofort nach dessen Errichtung.[40] Staatsrechtlich sind überhaupt alle Verfassungen als „oktroyiert" zu betrachten; der Begriff einer „paktierten", „vereinbarten" Verfassung ist staatsrechtlich nicht konstruierbar.[41]

---

[40] Den Satz, daß die Entstehung des Staates etwas Faktisches, nichts Rechtliches sei, betont auch Jellinek, Staatenverbindungen 266. Wenn er aber weiter behauptet, auch die erste „Verfassung" sei als „logische Voraussetzung des Staates selbst" lediglich etwas Faktisches und juristisch „nicht weiter ableitbar", so liegt in dieser Deduktion eine Verwechselung von Staatsgewalt und Ordnung der Gewalten. Für die Staatsgewalt an sich sind Jellineks Sätze richtig, nicht aber für die Ordnung der Gewalten d. i. die Verfassung. Überdies: wenn die erste Verfassung juristisch nicht weiter ableitbar wäre, so wäre es auch keine spätere und in notwendiger Konsequenz auch kein auf Grund der Verfassung erlassenes Gesetz. Mit dem Text ganz übereinstimmend Bake 157 ff.; s. dazu Zorn in Hirths Ann. 1884, 459 ff. u. bes. 477 ff. über den Rechtscharakter der Verfassung; vgl. auch Brie bei Grünhut XI, 151; Rosin 39; G. Meyer, Lehrb. 154 ff. Wenn Hänel StR. I, 32[17] ausführt, man müsse unterscheiden zwischen der unter den Regierungen mit dem Reichstag „vereinbarten Verfassung als eines Maßstabes vertragsmäßiger Rechte und Pflichten behufs Konstituierung des Bundes" und der „infolge der vertragsmäßig herbeigeführten Konstituierung des Bundes zur Geltung gelangten Verfassung des Bundes" — so wissen wir eben doch schlechterdings nicht, woher diese „Geltung" kommt. Auf diese Frage bleibt Hänel die Antwort durchaus schuldig. Vgl. ferner noch unten §. 3 N. 22 über die Hänelsche Konstruktion.

[41] Dies wird sehr treffend von Hänel in folgendem Satze (Stud. I, 33 ff.) ausgesprochen: „im modernen Staat, wo die Rechtsverbindlichkeit

Die oben gegebene Deduktion ist nicht wertlose Haarspalterei; sie allein giebt vielmehr die Möglichkeit einer richtigen Erfassung der Grundbegriffe des konstitutionellen Staatsrechtes überhaupt; sie allein bietet ferner für unser Reichsstaatsrecht die Möglichkeit, der Verfassung den Charakter des Gesetzes zu retten und damit dem Reich die feste staatsrechtliche Basis. Andernfalls würden wir immer zu der Seydelschen, auch von G. Meyer[42] geteilten, Annahme gedrängt, die Reichsverfassung sei ein Vertrag, und wir müßten auch alle Konsequenzen dieser Annahme für das Reichsstaatsrecht gelten lassen, also vor allem die Möglichkeit einer legalen Auflösung des Reichs durch einen neuen Vertrag (dazu unten §. 4).[43]

---

auch der paktierten Verfassung der Sanktion des Monarchen entstammt, bedeutet die Paktierung nicht mehr als die rechtlich anerkannte Mitwirkung der zur Vertretung öffentlicher Interessen und Rechte Berufenen an der Willensbildung des Staates in der Form der Zustimmung zu einer Gesetzesvorlage". Vorzüglich auch Laband I, 516, 539. Man sollte aber unter diesen Umständen eine so irreführende Bezeichnung wie „paktiert" ganz vermeiden.

[42] Lehrb. §§. 64, 67. Vgl. auch v. Martitz (1868) S. 6, 136 ff. Brie, Theorie der Staatenverbindungen S. 130 ff., dazu Laband I, 30². Für den Satz: „die Reichsverfassung ist ihrer Entstehung nach Vertragsrecht, ihrer Geltung nach Gesetzesrecht" bleibt G. Meyer jede Erklärung schuldig.

[43] Die Konstruktion des Textes lehnt Laband I, 31 ff. auch in der 2. Auflage ab. Er sagt: „man kann sich weder die Verfassung ohne Staat, noch den Staat ohne Verfassung denken; beides muß gleichzeitig gegeben sein." Das ist nur richtig, insofern man Verfassung im allgemeinsten Sinne des Wortes = Staatsgewalt setzt. „Der Norddeutsche Bund wurde in das Leben gerufen von Staaten, die vor ihm da waren und sich zu diesem Zwecke vereinigt hatten." Dies ist richtig. „Sie haben ihm seine Verfassung gegeben." Wenn dieser Satz juristisch verstanden werden soll, so giebt es keine Möglich-

V. Am 26. Juli 1867 erließ der König von Preußen ein Publikandum, in welchem er erklärt, einmal, daß die Bundesverfassung am 1. Juli 1867 Gesetzeskraft im gesamten Bundesgebiet erlangt habe;[44] ferner, daß er die ihm durch die Bundesverfassung

keit als die Theorie Seydels; denn jener Satz ist ein absoluter und unausgleichbarer Widerspruch gegen den unmittelbar zuvor von Laband präzisierten Rechtsgrundsatz (S. 31 Note): „Die Verfassung begründet für die Gliedstaaten Unterthanenpflichten, sie hat eine staatsrechtlich verpflichtende Kraft, sie setzt daher eine über den Staaten stehende Herrschaft voraus." Dies ist richtig, darum aber muß es juristisch falsch sein, daß die Gliedstaaten dem Reich die Verfassung gegeben haben. Wenn die Verfassung „nicht als ein Akt der Bundesgesetzgebung gedacht werden kann", wenn sie „nicht eine Willensbethätigung des Bundes, sondern eine freie Willensthat der bei der Gründung beteiligten Staaten" ist, dann hat lediglich Seydel Recht. Die Sätze: „der Bund hat gleich bei seiner Geburt seine Konstitution und Organisation mit auf die Welt gebracht", „die Einzelstaaten haben dieser Verfassung nicht sich selbst, sondern dem von ihnen errichteten Gemeinwesen gegeben", sprechen lediglich eine generatio aequivoca aus. Denn: „bei dem Staate, auch dem zusammengesetzten, ist der Wille des Staates verschieden von dem Willen seiner Mitglieder; er ist nicht die Summe ihrer Willen, sondern ein ihnen gegenüber selbstständiger Wille", sagt sehr richtig Laband I, 54. Ebenso Rosin 39: „ein Willensakt einer sich vereinigenden Personenmehrheit, welche, indem sie ihren Gemeinwillen als Einheit setzt, in dieser Einheit eine neue ihr übergeordnete Persönlichkeit ins Leben ruft — — einmal ins Leben gerufen, besteht der Organismus des Gesamtstaates durch sich selbst und beherrscht damit unter Negierung jeder anderen Souveränetät von seinem Willen aus den Willen der Einzelstaaten — die Bundesverfassung ist Wille und Gesetz des Gesamtstaats, sie wirkt durch seinen Gesetzesbefehl. Wenngleich der Inhalt dieses Gesetzes als ein durch vertragsmäßige Vereinbarung der Einzelstaaten gegebener vom Gesamtstaat vorgefunden werden kann, ist die Verfassung selbst doch nie ein zwischen den Staaten bestehender Vertrag, sondern der Wille ihrer Einheit, den diese mit dem Moment ihrer Entstehung sich zu eigen macht."

[44] Wenn Hänel, Stud. I, 77

übertragenen Präsidialpflichten übernehme. Dieses Publikandum hatte keinerlei juristisch konstitutive, sondern nach seinen beiden Seiten nur deklaratorische Bedeutung, insbesondere auch was die Präsidialpflichten angeht, da deren Übernahme bereits vorher durch die konkludente Handlung der Ausübung erklärt war.

VI. Das Bundesparlament wurde nunmehr neu gewählt, da das früher gewählte nur eine Notablenversammlung mit beratendem Charakter und erst jetzt die staatsrechtliche Basis für eine rechtlich verbindende Thätigkeit des Parlamentes gegeben war. In Art. 20 der nordd. Bundesverfassung war bestimmt: „Der Reichstag geht aus allgemeinen und direkten Wahlen mit geheimer Abstimmung hervor, welche bis zum Erlaß eines Reichstagswahlgesetzes nach Maßgabe des Gesetzes zu erfolgen haben, auf Grund dessen der erste Reichstag des Norddeutschen Bundes gewählt worden ist." Damit war zugleich mit der Verfassung das Wahlgesetz vom 12. April 1849 oktroyiert und auf Grund desselben erfolgte sodann weiterhin in gesetzmäßiger Weise die Bildung des ersten wirklichen — im staatsrechtlichen Sinne — deutschen Reichstages.

VII. Der alte deutsche Bund war vollkommen beseitigt;

das Datum dieses Publikandums als juristischen Entstehungstermin der Verfassung betrachtet, so spricht hiergegen einmal der Wortlaut des Publikandums, sodann, wie insbesondere Laband I, 30[1] hervorhebt, daß der Bund in diesem Falle 26 Tage ohne Verfassung gewesen wäre. Vgl. auch Meyer, Lehrbuch 140 Note. Auch im Staatsrecht I, 33 hält Hänel jene Annahme aufrecht: „unter Rückdatierung" auf den 1. Juli sei die Verfassung durch das Publikandum in Kraft gesetzt worden.

rechtlich besteht keinerlei Zusammenhang irgendwelcher Art zwischen ihm und der neuen staatsrechtlichen Gestaltung Deutschlands.[45] Von den Staaten des ehemaligen deutschen Bundes waren: a) sechs in Preußen aufgegangen; b) Österreich ganz ausgeschieden; c) die 22 oben unter I genannten zu einem neuen Staat umgebildet worden; d) Luxemburg mit Limburg durch Staatsvertrag der Großmächte d. d. London 11. Mai 1867 gleichfalls definitiv aus dem staatsrechtlichen Verhältnis mit Deutschland gelöst worden;[46] verblieben noch e) die drei süddeutschen Staaten Bayern, Württemberg, Baden, dazu Hessen für seine südlich des Maines belegenen Teile, indes das nördliche Gebiet dieses Staates zum Norddeutschen Bunde gehörte.[47]

Die südlich des Maines belegenen deutschen Staaten blieben nach Maßgabe des Prager Friedens aus dem deutschen Bundesstaate ausgeschlossen, und es wurde für dieselben ein Südbund, der sich mit dem Nordbund über eine „nationale Verbindung" „verständigen", aber „eine internationale selbständige Existenz haben wird", vorbehalten.[48]

Dieser Südbund kam nicht zustande; die süddeutschen Staaten waren vielmehr vom 14. Juni 1866 bis 1. Jan. 1871 frei von jedem engeren Bundesverhältnis.

Mit dem norddeutschen Bunde aber waren die Südstaaten durch zwei Staatsverträge verbunden und dadurch

---

[45] Laband I, 8[1].

[46] Über Luxemburg in seinem Verhältnis zu Deutschland s. Mejer, Einl. §§. 46[16 u. 19], 68[4], 73[4].

[47] Vgl. Laband I §. 3; Schulze DStR. §§. 75 ff.; Hänel StR. I, 37 ff.; G. Meyer, Lehrb. 156 ff.; Brie in Preuß. Jahrb. XIX, 584 ff.

[48] Thudichum 22 ff.; Völderndorff 41 ff.

schon damals die militärische wie wirtschaftliche Einheit der Nation thatsächlich so gut wie ganz hergestellt.

1. Zugleich mit den Friedensschlüssen des Jahres 1866 war zwischen Preußen und jedem der drei süddeutschen Staaten eine Offensiv- und Defensiv-Allianz abgeschlossen worden, kraft deren sich die Kontrahenten a) gegenseitig die Integrität ihres Gebietsstandes garantierten, b) die Südstaaten sich verpflichteten, im Kriegsfalle ihre Truppen unter den Oberbefehl des Königs von Preußen zu stellen, c) auch im Frieden die militärische Einheit dadurch zu sichern, daß sie ihre Heereseinrichtungen konform denen des norddeutschen Bundes gestalten würden.[49] Über letzteren Punkt erfolgte noch eine spezielle Verständigung auf einer zu Berlin am 5. Febr. 1867 abgehaltenen Konferenz.

2. Durch Staatsvertrag v. 8. Juli 1867 wurde der Zollverein erneuert.[50]

Zölle und indirekte Steuern waren durch die Verfassung des Norddeutschen Bundes der Centralgewalt zugeschieden. Die Erneuerung des Zollvereins mit den süddeutschen Staaten erfolgte nun in der Weise, daß auch die Südstaaten für diese Materien völlig in den Bundesstaat eintraten: sie unterwarfen sich der bezüglichen Bundesgesetzgebung, wurden aber dafür an der Rechtsbildung für jene Materien in der Weise beteiligt, daß neben dem allgemeinen Bundesrat durch Hinzutritt von Vertretern der süddeutschen Staaten

[49] Text dieser Verträge im Staatsarchiv XII, 2733 ff., dazu noch inbetreff der Festungen in Hirths Annalen 1872, S. 1579 ff.

[50] BGB. 1867, 81 ff.; Hahn 624 ff. Vgl. zu dem Folgenden oben S. 5 f. u. unten B. II §. 30, ferner Hänel StR. I, 39 ff.

ein spezieller Zollbundesrat und neben dem allgemeinen Parlament durch Hinzutritt von Abgeordneten des Volkes der süddeutschen Staaten ein spezielles Zollparlament hergestellt wurde. Zollbundesrat und Zollparlament müssen als ganz selbständige staatsrechtliche Institutionen betrachtet werden, standen aber durchaus unter den nämlichen staatsrechtlichen Normen wie der allgemeine Bundesrat und das allgemeine Parlament.[51]

3. Ferner wurde auch bezüglich anderer Materien die Verbindung zwischen dem Nordbunde und den süddeutschen Staaten neuerdings durch Staatsvertrag geordnet.[52]

Das so hergestellte Verhältnis zwischen dem Nordbunde und den Südstaaten war an sich höchst abnorm und aller staatsrechtlichen Theorie spottend. Ganz besonders war dies beim Großherzogtum Hessen der Fall, indem Nordhessen Bestandteil des Bundes war, Südhessen dagegen im gleichen Verhältnis wie Bayern, Württemberg und Baden stand. Auch ohne die Ereignisse d. J. 1870 würde die staatsrechtliche Logik in kurzer Zeit zu einer Änderung dieser innerlich unhaltbaren staatsrechtlichen Verhältnisse haben führen müssen. Diese Überzeugung hat auch in der norddeutschen Bundesverfassung selbst Ausdruck gefunden, indem Art. 79 Abs. 2 den „Eintritt" der süddeutschen Staaten „auf dem Wege der Bundesgesetzgebung"[53] vorbehielt.

---

[51] Meyer, Lehrbuch §. 66. Das gesamte, für diese Entwickelungsstufe geltende Recht hat systematisch und mit Sorgfalt bearbeitet Thudichum in der mehrf. cit. Schrift: das Verfassungsrecht des Nordd. Bundes und des deutschen Zollvereins. Eine gedrängte gute Übersicht bei Meyer, Grundz. 162—170, 177—179.

[52] Laband I, 35 Z. 3.

[53] Hänel, Stud. I, 79 f.; Thudichum 86.

Eine rechtliche Bedeutung konnte diesem Satze nicht zukommen: er war aber charakteristisch als Symptom.[54] Rechtlich war er überflüssig und darum bedeutungslos, wenn er nur sagen wollte, daß der „Eintritt" der süddeutschen Staaten nicht ohne Zustimmung der gesetzgebenden Faktoren des Nordbundes solle erfolgen können, denn jener „Eintritt" war ja nicht ohne Abänderung der Verfassung möglich; ebenso wenn er besagen wollte, daß zum „Eintritt" nicht ein neuer Vertrag sämtlicher Bundesglieder erforderlich sein solle, denn Staatsverträge über Bundesangelegenheiten abzuschließen, waren ja die einzelnen Bundesglieder nach der Bundesverfassung garnicht mehr kompetent auch ohne Art. 79;[55] rechtlich unmöglich aber war er, wenn er sagen sollte, ein norddeutsches Bundesgesetz sei ausreichend zur Aufnahme eines der süddeutschen Staaten, da der norddeutschen Bundesgesetzgebung unmöglich die Kompetenz vindiziert werden konnte, über souveräne Staaten mit bindender Rechtskraft zu disponieren. Die Weiterentwickelung des staatsrechtlichen Verhältnisses zwischen dem Nordbunde und den Südstaaten konnte vielmehr vorerst nur auf dem Wege des Staatsvertrages zwischen dem Nordbunde und jedem der einzelnen Südstaaten erfolgen. Einen rechtlichen Sinn konnte jene Bestimmung

---

[54] Eine „Veränderung der Bundesidee" war der „Eintritt" der südd. Staaten gewiß nicht, aber eine „innere Angelegenheit" ebenso gewiß auch nicht. Die betr. Äußerung Laskers (citiert von Laband I, 35 f.) ist verwirrend. Ebenso unrichtig Schulze DStR. §. 75.

[55] Hänel, Stud. I, 80. S. jetzt StR. I, 46. Art. 59 besagte: „auf Vorschlag des Präsidiums", wodurch also jede andere Initiative zum „Eintritt" der süddeutschen Staaten ausgeschlossen war.

nur insofern haben, als sie das Erfordernis der Zweidrittelmehrheit im Bundesrat für Verfassungsänderungen in diesem speziellen Falle beseitigte: dies war juristisch möglich und, wie es scheint, auch der bestimmte Gedanke bei Feststellung des Satzes, der dafür gewählte Ausdruck aber war ganz unzutreffend.[56]

## §. 3.

## Die Aufrichtung des Deutschen Reiches.[1]

I. Die Offensiv- und Defensivallianz mit den Südstaaten wurde nach wenigen Jahren praktisch. Ohne Zögern und unter dem begeisterten Jubelruf des weit überwiegenden

---

[56] Von hohem Interesse ist noch ein von Sybel V, 396 f. mitgeteilter Brief, den König Ludwig II. von Bayern an König Wilhelm I. richtete, nachdem der Frieden zwischen Bayern und Preußen geschlossen. Derselbe hat folgenden Wortlaut: „Nachdem der Friede zwischen uns geschlossen, und eine feste und dauernde Freundschaft zwischen unseren Häusern und Staaten begründet ist, drängt es mich, dieser auch einen äußeren symbolischen Ausdruck zu geben, indem ich Ew. Königl. Majestät anbiete, die ehrwürdige Burg Ihrer Ahnen zu Nürnberg gemeinschaftlich mit mir zu besitzen. Wenn von den Zinnen dieser gemeinschaftlichen Ahnenburg die Banner von Hohenzollern und Wittelsbach vereinigt wehen, möge darin ein Symbol erkannt werden, daß Preußen und Bayern einträchtig über Deutschlands Zukunft wachen, welche die Vorsehung durch Ew. Königl. Majestät in neue Bahnen gelenkt hat.“ — Mit teilnehmender Freude — sagt Sybel — wird man diese Zeilen lesen, in welchen der später so unglückliche Fürst seiner deutschen Gesinnung ein schlichtes und schönes Denkmal gesetzt hat.

[1] Das Urkundenmaterial gesammelt bei Hahn, der deutsch-französische Krieg (Berlin 1871). Sehr ausführlich erzählt die Entstehungsgeschichte des Reiches Auerbach, das neue deutsche Reich (1871) S. 31 ff., jedoch ohne den Versuch einer juristischen Konstruktion zu machen. Für letztere die Arbeiten von Laband I §. 4 und Hänel, Stud. I, 79 ff., StR. I, 39 ff.; Meyer, Lehrb. §. 67; Seydel 3 ff.; Schulze DStR. §§. 76 ff.; Mejer, Einl. (2) 317 ff.

Teiles ihrer Bevölkerung erklärten die drei Südstaaten den Krieg, den Frankreich in frechster Weise mit dem Norddeutschen Bunde provoziert hatte, für den ihrigen: mit äußerster Schnelligkeit waren die Heereskräfte auch in Süddeutschland mobilisiert und ohne Zögern und Bedenken dem preußischen Oberbefehl unterstellt worden.

Noch während des Krieges begannen dann auch die Verhandlungen über Herstellung eines gesamtdeutschen Bundesstaates. Bereits im September 1870 hatte Bayern die Anregung hierzu gegeben; die ersten Verhandlungen, an welchen auch Württemberg sich beteiligte, fanden in München statt; Baden beantragte formell seine Aufnahme in den Norddeutschen Bund. Die Hauptverhandlung wurde sodann im großen Hauptquartiere zu Versailles geführt; Ende November war dieselbe beendet.

Die völkerrechtlichen Instrumente, welche die Gründung des Reiches vermittelten, sind:

1. Staatsvertrag zwischen dem Norddeutschen Bunde einerseits, Baden und Hessen andererseits d. d. Versailles 15. November 1870 (BGB. 627 ff., 650 ff.);[2]

2. folgende Staatsverträge zwischen den sub 1. genannten drei Staaten und Württemberg:

---

[2] Diesem Vertrag ist eine Neuredaktion der Verfassung beigefügt. Über den teilweise „bayrischen Ursprung" schon dieses Vertrages s. die von Laband I, 40 mitgeteilte Erklärung des Staatsministers Delbrück; vgl. ferner Hänel StR. I, 47 ff.

a) Vertrag d. d. Berlin 25. November 1870 (BGB. 654 ff.);

b) Schlußprotokoll zu a) v. gleichen Datum (BGB. 657);

c) Militär-Konvention v. $\frac{\text{Versailles 21.}}{\text{Berlin 25.}}$ Nov. 1870 (BGB. 658 ff.);

3. die Staatsverträge zwischen dem Norddeutschen Bund und Bayern:[3]

a) Vertrag d. d. Versailles 23. November 1870 (RGB. 1871, 9 ff.); Art. II enthält die neu redigierte Bundesverfassung;

b) Schlußprotokoll zu a) v. gleichen Datum (RGB. 1871, 23 ff.);

4. Württemberg, Baden und Hessen erklärten ihren Beitritt zu den sub 3. genannten Verträgen unterm 8. Dezember 1870.[4]

Dazu kam noch eine Verständigung sämtlicher deutscher Staaten v. 9. Dez. 1870 über die Bezeichnungen „Deutsches Reich" und „Deutscher Kaiser", die jedoch keine formaljuristische, sondern lediglich thatsächliche Bedeutung hat.[5]

Diese Staatsverträge (die „Novemberverträge") bilden das Analogon des Augustvertrages von 1866; sie waren gerichtet nicht auf dauernde immerwährende Verpflichtungen, sondern auf einen einzigen konkreten Akt: die

---

[3] S. über diese Verträge Mejer, Einl. 318[4, 5], 323 ff.

[4] Die Urkunde, welche einen integrierenden wichtigen Bestandteil des für die Entstehung des Reiches maßgebenden Vertragsmateriales bildet, ist nicht im RGB. publiziert. S. über den Vertrag Laband I, 40 Z. IV.

[5] Sten. Ber. d. 2. a. o. Sitz.-Per. d. Reichstags, Anl. Nr. 31.

Herstellung des gesamtdeutschen Bundesstaates vom 1. Januar 1871 ab.[6] Als Kontrahenten erscheinen, wie dies auch im Eingang zur jetzigen Reichsverfassung äußerlich zum Ausdruck kommt, nicht 25 sondern 5 Staaten: der Norddeutsche Bund, Bayern, Württemberg, Baden, Hessen. Zwischen diesen fünf Staaten war ein völkerrechtliches Vertragsverhältnis des oben angegebenen Inhalts zum Abschluß gelangt.[7]

Der Weg zur Erfüllung der Novemberverträge von 1870 war einfacher als s. Z. der Weg zur Erfüllung der Augustverträge. Eines „konstituierenden" Parlamentes zur „Vereinbarung" der Verfassung bedurfte es nicht mehr, vielmehr war diese in der Hauptsache bereits vorhanden. Was an Modifikationen durch den Zutritt der süddeutschen Staaten erforderlich war, war in den Verträgen stipuliert und danach eine vollständige Neuredaktion des Verfassungstextes vorgenommen worden. Vorerst aber galt noch einzig und allein die norddeutsche Bundesverfassung, jene neu redigierte Verfassung war lediglich Entwurf.

II. Um die Novemberverträge zu erfüllen, bedurfte es zunächst wieder, wie bei dem analogen Vorgang i. J. 1866, einer Mitwirkung der gesetzgebenden Faktoren der beteiligten Einzelstaaten. Diese erfolgte überall in der Weise, daß die abgeschlossenen Verträge in Form von Einzelstaatsgesetzen angenommen wurden, jedoch so, daß

---

[6] Badisch-Hessisch. V. Satz 2; Württemb. Schlußprot. Z. 1 a; Bayr. V. VI (inkorrekte Fassung: „gegenwärtiger Vertrag tritt mit dem 1. Januar 1871 in Wirksamkeit"). Vgl. Laband I, 41 ff.

[7] Laband a. a. O.; Hänel, Stud. I, 97; A. A. Meyer, staatsrechtl. Erört. 62.

1. der norddeutsche Reichstag unerhebliche Änderungen an den Verträgen vornahm, 2. die bayrische Volksvertretung nicht, wie vereinbart, vor dem 1. Januar, sondern erst am 30. Januar ihre Annahmeerklärung gesetzlich abgab.[8]

Was den ersten Punkt betrifft, so war die Berechtigung des norddeutschen Parlamentes zu diesem Vorgehen unzweifelhaft: juristisch qualifizierten sich die Abänderungen als Bedingungen, an welche die norddeutsche Volksvertretung ihr zur Errichtung des neuen Bundesstaates unbedingt erforderliches Jawort knüpfte. (S. oben S. 26[20]: das Verhältnis ist hier juristisch genau dasselbe.) Indem diese Bedingungen von den übrigen beteiligten Faktoren angenommen und mit Gesetzeskraft begabt wurden, erledigte sich dieser Punkt ohne Schwierigkeit.

Der zweite Punkt hatte seinen Grund in faktischen Hindernissen, welche sich einem rechtzeitigen Zusammentritt der bayrischen Kammern entgegengestellt hatten. Der am 1. Jan. 1871 neu konstituierte Staat (vgl. Z. III) existierte für Bayern vorläufig nur unter einer Resolutivbedingung: indem die Annahme der Verträge seitens der bayrischen Volksvertretung, und zwar mit rückwirkender Kraft erklärt wurde, erledigte sich auch dieser Punkt in dem Sinne, als sei jene Erklärung, wie die Verträge postulierten, vor dem 1. Januar abgegeben worden.[9]

Der Inhalt der fünf hier in Frage stehenden Einzelstaatsgesetze ist nicht etwa die Verfassung, weder so, daß dieselbe übereinstim-

---

[8] Bayr. GB. 1871 Nr. 22.

[9] Vgl. Laband I, 45: Meier 329.

mendes Einzelstaatsgesetz, noch so, daß dieselbe übereinstimmender völkerrechtlicher Vertrag geworden wäre: beides ist, wie oben §. 2, III nachgewiesen, juristisch unmöglich. Der Inhalt jener fünf Einzelstaatsgesetze ist vielmehr, und zwar bei allen fünf Gesetzen, ganz in gleicher Weise,[10] die Erklärung des betreffenden Staates in der feierlichen Form des Gesetzes:

> auf der Grundlage des vorgelegten Verfassungsentwurfes ein Bestandteil des vom 1. Januar 1871 ab zu konstituierenden Bundesstaates sein zu wollen.[11]

Das staatsrechtliche Verhältnis ist somit hier genau das nämliche, wie bei Entstehung des Norddeutschen Bundes: es kann darum einfach auf die oben §. 2, III gegebene staatsrechtliche Analyse der analogen Vorgänge bei Gründung des Norddeutschen Bundes verwiesen werden.

Der Bund aber war durch jene Einzelstaats-

---

[10] A. A. Laband I, 43, der dem norddeutschen Bundesgesetze eine „etwas abweichende Bedeutung“ vindiziert, als welche die vier süddeutschen Gesetze haben. Ebenso Hänel StR. I, 49 auf Grund des Vordersatzes: „der Inhalt und die Bedeutung der Novemberverträge ist ein durchaus anderer als derjenigen Verträge, insbesondere des Augustbündnisses, welche den norddeutschen Bund ins Leben riefen.“

[11] A. A. Meyer, Lehrb. §. 67: „die Gründung des deutschen Reiches und die Feststellung seiner Verfassung ist durch Verträge des Norddeutschen Bundes und der süddeutschen Staaten erfolgt.“ Richtig dagegen über die juristische Bedeutung der Einzelstaatsgesetze Laband a. a. O., gegen den jedoch Meyer a. a. O. mit Recht moniert, daß aus seiner Deduktion nicht hervorgehe, „durch welchen Akt die Gründung erfolgt ist und auf welchem Rechtsgrunde die Verbindlichkeit seiner Verfassung beruht“.

gesetze noch nicht konstituiert, sondern es war nur von den Beteiligten die bindende gesetzliche Verpflichtung übernommen, denselben in Zukunft, nämlich am 1. Januar 1871, konstituieren zu wollen.

Schon am 26. Dezember 1870 hatte auch Österreich, das auf Grund des Prager Friedens einen Rechtsanspruch auf „unabhängige internationale" Existenz der Südstaaten hätte geltend machen können, seine Zustimmung zu der projektierten Neugestaltung der Dinge in Deutschland erteilt.[12]

III. Demgemäß trat am 1. Januar 1871 der neue deutsche Bundesstaat ins Leben, mit der für Bayern oben bezeichneten Modifikation. Nur der 1. Januar 1871 kann juristisch als Geburtstag des Reiches in Betracht kommen: darüber ist nach dem Wortlaut der Verträge kein Zweifel zulässig.[13] Die neue Centralgewalt d. i. die Einheit der 5 (bezw. 4 + 22)[14] „verbündeten Regierungen" war vom 1. Januar ab in Funktion. Damit waren die Novemberverträge erfüllt und dahingefallen; sie haben seit 1. Januar 1871 nur rechtshistorischen Wert als die ursprüngliche

[12] Hahn 809.

[13] Richtig Laband a. a. O. und Riedel 4, indes nach Meyer a. a. O. die „Gründung" „im November 1870" erfolgte.

[14] Die von Laband I, 44[1] aus meiner Ansicht gezogene Konsequenz erkenne ich theoretisch an, praktisch ist die Streitfrage bedeutungslos. Übrigens sagt Laband 45 selbst: „die Gründung des Deutschen Reiches stellt sich als eine Handlung dar, welche der Norddeutsche Bund, Hessen, Baden, Württemberg und Bayern am 1. Januar 1871 vollzogen und durch welche sie die Novemberverträge erfüllten."

völkerrechtliche Grundlage für den staatsrechtlichen Neubau Deutschlands.[15]

Die Reichsverfassung aber, welche vom 1. Januar 1871 bis zum 4. Mai 1871 in Rechtskraft stand, ist staatsrechtlich in dem nämlichen Sinne als Gesetz oktroyiert worden, wie s. Z. die norddeutsche Bundesverfassung. Auch für diesen Punkt trifft die oben §. 2, IV gegebene Deduktion in ihrem vollen Umfange zu. „**Die Verfassung des Deutschen Reiches hat gegenwärtig zu ihrem ausschließlichen rechtlichen Entstehungsgrund ein Gesetz, und zwar ein Reichsgesetz,** welches lediglich von Reichswegen und nirgends in der Form des Partikulargesetzes publiziert ist" (Hänel).

IV. Durch Publikandum v. 18. Januar 1871 erklärte König Wilhelm von Preußen aus dem großen Hauptquartier zu Versailles die Annahme des Kaisertitels und der dem Kaiser durch die neue Bundesverfassung übertragenen Rechte und Pflichten.[16] Namens der deutschen Fürsten und freien Städte hatte König Ludwig II. von

---

[15] Vorzüglich Hänel, Stud. I, 89: die „Verfassungsverträge des Norddeutschen Bundes und der süddeutschen Staaten und ihre partikulargesetzlichen Publikationen haben für die deutsche Reichsverfassung nur noch die Bedeutung motivierender historischer Thatsachen und den Wert eines wichtigen Materiales für ihre Auslegung. Jeder Deduktion ist der Boden entzogen, welche aus der zurückliegenden völkerrechtlichen und vertragsmäßigen Entstehungsgeschichte einen zwingenden Schluß auf die rechtliche Natur und Wirksamkeit der Verfassung und des dadurch begründeten Bundesverhältnisses zieht".

[16] Mejer, Einl. §. 77.

Bayern den siegreichen Führer der deutschen Heere zur Annahme des Kaisertitels aufgefordert.[17] Staatsrecht-

[17] Der Text der beiden denkwürdigen Urkunden lautet:

I. „Nach dem Beitritt Süddeutschlands zu dem deutschen Verfassungsbündnis werden die E. M. übertragenen Präsidialrechte über alle deutschen Staaten sich erstrecken. Ich habe mich zu deren Vereinigung in einer Hand in der Überzeugung bereit erklärt, daß dadurch den Gesamtinteressen des deutschen Vaterlandes und seiner verbündeten Fürsten entsprochen werde, zugleich aber in dem Vertrauen, daß die dem Bundespräsidium nach der Verfassung zustehenden Rechte durch Wiederherstellung eines deutschen Reiches und der deutschen Kaiserwürde als Rechte bezeichnet werden, welche E. M. im Namen des gesamten deutschen Vaterlandes auf Grund der Einigung seiner Fürsten ausüben.

Ich habe mich daher an die deutschen Fürsten mit dem Vorschlage gewendet, gemeinschaftlich mit mir bei E. M. in Anregung zu bringen, daß die Ausübung der Präsidialrechte des Bundes mit Führung des Titels eines deutschen Kaisers verbunden werde.

Sobald mir E. M. und die verbündeten Fürsten Ihre Willensmeinung kundgegeben haben, würde ich meine Regierung beauftragen, das Weitere zur Erzielung der entsprechenden Vereinbarungen einzuleiten.

Ludwig."

II. „An das deutsche Volk.

Wir Wilhelm, von Gottes Gnaden König von Preußen, nachdem die deutschen Fürsten und freien Städte den einmütigen Ruf an Uns gerichtet haben, mit Herstellung des Deutschen Reiches die seit mehr denn 60 Jahren ruhende Deutsche Kaiserwürde zu erneuern und zu übernehmen, und nachdem in der Verfassung des Deutschen Bundes die entsprechenden Bestimmungen vorgesehen sind, bekunden hiermit, daß Wir es als eine Pflicht gegen das gemeinsame Vaterland betrachtet haben, diesem Rufe der verbündeten Deutschen Fürsten und Städte Folge zu leisten und die Deutsche Kaiserwürde anzunehmen. Demgemäß werden Wir und Unsere Nachfolger an der Krone Preußen fortan den Kaiserlichen Titel in allen Unseren Beziehungen und Angelegenheiten des Deutschen Reiches führen und hoffen zu Gott, daß es der Deutschen Nation gegeben sein werde, unter dem Wahrzeichen ihrer alten Herrlichkeit das Vaterland einer segensreichen Zukunft entgegenzuführen. Wir übernehmen die Kaiserliche Würde in dem Bewußtsein der Pflicht, in Deutscher Treue die Rechte

lich ist der historisch so überaus denkwürdige Akt vom 18. Januar 1871 im Prunksaal der französischen Könige zu Versailles eben so irrelevant, wie s. Z. das Publikandum v. 26. Juli 1867. Denn bereits vom 1. Januar ab hatte König Wilhelm die ihm durch die Verfassung übertragenen Rechte und Pflichten durch die konkludente Handlung der thatsächlichen Ausübung juristisch übernommen. Auch hier trifft die oben §. 2, V gegebene Erörterung in vollem Umfange zu.

V. Mit dem Inslebentreten des neuen gesamtdeutschen Staates war das Recht der bisherigen norddeutschen Volksvertretung wegen Wegfalles ihres staatsrechtlichen Substrates, des Norddeutschen Bundes, ipso jure erloschen. Korrekterweise wurden demnach Neuwahlen zu einem gesamtdeutschen Parlamente angeordnet, und zwar auf Grund des für den Norddeutschen Bund erlassenen Wahlgesetzes vom 31. Mai 1869, welches für die Wahlen zum Zollparlament auch in den süddeutschen Staaten bereits in Rechtskraft stand. Dieses Wahlgesetz in seiner Eigenschaft als

---

des Reichs und seiner Glieder zu schützen, den Frieden zu wahren, die Unabhängigkeit Deutschlands, gestützt auf die geeinte Kraft seines Volkes, zu verteidigen. Wir nehmen sie an in der Hoffnung, daß dem Deutschen Volke vergönnt sein wird, den Lohn seiner heißen und opfermütigen Kämpfe in dauerndem Frieden und innerhalb der Grenzen zu genießen, welche dem Vaterlande die seit Jahrhunderten entbehrte Sicherung gegen erneute Angriffe Frankreichs gewähren. Uns aber und Unseren Nachfolgern an der Kaiserkrone wolle Gott verleihen, allzeit Mehrer des Deutschen Reichs zu sein, nicht an kriegerischen Eroberungen, sondern an den Gütern und Gaben des Friedens auf dem Gebiete nationaler Wohlfahrt, Freiheit und Gesittung.

Gegeben Hauptquartier Versailles, den 18. Januar 1871.

Wilhelm."

deutsches Reichsgesetz ist staatsrechtlich demnach als mit der Reichsverfassung oktroyiert zu betrachten, wie dies auch aus dem Wortlaut von Reichsverf. Art. 20 Abs. 2 klar erhellt.

Der erste deutsche Reichstag, der zusammentrat, war nicht beratende Notablenversammlung wie z. B. das norddeutsche Februarparlament von 1867, sondern vollkommen gesetzmäßiges Organ der bereits in aller Form Rechtens seit dem 1. Januar 1871 konstituierten deutschen Staatsgewalt.

VI. Diese seit 1. Januar 1871 bestehende deutsche Staatsgewalt war **staatsrechtlich** neu.[18]

[18] Übereinstimmend Riedel 77 u. bes. 105; Seydel 18 ff. (dieser Schriftsteller allerdings mit der irrigen Begründung, daß das Deutsche Reich „auf einem Bundesvertrage" „beruhe"), sowie in einer gelegentlichen Bemerkung Ernst Meier, Abschluß von Staatsverträgen S. 83. Anderer Ansicht Meyer, Lehrb. S. 161; Hänel, Stud. I, 82, StR. I, 49 ff.; Laband I, 41; v. Mohl 51; Auerbach 56, 60; Schulze, DStR. I, §. 76; Mejer, Einl. §. 78. Nach der im Text gegebenen Deduktion ist es richtig, wenn Riedel a. a. O. ausführt, daß die Verträge, die der norddeutsche Bund abgeschlossen, nicht ipso jure für das Reich verbindlich waren (dagegen Hänel StR. I, 51[14]); ebenso wenn Seydel a. a. O. bemerkt, daß die Schulden des norddeutschen Bundes nach Aufrichtung des Reiches nicht ohne weiteres auch von den Südstaaten mitgetragen werden mußten. Wohl aber konnten letztere freiwillig einen Anteil übernehmen, was vielfach geschah. Das Reich hatte ferner zweifellos die rechtliche Möglichkeit, auf legalem Wege die Schulden des norddeutschen Bundes zu übernehmen, dann mußten auch die Südstaaten partizipieren. Seydel 20 leugnet dies mit Unrecht. Im badisch-hessischen Schlußprot., worauf er sich beruft, kann von „Regel" oder „Ausnahme" keine Rede sein; es wird lediglich das allgemeine Prinzip auf zwei Spezialfälle angewendet. Es ist gegenüber der in der Theorie überwiegend vertretenen Annahme von der „Rechtsnachfolge" des Reiches von Interesse zu

Thatsächlich zwar genau auf den nämlichen Prinzipien und auf der verhältnismäßig nur wenig veränderten Verfassung wie der Norddeutsche Bund beruhend, ist das Reich staatsrechtlich doch nicht Rechtsnachfolger des Norddeutschen Bundes geworden, denn die Staatsgewalt des letzteren war eine thatsächlich und juristisch andere als die des ersteren.[19] Das Reich hat teils ausdrücklich, teils durch konkludente Handlungen die meisten Rechtssätze und Rechtsinstitutionen des Norddeutschen Bundes übernommen;[20] die Staatsgewalt des Reiches ist eine der des früheren Norddeutschen Bundes analoge, aber sie ist staatsrechtlich nicht die nämliche, nur etwas modifizierte, wie meist angenommen wird,

konstatieren, daß Staatsminister Delbrück sich über jene Frage im Reichstag sehr zweifelhaft äußerte (Sitz. v. 7. Dez. 1870, Sten. Ber. 131). Wenn Hänel StR. I, 49[10] bemerkt, die im Text gegebene Auffassung passe für die Sozietät, nicht aber für den korporativen Verband, bei letzterem sei die „Rechtskontinuität" unabhängig von der Veränderung des Mitgliederbestandes, so vermag ich die Übertragung dieser privatrechtlichen, lediglich auf dem römischen Rechte beruhenden Rechtsgedanken auf den Begriff der Staatsgewalt nicht für richtig anzuerkennen. Man argumentiert hier lediglich aus den Fesseln des Civilrechtes, und zwar des römischen Civilrechtes. Das Gleiche gilt von der Bemerkung Hänels S. 350 N. gegen mich.

19 A. A. Laband I, 41: „der unter den norddeutschen Staaten bereits bestehende Bund wird nicht beendigt und aufgelöst, sondern er wird erweitert und modifiziert". I, 82: „hatte der norddeutsche Bund den Charakter eines Staates, so kommt derselbe auch dem zum Deutschen Reich erweiterten Bunde zu." Ebenso Hänel, Stud. I, 82, StR. I, 51.

20 S. insbesondere das Publikationsgesetz zur Verfassungsurkunde v. 16. April 1871 §. 2 (BGB. 1871 63, vb. 1870 647). Nach der Theorie von der „Rechtsnachfolge" wäre diese spezialgesetzliche Vorschrift nicht erforderlich gewesen, bezw. hätte korrekterweise negativ gefaßt werden müssen.

denn die juristische Einheit der Staaten, welche die Reichsgewalt bildet, ist unzweifelhaft eine andere, als diejenige war, welche die Staatsgewalt des Norddeutschen Bundes gebildet hat.[21] Die privatrechtliche Theorie von der Rechtsnachfolge kann auf das Staatsrecht nicht oder doch nur in sehr modifizierter Weise angewendet werden. So wenig Preußen 1866 Rechtsnachfolger der hannoverschen Staatsgewalt wurde in dem Sinne, daß es die von und für letztere konstituierten Pflichten und Rechte für sich unbedingt gelten zu lassen rechtlich verpflichtet war, so wenig das Reich für Elsaß-Lothringen in diesem privatrechtlichen Sinne Rechtsnachfolger der französischen Staatsgewalt wurde, so wenig ist das Reich in diesem Sinne Rechtsnachfolger des Norddeutschen Bundes geworden. Die ganze in der Theorie so lebhaft umstrittene Frage entbehrt übrigens jedweden praktischen Interesses.

VII. Die Reichsverfassung, welche am 1. Januar 1871 oktroyiert worden war, erfuhr alsbald durch die gesetzgebenden Faktoren des Reiches eine Revision bezw. Neuredaktion, welche in dem Gesetz v. 16. April 1871 fixiert wurde; die neuredigierte Verfassung vom 16. April trat gemäß RV. Art. 2 am 4. Mai in Kraft (das betr. Stück

[21] S. dagegen Laband I, 41 f.[8] u. bes. Jellinek, Staatenverb. 273 ff. Der Hinweis des letzteren Schriftstellers darauf, daß die jetzige nordamerikanische Union der 28. Bundesstaat in 70 Jahren wäre, ist juristisch völlig belanglos, überdies auch gemäß der in a. IV. s. 3 al. 2 der UV. enthaltenen Generalklausel für Regelung des „territory" juristisch ohne Sinn. Vgl. über die Generalklausel Hänel StR. I, 825 ff.

des RGB. ist ausgegeben am 20. April, s. unten die Lehre von der Gesetzgebung §. 15). Dieselbe qualifiziert sich als legale Abänderung der Verfassung vom 1. Januar, vollzogen in den Formen, welche in letzterer für Verfassungsänderungen vorgeschrieben waren.[22] In dieser Redaktion steht die Verfassung bis zur Stunde in Kraft, jedoch mit folgenden inzwischen erfolgten Abänderungen:

1. durch Ges. v. 24. Febr. 1873 (RGB. 45) wurde Art. 28 Abs. 2 aufgehoben (s. hierüber unten §. 8),

2. durch Ges. v. 3. März 1873 (RGB. 47) wurde Art. 4 Ziff. 9 formell abgeändert und inhaltlich erweitert (s. hierüber unten B. II §. 33),

3. durch Ges. v. 20. Dez. 1873 (RGB. 397) wurde Art. 4 Z. 13 formell abgeändert und inhaltlich erweitert (s. hierüber unten §. 15),

---

[22] Laband I, 45 ff.; Schulze DStR. I §. 78; Hänel StR. I, 52 ff.; G. Meyer, Lehrb. 161. Hänel führt aus: Das Gesetz vom 16. April 1871, insbesondere dessen §§. 1 u. 3 hätten die Bedeutung, „daß es über die rechtliche Natur der Gründungsakte des Deutschen Reiches, über das Verhältnis, in welchem die deutsche Verfassung zu den vorhergehenden völkerrechtlichen Verträgen steht, über den formellen Rechtsgrund der Geltung dieser Verfassung in endgültiger, über die Schwankungen wissenschaftlicher Erörterungen hinausgehobener Weise entschieden hat“, „gleichgültig warum es bisher galt“. Diese Bedeutung kann das Ges. vom 16. April 1871 nicht haben. War die Verfassung nicht am 1. Januar 1871 bezw. 1. Juli 1867 als Gesetz in Kraft getreten, so war kein späteres „Gesetz“ rechtlich imstande, ihr den Gesetzescharakter beizulegen. Der Gesetzescharakter der Verfassung kann einzig und allein auf der oben S. 32 ff. gegebenen Deduktion beruhen. Ist diese nicht stichhaltig, so kann kein späterer Rechtsakt die Wirkung haben, daß die Verfassung „ausschließlich und allein kraft Reichsgesetzes und als Reichsgesetz“ „Rechtsgültigkeit und Rechtsverbindlichkeit“ hat.

4. durch Ges. v. 17. März 1878 wurde Art. 17 ohne formelle Abänderung inhaltlich erweitert (s. hierüber unten §. 9),

5. durch Ges. v. 15. Juli 1879 §. 6 wurden die Art. 38 u. 70 ohne formelle Abänderung inhaltlich abgeändert (s. hierüber unten B. II §. 30),

6. durch Ges. v. 16. Febr. 1882 (RGB. 39) wurde Art. 34 ohne formelle Abänderung inhaltlich abgeändert (s. unten B. II §. 30),

7. durch Ges. v. 24. Juni 1887 (RGB. 253) und die hierzu ergangenen Vollzugsverordnungen wurde Art. 35 Abs. 2 für den Branntwein aufgehoben (s. hierüber unten B. II §. 30),

8. durch Ges. v. 11. Febr. 1888 (RGB. 11) wurde Art. 59 abgeändert (s. unten B. II. §. 34),

9. durch Ges. v. 19. März 1888 (RGB. 110) wurde Art. 24 abgeändert (s. unten §. 8),

10. durch Ges. v. 15. Dez. 1890 (RGB. 207) wurde auf Grund des mit England abgeschlossenen Staatsvertrages v. 1. Juli 1890 Art. 1 erweitert (Helgoland),

11. über das Verhältnis von Elsaß-Lothringen zur Reichsverfassung s. unten Buch VI,

12. über die Schutzgebiete s. unten Buch VII.

VIII. Endlich ist hier noch das juristische Verhältnis der Eingangsworte der Verfassung zu dieser selbst zu erörtern.[23]

Die Eingangsworte lauten folgendermaßen: „Se. M.

---

[23] Hänel, Stud. I, 92—104; Laband I, 61 f.

der König von Preußen im Namen des Norddeutschen Bundes, Se. M. der König von Bayern, Se. M. der König von Württemberg, Se. K. H. der Großherzog von Baden und Se. K. H. der Großherzog von Hessen und bei Rhein für die südlich vom Main belegenen Teile des Großherzogtums Hessen schließen einen ewigen Bund zum Schutze des Bundesgebietes und des innerhalb desselben gültigen Rechtes, sowie zur Pflege der Wohlfahrt des deutschen Volkes. Dieser Bund wird den Namen „Deutsches Reich" führen und wird nachstehende Verfassung haben."

Diese Worte gehören juristisch nicht zur Verfassung; sie enthalten nur gleichsam die Motive zu letzterer; sie geben eine historische Notiz über dasjenige Faktum, welches zur Aufrichtung des neuen Staates und damit auch zu der Verfassung geführt hat; sie erzählen ein der Vergangenheit angehöriges rechtshistorisches Faktum, den Abschluß von Verträgen, welche inzwischen durch die Konstituierung des neuen deutschen Staates ihre Erfüllung gefunden hatten. Sie bezeichnen zugleich in allgemeinen Redewendungen die Gesichtspunkte, von welchen die Kontrahenten der Verträge in Hinsicht auf das neu zu begründende Staatswesen geleitet waren; auch dabei handelt es sich nur um eine allgemeine Motivierung dessen, was geschah, bezw. in Zukunft geschehen sollte: juristische Folgerungen dürfen hieraus weder für die rechtliche Natur des Reiches noch für die Kompetenz gezogen werden:[24] die rechtliche Natur des

---

[24] Aus dem Eingang zur Verfassung folgert insbesondere Seydel 14 ff. die Vertragsnatur des Reiches. Ferner sehen in der im Eingang enthaltenen Zweckbestimmung eine materielle

Reiches ergiebt sich aus anderen juristisch entscheidenden Momenten (vgl. §. 4), die Kompetenz aber ist nur in der Verfassung selbst (Art. 4 bezw. 78) cirkumskribiert.[25]

Die Eingangsworte zur „Verfassung" enthalten nichts, was juristisch unter den Begriff der „Verfassung" subsumiert werden könnte, sie verweisen vielmehr selbst auf die „**nachstehende** Verfassung", welche somit unzweifelhaft erst mit den Worten

„I. Bundesgebiet"

beginnt. Wenn als Überschrift schon vor den Eingangsworten der Titel „Verfassungsurkunde" sich findet, so liegt

„Kompetenzgrenze", deren Überschreitung „verfassungswidrig" wäre: Seydel 24; Bähr in Preuß. Jahrb. XXVIII 72 ff.; Meyer, Erörter. 69 u. Lehrb. 139[15]; v. Mohl 132 ff.; Laband bei Hirth, Annalen 1874 S. 1516[2]; Löning ebd. 1875 S. 344. Den entgegengesetzten Weg hatte Zachariä „zur Frage der Reichskompetenz gegenüber dem Unfehlbarkeitsdogma" in Interpretation des Eingangs eingeschlagen. Hänel, Stud. I, 100 ff. endlich hält den ersten Satz des Eingangs für „enuntiativ", somit ohne juristische Bedeutung, den zweiten dagegen für „dispositiv", aber nicht als Staatsvertrag, welche Meinung er vielmehr ausführlich und durchschlagend widerlegt, sondern als Bestandteil des Verfassungsgesetzes. Daß es gekünstelt ist, den Eingang in zwei Stücke von so fundamental verschiedener juristischer Bedeutung auseinanderzureißen, liegt auf der Hand. Hänels Meinung aber läßt sich damit nicht stützen, daß der erste Satz des Eingangs im Präsens, der zweite im Futurum gefaßt sei. Dieser zweite Satz ist nicht, wie Hänel meint, deshalb im Futurum gefaßt, weil er imperativisch ist, sondern nur deswegen, weil er ein auf die Zukunft gerichtetes historisches Faktum erzählt: es wird berichtet von einer im November 1870 geschehenen Vertragsschließung, welche hinsichtlich der Erfüllung auf die Zukunft, nämlich den 1. Januar 1871, gerichtet war. Vgl. jetzt Hänel StR. I, 778 ff., besonders auch über die Folgerungen, welche Seydel und G. Meyer aus den Eingangsworten ziehen.

[25] Hänel, Stud. I, 103, StR. I, 219 f.; vgl. ferner unten S. 78 ff.

hierin eine juristische Inkorrektheit, denn die Worte bis zur oben bezeichneten Grenze sind lediglich „enuntiativ“, in keiner Weise „dispositiv“.[26]

[26] Gegen Seydel 5 ist hier noch zu bemerken, daß der Wortlaut des Einganges zur RV. nicht lautet: „S. M. der König 2c. schließen einen Bundesvertrag“, sondern „schließen einen Bund“; juristisch ganz genau wäre der Wortlaut so zu fassen gewesen: „haben einen Vertrag geschlossen, dahingehend, daß sie am 1. Januar 1871 einen Bundesstaat aufrichten werden.“ Vgl. Beseler in Pr. Jahrb. XXVIII 186 ff.

# Zweites Buch.

# Reich und Einzelstaaten.

## §. 4.

## Das Reich.[1]

### Das deutsche Reich ist ein Bundesstaat.

### I. Bundesstaat und Staatenbund.[2]

Von den Formen zusammengesetzter Staaten, welche die Theorie unterscheidet, sind, wenn man die essentiellen

[1] Laband I §§. 7—10; v. Mohl 1 ff.; Seydel 3 ff.; derselbe, gesammelte Abhandlungen S. 1—121; Hänel, Stud. I, 63 ff., derselbe in Hirths Ann. 1877, 78 ff, ders., StR. I, 192 ff., 771 ff.; Jellinek, Lehre von d. Staatenverbindungen (1882); Trieps, der Bundesstaat; Liebe, staatsrechtl. Studien; G. Meyer, staatsrechtl. Erört. 1—20, Lehrb. 28 ff., 347 ff., in Hirths Ann. 1876, 661 ff.; v. Martitz in der Tüb. Z. f. d. ges. Staatsw. 1876, S. 561 ff.; Gierke bei Grünhut Z. VI, 225 ff., bei Schmoller Jahrb. VII, 1097 ff.; Rosin in Hirths Ann. 1883, 265 ff.; Gareis, Allg. Staatsrecht in Marquardsens Handbuch I, 10 ff., 101 ff.; Zorn in Zeitschr. für die ges. Staatsw. 1881, 292 ff., in Hirths Ann. 1884, 453 ff.; Brie, Theorie d. Staatenverbind. (1886), in Grünhuts Z. XI, 85 ff.; Mejer, Einleit. 21 ff., 292 ff.; Bake, Beschouwingen over den Statenbond en den Bondsstat (1881); Borel, sur la souveraineté et l'état féderatif (1886). Eine interessante Vergleichung bietet Westerkamp, das Bundesrecht der Republik der verein. Niederlande 1579—1795 (1890).

[2] Ältere Litteratur angeführt bei Meyer, Grundz. 5[1].

Merkmale des Staatsbegriffes festhält, nur die beiden oben bezeichneten haltbar.

Der Staat muß juristisch als Persönlichkeit gefaßt werden;[3] nur so vermag man die begrifflich notwendige Voraussetzung für einen Willen des Staates zu gewinnen. Allerdings liegt darin eine Fiktion: ohne Fiktion aber, welche hier nur Subsumtion thatsächlicher Gebilde unter Denkkategorieen bedeuten, läßt sich eine Rechtsordnung weder auf dem Gebiete des privaten noch des öffentlichen Rechtes konstruieren.[4]

Der Wille der Persönlichkeit des Staates ist gerichtet auf Herrschaft; „die Staatsgewalt ist Wille, der Macht ist“ (Sarwey); in der Ausübung von Herrschaftsrechten liegt das Wesen des Staates;[5] die unumschränkte Einheit der

[3] S. die anregenden Erörterungen von Jellinek, System d. subj. öff. R. S. 12 ff., 26 ff.; ferner die vortreffliche Entwickelung von Sarwey, das öffentl. Recht §. 1; Stein, Vollziehende Gewalt I, 18; Gerber, Grundzüge 219 ff.; Triepel, Interregnum 72 ff. Vgl. auch Seydel, Abhandl. 2 ff.; Hänel StR. I, 81 ff.; Preuß im Arch. f. öff. R. IV, 62 ff.; G. Meyer, Lehrb. (3) S. 9.

[4] Vgl. Hänel, Stud. I §. 5; Jellinek, Öffentl. Rechte 29[1]: jeder „Mehrheitswille“ ist eine „Fiktion“. Gierke, d. R. d. Genossensch. III, 102 ff.; Gareis 29 ff.; G. Meyer, Lehrb. (3) S. 12 ff.

[5] Gerber, Grundz. 3, 26. Vortrefflich Laband I, 64 f.; ebenso Jellinek, Ges. u. V. S. 191; entgegengesetzt Rosin 32 ff. (vgl. aber S. 37 zu Gerber): „die dem Staate zustehenden Herrschaftsrechte sind als solche, d. h. in ihrer abstrakten Potenz als Herrschaft, abgesehen von ihrem individuellen durch den Staatszweck gegebenen Inhalt nichts für den Staat als solchen Charakteristisches.“ Den Satz des Textes, den ich näher ausgeführt habe, in Ann. 1882, 85 ff., 1884, 471 ff., erklärt Laband als ein „mit besonderem Eifer“ von mir festgehaltenes „Mißverständnis“. Der ganze Streit ist ein leerer scholastischer Wortstreit. Wer möchte leugnen, daß die Thätigkeit

gesamten Herrschaftsrechte ist **Souveränetät.**[6] **Souveränetät ist das erste und oberste begriffliche Merkmal des Staates:**[7] ein Gebilde, welches mit Souveränetät

---

des Staates nicht lediglich durch Herrschaft verwirklicht werde? Das ist eine selbstverständliche Wahrheit. Herrschaft an sich ist überhaupt ohne Inhalt. Darin hat Rosin Recht. Das, worauf es ankommt, ist: 1. Der Zweck des Staates ist ein allseitiger, in der Idee unbegrenzter; 2. alles, was der Staat als seinen Zweck in concreto erklärt hat — z. B. Meliorationen, Schulwesen, Kunstmuseen —, das kann er herrschend verwirklichen. In dieser Potenz, die der Staat allein hat, liegt das Wesen des Staates; in diesem Sinn ist der alleinige Zweck des Staates: Herrschaft, soweit solche erforderlich, für Erfüllung der gesetzten Einzelzwecke. Ich weiß mich vollkommen eins mit dem Labandschen Satze: „der Staat herrscht, damit er seine Zwecke zu realisieren vermöge," ebenso mit den weiter folgenden Ausführungen über das Verhältnis von Gemeinde und Staat. Vgl. auch G. Meyer, Lehrb. (3) S. 9. 11; ferner sehr gut Gareis 28 f.

[6] Jellinek, Gesetz u. Verordn. 184. 217, Staatenverbind. 16—60; Gareis 29 ff. 102; Trieps 11 ff. („Allseitigkeit" des Zwecks und der Zuständigkeit); Rosin 3 ff.; Gierke in Schmollers Jahrb. VII, 1125 ff.; Hugo Grotius, de jure belli II c. 5 §. 11: „summum imperium unum ac per se indivisum"; Liebe 30 ff.; jetzt bes. Hänel I, 114 ff.; s. auch G. Meyer, Lehrb. (3) S. 14 ff.

[7] Mejer, Einleit. §. 2: „die reale Willensmacht des Staates heißt Staatsgewalt (Souveränetät) — — und ist im Staatsverband die oberste, daher niemandem als Gott verantwortliche"; — — „höher als die höchste Gewalt kann im Staate keine sein". In der 2. Aufl. hat Mejer S. 24 f. diese scharfe Begriffsbestimmung des Staates leider ganz aufgegeben. Hänel, Stud. I, 44: „der Staat ist die vollkommene und selbstgenugsame Gemeinschaft, die in sich selbst die Macht- und Rechtsmittel zur Behauptung ihrer Existenz und Wirksamkeit besitzt." Dagegen Laband I, $61^{2}$, „es fehlt in der Litteratur nicht an gewichtigen Stimmen, welche die Souveränetät nicht zu den wesentlichen Merkmalen des Staatsbegriffes zählen." Letztere Ansicht ist neuerdings insbesondere vertreten worden von Meyer, staatsrechtl. Erörter. 4 ff.; ferner von Liebe 31 ff., der für den Staatsbegriff nur „Hoheitsrechte", nicht Souveränetät fordert. Der Liebeschen Begriffsbestimmung des Staates schließt sich auch Laband in der 2. Aufl.

für seinen Bereich ausgestattet ist, ist Staat; wo die Sou-

---

I, 69[1], Jellinek, Ges. u. V. 201 ff., an. In Z. f. Staatswiss. Bd. 37, 309 ff., habe ich über die Liebesche Unterscheidung von Souveränetät und Hoheitsrecht mich ausgesprochen und halte diese Ausführung auch jetzt noch in vollem Umfang aufrecht. Souveränetät ist allerdings eine „Eigenschaft", aber ebenso auch ein „Gesamtbegriff", aus welchem die einzelnen Hoheitsrechte abgeleitet werden müssen. Daß, wie Laband S. 69 behauptet, das Völkerrecht auch „halbsouveränen" Staaten „die Eigenschaft des internationalen Rechtssubjektes zuerkennt", ist grundsätzlich zu bestreiten. Ähnlich wie Liebe hatte schon früher G. Meyer, s. Lehrb. (3) S. 7 N. 15, den Begriff des Staates bestimmt. Vgl. ferner Jellinek, Staatenverb. 36 ff., der Ausübung aus „eigenem Recht" für das Entscheidende erklärt (dazu Laband I, 62 und Gareis, Allg. StR. S. 30); Rosin 25 ff., der unter Bekämpfung von Jellinek, die Begriffsbestimmung von dem „nationalen Zweck" der „Volksgemeinschaft" gegenüber dem „örtlichen Zweck" der Gemeinde abhängig macht (dazu Laband I, 63 ff., im Archiv f. öff. R. II, 318 ff.; Stöber ebenda I, 633; Borel 93 ff.; Zorn in Hirths Ann. 1884, 469 ff., 475 ff.; Gierke 99); dagegen mit größter Entschiedenheit für die Souveränetät als Begriffsmoment des Staates: Stahl, Lehre vom Staat II, 123 f.; Jhering, Zweck im Recht I, 312; Seydel, Bayr. Staatsr. I, 351 ff., Abhandl. 6 ff.; Gierke, Recht d. Genossensch. III §. 11; Gerber, Grundz. 22. 246; Bake 1 ff. 10. 14; Gareis, Allg. StR. 31. G. Meyer, Lehrb. (3) S. 4 ff., lehnt die Souveränetät als Begriffsmerkmal ab. Laband I, 53 f.: „die juristische Persönlichkeit des Staates besteht darin, daß der Staat eigene (1. Aufl.: selbständige) Herrschaftsrechte behufs Durchführung seiner Aufgaben und Pflichten und einen selbständigen Herrscherwillen hat", s. die weitere Entwickelung dieses Gedankens unter Ablehnung der Souveränetät als eines Essentiale des Staatsbegriffes S. 61 ff. Vorzüglich jetzt Hänel, StR. I §. 15, bes. S. 113: „die staatliche Herrschaft ist im Vergleich mit jeder anderen Willensmacht oder Herrschaft eine höchste Herrschaft. — Mit dem allen ist die Souveränetät des Staates das Unterscheidungsmerkmal, welches ihm im Vergleiche mit jeder anderen gesellschaftlichen Organisationsform, insbesondere aber im Vergleich mit jedem anderen korporativen Verbande zusteht und welches die Eigenart seines Wesens ausmacht", ferner §. 16, bes. S. 119[2] über Rosin u. Jellinek.

veränetät fehlt, ist ein Staat nicht vorhanden. Noch nicht: so bei dem „halbsouveränen" Fürstentum Bulgarien, wie es der Berliner Vertrag vom 13. Juli 1878 aufrichtete (ebenso bis zum Berliner Vertrag Serbien und Rumänien); nicht mehr: so Karthago nach dem zweiten punischen Kriege, Polen nach den polnisch-russischen Verträgen von 1793.

Souveränetät ist höchste Gewalt:[8] weder ist es begrifflich möglich, daß **über** der souveränen Gewalt eine andere höhere Gewalt stehe, denn in diesem Falle ist eben die letztere die souveräne Gewalt;[9] noch ist es begrifflich möglich, daß die Souveränetät geteilt werde,[10] denn in diesem Falle wäre eben keine höchste Gewalt vorhanden, sondern man könnte nur von zwei hohen Gewalten sprechen, zwischen denen Kollisionen möglich wären, ohne daß eine definitiv entscheidende Rechtsinstanz gegeben wäre.[11] — Souveränetät ist ein einheit-

[8] Dies drückt der alte Satz aus: „indépendance de qui que ce soit excepté Dieu et le bon épée". In der Rosinschen Erklärung: „ausschließliche Bestimmbarkeit durch eigenen Willen" ist doch auch kein anderer Gedanke enthalten. Vgl. Laband I, 67 f.

[9] Die historisch merkwürdigste, logisch haarscharfe Bestimmung des Souveränetätsbegriffes, sowie eine ganz richtige Polemik gegen die berühmte „Zweischwerterlehre" des Sachsenspiegels findet sich in der Bulle Bonifacius' VIII. Unam Sanctam (c. 1. de major. et obed. in Extr. comm. I 8 „oportet autem gladium esse sub gladio: ergo" etc.). Von Gregor VII. bis Bonifacius VIII. bezw. Johann XXII. war die Kirche die souveräne Gewalt; s. die Begründung bei Zorn, Lehrb. d. Kirchen-R. §§. 8, 10.

[10] Gareis 31; Bake 25; vor allem Pufendorf: „unum per se ac indivisum".

[11] So die Zweischwerterlehre des Sachsenspiegels für das Verhältnis von Staat und Kirche. Mit allem Recht bemerkt dagegen Bonifacius VIII: „nonne duo principia ponere nituntur"? (Du Puy, histoire du

licher Begriff: es giebt keinen Unterschied zwischen völkerrechtlicher und staatsrechtlicher Souveränetät.[12] Von den thatsächlichen Machtverhältnissen ist der Souveränetätsbegriff vollkommen unabhängig.[13]

Wohl aber ist eine Beschränkung der Souveränetät möglich:[14] jeder vertragsmäßige Zusammenschluß mehrerer souveräner Staaten zu gemeinsamer Ausübung einzelner Souveränetätsrechte ist eine Beschränkung der Souveränetät. Durch die erfolgte Beschränkung wird die für den Staat begrifflich notwendige Einheit der Souveränetät nicht alteriert, denn die etwa eingerichtete Centralbehörde ist nicht Organ einer selbständigen höheren Staatsgewalt, sondern nur eine gemeinsame Behörde der beteiligten einzelnen Staaten selbst. Zwischen mehreren selbständigen Staaten kann eine Beschränkung der Souveränetät nur durch Vertrag von Staat zu Staat festgestellt werden; ein solcher Vertrag kann sich immer nur auf die Ausübung und

différend etc. p. 65.) Vgl. auch die vortreffliche Untersuchung bei Gierke III, 515, bes. N. 3.

[12] S. hierüber auch die gute Ausführung von Liebe 12: Hänel StR. I, 118.

[13] Brie, Theorie d. Staatenverb. 9 ff., anerkennt es als „Vernunftforderung, daß dem Staate in jeder Beziehung, und nur dem Staate, Souveränetät zukomme", aber „nicht selten ist aus geschichtlichen Gründen im Widerspruch mit der Staatsidee die Souveränetät eines konkreten Staates durch Unterordnung unter die Gewalt eines anderen Staates aufgehoben oder verkümmert worden." Diese letztere Wahrheit wird kaum jemand bestreiten. Wie es aber möglich sein soll, etwas in der „Staatsidee" Liegendes „selbst vom idealen Standpunkt" aus nach einer Richtung „verneinend zu beantworten", ist mir nicht begreiflich. Auf diesem logisch unmöglichen Fundament beruht die ganze Briesche Untersuchung.

[14] Das leugnet Laband S. 67 mit Unrecht gegen Gareis, Allgem. StR. 31; s. auch Rosin 8; Brie a. a. O. 21 ff. Beschränkung ist aber nicht, wie Mejer, Einl. (2) S. 25, jetzt annimmt, gleich Teilung.

wird sich in der Regel nur auf einzelne Souveränetätsrechte beziehen.

Man hat bis auf die neueste Zeit ziemlich allgemein den Begriff des Bundesstaates, nach dem Vorgange von Waitz,[15] auf der Basis der „geteilten Souveränetät" konstruieren zu können geglaubt.[16] Demgegenüber hat in verdienstlicher Weise Seydel[17] auf den absoluten logischen Widerspruch zwischen dem allgemein anerkannten Souveränetätsbegriff und zwischen dem durch Waitz herrschend gewordenen Bundesstaatsbegriff mit aller Schärfe hingewiesen. Seitdem Hänel[18] und Laband[19] in ihren hervorragenden Arbeiten über deutsches Staatsrecht gleichfalls die Waitzsche Bundesstaatstheorie für unhaltbar er-

---

[15] Kieler Monatsschrift 1853, 494—530.

[16] Über die Geschichte dieser Theorie, insbesondere über Ludolf Hugo und Tocqueville s. d. lehrreiche Darstellung von Brie, Der Bundesstaat (1874). Vgl. auch Borel 104 ff.; Laband I, 58 ff.

[17] Z. für Staatswissensch. 1872, 185—256 und rekapituliert Kommentar XI—XVI. Die Abhandlung Seydels war für die Wissenschaft des Staatsrechtes in ihrem kritischen Teile epochemachend. Sie ist neuerdings, mit Recht vollkommen unverändert, abgedruckt in Abhandlungen (1893), S. 1—121. Das Buch von Trieps: Das Deutsche Reich und die Bundesstaaten (1890), versucht gleichfalls den Nachweis der Nichtsouveränetät des Reiches zu erbringen. In Hirths Ann. 1876, S. 641 ff. versucht Seydel, hinsichtlich des Bundesstaatsbegriffes mit Laband und Hänel abzurechnen und gelangt dabei neuerdings zu dem Facit der Unhaltbarkeit jenes Begriffes. Einzelne Einwendungen Seydels gegen die beiden genannten Schriftsteller sind berechtigt, die positiven Ausführungen jenes Aufsatzes aber beruhen auf dem Grundirrtum, daß eine Staatenverbindung, die nicht Staatenbund ist, Einheitsstaat sein müsse, was eine durchaus unhaltbare Behauptung subjektiver Willkür ist.

[18] Studien I §. 3; StR. I §§. 30, 31.

[19] StR. I, 56 ff.

klärt haben, dürfte dieselbe, nachdem sie mehrere Jahrzehnte hindurch die Wissenschaft des deutschen Staatsrechts beherrscht hat, verdienterweise zu den Toten gelegt sein.[20]

Wenn aber Seydel in vollständiger Anlehnung an Calhoun[21] überhaupt den Bundesstaatsbegriff für unhaltbar erklärt, so schüttet er das Kind mit dem Bade aus. Allerdings wird die staatsrechtliche Konstruktion im letzten Ende immer zu der Alternative: Staat oder nicht Staat gedrängt. Aber der Begriff Bundesstaat ist unentbehrlich und hat seine vollkommene logische Berechtigung in der wissenschaftlichen Notwendigkeit, eine bestimmte Form der Staatenverbindung gegenüber dem einfachen Einheitsstaate zu charakterisieren. Dagegen gereicht alle weitere Unterscheidung von zusammengesetzten Staatsformen doch nur zur Verwirrung: bei Personalunion handelt es sich überhaupt nicht um einen zusammengesetzten, sondern um zwei völlig getrennte Staaten; Realunion ist garkein juristisch präcisierbarer Begriff; Reich ebensowenig; Staatenstaat ist Bundesstaat; Allianz ist Staatenbund.[22]

---

[20] In der Litteratur des Reichsstaatsrechtes ist die Waitzsche Theorie nur noch vertreten durch v. Mohl 37 („unzweifelhaft eine geteilte Souveränetät") und Westerkamp 32; letzterer Schriftsteller giebt S. 72 „dem dringenden Wunsche Ausdruck, daß die Berührungspunkte zwischen dem Reich und den Staaten thunlichst vermindert werden!" Die richtigen Gesichtspunkte bei Hauser, die Verfassung des Deutschen Reichs §§. 9—12; Held 19. Über die Bundesstaatstheorie von Gareis und Dahn s. unten N. 53.

[21] Über die wissenschaftlichen Kämpfe in der nordamerik. Union s. auch Hänel StR. I, 196 f. 201 ff.

[22] S. jetzt die wertvolle Monographie von Jellinek, Staatenverbindungen; ferner Brie, Theorie der Staatenverbindungen (1886); G. Meyer, Lehrb. (3) S. 27 ff.; v. Juraschek, Personalunion u. Realunion; Mejer, Einl. (2) §. 10; Gar-

Die beiden Begriffe Bundesstaat und Staatenbund aber unterscheiden sich dadurch, daß ersterer ein Staat ist, letzterer nicht;[23] daß ersterer eine einheitliche Persönlichkeit, letzterer ein Verein mehrerer selbständiger Staatspersönlichkeiten ist;[24] daß bei ersterem die Souveränetät in der Centralgewalt, bei letzterem in den Einzelstaaten ruht; daß die rechtliche Basis der Verbindung bei ersterem nur Gesetz, bei letzterem nur Vertrag sein kann;[25] daß ersterer ein Rechtssubjekt, letzterer nur ein Rechtsverhältnis ist;[26, 27] daß letzterer

---

eis, Allg. StR. 101 ff. Die anregenden Untersuchungen über die „Theorie" der Staatenverbindungen haben gewiß die Wissenschaft mannigfach gefördert: aber sie beweisen doch sämtlich m. E., daß eine allgemeine Theorie der Staatenverbindungen nur einen höchst unsicheren Boden hat, und daß die Erledigung der schwebenden Streitfragen nur von dem sicheren Boden des positiven Rechtes der einzelnen Staatenverbindungen aus gewonnen werden kann.

[23] Brie, Staatenverb. 83: „in dem Mangel des Staatscharakters liegt das spezifische Unterscheidungsmoment des Staatenbunds vom Bundesstaate".

[24] A. A. in diesem Punkt Bake 36 ff., der den Staatenbund als selbständige Persönlichkeit des Völkerrechts charakterisiert und darin das unterscheidende Begriffsmerkmal sieht. Gareis 115 giebt dem Staatenbund eine „relative" Persönlichkeit, Triepel 20 bezeichnet ihn als „obligatorisches Verhältnis". Wie Bake auch Schulze §. 24; Gierke bei Schmoller VII, 1157; vgl. auch unten N. 29.

[25] Darüber, daß „die inneren Rechtsverhältnisse des Staates" „ihrer Natur nach" dem Vertrag als der „Übereinstimmung mehrerer an sich selbständiger Willen" entzogen sind, vortrefflich Hänel, Stud. I, 33.

[26] Mejer, Einl. (1) §. 4: „erhebt sich die Centralbehörde (besser Centralgewalt) zu wahrer Souveränetät und bleiben demgemäß die verbündeten Staaten nur noch in den zur centralen Sphäre nicht gehörigen Punkten selbständig, während sie im

eine Anzahl zwar verbundener, aber souveräner Staatsgewalten, ersterer eine einheitliche, aber föderativ organisierte souveräne Staatsgewalt darstellt.[28]

Der Staatenbund entsteht und besteht, indem die einzelnen Mitglieder ihre Souveränetät behalten, aber in Ausübung derselben sich durch Staatsvertrag gegenseitig an bestimmt formulierte Beschränkungen binden. Für den Staatenbund gelten alle Konsequenzen des Vertragsbegriffes, und daran vermag auch der Umstand nichts zu ändern, daß der Bund als „ewiger" oder „unauflöslicher" abgeschlossen wird. Nichterfüllung bezw. Verletzung der vertragsmäßig übernommenen Bundespflichten seitens eines Bundesgliedes würde prinzipiell alle anderen zur Lösung des Verhältnisses berechtigen; und wenn auch diese Eventualität vertragsmäßig ausgeschlossen und für derartige Streitigkeiten eine richterliche Instanz zur Entscheidung eingesetzt sein kann, so beruht doch eine von dieser Instanz gefällte Entscheidung im Grunde immer auf Vertrag, und die Unterwerfung unter den Richterspruch ist nur vertragsmäßige Pflicht und nach den für Verträge gel-

übrigen der Centralgewalt als einer eigentlichen Obrigkeit unterworfen sind, so gestaltet sich der Staatenbund zum Staatenstaat" (der nach Mejer identisch ist mit Bundesstaat). Vgl. auch Laband I, 57; Mejer, Einl. (2) S. 26[6].

[27] Sehr zutreffend verwendet hier Laband I, §. 7 die privatrechtliche Analogie: juristische Person—Statut, Societät—Vertrag; dagegen G. Meyer, Lehrb. (3) 29[2].

[28] Jellinek, Staatenverb. 197: „für alle Gestaltungen, die der Staatenbund annehmen kann, giebt es nur einen festen Punkt: den der Souveränetät der Bundesglieder"; vgl. auch die schöne, auf umfassenden rechtshistorischen Grundlagen ruhende Darstellung von Hänel I, 193 ff.

tenden Regeln zu beurteilen, demnach in letzter Instanz doch immer an der Frage des Lebensinteresses des souverän gebliebenen Staatswesens zu prüfen. Der Bund ist somit kein staatsrechtliches Gemeinwesen, kein Herrschaftssubjekt,[29] er hat keine Staatsgewalt, sondern nur einzelne zur Ausübung namens des Auftraggebers delegierte Hoheitsrechte, er unterscheidet sich begrifflich nicht von der Allianz.[30]

Anders beim Bundesstaate. Seine Entstehung aus bisher souveränen Staaten wird in der Regel auch auf dem Wege des Vertrages erfolgen: begrifflich notwendig ist dies indes nicht. Der Staatsvertrag aber hat hier nicht den Inhalt, daß die Kontrahenten sich gegenseitig in Ausübung der Souveränetät beschränken, sondern vielmehr: daß die einzelnen Kontrahenten auf ihre bisherige Souveränetät zu Gunsten einer zu konstituierenden Centralgewalt verzichten, jedoch so,

---

[29] Daß er ein solches sei, behaupten Hänel, Stud. I, 40 ff. und Meyer, staatsrechtl. Erört. 14 und Lehrb. §. 13; Brie bei Grünhut XI, 127 ff. Staatenverb. 83 ff.; Gareis, Allg. StR. §. 42, sowie die oben N. 24 citierten Schriftsteller. Mit Unrecht, denn wenn, worauf man sich beruft, die „Feststellung der Gesetze" durch die Bundesorgane erfolgt, die „verbindliche Einführung" aber durch die Einzelstaaten, was man zugiebt (Meyer 22), so besteht eben ein Herrschaftssubjekt über den Einzelstaaten nicht, denn Herrschaft hat nur dasjenige Subjekt, welches den Befehl der „verbindlichen Einführung" giebt. Richtig Laband I, 8, 80. Vgl. Jellinek, Staatenverb. 178; Seydel, Abhandl. 118 ff.; Bake 48, 78, 111; s. die Note 26.

[30] Man kann somit Staatenbund und Allianz nicht „verwechseln", was Meyer Laband vorwirft, denn für beide Rechtsverhältnisse gelten begrifflich ganz die nämlichen Merkmale. So jetzt auch Laband I, 52[1].

daß sie einen großen Teil der Souveränetätsrechte zurückbehalten, d. i. zur Ausübung zurückempfangen. Im Staatenbund beschränken sich die Einzelstaaten vertragsmäßig in Ausübung der Souveränetät zu Gunsten der Centralgewalt; im Bundesstaat beschränkt sich die Centralgewalt gesetzlich in Ausübung der Souveränetät zu Gunsten der Einzelstaaten. Im Bundesstaat geht die Einzelsouveränetät als solche unter und existiert staatsrechtlich nur mehr als Bestandteil der in der Centralgewalt ruhenden Gesamtsouveränetät.[31] Sobald der Verzicht auf die Einzelsouveränetät durch Aufrichtung der Centralgewalt praktisch geworden ist, ist die etwa vorher eingegangene vertragsmäßige, auf jenen Verzicht gerichtete Verpflichtung erfüllt, der Vertrag existiert nur mehr historisch, hat aber keinen aktuellen juristischen Inhalt mehr; juristisch kommt von da ab nur mehr das von der Centralgewalt gegebene Gesetz (im weitesten Sinne des Wortes) in Betracht. Der Einzelstaat ist wie jeder einzelne Staatsangehörige Unterthan der Centralgewalt: er hat dem Gesetz zu gehorchen; für die Form der Rechtsetzung unter Gleichberechtigten, den Vertrag, ist zwischen Centralgewalt und Einzelstaat im Bundesstaat prinzipiell kein Raum mehr.[32, 33] Es kann folglich im Bundesstaat von

[31] Ebenso Laband I. 54; Hänel StR I, 202.

[32] Daß in dieser Beziehung in unserem Reichsstaatsrecht sich einige Anomalieen finden, wird in §. 5 zu erörtern sein.

[33] Nach der herrschenden Lehre soll das unterscheidende Merkmal zwischen Bundesstaat und Staatenbund darin liegen, daß die Centralgewalt im letzteren nur über Staaten, im ersteren

Erfüllung oder Verletzung der Verträge, Austritt aus dem

---

über die einzelnen Staats*angehörigen* herrscht (vgl. z. B. *Meyer*, Erört. 13, Grundz. 6 ff., Lehrb. (3) S. 31; über die Genesis und Verbreitung dieser Lehre s. *Hänel*, Stud. I, 40). In entgegengesetzter Weise führt *Laband* I, 70 aus, daß gerade im Bundesstaat die „Staaten" „das direkte unmittelbare Objekt der in der Reichsgewalt enthaltenen Herrschaftsrechte" sind. (In der 2. Aufl. S. 55 f., 73 ff. ist diese Ansicht zwar festgehalten, aber modifiziert, indem ausgeführt ist, daß die Reichsgesetze auch die Staatsangehörigen direkt verpflichten, jedoch sei dies keine „unmittelbare Unterordnung der Bevölkerung unter die Reichsgewalt in der Art, daß die einzelnen Individuen auf den der Reichsgesetzgebung unterstellten Gebieten von dem Einzelstaat emanzipiert seien".) Beides ist m. E. nicht richtig. Die Staatsangehörigen sind im Bundesstaat so gut „direktes unmittelbares Objekt" der Reichsgewalt als die Staaten. Sobald das Reich zur Durchführung seiner Aufgaben sich eigener Behörden bedient, tritt dies mit aller Klarheit hervor. Es kommt aber für die Begriffsbestimmung des Bundesstaates überhaupt garnicht auf die Art und Form der Wirksamkeit der Centralgewalt an (was von *Martitz* 1 als das „unzweifelhaft" Entscheidende ansieht; s. auch *Brie*, Staatenverb. 113), sondern einzig und allein auf die Entscheidung der Frage: ist die Kompetenz unbegrenzt oder nicht? Richtig sagt *Meyer*, Lehrb. 3, daß die Gliedstaaten nicht mehr souverän sind, wenn die Centralgewalt „durch einen eigenen Akt" ihre Kompetenz erweitern kann. Unrichtig aber ist die Behauptung Grundz. 24, daß ein Bund niemals souverän sein könne, „mag er in der Form des Bundesstaates oder des Staatenbundes auftreten, es fehlt ihm stets ein notwendiges Erfordernis der Souveränetät, die selbständige Bestimmung der Sphäre seiner Thätigkeit". Vgl. jetzt auch besonders *Jellinek*, Staatenverb. 196, 298; *Rosin* 39. Daß aber die „Anteilnahme der Gliedstaaten an der Centralgewalt als ein wesentliches Begriffsmoment des Bundesstaates" zu betrachten sei (*Laband* I, 57 N.), habe ich nicht nur nicht geleugnet, wie *Laband* gegen mich einwendet, sondern *dies ist die unbedingt notwendige Voraussetzung für diejenige Konstruktion des Bundesstaats-Begriffes, welche in dem „föderativ organisierten Träger der Staatsgewalt" das entscheidende Kriterium des Begriffes findet* (s. unten sub III). Welchen Sinn könnte denn ein *föderativ* organisierter Träger der *Staatsgewalt* haben, als den der Anteilnahme

Bund wegen Nichterfüllung von Vertragspflichten, Auflösung des Bundesvertrages juristisch keine Rede sein: der Vertrag kann nicht aufgelöst werden, denn er existiert überhaupt nicht mehr.[34] Alle Streitig-

---

der Gliedstaaten an der Centralgewalt? Die Polemik von Laband gegen Borel und mich ist demnach gegenstandslos. Über die positive Labandsche Konstruktion s. auch Hänel StR. I, 202 f.

[34] Anders natürlich nach seiner Grundanschauung Seydel. Er führt aus (Abh. 59): Die „Vereinigung zum Bunde" sei ihrer Natur nach eine dauernde. Wo ein freies Austrittsrecht nicht ausgemacht sei, habe jeder vertragschließende Teil gegen jeden anderen einen Anspruch auf Fortdauer des Bundes. Der Bund könne sich rechtlich nur auflösen, wenn alle seine Glieder hierüber einig sind; ausdrücklich bestimme dies nur die deutsche Verfassung durch den Ausdruck „ewig" im Eingange. — Der Ausdruck „ewig" wird nicht zu rechtlichen Schlußfolgerungen benutzt werden können. Bei einem vertragsmäßigen Verhältnis wird vielmehr die gegebene juristische Folgerung sein: wenn nicht positiv anders bestimmt, hat jeder Einzelstaat das freie Austrittsrecht. So kommt denn auch weiterhin Seydel selbst zu der Erkenntnis: daß ein solches Verhältnis „nach der Lage menschlicher Dinge stets eine unsichere Sache" sein müsse (S. 76). S. 82 endlich zieht Seydel das Facit seiner Ausführung in den Sätzen: „wird seitens einer Staatsgewalt der Austritt aus dem Bunde im vorgeschriebenen formellen Gesetzeswege erklärt, so ist das Bundesverhältnis staatsrechtlich gelöst, jeder weiteren Thätigkeit der Bundesorgane im Staate auf dem Gebiete der Gesetzgebung, der Verwaltung 2c. der Rechtsboden entzogen. Dabei mag der Austritt aus dem Bunde gegenüber den anderen Teilnehmern einen Vertragsbruch enthalten, aber das ändert staatsrechtlich nichts. Vertragsbrüche auf dem Gebiete des sog. Völkerrechts verletzen keine bestehende zwingende Rechtsordnung". Die weiteren Ausführungen Seydels sind doch von dem Bewußtsein beherrscht, daß die angegebenen Sätze dem auf einem weltgeschichtlichen Entwickelungsprozesse beruhenden heutigen Rechtszustande Deutschlands nicht gerecht werden. So sind denn die folgenden Erörterungen Seydels eine weitreichende bedeutsame Konzession an den Bundesstaatsgedanken, den freilich aus logischen Gründen ablehnen zu müssen Seydel überzeugt bleibt.

keiten werden in inappellabler Weise von den geordneten höchsten Instanzen der centralen Staatsgewalt entschieden, die zur Durchführung ihrer Entscheidungen mit allen Mitteln staatsrechtlichen Zwanges ausgestattet ist.[35]

Ob im einzelnen Falle ein Bundesstaat oder ein Staatenbund gewollt sei, kann lediglich aus einer Prüfung der thatsächlichen Vorgänge bezw. der darüber aufgenommenen Urkunden entnommen werden. Die Prüfung ist darauf zu richten: wo ist die Souveränetät, beim Einzelstaat oder der Centralgewalt? Ist dies festgestellt, so ergeben sich die Konsequenzen auf dem Wege logischer Deduktion von selbst.[36]

## II. Das Deutsche Reich ein Bundesstaat.

An der Hand der sub I gegebenen Deduktion haben wir, um den rechtlichen Charakter des Reiches festzustellen, die Frage zu entscheiden: liegt eine vertragsmäßige Beschränkung der einzelstaatlichen Souveränetät durch Übertragung der Ausübung einzelner Hoheitsrechte an eine hierfür gebildete Centralgewalt oder liegt ein Verzicht auf die einzelstaatliche Souveränetät durch Übertragung derselben auf die Centralgewalt vor?

Die Frage ist im letzteren Sinne zu entscheiden.

---

[35] Jellinek, Staatenverb. 278 ff. Die Konstruktion von Trieps 35 ff.: Staatenbund sei ein obligatorisches, Bundesstaat ein obligatorisch-dingliches Verhältnis, hat, soweit ich sehe, nirgends Zustimmung gefunden; in Konsequenz seiner privatrechtlichen Grundanschauung lehnt Trieps die Gehorsamspflicht der Einzelstaaten im Bundesstaate ab.

[36] Daß es auf die Art der Kompetenzverteilung nicht ankommen kann, führt auch zutreffend Rosin 11 f. aus; vgl. ferner Zorn in Z. f. d. ges. Staatsw. 1881, S. 298.

Die Souveränetät findet ihren prägnantesten Ausdruck in der Setzung des Rechtes. Denn: „das Recht ist das der menschlichen Gesellschaft in allen ihren Organisationsformen notwendige Ordnungsprinzip", die „dem Staate notwendige Erscheinungsweise".[37] Wer das Recht setzt, ist Inhaber der Souveränetät. Der alte deutsche Bund hatte keine Kompetenz der Rechtsetzung: er konnte zwar Beschlüsse fassen, aber was diese Beschlüsse zum Rechte machte, die Erteilung des verbindlichen, widerspruchslosen Befehles, geschah durch die Gewalt der Einzelstaaten. Im heutigen Deutschen Reiche wird allerdings Recht sowohl von der Centralgewalt als von den 25 Einzelstaaten gesetzt: für die äußerliche Betrachtung scheint es somit, daß hier wie dort Souveränetät vorhanden sei. Daß dies logisch unmöglich, wurde oben sub I nachgewiesen. Daß aber auch nach positiver Bestimmung der Reichsverfassung die Souveränetät bei der Centralgewalt ruht, steht noch zum Beweise. Kann dieser Beweis erbracht werden, so ist damit zugleich nachgewiesen, daß die Gesetzgebungsgewalt der Einzelstaaten staatsrechtlich der Gesetzgebungsgewalt des Reiches untergeordnet ist.

Wäre die Kompetenz der Centralgewalt eine einfürallemal definitiv und fest abgegrenzte, gleichsam ein eiserner Bestand von einzelnen der Centralgewalt zugeschiedenen Materien ohne jede Möglichkeit der Kompetenzerweiterung, dann besäße das Reich nicht höchste Gewalt, wäre nicht souverän, wäre kein Staat, sondern ein vertragsmäßiges

[37] Hänel StR. I, 110 ff., bes. 115, 128 ff.

Verhältnis, ein Staatenbund.[38] Das war der materielle Inhalt des s. Z. bei Beratung der norddeutschen Bundesverfassung gestellten Antrages Zachariä, der abgelehnt wurde.[39] Die Gesetzgebungsgewalt des Reiches wäre in diesem Falle eine von den Einzelstaaten abgeleitete gewesen. Art. 4 der RV. ist zwar von sehr weitem Umfange, existierte aber nur dieser Artikel, so wäre über die obige auf den Staatenbund hinauslaufende Deduktion nicht hinwegzukommen.[40]

Daß diese Deduktion aber für das Reichsstaatsrecht nicht zutrifft, ergiebt sich unwiderleglich aus Art. 78 der

---

[38] So behaupteten prinzipiell für das Unionsverhältnis der nordamerikan. Freistaaten die Legislaturen von Virginia und Kentucky bei Anlaß zweier Unionsgesetze i. J. 1798. S. hierüber Hänel, Stud. I, 3—5. Dies behauptete ferner bis vor kurzem die herrschende Lehre vom Bundesstaate, vgl. v. Mohl 29.

[39] Dem Antrage Zachariä (Sten. Ber. I, Anl. S. 45, dazu S. 239 die Begründung des Antragstellers, ferner S. 318 die Rede des Abg. v. Thielau) wurde ein Antrag Lasker entgegengestellt (Sten. Ber. I, S. 350, ferner 239 ff., 315 ff.). Zachariä beantragte, den Art. 2 in folgender Weise zu fassen: „Die Bundesgewalt wird durch die ihr in dieser Verfassung zugewiesenen Kompetenzen bestimmt und begrenzt. Die im Bunde begriffenen Staaten behalten ihre Selbständigkeit, soweit sie nicht durch diese Verfassung beschränkt ist; sie haben alle staatlichen Hoheiten und Rechte, soweit sie nicht der Bundesgewalt ausdrücklich übertragen sind." Der Abgeordnete Miquél dagegen beantragte, zwischen Art. 4 und 5 einen Artikel folgenden Inhalts einzuschieben: „der Bund ist befugt, im Wege der Gesetzgebung auch solche Einrichtungen zu treffen und Maßregeln anzuordnen, welche auf andere als die im Art. 4 bezeichneten Gegenstände sich beziehen, wenn diese im Gesamtinteresse notwendig werden. Der Erlaß solcher Gesetze ist an die für Verfassungsveränderungen vorgeschriebenen Formen gebunden." S. hierzu Zorn in Tübing. Z. 1881, 301 ff., in Hirths Ann. 1884, 466 f.

[40] A. A. Rosin 7.

RV.[41] Dieser Artikel konstituiert die Möglichkeit einer unbegrenzten Erweiterung der Reichskompetenz auf vollkommen legalem Wege,[42] „die rechtliche Unabhängigkeit der dem Reiche zustehenden Willens- und Rechtssphäre von derjenigen der Einzelstaaten" (La-

[41] Laband I, 64—70 der 1. Aufl. schlug einen einigermaßen anderen Weg zur Beantwortung der Frage nach der rechtlichen Natur des Reiches ein. Souveränetät ist nach L. kein begriffliches Merkmal des Staates. Das Reich sowohl als die Einzelstaaten sind Staaten im Rechtssinne, denn beide Potenzen sind „selbständig". Die Gründe für die Selbständigkeit des Reiches werden unter vier Gesichtspunkten erörtert, den vierten derselben bildet Art. 78. Betrachtet man Souveränetät als begriffliches Merkmal des Staates, so können die Einzelstaaten nur für den „Sprachgebrauch" als Staaten in Betracht kommen, denn souverän ist auf Grund von Art. 78 nur das Reich. Was Laband sub 1—3 an Gründen für die „Selbständigkeit" des Reiches anführt, ist eine Konsequenz des Art. 78. Demgemäß hat Laband auch nunmehr in der 2. Aufl. S. 83 f. ebenfalls den Art. 78 für „entscheidend" erklärt. Vgl. Bake 156. Hänel StR. I, 220 f.: „Die Bejahung oder Verneinung der Frage nach der Kompetenz-Kompetenz entscheidet in letzter Instanz, ob der Bundesstaat und hier das Reich eine mit dem Staate gleichartige Natur an sich trägt oder nicht"; ferner 773 ff. Genau ebenso wie unsere RV. eidgen. BV. 118—123. Unions-V. a. V. Anders Rosin 7, der auch ohne Art. 78 Abs. 1 nach Art. 2 u. 4 die Souveränetät der Einzelstaaten verneint. Auch Brie, Staatenverb. 104, erklärt die Kompetenz-Kompetenz für ein „begriffliches Erfordernis" des Bundesstaats.

[42] A. A. Seydel 24; Westerkamp 29; Meyer, Erört. 64 ff., Lehrb. §. 164, sämtliche mit Berufung auf die in den Eingangsworten gegebene Zweckbestimmung, „die vertragsmäßigen Grundlagen" des Reiches und seiner Verfassung. Außer jenen „Zwecken" rechnet Meyer noch zu den „vertragsmäßigen" Grundlagen: 1. die Existenz der Einzelstaaten, 2. das Bestehen eines Bundesverhältnisses. Über die Eingangsworte s. o. §. 3 Z. VIII; über die „Existenz der Einzelstaaten" und das „Bestehen eines Bundesverhältnisses" unten §. 5, III.

band I, 64).[43] „In der Rechtsmacht aber des Staates über seine Kompetenz liegt die oberste Bedingung der Selbstgenugsamkeit, der Kernpunkt der Souveränetät" (Hänel). Auf vollkommen legalem Wege hat das Reich durch Art. 78 demnach die Möglichkeit, außer den im Art. 4 bereits ausdrücklich seiner Kompetenz überwiesenen Materien auch jede andere den Einzelstaaten zu entziehen,[44] und bekanntlich ist von dieser Kompetenz auch bereits in recht erheblichem Umfange Gebrauch gemacht worden. Die ganze Frage der „Kompetenz-Kompetenz", welche anfangs im Parlament und in der Litteratur[45] so lebhaft umstritten wurde, ist heute längst keine Frage mehr. Die Kompetenz des Reiches ist eine völlig ungebundene, sie ist auch nicht gebunden durch die „vertragsmäßigen Grundlagen der Reichsverfassung", weil die Reichsverfassung im juristischen Sinne keine „vertragsmäßigen Grundlagen" hat, und die Eingangsworte zur Verfassung lediglich „enuntiativ" sind. Auf Grund des Art. 78 hat das Reich den „eigenen" Willen, jederzeit selbst mit bindender Rechtskraft für die Einzelstaaten über seine Kompetenz zu entscheiden; „einmal ins Leben gerufen, besteht der Organismus des Gesamtstaates durch sich selbst

---

[43] Nach der eidgenössischen und nordamerikanischen Bundesverfassung besteht in dieser Richtung ein bemerkenswerter, wenn auch immerhin nur quantitativer Unterschied von unserem Reichsrecht, indem über Verfassungsänderungen die Einzelstaaten als solche abstimmen, s. Hänel StR. I, 243 u. bes. 783 f.; auch Brie, Staatenverb. 124 ff.

[44] A. A. G. Meyer, Lehrb. S. 34.

[45] Die Litteratur ist zusammengestellt bei Meyer, staatsrechtl. Erört. 74².

und beherrscht damit unter Regierung jeder anderen Souveränetät von seinem Willen aus den der Einzelstaaten." [46] Vom rein formal juristischen Standpunkt aus — politische Möglichkeiten oder Unmöglichkeiten sind hier nicht zu erörtern — ergiebt sich demnach: Artikel 78 konstituiert als oberste, als souveräne Macht im Reiche die Centralgewalt, da durch jenen Artikel der letzteren virtuell die juristische Möglichkeit gegeben ist, auf vollkommen legalem Wege die einzelstaatliche Gesetzgebung in jeder Richtung an sich zu ziehen. „Es ist eine unabweisbare Konsequenz aus Artikel 78, daß die gesamte Rechtssphäre der Einzelstaaten zur Disposition des verfassungsmäßig erklärten Willens des Reiches steht" (Laband I, 70).[47, 48] „Wie das Reich voller Herr, so ist es auch in durchgreifender, den Rechtsschutz der Einzelstaaten in besonderen Formen und Instanzen nicht bindender Weise ausschließlicher Richter über seine Kompetenz." [49]

Die notwendige juristische Konsequenz aber, die sich hieraus ergiebt, ist die: daß die den Einzelstaaten verbliebene Rechtssphäre staatsrechtlich als eine vom Reich abgeleitete zu betrachten ist.[50]

---

[46] Rosin 6; Bake 178. Man kann demgegenüber nicht behaupten — Brie, Staatenverb. 106 —, daß die Einzelstaaten den Bund nur „gewisse Befugnisse" übertragen haben.

[47] Die „Reichshoheit" ist somit gewiß „ein Prinzip", was Held 55 grundlos leugnet.

[48] Eine drastische Spezialanwendung des Prinzipes ist RV. a. 76 Abs. 2: Abänderung der einzelstaatlichen Verfassung durch Reichsgesetz bei Vorhandensein gewisser Voraussetzungen.

[49] Hänel StR. I, 792 ff.; Zorn in Tüb. Z. f. d. ges. Staatsw., 1882, S. 305 ff.

[50] Übereinst. Mejer, Einl. (2) S. 24: „Da dem Begriffe

„Ist es die wesentlichste, alles übrige bedingende Aufgabe

---

des zusammengesetzten Staates gemäß die Gliedstaatsgewalten in ihrem Verhältnisse zur Obergewalt Unterthanen sind, so kann die relative Selbständigkeit, welche sie besitzen, rechtlich nur auf Einräumung seitens der Obergewalt begründet werden" (anders freilich S. 28). Dagegen Brie, Staatenverb. 101 ff. 108, ebenso lehnt Laband dies ab und sagt, die Einzelstaaten hätten ihre Kompetenz „kraft eignen Rechtes, nicht durch Übertragung vom Reich". Historisch gewiß, aber nicht nach dem positiv geltenden Staatsrecht. Wenn Laband I, 714 sagt: die Einzelstaaten hätten „ihre Souveränetät auf die Gesamtheit übertragen", so konnten sie ihre Landeshoheit nicht „zurückbehalten", sondern nur zurückempfangen, denn in der Souveränetät liegt notwendig die Landeshoheit. S. 102 behauptet Laband, das „eigene Recht", die „eigene Herrschaftssphäre" der Einzelstaaten, aber: „allerdings ist eine Einschränkung hinzuzufügen. Das Reich hat nämlich nach Art. 78 ideell eine unbegrenzte Kompetenz; es kann die verfassungsmäßig festgestellte Grenze zwischen seiner Machtsphäre und der Machtsphäre der Einzelstaaten in der Form der Verfassungsänderung einseitig, d. h. ohne Zustimmung der einzelnen Gliedstaaten verändern; es kann also den Gliedstaaten die ihnen verbliebenen Hoheitsrechte entziehen. In einem gewissen Sinne kann man daher sagen, daß die Einzelstaaten ihre obrigkeitlichen Rechte nur durch die Duldung des Reiches, nur precario besitzen, daß ideell das Reich die staatliche Gewalt in voller Integrität besitze, und daß die Einzelstaaten auch diejenigen Rechte, auf welche sich die Kompetenz des Reiches nicht erstreckt, ebenso wie diejenigen, welche ihnen das Reich innerhalb seiner Kompetenz zuweist, nur durch den Willen des Reiches haben." Übereinstimmend mit dem Text Tezner bei Grünhut Z. XXI, 218; ferner Bake 21, 163; Borel a. a. O.; Jellinek, Staatenverb. 46, 272, 307, s. bes. den Ausspruch Abraham Lincolns bei Jellinek 281[36]; anders aber jetzt Jellinek, Gesetz u. Verordn. 201; vgl. auch Liebe 22. Mit großer Schärfe wendet sich ferner Hänel StR. I, 799, gegen die im Texte vertretene Anschauung und findet in derselben eine „vollkommene Verkehrung des Rechts- und Thatbestandes der Gründungsakte". Ebenso schon vorher S. 254, 320[1] unter Berufung auf R.-Verf. Art. 2 und Bayer. Schlußprot. Art. VI. Daraus aber kann nichts gefolgert werden. Hänel wendet sich ebenso energisch gegen das „abgeleitete" Recht des Reiches wie der Einzelstaaten. Aber auf

des Staates, das Recht zur Geltung zu bringen, so ist im vollkommenen Staate keine Person, welche ihre Kompetenz nicht auf die Anerkennung des Staates zurückführen müßte und damit die Grenzen seiner Kompetenz bezeichnet erhielte." „Unter allen Umständen kann eine wahre Autonomie für die dem Staate nachgeordneten juristischen Personen nur auf staatsseitiger Ermächtigung oder Anerkennung beruhen" (Hänel, Stud. I, 39). Dies trifft vollkommen zu auch für das Verhältnis der Einzelstaaten im und am Reiche. Indem man sich auf den Inhalt von Artikel 78 vereinigte, schuf man eine im Prinzip unbegrenzte Centralgewalt, vereinigten sich die Einzelstaaten nicht zu einer „Beschränkung" der Souveränetät auf dem Vertragswege, sondern zu einem Verzicht auf die Souveränetät zu Gunsten der Centralgewalt. Wenn ein Verhältnis konstituiert wird des folgenden staatsrechtlichen Inhaltes: eine Anzahl bisher souveräner Staaten vereinigen sich zur Aufrichtung einer Gesamtstaatsgewalt und legen dieser letzteren die rechtliche Fähigkeit bei, auf dem Wege legaler Kompetenzerweiterung sich unbegrenzt auszudehnen, so ist es ein Sprach- und Denkfehler, von „Beschränkung" der Souveränetät zu sprechen, wo prinzipiell

einer Seite muß doch das Recht ein abgeleitetes sein, sonst geht der Begriff der Souveränetät, den niemand schärfer faßt als Hänel, unrettbar verloren. Ebenso gegen die Ansicht des Textes Rosin 16: die Einzelstaaten hätten „eigenes Recht", denn solches sei für eine Person „jedes Recht, dessen Subjekt sie ist". Bestimmt man das „eigene Recht" in dieser Weise, so ist die Folgerung ebenso richtig als wertlos. Vgl. auch G. Meyer, Lehrb. 36[17].

ein Verzicht vorliegt.[51] Hätte man diese staatsrechtliche Konsequenz nicht gewollt, so durfte man den Artikel 78 nicht concedieren, wie dies Bayern auch wollte.[52] Nach der Lage des positiven Rechtes aber ist Artikel 78 das durchschlagende Argument für die Souveränetät und Staatsnatur des Reiches.[53] „Die rechtliche Gestaltung der Reichs-

[51] Demgegenüber versagt auch, was Seydel, Abhandl. 38 und weiter einwendet. „Nun lautet eben der Vertrag dahin, daß einer Dreiviertel-Mehrheit der Staaten die Minderheit sich zu fügen verpflichtet sein soll, daß also diese ihre Zustimmung gleichsam im vornehinein giebt", dieser Mehrheitswille sei kein „Herrschaftswille" (76, 110 ff.). Dieser Mehrheitswille ist aber Staatswille, somit Herrschaftswille, ebenso wie der Mehrheitswille im Parlament. Die „gleichsam im vornehinein" gegebene grenzenlose Zustimmung ist eben vertragsmäßiges Aufgeben der Souveränetät. Eine der Seydelschen verwandte Deduktion giebt Triepel 47 ff. Übereinstimmend mit dem Texte Bake 111.

[52] „Es gehörte dieser Punkt zu den schwierigsten Fragen, die überhaupt in der ganzen Verhandlung mit Bayern zu erledigen waren" (Staatsminister Delbrück im Reichstage). Bayern verlangte ein Veto gegen Kompetenzerweiterungen, s. Seydel, Komm. 263 ff.; G. Meyer, Erört. 76 ff.; Hänel StR. I, 775.

[53] A. A. Seydel 18; v. Martitz 10; Riedel 5, 54. Rosin 6 ff. tritt zwar der Deduktion über die Souveränetät des Reiches bei, da die Einzelstaaten durch das Reich „im weitesten Umfange bestimmbar" sind, folgert dies aber aus R.-Verf. Art. 2, 4, nicht aus Art. 78, da dieser nur eine „Relation" enthalte, somit nur formelle Beziehung habe. Die „Relation" ist aber gemäß Art. 78 nicht „formell", sondern allumfassend: in letzterem Punkte liegt hier das „Zweckmoment". Mit Recht findet auch Laband I, 714[2] das „Wesen" der Reichsgewalt in der „Unbeschränktheit", in der „ideellen Totalität des Zweckes"; vortrefflich auch Hänel StR. I, 114 ff. — Dahn, Bausteine I, 529, 545, und Gareis, Allg. StR. 104, 107 suchen die Schwierigkeit damit zu überwinden, daß sie ausführen: der Begriff des Bundesstaates beruhe auf der Beschränkung der Souveränetät; sowohl Reich als Einzelstaaten hätten beschränkte Souveränetät. Dieser Versuch, die große Streitfrage zu lösen, ist wohl von allen der ansprechendste.

gesetzgebung ergiebt zu ihrem Teile und vom Standpunkt rechtlicher Betrachtung aus, daß das Reich die Natur des Staates an sich trägt."[54]

Die Centralgewalt aber übernahm nicht die Ausübung der sämtlichen aus der Souveränetät fließenden Rechte und Pflichten: sie beließ vielmehr die Ausübung derselben in weitem Umfange den Einzelstaaten; in „bewußter und gewollter Selbstbeschränkung" hält sie sich von einem großen Teile der staatlichen Aufgaben ganz zurück, sodaß in dieser Beziehung die Souveränetät des Reiches einzig und allein darin einen staatsrechtlichen Ausdruck gefunden hat, daß alle jene Materien auf Grund des Art. 78 zur Disposition des Reiches stehen. Im strengen Sinne des Wortes sind demnach die Einzelstaaten seit 1. Juli 1867 bezw. 1. Januar 1871 keine Staaten mehr,[55] weil ihnen das erste Essentiale des Staatsbegriffes, die Souveränetät, fehlt.[56] Der

Er scheitert aber an der logischen Notwendigkeit, festzustellen: wer das Subjekt der Beschränkung ist. Kraft der Souveränetät muß dies das Reich sein: das Reich beschränkt seine Souveränetät zu Gunsten der Einzelstaaten; letztere aber haben keine Souveränetät, auch keine beschränkte. Vgl. über diese Theorie Zorn in Hirths Ann., 1884, S. 462 ff.; Hänel StR. I, 204 ff.

[54] Hänel StR. I, 271; dazu die Erörterungen 771 ff. über die Kompetenz-Kompetenz in den drei Bundesstaaten, vgl. Verf. d. nordamerik. Union Art. V, Eidgen. B.-Verf. Art. 118—123; s. ferner Seydel, Abh. 38 ff.

[55] Pufendorf, syst. civitatum §. 8: „si sit una civitas, non potest plures in se civitates aliter continere, quam ut illae civitates esse desierint".

[56] Hänel, Stud. I, 63 sagt: weder die Einzelstaaten noch der Bund seien „Staat", sondern die „Totalität beider". „Nicht der Einzelstaat, nicht der Gesamtstaat sind Staaten schlechthin, sie sind nur nach der Weise von Staaten organisierte und handelnde politische Gemeinwesen. Staat schlechthin ist nur der Bundesstaat als die Totalität beider." Welcher Unterschied aber kann gedacht werden zwischen dem Gesamtstaat, der nicht Staat, und dem Bundesstaat,

Sprachgebrauch aber wird wie im alten, so im neuen Deutschen Reiche nachwievor die Einzelstaaten als „Staaten" bezeichnen, und angesichts der historischen Reminiscenzen wird es sich nicht empfehlen, vom Standpunkt des Staatsrechtes hiergegen zu eifern,[57] sondern es wird lediglich Aufgabe des letzteren sein, das hier obwaltende Verhältnis zwischen Sprachgebrauch und Rechtsbegriff in das richtige Licht zu stellen. Die Frage hat gewiß die aller-

der Staat sein soll? Richtig Hänel 66: „der Gesamtstaat ist nicht etwas vom Bundesstaat Verschiedenes, sondern der Bundesstaat selbst." Sehr gut Bake 171 ff. u. bes. jetzt Hänel StR. I, 801 ff., s. auch Seydel, Abh. 104 ff.

[57] Vgl. Laband I, 61 (die „Territorien" des alten Reiches). Über den Sprachgebrauch Bake 170; Rosin 321; Zorn in Hirths Ann. 1884, 468. Ausgezeichnet und völlig erschöpfend Hänel StR. I, 803: „Der Sache nach ist die Bezeichnung des Einzelstaats als Staat eine Erweiterung des Begriffes, die gerade das an erster und oberster Stelle entscheidende Merkmal eliminiert, welches das charakteristische Wesen der Erscheinung, für die der Begriff gebildet wurde, ausmacht: die Souveränetät. Der Sache nach hat nach einer nur kurzen, 60jährigen Übergangszeit eine historische Rückbildung der politischen Gliederungen des deutschen Volkes stattgefunden. Wie die deutschen Territorien, mit Ausnahme derjenigen, die Reichsausland waren, nur in allmählicher Lockerung des Reichsverbandes und schließlich nur durch einen revolutionären Akt der Secession zu souveränen Staaten geworden sind, so ist ihre Rechtsstellung durch die Erneuerung des deutschen Reiches, wenn auch umgebildet im Sinne des modernen Staates, zurückgeführt auf das, worauf sie historisch allein einen Anspruch haben, auf Landeshoheit." Gegen die Auffassung des Textes bes. Brie, Staatenverb. 96 ff., dessen Ausführungen auf dem m. E. unmöglichen Gedanken beruhen, daß im Bundesstaat sowohl der Bund als die Einzelstaaten die „Universalität des Staatszwecks" haben und deshalb Staaten sind. Ebenso unhaltbar ist m. E. der weitere Grundgedanke der Brieschen Konstruktion von der „Subsidiarität des Bundesstaatszwecks", den Brie sowohl in der Reichs-, als der eidgen. und Unionsverfassung finden will.

größte grundsätzliche Bedeutung. Aber das muß doch entschieden betont werden, daß der ganze, mit so starken Worten geführte Streit ein Streit um eine akademische Doktorfrage ist, die jeglichen praktischen Interesses ermangelt, sobald man den Einzelstaaten die Souveränetät abspricht. Mit diesem Satze wird der Streit zum leeren Wortstreit.

Die wichtigsten Konsequenzen aus dem sub I allgemein, sub II speziell für das Reich festgestellten Bundesstaatsbegriff sind folgende:

1. „Reichsrecht bricht Landesrecht": bei Widerspruch zwischen dem von der Centralgewalt gesetzten Recht jeden Grades und dem von den Einzelstaaten gesetzten geht das erstere unbedingt vor (s. dazu unten §. 15).[58]

2. Die Centralgewalt steht sowohl den Einzelstaaten als den sämtlichen Staatsangehörigen herrschend gegenüber:[59] sie bedarf für ihre Rechtssätze keiner Vermittelung der Einzelstaaten,[60] kann jedoch mit Durchführung derselben die letzteren jederzeit und in jedem Umfange betrauen.[61]

---

[58] Riedel 41; Seydel 36; Hänel StR. I, 248 ff.

[59] Beispiele für die Unterthanenschaft der Gliedstaaten gegenüber dem Reich bei Laband I, 78 f. Vgl. auch Hänel StR. I, 267 ff. über die Souveränetät und Unmittelbarkeit der Reichsgesetzgebung.

[60] Über den großen, in dieser „Unmittelbarkeit" der Bundesgesetzgebung liegenden und zuerst durch die nordamerik. Jurisprudenz entwickelten Gedanken s. die schöne Ausführung bei Hänel StR. I, 270 f.

[61] Sehr treffend Riedel 5; Hänel, Stud. I, 46 und bei Hirth, Ann. 1874, 84 ff., StR. I, 267 f. Daß es „wesentlich" für den Begriff des Bundesstaates sei, daß die Centralgewalt sich der Gliedstaaten zum Zwecke der Erreichung der staatlichen Aufgaben bediene (Laband I, 78), kann garnicht zugegeben werden. S. auch v. Martitz in Z. f. Staatswissensch. 1876, S. 564 f.; Hänel StR. I, 268.

3. In denjenigen Materien, welche die Centralgewalt zu ihrer Sphäre gezogen, haben die Einzelstaaten prinzipiell keine Kompetenz der Rechtssetzung,[62] außer soweit denselben eine solche ausdrücklich durch die Centralgewalt zugewiesen wurde (s. unten §. 15).

Man kann sich somit allerdings darüber keiner Täuschung hingeben, daß in Bezug auf den Kernpunkt des Staatsbegriffes, die Souveränetät, ein grundsätzlicher Unterschied zwischen Bundesstaat und Einheitsstaat nicht besteht. Und auch darin kann der grundsätzliche Unterschied nicht liegen, daß die Centralgewalt nicht die Totalität der Staatsaufgaben übernimmt, sondern von einem erheblichen Teile derselben „sich fernhält" zu Gunsten der Einzelstaaten, sodaß „hinsichtlich dessen ihre Mediatisierung thatsächlich nicht durchgeführt ist" (Laband): denn dieser Unterschied ist immer nur quantitativ und wird beherrscht von der virtuellen Omnipotenz des Reiches.

Der grundsätzliche Unterschied kann vielmehr nur in dem Träger der Staatsgewalt gefunden werden.[63] Hier ergiebt sich eine fundamentale Verschiedenheit zwischen Einheitsstaat und Bundesstaat. Indem im Bundesstaat die Einzelstaaten als juristische Einheit den Träger der Staatsgewalt darstellen,[64] ergiebt sich ein klarer und fester grund-

[62] Ganz ebenso Jellinek, Staatenverb. 304 ff.

[63] Garkeine Bedeutung legen diesem Moment bei G. Meyer, Schulze, Jellinek, Rosin, Gierke: s. Brie, Staatenverb. S. 98[1].

[64] G. Meyer, Lehrb. 33, lehnt dies ab, s. N. 16 über die Schriftsteller. Dagegen übereinstimmend mit dem Text Meyer, Einleit. (2) S. 23: „ein Staatenstaat, dessen Obergewalt dem durch die Gesamtheit seiner Gliedstaatsgewalten formierten Kollegium als juristischer Person zusteht, wird Bundesstaat genannt." A. A. Brie, Staa-

sätzlicher Unterschied gegenüber dem Einheitsstaat; ergiebt sich zugleich eine machtvolle Rechtsstellung der Einzelstaaten von ungleich größerer praktischer Bedeutung, als welche der Schulstreit über die der Souveränetät entbehrenden „Staaten" zu gewinnen vermag; ergiebt sich endlich die grundsätzliche Unmöglichkeit jener bedenklichen, sowohl bei Laband als bei Hänel sich findenden juristischen Erörterungen über „Existenz", „Mediatisierung" der Einzelstaaten, „Umwandlung in den Einheitsstaat" u. dgl. (s. hierzu unten S. 97 ff.).

Auf dem Wege Rechtens ist keine Beseitigung der „Existenz" der Einzelstaaten, keine „Umwandlung in den Einheitsstaat" möglich.[65]

## III. Der Träger der Souveränetät.

Inhaber der Souveränetät ist die ideale Persönlichkeit

---

tenverb. 128: „die Frage nach der Bildung des Trägers der Centralgewalt hat daher für das Wesen des Bundesstaates keine maßgebende prinzipielle Bedeutung."

[65] Hänel StR. I, 776, führt aus, Art. 78 ergreife alles, „was auf Grund der bestehenden Verfassung das Wesen des Bundesstaates ausmacht, mithin den Bestand des Bundesstaates selbst, mag man seine Umwandlung in den Einheitsstaat oder seine Rückbildung in den Staatenbund oder seine Auflösung in ein unverbundenes Nebeneinander der Einzelstaaten ins Auge fassen" — diese Schlußfolgerung ist auch bei strengster Fassung des Souveränetätsbegriffes juristisch unhaltbar aus den sub III darzulegenden Gründen: aus diesen ergiebt sich auch, daß nicht — Hänel 205 — der Begriff des Bundesstaates in allem wesentlichen in den des Einzelstaates aufgelöst wird; S. 207 nähert sich auch Hänel der richtigen Ansicht, daß das „Wesen" des Bundesstaates in der Frage der Organisation der Staatsgewalt liege, und wenn S. 207 dies nur als „ergänzend" bezeichnet wird, so spitzt sich S. 208 alles — in allerdings m. E. unzutreffender Weise — auf das Kaisertum, also die Organisation, zu.

des Staates.[66] Von dieser muß die Souveränetät zur Ausübung an eine natürliche Persönlichkeit übertragen werden, welch letztere demnach als Träger der Souveränetät erscheint. Diese Persönlichkeit ist nach monarchischem Staatsrecht der Monarch,[67] nach republikanischem das Volk. Bildet sich ein Bundesstaat aus Einzelrepubliken, so erledigt sich die Frage ohne jede Schwierigkeit: Träger der Souveränetät ist das Gesamtvolk.[68] Bildet sich aber der Bundesstaat aus Monarchieen, so ist die Beantwortung der Frage nach dem Träger der Souveränetät nicht so einfach zu lösen. Der Bundesstaat hat in diesem Falle die durch Übertragung der Souveränetät der Einzelstaaten auf die Gesamtheit neu geschaffene centrale Staatsgewalt. Der Träger dieser letzteren aber ist hier weder monarchisch im eigentlichen Sinne des Wortes, noch republikanisch (was

---

[66] Vorzüglich Laband I, 86 f., bes. jetzt auch G. Meyer, Anteil der Reichsorgane an der Reichsgesetzgebung 9 ff., 41 ff., Lehrb. (3) S. 12, 347. Triepel, Interregnum 65 gegen die Bezeichnung „Organ“: „der Träger der Staatsgewalt ist überhaupt nicht Organ des Staates im richtigen Sinne des Wortes, nämlich Werkzeug zur Ausübung fremder Gewalt.“ S. aber auch Fricker, Verpfl. des Kaisers 18, welcher auch „Träger“ und „Organ“ begrifflich unterscheidet, aber in der Monarchie beides im Monarchen zusammenfallen läßt; dem gegenüber halte ich die obige Einwendung Triepels für zutreffend. Der „Träger der Gewalt“ nimmt eine „notwendige Stelle in der Schlußfolge“ ein, er ist ganz unentbehrlich. A. A. Fricker 21.

[67] Vortrefflich fixiert das monarchische Prinzip Seydel, Bayr. StR. I, 351 ff.; Mayer in Hirths Ann. 1887, 554. Über das Volk als Träger der Staatsgewalt s. auch Fricker, Verpfl. d. Kaisers 20 ff., dessen Bedenken in der schweizerischen Institution des Referendums m. E. widerlegt sind.

[68] So in der Schweiz und der nordamerikanischen Union.

auch behauptet wurde), sondern pleonarchisch organisiert. Das Deutsche Reich ist demnach eine Pleonarchie:[69] Träger der Souveränetät ist die durch Errichtung der Centralgewalt geschaffene Einheit derjenigen 25 Faktoren, welche bis dahin Träger der Landessouveränetät waren, die „Gesamtheit der verbündeten Regierungen", wie sich Fürst Bismarck auszudrücken pflegte.[70]

Wie das Reich ein Staat ist, dem die Einzelstaaten unterworfen sind, der aber nichts anderes ist als eben die Einzelstaaten, in begrifflicher Einheit gedacht, selbst, so ist Träger der Reichssouveränetät die Gesamtheit der früheren Träger der Landessouveränetäten, oder korrekter: die juristische Einheit der verbündeten Staatsoberhäupter.[71]

---

[69] Meyer, Grundz. 65 spricht nicht unzutreffend von einer „konstitutionellen Aristokratie". Auch Gareis 38 hat Wort und Gedanken der „Pleonarchie" übernommen; vgl. auch die zutreffenden Bemerkungen von Brie, Staatenverb. 126 ff.

[70] Laband I, 57; v. Martitz 44; Meyer, Lehrb. §. 120, Grundz. 60, Erört. 43. Die Differenz ist nur: ob als juristische Person oder als Societät; Laband nimmt mit Recht ersteres, v. Martitz und Meyer in Konsequenz ihres vertragsmäßigen Ausgangspunktes letzteres an. Vgl. Jellinek, Staatenverb. 284 ff.

[71] Daß neben den 22 Monarchen 3 „Völker" Bestandteil dieser Einheit sind, ist zwar eine Anomalie, alteriert aber die Konstruktion keineswegs. Unrichtig ist es aber in jedem Falle, die „Senate" der freien Städte als Mitträger der Souveränetät, als Staatsoberhäupter nach Analogie des Monarchen aufzufassen, ein Irrtum, der sich auch im Eingang der Norddeutschen Bundesverfassung findet; Staatsoberhaupt, als Träger der Souveränetät, kann in der Republik

Nichts ist zweifelloser, als daß das Reich keine „Einherrschaft“ ist, wie v. Mohl annimmt; der Kaiser ist nicht Träger der Reichssouveränetät, sondern als König von Preußen Mitträger derselben, als Kaiser Organ derselben. Sowenig die Staatsform des Reiches eine monarchische ist, sowenig ist sie aber andererseits eine republikanische mit einem erblichen Präsidenten.

In diesem Sinn also: als Mitträger der Reichssouveränetät, als Bestandteile derjenigen juristischen Person, welche die Reichssouveränetät trägt, sind die bisherigen Träger der einzelstaatlichen Souveränetät auch nach Aufrichtung des Reiches souverän geblieben.[72] Die Souveränetät ist materiell

---

begrifflich nur das Volk sein. Die Anomalie der drei Republiken verschwindet dadurch, daß in dem die Souveränetät praktisch darstellenden Organ des Reiches, dem Bundesrat, alle Mitträger der Souveränetät durch Stellvertreter thätig werden. Vortrefflich Laband I, 57, 88 ff.

[72] Übereinst. Laband I, 93². Dieser Satz muß Grund- und Eckstein auch des Reichsstaatsrechtes sein. Demgegenüber ist es eine staatsrechtliche Unmöglichkeit, daß — Hänel I, 322 — dem Aufsichtsrechte des Reiches gerade die Landesherren unterstellt, und daß dies Recht „Negation der Souveränetät der Einzelstaaten schlechthin, auch in ihren obersten Organen, den Landesherren“ sei. Die Landesherren sind und müssen sein nach Reichsstaatsrecht ebenso unverantwortlich als nach Landesstaatsrecht; verantwortlich können nur die Organe, die Minister, sein. Hänel kommt zu jenem ungeheuerlichen Satze nur, weil er, ohne jede Grundlage im positiven Recht, vermittelst einer ganz künstlichen Deduktion aus den Eingangsworten des Art. 4 die Behauptung aufstellt: es sei verfassungswidrig, wenn das Reich in seiner Kompetenzsphäre die Aufsicht direkt gegen die Organe der Einzelstaaten geltend mache. Vortrefflich beleuchtet Brockhaus 100 ff., die militärische „Chef“-Stellung der Landesherren (RV. Art. 66 Abs. 1) von dem Gesichtspunkte der persönlichen Souveränetät aus.

einheitlich und unteilbar: ihre persönliche Beziehung aber kann sehr wohl eine mehrfache sein, so beim Volk in der Republik, bei Mitregenten in einem einfachen Staate, bei den Landessouveränen im Bundesstaate.[73]

Der Gedanke eines „Fürstenhauses" ist somit für einen aus Monarchieen zusammengesetzten Bundesstaat prinzipiell durchaus richtig. Glücklicher aber ist jedenfalls die Idee unseres Bundesrates.[74] Gegen das „Fürstenhaus" bestehen zwei Bedenken: einmal die Schwierigkeit, in einem solchen den drei Republiken die richtige Stätte anzuweisen, sodann der Umstand, daß ein kollegiales Beraten und Beschließen der Souveräne selbst mit den höchsten Schwierigkeiten, ja wohl Gefahren verbunden wäre.

Man hat demgemäß vorgezogen, die Institution des Bundesrates zu schaffen. Der Bundesrat ist der Repräsentant derjenigen Korporation des öffentlichen Rechtes, welche Träger der Reichssouveränetät ist. Die Divergenz der republikanischen und der monarchischen Staatsform löst sich im Bundesrat harmonisch auf: wie das Volk, so bestellen sich auch die Monarchen Repräsentanten zur Ausübung ihrer Souveränetät. Die notwendige und hier schon hervorzuhebende Konsequenz dieser staatsrechtlichen Basis des Bundesrates ist: daß die Mitglieder desselben keinerlei Selbständigkeit haben, sondern überhaupt nur nach Maßgabe des Willens der zu

---

[73] Schulze StR. §. 81: Rosin 40 erklärt die Organisation der Bundesgewalt als für den Begriff Bundesstaat gleichgültig. Ebenso Jellinek, Staatenverb. 284 ff.

[74] Daß Stahl der Vater dieser Idee, bemerkt v. Martitz 50[42]. Vgl. dort auch die interessante Reminiscenz an einen Antrag v. Bismarck im Erfurter Parlament.

Repräsentierenden, wie er in der Instruktion enthalten ist, thätig werden können.[75]

Es erhebt sich noch die Frage: kann überhaupt, bezw. wie, kann der Träger der Reichssouveränetät sich ändern?

Die Einzelstaaten als Substrat der Reichsgewalt sind in demjenigen rechtlichen und faktischen Stande vorausgesetzt, in welchem sie sich am 1. Juli 1867 bezw. 1. Januar 1871 befanden.[76] Die 25 staatlichen Individualitäten, die die Art. 1 und 6 der RV. aufzählen, bilden die faktische Unterlage der Reichsgewalt, sind die „Mitglieder des Bundes", sind nicht nur „historisch-politische", sondern rechtliche Individualitäten.[77] Jede Veränderung einer dieser 25 staatlichen Individualitäten bildet somit an sich eine Veränderung derjenigen faktischen Voraussetzungen, auf welchen das Reich ruht.[78] Eine Veränderung kann in

---

[75] Im übrigen vgl. unten §. 6.

[76] Anderer Ansicht ist Laband I, 122, er nennt den „Sprachgebrauch" des Art. 1, der von „Staaten" spricht, einen „offenbar inkorrekten". Der Artikel beziehe sich nur auf das Bundesgebiet. Andererseits bemerkt Hänel StR. I, 343 richtig zu Art. 1: „daß der Bestand der einzelnen aufgezählten Staaten als eine verfassungsmäßige Notwendigkeit anerkannt ist"; s. bes. auch die Note 1. Ebenso Laband I, 123 über Art. 6 und, ihm folgend, Meyer, Einl. 342.

[77] Hänel StR. I, 349 deduciert: das Reich hat jenen Rechtsbestand übernommen, muß also die auf Grund desselben eintretenden Veränderungen anerkennen und ist rechtlich verpflichtet, die dementsprechenden „Regulierungen" seiner Organisation daraufhin vorzunehmen. Dagegen Rechtssätze dieser Art, die nach Inslebentreten des Gesamtstaates erst erlassen werden sollen, bedürfen der vorherigen „Regulierung" durch das Reich.

[78] Das Reich würde nach Laband I, 124 nicht aufhören, ein Bundesstaat zu sein, wenn es statt aus 25 aus 24 oder 18 Staaten bestehen würde. Gewiß: Aber es würde aufhören, dieser Bundesstaat zu sein. Vgl. Hänel StR. I, 344: Wegfall oder Hinzutritt „berührt notwendig die Zusammensetzung

zweifacher Art vor sich gehen: einmal so, daß dadurch eine wirkliche Alterierung der betreffenden einzelstaatlichen Individualität erfolgt, oder so, daß die einzelstaatliche Individualität als solche unberührt bleibt. Ersterer Fall würde vorliegen bei vollständigem Wegfall eines bisherigen oder bei Hinzutritt eines neuen Bundesgliedes: Wegfall eines bisherigen Bundesgliedes ist nicht möglich durch freiwilligen Austritt; ebensowenig durch Ausschluß seitens der übrigen Bundesglieder.[79] Beides wäre Rechtsbruch und ist durch die Natur des Reiches als eines Staates unbedingt ausgeschlossen (s. oben I u. II). Wohl aber kann der Wegfall eines Bundesgliedes in vollständig legaler Weise gedacht werden durch Verzicht eines Bundesgliedes durch seine kompetenten Faktoren auf seine staatliche Individualität.[80]

---

des Bundesrates und das Stimmgewicht aller Staaten. Und so ist auch hier der Bestand der einzelnen aufgezählten Bundesmitglieder als eine verfassungsmäßige Notwendigkeit anerkannt." Auf dem Wege des Verfassungsgesetzes aber hält Hänel 346 jede Änderung für rechtlich möglich. Nach Laband I, 184 besteht für das Reich „in der Regel gar kein rechtliches Interesse, ob ein Stück des Bundesgebietes zu diesem oder jenem Einzelstaat gehört".

[79] Richtig Meyer, Grundz. 66; Laband I, 181.

[80] Seydel 98 meint: „wenn ein Bundesmitglied dadurch ausscheidet, daß sein (sic!) Staat mit einem anderen Bundesstaat in Realunion tritt, so erlöschen dadurch von selbst seine Stimmen." Woher hat Seydel das Recht zu dieser zuversichtlichen Behauptung? Aus der Verfassung zweifellos nicht. Aber auch eine Konsequenz allgemeiner staatsrechtlicher Prinzipien ist der obige Satz nicht: eine Vereinigung zweier Einzelstaaten zu einem (das soll doch wohl „Realunion" heißen) ist vielmehr im Rahmen des geltenden Reichsrechts garnicht möglich, sowenig als eine „Aufnahme" der süddeutschen Staaten in den Norddeutschen Bund juristisch möglich war. Auch Thudichum 61 hält „Realunion" für zulässig ohne Zustimmung der

Gegen solchen Verzicht könnte staatsrechtlich nichts eingewendet werden. Darin läge aber der Wegfall eines Gliedes der Bundeskette, eines Teiles desjenigen faktischen Substrates, auf welchem der deutsche Staat begründet wurde und fortwährend beruht. Solcher Wegfall müßte in logischer Konsequenz als faktische Lösung des bisher bestandenen Bundes aufgefaßt werden, und es bedürfte somit in diesem Falle eines neuen Willensaktes der Bundesglieder zur Erneuerung bezw. Modifikation des faktisch gelösten Verhältnisses.[81] In welcher Form dieser Willensakt sich vollzöge, wäre allerdings gleichgültig, wenn nur das materielle Erfordernis der Übereinstimmung der Bundesglieder gewahrt bliebe. Der Gesetzgebung durch Mehrheitsbeschluß aber sind derartige Veränderungen der Staatsgewalt des Reiches entzogen.[82]

Analog liegt die Sache, wenn es sich um Aufnahme eines neuen Gliedes handelt. Auch durch eine solche würden die faktischen Voraussetzungen der Reichsgewalt verändert. Zutritt eines neuen Bundesgliedes ist Grün-

---

Centralgewalt, während er sie bezüglich bundesfremder Staaten ausschließt; nach Riedel 76 ist Realunion mit einem bundesfremden Staat unstatthaft, dagegen ist die Frage bezüglich zweier Bundesglieder „kontrovers". Mit Seydel stimmt im Resultat auch Laband I, 129[2] überein, vgl. dagegen aber auch v. Martitz in Z. f. Staatsw. 32, 558.

[81] Darauf kommt auch die Deduktion bei v. Martitz 9 hinaus. Meyer, Erört. 66 fordert nur 1. einen Akt der Reichsgewalt, 2. Zustimmung des betr. Staates.

[82] A. A. die sämtlichen Schriftsteller, insbesondere Laband u. Hänel, je a. a. O. Laband I, 121 erklärt, die RV. verbiete nirgends, daß mehrere Staaten sich vereinigen und nennt die andere Ansicht eine „sonderbare Behauptung".

dung einer neuen Staatsgewalt.[88] Ein solcher müßte demnach völkerrechtlich vorbereitet werden durch einen Staatsvertrag zwischen dem Reich und dem neu aufzunehmenden Staat, durch welchen die Kontrahenten in einen neu zu bildenden Staat eintreten zu wollen sich verpflichten. Beim „Eintritt" der süddeutschen Staaten in den Norddeutschen Bund ist diese Frage bereits praktisch geworden; die damaligen Vorgänge hätten sich zu wiederholen bei jedem neuen „Eintritte".[84] Da aber jeder derartige „Eintritt" eine Veränderung der Staatsgewalt des Reiches darstellen würde, ist auch hier Übereinstimmung aller Bundesglieder, die bisher diese Staatsgewalt bildeten, erforderlich und Gesetzgebung durch Mehrheitsbeschluß ausgeschlossen, da die Reichsverfassung eine der nordamerikanischen Verfassungsbestimmung über die Aufnahme der „Territorien" entsprechende Generalklausel nicht enthält.

Aussterben einer regierenden Dynastie ist für das Reich an sich irrelevant: die Erbfolge regelt sich nach dem Landesstaatsrecht, ohne daß reichsrechtliche Normen hierüber beständen. Würde ein solcher Fall nach dem beim Inkrafttreten der RV. in Geltung gestandenen, somit durch dieselben garantierten Partikularstaatsrecht zur Vereinigung des betreffenden Staates mit einem anderen Gliedstaate führen,

---

[88] Vgl. die gedankenreiche Abhandlung von Fricker, vom Staatsgebiet, in Tübinger Universitätsschriften 1867, deren Quintessenz der Satz ist: „eine Änderung des Staatsgebietes ist eine Änderung des Staates selbst."

[84] v. Martitz 9: „zwischen den Kontrahenten der Bundesverfassung" und dem neu aufzunehmenden Staat; auch Meyer, Erört. 67, und v. Mohl 25.

so läge eine Änderung der faktischen Unterlage des Reiches zwar nicht bezüglich des Territorialbestandes vor, aber für das Reich müßten die bisherigen Staatsindividualitäten doch als getrennt betrachtet werden, bis unter Übereinstimmung sämtlicher Bundesglieder die etwa gebotene „Regulierung" der Reichsverfassung erfolgt wäre; Gesetzgebung durch Mehrheitsbeschluß muß auch hier als unzulässig erachtet werden. Daß die Stimme des einen Staates ipso jure dem anderen zufalle (Laband I, 129[1, 2]) kann nicht als richtig zugegeben werden.

Personalunion zwischen zwei deutschen Einzelstaaten ist für das Reichsrecht irrelevant.[85] Nicht minder wird dies nach dem positiv geltenden Rechte auch bezüglich der Personalunion eines deutschen mit einem außerdeutschen Staate behauptet werden müssen; denn Personalunion berührt überall die staatliche Individualität nicht.[86]

Unberührt bleibt die einzelstaatliche Individualität auch dann, wenn nur einzelne oder selbst alle Staatshoheitsrechte zur Ausübung von einem Einzelstaate des Bundes an einen anderen übertragen werden, wie dies z. B. von Waldeck an Preußen durch Vertrag v. 18. Juli 1867 geschah.[87] Die Staatsindividualität bleibt dabei immer noch gewahrt, und man kann keineswegs behaupten, daß die Staatsgewalt zu

[85] Richtig Meyer, Grundz. 68; Seydel 17; Thudichum 61.

[86] Richtig Thudichum a. a. O. A. A. v. Mohl 21, dessen betreffende Betrachtung aber mehr politischen als juristischen Charakter trägt (übrigens politisch vollkommen zutreffend ist); Hänel StR. I, 347[4]; Laband I, 124[1], 183.

[87] Fürst Bismarck erklärte (Sten. Ber. 1867, S. 338) den Inhalt dieses Vertrages für die äußerste Grenze dessen, was ohne Eingreifen des Reiches möglich sei.

einem nudum jus herabgesunken sei. Da aber das Reich vielfach eine Thätigkeit der Einzelstaaten beansprucht, so muß auch hier reichsgesetzliche Genehmigung für Herstellung derartiger Verhältnisse gefordert werden; es ist für das Reich nicht ohne Bedeutung, ob der Staat A oder der Staat B namens des Reiches thätig wird.[88] [89]

---

[88] A. A. Thudichum 61 ff.: Seydel 17, Bayr. StR. I, 640, die keine Mitwirkung des Reiches für erforderlich halten. Ebenso Riedel 80: die Abtretung kann „nach eigenem Ermessen" des betr. Staates erfolgen, erst nachher soll die Reichsgewalt erwägen, ob vielleicht Verfassungsänderung erforderlich sei. Nach Laband I, 124 ist nur die Abtretung an einen mit Reservatrechten ausgestatteten Staat unzulässig, bezw. es kann die Abtretung nur nach Maßgabe des bisherigen rechtlichen Status geschehen; vgl. auch Hänel StR. I, 349[10].

[89] Im wesentlichen zum gleichen Resultat kommt jetzt Hänel StR. I, 347 f.; im übrigen herrscht in der Litteratur hier eine große Verschiedenheit, ja Verwirrung. Mit Recht formuliert Hänel den Grundsatz: „die Einzelstaaten sind nicht berechtigt, durch ihre Rechtshandlungen die allgemeinen und organischen Rechte und Pflichten der Mitgliedschaft zu ändern und die verfassungsmäßigen Voraussetzungen, welche diese ihre Rechtsstellung bestimmen, wesentlich und einseitig umzugestalten." Danach erklärt er, und zwar sowohl in Bezug auf Ausland wie im Innern des Reiches, für unzulässig: 1. Verschmelzung mit einem andern Staat, 2. Kumulierung der Stimmen durch Personalunion, 3. Zerlegung eines Staates in mehrere, 4. Gebietsabtretungen oder Accessionen, die als „wesentliche Umgestaltung ihrer historisch-politischen Individualität, mithin des verfassungsmäßigen Maßstabes der Stimmgewichtsverteilung im Bundesrat, geschätzt werden müssen" (nicht aber „Grenzregulierungen"). Für jede Maßregel dieser Art, als „in den verfassungsmäßigen Organismus des Reiches eingreifend", fordert Hänel ein Verfassungsgesetz. „Die Leugnung dieser Schranken würde die rechtliche Libertät der Einzelstaaten begründen, durch ihre Beliebungen die fundamentalen Organisationen des Reiches ohne jede Mitwirkung desselben zu ändern, ja in einer letzten Zuspitzung dieselben in ihrer Existenz zu beseitigen." In Bezug auf Nr. 4 stimme ich Hä-

Über Elsaß-Lothringen vgl. unten Buch VI im Zusammenhange.

## IV. Das Reichsgebiet.[90]

I. Die natürlichen Grundlagen des Staates sind Land[91] und Leute. Die Souveränetät des Staates erstreckt sich sowohl über das erstere als über die letzteren. Während aber die Rechtssätze, die sich auf die Staatsangehörigen beziehen, gemäß ihrer spezialgesetzlichen Regelung einer gesonderten Betrachtung bedürfen, ist die Souveränetät, sofern sie sich auf das Staatsgebiet bezieht, im Anschluß an die vorstehenden prinzipiellen Erörterungen zu betrachten.

Die Staatsgewalt in ihrer Richtung auf das Land wird als Gebietshoheit bezeichnet.[92] Für die Gebiets-

---

nel bei; für Nr. 1—3 erachte ich ein „Verfassungsgesetz" nicht für ausreichend, da es sich hier immer um eine Veränderung der Staatsgewalt des Reiches handelt, für welche Übereinstimmung sämtlicher Bundesglieder gefordert werden muß. — Völlig anders Laband I, 122 ff. u. bes. 183 ff.

[90] Laband I §§. 21—24.

[91] Dies gilt jedenfalls für die modernen Kulturstaaten, vgl. Laband I, 182.

[92] v. Gerber, Grundzüge §. 22; Laband I, 174; Brockhaus in Holtzendorffs R.Lex. III, S. 749; Fricker, vom Staatsgebiet in Tübinger Universitätsschriften 1867. Die Abhandlung Frickers ist gerichtet gegen die privatrechtliche Auffassung des Staatsgebietes als einer im Eigentum des Staates stehenden Sache; insoweit ist Fricker unbedingt beizustimmen: Staatsgebiet ist „eine Bezeichnung für ein Moment im Wesen des Staates, seine räumliche Undurchdringlichkeit", die „räumliche Grenze des staatlichen Willens". Zu weit aber geht Fricker, wenn er sagt, das Staatsgebiet habe „lediglich" diesen Rechtscharakter, es sei „überhaupt keine Sache". Daß das Gebiet eine Sache ist, kann doch unmöglich geleugnet werden. Darin braucht aber kein privatrechtlicher Gedanke zu liegen; für die staatsrechtliche Betrachtung ist das Gebiet einmal „räumliche Grenze des Staatswillens", „Ausschließlichkeit des Staates in seiner räumlichen Begrenzung", sodann aber

hoheit gelten die nämlichen Grundsätze wie für die Staatsgewalt überhaupt. Die Staatsgewalt ergreift positiv das gesamte Staatsgebiet: quidquid est in territorio est etiam de territorio. Die Staatsgewalt hat negativ ihre Grenzen an den geographischen Grenzen des Staatsgebietes. Eine besonders interessante und charakteristische Ausnahme von dem Prinzipe der Gebietshoheit bildet das Konsularrecht nach seinen beiden Richtungen: einerseits wird auswärtigen Konsuln im Deutschen Reiche die Ausübung von Hoheitsrechten im Namen anderer Staaten gestattet, andererseits werden deutsche Konsuln gleicherweise in fremden Staaten thätig. (Vgl. unten §. 14.)

Die Gebietshoheit ist nicht Eigentum im privatrechtlichen Sinne des Wortes, dominium, wie im mittelalterlichen Feudalstaate, sondern Herrschaft, imperium.[93] So unbeschränkt wie letztere überhaupt, ist speziell auch die Gebietshoheit. Es wäre verfehlt, die einzelnen rechtlichen Konsequenzen derselben erschöpfend aufzählen zu wollen.[94]

---

auch notwendig Gegenstand der Herrschaft, „Objekt" der Staatsgewalt, und zwar nicht bloß insofern „dem Gesellschaftswillen des Staates eine gewisse Einwirkung auf die Wahl des Raumes seiner Thätigkeit möglich ist". „Objekt" muß vielmehr notwendig das Gebiet für den Staat sein derart, daß der Staat, ohne Rücksicht auf Privateigentum an Grund und Boden, für seine Zwecke über das Gebiet als „Sache" muß verfügen können. Der „Nomadenstaat" ist kein Beweis gegen diesen Satz; eine Verschiedenheit von Staat und Staatsgewalt (S. 27 f.) ist nicht zu konstruieren.

[93] Eine hochinteressante Entwickelung stellt hier besonders das brandenburgisch-preußische Recht dar: dispositio Achillea (1473), Edikt Friedrich Wilhelms I. über die Inalienabilität der Domänen (1713), Pr. Verf.-Urk. Art. 1, 2, 53.

[94] Dies betont Laband I, 174 f., bes. 175[3] sehr richtig, nur empfiehlt es sich, dann auch die Charakterisierung der Gebietshoheit als „staatsrechtliches

Im Bundesstaate steht die Gebietshoheit der Centralgewalt zu, jedoch mit der oben für den Bundesstaat im allgemeinen festgestellten Modifikation, daß den Einzelstaaten Autonomie und Selbstverwaltung auch hier in weitem Umfange überlassen blieb. Das Bundesgebiet ist ein einheitliches Staatsgebiet, innerhalb dessen prinzipiell von Inland und Ausland nicht die Rede sein kann.[95] Für die eigene und unmittelbare Verwaltung des Reiches sind die Landesgrenzen ganz gegenstandslos geworden, so besonders für die Bezirke der Postverwaltung, der Armeekorps, der Disziplinarkammern.[96]

II. Der Umfang des Reichsgebietes ist circumskribiert in Art. 1 der RV.: „das Bundesgebiet besteht aus den Staaten“, welche oben in §§. 1 und 2 genannt sind. Dazu kommt noch das Reichsland Elsaß-Lothringen in dem Umfange, in welchem dasselbe durch den Frankfurter Friedensvertrag an das Reich abgetreten wurde (s. dazu unten §. 19). Das Reichsland ist dermalen noch kein „Staat“, sondern Unterthanenland des Reiches: die Frage der Gebietshoheit wird jedoch durch dieses anomale Verhältnis nicht berührt. Eine weitere Veränderung hat

---

Sachenrecht“ zu vermeiden. Ebenso betont auch Hänel StR. I, 108, die Gebietshoheit sei kein Rechtsverhältnis, das „irgend eine Analogie des Sachenrechtes fordert oder duldet“. Ganz in verkehrten privatrechtlichen Gedankenkreisen bewegt sich in der Regel die völkerrechtliche Darstellung der Lehre vom Staatsgebiet, wofür als Paradigma nur Bulmerincq in Marquardsens Handb. I, II, S. 279 ff. angezogen werden mag; ebenso unzulänglich Heffter-Geffken, Völker-R. S. 147 der 7. Aufl.

[95] Schulze, Einl. 441. A. A. Laband I, 185.

[96] Angaben bei Laband I, 177[1] u. unten bei den einschlägigen Materien.

das Reichsgebiet erfahren durch die Erwerbung der Insel Helgoland (G. vom 15. Dez. 1890, RGB. 207).

Die Einzelstaaten gehören zum Reich mit dem gesamten Gebietsumfange, wie er am 1. Januar 1871 bestand[97] (nicht wie im deutschen Bunde Österreich, Preußen, Dänemark, Niederlande nur zum Teil). Veränderungen des Reichsgebietes gegenüber dem Bestande der Reichs-, wie der einzelstaatlichen Grenzen vom 1. Januar 1871 enthalten demnach immer eine Verfassungsänderung.[98] In welcher Weise die „Aufnahme" eines neuen Einzelstaates in den Bund erfolgen könnte, wurde oben erörtert. Ebenso, welche Rechtsfolgen der Wegfall eines Einzelstaates durch Verzicht auf die Staatsgewalt haben müßte. Als Verfassungsänderung aber würde sich rechtlich auch qualifizieren: jeder Erwerb von außerdeutschem Territorium seitens eines deutschen Einzelstaates ohne Veränderung der staatlichen Individualität;[99] jede Veränderung der inneren Grenzen im Verhältnis einzelner Bundesglieder unter sich ohne Veränderung der staatlichen Individualität;[100] jede Abtretung von Reichsterritorium an einen außerdeutschen Staat;[101] jede Aus-

[97] Richtig Seydel 31.

[98] Vgl. Fricker, vom Staatsgebiet S. 27 u. 28, s. auch oben S. 93.

[99] Richtig Meyer, Grundz. 68. A. A. Laband I, 184; s. auch die dort citierten Schriftsteller.

[100] v. Martitz 10 fordert hierfür „Einwilligung sämtlicher Bundesgenossen". A. A. Thudichum 61, der garkeine Zustimmung der Centralgewalt postuliert. Ebenso Laband I, 180 f. und die bisherige Praxis, welche einfache Bundesratsbeschlüsse für genügend hielt: vgl. Laband 191[1], 192[2]: Veränderung der einzelstaatlichen Grenzen hat immer reichsrechtliche Folgen: man denke nur an die Circumskription der Reichstagswahlkreise, an die Berechnung der Matrikularbeiträge.

[101] Laband I, 183 hält nur bei freiwilligen Abtretungen diese

scheidung einzelner Staatsteile aus dem Bundesverhältnis. Unter die Ausnahmerechte des Art. 78[2] können Änderungen der angegebenen Art nach den unten §. 5 sub D gegebenen Ausführungen niemals fallen.

Die einzelstaatlichen Grenzen sind auch jetzt noch von rechtlicher Bedeutung, soweit es sich um diejenige Sphäre staatsrechtlicher Funktionen handelt, welche den Einzelstaaten verblieben ist, sei es, daß das Reich sich mit der betreffenden Materie garnicht befaßt hat, sei es, daß es zur Durchführung seiner Gesetzgebung die Einzelstaaten delegiert hat. Die Centralbehörden des Reiches aber sind selbstverständlich in ihrer Thätigkeit vollkommen unabhängig von den einzelstaatlichen Grenzen, soweit nicht etwa spezielle Normen hierüber anders bestimmen. Dagegen sind die Reichstagswahlkreise im Widerspruch zu RV. Art. 29 grundsätzlich nach Landesgrenzen abgeteilt worden (s. unten §. 8).

Soweit territoriale Kompetenzgrenzen aufrecht erhalten wurden, haben die Organe des einen Bundesgliedes im Gebiete des anderen kein Recht der Thätigkeit. Jedoch ist gegenseitige Rechtshülfe schon durch das G. v. 21. Juni 1869 den Einzelstaaten vorgeschrieben und die Spezialnormen hierfür getroffen worden: das GerVerfGes. hat in §. 131 diesen Grundsatz neuerdings prinzipiell fixiert. Ebenso ist gegenseitige Zollhülfe Rechtspflicht und auch in Gewerbesachen ist das Prinzip speziell für §. 108 der GewO. reichsrechtlich fixiert worden.[102]

„Zustimmung“ für erforderlich, nicht bei gezwungenen. Formell juristisch wird dieser Unterschied nicht zu begründen sein: freilich wird es sich hier praktisch nicht um formale Jurisprudenz, sondern um politische Notwendigkeit handeln.

[102] Laband I, 203 ff.

III. Als Ausfluß der dem Reiche zustehenden Gebietshoheit mögen folgende spezialgesetzliche Vorschriften erwähnt werden:

1. Der Kaiser ordnet die Dislokation der deutschen Truppen an, RV. Art. 63 Abs. 4, ausgenommen jedoch für Bayern, dessen beide Armeekorps im Frieden dem Oberbefehl des Landesherrn unterstellt sind; ferner eine Reihe anderer Bundesglieder nach Maßgabe der Militärkonventionen, s. darüber unten §. 7.

2. Der Kaiser kann jederzeit in jedem Teile des Reichsgebietes die kriegsbereite Aufstellung eines Truppenteiles verfügen, denselben „mobil machen", RV. Art. 63 Abs. 4 (s. §. 7).

3. Der Kaiser kann jederzeit im Reichsgebiete die Anlage einer Festung verfügen, RV. Art. 65; über Bayern s. jedoch Schlußprot. Z. III §. V Nr. 5., vb. mit RV. Abschnitt XI. Schlußsatz.

4. Der Kaiser hat das Recht, in jedem Teile des Reichsgebietes den Belagerungszustand zu verhängen, „wenn die öffentliche Sicherheit bedroht ist", RV. Art. 68 [103] (s. §. 7).

5. Das Reich kann ohne Berücksichtigung der Landesgrenzen Eisenbahnen anlegen lassen, sowohl zu Verteidigungszwecken als auch „im Interesse des gemeinsamen Verkehrs", selbst gegen den Widerspruch des beteiligten Einzelstaates, RV. Art. 41.

6. Eine notwendige Konsequenz der Gebietshoheit des Reiches im Innern ist ferner die Freizügigkeit. Alle Reichsangehörigen haben das Recht, an jedem Orte des Bundes-

[103] Bayern hat in dieser Beziehung ein Ausnahmerecht bis zum Erlaß eines den Art. 68 der RV. durchführenden Spezialgesetzes.

gebietes sich jederzeit aufzuhalten[104] und können frei jedes Gewerbe betreiben, allerdings im Rahmen der durch die Gewerbeordnung gezogenen Grenzen (s. §. 13). In Zusammenhang hiermit stehen auch die Bestimmungen RV. Art. 54 Abs. 3 u. 4, wonach die Seehäfen und sämtliche Wasserstraßen im Reichsgebiete allen deutschen Kauffahrteischiffen unter den gleichen Bedingungen offen stehen.

7. Wie für Personen, so besteht auch für Waren innerhalb des Reichsgebietes prinzipielle Freizügigkeit: Zölle dürfen nur bei der Einfuhr fremder Waren erhoben werden (s. §. 30).

8. Das sub 6 und 7 bezeichnete Prinzip der Freizügigkeit kann nur von Reichswegen Einschränkungen unterworfen werden.

a) Durch kaiserliche Verordnung kann für das ganze Reichsgebiet oder für einen Teil desselben Paßzwang dann eingeführt werden, wenn die Sicherheit des Bundes oder die öffentliche Ordnung durch Krieg, innere Unruhen oder sonstige Ereignisse als gefährdet erscheint (Ges. v. 12. Okt. 1867, BGB. 33—35).

b) Von Reichswegen kann die ganze Grenze oder ein bestimmter Teil derselben für die Aus- oder Einfuhr aus bestimmten Gründen gesperrt werden.[105] Bezüglich der Sperre wegen Rinderpest wurden die Einzelstaaten durch G. v. 7. April 1869 generell delegiert,

---

[104] Über Ausweisung und Internierung vgl. unten §. 13.

[105] Beispiele sind: das Rebeneinfuhrverbot, gegen die Phylloxera gerichtet: G. v. 11. Febr. 1873 (RGB. 43), das Kartoffeleinfuhrverbot, gegen den Koloradokäfer gerichtet: G. v. 26. Febr. 1875 (RGB. 135), Pferdeausfuhrverbot RV. v. 4. März 1875 (RGB. 159).

jedoch haben sie die Pflicht, dem „Bundespräsidium" eintretenden Falles Anzeige zu erstatten.

9. Das Reichsgebiet ist in seiner Integrität geschützt durch mehrere Bestimmungen des Reichsstrafgesetzbuches. (Hochverrat: §. 81 Z. 3 u. 4.) Die Organe des Reiches, speziell der Kaiser, genießen den ihnen gewährten strafrechtlichen Schutz in gleicher Weise im ganzen Reichsgebiete; bezüglich der Landesherren ist eine Unterscheidung gemacht zwischen dem eigenen und dem Gebiete der anderen Bundesglieder (StGB. §§. 80, 94—97).

10. Dem Auslande gegenüber ist das Reichsgebiet rechtlich abgeschlossen. Den Staatsangehörigen fremder Staaten ist zwar das Reichsgebiet offen: eine juristische Einwirkung aber auf das Reichsgebiet kann fremden Staaten nur vom Reiche gestattet werden.

Die obige Aufzählung kann nur beispielsweise Bedeutung haben und ist grundsätzlich ohne jeden Wert.

IV. Über die Grenzen[106] des Reichsgebietes dem Auslande gegenüber enthält weder die Reichsverfassung noch die Spezialgesetzgebung ausdrückliche Vorschriften. Die Spezialrechtssätze[107] welche nach dieser Richtung das Partikularrecht einzelner Staaten enthielt, sind gemäß RV. Art. 1. als Bestandteil des Reichsstaatsrechtes zu betrachten;[108] eine Abänderung derjenigen Landesgrenzen,

---

[106] Diese Materie — bisher nur in den Lehrbüchern des Völkerrechts behandelt — bildet einen notwendigen Abschnitt des Staatsrechts.

[107] Über Nordschleswig speziell s. oben S. 16.

[108] Besondere Erwähnung mag davon nur der Frankfurter Territorialreceß v. 20. Juli 1819 finden: Meyer, Corp. Juris Conf. Germ. I, 343 ff.; hier auch anderes einschlägiges Material.

welche zugleich Reichsgrenzen sind, kann demnach nur in den Formen des Reichsrechtes erfolgen. Diesem Rechtsgrundsatze gemäß wurde, abgesehen von der Feststellung der deutsch-französischen Grenze für Elsaß-Lothringen,[109] auch verfahren in einem Spezialfalle der Grenzregulierung an der badisch-schweizerischen Grenze.[110]

Im übrigen gelten, soweit Spezialrechtssätze in älteren oder jüngeren Staatsverträgen nicht vorhanden sind, folgende allgemeine Rechtsgrundsätze, die durch internationales Herkommen und Praxis feste Anerkennung gefunden haben, auch als Bestandteile des deutschen Reichsstaatsrechtes:

1. Das Küstenmeer gehört zum Staatsgebiet;[111] als Küstenmeer gilt der Meeressaum an der Küste bis zur Entfernung auf 3 Seemeilen von der Küste vom niedrigsten Wasserstand der Ebbe ab gerechnet;

2. die sog. Haffs und Flußmündungen gehören zum Staatsgebiet, ebenso Meeresbuchten bis zu 10 Seemeilen Öffnung;[112]

3. bei schiffbaren Grenzflüssen entscheidet der sog. Thalweg, d. i. die Fahrstraße stromabwärts; bei nicht schiffbaren Grenzflüssen ist die Mitte als Grenze zu betrachten;[113]

---

[109] S. die einschlägigen Staatsverträge RGB. 1871, S. 215, 223, 363.

[110] Vgl. den Staatsvertrag d. Reiches mit der Schweiz vom 24. Juni 1879 (RGB. 307), durch dessen Art. 1 der badisch-schweizerische St.-V. v. 28. April 1878 „hierdurch für das Deutsche Reich als rechtsgiltig anerkannt wird“.

[111] Perels, internat. Seerecht S. 25; Heffter-Geffken S. 164. Was ein Staat hier „darf“, ergiebt sich lediglich aus seiner Souveränetät. Bluntschli S. 182.

[112] Perels, internat. Seerecht S. 31, 38.

[113] Wiener Kongr.-A. Art. 4, 95: Heffter-Geffken S. 149[5]; Bluntschli S. 180.

4. bei Gebirgsrücken bildet die Wasserscheide, bei einzelnen Bergen die höchste Spitze die Grenze;[114]

5. bei Grenzseen soll die Mitte entscheiden; hinsichtlich des Bodensees ist es jedoch streitig, ob derselbe nicht im Kondominat der Uferstaaten steht.[115]

## §. 5.

## Die Einzelstaaten.[1]

Faßt man die Gesamtheit der staatlichen Lebensfunktionen ins Auge, so ist durch Aufrichtung des Reiches die Thätigkeit der Einzelstaaten teils eingeschränkt, teils erweitert worden: eingeschränkt, indem ein großer Teil der bisherigen Staatsaufgaben von der Centralgewalt übernommen; erweitert, indem durch Bethätigung der Einzelstaaten am Reiche ein neuer hochwichtiger Kreis von staatlichen Funktionen für diese geschaffen wurde, und zwar teils in einer für alle Bundesglieder gleichen, teils in einer einzelne Bundesglieder besonders bevorzugenden Weise. Dazu kommen dann weiter die besonderen Ausnahmsrechte zu Gunsten einzelner Bundesglieder.

### I. Die allgemeinen Gesichtspunkte für Feststellung der Kompetenzsphären.

1. Für einen großen Teil von Staatsaufgaben ist das Reich in der Weise an die Stelle der Einzelstaaten

[114] Bluntschli, Völker-R. (3. A.) S. 180.

[115] Bluntschli S. 182. Über den Bodensee die Monographie von Rettich (Kondominat), dagegen v. Martitz in Hirths Ann. 1885, S. 278 ff. (Mittellinie), s. Laband I, 180[1].

[1] Laband I §§. 11—13.

getreten, daß keinerlei Thätigkeit der letzteren übrig geblieben ist (Auswärtiges, Konsularwesen, Marine). Die Gesetzgebung spricht hier von der „eigenen und unmittelbaren Verwaltung" des Reiches im Gegensatz zu denjenigen Angelegenheiten, für welche das Reich nur Gesetzgebung, aber nicht eigene Verwaltung beansprucht. Berechtigt zur eigenen Verwaltung wäre das Reich im gesamten Umfange des Art. 4;[2] daß thatsächlich die „eigene und unmittelbare Verwaltung" des Reiches einen verhältnismäßig geringen Umfang hat, erklärt sich nur aus historisch-politischen Gründen. Den Gegensatz zur eigenen und unmittelbaren Verwaltung bildet die bloße Beaufsichtigung, doch treten mehrfach Kombinationen beider Gesichtspunkte ein.[3]

2. Eine zweite Gruppe staatlicher Aufgaben ist an das Reich in der Weise übergegangen, daß die Gesetzgebung von der Centralgewalt geübt wird, die Ausführung der Gesetze aber den Einzelstaaten durch ihre Organe belassen ist (Rechtspflege, Gewerbewesen). Laband hat dieses Verhältnis zutreffend als „Selbstverwaltung" bezeichnet.[4] Denn es handelt sich bei der Selbstverwaltung begrifflich um staatliche Funktionen, die aber der Staat nicht direkt, sondern durch ihm untergeordnete korporative Verbände (Provinzen, Kreise, Gemeinden: „Korporationen

---

[2] Entgegenges. Ans. Hänel I, 328 u. oft, s. dazu unten S. 113 f.

[3] S. hierzu Hänel StR. I, 327.

[4] Die Ausführungen Staatsrecht I, 94—102, gehören zu den besten und fruchtbarsten Partieen des Werkes.

des öffentlichen Rechtes") ausüben läßt.[5] Diese fungieren also prinzipiell kraft vom Staate übertragenen Rechtes, kraft einer staatlichen Konzession; wären sie nicht mit den ihnen zugewiesenen Funktionen betraut, so müßte der Staat dieselben selbst vollziehen, und begrifflich stände dem nichts entgegen. In der Selbstverwaltung giebt der Staat gewissen ihm untergeordneten Verbänden Freiheit selbständiger Verwaltung, jedoch so, daß sowohl negativ die Grenzen dieser selbständigen Verwaltung als positiv die Grundlinien für dieselbe durch die Staatsgesetzgebung gezogen sind.[6]

Der so festgestellte Begriff der Selbstverwaltung trifft durchaus zu für das Verhältnis der Einzelstaaten in Hinsicht derjenigen Materien, bei welchen die Gesetzgebung vom Reiche, die Durchführung der Gesetze von den Einzelstaaten bethätigt wird.[7] —

---

[5] Diesen Satz unerschütterlich fixiert zu haben, ist das hohe Verdienst Gneists in seinen zahlreichen verwaltungsrechtlichen Schriften. Hinsichtlich des „Ehrenamtes" als eines begrifflichen Merkmales der Selbstverwaltung halte ich Labands Ausführung gegen Gneist für begründet. S. jetzt auch die guten Ausführungen von Jellinek, Syst. d. subj. öff. R. S. 262 ff., bes. S. 274 über „das eigene, vom Staate unabhängige Herrschaftsrecht der Gemeinde". Vgl. auch Löning, Verw.-R. 34 ff.; Hänel StR. I, 322, bes. Gneist, Rechtsstaat (2) S. 41. Auf der anderen Seite verneint insbesondere Rosin 21 ff., „daß die Gemeinde Vertreterin des Staates" sei.

[6] Daß dies im einzelnen in sehr verschiedener Weise erfolgen kann, betont richtig Laband I, 105.

[7] Doch kann man nicht mit Laband I, 104 als Prinzip den Satz aufstellen: „die Durchführung und Handhabung der Gesetze ist auf das Reich nicht übergegangen, folglich den Einzelstaaten verblieben" und hinsichtlich der im Text sub 1 bezeichneten Materien von einer „Durchbrechung dieses Prinzips" (a. a. O. 105) sprechen. Diese Behauptung Labands ist eine Konsequenz seiner Ansicht: es sei wesentlich für den Bundes-

3. Für eine dritte Gruppe von Funktionen kommt das Reich garnicht, sondern nur die Einzelstaaten in Betracht, indem diesen auch die Gesetzgebung prinzipiell verblieben ist. Für die staatsrechtliche Stellung der Einzelstaaten ist dabei im Auge zu behalten, daß die einzelstaatliche Gesetzgebung auch hier als aus der Centralgewalt abgeleitet erscheint und auf legalem Wege von letzterer an sich gezogen werden kann.[8] Die Grenze für diese Kompetenzsphäre der Einzelstaaten ist teils ausdrücklich durch die Sätze der Reichsverfassung, teils stillschweigend dadurch bestimmt, daß grundsätzlich anerkannt ist: alles was nicht direkt zur Kompetenz des Reiches gezogen ist, ist als den Einzelstaaten verblieben zu betrachten. Dieses staatsrechtliche Verhältnis hat Laband[9] vollkommen zutreffend als Autonomie, Selbstgesetzgebung im Gegensatz zur Selbstverwaltung bezeichnet. Der prinzipielle Gesichtspunkt für die Selbstverwaltung der Einzelstaaten im Reiche ist der nämliche wie bezüglich der Gemeinden im Staate; der prinzipielle Gesichtspunkt für die Autonomie der Einzelstaaten im Reiche ist der nämliche wie bezüglich der Rechtserzeugung privater Korporationen: die Sphäre der Selbstverwaltung ist an sich ein Stück Staatsverwaltung, die Sphäre der Autonomie

---

staat, daß die Centralgewalt durch das Medium der Einzelstaaten gegenüber den Staatsangehörigen thätig werde (s. hierüber oben §. 4). Vgl. auch v. Martitz in Z. f. Staatswissensch. 32, 563 ff. Jetzt ist dieser Gedanke noch viel stärker entwickelt, ja geradezu zum Grund- und Eckstein des ganzen Systems unseres Reichsstaatsrechts gemacht worden von Hänel in seinem Staatsrecht, s. darüber und dagegen unten S. 113 f.

[8] S. oben S. 58 f.

[9] Staatsrecht I, 104 f.

ist an sich etwas, zwar der alles beherrschenden Souveränetät des Staates Untergeordnetes, aber von ihm Unabhängiges, ihm Fremdes.

Der Begriff Autonomie trifft somit juristisch zu für das Verhältnis der Einzelstaaten zum Reich bezüglich derjenigen Materien, von welchen das letztere sich vollkommen fernhält, z. B. Schul- und Kirchenwesen. Wie Privatkorporationen gegenüber dem Staat, so sind in dieser Sphäre die Einzelstaaten positiv frei in Bethätigung ihrer rechtserzeugenden Kompetenz und unterliegen nur wie jene einem prinzipiellen Oberaufsichtsrecht, das eine notwendige Konsequenz der Souveränetät ist. Da das Reich die souveräne Gewalt ist, kann es staatsrechtlich keinem Zweifel unterliegen, daß demselben das Oberaufsichtsrecht über alle untergeordneten Potenzen, also auch über die Einzelstaaten, zusteht. Spezialnormen zur Durchführung dieses Prinzipes sind bis jetzt nicht als notwendig erachtet worden.[10]

Für die Begriffsbestimmung des Bundesstaates sind diese Verhältnisse irrelevant: weder die Verteilung der Funktionen zwischen Einzelstaaten und Centralgewalt, noch die Art, in welcher letztere ihre Funktionen ausübt, insbesondere ob und wie sie sich der Gliedstaaten bedient, hat für den Bundesstaat grundsätzliche Bedeutung. Die Entwickelung war in dieser Beziehung in den bestehenden

[10] Laband I, 102 behauptet: die Einzelstaaten seien für diesen Kreis ihrer Kompetenz nicht der Oberaufsicht des Reiches unterworfen. Dies ist faktisch richtig, juristisch aber nur mit der im Text gegebenen prinzipiellen Modifikation. Dies hatte auch richtig anerkannt v. Mohl, Reichsstaatsrecht 75 ff., 174 ff., 196 ff., 376. Dagegen Jellinek, Staatenverb. 41, vgl. aber 52, s. auch unten sub III.

Bundesstaaten eine sehr verschiedene. Während in der nordamerikanischen Union sich die Centralgewalt grundsätzlich der Bundesglieder nicht bedient, sondern sich eine eigene Exekutive geschaffen hat, beruht in der Eidgenossenschaft und mehr noch im Deutschen Reiche das Staatsleben des Bundesstaates in weitem Umfange auf der Vollziehung des Bundes-Staatswillens durch die Bundesglieder. Das hat in historischen und thatsächlichen Verhältnissen seine volle und gute Begründung. Aber es ist kein staatsrechtlicher Grundsatz, wie Laband und Hänel behaupten. In der eidgen. Bundesverfassung ist kein Grundsatz ausgesprochen, sondern es finden sich nur Einzelbestimmungen „in bunter Mannigfaltigkeit". Wenn in den Bewegungen d. J. 1848 für die deutsche Bundesverfassung die Vollziehung durch die Einzelstaaten als „Prinzip" erklärt wurde, so ist dies doch keinesfalls, wie Hänel behauptet, auch in der heutigen Reichsverfassung der Fall, und es kann nicht zugegeben werden, daß aus jenem „Prinzipe" sich „die obersten Grundzüge ergeben, welche für die Gestaltung der Regierungsgewalt des Reiches und damit für die Charakteristik der Bundesverhältnisse in Deutschland entscheidend sind". Hänel führt aus, man habe demgemäß in bestimmter Absicht den Eingang zu Art. 4 dahin gefaßt, daß das Reich nur die „Beaufsichtigung und Gesetzgebung" habe, um den Einzelstaaten die Vollziehung zuzuweisen; das sei die „recht eigentliche Absicht der Reichsverfassung". Diese „recht eigentliche Absicht" ist aber nicht zu erweisen und legt in den Eingang des Art. 4 einen Willen des Gesetzgebers, der nicht vorhanden war und an den Wortlaut Folgerungen knüpft, an die niemand dachte. Wollte man den weittragenden Grundsatz, den Hänel behauptet, feststellen, so mußte dies ausdrücklich geschehen: aus der — überdies ja redaktionell ganz unglücklichen — Fassung der Eingangsworte zu Art. 4 läßt sich das große staatsrechtliche Gebäude, das Hänel aufführt,[11] nicht konstruieren. Übrigens muß Hänel selbst (s. S. 328) zugeben, daß die Abschn. VII—XIII, also mehr als die Hälfte der gesamten Verfassung, in Widerspruch zu dem „verfassungsmäßigen Grundsatz" des Art. 4 stehen, und daß auch sonst noch „in einer großen Reihe von Fällen" dem Reiche „unmittelbare Vollziehungsbefugnisse" überwiesen sind. „Alle diese Bestimmungen haben die Natur verfassungsändernder Gesetze. Denn sie bewirken eine anderweite Verteilung der Regierungsrechte zwischen dem Reiche und den Einzelstaaten, als sie der Grundsatz des Art. 4 und die besonderen Bestimmungen der Verfassung bewirkt haben." Demgegenüber ist nur zu sagen: der „Grundsatz des Art. 4" existiert nicht. —

## II. Die Rechte der Einzelstaaten am Reiche.[12]

### A. Die Mitgliedschaftsrechte.

Der Staatswille des Reiches bildet sich auf Grund bestimmter Rechtsvorschriften als die Einheit des Willens der am Reiche beteiligten Einzelstaaten. Das hierzu berufene Organ ist der Bundesrat, in welchem die sämtlichen Einzel-

[11] Vgl. Hänel StR. I, 232 ff.

[12] Laband I, 109 f. werden die zur Selbstverwaltung und Autonomie den Einzelstaaten belassenen Rechte als jura singulorum zusammengefaßt. Über die Unmöglichkeit, den Begriff der „jura singulorum" staatsrechtlich zu verwerten, s. unten S. 127 ff.

staaten ihre Vertretung haben. Maßgebend ist hierbei das Prinzip der Gleichberechtigung der Bundesglieder, wodurch nicht ausgeschlossen ist, daß der Verschiedenheit der thatsächlichen Machtverhältnisse entsprechende Rechnung getragen wurde. Qualitativ sind alle Bundesglieder bei der Bildung des Reichsstaatswillens gleichberechtigt, quantitativ aber besteht eine erhebliche Verschiedenheit.

Andererseits haben alle Einzelstaaten in gleicher Weise Anspruch auf Erfüllung derjenigen staatlichen Funktionen, die das Reich übernommen hat. Inwieweit letzteres der Fall, ergiebt sich aus der Verfassung bezw. Spezialgesetzgebung; nicht aber darf der juristisch überhaupt irrelevante Eingang zur RV. hierfür angezogen werden. Es ist unzweifelhaft, daß das Interesse eines einzigen Einzelstaates ausreichender Grund für ein Thätigwerden des Reiches, z. B. Errichtung eines Konsulates, einer Gesandtschaft,[13] ja selbst zu einer militärischen Aktion sein kann.

Den im Prinzip gleichen Rechten stehen im Prinzip gleiche Pflichten gegenüber. Es kommen hier insbesondere die finanziellen und militärischen Pflichten in Betracht. Prägravationen einzelner Staaten müssen als grundsätzlich unstatthaft betrachtet werden:[14] es könnte sich bei solchen immer nur um freiwillige Übernahme handeln. Was die Militärleistungen angeht, so ist die Frage der Prägravationen einzelner Bundesglieder durch das Prinzip: „jeder Deutsche ist wehrpflichtig" gegenstandslos. Das Gleiche

[13] Speziell anerkannt in den Novemberverträgen mit Bayern (Schlußprot. XII), Baden-Hessen (Nr. 6), Württemberg (Z. 1 e).

[14] Laband I, 113, übereinstimmend auch Hänel, Stud. I. 193; a. A. Löning 1514. Vgl. speziell RV. Art. 58.

wäre in finanzieller Hinsicht der Fall, wenn das Reich seiner staatlichen Natur entsprechend nur eigene Einnahmen als finanzielle Unterlage besäße. Die Matrikularbeiträge aber müssen unzweifelhaft wenigstens nach dem gleichen Maßstabe für sämtliche Bundesglieder aufgelegt werden.

Zutreffend hat Laband diese vom Prinzip der Gleichheit aller Bundesglieder beherrschten Rechte als Mitgliedschaftsrechte bezeichnet.[15]

### B. Die Vorrechte.

Von den Mitgliedschaftsrechten heben sich deutlich diejenigen Rechte ab, welche nur einzelnen Bundesgliedern zukommen, den anderen nicht: man mag sie als Sonderrechte zusammenfassen.[16] Dieselben sind nach ihrem inneren Grunde jedoch von so verschiedener Art, daß man einen einheitlichen Gesichtspunkt für dieselben nur in dem negativen Momente des Unterschiedes von den prinzipiell gleichen Mitgliedschaftsrechten zu konstatieren vermag. Positiv aber sind die Sonderrechte entweder Vorrechte oder Ausnahmsrechte, je nachdem es sich um integrierende Bestandteile des Verfassungsorganismus handelt, die nur für einzelne Bundesglieder ein höheres Maß von Rechten

[15] Laband I, 90, bes. 112. Ganz rein kommt das Prinzip der gleichen Mitgliedschaftsrechte im eidgenössischen und im nordamerikanischen Bundesstaatsrechte zur Geltung, da in diesen Bundesstaaten die Verschiedenheit historischer und thatsächlicher Verhältnisse in den Einzelstaaten kein Moment bildete, welches gebieterisch Berücksichtigung für das Verfassungsrecht forderte, Hänel StR. I, 807.

[16] In der Litteratur finden sich die Bezeichnungen: Sonderrechte, Reservatrechte; den Umfang derselben bestimmen die sämtlichen Schriftsteller in verschiedener Weise.

konstituieren, oder um **Ausnahmen** von der Reichsverfassung, welche somit einen Widerspruch zu letzterer, der möglichst auszuscheiden ist, enthalten.[17] Beide Kategorieen systematisch zusammenzufassen, ist innerlich unbegründet: zudem gelten für die Vorrechte, wie unten auszuführen sein wird, andere Verfassungsnormen als für die Ausnahmsrechte.

Der gemeinsame Gesichtspunkt für die Vorrechte ist der: daß einzelnen Bundesgliedern infolge ihrer größeren faktischen Bedeutung ein höheres Maß von Rechten als den anderen im Verfassungsorganismus des Reiches zugeteilt wurde.[18] Es handelt sich auch hier nicht um eine qualitative, sondern nur um eine quantitative Verschiedenheit der den Bundesgliedern zustehenden Rechte: weil Preußen größer als Reuß, darum hat ersteres im Bundesrat 17, letzteres nur eine Stimme; weil Preußen das mächtigste Bundesglied ist, darum hat es die Präsidialrechte; weil Bayern, Württemberg und Sachsen bedeutender sind, als Oldenburg und Lippe, darum haben erstere gewisse ständige Sitze in den Bundesratsausschüssen, letztere nicht. Der gleiche Gedanke, der dazu führte, einzelnen Bundesgliedern ein Plus von Stimmen im Bundesrate gegenüber anderen zu geben,

---

[17] Laband I, 113 deduciert, daß die Sonderrechte auf „Nichtanwendung der Verfassungs- und gesetzmäßigen Prinzipien“ beruhen, sie „sind nicht Reflexwirkungen der Verfassung, sondern Modifikationen derselben“. Sollte dieser Gesichtspunkt für die Präsidialrechte, die nach Laband unter die Sonderrechte fallen, zutreffen?

[18] Dem gleichen Gedanken giebt Hänel StR. I, 808 Ausdruck, jedoch nur für das Kaisertum, während er 809 die bevorrechtete Stellung der anderen Königreiche im Bundesrat für ein „Reservatrecht“ erklärt.

führte dazu, einzelnen Bundesgliedern auch noch nach anderer Seite ein Plus von Rechten in der ordentlichen Organisation des Reiches zu geben.

Die einzelnen Vorrechte sind:

1. Das preußische Erbkaisertum im Reiche; dieses qualifiziert sich zweifellos als ein Vorrecht, aber es ist sowenig ein Ausnahmerecht, daß es vielmehr geradezu einen Gegensatz zu letzteren darstellt.

2. Das Recht am Bundesrat ist ein grundsätzlich gleiches Mitgliedschaftsrecht aller Bundesglieder. Dieser Grundsatz ist in Rücksicht auf Preußen, Bayern, Sachsen, Württemberg, Baden, Hessen, Mecklenburg-Schwerin, Braunschweig dahin modifiziert, daß diesen Einzelstaaten eine größere Stimmenzahl im Bundesrate zukommt; erweitert ist diese Modifikation noch in besonderer Weise für Bayern (s. hierüber unten §. 6).

3. Das Recht Bayerns auf einen ständigen Sitz im Bundesratsausschuß für Landheer und Festungen (RV. Art. 8 Abs. 3).

4. Das gleiche Recht Württembergs[19] (Milit.-Konv. §. 15[2] vgl. RV. Abschn. XI Schlußsatz).

---

[19] Nach der Militärkonvention Art. 2 hat auch Sachsen das gleiche Recht. Die Militärkonvention ist abgeschlossen zwischen Preußen und Sachsen; in der Reichsverfassung ist sie nicht sanktioniert. Es besteht somit nur eine vertragsmäßige Verpflichtung des Königs von Preußen, in seiner Eigenschaft als Bundesoberhaupt einen sächsischen Vertreter in jenen Ausschuß zu berufen. Vgl. über den Rechtscharakter der sächsischen Militärkonvention Laband, der zu dem gleichen Resultate gelangt; a. A. Hänel 247.

5. Das Recht Bayerns auf den ständigen Vorsitz im Bundesratsausschusse für die auswärtigen Angelegenheiten (RV. Art. 8 Abs. 4).

6. Das Recht Württembergs auf einen Sitz in dem sub 5 genannten Ausschusse (ibid.).

7. Das gleiche Recht Sachsens (ibid.).

8. Das Recht Bayerns auf den Vorsitz im Bundesrate im Falle der Verhinderung Preußens (bayr. Schlußprot. IX).

### C. Die Ausnahmerechte.[20]

Diese Kategorie von Rechten war zwar im norddeutschen Bunde bereits vorhanden, aber nur in sehr geringem Umfange; erst die Aufrichtung des Reiches, die sich nur durch Gewährung einer Reihe von Vorbehalten (daher die Bezeichnung: Reservatrechte) an die süddeutschen Staaten bewerkstelligen ließ, erweiterte diese Kategorie sehr bedeutend.

Ausnahmerechte sind solche Sonderrechte einzelner Bundesglieder,[21] die sich als Abweichungen und Ausnahmen, als Widersprüche gegen die Rechtseinheit im Reiche darstellen. Als ausnahmsweise Privilegien bedürfen die Sonderrechte dieser Art eines bestimmten Titels zu ihrer rechtlichen Begründung.[22] Die historische Genesis weist bei der Mehrzahl dieser Rechte auf die Staatsverträge zurück, durch welche die Aufrichtung des Reiches völkerrechtlich vorbereitet

---

[20] Hänel I § 138. Auch Hänel StR. I, 225, 810, gebraucht den das Rechtsverhältnis zutreffend charakterisierenden Ausdruck „Exemtionen“, und bezeichnet diese als „Privilegien“.

[21] Elsaß-Lothringen ist nicht Bundesglied, kann somit auch nicht Ausnahmerechte dieser staatsrechtlichen Qualität haben.

[22] Ebenso Hänel StR. I, 810.

wurde. Ihr juristischer Titel aber ist verschieden: die meisten wurden ausdrücklich in der Verfassung genannt und dadurch Bestandteile des Reichsverfassungsrechtes, somit auch den für letzteres geltenden Normen unterworfen.[23] Andere Ausnahmerechte wurden durch die Spezialgesetzgebung des Reiches, ja selbst durch Verordnung des Bundesrates[24] neu geschaffen: sie werden demnach von den für diese Formen der Rechtsbildung geltenden Normen beherrscht. Endlich ist ein dritter Teil dieser Ausnahmerechte wohl in den Staatsverträgen, nicht aber in der Verfassung genannt, ohne daß doch bei diesem Verschweigen die Meinung gewesen wäre, dadurch die fraglichen Ausnahmerechte zu beseitigen. Für diesen Teil beruht demnach die Rechtskraft bis zur Stunde nur auf den Staatsverträgen: eine Anomalie nicht unbedenklicher Art, da im übrigen für das Verhältnis zwischen dem Reich und den Einzelstaaten der Rechtsbildung auf dem Wege des Staatsvertrages infolge der staatlichen Natur des Reiches der Boden ganz und gar entzogen ist.[25]

Die einzelnen Ausnahmerechte — dieselben sind nach ihrem materiellen Inhalt sämtlich in der späteren Dar-

---

[23] Hänel, Stud. I, 114: „die Bezugnahme ist nur ein verkürzter Ausdruck für die wörtliche Aufnahme der Vertragsartikel in den Text der Verfassung."

[24] Ein Beispiel s. bei Laband I, 114[1]. Die Schaffung solcher Rechte durch Gesetz erklärt Hänel StR. I, 811 für unzulässig.

[25] Dies Resultat festgestellt und im einzelnen vorzüglich begründet zu haben, ist ein Hauptverdienst der „Studien" von Hänel. Vgl. S. 228, überh. §. 15, ferner StR. I, 59 Z. 3/4, vgl. ferner Meyer, Lehrb. 422; Löning 347.

stellung in den einschlägigen Abschnitten zu würdigen — sind:[26]

I. Für Hamburg eine beschränkte Exemtion von der Zollgesetzgebung des Reiches als Freihafen (RV. Art. 34).

II. Das gleiche Ausnahmerecht für Bremen (ibid.).[27]

III. Die Exemtion Oldenburgs und Schaumburgs von Art. 22 des Zollvereinsvertrages v. 8. Juli 1867, den Maximalsatz der Chausseegelder betreffend (durch RV. Art. 40 Bestandteil der Verfassung).[28]

IV. Das Verbot, Übergangsabgaben von Wein und Most beim Übergang über die Grenze des ehemaligen norddeutschen Bundes von den süddeutschen Staaten zu erheben (ZollvV. Art. 5, II §. 3, e vb. RV. Art. 40).[29]

V. Die Exemtion Badens von der Reichsgesetzgebung über Besteuerung des inländischen Bieres (RV. Art. 35 [2]).[30]

VI. Folgende Exemtionen Württembergs:

1. das gleiche Ausnahmerecht wie Baden (RV. Art. 35 [2]);

---

[26] Ausnahmerechte dieser Art waren auch alle zeitlich begrenzten Exemtionen von der Reichsgesetzgebung, wie solche bei Gründung des Reiches vielfach vorkamen, jetzt aber durchweg erledigt sind.

[27] Dieses Ausnahmerecht, ursprünglich sehr weit ausgedehnt, ist durch die Spezialgesetzgebung des Reiches nunmehr sehr eingeschränkt, s. hierüber unten §. 30.

[28] Über den ganzen Zollvereinsvertrag s. Delbrück: Artikel 40 d. RV., dazu Hänel StR. I, 814[11], ferner unten §. 30.

[29] Hänel StR. I, 814.

[30] S. auch Zollver.-V. Art. 5, II, §§. 2, 3, 7; die Exemtion bezüglich des Branntweins ist beseitigt durch Ges. v. 24. Juni 1887 über die Besteuerung des Branntweines, welches für das ganze Reich gilt, vgl. Hänel StR. I, 813 f.; dagegen hat §. 47 dieses Gesetzes eine neue Exemtion bezüglich der Berechnung der zum niedrigeren Abgabensatz herzustellenden Gesamtjahresmenge, sowie über einige andere Punkte geschaffen.

2. die teilweise Exemtion von der Post- und Telegraphengesetzgebung des Reiches, indem a) RV. Art. 48—51 für Württemberg nur nach Maßgabe von RV. Art. 52 zur Anwendung kommen dürfen, b) neu zu konstituierende Vorrechte der Posten nicht ohne weiteres auf Württemberg Anwendung finden (Schlußprot. Ziff. 2);
3. die teilweise Exemtion von der Reichseisenbahngesetzgebung nach Maßgabe des Schlußprot. Ziff. 2 vb. RV. Art. 45 ²;
4. die teilweise Exemtion von der Reichsmilitärgesetzgebung nach Maßgabe der durch den Schlußsatz zu Abschn. XI der RV. zu einem Bestandteil des Verfassungsrechtes gewordenen Militärkonvention vom 21/25. Nov. 1870.[31]

VII. Folgende Exemtionen Bayerns:[32]

1. RV. Art. 35 Abs. 2 s. oben V: Baden;
2. RV. Art. 52 s. oben VI, 1: Württemberg;
3. Bayern ist eximiert von der Reichseisenbahngesetzgebung, die auf Grund von RV. Art. 42—46 Abs. 1

---

[31] Hänel, Stud. I, 115 ff., bestreitet, daß die Militärkonvention Verfassungsrecht geworden sei. Es soll sich bei ihr positiv um „vertragsmäßige Zusicherungen" handeln, nur negativ sei die Konvention „Vorschrift der Reichsverfassung geworden", insofern sie „in ihrer Totalität" ein von der Verfassung sanktioniertes Ausnahmerecht Württembergs konstituiere. Die Unterscheidung zwischen einer positiven und negativen Seite der Konvention dürfte des inneren Grundes ermangeln, der Wortlaut der RV. aber dazu nötigen, die Militärkonvention ebensogut als Bestandteil der Verfassung zu betrachten, wie die analogen Bestimmungen der bayr. Verträge.

[32] Vgl. speziell v. Pözl, bayr. Verf.R. (1877) §. 227. L. A. Müller bei Hirth Ann. 1876 846 ff.

geübt wird und unterliegt derselben nur nach Maßgabe von RV. Art. 46 Abs. 3 und 47;

4. Bayern ist der Reichsmilitärgesetzgebung (RV. Absch. XI) nur unterworfen nach Maßgabe des Versailler Vertr. v. 23. Nov. 1870 III §§. 5—7 und XIV (Schlußsatz zu Abschn. VI der Verf., der sich aber auf Z. XIV des Vertr. nicht bezieht);

5. Bayern ist hinsichtlich seines Militäretats von den Vorschriften der Reichsverfassung Art. 69, 71, 72 in der Weise eximiert, daß dieselben nur nach Maßgabe der sub 4 genannten Vertragsbestimmungen zur Anwendung kommen; durch die Schlußbestimmung zu Absch. XII der RV. sind auch diese Vertragsbestimmungen Bestandteil des Verfassungsrechtes geworden;[33]

6. Bayern ist nach RV. Art. 4 Z. 1 eximiert von der Reichsgesetzgebung über Heimats- und Niederlassungswesen; dazu kommt nach Schlußprot. I noch das Verehelichungswesen, ohne daß dieser Vorbehalt noch besondere Erwähnung in der Verfassung gefunden hätte; derselbe bezieht sich übrigens nur auf die „staatspolizeiliche, heimatrechtliche", nicht auf die civilrechtliche Seite des Verehelichungswesens. Für die Rechtsverhältnisse des zwischenstaatlichen Armenwesens blieben in Beziehung auf Bayern in Kraft die Gothaer Verträge vom 15. Juli 1851 und 24. Juli 1854, sowie die Eisenacher Konvention vom 11. Juli 1853;[34] letztere Bestimmung hat

---

[33] Über den Wert dieses bayrischen Reservatrechtes äußert sich treffend v. Held 9[1].

[34] Hänel, Stud. I, 108 f.

ausdrückliche Anerkennung in RV. Art. 3 gefunden (Schlußprot. III).

Außerdem ist Bayern eximiert von etwaigen Reichsgesetzen über das Immobiliarversicherungswesen (Schlußprot. IV); ferner von der Kompetenz der Reichsnormalaichungskommission, indem eine eigene Centralbehörde für Maß- und Gewichtswesen reserviert wurde, G. v. 26. Nov. 1871 (RGBl. 397) §. 3; endlich gehört hierher auch noch der bayrische Vorbehalt in Bezug auf die Thätigkeit der Reichsbank (Bankges. vom 14. März 1875 [RGBl. 177] §. 47 Abs. 3).

Die letzterwähnten Exemtionen haben keine Aufnahme in die Verfassung gefunden, stehen demgemäß auch nicht unter besonderen Rechtsvorschriften.[85]

### D. Artikel 78 Absatz 2.[86]

Diejenigen Bestimmungen des Reichsrechtes, welche „bestimmte Rechte einzelner Bundesstaaten in deren Verhältnis

[85] Vgl. Hänel StR. I, 814[11]. Außerdem hat Bayern noch Sonderberechtigungen hinsichtlich des Gesandtschaftswesens: die bayrischen Gesandten haben im Verhinderungsfalle die Reichsgesandten zu vertreten nach näherer Maßgabe von Schlußprot. VII; sodann: Bayern erhält für den Unterhalt seiner Spezialgesandtschaften aus der Reichskasse noch eine Bezahlung (Schlußprot. VIII). Diese Rechte im Text zu erwähnen, wurde absichtlich unterlassen. Ihre Rechtsbasis ist eine vertragsmäßige. Spezialgesandtschaften deutscher Bundesglieder, die den Reichsgesandtschaften nicht systematisch untergeordnet sind, sind aber im Bundesstaate eine Anomalie so großer und so bedenklicher Art, daß dies nicht rasch genug beseitigt werden könnte. Wenigstens sollte eine organische Eingliederung des einzelstaatlichen Gesandtschaftwesens in das Reichsgesandtschaftswesen als Prinzip aufgestellt werden.

[86] Laband, der Begriff der Sonderrechte bei Hirth, Ann.

zur Gesamtheit feststellen, unterliegen hinsichtlich ihrer Abänderung einmal den allgemeinen Normen des Reichsrechtes. Rechtssätze können nur auf dem gleichen Wege abgeändert werden, auf welchem sie entstanden sind: Gesetze durch Gesetze, Verfassungsgesetze durch Verfassungsgesetze, Verordnungen durch Verordnungen. Ein Zweifel könnte nur obwalten, ob, soweit solche Rechte auf Vertrag beruhen, zur Abänderung ein Vertrag erforderlich ist: denn prinzipiell ist im Bundesstaate für die Form des Vertrages zwischen Centralgewalt und Einzelstaaten kein Raum. In Konsequenz dieses Prinzipes wurde behauptet: auch für Abänderung der hier zur Frage stehenden Kategorie von Rechten könne niemals ein Vertrag als notwendig gefordert werden, „da das Reich wegen seiner souveränen Macht über seine Glieder sich stets der Form des Gesetzes bedienen kann".[37] Diese Konsequenz geht zuweit: nachdem einzelstaatliche Sonderberechtigungen vertragsmäßig konstituiert und trotz der hierin liegenden Anomalie in dieser juristischen Form aufrecht erhalten wurden, kann für Abänderung solcher Sonderberechtigungen von den beteiligten Staaten die Form des Vertrages gefordert werden; selbstverständlich kann aber auch auf diese Form verzichtet und die Abänderung in der Form des Gesetzes zugestanden werden.[38]

Außerdem aber schreibt die Verfassung vor: „die-

---

1874, S. 1487 ff. Vgl. Staatsrecht I §§. 11, 12. Dagegen Löning, die Sonderrechte der deutschen Staaten bei Hirth, Ann. 1875, S. 337 ff.: Hänel §§. 12—14; Meyer, Lehrbuch 419 f.; v. Martitz in Z. f. Staatswissensch. 32, S. 569 ff.; Hänel StR. I, 815 ff.

[37] Laband I, 119.

[38] Vgl. Hänel, Studien I, 236 f., StR. I, 818; Löning 347; Meyer, Lehrb. 422; Laband I, 115. Laband und

jenigen Vorschriften der Reichsverfassung, durch welche bestimmte Rechte einzelner Bundesstaaten in deren Verhältnis zur Gesamtheit festgestellt sind, können nur mit Zustimmung des berechtigten Bundesstaates abgeändert werden" (Art. 78 Abs. 2).[39]

Die Interpretation dieser Vorschrift ist nach mehr als einer Hinsicht bestritten.

I. Einmal fragt es sich: welche Rechte fallen unter den erhöhten Rechtsschutz dieser Bestimmung?

Bei den Verhandlungen über die Reichsverfassung im Reichstage hatte der Abg. Hänel den Antrag gestellt, diese Rechte in der Verfassung selbst namhaft zu machen, und zwar als solche zu bezeichnen: die Sonderberechtigungen, welche in Art. 4 Z. 1, 35 Abs. 2, 46 Abs. 2, 52, Schlußbest. zu Absch. XI und Schlußbest. zu Absch. XII der RV. konstituiert sind.[40] Der Antrag wurde abgelehnt und somit nur der allgemeine Grundsatz fixiert: „daß jura singulorum nicht ohne die Zustimmung des berechtigten Staates aufgehoben werden können", „dagegen ist die Frage, was man unter jura singulorum zu verstehen habe, in der Reichs-

---

Meyer halten ein Gesetz in jedem Falle für genügend, Hänel hält ein solches, falls gegen den Willen des beteiligten Bundesgliedes erlassen, zwar für einen „Rechtsbruch", aber für „formelles Recht".

[39] Hänel StR. I, 784 weist darauf hin, daß in der nordamerikan. Union eine Abänderung des gleichen Stimmenverhältnisses der Einzelstaaten im Senat auch nur mit Zustimmung des Betroffenen erfolgen könne.

[40] Vgl. den Wortlaut des Antrages bei Hänel, Stud. I, 195[87].

verfassung überhaupt nicht entschieden worden, ihre Beantwortung vielmehr zunächst der Wissenschaft überlassen". [41]

Die Wissenschaft hat die Frage der „jura singulorum" weder im alten noch im neuen Reiche zu lösen vermocht: es dürfte deshalb am angemessensten sein, diese Danaidenarbeit — daß es sich wirklich um eine solche handelt, haben insbesondere die geistreichen, aber u. E. völlig unhaltbaren Ausführungen Labands bewiesen [42] — aufzugeben, und das anomale Zustimmungsrecht des Betroffenen füglich da zu lassen, wo es steht, nämlich in Art. 78 Abs. 2 der RV." (v. Martitz.)

Von hier aus kann nun zunächst kein Zweifel obwalten, daß es sich bei Art. 78 Abs. 2 nicht um ein allgemeines „Rechtsprinzip" (Laband), sondern nur um „Vorschriften der Verfassung" handelt. „Rechte, welche nicht durch eine ausdrückliche Vorschrift der Reichsverfassung fest bestimmbar sind, stehen überall nicht zur Frage" (Hänel). [43] Anderweitige Sonderberechtigungen unterliegen einzig und allein den allgemeinen Normen.

Vollkommen bodenlos ist die Interpretation, welche im Reichstag der sächsische Staatsminister Frhr. v. Friesen dem Art. 78 Abs. 2 gegeben hat, wonach alle den Einzel-

---

[41] Laband bei Hirth 1524.

[42] Hänel StR. I, 817: „es giebt im souveränen Staate keine jura singulorum"; den Hänelschen Ausführungen ist vollkommen zuzustimmen.

[43] Studien 198. Übereinstimmend die meisten Schriftsteller: G. Meyer, Löning und v. Martitz a. a. O.; v. Held 155 ff.; v. Mohl 147 ff.; Hauser 138; v. Rönne II §. 65. S. jetzt besond. Hänel StR. I, 820 f. gegen Laband.

staaten überhaupt belassenen Rechte unter dem Schutze des Art. 78 Abs. 2 als „jura singulorum“ stünden. Dieser Ansicht haben nur zwei bayrische Schriftsteller beigepflichtet.[44]

Wäre diese Interpretation richtig, so hätten wir in bester Form das liberum veto des polnischen Reichstages in unser Reichsstaatsrecht aufgenommen. Die Interpretation ist aber völlig unhaltbar. Im Wortlaut unserer Verfassung würde sie nur dann eine Stütze finden, wenn es hieße: „durch welche die Rechte der einzelnen Bundesstaaten in deren Verhältnis zur Gesamtheit festgestellt sind.“ Da die Reichsverfassung diesen Wortlaut aber durchaus nicht hat, so fehlt jener Interpretation jeder Halt, und sie ist praktisch so bedenklich, daß man derselben nicht energisch genug entgegentreten kann.

Aus allgemein staatsrechtlichen Gesichtspunkten ist aber eine Rechtfertigung der Friesenschen Theorie garnicht möglich.

Denn die Berufung darauf, daß es sich bei allen diesen Rechten um „jura singulorum“ handle, und daß eben für alle diese letzteren der erhöhte Rechtsschutz der Verfassung statuiert werden sollte, kann schon deshalb nicht als zutreffende Begründung zugegeben werden, weil weder die Theorie noch die Praxis den Begriff der jura singulorum jemals fest zu umgrenzen vermochte,[45] und weil andererseits

[44] Seydel, Komm. 266 ff.; Riedel (bayr. Finanzminister) S. 164.

[45] Die rechtshistorische Entwickelung der Frage behandeln speziell Laband I, 113 und bes. bei Hirth 1874, 1587 ff.; Löning 338 ff. und Hänel, Stud. I, 183 ff. Letzterer Schriftsteller betont speziell S. 186 die vollständige Unbrauchbarkeit des rechtshistorischen Materiales für unser heutiges Recht.

auch die Analogie des Privatrechtes hier in keiner Weise als zutreffend erachtet werden kann.[46]

Die Frage wird also praktisch nur dahingestellt werden können: ob Vorrechte und Ausnahmsrechte oder letztere allein unter den erhöhten Rechtsschutz des Art. 78 Abs. 2 fallen. Diese wie jene sind, soweit sie überhaupt verfassungsmäßige Sanktion empfingen, „Vorschriften der Reichsverfassung, durch welche bestimmte Rechte einzelner Bundesstaaten in deren Verhältnis zur Gesamtheit festgestellt sind".[47] Daß es die positiv bestimmte Absicht der Verfassung gewesen sei, alle diese Normen unter Art. 78 Abs. 2 zu stellen, kann jedoch nicht nachgewiesen werden. Weder war man sich im Reichstag, noch war man sich auf seiten der Regierungen, noch ist man sich in der Theorie darüber klar geworden, was unter „bestimmten Rechten einzelner Bundesstaaten in deren Verhältnis zur Gesamtheit" zu verstehen sei. Vielmehr wollte man bei Feststellung des Verfassungstextes ausdrücklich jene Frage offen lassen, und die Wissenschaft hat dieselbe bis jetzt noch nicht geschlossen. Nur dann aber, wenn der positive Nachweis möglich wäre, daß die Absicht bei Feststellung des Art. 78 Abs. 2

[46] Treffende Bemerkungen hierüber bei Meyer, Lehrb. 419[17] und v. Martitz in Z. f. Staatswissensch. 32 S. 572, bes. von Hänel StR. I, 822.

[47] Löning a. a. O. behauptet dies auch von den Stimmrechten der Einzelstaaten gemäß RV. Art. 6. Aber auch hier handelt es sich nicht um Rechte „einzelner", sondern lediglich „der einzelnen" Bundesglieder, die, wie oben gezeigt, prinzipiell gleich und nur verschieden abgestuft sind, weil Preußen größer ist als Lippe. Mit dem gleichen Recht wie die Stimmenzahl im Bundesrate müßte man auch das Plus an Reichskassenscheinen, welches Preußen gegenüber Meiningen 2c. erhalten hat, als Sonderrecht bezeichnen.

gewesen wäre, alles, was oben unter den Kategorieen der Vor- und der Ausnahmerechte zusammengefaßt wurde, mit jenem erhöhten Rechtsschutze auszustatten, wären wir genötigt, dies als geltendes Recht anzuerkennen. Dieser Nachweis aber kann nicht erbracht werden.

Unter diesen Umständen kann nur folgendermaßen argumentiert werden: die Bestimmung des Art. 78 Abs. 2 ist eine **Ausnahme**bestimmung; in einem geordneten Staatswesen ist es eine Anomalie bedenklicher Art, wenn überhaupt der Gang der Gesetzgebung von der Zustimmung eines dieser Gesetzgebung unterworfenen Faktors, also von einem quasi-vertragsmäßigen Konsens abhängig gemacht wird; ein solches Privilegium ist, wie alle Privilegien, im engsten Sinne zu interpretieren;[48] auch die historische Genesis des Abs. 2 des Art. 78, der sich in der norddeutschen BV. nicht fand, weist auf den Kausalzusammenhang mit den von den Südstaaten gemachten,[49] im Widerspruch zur Verfassung stehenden Vorbehalten hin; aus diesen Gründen ist der Satz gerechtfertigt:

> nur dasjenige, was oben als **Ausnahmerechte** festgestellt worden ist, unterliegt der **ausnahmsweisen Vorschrift des Art. 78 Abs. 2**, nicht aber die Vorrechte und noch weniger die Mitgliedschaftsrechte und am wenigsten dasjenige Maß von Rechten, welches den

---

[48] Ebenso Hänel StR. I, 810.

[49] Sehr gut hierüber Meyer, Lehrb. S. 420 bes. N. 18.

Einzelstaaten zu autonomer Ordnung überlassen ist.[50]

II. Die zweite große Streitfrage zu Art. 78 Abs. 2 ist: was heißt „Zustimmung des berechtigten Bundesstaates" ?

Der Einzelstaat wird bei der Bildung des Staatswillens des Reiches thätig durch das Medium des Bundesrates und nur durch dieses. Es kann demnach bei der durch Art. 78 Abs. 2 geforderten „Zustimmung" sich nur um Abgabe einer Erklärung im Bundesrate handeln: das beteiligte Bundesglied muß sich bei der Majorität befinden, außerdem ist die Majorität wirkungslos. „Jeder nicht in den vorgeschriebenen Formen vorgehende Akt des Reiches, der eine Schmälerung oder Aufhebung der Reservatrechte zur Absicht oder zum Erfolge hat, ist als Widerspruch mit

[50] Am nächsten steht dieser Ansicht Meyer, Lehrb. 420 f.: sodann Hänel und Löning; am weitesten entfernen sich davon Seydel und Riedel, die auf dem Standpunkte Friesens stehen. Hänel ist der Meinung, die Freihafenstellung von Hamburg und Bremen sei kein Ausnahmerecht, dagegen zählt er die Rechte von Bayern, Württemberg und Sachsen hinsichtlich der Bundesratsausschüsse dahin; Löning hält jene wie diese Normen für Ausnahmerechte in unserm Sinne und fügt dazu noch die Präsidialrechte Preußens, sowie die Stimmrechte der einzelnen Staaten im Bundesrate. Einen ganz eigentümlichen Weg hat Laband eingeschlagen, indem er Art. 78² als „Rechtsprinzip" betrachtet, das garnicht etwa nur für „Vorschriften der Verfassung" sondern ganz allgemeine Geltung habe. Dieser Meinung sind beigetreten Delbrück, Art. 40 S. 2, u. Mejer, Einl. (2) S. 343; vgl. Laband I, 114². Ich halte die Einwendungen, die gegen diese Theorie v. Martitz in der Z. f. Staatswissensch. Bd. 32 S. 569 ff. erhoben hat, für begründet. Zustimmend jetzt Jellinek, Staatenverb. 272. (Die Ausführung des Textes ist unverändert aus der 1. Auflage übernommen. In allen Hauptpunkten vollkommen übereinstimmend jetzt Hänel in seinem Staatsrecht.)

einer Verfassungsvorschrift rechtsungültig, null und nichtig"[51] — so der Rechtsgrundsatz.

Die Frage, welche erhoben wurde, und welche bis zur Stunde lebhaft umstritten wird, ist: ob den Volksvertretungen der Einzelstaaten in jener Frage irgend welches Mitwirkungsrecht zukommen könne.[52]

Diese Frage beantwortet sich durch folgende Deduktion: die Thätigkeit der einzelstaatlichen Bevollmächtigten im Bundesrate vollzieht sich auf Grund der Instruktion und nur auf Grund und im Rahmen der Instruktion.[53] Für letztere giebt das Reichsrecht keine Norm, vielmehr ist die Erteilung derselben gänzlich der Autonomie der Einzelstaaten überlassen; somit existiert für letztere nur die prinzipielle Grenze, die das Reichsrecht überhaupt dem Landesrecht zieht. Nichts stünde somit im Wege, wenn durch Landesgesetz die Erteilung der Instruktion an die Bevollmächtigten zum Bundesrat, soweit es sich um Abänderung oder Verzicht von Ausnahmerechten handelt, von der Zustimmung der einzelstaatlichen Volksvertretung abhängig gemacht werden wollte. Ja, prinzipiell ließe sich kein auf das Staatsrecht begründeter Einwand erheben, wenn *jede* Instruktionserteilung an jene Beschränkung durch Einzelstaatsgesetz gebunden werden wollte. Das Reichsrecht enthält weder direkt noch indirekt ein Verbot eines solchen Landesgesetzes. Praktisch würde sich eine derartige *generelle* Bestimmung

---

[51] Hänel StR. I, 819.

[52] Vgl. Hänel, Stud. I, 157, 209 ff. über hierauf bezügliche Anträge im preuß. Herrenhause und auf der mecklenburgischen Ständeversammlung. S. auch das Litteraturverzeichnis bei Meyer, Lehrbuch 422[23]; v. Rönne, II, 36 ff.

[53] Über die rechtliche Behandlung der Instruktion s. auch unten §. 6.

von selbst verbieten, und Art. 7 Abs. 3 der RV. giebt in jedem Falle die Möglichkeit, das Reichsinteresse einer beschleunigten Geschäftserledigung zu wahren. Dagegen läßt sich eine spezielle Bestimmung der oben bezeichneten Art sehr wohl rechtfertigen.

Die Ansicht, derartige Gesetze seien wider die Reichsverfassung,[54] ist unbegründet. Doch stehen zur Zeit keine Gesetze dieser Art in Kraft; zwar wurden in Bayern und Württemberg solche beraten, kamen aber zu keinem Abschluß, weil die Regierungen denselben entgegentraten.[55]

Somit besteht res integra. Nach dem positiv geltenden Recht ist demgemäß zu unterscheiden: ob das betreffende Recht nach seinem Inhalt der Sphäre des Gesetzes oder der Verordnung angehöre.[56] Im letzteren Falle kann die Instruktion einfach vom Staatsoberhaupt ausgehen, in dessen völlig freiem Belieben es steht, den Rat irgendwelchen anderen Faktors einzuholen oder dies nicht zu thun. Jedenfalls aber bedarf auch hier die Instruktion der Kontrasignatur eines verantwortlichen Ministers, und es wäre der Volksvertretung möglich, wegen etwaiger in der Instruktion liegender Verletzung der Staatsinteressen mit den durch das einzelstaatliche Verfassungsrecht gebotenen Mitteln gegen den kontrasignierenden Minister vorzugehen. Das

---

[54] Derselben huldigen Hänel, Stud. I, 219, jetzt auch StR. I, 819; Seydel 268 ff.; Thudichum bei v. Holtzendorff, Jahrb. I, 48. L. A. Müller bei Hirth, Ann. 1876, 850 f. G. Meyer, Lehrb. 357.

[55] Ausführliche Referate über die Verhandlungen bei Hänel, Stud. I, 178 ff.; Seydel a. a. O.

[56] Diese richtige Ansicht vertreten Laband I, 116[3]; Hauser §. 15; Westerkamp 81; v. Mohl 64 f.

ist keine „erhöhte Verantwortlichkeit“,[57] sondern einfache Konsequenz des konstitutionellen Prinzipes.

Handelt es sich aber um ein in die Sphäre der **Gesetz**gebung fallendes Recht, so kann nur auf Grund der erholten Zustimmung der Volksvertretung eine Instruktion zu Abänderung oder Verzicht überhaupt erteilt werden.[58] Andernfalls ist überhaupt staatsrechtlich keine Instruktion vorhanden, die Bevollmächtigten können demnach mit Rechtskraft überhaupt nicht abstimmen, und da eine positive Mitwirkung, die Zustimmung, gefordert wird, so besteht in solchem Falle juristisch keine Möglichkeit der Abänderung, weil kein rechtskräftiger „Willensakt des Einzelstaates“[59] vorliegt.[60] Die notwendige Konsequenz hieraus ist: Abstimmung eines Bevollmächtigten wider oder ohne Instruktion ist nichtig, wenn es sich um

---

[57] So Laband I, 115 ff., 227; Hänel, Stud. I, 220 f. Art. 78² hätte, wenn er, wie Hänel annimmt, nur diese „erhöhte Verantwortlichkeit“ statuieren wollte, überhaupt garkeine juristische Bedeutung, sondern nur eine „moralische“.

[58] Die entgegengesetzte Meinung haben offiziell im Reichstag und in den Landtagen der bayr. Minister v. Lutz und der württembergische v. Mittnacht für richtig erklärt. Ebenso Staatsminister Delbrück im Reichstag. Vgl. Hänel, Stud. I, 214[105]–216[110]. Die Fassung, welche der Minoritätsreferent M. Barth bei der Beratung über die Versailler Verträge in der bayr. II. Kammer der Frage gab (Hänel 215[108]), drückt die richtige Ansicht aus, jedoch in zu absoluter Weise.

[59] Einen solchen fordert auch Laband I, 121.

[60] Um einen „Vertrag“ zwischen Reich und Einzelstaat handelt es sich hierbei nicht, sondern um eine gesetzliche Voraussetzung für die Stimmenabgabe des Einzelstaates im Bundesrat. So gut Hänel 209 f. hier von einem „Vertrag“ spricht, könnte auch jede andere Abstimmung im Bundesrat als „Vertrag“ bezeichnet werden.

die Ausnahmerechte, die unter dem Schutz des Art. 78 Abs. 2 stehen, handelt.[61]

Es heißt, Reich und Einzelstaaten in einer dem ganzen Gedanken des Bundesstaates widersprechenden Weise auseinanderreißen, wenn man behauptet: jede Abstimmung im Bundesrat ist dem Reiche gegenüber als legaler und rechtskräftiger Wille des Einzelstaates zu betrachten, auch wenn er dies in Wirklichkeit nicht ist: für das Reich ist dadurch giltig verzichtet, nur bleibt der einzelstaatlichen Volksvertretung die Möglichkeit, den beteiligten Minister nach Maßgabe des Landesrechtes zur Verantwortung zu ziehen.[62]

Ist die Instruktion unter die Normen des Landesrechtes gestellt, so sind die letzteren einfach gesetzliche Voraussetzung für die erstere geworden mit allen daran geknüpften Rechtsfolgen. Die Faktoren der Reichsgewalt werden sich demgemäß auch der positiven Konsequenz nicht entziehen können: eintretenden Falles zu prüfen, ob jenen gesetzlichen Voraussetzungen genügt worden sei, konkret gefaßt: ob der einzelstaatliche Bevollmächtigte mit legaler, d. i. durch die einzelstaatliche Volksvertretung genehmigter Instruktion für

---

[61] Diese Konsequenz zieht keiner von den Schriftstellern des Reichsstaatsrechtes. v. Mohl 64 f., der am besten über die ganze Frage handelt, äußert sich über die Rechtsfolge einer instruktionswidrigen Abstimmung nicht.

[62] So die meisten Schriftsteller. Vgl. Laband I, 120; besonders eifrig Seydel 270 gegen die richtige Ansicht; Litteraturverzeichnis bei Hänel, Stud. I, 220[116]. Meyer, Lehrbuch 422 hält die Zustimmung im Bundesrat in jedem Falle für „ausreichend", aber die Regierung für „verpflichtet, vor Abgabe der Stimme die Zustimmung des Landtags zu dem Verzichte einzuholen"; ebenso Hänel 222. Die „Pflicht" ist aber bei diesen Schriftstellern keine Rechts- sondern nur eine moralische Pflicht.

diesen Spezialfall ausgerüstet sei,[63] denn nur in diesem Fall kann die „Zustimmung des berechtigten Bundesstaates" erklärt werden, und diese fordert das Reichsrecht in positiver Weise. Bei der grundsätzlichen Öffentlichkeit der Kammerverhandlungen und der leichten Möglichkeit, sich über das Landesstaatsrecht zu informieren, kann jene Prüfung keine Schwierigkeit bieten, vorausgesetzt, daß man an Stelle der nebelhaften „jura singulorum" einen festen Katalog derjenigen Rechte, welche unter Art. 78 Abs. 2 fallen, aufzustellen sich entschließt.

### III. Die Einzelstaaten und der Bundesstaat.

1. Nach den obigen Ausführungen ist das Reich ein Staat, dessen thatsächliche Unterlage die Einzelstaaten bilden. Das Reich „setzt autonome Gliedstaaten voraus".[64] Diese thatsächliche Unterlage ist der Veränderung im Rechtswege entzogen. **Die Existenz der Einzelstaaten steht nicht zur Disposition des verfassungsmäßigen Staatswillens des Reiches, denn dieses beruht auf der Existenz der Einzelstaaten.** Das Reich hat die verfassungsmäßige Möglichkeit, die eigene Staatsthätigkeit der Einzelstaaten zum nudum jus zu entleeren; denken ließe sich ein staatsrechtliches Verhältnis, welches eine Staatsthätigkeit der Einzelstaaten nur im und am Reich zuließe, ein Verhältnis, wonach die Teilnahme am Reich nicht „ein Stück des Staatslebens der Einzelstaaten",

---

[63] A. A. G. Meyer, Lehrb. 357[11], da die Verfassung dafür keinen Anhalt biete.

[64] Laband I, 119.

sondern deren ganzes Staatsleben wäre; aber an der Existenz der Einzelstaaten hat der Staatswille des Reiches seine unübersteigbare Schranke; weder einzeln noch insgesamt können sie „vernichtet", „mediatisiert" werden;[65] zwar ist es nirgend ausgesprochen, daß das Reich ein Bundesstaat sein müsse; aber die ganze Verfassung beruht auf dieser Voraussetzung. Die „Konsolidierung zum Einheitsstaat" ist rechtlich unmöglich.[66]

2. Der Staatswille des Reiches ist die in den verfassungsmäßigen Formen hergestellte Einheit des Staatswillens der Gliedstaaten.[67]

3. Dem so hergestellten Staatswillen des Reiches in seiner „logischen Isolierung"[68] sind die Gliedstaaten des Reiches rechtlich unterthan. Und zwar im vollen Umfange und mit allen rechtlichen Konsequenzen. Dies gilt sowohl für die Gliedstaaten als solche, wie für die einzelnen Individuen. Insbesondere

---

[65] A. A. Laband I, 120, der dies für rechtlich möglich erklärt. Aber dann doch 184: „Die Integrität der Mitglieder des Reiches steht nicht zur Verfügung der Reichsgewalt, die Mitglieder haben vielmehr ein verfassungsmäßiges Recht, daß das Reich ihre Integrität schütze." Dies ist der entscheidende Punkt, den Gareis, Allg. StR. 107 völlig übersieht, wenn er ausführt: für den Bundesstaat und seine Staatsbethätigung als solche sei „die Staatsgewalt der Gliedstaaten zunächst gar nicht vorhanden".

[66] S. hierüber Zorn bei Hirth Ann. 1884, S. 481 ff. gegen Laband und Hänel. Übereinstimmend mit dem Text Brockhaus 181 ff.

[67] S. oben §. 4 über den „Träger der Souveränetät".

[68] Laband I, 78 gegen Gierke, ebenso Mejer, Einl. (2) S. 294: „die Obergewalt ist unabhängig, also souverän, die zweiundzwanzig Gliedstaatsgewalten sind ihr Unterthanengehorsam schuldig, also nicht souverän."

ist es rechtlich gleichgültig,"[69] ob das Reich seinen Willen durch eigene Organe vollziehen läßt, oder ob es zum Vollzug seines Willens sich des Organismus der Gliedstaaten bedienen will: das Reich ist in dieser Richtung durch keinen „verfassungsmäßigen Grundsatz" eingeschränkt, sondern entscheidet jene Frage lediglich nach Gesichtspunkten der Zweckmäßigkeit, also nicht nach rechtlichen, sondern nach politischen Gründen. Soweit das Reich in seiner Kompetenzsphäre sich der Einzelstaaten bedient, hat es die „zwischenstaatliche Rechts- und Verwaltungshilfe" „im weitesten Umfang und in den verschiedensten Formen" geordnet, um „die einheitliche und planmäßige Durchführung der gestellten Aufgabe in allen Einzelstaaten und durch alle Einzelstaaten" zu sichern (RV. Art. 4 Z. 11, 12; GerVerfG. §§. 161, 167, 168; Ges. v. 21. Juli 1869; Zollkartell v. 11. Mai 1833 u. a. m.).[70]

Insbesondere kann das Reich auch eigene Aufsichtsorgane, sei es nun in der Form von Centralbehörden, sei es in spezialisierter Organisation bestellen. Dies ergiebt sich mit Notwendigkeit aus dem Staatscharakter des Reiches und ist mitnichten ein „verfassungswidriger Kompetenzübergriff" [71] des Reiches. Sowohl der Kaiser kraft seiner verfassungsmäßigen Pflicht der „Überwachung der Durchführung der Reichsgesetze" (RV. Art. 17), als der Bundesrat kraft seiner verfassungsmäßigen Pflicht zur Sorge für Abhilfe vorgefundener Mängel (RV. Art. 7) sind zur

[69] Entgegenges. A. Hänel StR. I, 232 ff.

[70] Vgl. die sorgfältige Darstellung dieser Materie bei Hänel StR. I, §. 97.

[71] So Hänel StR. I, 307 f.; übereinst. mit dem Text G. Meyer, Lehrb. 641; vgl. Laband I, 246 ff.

Wahrnehmung dieser Aufsicht berufen und in den Formen der Geltendmachung derselben verfassungsmäßig unbeschränkt, wie das Reich überhaupt. Für Herstellung dauernder Institutionen zur Übung der Aufsicht bedarf es somit der Übereinstimmung von Kaiser und Bundesrat, sind hierzu Geldmittel erforderlich, auch des Reichstages. In Zollsachen hat sich aus der Zeit des alten Zollvereines ein höchst eigentümliches, sehr kompliziertes Aufsichtsverfahren erhalten, das, obwohl in den jetzigen deutschen Staatsorganismus durchaus nicht passend, doch aus politischen Rücksichten übernommen wurde, aber unter keinen Umständen als „Paradigma" für die Ordnung dieser Verhältnisse,[72] sondern vielmehr als ein merkwürdiges historisches Überbleibsel einer überwundenen Periode unserer Staatsentwickelung zu bezeichnen ist. In ganz besonderer Weise ist dem Reich durch die Verfassung Art. 76 Abs. 2 die Aufsicht über die Verwaltung der Rechtspflege durch die Einzelstaaten und die Pflicht der eventuellen Abhilfe durch eigene Maßregeln übertragen.[73]

„Gesetzgebung und Aufsichtsführung machen aber die Regierung überhaupt aus."[74]

4. „Nichterfüllung der verfassungsmäßigen d. i. der rechtlich begründeten Bundespflichten" kann Bundesexekution nach sich ziehen (RV. Art. 19),[75] falls anderweitige Mahnungen zur Erfüllung der Bundespflicht fruchtlos bleiben. Außer der Exekution

---

[72] So Hänel StR. I, 310 ff.

[73] S. Hänel StR. I, 578 u. unten §. 6.

[74] Mejer, Einl. (2) 280.

[75] Hänel StR. I, 445 ff., ebenso die eidgen. BV. Art. 118. G. Meyer, Lehrb. 644.

hat das Reich Zwangsmittel gegen die Einzelstaaten bezw. deren Organe nicht.[76] Die nordd. BV. hatte ausdrücklich bemerkt, daß die Exekution bis zur Sequestration des Landes und seiner Regierungsgewalt gehen könne. Die RV. enthält diese Bestimmung nicht, wodurch nicht etwa jene äußerste Eventualität ausgeschlossen werden sollte.[77] Gegen Preußen ist Exekution nicht möglich, da nur der Kaiser eine solche zu vollstrecken nach der Verfassung berufen ist, und von einer Exekution des Kaisers gegen das Bundesglied Preußen nicht die Rede sein kann.

Die Exekution ist nach der Verfassung vom Bundesrat zu beschließen: sowohl die verfassungsmäßige Voraussetzung der Nichterfüllung der Bundespflichten, als die verfassungsmäßige Folge, die Exekution, bedarf eines formellen Bundesratsbeschlusses; der Weg der authentischen Gesetzesdeklaration ist nicht erforderlich.[78]

5. Die begrifflich notwendige „Totalität" der Staatsaufgaben erfordert, daß auch für

---

[76] S. hierzu die Erörterung bei Hänel StR. I, 446.

[77] Die nordd. BV. hatte die Vollstreckung der Exekution dem „Bundesfeldherrn" überwiesen und das Mittel der „Sequestration" ausdrücklich genannt. Aus der anderweiten Fassung von RV. Art. 19 folgert Hänel 451, daß der Rechtssatz nicht mehr in Kraft steht, welcher zu einer vollen und teilweisen Ergreifung der Regierungsgewalt und damit zu einer unmittelbar wirksamen Exekutionsgewalt ermächtigte", vielmehr müsse das Reich erst durch Spezialgesetz diese „aktuelle" Gewalt beilegen. Zu dieser wesentlich anderen Rechtsauffassung des Reichs gegenüber dem norddeutschen Bundesrecht nötigt weder der Wortlaut des noch die Verhandlungen über Art. 19 („hauptsächlich internationale Convenienz"): es genügt immer ein Beschluß des Bundesrates für jedwede Form und jedwedes Mittel der Exekution.

[78] Hänel 448[4] gegen Seydel, Komm. 137.

den den Gliedstaaten verbliebenen autonomen Wirkungskreis ein Oberaufsichtsrecht des Reiches bestehe.[79][80] Daß hierfür positive Rechtsvorschriften bis jetzt nicht als erforderlich betrachtet wurden, beweist nichts gegen den Grundsatz, der sich als notwendige logische Folge aus der Souveränetät des Reiches ergiebt.[81]

---

[79] Dies wird abgelehnt von Seydel, Abh. 57 ff., Jellinek, Staatenverb. 311 ff.; Laband I, 102, u. bes. Hänel StR. I, 307, aber in merkwürdigem Widerspruch dazu 801 ff., bes. 805, wo vortrefflich ausgeführt ist: die Einzelstaaten sind zwar thatsächlich, aber nicht potentiell „frei von allen Rechten der Kontrolle und des Zwanges"; wären sie es grundsätzlich, „so wäre dies das Prinzip der Unordnung"; vgl. Mejer, Einl. (2) S. 295[10]. Es ist unmöglich, die Bundesgewalt mit Gareis, Allg. StR. 107, als eine für die Gliedstaaten „fremde Staatsgewalt" zu betrachten.

[80] Auf diesem Gedanken beruht §. 195 der Frankfurter RV., sowie die Vorschriften der eidgen. BV., wonach jede Veränderung einer Kantonalverfassung der Genehmigung der Centralgewalt bedarf: vgl. auch Wiener Schlußakte §. 60; Hänel StR. I, 572 f.

[81] Hänel StR. I, 799 sagt, daß zwischen dem Reich und den Einzelstaaten in ihrem selbständigen Wirkungskreise ein „Pflicht- und Verantwortlichkeitsverhältnis" nicht bestehe, wonach das Reich „mit den ihm zu Gebote gestellten Mitteln zu überwachen und erforderlichen Falles zu erzwingen" habe, daß die Einzelstaaten die ihnen obliegenden Aufgaben erfüllen; „die Einzelstaaten sind in der Erfüllung der ihnen nach ihrer Verfassung gesetzten Aufgaben frei von allen gesetzlichen Direktiven, frei von allen Rechten der Kontrolle und des Zwanges." Dies ist thatsächlich richtig, weil bei den wohlgeordneten Verhältnissen der deutschen Einzelstaaten in keiner Weise bis jetzt ein Bedürfnis für solche „Rechte der Kontrolle" hervorgetreten ist. Als Rechtsprinzip ist der Hänelsche Satz im Bundesstaat schlechterdings unmöglich, denn das Gedeihen, ja die Möglichkeit der Existenz des Bundesstaates beruht in erster Linie auf der richtigen Erfüllung der Staatsaufgaben durch die Einzelstaaten. Die obigen Hänelschen Sätze sind mit dem Hänelschen Souveränetätsbegriff unvereinbar. Der Notwendigkeit grundsätzlicher Kongruenz des Staatslebens von Bund und Bundesgliedern trägt die eidgenöss. B.V. darin

6. Die Gliedstaaten sind somit nicht Provinzen des Reiches, da sie als Gliedstaaten Träger des Staatswillens des Reiches sind. Sie sind aber ebensowenig wie die Territorien des alten Reiches Staaten im vollen Sinne des Wortes, da sie einer Souveränetät unterthan sind, die zwar durch sie dargestellt wird, die aber dem einzelnen Gliedstaat gegenüber unbeschränkt herrschende Staatsgewalt ist. Die Einzelstaaten haben ihren Staatscharakter im Reich und haben keinen anderen Staatscharakter als den im Reiche,[82] auch für ihre autonome Sphäre nicht, denn auch diese muß als auf dem Willen des Reiches beruhend angenommen werden, falls überhaupt das Reich den souveränen Staatswillen hat.[83]

Rechnung, daß sie bei Revision von Kantonalverfassungen Genehmigung des Bundes fordert; ebenso s. Z. die Frankfurter Reichsverfassung §. 195. Übrigens bemerkt Hänel StR. I, 304 selbst, ein Eingreifen des Reiches sei notwendig und zulässig, wenn aus der Thätigkeit der Einzelstaaten sich eine „Rückwirkung" auf das Reich ergebe; ferner die in ähnlicher Richtung sich bewegenden Ausführungen S. 240 f., 320 ff. u. bes. 805. Vgl. hierher die vortreffliche Kritik des Gedankens der „geteilten Souveränetät" von Laband I, 59, aus welcher Laband aber auch in dieser Frage die Konsequenzen ziehen müßte; die „Oberaufsicht" des Reiches wird S. 102 ausdrücklich abgelehnt, aber unmittelbar darauf spricht Laband diejenigen Gedanken aus, die die Notwendigkeit des Grundsatzes der Oberaufsicht im Bundesstaat unentbehrlich machen.

[82] S. den Ausspruch Abraham Lincolns bei Hänel Stud. I, 21: „Die Staaten haben ihren Status in der Union, und sie haben keinen anderen gesetzlichen Status." Ich habe niemals, wie G. Meyer (3) S. 5 N. 5 behauptet, die Einzelstaaten als „Provinzen, also als Kommunalverbände" bezeichnet.

[83] Gareis, Allg. StR. 102, führt aus: ein „Einheitsstaat" sei immer dann gegeben, wenn die einzelnen Teile der eigenen Souveränetät entbehren. Ich vermag dem nicht beizustimmen. Das entscheidende Merkmal des Einheitsstaates gegenüber dem Bundesstaat liegt nicht in der

Sobald man dem Reich die Souveränetät zuspricht, wie man dies gemäß RV. Art. 78 muß, ist aller Streit um den „Staatscharakter" der Einzelstaaten ein leerer, jedes praktischen Interesses ermangelnder Wortstreit. Die „vollkommene Eingliederung und Unterordnung der Einzelstaaten als Gesamterscheinungen in und unter das Reich"[84] einerseits; die Bildung des Staatswillens des Reiches durch die Einzelstaaten, deren Einheit das Reich ist, andererseits:[85] dies sind die verfassungsmäßigen Grundpfeiler des deutschen Staatsbaues; das Reich „könnte thatsächlich getrennt von den Gliedstaaten als besonderes Wesen nicht existieren".[86]

Aus diesem notwendigen rechtlichen Zusammenhang von Reich und Einzelstaaten ergiebt sich insbesondere auch die rechtliche Unmöglichkeit kriegerischen Austrags staatsrechtlicher Streitigkeiten unter den Einzelstaaten und die verfassungsmäßig (RV. Art. 76 Abs. 1) anerkannte Notwendigkeit der Erledigung solcher Streitigkeiten durch die Reichsgewalt.[87]

---

Souveränetät, sondern in der Organisation des Trägers der Staatsgewalt.

[84] Hänel StR. I, 595.

[85] Darin liegt der „begriffliche Unterschied zwischen dem Bundesstaat und dem decentralisierten Einheitsstaat", der somit keineswegs „verloren" ist (Laband I, 77 gegen Hänel): nicht die Verteilung der Staatsaufgaben, sondern die Bildung des Staatswillens ist entscheidend.

[86] So vollkommen richtig Laband I, 79, ferner vortrefflich 91: „die Führung der Landesregierung und die Ausübung des Anteils an der Reichsgewalt können nicht auseinander gerissen werden, sondern bestimmen sich gegenseitig und stellen zusammen die volle Lebensthätigkeit des Staates dar."

[87] Vgl. über den prinzipiellen Charakter dieser Vorschrift insbes. Hänel StR. I, 578; s. auch unten §. 6 und Brie Staatenverb. 110.

„Wr haben“ — so erklärte der große Schöpfr unserer Reichsverfassung (4. März 1867) – „es für unsere Aufgabe gehalten, ein Minimum derjenigen Konzessionen zu finden, welche ie Sonderexistenzen auf deutschem Gebiete dr Allgemeinheit machen müssen, wenn diese Algemeinheit lebensfähig werden soll.“

Diee Worte müssen als der leitende Grundgedank des gesamten Reichsstaatsrechtes betrachte werden.

# Drittes Buch.

# Die Organisation der Staatsgewalt des Reiches.

---

## §. 6.

### Der Bundesrat.[1]

Der „Repräsentant der eigentlichen Souveränetät“ ist der „die Bundesregierungen vertretende Bundesrat“. (Fürst Bismarck im Reichstag, Sitz. v. 27. März 1879 und sonst bei jedem gegebenen Anlaß.)

#### I. Prinzipielle Erörterung.

Die staatsrechtliche Bestimmung unseres deutschen Bundesrats bot der Theorie anfangs die erheblichsten Schwierigkeiten:[2] denn ist es auch richtig, daß der Bundesrat gleichsam von selbst als Ausdruck der thatsächlich

---

[1] Laband I, §§. 27—31; Meyer, Lehrb. §§. 123—126; v. Mohl 228 ff.; Riedel §. 4 u. S. 97 ff.; Seydel, Komm. S. 96 ff., sowie bei v. Holtzendorff, Jahrb. N.F. III, 273 ff.; v. Held 103 ff.; Thudichum 101 ff.; v. Martitz 45 ff.

[2] Vgl. z. B. die Erörterungen von Westerkamp (1873) 116 u. a. a. O.; Auerbach (1871) 66. Die richtigen Gesichtspunkte bei Meyer, Grundz. (1868) 59 f. und v. Martitz (1868) 46 ff.

gegebenen Verhältnisse entstand,[3] so ist es andererseits auch richtig, daß diese Institution keine Parallele im Staatsrecht irgend eines anderen Staates hat; die ganze Unsicherheit der Theorie in der Begriffsbestimmung des Reiches selbst wirkte unter diesen Umständen unmittelbar auf die Begriffsbestimmung dieser das Reich in ganz besonderer, eigenartiger Weise charakterisierenden Institution.

Im deutschen Bundesrat[4] kommt zum staatsrechtlichen Ausdruck: daß das Deutsche Reich ein aus monarchischen Bundesgliedern gebildeter Bundesstaat ist.[5] In republikanischen Bundesstaaten ist für eine dem deutschen Bundesrate analoge Institution weder Bedürfnis noch Möglichkeit. Zwar haben auch die nordamerikanische Union und die schweizerische Eidgenossenschaft die Notwendigkeit einer „Staatenrepräsentanz" im Bundesstaate anerkannt, und demgemäß wurde dort der Senat, hier der Ständerat geschaffen. Beide Institutionen aber sind dabei zugleich parlamentarische Körperschaften: die Zusammensetzung zwar wird durch die Einzelstaaten bethätigt, die Kompetenz aber und die Form der Thätigkeit ist bei beiden Institutionen eine parlamentarische, konform etwa der eines Oberhauses im monarchischen Staate.[6] In der Republik ist

[3] Darauf weist speziell hin Laband I, 215 f.

[4] Es mag ausdrücklich hervorgehoben werden, daß der schweizerische Bundesrat eine prinzipiell von unserem deutschen Bundesrat grundverschiedene Institution ist.

[5] Die drei Republiken verschwinden für die staatsrechtliche Betrachtung gegenüber dem Überwiegen des monarchischen Elementes.

[6] Auf dem gleichen Gedanken beruhte das „Staatenhaus" des Frankfurter und Erfurter Parlamentes. Den charakteristischen Unterschied zwischen diesem „Staatenhaus" und unserem Bundesrat hob Fürst Bis-

dies auch in vollem Einklang mit den Prinzipien des Staatsrechtes überhaupt: es handelt sich bei den Organen, durch welche in solchen die Regierung des Staates geführt wird, im letzten Ende immer um eine Vertretung des Volkes als des „eigentlichen Souveräns", und somit ist es nur eine Frage der Zweckmäßigkeit, ob dieser Souverän nur in seiner Gesamtheit oder auch in seinen durch die Grenzen der Einzelstaaten bestimmten Teilen bei Bildung des Staatswillens der Centralgewalt in Betracht kommen soll. Die Volksvertretung im engeren Sinne (der schweiz. Nationalrat und das Repräsentantenhaus der Union) und die Staatenrepräsentanz unterscheiden sich im republikanischen Bundesstaate nicht der Art, sondern nur dem Grade nach.[7]

Anders im monarchischen Bundesstaate. Das Volk ist hier nicht souverän, sondern hat nur eine koncedierte Mitwirkung an der Ausübung der Staatsgewalt (s. oben S. 34); die „letzte Quelle aller Gewalten" ist nicht das Volk, sondern „von Gottes Gnaden" und kraft der festen historischen Tradition der Monarch. Treten mehrere Monarchen behufs Bildung eines Bundesstaates zusammen, so wäre das dem Monarchen des souveränen Einzelstaates korrespondierende Organ grundsätzlich die Korporation der Monarchen, der Fürstenrat. An dessen Stelle hat man bei

---

marck im Reichstag (18. Sitz. 1871 Sten. Ber. 298) sehr treffend hervor. Das „Staatenhaus" der Frankfurter Reichsverfassung sollte aus 192, je zur Hälfte durch die Landesregierungen und die Landtage zu ernennenden Mitgliedern bestehen, s. Binding, Reichsgründung S. 46.

[7] S. hierher die gute Ausführung bei Brie, Staatenverb. 121 ff. mit Angaben über die Vorschriften der eidgen. und nordamerik. Bundesverfassung.

Aufrichtung des deutschen Bundesstaates in wohl erwogener Weise einen Repräsentanten, den Bundesrat, gesetzt.[8] Der Bundesrat vertritt die „Mitglieder des Bundes" (RV. Art. 6): „Mitglieder des Bundes" sind prinzipiell „die Staaten Preußen, Bayern" 2c. (RV. Art. 1) als Inhaber der Souveränetät: da aber die Souveränetät, wie oben ausgeführt wurde, immer eines Trägers bedarf, und dieser im monarchischen Staate nur der Monarch ist: die Fürsten (bezw. drei „Völker").[9] Formell vertreten die Bevollmächtigten zum Bundesrat demnach ihre Vollmachtgeber, die Fürsten; materiell aber vertreten sie die Staaten, da die Fürsten nur als Staatsoberhäupter zur Erteilung der Vollmacht berechtigt sind. In diesem Sinne sind im Bundesrat nur die Staaten vertreten, und jeder Staat muß vertreten sein[10] (s. oben S. 114 f.); dies ist das bedeutsamste „Mitgliedschaftsrecht" jedes Bundesgliedes. Lediglich eine notwendige Folge aus diesem Prinzip ist das verfassungsmäßige Recht jedes Bundesgliedes, „Vorschläge zu machen und in Vortrag zu bringen", welche

---

[8] S. oben S. 92 ff.

[9] Daß es sich hierbei nicht um Souveränetät des Einzelstaates als solchen, sondern um die Mitsouveränetät im und am Reiche handelt, ergeben die Ausführungen oben S. 88 ff.

[10] Dagegen berief man sich auf Lauenburg, das nicht im Bundesrate vertreten war, obwohl selbständiger Staat, weil nur in Personalunion mit Preußen (Meyer, Lehrb. 348 f., 356³; vgl. aber Laband I, 88); durch das Inkorporationsgesetz vom 23. Juli 1876 ist diese Anomalie beseitigt worden und damit das einzige scheinbare Argument für die Theorie, daß nicht Staaten, sondern nur Staatsoberhäupter im Bundesrate vertreten seien. Ebenso wie Meyer auch Thudichum bei v. Holtzendorff, Jahrb. I, 23³: Seydel ebenda N. F. III 273. Übereinstimmend mit der im Text gegebenen Auffassung Laband I, 87 ff., 239: v. Held 103 ff.; Gareis, Allg. StR. 109 ff.; Löning, Verw.R. 28.

„der Beratung zu übergeben“ das Präsidium verpflichtet ist (RV. Art. 7 Abs. 2). **„Im Bundesrat stimmt nicht,“** wie Fürst Bismarck in der 18. Sitzung der Reichstagssession von 1871 hervorhob, **„der Frhr. v. Friesen, sondern das Königreich Sachsen stimmt durch ihn; nach seiner Instruktion giebt er ein Votum ab, welches sorgfältig destilliert ist aus all den Kräften, die zum öffentlichen Leben in Sachsen mitwirken; in dem Votum ist die Diagonale aller der Kräfte enthalten, die in Sachsen thätig sind, um das Staatswesen zu bilden; es ist das Votum der sächsischen Krone, modifiziert durch die Einflüsse der sächsischen Landesvertretung, vor welcher das sächsische Ministerium für die Vota, welche es im Bundesrat abgeben läßt, verantwortlich ist“** (Sten. Ber. 298).

Eine treffendere theoretische Begriffsbestimmung des Bundesrates, als sie in diesen Worten des größten Praktikers deutschen Staatsrechtes gegeben ist, wäre nicht möglich.

Der Bundesrat ist nichts künstlich Gemachtes, wie man wohl anfangs klagte, als man die Institution in den bisherigen staatsrechtlichen Schablonen unterzubringen verzweifeln mußte; der Bundesrat entstand vielmehr in der natürlichsten Weise als Ausdruck der gegebenen thatsächlichen Verhältnisse ganz von selbst. Um das Augustbündnis von 1866 zu erfüllen, entsandten die verbündeten Staaten ihre Vertreter nach Berlin zur Beratung und Verhandlung über die Organisation des zu errichtenden Bundes. Diese Versammlung von Vertretern war zunächst nur ein „völkerrechtliches“ Kollegium auf der juristischen Basis des Staatsvertrages; durch die Errichtung des Bundesstaates bezw. die Bundesverfassung wurde jener völkerrechtliche Kongreß in ein nach bestimmten Normen fungierendes staatsrechtliches Kollegium verwandelt, und damit war der Bundesrat vorhanden.[11]

**Der Bundesrat ist demnach als Vertretungskörper der „verbündeten Regierungen" das oberste Organ des Reiches.**[12] Aus seiner juristischen Qualifikation als Vertretungskörper der Einzelstaaten ergeben sich folgende Sätze:

1. Nur die Einzelstaaten können, aber jeder Einzelstaat muß im Bundesrat vertreten sein; es ist somit begrifflich unmöglich, daß der Kaiser als solcher, daß Elsaß-Lothringen als „Reichsland", daß Personen (z. B. die sog. Standesherren) oder Berufsstände im Bundesrat vertreten sind;[13]

2. da der Bundesrat eine Vertretung der Einzelstaaten darstellt, so können die Stimmen der Bevollmächtigten eines Staates nur einheitlich abgegeben werden. Dieser aus der Rechtsnatur des Bundesrates sich ergebende Satz ist überdies in der Reichsverfassung noch besonders (Art. 6) ausgesprochen;

3. die Vertreter zum Bundesrate erhalten ihre Vollmacht von dem Oberhaupte des betreffenden Einzelstaates, sie

---

[11] Vgl. hierher auch zur Entstehungsgeschichte Hänel, Stud. II, 11 ff.; Mejer, Einl. (2) §. 71. Sehr richtig Laband I, 217, indes Seydel, Komm. 97, 105 der Annahme einer „staatsrechtlichen" Natur des Bundesrates natürlich ablehnend gegenübersteht.

[12] Vgl. die prägnanten Äußerungen des Fürsten Bismarck, welche Laband I, 219[2] citiert.

[13] Die „Präsidialstimme" (RV. Art. 5[2], 7[3], 8, 37) ist immer die Königlich preußische; über den Reichskanzler s. unten §. 9; über Elsaß-Lothringen unten §. 20.

werden demnach auch technisch richtig als „Bevollmächtigte“ bezeichnet (RV. Art. 6 Abs. 2);

4. die Vertreter können nur nach Instruktionen ihrer Vollmachtgeber thätig werden, da sie ein eigenes Recht garnicht besitzen;[14]

5. wer Bevollmächtigter zum Bundesrat und damit Repräsentant der Souveränetät ist, kann nicht zugleich Mitglied des Reichstages, der den Souverän konstitutionell beschränkenden Volksvertretung, sein. Diese beiden Funktionen sind begrifflich inkompatibel (RV. Art. 9 am Ende);

6. die Verschiedenheit thatsächlicher und rechtlicher Voraussetzungen in den Einzelstaaten nötigte bei Aufrichtung des Reiches dazu, einzelne Staaten bezüglich einzelner Materien von der für die übrigen Staaten centralisierten Kompetenz, sei es zeitweilig, sei es dauernd, zu eximieren (s. oben §. 5 über die Ausnahmerechte). Bei der Beschlußfassung in solchen Materien können diejenigen Staaten im Bundesrate nicht mitwirken, welche eximiert sind, da die Bevollmächtigten zum Bundesrat Vertreter der Einzelstaaten, nicht der Gesamtheit sind; jedoch kommen nur diejenigen Ausnahmerechte in Betracht, welche „nach den Bestimmungen dieser Verfassung“ anerkannt sind, nicht solche, welche auf anderen Titeln beruhen. Ein Mitberatungsrecht wird man übrigens nach dem Wortlaut der Verfassung den von der Abstimmung ausgeschlossenen Staaten nicht verweigern können (RV. Art. 7 Abs. 4).[15]

[14] Anders im „Staatenhause“ der Reichsverfassung von 1849, sowie im schweiz. Ständerat und dem Unionssenat: die Mitglieder stimmen hier nicht nach Instruktionen, sondern nach freier Überzeugung. Vgl. Seydel bei v. Holtzendorff a. a. O. 275.

[15] Laband I, 229 f. charak-

Man wird somit darauf verzichten müssen, den Bundesrat durch Analogieen zu erklären; am allerwenigsten paßt die Analogie einer ersten Kammer (Oberhaus, Herrenhaus, Pairskammer); es paßt aber auch die Analogie des Unionssenates und des schweizerischen Ständerates nicht; am ehesten paßt noch die Analogie eines einzelstaatlichen Ministeriums,[16] da auch der Bundesrat ebenso wie ein Ministerium vom Träger der Souveränetät bestellt und an dessen Instruktionen gebunden ist; doch ist er nach der Verfassung nicht als ständig gedacht, auch als Gesamtheit nicht nach Ressorts gegliedert. Demgemäß kann der Bundesrat nur aus sich selbst erklärt werden,[17] und diese Erklärung ist dahin zu

terisiert das Verhältnis sehr zutreffend in dem Satze: „insoweit das Reich von der Ausübung einzelner Hoheitsrechte in den süddeutschen Staaten ausgeschlossen ist, sind auch die süddeutschen Staaten von der Teilnahme an dieser Ausübung ausgeschlossen". Seydel, Komm. 105, und bei v. Holtzendorff 283: G. Meyer, Lehrb. 361. Was Art. 7[4] hinsichtlich des Bundesrats bestimmte, hatte Art. 28[2] der ursprünglichen Verfassung ganz konform für den Reichstag vorgeschrieben. Dieser Satz der Verfassung wurde durch G. v. 24. Febr. 1873 (RGB. 45) aufgehoben. Mit Recht: denn die Mitglieder des Reichstages sind, wo sie auch gewählt sind, Vertreter des ganzen Volkes (RV. Art. 29), während die Bevollmächtigten zum Bundesrat immer Vertreter der einzelnen Staaten sind.

[16] Dagegen Laband I, 218 u. N. 1 in scharfer Polemik gegen Rümelin. Es kann aber nicht als richtig zugegeben werden, daß, wie Laband behauptet, der Kaiser der „oberste Chef der Regierung" sei. Dieser Chef ist vielmehr die „verbündeten Regierungen", deren Repräsentant der von ihnen bestellte Bundesrat ist, dessen Eigenschaft als „Regierungskollegium" nicht bezweifelt werden kann.

[17] Eine rechtshistorische Analogie bietet der Reichstag des alten Reiches: Laband I, 218; Gierke, das alte und das neue deutsche Reich 25 f. Aber auch diese Analogie trifft nur annähernd, nicht vollkommen zu; vgl. Meyer, Lehrb. S. 315[2].

resumieren: **der Bundesrat ist das im Namen und Auftrag der verbündeten Regierungen fungierende oberste Organ der Reichsstaatsgewalt,**[18] **recht eigentlich das „Regierungskollegium" des Reiches.**[19]

## II. Organisation und Verfahren.

1. Der Bundesrat zählt (gemäß RV. Art. 6) 58 beschließende Stimmen, dazu kommt nunmehr noch eine beratende. Die Stimmen sind verteilt nach Maßgabe der seinerzeitigen Stimmverteilung im Plenum des alten deutschen Bundes.[20] Preußen führt unter Zurechnung der damaligen Stimmen von Hannover, Kurhessen, Holstein, Nassau und Frankfurt 17 (mit Waldeck jetzt 18),[21] die beiden Königreiche Sachsen und Württemberg je 4, Baden und Hessen je 3, Mecklenburg-Schwerin und Braunschweig je 2, alle übrigen Staaten je 1 Stimme; Bayern erhielt

---

[18] Richtig Seydel bei v. Holtzendorff 284 ff.: Jellinek, Staatenverb. S. 288; Brie, Staatenverb. 119 f.

[19] Ganz in die Irre schweift Bornhak, Archiv f. öff. R. VIII, 473 f., mit seinen Bemerkungen über Bundesrat und Kaisertum.

[20] Vgl. hierzu Seydel bei v. Holtzendorff 281 ff.; Löning bei Hirth 1875 S. 367, welche zutreffend bemerken, daß es sich bei jener Bezugnahme nur um ein historisches Motiv, keineswegs aber um die Aufstellung eines Rechtsgrundsatzes handelt, wie Laband bei Hirth 1874, 1510 und Staatsrecht I, 122 f. annimmt; s. jetzt auch Hänel StR. I, 344².

[21] Die Stimmenzahl Preußens beträgt somit nicht einmal 1/3 der Gesamtzahl; nach der nordd. BVerf. hatte Preußen 17 von 43 Stimmen; schon damals protestierte der Abg. Waldeck „als Preuße" gegen diese Einrichtung des Bundesrates, welche „die Macht Preußens auf die allerentschiedenste Weise schwächt", indem sie 17 Stimmen für 26 und 26 für 5 Millionen Seelen gewähre.

als besondere Vergünstigung statt 4, wie die anderen Königreiche, 6 Stimmen.[22]

2. Die Abstimmung im Bundesrat erfolgt nach der Verfassung bezw. nach näherer Maßgabe der Geschäftsordnungen v. 27. Februar 1871 und 26. April 1880. Regelmäßig sind einfache Mehrheitsbeschlüsse entscheidend (RV. Art. 7 Abs. 3); anders nur 1. bei den Ausnahmerechten, welche nach Art. 78 Abs. 2 zu behandeln sind;[23] 2. bei Verfassungsänderungen (RV. Art. 78 Abs. 1); 3. bei denjenigen Materien, in welchen der preußischen Stimme ein Veto gegen Neuerungen eingeräumt ist.[24] Bei Stimmengleichheit entscheidet die preußische Stimme (RV Art. 7 Abs. 3). Die Stimme eines jeden Staates ist einheitlich abzugeben; Bevollmächtigte kann jeder Staat zum Bundesrat so viele entsenden, als ihm durch die Verfassung Stimmen eingeräumt sind (RV. Art. 6 Abs. 2). Für die Bevollmächtigten können zugleich Stellvertreter ernannt werden, „welche im Fall der Verhinderung von Hauptbevollmächtigten für dieselben als Mitglieder in den Bundesrat eintreten" (Gesch.O. §. 1). Liegt letzterer Fall nicht vor, so dürfen die Stellvertreter den Verhandlungen im Plenum und den Ausschüssen zwar beiwohnen, aber nicht daran teilnehmen (§. 4 [1]). Die Zuziehung von Kommissaren zur Hilfeleistung für die Bevollmächtigten oder Stellvertreter ist nur gestattet auf Grund vorheriger Anmeldung

---

[22] Ob dieses Plus bayrischer Stimmen ein „Sonderrecht" sei (so Laband 1, 220[4] und andere Schriftsteller), ob die „individualisierten Stimmrechte" der Einzelstaaten ein unter dem Schutz von RV. Art. 78 Abs. 2 stehendes Recht seien (Löning), darüber s. oben §. 5.

[23] S. hierüber oben §. 5.

[24] S. unten die Lehre von der Gesetzgebung §. 15.

beim Reichskanzler; Zulassung solcher Kommissare zu den Beratungen setzt jedoch einen Genehmigungsbeschluß des Bundesrates selbst voraus; zum Wort können dieselben verstattet werden behufs „Erteilung von Auskunft“ „auf Verlangen des Bevollmächtigten, zu dessen Hilfe sie zugezogen sind“ (§. 4[2]). — Dauernde Vertretung mehrerer Staaten durch einen Bevollmächtigten „ist nur auf Grund von Vollmachten zulässig, welche von den Regierungen auf bestimmte Personen ausgestellt sind“ (§. 2[1]); die Abstimmung aber hat stets für jeden Einzelstaat gesondert stattzufinden. Stimmführende Bevollmächtigte können außerdem „in Verhinderungsfällen“ den Bevollmächtigten eines anderen Staates für sich substituieren, jedoch nur auf Grund vorgängiger Mitteilung an den Reichskanzler und nur für eine Sitzung; in der nächsten Sitzung muß der betreffende Staat wieder selbst vertreten sein (§. 7). Die elsaß-lothringischen Kommissare haben das Recht, an allen Verhandlungen der Ausschüsse und des Plenums teilzunehmen, Anträge zu stellen und Referate zu erstatten, die Vorlagen sind ihnen zuzustellen (§. 5). Die Abstimmungen erfolgen nach der in RV. Art. 6 bezeichneten Reihenfolge der Staaten.

3. Die Geschäfte des Bundesrates werden in §. 3 der neuen GeschO. eingeteilt in „die wichtigeren, insbesondere die Gesetzesvorlagen“ und die minder wichtigen;[25] zur Erledigung der erstgenannten sollen „die ersten Bevollmächtigten der Regierungen“ im Bundesrat anwesend sein, und um dies zu ermöglichen, sollen die betreffenden

[25] Laband I, 256 ff.

Geschäfte durch Anordnung des Reichskanzlers in eine kurze, nach ihrem Anfangstermin genau zu bestimmende Zeit zusammengefaßt werden; der gleiche Modus soll befolgt werden, wenn derartige Angelegenheiten wiederholt Gegenstand der Beschlußnahme des Bundesrates werden. Diese Vorlagen müssen mindestens drei Wochen vor dem vom Reichskanzler bestimmten Anfangs-Zeitpunkt der Behandlung dem Bundesrat in Vorlage gebracht worden sein; außerdem werden sie nur dann in sofortige Behandlung genommen, wenn sie durch Mehrheitsbeschluß für dringlich erklärt worden sind. Gesetzentwürfe und andere „wichtige Vorlagen" werden zunächst einer erstmaligen Beratung ohne Beschlußfassung unterworfen; die zweite Beratung darf erst nach Umfluß von fünf Tagen erfolgen; in derselben erfolgt regelmäßig Beschlußfassung, falls dieselbe nicht auf Grund eines formellen Beschlusses „ausgesetzt" wird. Zusammenziehung der ersten und zweiten Beratung, sowie Abkürzung der fünftägigen Frist kann beschlossen werden, wenn nicht 14 Stimmen widersprechen (§. 16). „Um die Beschlußnahme thunlichst zu beschleunigen, werden die Regierungen soweit möglich ihre Anträge schon vor Beginn der Session des Bundesrates einbringen und ihre Bevollmächtigten im voraus mit ausreichender Instruktion versehen" (§. 12[2]). Ist die Sitzung nach den Bestimmungen der Geschäftsordnung angekündigt und trotzdem ein Staat nicht vertreten, so fällt seine Stimme aus. Ebenso wenn ein Staat sich der Abstimmung enthält unter der Angabe mangelnder Instruktion (RV. Art. 7 Abs. 3). Selbstverständlich setzt die letztere Bestimmung der Verfassung voraus, daß den Bevollmächtigten die nötige Zeit zur Einholung von Instruktionen offen gehalten werde, ehe die Abstimmung im Bundesrat erfolgt; durch die oben mitgeteilten Spezialbestimmungen der Geschäftsordnung ist hierfür ausreichende Vorsorge getroffen. Daß jeder Einzelstaat seine Stimme im Bundesrat abgeben muß, schreibt zwar die Reichsverfassung nicht vor; wohl aber könnte durch die Landesgesetzgebung eine solche Bestimmung getroffen werden zum Zweck der Wahrung der Interessen des Einzelstaates im und am Reiche. Doch bestehen derartige Spezialbestimmungen bis jetzt nicht, und es ist somit nur nach den allgemeinen landesstaatsrechtlichen Normen zu bemessen, ob in der Nichtausübung des Stimmrechtes im Bundesrate eine Verletzung der einzelstaatlichen Interessen gefunden werden kann und ob bezw. wie eine Verantwortlichkeit hierfür begründet ist.[26]

Ferner muß angenommen werden, daß bei dauernder Fernhaltung eines Einzelstaates vom Bundesrate, wie sie insbesondere in der Nichternennung von Bevollmächtigten zum Ausdruck gelangen könnte, eine Nichterfüllung der verfassungsmäßigen Bundespflichten läge, welche im äußersten Falle gemäß RV. Art. 19 zur Exekution führen könnte.[27] Eine bestimmte Zahl anwesender Mitglieder als Voraussetzung für die Beschlußfähigkeit ist nicht vorgeschrieben.

[26] S. dazu Laband I, 221 ff.; G. Meyer, Lehrb. 356[8].

[27] Laband I, 221 f. behauptet, „eine rechtliche Pflicht des Einzelstaates dem Reiche gegenüber für eine Vertretung und Stimmabgabe im Bundesrat Sorge zu tragen, besteht nicht". Die Theorie, daß es dem Einzelstaat völlig frei stehe, seine Stimme im Bundesrat „ruhen" zu lassen (Fürst Bismarck vgl. Laband I, 223[1]) könnte zu den bedenklichsten Konsequenzen führen. Wie Laband auch Seydel 280. Auch die Ausführungen Labands in der 2. Aufl. können in diesem Punkte nicht als überzeugend anerkannt werden. Die Analogie des Reichstages paßt hier sowenig wie sonst.

Über jede Sitzung ist ein Protokoll aufzunehmen, das beim Beginn jeder folgenden Sitzung festzustellen ist. Eine Veröffentlichung der Bundesratsverhandlungen erfolgt grundsätzlich nicht.[28]

4. Die Legitimation der Bevollmächtigten zum Bundesrate liegt in der von dem Absendestaat ausgefertigten Vollmachtsurkunde; dieselbe ist beim Zusammentritt des Bundesrates zu einer neuen Session vorzulegen und auf ihre Ordnungsmäßigkeit zu prüfen.[29] Diese Prüfung erfolgt in der Regel einfach durch den Vorsitzenden, den Reichskanzler.[30] Würde in einem Einzelstaate infolge von Thronstreitigkeiten die Frage sich erheben, wer zur Ausstellung der Vollmacht berechtigt sei, so steht ohne Zweifel dem Bundesrat die Entscheidung hierüber in Hinsicht einer ihm vorliegenden Vollmachtsurkunde zu:[31] in der Regel werden allerdings wohl staatsrechtliche Streitfragen so tiefgreifender Natur schon vorher auf dem einen oder anderen Wege zur Beurteilung der Reichsgewalt gelangt sein. Die Ernennungen der Bevollmächtigten zum Bundesrat werden durch den Reichskanzler im Reichsgesetzblatt publiziert.

5. Die Instruktion ist lediglich Sache des Bevollmächtigten und seines Absendestaates, der Beurteilung durch den Bundesrat demnach regelmäßig vollständig entzogen.[32] Nur wenn es sich um Abänderung von Ausnahmerechten handelt, die unter dem Schutze von RV.

---

[28] S. die genaueren Angaben bei Laband I, 258 f.

[29] Laband I, 228 f.

[30] G. Meyer 318; Rosenberg, die staatsrechtl. Stellung des Reichskanzlers 11.

[31] Vgl. Seydel bei v. Holtzendorff 290.

[32] Ebenso Laband I, 226, 229, vgl. 91.

Art. 78 Abs. 2 stehen, wird man gemäß der oben §. 5 (II, D) entwickelten Ansicht annehmen müssen, daß der Bundesrat materiell zu prüfen habe, ob die „Zustimmung des berechtigten Bundesstaates“ vorliege.[88] Im übrigen aber ist es nicht Sache des Bundesrates zu entscheiden, ob ein Bevollmächtigter instruktionsgemäß oder instruktionswidrig sich verhalten habe. —

6. Der Bundesrat ist nach der Verfassung nicht ständig versammelt, sondern tritt nur periodisch zusammen (RV. Art. 12—14); je mehr jedoch die Reichsgeschäfte sich häuften, desto mehr nahmen die Unterbrechungen der Sitzungen den Charakter bloßer Pausen an, und die Entwicklung der Dinge ist längst bei dem Resultate angelangt: daß der Bundesrat ein ständiges Kollegium geworden ist und mindestens je ein Bevollmächtigter jedes Einzelstaates dauernd sein Domizil am Sitz des Bundesrates hat (zweckmäßig ist diese Funktion in Zusammenhang gesetzt worden mit den sonst ja völlig gegenstandslosen Gesandtschaften der Einzelstaaten am preußischen Hofe).

Nach der RV. wird der Bundesrat „berufen“ durch den Kaiser; im Namen des Kaisers werden die Sitzungen „eröffnet, vertagt, geschlossen“ (RV. Art. 12). Was der Bundesrat aus eigener Initiative handeln würde, wäre nichtig. Das Ermessen des Kaisers ist jedoch durch die RV. an folgende Regeln gebunden; 1. der Bundesrat muß berufen werden und so lange versammelt bleiben als der

---

[88] A. A. in diesem besonderen Punkte Laband I, 229[4]; Seydel bei v. Holtzendorff a. a. O. 276 und die sämtlichen Schriftsteller, ausgenommen Triepel, Interregnum S. 102.

Reichstag tagt; der Reichstag aber muß mindestens alljährlich einmal berufen werden (RV. Art. 13); 2. der Bundesrat muß berufen werden, wenn ein Drittel der Stimmen, also mindestens 20, dies verlangt (RV. Art. 14). Durch die oben geschilderte Entwickelung des Bundesrates zu einem ständigen Regierungskollegium des Reiches sind diese Vorschriften in der Hauptsache gegenstandslos geworden; doch wäre es ein zweifelloses verfassungsmäßiges Recht des Kaisers, den Bundesrat zu „schließen", vorbehaltlich der Einschränkungen der Art. 13 und 14. Thatsächlich wäre dies ein Zeichen schwerster Zerrüttung der Gesundheit des Reichsorganismus. —

7. Den Vorsitz im Bundesrate samt der damit verbundenen Leitung der Geschäfte hat der vom Kaiser ernannte Reichskanzler zu führen (RV. Art. 15). Daß der Reichskanzler *preußischer Bevollmächtigter* zum Bundesrat sein müsse, ist zwar durch die Verfassung nicht vorgeschrieben, wird jedoch abgesehen von der faktischen Notwendigkeit auch juristisch deshalb angenommen werden müssen, weil sonst der vom Kaiser zum Reichskanzler ernannte Bevollmächtigte eines anderen Einzelstaates von dem Oberhaupte des Absendestaates abberufen werden könnte, was zu einem unlösbaren Dilemma führen müßte. Eine andere Frage dagegen ist es, *ob der Reichskanzler überhaupt Bevollmächtigter zum Bundesrat sein müsse*. Die Verfassung schreibt dies nicht vor, hat es aber zweifellos vorausgesetzt.[34]

---

[34] Auch mag dafür der Wort- Bundesrates vertreten lassen"
laut der Verfassung: „durch (Art. 15 Abs. 2), sowie die In-
jedes *andere* Mitglied des kongruenz hervorgehoben werden,

Daß sich aber ein Verhältnis des Vorsitzes und der Leitung der Geschäfte im Bundesrat denken ließe ohne Stimmführung, also ein Reichskanzler, der nicht Bevollmächtigter wäre, ist kaum zu bestreiten. Man wird somit, da ein verfassungsmäßiges Verbot nicht besteht, dieses Verhältnis als rechtlich zulässig zu erachten haben.[35] Der Reichskanzler kann sich im Vorsitz „durch jedes andere Mitglied des Bundesrates" vertreten lassen, ohne daß es hierzu besonderer kaiserlicher Genehmigung bedürfte; doch ist hierfür „schriftliche Substitution" erforderlich (RV. Art. 15 Abs. 2); im Versailler Schlußprotokoll ist überdies Bayern zugesichert (aber nicht in die Verfassung aufgenommen) worden, daß im Falle der Verhinderung Preußens, also wenn überhaupt kein preußischer Bevollmächtigter anwesend wäre, Bayern das

die aus Art. 9 sich ergeben würde, wonach nur „Mitglieder des Bundesrates" das Recht haben, im Reichstage zu erscheinen und zu sprechen. Verneinend nur Hensel in Hirths Ann. 1882, 10 ff.; s. dazu und dagegen Laband I, 254[2]; G. Meyer, Lehrb. 359[7].

[35] Eine vielerörterte Streitfrage, vgl. bes. die Äußerungen des Fürsten Bismarck im Reichstage, Sten. Ber. 1877, S. 127, sowie die vortrefflichen Ausführungen von Hänel, Stud. II, 24 ff. Hänel sagt: „nicht mehr das Präsidium Preußen, ein Mitglied des Bundes im Sinne des Art. 6, sondern der Kaiser als solcher, ein außerhalb dieser Mitgliedschaft und außerhalb des Bundesrates stehender Gewaltträger ernennt den Reichskanzler" — — „mit dem Reichskanzler sitzt jemand im Bundesrat, der nicht von einem Einzelstaat ernannt und als solcher nicht Bevollmächtigter eines Einzelstaates ist." Dagegen vermag ich die Folgerungen Hänels aus der „Präsidialstimme" nicht für richtig zu halten, sondern nehme in dieser Beziehung ein „sach- und sinnwidriges Überbleibsel aus dem Verfassungsentwurf" an. Der Begriff der preußischen und der Präsidialstimme als einer Stimme ist ein unlösbarer Widerspruch: eine Präsidialstimme neben der preußischen hätte ausdrücklich geschaffen werden müssen. Vgl. hierher auch G. Meyer, Lehrb. 358 ff.

Recht des Vorsitzes im Bundesrate haben soll (Schlußprot. IX).[36] Ist auf Grund des Stellvertretungsgesetzes vom 17. März 1878 ein Generalstellvertreter des Reichskanzlers ernannt, so hat derselbe das Recht des Vorsitzes im Bundesrate an Stelle des Reichskanzlers nach ausdrücklicher Bestimmung des Gesetzes nicht.[37]

Der Reichskanzler leitet die Geschäfte nach Maßgabe der Geschäftsordnung. Alle Einläufe an den Bundesrat gehen durch ihn. Er ist das Vermittelungsorgan sowohl zwischen Bundesrat und Kaiser als zwischen Bundesrat und Reichstag. In Bezug auf minder wichtige Eingaben an den Bundesrat räumt die Gesch.-O. dem Reichskanzler ein gewisses Maß selbständiger Kompetenz ein. Zu den Sitzungen sind die Bevollmächtigten schriftlich unter Angabe von Zeit, Ort und Lokal der Sitzung, wo möglich auch der Tagesordnung, einzuladen; bei Ausschußwahlen ist letzteres zwingende Vorschrift.

8. Die Arbeiten des Bundesrates werden entweder im Plenum oder durch die Ausschüsse erledigt. Letztere sind juristisch als Kommissionen des Bundesrates zu betrachten; ihre Aufgabe besteht in der Regel in der Vorbereitung der Arbeiten für das Plenum, doch ist denselben auch mehrfach eine selbständige Kompetenz überwiesen. Die Ausschüsse werden entweder nur vorübergehend zur Erledigung eines bestimmten Geschäftes gewählt, oder sie sind dauernd, sei es gemäß verfassungsmäßiger Vorschrift, sei es auf Grund anderer Bestimmungen, sei es nach Her-

[36] S. dazu auch Hänel, Stud. I, 25[1]; Laband I, 254 f.; Meyer, Lehrb. §. 124[6].

[37] G. v. 17. März 1878 §. 4. Vgl. unten §. 9, B. A. Anf. Laband I, 255.

kommen. Die ständigen Ausschüsse müssen „für jede Session“ resp. alljährlich neu zusammengesetzt werden, die ausscheidenden Mitglieder sind wieder wählbar (RV. Art. 8 Abs. 2). Jeder Ausschuß muß mindestens aus den Vertretern von fünf Staaten bestehen (RV. ebenda), in der Regel sind es sieben (nur der 2. und 8. Ausschuß haben fünf Mitglieder).[38] Preußen („das Präsidium“, wie sich die RV. inkorrekterweise ausdrückt) muß in allen Ausschüssen mit einer alsbald zu erwähnenden Ausnahme einen Sitz haben und führt den Vorsitz (RV. ebenda). Im übrigen findet regelmäßig freie Wahl durch das Plenum statt, und zwar in der Weise, daß durch die Wahl die Staaten benannt werden, denen man dann überläßt, die in den betr. Ausschuß zu deputierenden Personen zu benennen.[39] Hat ein Staat in einem Ausschuß mehrere Vertreter,[40] so ist er doch nur zur Führung einer Stimme berechtigt, in Konsequenz der für die Stimmengabe im Plenum bestehenden verfassungsmäßigen Vorschrift. Die Wahlen erfolgen durch absolute Stimmenmehrheit bei geheimer Abstimmung, eventuell durch relative Stimmenmehrheit, subeventuell entscheidet das Los.[41] Den Ausschüssen müssen zu

[38] S. Laband I, 263.

[39] RV. Art. 8 sagt in Abs. 2: die „Bundesstaaten“ seien vertreten, in Abs. 3 nach Aufzählung der Staaten, welche ständige Sitze haben: „die Mitglieder werden — — gewählt.“ Gesch.-O. §. 17 bestimmt deutlich, daß durch Wahl des Plenums nur die Staaten bezeichnet werden. Vgl. Laband I, 264[2]; Seydel bei v. Holtzendorff 279; Hänel, Stud. II, 30[1]; G. Meyer, Lehrb. 362[5].

[40] Die Möglichkeit eines solchen Verhältnisses ist nach der RV. nicht ausgeschlossen, praktisch aber wird diese Möglichkeit kaum werden.

[41] Nach RV. Art. 7[3] erfolgt die „Beschlußfassung“ im Bundesrat mit einfacher Mehrheit mit votum decisivum für Preußen bei Stimmengleichheit. Das

ihren Arbeiten alle Beamten und alles Material zur Verfügung gestellt werden, dessen sie bedürfen (RV. Art. 8 Abs. 5). Die Arbeiten der Ausschüsse können fortgeführt werden, auch wenn das Plenum nicht versammelt ist.

9. Die ständigen Ausschüsse sind:[42]

1. Für das Landheer und die Festungen.[43] Derselbe besteht aus 7 Mitgliedern, von welchen Preußen, Bayern, Württemberg nach der Verfassung je eines zu entsenden haben; außerdem ist auch Sachsen durch die preußisch-sächsische Militärkonvention ein Mitglied zugestanden;[44] die übrigen Mitglieder ernennt der Kaiser frei, bezw. er bezeichnet die Staaten;
2. für das Seewesen (Kriegs-Marine), 5 Mitglieder, die vom Kaiser in der zu 1. bezeichneten Weise ernannt werden;[45]
3. für Zoll- und Steuerwesen, 7 Mitglieder, die, abgesehen von dem verfassungmäßigen Sitz und Vorsitz Preußens, vom Plenum gewählt werden;[46]

---

im Text bezeichnete Wahlverfahren beruht auf Gesch.-O. §. 17²; s. dazu auch Laband I, 264.

[42] Laband I, 261 ff., Handbuch f. d. Deutsche Reich 2 f.

[43] RV. Art. 8 Abs. 1 Z. 2 Abs. 2. Württemb. Mil.-Konv. Art. 15 Abs. 2 ob. Schlußbest. zu Abschn. XI der RV.

[44] Über das bei dieser Militärkonvention (v. 7. Febr. 1867, also vor Errichtung des Norddeutschen Bundesstaates zwischen Preußen und Sachsen abgeschlossen) obwaltende Rechtsverhältnis s. unten im Militärrecht.

[45] RV. Art. 8 Abs. 1. Z. 2 Abs. 2.

[46] RV. Art. 8 Abs. 1 Z. 3 Abs. 2. Dieser Ausschuß ist historisch herausgewachsen aus dem früheren „Centralbureau des Zollvereins“. S. dazu Laband I, 267 f. u. unten B. II §. 30.

4. für Handel und Verkehr, wie 3. gebildet;
5. für Eisenbahnen, Post- und Telegraphenwesen, wie 3. gebildet;
6. für Justizwesen, wie 3. gebildet;
7. für Rechnungswesen, wie 3. gebildet (die Budgetkommission des Bundesrates).[47]

Diese Ausschüsse müssen als dauernde nach RV. Art. 8 Abs. 1 bestellt werden. Dazu kommen noch:

8. kraft der Verfassung Art. 8 Abs. 4: der Ausschuß für die auswärtigen Angelegenheiten.[48] Für denselben gelten die im allgemeinen für die Ausschüsse bestehenden Vorschriften, jedoch mit der wichtigen Modifikation, daß in demselben Bayern den Vorsitz führt, daß ferner verfassungsmäßig in dem Ausschuß nur Bayern, Sachsen und Württemberg vertreten sein müssen; zwei weitere Mitglieder sind alljährlich vom Bundesrat zu wählen, und es steht nach der RV. nichts im Wege, daß Preußen gewählt werde.[49] Der Ausschuß, wohl als Kontrollinstanz für die auswärtige Politik Preußen gegenüber gedacht, ist bis jetzt in keiner Weise praktisch geworden, und es ist zu hoffen, daß dies auch nicht der Fall sein werde;

---

[47] Laband I, 268 f., sowie unten B. II §. 30.

[48] Vgl. Laband I, 231 ff. über diesen Ausschuß, der lediglich „Kommunikationsmittel" sei. So charakterisierte ihn auch Staatsminister Delbrück im Reichstag (Sten. Ber. der II. außerord. Session d. J. 1870 S. 69).

[49] Seydel bei v. Holtzendorff 296 hält dies „durch die Natur der Sache" für „ausgeschlossen".

9. kraft Bundesratsbeschlusses vom 27. Mai 1871: der Ausschuß für Elsaß-Lothringen; weiter kraft ständiger Praxis
10. für die Verfassung und
11. für die Geschäftsordnung. Außerdem besteht z. B. noch ein außerordentlicher Ausschuß für das Eisenbahn-Gütertarifwesen, bestehend aus 7 Mitgliedern.

## III. Das Rechtsverhältnis der Bundesratsbevollmächtigten.[50]

### 1. Zum Reiche.

Die Mitglieder des Bundesrates stehen in keinem Dienstverhältnis zum Reiche, sind somit, obwohl sie in ihrer Gesamtheit eine Reichsbehörde bilden, nicht Reichsbeamte.[51] Sie beziehen demnach weder Gehalt aus der Reichskasse, noch stehen sie unter der Disziplinargewalt des Reiches.

„Dem Kaiser liegt es ob, den Mitgliedern des Bundesrates den üblichen diplomatischen Schutz zu gewähren" (RV. Art. 10). Aus dieser Bestimmung der Verfassung geht hervor, daß die Stellung der Bundesratsbevollmächtigten im Reiche bei Erlaß der Verfassung als eine gleichsam völkerrechtliche gedacht war, als die Funktion von Gesandten der verschiedenen Einzelstaaten beim Reiche. Der Gesichtspunkt, von welchem man hierbei ausging, ist jedoch staatsrechtlich unhaltbar, da von völkerrechtlichen Beziehungen zwischen den das Reich konstituierenden Einzelstaaten und dem Reiche selbst logisch nicht die Rede

---

[50] Vgl. auch Gierke in Schmollers Jahrb. VII, 1146.

[51] Vgl. Laband I, 224, s. auch unten §. 10.

sein kann, während der Rechtsbegriff Gesandter völkerrechtliche Beziehungen der Staaten zur unbedingt notwendigen Voraussetzung hat.[52] Die Bevollmächtigten zum Bundesrat sind Staatsbeamte, welche die Bundesglieder, die Einzelstaaten, behufs Bildung des Staatswillens der Centralgewalt an den hierzu bestimmten Ort entsenden; über den Ort, an welchem der Bundesrat seinen Sitz hat, bestimmt die Verfassung nichts; man wird somit in dem kaiserlichen Recht der „Berufung" des Bundesrates (RV. Art. 12) auch das Recht der Bestimmung des Sitzes zu finden haben. Für einen „diplomatischen Schutz" im Sinne des Völkerrechts aber ist hier juristisch niemals Raum, da die begriffliche Voraussetzung eines solchen: Gesandte souveräner Staaten bei souveränen Staaten, fehlt.[53]

Gleichwohl hat man aus RV. Art. 10 auch in der Spezialgesetzgebung des Reiches noch Konsequenzen gezogen: die Bevollmächtigten zum Bundesrat sind eximiert von der Gerichtsbarkeit des Staates, in welchem der Bundesrat seine Sitzungen abhält, ausgenommen die von diesem selbst bestellten. Ferner können die Mitglieder des Bundesrates in Civil- wie in Strafsachen nur mit Genehmigung ihres Landesherrn an einem anderen Orte als dem Bundesratssitze als Zeugen oder Sachverständige vernommen werden, solange sie an letzterem verweilen.[54]

---

[52] Darüber ist in Theorie und Praxis kein Zweifel, s. die Lehr- u. Handbücher des Völkerrechts, sowie unten B. II §. 23.

[53] Anders G. Meyer, Lehrb. 363, der den Bevollmächtigten die „Stellung von diplomatischen Vertretern" zuweist.

[54] GVG. §. 18[2]: CPO. §§. 347, 367; StPO. §§. 49 u. 72. Eine Kritik der „Exterritorialität" der Bevollmächtigten zum Bundesrat giebt Westerkamp 103; dagegen passen jene „völkerrechtlichen" Bestimmungen natürlich aufs beste zu der völker-

2. Gegenüber den Einzelstaaten.

Die Bevollmächtigten zum Bundesrate sind regelmäßig höhere Staatsbeamte des Absendestaates; ihre Ernennung erfolgt durch das Staatsoberhaupt und kann von diesem jederzeit wieder zurückgezogen werden; an dem Dienstverhältnis zum Einzelstaat wird durch den Eintritt in den Bundesrat nichts geändert, vielmehr setzt letzterer ersteres voraus; nur dem Einzelstaat ist der Bevollmächtigte disziplinarisch unterstellt; nur von ihm empfängt er seine Instruktion. Die letztere ist vollkommen res interna des Einzelstaates, sie kann dem Bevollmächtigten vollste Freiheit der Bewegung lassen, kann ihn aber ebenso gut an die spezialisiertesten Detailvorschriften binden oder ihn verpflichten, im einzelnen Falle immer Spezialinstruktion zu erholen. Die Reichsverfassung enthält nur die einzige hierher gehörige Vorschrift, daß „nicht instruierte Stimmen" nicht „gezählt" werden (Art. 7 Abs. 3). Ob die Volksvertretung hierbei eine Mitwirkung zu beanspruchen habe, entscheidet sich lediglich nach Partikularstaatsrecht: keinesfalls widerspricht eine solche Mitwirkung den positiven Vorschriften oder dem Geist der Reichsverfassung. Es könnte sehr wohl durch Landesspezialgesetz die Erteilung der Instruktion überhaupt oder für bestimmte Fälle ausdrücklich an eine Mitwirkung der Volksvertretung gebunden werden, und es wäre dann eine im Widerspruch zum Gesetz erteilte Vollmacht keine gültige Vollmacht. Ob freilich derartige Landesgesetze wünschenswert, bezw. inwieweit sie thatsächlich durchführbar wären, ist

rechtlichen Konstruktion des Reiches, die Seydel giebt; vgl. dessen Komm. 111 und bei v. Holtzendorff 280.

eine andere Frage, die sich nicht auf den Boden des Rechtes, sondern der Politik entscheidet.[55]

### IV. Kompetenz.

I. Der Bundesrat ist das höchste Organ des Reiches: seine Beschlüsse sind definitiv. Für den Bundesrat spricht überall die Präsumtion; er ist demgemäß immer und überall zuständig, wo nicht durch positive Rechtsvorschrift die Zuständigkeit eines anderen Organes begründet ist.[56]

II. Der Bundesrat bildet ferner das natürliche Kommunikationsorgan unter den Bundesgliedern und der letzteren mit der Centralgewalt: der unausgesetzte persönliche Meinungsaustausch dient am besten zur Wahrung der allgemeinen Interessen und Aufrechterhaltung desjenigen Maßes von Vertrauen, welches für das Gedeihen des Bundesstaates die unerläßliche Voraussetzung bildet.[57]

III. Der Bundesrat ist weiter dasjenige Organ, in welchem und durch welches die Bundesglieder zur

---

[55] Vgl. über die ganze Frage auch oben §. 5; dort auch die Litteraturangaben; wie man aus der Zustimmung der einzelstaatlichen Volksvertretungen zu RV. Art. 6 einen „Verzicht derselben auf jede Mitwirkung zur Instruierung der Bundesratsbevollmächtigten" folgern kann (Seydel bei v. Holtzendorff 277, ebenso Hänel, Stud. I, 219; G. Meyer, Lehrb. §. 123[10]), ist ganz unerfindlich. Treffend Laband I, 226 ff.

[56] Genau ebenso G. Meyer, Lehrb. 352; Seydel in Holtzendorffs Jahrb. a. a. O. 284.

[57] Sehr gut Laband I, 231 hierüber; allerdings handelt es sich hierbei wesentlich um politische, nicht um juristische Gesichtspunkte.

Ausübung ihrer Mitgliedschaftsrechte am Reiche gelangen. Diese sind grundsätzlich gleich, darum müssen auch alle Anträge von Bundesgliedern zur Beratung gestellt werden (RV. Art. 7 Abs. 2). Abgesehen von den oben §. 5 erörterten Ausnahmerechten sind die Rechte der Einzelstaaten bei Bildung des Reichswillens nur quantitativ nach Maßgabe der thatsächlichen Verhältnisse abgestuft.

IV. Der Bundesrat übt das Oberaufsichtsrecht des Reiches[58] über die Bundesglieder nach Maßgabe folgender Spezialvorschriften:

1. die Beschwerde wegen Justizverweigerung, im Gegensatz zu Verwaltung und Verwaltungsgerichtsbarkeit (Hänel S. 738 f.), durch einzelstaatliche Gerichte kann, „wenn auf gesetzlichem Wege ausreichende Hilfe nicht erlangt werden kann", an den Bundesrat eingelegt werden; findet er die eingelegte Beschwerde für „erwiesen", so ist „die gerichtliche Hilfe bei der Bundesregierung, die zu der Beschwerde Anlaß gegeben hat, zu bewirken" (RV. Art 77);[59]
2. Streitigkeiten staatsrechtlicher Natur — „sofern dieselben nicht privatrechtlicher Natur und daher von den kompetenten Gerichtsbehörden zu erledigen sind"[60] — zwischen Bundesgliedern „werden auf Anrufen[61]

---

[58] Vgl. die interessante Vergleichung mit den durch die Frankfurter Reichsverfassung nach dieser Richtung dem Reichsgerichte zugewiesenen Funktionen bei Hänel StR. I §. 94.

[59] Wörtlich gleich Wiener Schl.-A. Art. 29; vgl. Hänel StR. I, 737 ff., über den vom Bundesrat zu fällenden „Rechtsspruch" ebenda 741; G. Meyer, Lehrb. 642.

[60] S. die nähere Bestimmung bei Hänel StR. I, 573 f.

[61] Die Folgerung Hänels StR. I, 577, daß dies „Anrufen" reichsverfassungsmäßige Pflicht sei, allerdings vorbehalten das

des einen Teils von dem Bundesrate erledigt" (RV. Art. 76 Abs. 1). Provoziert die eine Partei auf Entscheidung durch den Bundesrat, so muß die andere in jedem Falle vor das angerufene Forum folgen. Der Bundesrat kann selbst eine Entscheidung fällen,[62] der die streitenden Parteien sich unterwerfen müssen,[63] er kann aber ebenso gut eine andere Instanz mit der Entscheidung beauftragen.[64] In jedem Falle haben die Parteien zu gehorchen, dann nur ist die Sache „erledigt", wie dies die Verfassung positiv vorschreibt. Über die den Kernpunkt des Bundesstaates treffende hohe grundsätzliche Bedeutung dieser Verfassungsbestimmung s. oben §. 5, III.

3. Der Bundesrat kann ferner sogar interne Verfassungs-

---

„Recht der Kompromisse", geht zu weit. Richtig ist und folgt aus der Natur des Bundesstaates, daß jede Selbsthilfe unter den Bundesgliedern ausgeschlossen ist. Daß der Bundesrat für die Entscheidung derartiger Streitigkeiten ungeeignet sei, kann Hänel durchaus nicht zugegeben werden. Im Gegenteil: jede andere Instanz wäre ungeeignet, weil es sich um „Staatenstreitigkeiten im strengen Wortsinn" handelt, „bei denen ausschließlich Einzelstaaten als solche Partei sind" (Hänel 573).

[62] Eine „völkerrechtliche Jurisdiktion" — G. Meyer, Lehrb. 642 — ist dies in Anbetracht des oben nachgewiesenen Staatscharakters des Reiches nicht.

[63] A. A. Seydel, Komm. 254 und bei v. Holtzendorff 288 f., der eine Entscheidung durch den Bundesrat selbst als ausgeschlossen betrachtet. Richtig Laband I, 249; Meyer, Lehrb. 643.

[64] Vgl. den bei Seydel a. a. O. 289 erwähnten praktischen Fall, in dem es sich aber nicht um ein „sachverständiges Gutachten" handelt; der Bundesrat bewirkt in diesem Falle die ihm durch die Verfassung übertragene „Erledigung" vielmehr dadurch, daß er den Spruch einer anderen Instanz veranlaßt, deren Entscheidung dann rechtlich als seine Entscheidung zu gelten hat. Ebenso Hänel StR. I, 575, und jetzt Laband I, 249.

streitigkeiten in einem Einzelstaate entscheiden. Voraussetzung hierfür ist: einmal, daß er von einer beteiligten Seite angerufen wird, sodann, daß in dem betreffenden Staate keine „Behörde zur Entscheidung solcher Streitigkeiten" „bestimmt" ist.[65] Jedenfalls muß es sich um „Verfassungsstreitigkeiten" handeln; allerdings ist dieser Begriff sehr vag,[66] und man wird nicht jede Meinungsdifferenz über Interpretation einer Verfassungsvorschrift hierher beziehen dürfen, sondern wesentlich nur an akute Konflikte zwischen einer Einzelregierung und ihrer Volksvertretung zu denken haben.[67] Die Thätigkeit des Bundesrates ist primär auf einen gütlichen Ausgleich zu richten, eventuell ist die Streitfrage „im Wege der Reichsgesetzgebung zur Erledigung zu bringen". Zweifellos hat durch diese Vorschrift das Reich die Möglichkeit gewonnen, einzelstaatliches Verfassungsrecht neu zu schaffen, authentisch zu interpretieren oder abzuändern.[68]

[65] Solche Behörden bestehen in Sachsen, Braunschweig, Oldenburg, den Hansestädten. Vgl. Hänel StR. I, 570 über den „subsidiären" Charakter von RV. Art. 76 Abs. 2; ferner G. Meyer, Lehrb. 643⁷, danach bestehen solche Behörden auch in Altenburg und beiden Mecklenburg.

[66] Vgl. Seydel, Komm. 255 und bei v. Holtzendorff 290; Meyer, Lehrb. 643; Laband I, 250 über die Interpretationsfrage.

[67] S. Hänel StR. I, 567 ff. fordert einen Streit um die „objektive Geltung der Verfassung", der zu entscheiden ist „durch einen gemeinverbindlichen Ausspruch über die Rechtsbeständigkeit einer Verfassung oder Verfassungsbestimmung"; über das Verhältnis zur Ministeranklage speziell S. 569.

[68] Vgl. Seydel a. a. O. 290 f.; Laband I, 251 f.; Meyer, Lehrb. 643; Hänel StR. I, 571 hält nur authentische Interpretation für zulässig. Sehr richtige grundsätzliche Bemerkungen macht zu dieser Vorschrift Laband I, 252.

Zweifellos auch könnte durch Reichsgesetz zur Entscheidung ein Gerichtshof, auch ein einzelstaatlicher, berufen werden; dagegen könnte es mit dem Wortlaut der Verfassung, der immer eine konkrete „Streitfrage" voraussetzt, nicht in Einklang gebracht werden, wenn das Reich sich die Kompetenz beilegen würde, einen solchen Gerichtshof „als eine dauernde organische Einrichtung zu schaffen".[69]

V. Der Bundesrat hat die Sanktion der Gesetze und wirkt mit bei der Feststellung des Inhaltes derselben.[70] In letzterer Beziehung ist zu bemerken, daß die Mitglieder des Bundesrates jederzeit den Beratungen des Reichstages und seiner Kommissionen anwohnen und das Wort ergreifen dürfen; auch wenn ein Staat bei der Abstimmung im Bundesrate selbst in der Minderheit blieb, so kann sein Vertreter doch noch im Reichstag die unterlegene Meinung vertreten (RV. Art. 9), um durch einen dieser Meinung zustimmenden Beschluß des Reichstages eventuell eine Änderung des früheren Bundesratsbeschlusses zu erzielen. — Gewiß ist dies die wichtigste Funktion des Bundesrates, dennoch ist „die prinzipielle Charakterisierung des Bundesrates als des für die Gesetzgebung bestimmten Organs" zu eng.[71]

---

[69] So Hänel StR. I, 572; das RG. v. 14. Mai 1881, welches zur Entscheidung von Verfassungsstreitigkeiten zwischen Senat und Bürgerschaft in Hamburg das Reichsgericht beruft, beruht auf der Hamburger Verfassung Art. 71, 76, stellt aber gewiß einen sehr wertvollen „Präcedenzfall" dar.

[70] Siehe unten §. 15.

[71] Laband I, 234. Der Vergleich des Bundesrates mit einem „Verwaltungsrat" einer privatrechtlichen Korporation (ebenda 235) entbehrt gänzlich des Fundamentes.

VI. Der Bundesrat ist prinzipiell das Organ des Reichsverordnungsrechtes; für ihn spricht die Präsumtion, falls nicht durch positive spezialgesetzliche oder verfassungsmäßige Vorschrift anderen Faktoren dieses Recht übertragen wurde.[72]

VII. Der Bundesrat wirkt, sei es im Plenum, sei es durch die Ausschüsse, mit bei der Ernennung gewisser Kategorieen von Reichsbeamten. Die Ernennung der Beamten erfolgt kraft RV. Art. 18 durch den Kaiser; letzterer aber ist in einer Reihe von Fällen gebunden, sei es die Zustimmung, sei es das Gutachten des Bundesrats zu erholen. Es kommen hier in letzterer Beziehung in Betracht: die Kontrollbeamten für Zoll- und Steuerwesen und die Konsuln, in ersterer die Mitglieder des Reichsrechnungshofes, des Reichsgerichtes und der bei demselben bestehenden Staats-(„Reichs"-)Anwälte, des Bundesamtes für Heimatswesen, der Disziplinarkammern und des Disziplinarhofes, der Verwaltung des Reichsinvalidenfonds, des Reichsbankdirektoriums, der ständigen Mitglieder des Patentamtes, des Reichsversicherungsamtes.[73]

VIII. Der Bundesrat hat die etwaige Auflösung des Reichstages während der Legislaturperiode zu „be-

[72] Siehe speziell über RV. Art. 7 Abs. 3, die vorzügliche Ausführung bei Laband I, 236 ff. Nur kann grundsätzlich nicht zugegeben werden, daß der Kaiser „die Führung der Regierungsgeschäfte", der Bundesrat „die Aufstellung der allgemeinen Verwaltungsnormen" habe. Letzteres ist richtig, schließt aber das erstere als allgemeinen Rechtsgrundsatz aus. Nach der Konstruktion des deutschen Bundesstaates ruhen alle Rechte des Kaisers auf Spezialtitel; s. darüber die nähere Ausführung in §. 7.

[73] Näheres unten §§. 9, 10. Vgl. auch Laband I, 242 f.

schließen", der Beschluß bedarf aber zu seiner „Rechtskraft" der „Zustimmung" des Kaisers (RV. Art. 24).

IX. Der Bundesrat hat die Exekution gegen Bundesglieder nach Maßgabe von RV. Art. 19 zu „beschließen", „wenn Bundesmitglieder ihre verfassungsmäßigen Bundespflichten nicht erfüllen". Ob letzteres der Fall, ist vom Bundesrat festzustellen: durch einfachen Mehrheitsbeschluß, wenn es sich um unbestrittenes Recht handelt, außerdem durch authentische Interpretation der streitigen Rechtssätze in der hierfür im einzelnen Falle gebotenen Form.[74] Die Exekution ist vom Kaiser „zu vollstrecken".

X. Der Kaiser bedarf ferner der Zustimmung des Bundesrates:

1. beim „Abschluß" von Staatsverträgen über „solche Gegenstände", „welche nach Art. 4 in den Bereich der Reichsgesetzgebung gehören" (RV. Art. 11 Abs. 3);[75]
2. bei Kriegserklärungen, „es sei denn, daß ein Angriff auf das Bundesgebiet oder dessen Küsten erfolgt" (RV. Art. 11 Abs. 2).

XI. Der Bundesrat hat ferner eine umfassende Kompetenz in finanziellen Angelegenheiten des Reiches:

1. beim Etatgesetz sowie bei der Aufnahme von Anleihen und Übernahme von Garantieen (RV. Art. 69, 73) hat der Bundesrat die allgemeinen Funktionen, welche ihm für die Reichsgesetzgebung zukommen;[76]

---

[74] Seydel bei v. Holtzendorff 287 f., s. auch oben §. 5, II I.

[75] S. hierüber §. 18.

[76] S. hierzu unten §. 16.

2. er hat durch seinen Ausschuß für Rechnungswesen die vierteljährlichen Rechnungen der Einzelstaaten über die Erhebung der Zoll- und Steuergefälle zu prüfen und daraufhin durch das Plenum die an die Reichskasse abzuführenden Beträge festzustellen (RV. Art. 39); er hat ferner das gesamte Zoll- und Steuererhebungswesen der Einzelstaaten als oberste Instanz zu kontrollieren und für Abhilfe etwa hervorgetretener Mängel zu sorgen (RV. Art. 36 Abs. 3);[77]
3. er hat, ebenso wie der Reichstag, dem Reichskanzler alljährlich auf Grund der ordnungsmäßig befundenen Rechnungen Entlastung „über die Verwendung aller Einnahmen des Reiches" zu erteilen (RV. Art. 72);[78]
4. er kontrolliert gemeinsam mit dem Reichstag die Verwaltung der Reichsschulden, indem er drei Mitglieder in die Reichsschuldenkommission abordnet;[79]
5. in gleicher Weise kontrolliert er die Reichsbankverwaltung durch Abordnung von drei Mitgliedern in das Reichsbankkuratorium;[80]
6. er ist beteiligt an der Verwaltung des Reichskriegsschatzes, indem alle kaiserlichen Verordnungen, die über die Substanz desselben verfügen, seiner sowie des Reichstags Zustimmung zu ihrer Gültigkeit bedürfen, und alle Anordnungen, die die Verwaltung betreffen, gleichfalls vom Kaiser nur mit seiner Zu-

---

[77] Vgl. hierüber die ausführliche Erörterung von Laband I, 256 ff. zu Art. 7 Z. 3 der RV., s. auch unten B. II §. 30.

[78] S. hierüber unten §. 16.

[79] Ges. vom 19. Juni 1868 (BGBl. 339) §§. 4, 7; s. weiteres unten B. II §. 30.

[80] G. v. 14. März 1875 §. 25 (RGBl. 184); s. unten B. II §. 27.

stimmung erlassen werden dürfen, endlich über den Bestand alljährlich durch die Reichsschuldenkommission an ihn zu berichten ist.[81]

Kraft spezialgesetzlicher Bestimmungen sind dem Bundesrat außerdem noch nicht wenige wichtige Rechte in Beziehung auf die Finanzwirtschaft des Reiches beigelegt, die in anderem Zusammenhang zur Erwähnung gelangen werden.[82]

XII. Der Bundesrat wirkt mit bei der Ausübung der Disziplinargewalt über Reichsbeamte, sowie bei Feststellung der Pensionsverhältnisse von solchen.[83]

Der obige Katalog von Rechten des Bundesrates kann nicht erschöpfend sein, vielfach sind durch einzelne Gesetze dem Bundesrat Funktionen zugeteilt,[84] die sich lediglich unter den allgemeinsten Gesichtspunkt subsumieren lassen: daß der Bundesrat das oberste Organ des Reiches ist. Ferner haben auch die Ausschüsse des Bundesrates zum Teil wichtige selbständige Funktionen, von denen in der weiteren Darstellung je am speziellen Orte die Rede sein wird.[85]

[81] Ges. vom 11. Nov. 1871 (RGB. 403) §§. 1, 3; s. unten B. II §. 30.

[82] Vgl auch Laband I, 245.

[83] Näheres unten §. 10.

[84] Eine teilweise Aufzählung bei Laband I, 245. 247; einzelne dieser Funktionen sind verwaltungsgerichtlicher Natur und insoweit interessante Ansätze zur Gestaltung des Bundesrates als eines obersten Verwaltungsgerichtshofes des Reiches, einer Aufgabe, die freilich dauernd und allgemein nicht vom Bundesrat wahrgenommen werden könnte.

[85] Vgl. auch Laband I §. 31.

## §. 7.

## Der Kaiser.[1]

### I. Der Begriff des deutschen Kaisertums.

Nachdem die staatsrechtliche Einheit aller deutschen Staaten hergestellt war, griff man, dem lebhaften Wunsche der Nation folgend, zurück auf die Bezeichnungen einer alten ruhmvollen Tradition des deutschen Volkes: Kaiser und Reich.[2]

Letzterer Ausdruck bedeutet juristisch das bundesstaatliche Verhältnis, das mit dem 1. Januar 1871 ins Leben getreten war; nichts anderes. Die Bezeichnung „Kaiser" bedarf noch der juristischen Feststellung.

In der norddeutschen Bundesverfassung waren die der Krone Preußen übertragenen Vorrechte in verschiedener Weise als Rechte des „Bundespräsidiums", „Bundesfeldherrn", „Königs von Preußen" (Marine)[3] bezeichnet, das nordd. Strafgesetzbuch fügte dazu die Bezeichnung „Bundesoberhaupt".[4] Eine prinzipielle Einheit der Terminologie wurde erst hergestellt durch das Verfassungsgesetz vom 16. April 1871, indem an Stelle jener Ausdrücke dem Antrage des

[1] Laband I §§. 24—26: Meyer, Lehrb. §. 127, Grundz. S. 58—101: v. Mohl 280 ff.: Riedel 28 ff., 102 ff.: Seydel, Komm. 84 ff., 112 ff.: v. Rönne I §§. 25—27: Hänel, Stud. II, 12 ff., bes. 56 ff.: Bornhak im Archiv f. öff. R. VIII, 425 ff.

[2] S. oben S. 50 f.

[3] Daß dieser Verschiedenheit des Wortes ursprünglich die bestimmte Absicht zu Grunde lag, neben dem preuß. Bundesratspräsidium noch eine Sphäre spezifisch preußischer Hegemonie zu konstituieren, zeigt Hänel, Stud. II, 9 ff., auch Bornhak im Archiv VIII, 431 ff. Speziell das Kommando über Heer und Flotte war ursprünglich als ein preußisches Recht gedacht und ist erst durch die Reichsverfassung zu einem rein kaiserlichen geworden: s. Bornhak 439.

[4] Vgl. Laband I, 193 ff.

Königs von Bayern gemäß für das Präsidium[5] die Bezeichnung „Kaiser“ festgestellt wurde.

Aus dieser historischen Bemerkung geht hervor, daß das deutsche Kaisertum in Bezug auf seine prinzipielle Grundlage identisch ist mit dem norddeutschen Bundespräsidium.[6] Schon aus den oben §. 4 gegebenen Ausführungen folgt mit Notwendigkeit: daß die Ansicht unbegründet ist, als handle es sich beim Kaisertum um eine Souveränetät über das Reich.[7] Die letztere wird vielmehr getragen von der Einheit der verbündeten Regierungen; handelt der Kaiser namens der letzteren, so handelt er immer als Delegat des Trägers der souveränen Reichsgewalt, als staatsrechtlicher Vertreter derjenigen juristischen Person, zu welcher die Bundesglieder durch Aufrichtung des Reiches zusammengefaßt wurden.[8]

---

[5] Die Bezeichnung „Präsidium“ findet sich jedoch noch an mehreren Stellen der RV. und zwar meist solchen, wo sie ganz inkorrekt, d. i. völlig identisch mit preußisch (s. auch Laband I, 199) ist.

[6] Laband I, 196 führt aus, daß nach der bei Aufrichtung des Reiches erfolgten Änderung der Terminologie auch eine sachliche Änderung insofern eingetreten sei, als nunmehr nach RV. Art. 17 auch die Anordnungen des kaiserlichen Oberbefehls für das Heer und die Marine der Kontrasignatur des Kanzlers bedürften, was nach norddeutschem Bundesrecht nicht der Fall war. Nach dem Wortlaut der RV. hat Laband recht; daß die von ihm behauptete sachliche Änderung aber nicht in der Absicht des Gesetzgebers lag, ist unzweifelhaft; daß praktisch die Anordnungen des Oberbefehles nicht kontrasigniert werden, ebenso.

[7] So v. Mohl 282 ff.; H. Schulze II, 37; ähnlich Bornhak 445 ff., der eine „überraschende Ähnlichkeit“ zwischen dem deutschen Kaisertum und der parlamentarischen (belgischen) Monarchie findet.

[8] Seydel, Komm. 91, 112 in Konsequenz seiner vertragsmäßigen Grundanschauung läßt den Kaiser staatsrechtlich handeln als „Kollektivmandatar der Bundesglieder“; v. Martitz 48 läßt die Centralgewalt zwischen

Das staatsrechtliche Verhältnis des Kaisers ist unter diesen Umständen nicht ganz leicht zu präzisieren: mag politisch die Stellung des Kaisers hervorragender sein, staatsrechtlich war jedenfalls die des Königs von Preußen ausgezeichneter. Im alten Deutschen Reiche war die staatsrechtliche Stellung des Kaisers weit höher als im neuen; man ist soweit gegangen, für letzteres die Stellung des Kaisers mit der Präsidentschaft einer Republik zu vergleichen. Es kann zugegeben werden, daß es nicht an Gesichtspunkten für diesen Vergleich fehlt; gleichwohl ist er abzuweisen, da seine Basis eine unrichtige ist: das Reich ist keine republikanisch-demokratische, sondern eine pleonarchische Staatsform, und der Kaiser steht nicht an der Spitze einer Demokratie, sondern eines Fürstenkollegiums. Der Kaiser ist kraft seiner monarchischen Stellung als König von Preußen überhaupt, also auch für das Reich unverantwortlich, und seine Würde ist erblich: auch aus diesem Grunde ist der Vergleich mit einem republikanischen Präsidenten unrichtig.

Der Kaiser ist im Hinblick auf das Reich einmal Mitträger der Reichssouveränetät wie die übrigen Staatsoberhäupter, und er ist im Unterschied von letzteren überdies noch ein besonders bevorrechtetes,[9] ausgezeichnetes Organ des Reiches.

Die Präsidialrechte stehen dem „Könige von Preußen" zu

---

den Mitgliedern des Bundes und dem Kaiser „geteilt" sein; vgl. dagegen Meyer, Grundz. 62, bes. 63²; ferner Laband 200; s. auch dessen Bemerkungen gegen die schiefe und unjuristische Auffassung des Kaisertums, welche v. Treitschke Preuß. Jahrb. 34, 513 vertritt.

[9] Daß die Präsidialrechte nicht als „Ausnahmerechte" betrachtet werden können, ist oben S. 117f. ausgeführt.

(RV. Art. 11). Nur Preußen hat in dieser Weise neben seiner Stellung im Bundesrat noch selbständige Funktionen am Reiche. Soweit diese Funktionen des Kaisers reichen, kommen für die Stellung der Einzelstaaten die allgemeinen Grundsätze zur Anwendung: insbesondere die absolute Gehorsamspflicht gegenüber dem Reiche.

Nach der nordd. BV. war das Präsidium des Bundes „der Krone Preußen" übertragen worden: die Änderung des Wortlautes in der jetzigen RV. hat nur redaktionelle, keine materielle Bedeutung.[10] Daraus folgt, daß alle Sätze des preußischen Staatsrechtes (Preuß. VU. Art. 53—58) über die Thronfolge sowohl als über eine etwaige Regentschaft[11] ipso jure auch für das Reich gelten.[12] Die hinsichtlich der Stellvertretung in der Theorie aufgetretene abweichende Ansicht ist inzwischen auch durch die Praxis bei traurigem Anlaß zurückgewiesen worden.[13] Die Präsidialrechte sind ein Accessorium der preußischen Kron-, d. i. Regierungsgewalt: wer letztere führt, hat ipso jure auch das Recht zur Führung der kaiserlichen Geschäfte. Eine in verfassungsmäßiger Form erfolgte Abänderung der preußischen Thronfolgeordnung wäre somit ipso jure wirksam für das Reich.

Daß die Ausübung der kaiserlichen Rechte zur Voraussetzung die Ableistung des Eides auf die preußische Ver-

[10] Seydel, Komm. 113; v. Held 95; ebenso jetzt v. Pözl, Verf.-R. 591[2]; irrig v. Mohl 284[2]; Auerbach 106.

[11] Vgl. hierüber Schulze, preuß. Staatsrecht I, 178 ff.

[12] Vgl. die N. 1 genannten Schriftsteller, dazu übereinstimmend Thudichum 127: Riedel 103: irrig v. Rönne I, 225 f.; Mohl 284 ff., deren Ausführungen widerlegt sind von Laband I, 201 ff.

[13] KV. vom 4. Juni 1878 (RGB. 101). V. des Regenten v. 6. Juni 1878 (ibid. 102).

fassung habe, ist dagegen unrichtig.[14] Denn kraft des monarchischen Successionsprinzipes ist der Thronfolger ipso jure Herrscher im Moment des Ablebens des bisherigen Herrschers. So auch in Preußen. Nur dies aber ist nach der Reichsverfassung rechtliche Voraussetzung für das Kaisertum: alles übrige aber eine interne Frage des preußischen Staatsrechtes. Verweigert der preußische Thronfolger den Eid auf die Verfassung, so begeht er zwar eine verfassungswidrige Unterlassung, an seinem Königtum und folglich auch an seinem Kaisertum aber fehlt kein Titelchen.

Für den Antritt des Kaisertums bestehen juristische Normen überhaupt nicht, insbesondere erfolgt keine Eidesleistung auf die Reichsverfassung.

## II. Die Rechte des deutschen Kaisertums.

1. Das Kaisertum ist einmal ein *Ehrenvorzug*, der bei Aufrichtung des deutschen Bundesstaates demjenigen Bundesgliede verliehen wurde, *das nach äußerer Machtstellung und innerem Verdienst um die staatsrechtliche Entwickelung Deutschlands zur Führerstellung berufen war*. Der Ehrenvorzug des Kaisertums liegt nicht zum kleinsten Teile in der hohen Tradition, die im deutschen Volke, speziell in Mittel- und Süddeutschland, ein machtvoller idealer Faktor war und bis zur Stunde ist; nicht minder ist der Ehrenvorzug jenes Titels nach außen von Bedeutung, weil er fremden

---

[14] Vgl. die treffende Ausführung von *Laband* I, 204 f., ebenso *Meyer*, Lehrb. 364 f.; gegen v. *Mohl* 284 und v. *Rönne* I, 225.

Staaten gegenüber die Einheit Deutschlands zu imponierendem politischen Ausdruck bringt.[15]

In diesen beiden politischen Gesichtspunkten ruht der Schwerpunkt des Vorrechtes des deutschen Kaisertumes. Weder ist mit dem Titel eine Civilliste, noch ein Hofstaat, noch ein Ordenssystem verbunden:[16] dessen bedurfte es bei der Personalunion des deutschen Kaiser- und preußischen Königtums nicht. Eine Gebietshoheit bezeichnet der Kaisertitel nicht, da der Kaiser nicht Träger der Reichssouveränetät ist. Korrekterweise wählte man darum die Fassung: „Deutscher Kaiser" und nicht die auf eine Gebietshoheit weisende: „Kaiser von Deutschland". Der Kaisertitel wird nur in Reichssachen, nicht in spezifisch preußischen Angelegenheiten geführt.[17] Die Erblichkeit und Unverantwortlichkeit der Kaiserwürde bezeichnet kraft alter monarchischer Tradition der Zusatz „von Gottes Gnaden". Aus der Erblichkeit folgt ferner, daß der preußische Thronfolger ipso jure auch Kronprinz des Deutschen Reiches ist; demgemäß wurde dieser Würde ausdrücklich das Prädikat „Kaiserliche Hoheit" beigefügt.[18] Die vom Kaiser namens des Reiches ernannten Beamten führen das Prädikat „kaiser-

---

[15] In diesem nicht juristischen, politisch aber sehr bedeutungsvollen Sinne hat v. Treitschke in dem N. 8 genannten Aufsatze allerdings Recht.

[16] Vgl. jedoch über die von dem Kaiser zur Erinnerung an den letzten Krieg mit Frankreich für die bewaffnete Macht des Reiches gestiftete Kriegsdenkmünze, G. v. 24. Mai 1871 (RGB. 103), Ausf.-V. v. 20. Mai 1871 (RGB. 111 ff.).

[17] Dies ist ausdrücklich betont in der Versailler Proklamation v. 18. Januar 1871.

[18] K. V. v. 18. Jan. 1871, s. Auerbach 161, im RGB. findet sich jene Verordnung nicht, dieselbe ist eigentümlicherweise publiziert im Pr. Min.-Bl. d. Innern 1871, 2.

lich";[19] die Insignien von Kaiser und Reich: Krone, Wappen und Standarte wurden genau normiert.[20] Die Person des Kaisers ist im ganzen Reichsgebiet unter erhöhten strafrechtlichen Schutz gestellt.[21]

2. Einen vollständigen Katalog der kaiserlichen Rechte materieller Art aufzustellen, ist nicht angänglich, obwohl prinzipiell und systematisch ein solcher erforderlich wäre:[22] denn alle materiellen Rechte des Kaisers sind einzelne, ihm von Reichs wegen ausdrücklich übertragene,[23] während auf der anderen Seite die Rechtsstellung des Bundesrates eine prinzipielle ist, und darum die Kompetenz desselben mangels positiver Normen, die anderes bestimmen, präsumiert werden muß.

Die hauptsächlichsten materiellen Gesichtspunkte für die staatsrechtliche Stellung des Kaisers sind folgende:

A. Dem Kaiser ist durch die RV. Art. 50 ausdrücklich die oberste Leitung des Post- und Tele-

---

[19] KV. v. 3. August 1871 (RGB. 318).

[20] Vgl. die Beschreibung bei Laband I, 208[5].

[21] RStGB. §§. 80, 94, 95.

[22] Unbegründet ist die Bemerkung von Laband I, 209[4] über solche „Kataloge" gerade in diesem Falle.

[23] A. A. Laband I, 210: „in der öffentlich-rechtlichen Korporation, welche das Reich ist, ist der Kaiser dasjenige Organ, welches man bei der Privatkorporation den Vorstand oder Direktor nennt, und seine Befugnisse und Pflichten, seine — sozusagen amtlichen — Funktionen entsprechen im wesentlichen den Befugnissen und Pflichten, welche der Vorstand oder Direktor einer juristischen Person überhaupt hat." Dieser privatrechtliche Vergleich ist einmal staatsrechtlich ganz wertlos — man denke nur an die wichtigste Funktion des Kaisers, den militärischen Oberbefehl! — und hat zweitens weder im Wortlaut noch im Sinn der RV. irgendwelche Begründung: weder fordert noch verträgt das deutsche Kaisertum die Einreihung in eine „allgemeinere Begriffskategorie" (211 N.).

graphenwesens übertragen; eine grundsätzliche Bedeutung hat diese Vorschrift nicht; ihre nähere Betrachtung erfolgt in der Spezialdarstellung (s. unten §. 25).

B. Dem Kaiser ist durch G. v. 9. Juni 1871 (RGB. 212) §. 3 die Ausübung der Staatsgewalt in Elsaß-Lothringen namens der verbündeten Regierungen delegiert; auch diese Vorschrift ist lediglich in der Spezialdarstellung zu erörtern (s. unten §. 19).

C. Der Kaiser ernennt und entläßt nach RV. Art. 18 die Reichsbeamten. Dieses Recht findet zwar eine Modifikation durch die für verschiedene Kategorieen vorgeschriebene Mitwirkung des Bundesrates; es hat überdies eine sehr umfassende spezialgesetzliche Normierung erfahren.[24] Nichtsdestoweniger ist durch jenes Recht dem Kaiser auch für das Reichsstaatsrecht eines der bedeutsamsten und machtvollsten Monarchenrechte eingeräumt worden; das Recht der Behördenorganisation liegt in dem kaiserlichen Recht der Beamtenernennung an sich nicht. Die nähere Erörterung ist auch hier der Spezialdarstellung vorzubehalten.

Insbesondere ernennt der Kaiser gemäß RV. Art. 15 den Reichskanzler, welcher als Vorsitzender des Bundesrates und als leitender Reichsminister die wichtigste Beamtenstellung im Reiche hat; s. hierüber unten §. 9.

D. Der Kaiser hat gemäß RV. Art. 12 (vorbehaltlich der Art. 13, 14, 25, 26) den Bundesrat und Reichstag zu berufen, zu eröffnen, zu vertagen, zu schließen, dem Reichstag gegenüber auch gemäß

---

[24] S. hierüber unten §. 10.

RV. Art. 24 Abs. 2 mit Zustimmung des Bundesrates das Recht der Auflösung. In diesen Rechten liegt bezüglich des Reichstages das einfache konstitutionelle Monarchenrecht, das also auch für diese wichtige Funktion dem Kaiser übertragen wurde.

Sehr abnorm aber sind diese Rechte bezüglich des Bundesrates: einmal insofern, als durch diese Verfassungsvorschriften der Bundesrat als eine erste Kammer behandelt ist, sodann insbesondere darum, weil dem Kaiser hier das höchste Monarchenrecht gegenüber dem grundsätzlichen Repräsentanten der Monarchenrechte im Reichsorganismus übertragen ist; insofern fallen diese Vorschriften ganz aus dem Rahmen der Reichsverfassung heraus. Das Nähere bezüglich des Bundesrates in §. 6, des Reichstages in §. 8.

E. Während in den angegebenen Richtungen dem Kaiser unverkennbar eine Monarchenstellung im Reiche gegeben wurde, sind seine Befugnisse hinsichtlich der Rechtsbildung im Reiche auffallend gering. Weder hat er das monarchische Verordnungsrecht, noch die Initiative und die Sanktion bei Gesetzen. Vielmehr bedarf seine Verordnungsgewalt immer eines gesetzlichen Titels,[25] während sie beim Bundesrat grundsätzlich vorhanden ist; bei Gesetzen ferner hat der Kaiser lediglich das Recht, die vom Bundesrat beschlossenen Entwürfe in eigenem Namen zwar, aber nach Maßgabe der Beschlüsse des Bundesrates dem Reichstag zu überweisen (RV.

---

[25] Ein solcher findet sich z. B. für Eisenbahntarife bei „Notständen“ in RV. Art. 46 Abs. 1.

Art. 16),[26] ferner die durch Sanktion des Bundesrates perfekt gewordenen Gesetze in der monarchischen Form auszufertigen und zu verkündigen (RV. Art. 17).[27]

Der Kaiser hat somit für die Rechtsbildung nur eine formelle Monarchenstellung, während die materiellen Monarchenrechte hier in aller Stärke im Bundesrat konzentriert sind.

Näheres über diese Fragen und Streitfragen s. §§. 15, 17.

F. Der Kaiser als der Vertreter des machtvoll geeinten Deutschlands hat die völkerrechtliche Vertretung des Reiches gemäß RV. Art. 11 und zwar

a) die Ausübung des aktiven und passiven Gesandtschaftsrechtes in völlig unumschränkter Weise, Näheres §. 23;

b) die konsularische Vertretung des Reiches grundsätzlich, jedoch verfassungsmäßig beschränkt einerseits durch Mitwirkung des Bundesrates, andererseits zu Gunsten der Einzelstaaten (RV. Art. 56), Näheres §. 24;

c) das Recht über Krieg und Frieden, und

---

[26] G. Meyer, Lehrb. 374: „er kann die Einbringung weigern, wenn der Beschluß des Bundesrates in verfassungswidriger Weise gefaßt ist, dagegen nicht wegen materieller Bedenken gegen den Inhalt desselben." Hänel, Stud. II, 45 ff.; Laband I, 350; G. Meyer, Anteil 72 ff.

[27] Daß dies eine Rechtspflicht des Kaisers sei, nehmen die meisten Schriftsteller an, s. Laband I, a. a. O.; Hänel, Stud. II, 51. „Thatsächlich aber sei," meint Mejer, Einl. 297 f., „dem Kaiser offen gelassen, jedes vom Bundesrat und Reichstag neubeschlossene Gesetz unwirksam bleiben zu lassen, indem der König (??) es nach erfolgter bundesrätlicher Sanktion unausgefertigt und unverkündet läßt".

zwar bei Angriffen auf das Reichsgebiet uneingeschränkt, sonst mit Zustimmung des Bundesrates;

d) endlich den Abschluß der Staatsverträge, für die Verordnungssphäre uneingeschränkt, für die Sphäre der Gesetzgebung in konstitutioneller Beschränkung durch Bundesrat und Reichstag, s. über diese große Streitfrage §. 18.[28]

G. Der Kaiser hat die Überwachung der Ausführung der Reichsgesetze RV. Art. 17 und gegen bundeswidrig sich verhaltende Bundesglieder die Vollstreckung der vom Bundesrat beschlossenen Exekution (RV. Art. 19). S. hierüber §§. 6, 17. In welcher Weise jenes Überwachungsrecht auszuführen sei, ist durch die RV. nicht allgemein vorgeschrieben; die Spezialvorschriften bezüglich des Zollwesens und der indirekten Steuern (RV. Art. 36, vb. ZollVV. v. 1833) finden Erklärung ihrer merkwürdigen Schwerfälligkeit und Kompliziertheit nur in der Schonung des historisch Gewordenen, eignen sich aber als Überbleibsel einer überwundenen schwierigen Epoche in keiner Weise zur Verallgemeinerung.[29] Es ist demnach der Kaiser in Anordnung der der Überwachung dienenden Maßregeln grundsätzlich frei, soweit nicht die konstitutionellen Schranken für die Gesetzgebung sich geltend machen; im übrigen wird, da die Abhilfe von „Mängeln,

---

[28] Laband I, 212 spricht dem Kaiser auch ganz allgemein die privatrechtliche Vertretung des Reichstages zu. Die RV. sagt davon nichts. Ob sich das Labandsche Resultat aus der staatsrechtlichen Stellung des Reichskanzlers ergiebt, ist weiterhin zu untersuchen.

[29] S. hierher oben S. 138 f. und andererseits Hänel StR. I, 307 f.

welche bei der Ausführung der Reichsgesetze" oder der zu ihrer Ausführung erlassenen „allgemeinen Verwaltungsvorschriften" und getroffenen „Einrichtungen" „hervortreten", durch die Verfassung Art. 7 Abs. 3 grundsätzlich dem Bundesrate überwiesen ist, von diesem Gesichtspunkte aus ein gemeinsames Handeln von Kaiser und Bundesrat zu fordern sein.

H. Der Kaiser ernennt die Mitglieder der Bundesratsausschüsse für Landheer und Festungen, sowie für die Marine (RV. Art. 8 Abs. 2, vorbehaltlich der verfassungsmäßigen Mitgliedschaft von Bayern und Württemberg im erstgenannten Ausschusse).

J. Der Kaiser übt die Schutzgewalt in den deutschen Kolonieen aus (RG. v. 17. April 1886 [RGBl. 75] §. 1); s. dazu unten §. 22.

K. Der Kaiser hat das Begnadigungsrecht für den Bereich der eigenen Justizverwaltung des Reiches, sowie in allen Disziplinarsachen von Reichsbeamten.[80]

L. Weitaus das wichtigste und unser Kaisertum geradezu charakterisierende Kaiserrecht ist der kaiserliche Oberbefehl über das Landheer und die Flotte im Krieg wie im Frieden.[81]

Das „deutsche Heer", von welchem die Verfassung[82] spricht, ist staatsrechtlich ein ein-

[80] RBeamt.G. §. 118; StPO. §. 484: die weiteren Angaben s. bei Laband II, 487.

[81] Laband II, 497 ff. u. im Archiv f. öffentl. R. III, 491 ff. Brockhaus, das deutsche Heer (1888) bes. S. 76 ff., 81 ff.); Hänel StR. I, 482 ff.

[82] Über Verfassung und Militärkonventionen s. unten im

heitliches Reichsheer, nicht eine Anzahl von Landesheeren.[33] Neben dem einheitlichen Reichsheer hat nur Bayern formell im staatsrechtlichen Sinne ein selbständiges Landesheer.

Daß das deutsche Heer Reichsheer sei, ergiebt sich einmal schon aus dem prinzipiellen Gesichtspunkt, daß das Reich die souveräne Militärhoheit besitzt. Wenn in der Verfassung, in Gesetzen und Konventionen von „Militärhoheit" der Einzelstaaten die Rede ist, so ist dies nicht im

Militärrecht; Hänel, Stud. I, 171 ff., StR. I, 490 ff.; Brockhaus 163 ff.; über die rechtlichen Schwierigkeiten in den Mil.-Konventionen bes. 172 ff.

[33] A. A. Laband II, 501, der als „oberstes Prinzip der Militärverfassung des Deutschen Reiches" den Satz behauptet: „es giebt kein Heer des Reiches, sondern nur Kontingente der Einzelstaaten." „Die Einheit ist bei der Marine Konsequenz, bei dem Heer Modifikation des Grundprinzips." Vgl. auch Seydel in Hirths Ann. 1875, 1396 ff.; Thudichum 87 ff. Der Auffassung des Textes haben sich angeschlossen G. Meyer, Lehrb. 585[1], Verwaltungs-R. II, 37 f.; H. Schulze I, 253 ff. 265 ff. u. bes. Brockhaus in der vortrefflichen, oben N. 31 erwähnten Monographie S. 7 ff. 214 ff., gegen welche die Erörterungen von Laband, Arch. f. öff. R. III, 491 ff. gerichtet sind. „Die Kontingente," sagt Laband, „gleichen einem Vermögen, das dem Einen gehört, über das aber der Andere die Verfügung hat." Aus der Kompetenz des Reiches zur Militärgesetzgebung allein darf allerdings das „Reichsheer" nicht gefolgert werden (Brockhaus 14 ff., 214 ff.); dennoch ist die Brockhaus'sche Argumentation nicht „absurd" (Laband II, 555[3]), sondern richtig. Die Abhandlung von Laband im Archiv beschäftigt sich mit dem Punkt, der alle übrigen bestimmt und unbedingt beherrscht, und demgegenüber alle anderen Momente ganz geringwertig sind, mit der unbedingten Gehorsamspflicht kraft des Fahneneides gegenüber dem Kaiser so gut wie garnicht. Von „unitarischen Wünschen und Idealen" kann nicht die Rede sein. Gerne wird aber Laband zugegeben werden, daß die Verfassung in dieser Materie „in bewunderungswürdiger Weise zu gleicher Zeit den militärischen Bedürfnissen und den politischen Verhältnissen Rechnung getragen hat".

Sinne von Souveränetät zu verstehen. Was oben §. 4 in prinzipieller Deduktion über die Souveränetät im Reiche ausgeführt ist, gilt insbesondere auch vom Militärwesen. Nur Württemberg und Bayern haben Reservatrechte, Bayern allerdings in so weitem Umfange, daß für diesen Staat den Ausgangspunkt der rechtlichen Betrachtung gerade der Gegensatz zum Prinzip des Reichsheeres bildet.[34]

Daß das deutsche Heer Reichsheer sei, ergiebt sich aber insbesondere aus den Rechtssätzen über den kaiserlichen Oberbefehl,[35] über die Grundlagen der Heeresorganisation,[36] über den Militäretat.[37] Von diesen Rechtssätzen sind diejenigen über den kaiserlichen Oberbefehl und die Kontingentsherrlichkeit hier zu betrachten.

### I. Der kaiserliche Oberbefehl.

„Die gesamte Landmacht des Reiches wird ein einheitliches Heer bilden, welches in Krieg und Frieden unter dem Befehle des Kaisers steht" (RV. Art. 63 Abs. 1). Diese Macht bildet „das deutsche Heer",[38] die Regimenter führen fortlaufende Nummern, haben gleiche Uniform, Bewaffnung und Gradabzeichen.[39]

[34] Vgl. Laband II, 502 ff., der zwar die „Reichsmilitärhoheit" zugiebt, das „Reichsheer" aber bestreitet.

[35] Daß die Befehlsgewalt des Kaisers mit der Wirkung der unbedingten Gehorsamspflicht das entscheidende Moment ist, führt auch sehr zutreffend aus Brockhaus 88 ff.

[36] S. hierüber unten im Militärrecht.

[37] S. hierüber Brockhaus 21 ff.

[38] Nach Laband II, 502 ist dies „nur eine Kollektivbezeichnung, um die Kontingente der einzelnen Bundesstaaten zusammenzufassen".

[39] Im einzelnen bestehen bezüglich der Nummerierung und der Uniform einige Besonderheiten. Über Bayern s. unten III. Vgl. Seydel 1401.

Ebenso steht die Flotte unter dem ausschließlichen Oberbefehle des Kaisers (RV. Art. 53).[40]

Der kaiserliche Oberbefehl[41] wird hinsichtlich der äußeren Form ganz in gleicher Weise ausgeübt wie das Verordnungsrecht: nur besteht staatsrechtlich die Pflicht der Kontrasignatur (RV. Art. 17, bezw. Stellvertretungsgesetz vom 17. März 1878, das aber auf das Militärwesen nicht anwendbar ist) für den kaiserlichen Oberbefehl nicht; zwar ist in der Verfassung versäumt worden, dies ausdrücklich zu konstatieren (Art. 17 der RV. spricht ganz generell von den „Anordnungen und Verfügungen des Kaisers"), doch darf das Angegebene als unzweifelhafter Rechtssatz behauptet werden: es war gewiß nicht die Absicht des Gesetzgebers, an dem früheren Rechtsprinzip, wie es im Allerh. Erl. vom 18. Januar 1861 festgestellt war, in dieser Frage zu rütteln, dafür spricht auch eine ununterbrochene Praxis und die Natur der Sache:[42] man müßte ja andernfalls zu der absurden Konsequenz gelangen, auch im Kriege für die Maßnahmen des kaiserlichen Oberbefehls eine Kontrasignatur für notwendig zu erklären.

Über die materielle Grenze zwischen Oberbefehl und kaiserlichem Verordnungsrecht s. unten im Militärrecht.[43]

---

[40] Hänel StR. I, 480 ff.

[41] Laband II, 529 ff.; Thudichum 98 ff; Seydel 1396 ff.; Hänel StR. I, 500 ff.

[42] Übereinstimmend Seydel 1397; Thudichum, Verf.-R. 387 und bei v. Holtzendorff, Jahrb. II, 120; Laband II, 530 ff.; Hecker in Stengels Wörterb. I, 63: Brockhaus 82, bes. 85 f.

[43] Über die Stellung des preußischen Kriegsministers s. unten im Militärrecht. Die Ausführungen von G. Meyer, Verw.-R. II, 40, Brockhaus 83 ff., 125 f., Hänel StR. I, 521 ff., sind m. E. rechtlich nicht konstruierbar: hier stimme ich den Ausführungen von Laband im Archiv III, 525 zu.

Die einzelnen auf den Oberbefehl bezüglichen Rechtssätze sind:

1. Fahneneid. RV. Art. 64 Abs. 1, Art. 53.

Alle deutschen Truppenteile sind zum „**unbedingten**“ Gehorsam gegen die Befehle des kaiserlichen Oberbefehlshabers bezw. seiner Vertreter in der militärischen Ämterhierarchie verpflichtet und haben dies bei ihrem Diensteintritt eidlich zu geloben. „Es giebt keine Befehlsgewalt im deutschen Heere als die des Kaisers, alle Befehlshaber im Heere sind dem Kaiser militärisch subordiniert, jede Befehlshabung im Heere kann nur ausgeübt werden kraft rechtlicher Ableitung aus dem Rechte des Kaisers.“ (Hänel StR. I, 501.) Den Fahneneid leisten die preußischen und die in preußische Verwaltung (s. unten S. 205) übernommenen Truppen, sowie die Mannschaften der Marine dem Kaiser direkt; die übrigen Kontingente schwören zwar den Fahneneid ihrem Kontingentsherrn, aber mit der Verpflichtung, „den Befehlen des Kaisers unbedingte Folge zu leisten“ (s. unten S. 201 f.). Der Fahneneid der bayrischen Truppen enthält diese Gehorsamsverpflichtung nur für den Kriegsfall (s. unten III).

2. Der Kaiser hat die Vorschriften über die Heeresdisziplin zu erlassen (Mil.-G. §. 8, für die Marine RV. Art. 53):[44] die Disziplinarstrafordnung für das Heer er-

[44] Daraus ergiebt sich die Inkorrektheit einer Publikation dieser Vorschriften im preußischen Armeeverordnungsblatt, wie solche erfolgte. S. den Text der Disziplinarstrafordnungen bei v. Walther VI, 53.

ging unter dem 31. Oktober 1872, für die Marine vom 23. Nov. 1872.

3. Ernennung der Offiziere (RV. Art. 64 Abs. 2).

a) Der Kaiser ernennt, versetzt, pensioniert, entläßt alle preußischen sowie die Offiziere der in preußische Verwaltung übernommenen Kontingente. Außerdem b) die Höchstkommandierenden aller Kontingente, den des sächsischen „auf Grund der Vorschläge" des Königs von Sachsen, c) die Festungskommandanten der sämtlichen Reichsfestungen, d) alle Offiziere, welche eine Befehlshaberstellung über mehrere Kontingente innehaben. e) Außerdem dürfen Generale und Offiziere, welche ein Generalsamt vertreten, nur mit Genehmigung des Kaisers ernannt werden (RV. Art. 64 Abs. 2). f) Für die Besetzung von Offiziersstellen „im Reichsdienst", d. i. in den vom Kaiser direkt zu besetzenden Stellen,[45] „sei es im preußischen Heere oder in anderen Kontingenten" „mit oder ohne Beförderung" kann der Kaiser frei „aus den Offizieren aller Kontingente (ausgenommen das bayrische) des Reichsheeres" wählen (RV. Art. 64 Abs. 3).[46]

Eine Modifikation dieser Sätze besteht nur für Württemberg: der König von Württemberg darf den Kommandeur des württembergischen Armeekorps nur mit Zustimmung des Kaisers, alle übrigen Offiziere frei ernennen (Mil.-Konv. Art. 5).[47]

---

[45] Brockhaus 91 richtig.

[46] Vgl. auch Brockhaus 90 ff.

[47] Siehe auch Württemb. Mil.-Konv. Art. 7. Vgl. überhaupt Laband II, 558 über die im Text sub f bezeichnete „Anomalie", die thatsächlich gegenstandslos ist. Über den Inhalt der württembergischen und sächsischen Mil.-Konv. s. auch Brockhaus 185 ff.

4. Inspektionsrecht.

„Der Kaiser hat die Pflicht und das Recht, dafür Sorge zu tragen, daß innerhalb des deutschen Heeres alle Truppenteile vollzählig und kriegstüchtig vorhanden sind, und daß Einheit in der Organisation und Formation, in Bewaffnung und Kommando, in der Ausbildung der Mannschaften, sowie in der Qualifikation der Offiziere hergestellt und erhalten wird. Zu diesem Behufe ist der Kaiser berechtigt, sich jederzeit durch Inspektionen von der Verfassung der einzelnen Kontingente zu überzeugen und die Abstellung der dabei vorgefundenen Mängel anzuordnen." (RV. Art. 63 Abs. 3.)[48]

Der Kaiser kann die Inspektion persönlich oder durch Stellvertreter vornehmen. Dem König von Württemberg soll die Person eines etwaigen Stellvertreters vorher „bezeichnet" werden. Zeit, Ort, Art der Inspektion anzuordnen, ist dem Kaiser vollständig frei überlassen. Vorgefundene Mängel kann der Kaiser direkt zur Abstellung anordnen, nur in Sachsen und Württemberg geschieht dies formell durch den Landesherrn auf Grund der materiellen Anordnungen, der „Mitteilungen", des Kaisers (Sächs. Mil.-Konv. Art. 4 Abs. 2, Württemb. Mil.-Konv. Art. 9 Abs. 2).

5. Präsenzstand, Formation, Dislokation.

„Der Kaiser bestimmt den Präsenzstand, die Gliederung und Einteilung der Kontingente des Reichsheeres, sowie die Organisation der Landwehr und hat das Recht, innerhalb

[48] Laband II, 533; Brockhaus 36 ff. („vollzählig"), 50 ff. („kriegstüchtig"), 55 ff. („Einheit"), 79 ff. („Inspektionsrecht"); G. Meyer in Hirths Ann. 1880, 341.

des Bundesgebietes die Garnisonen zu bestimmen" (RV. Art. 63 Abs. 4).[49]

Über Präsenzstand und Formation enthalten das Militärgesetz vom 2. Mai 1874, die Militärgesetznovellen vom 6. Mai 1880, 11. März 1887, 15. Juli 1890, 3. Aug. 1893 die grundlegenden Normen. Insoweit ist demnach der kaiserliche Oberbefehl jetzt nur mehr im Rahmen des Gesetzes frei; Bestimmungen des letzteren können selbstverständlich nur auf dem Wege des Gesetzes abgeändert werden. Vgl. hierüber unten im Militärrecht.

Die „Dislokation" dagegen ist nach der Verfassung Sache des kaiserlichen Oberbefehls ohne gesetzliche Einschränkung. Doch hat der Kaiser sich in dieser Beziehung durch die Konventionen (über deren rechtliche Bedeutung s. B. II §. 34) folgendermaßen gebunden:[50]

a) in Friedenszeiten dürfen nur im eigenen Lande dislociert werden die Landeskinder der Königreiche Sachsen und Württemberg, der Großherzogtümer Baden, Hessen, Sachsen-Weimar, Oldenburg, der Herzog- bezw. Fürstentümer Sachsen-Coburg-Gotha, Sachsen-Meiningen, Sachsen-Altenburg, Reuß ält. u. jüng. Linie, Anhalt, Schwarzburg-Rudolstadt. Für die Königreiche Sachsen und Württemberg bestimmt überdies der Landesherr die Garnison. Die sieben thüringischen Staaten bilden für die Dislokation eine Einheit;

b) fremde Landeskinder dürfen, wenn nicht besondere

---

[49] Laband II, 534.

[50] Vgl. die Zusammenstellung von Thudichum bei v. Holtzendorff II, 102[1]; Laband II, 534 ff.; Brockhaus 67 f. über das verfassungsmäßige Prinzip, 197 ff. über Sachsen und Württemberg, 203, 207 ff. über die übrigen Einzelstaaten.

Interessen dies fordern, in Friedenszeiten nicht disloziert werden in den Königreichen Sachsen und Württemberg, den Großherzogtümern Baden, Hessen, Oldenburg. Ausgenommen sind jedoch wieder und das kaiserliche Dislokationsrecht demnach frei für die Festungen Mainz und Rastatt; Dislocierung württembergischer Truppen in diese Festungen bedarf jedoch der Zustimmung des Königs;[51] für Ulm gilt eine Spezialkonvention.[52]

c) ein Versprechen preußischer Garnisonen enthalten die Konventionen für Hamburg, Bremen, Lübeck, Schaumburg-Lippe, Lippe-Detmold, Waldeck, Schwarzburg-Sondershausen.

6. Mobilmachung.[53]

Der Kaiser hat das Recht, „die kriegsbereite Aufstellung eines jeden Teiles des Reichsheeres anzuordnen" (RV. Art. 63 Abs. 4 am Ende) und zu diesem Zwecke die Reserven und die Landwehr einzuberufen. Hierfür ist bereits in Friedenszeiten ein genauer, geheim gehaltener Plan behufs schleunigster Durchführung der kaiserlichen Anordnungen auszuarbeiten.

7. Der Kaiser hat das Recht, innerhalb des Reichsgebietes Festungen anzulegen; Bundesrat und Reichstag haben hierbei nur eine beschließende Mitwirkung nach der finanziellen Seite (RV. Art. 65). In Bayern bedarf es hierfür der einzelstaatlichen Zustimmung, in Württemberg des „Vernehmens" des Königs.[54]

---

[51] Vgl. Württ. Milit.-Konv. Art. 6, 14.

[52] S. unten §. 34. Brockhaus 210 ff.

[53] Brockhaus 75 f.

[54] Laband II, 569 ff.; Hänel I, 517; Brockhaus 68 ff., 147, 194.

8. Belagerungszustand.[55]

„Der Kaiser kann, wenn die öffentliche Sicherheit in dem Bundesgebiete bedroht ist, einen jeden Teil desselben in Kriegszustand erklären" (RV. Art. 68). Eine Bedrohung der öffentlichen Sicherheit kann sowohl in Kriegs- als in Friedenszeiten vorhanden sein; der verhängte Belagerungszustand kann sowohl das ganze Reichsgebiet als einzelne Bestandteile desselben ergreifen. Die Verhängung des Belagerungszustandes ist Ausfluß des kaiserlichen Oberbefehles:[56] daraus ergiebt sich, daß den Einzelstaaten jede Kompetenz in dieser Hinsicht entzogen ist.[57] Ausgenommen ist jedoch bis zum Erlaß des vorbehaltenen Gesetzes Bayern.

Der Belagerungszustand schafft materiell eine vollständige Militärdiktatur: die Reichsverfassung verspricht in Art. 68 für Regelung der „Voraussetzungen, der Form der Verkündigung und der Wirkungen" ein Reichsgesetz, welches bis jetzt nicht erlassen wurde; bis zum Erlaß desselben ist

[55] Vgl. zum folgenden die genaue Erörterung von Laband II, 537 ff.; G. Meyer, Verw.-R. I, 182 ff.; Brockhaus 70 ff.: Seydel in Stengels Wörterb. I, 158 ff.: Hänel StR. I, 432 ff.; Löning, Verw.-R. 290 ff.

[56] Danach könnte Kontrasignatur rechtlich nicht gefordert werden. Hänel StR. I, 443[20] fordert eine solche für die Formen und Voraussetzungen, nicht aber für die militärischen Anordnungen, Brockhaus 72 unbedingt für die „Erklärung".

[57] Laband II, 537, 542. A. A. die hier N. 1 citierten Schriftsteller. Insbesondere ist auch das selbständige Recht des preuß. Staatsministeriums, sowie der Militärbefehlshaber zur Verhängung des Belagerungszustandes beseitigt, dagegen die Befugnisse der §§. 13, 16 des preuß. Gesetzes bestehen fort. Unrichtig v. Rönne 84[1], richtig in diesem Punkt G. Meyer, Verw.-R. I, 183[1]; Löning, Verw.-R. 293; Schulze II, 257; Hänel I, 434[8], 440. Dagegen unrichtig G. Meyer, Verw.-R. I, 184 über die Befugnis der Landesherren, den Belagerungszustand zu verhängen; s. besonders Laband a. a. O. und Hänel 440[19], Brockhaus 72 ff.

das preuß. Ges. v. 4. Juni 1851[58] durch RV. Art. 68 als maßgebend erklärt. Nach letzterem giebt es nur zwei Voraussetzungen für Verhängung des Belagerungszustandes: 1. Bedrohung oder Besetzung eines Landesteiles durch den Feind; 2. innerer Aufruhr. Diese Bestimmung ist exklusiv und streng zu interpretieren.[59] Hinsichtlich der Form schreibt das preuß. Gesetz vor, daß die Anordnung „zur allgemeinen Kenntnis" gebracht werden muß: jedenfalls ist also Publikation im Reichsgesetzblatt erforderlich; außerdem soll die Ordre in jeder einzelnen Gemeinde des Bezirks unter Trommelschlag oder Trompetenschall verlesen, ferner den Gemeindebehörden besonders mitgeteilt und in den Zeitungen sowie durch öffentlichen Anschlag verkündet werden. Hinsichtlich der Wirkungen endlich bestimmt das Gesetz: die vollziehende Gewalt geht in vollem Umfange auf die Militärbefehlshaber über, denen die Civilbehörden unbedingten Gehorsam zu leisten haben; für die Militärpersonen gilt das Kriegsrecht, für Civilpersonen ebenfalls teilweise außergewöhnliche Bestimmungen über Strafverfahren (Kriegsgerichte) und Strafrecht;[60] außerdem können überdies noch bestimmte bürgerliche Rechte vom Militärbefehlshaber suspendiert werden.[61]

Dem Kaiser unmittelbar zur Seite steht für die Funk-

[58] Text bei v. Walther I, 4 ff.

[59] Laband II, 538[3]; Hänel StR. I, 434[4]; Brockhaus 72; a. A. G. Meyer, Verw.-R. I, 184[4].

[60] S. Laband II, 540 ff.; Hänel StR. I, 436 f. EinfG. vom 31. Mai 1870 §. 4 zum StGB. (RGB. 195).

[61] Preuß. VU. Art. 5—7, 27—30, 36. Vgl. auch R.-Preß-Ges. v. 7. Mai 1874 (RGBl. 65) §§. 15—17, 30[1]. S. Hänel StR. I, 437 ff. über die analoge Anwendung der preußischen Vorschriften in den anderen Einzelstaaten.

tionen des Oberbefehls — nicht für die Militärverwaltung, welche dem Kriegsministerium (s. unten S. 205) obliegt, — der große Generalstab der Armee, der alle einschlägigen militärischen Angelegenheiten von Wichtigkeit für Krieg und Frieden vorzubereiten und zu bearbeiten hat.[62]

### II. Die Kontingentsherrlichkeit.

Das Korrelat zum kaiserlichen Oberbefehl bildet die Kontingentsherrlichkeit[63] der Einzelstaaten bezw. der Landesherren; deswegen muß die Betrachtung der letzteren notwendig an die des ersteren angeknüpft werden. Die militärischen Rechte, welche im monarchischen Einheitsstaat in der Person des Monarchen konzentriert sind, sind im deutschen Bundesstaat nach den beiden oben bezeichneten Richtungen geteilt, jedoch so, daß der Schwerpunkt im kaiserlichen Oberbefehl liegt.[64] Die historische Genesis des Reichsheeres aus Landeskontingenten wirkt jedoch im geltenden Rechte noch nach, indem den Einzelstaaten mehrere Rechte als „Andenken an ihre ehemalige Souveränetät" in Militärsachen belassen wurden.[65]

---

[62] Laband II, 601.

[63] Über den Begriff „Kontingent" in der RV. siehe Brockhaus 10 ff. Dieser Schriftsteller unterscheidet zwischen landesherrlichen und kontingentherrlichen Rechten (S. 95 f.); die Unterscheidung ist zutreffend, aber unwichtig.

[64] Darauf allein kann es ankommen, und demgemäß kann den Ausführungen Labands m. E. unmöglich zugestimmt werden. Das „militärische Gewaltverhältnis" ist der entscheidende Punkt, von dem aus auch Hänel StR. I, 472 ff. zu unserem Resultate gelangt, s. bes. S. 509, 528 ff.: ebenso sehr richtig Brockhaus 87 ff., wie früher bereits G. Meyer in den angef. Erörterungen.

[65] Laband II, 552 ff. bemüht sich, einen allgemeinen juristischen Begriff der „Kontingentsherrlichkeit" im Unterschied vom „Oberbefehl" zu fixieren; das Wesen der ersteren bestehe in

Das Reich besteht aus 25 Staaten und einem Unterthanenland: das Reichsheer müßte demnach 26 „Kontingente" zählen. Dies ist jedoch nicht der Fall, vielmehr haben 7 Staaten vollständig auf die Selbständigkeit ihrer Kontingente verzichtet und sind militärisch in Preußen inkorporiert, nämlich Schwarzburg-Sondershausen, Waldeck, Schaumburg-Lippe, Lippe-Detmold, Hamburg, Bremen, Lübeck. Da ferner 7 thüringische Staaten sich zu einer militärischen Einheit verbunden haben, so existieren noch 13 eigentliche „Kontingente" als die faktische Basis des Reichsheeres. Die in der Kontingentsherrlichkeit enthaltenen Einzelrechte sind:

1. Die Wehrpflicht, welche materiell verfassungsmäßige

der militärischen Dienstherrlichkeit. Im einfachen monarchischen Staat coincidieren Oberbefehl und Dienstherrlichkeit, hier besteht also für jene Labandsche Unterscheidung kein Bedürfnis: im Deutschen Reiche aber wird es nach dem positiven Rechte nicht gelingen, die disjecta membra der den Einzelstaaten verbliebenen Rechte unter einen einheitlichen juristischen Begriff zu subsumieren: das Dienstverhältnis besteht im Reiche überdies kraft des Fahneneides gegenüber Kaiser und Reich. Auch den Ausführungen Labands in der 2. Aufl., sowie im Archiv III gegen Brockhaus gegenüber vermag ich meine frühere Auffassung nicht zu ändern. Jetzt teilt Laband die landesherrlichen Rechte in drei Gruppen: 1. Kontingentsherrlichkeit; 2. territoriale Militärhoheitsrechte; 3. Militärhoheitsrechte gegen die Staatsangehörigen. Ein wissenschaftliches Bedürfnis für diese Unterscheidung dürfte nicht bestehen; es dürfte genügen, dem Reichsrecht des kaiserlichen Oberbefehles das Landesrecht der einzelstaatlichen Rechte als „Kontingentsherrlichkeit" gegenüber zu stellen. Brockhaus 214 ff. bezeichnet sehr richtig das Recht des Kaisers als die plenitudo der potestas ordinaria et immediata und erklärt dann die Kontingentsherrlichkeit mit dem kirchenrechtlichen Patronat, welcher Erklärung Hänel beistimmt. Großen Wert vermag ich dieser Erklärung durch kirchenrechtliche Analogieen nicht beizumessen.

Pflicht jedes Deutschen gegenüber dem Reiche ist,[66] wird formell als konkretes Dienstverhältnis gegenüber dem Landesherrn begründet, indem letzterem der Fahneneid geleistet wird; da der Fahneneid aber die unbedingte Gehorsamsverpflichtung gegenüber den Befehlen des Kaisers enthält,[67] da diesem ferner das Dislokationsrecht verfassungsmäßig zukommt, da ferner prinzipiell jeder Deutsche an jedem Orte des Reichsgebietes seiner Militärpflicht genügen und

[66] RV. Art. 59, dazu Hänel StR. I, 508: G. Meyer in Hirths Ann. 1880, 343 ff., Verw.-R. II. 74 f.; Brockhaus 112 f.; dagegen Laband Arch. III, 517 ff.

[67] Dem Fahneneid kann aus diesem Grunde nicht die hohe staatsrechtliche Bedeutung für den Einzelstaat beigemessen werden, die ihm Laband II, 557, 564 ff., 567 giebt. Vgl. übrigens Laband II, 557[5], 567[3] über die Formel. „Beherrscht" werden die Kontingente vom Kaiser und nicht „von dem Landesherrn, dem Träger der Staatsgewalt", wie Laband II, 555 sagt: eine „Kommandogewalt" der Landesherren, „beschränkt" durch den kaiserlichen Oberbefehl, dem unbedingter Gehorsam zu leisten ist, ist keine Kommandogewalt; vgl. auch Hänel StR. I, 474, 507: „damit ist dem Fahneneide an die Landesherren der Inhalt geraubt worden, den ihm die Beziehung auf eine spezifische Verpflichtung gab. Er ist zurückgedrängt auf eine allgemeine Treueversicherung an den Landesherrn, welche die Unbedingtheit des militärischen Gehorsams nicht berührt." Mit Recht sagt Brockhaus 88: „Das Subordinationsverhältnis, in welchem die Kontingente vormals zu ihren Landesherren standen, ist aufgehoben und durch ein Subordinationsverhältnis zum Kaiser ersetzt; denn es ist unmöglich, zu militärischem, d. i. unbedingtem Gehorsam gegen zwei verschiedene Personen, Kaiser und Kontingentsherrn, verpflichtet zu sein." Über das „Recht auf Treue des Kontingents" Brockhaus 109 ff.; eine „staatsbürgerliche Verpflichtung", die Brockhaus aus dem Wortlaut des Fahneneides herauskonstruiert (sehr richtig hierüber Laband im Archiv III, 522), widerspricht dem Begriff und Wortlaut des Fahneneides: Der Landesherr hat lediglich das Ehrenrecht, den Fahneneid für den Kaiser entgegenzunehmen; die dem Landesherrn beschworene „Treue" ist für den Soldaten identisch mit dem dem Kaiser geschworenen „Gehorsam".

in das Heer eintreten kann („militärische Freizügigkeit", s. hierüber unten im Militärrecht), so besteht das Dienstverhältnis materiell unzweifelhaft gegenüber dem Kaiser und dem Reich.[68]

2. Die Kontingentsherren haben das Recht auf besondere Ehrenbezeugungen und Ehrenwachen, die Kontingente haben Kokarde und Hoheitszeichen ihres Staates zu tragen (RV. Art. 63 Abs. 2, 66).[69]

3. Die Kontingentsherren haben nach RV. Art. 63 Abs. 5 das Recht, militärische Anordnungen formell selbständig zu publizieren; „behufs Erhaltung der unentbehrlichen Einheit in der Administration, Verpflegung, Bewaffnung und Ausrüstung" müssen jedoch die für die preußische Armee ergehenden Anordnungen von den Kontingentsherren für ihre Kontingente in Kraft gesetzt werden, nachdem ihnen die betreffenden Anordnungen durch den Bundesratsausschuß für das Landheer und die Festungen „zur Nachachtung" mitgeteilt worden sind.[70] Spezielle Anerkennung hat dieses lediglich formelle Recht noch in den Militärkonventionen mit Württemberg (Art. 12, 15) und Sachsen (Art. 2) gefunden.

4. Die Kontingentsherren haben das Recht, Offiziere à la suite ohne Bezahlung aus der Reichskasse zu ernennen, Adjutanten für sich und die Prinzen ihres Hauses aus den Offizieren des Kontingentes zu wählen; ferner nach der

[68] G. Meyer, Ann. 1880, 344; Schulze II, 266; Brockhaus 113; a. A. mit großer Schärfe Laband II, 565 u. im Archiv III, 519; Hecker in Stengels Wörterb. I, 375.

[69] Vgl. hierzu Laband II, 562 f., 559[5]; Brockhaus 108 f.

[70] S. hierüber Brockhaus 56 ff.; Hänel, Stud. II, 64 f.; andrerseits Laband im Archiv III, 508 f.

Verfassung auch das Recht, die Offiziere des Kontingentes zu ernennen (RV. Art. 66), doch haben auf dieses Recht alle Einzelstaaten mit Ausnahme von Sachsen und Württemberg zu Gunsten Preußens verzichtet; aber auch für diese Staaten erleidet das Ernennungsrecht Einschränkungen (s. oben S. 194).[71] Jedenfalls erhalten die Landesherren „außer den regelmäßigen Rapporten und Meldungen über vorkommende Veränderungen, behufs der nötigen landesherrlichen Publikation, rechtzeitige Mitteilung von den die betreffenden Truppenteile berührenden Avancements und Ernennungen“ (RV. Art. 66 Abs. 1).[72]

5. Die Landesherren haben das Recht, zu polizeilichen Zwecken „ihre eigenen Truppen zu verwenden“, aber auch „alle anderen Truppenteile des Reichheeres, welche in ihren Ländergebieten dislociert sind, zu requirieren“ (RV. Art. 66 Abs. 3).[73]

6. Die Landesherren sind „Chefs“ d. i. Ehrenoberhäupter ohne militärisches Kommando der in ihren Gebieten dislocierten Truppenteile,[74] haben das Recht, zu inspizieren

---

[71] Die hessischen und mecklenburgischen Offiziere erhalten zwei Patente, eines vom König von Preußen und ein zweites von ihrem Großherzog. Vgl. über das landesherrliche Ernennungsrecht Hänel StR. I, 503 f.; Brockhaus 170 ff.

[72] Brockhaus 104 ff., 122 ff.

[73] Laband II, 563, im Archiv f. öff. R. III, 515 ff.; Hänel StR. I, 505 f.; Brockhaus 106 ff., besonders auch über die rechtliche Identität der Worte „verwenden“ und „requirieren“, dagegen allerdings Laband a. a. O.

[74] Hänel StR. I, 505 u. bes. die Analyse dieser Stellung bei Brockhaus 96 ff. Mit Recht führt Brockhaus aus, daß eine wirkliche Kommandostellung im Heere der grundsätzlichen Stellung der Landesherren im Organismus des Reiches durchaus widersprechen würde; s. dazu allerdings auch Laband im Archiv III, 514 f.

(RV. Art. 66 Abs. 1), die Disziplinargewalt wie ein kommandierender General[75] auszuüben, andrerseits die Pflicht, über alle Offiziere vom Stabsoffizier aufwärts dem Kaiser fortlaufende Qualifikationsberichte einzusenden.

7. Die Kontingentsherren haben das Recht selbständiger Militärverwaltung und Gerichtsherrlichkeit über ihre Kontingente: dieses Recht ist jedoch thatsächlich dahin reduziert, daß nur Bayern, Württemberg und Sachsen neben Preußen eine eigene Militärverwaltung führen, alle übrigen Kontingente sind in preußische Verwaltung übernommen.[76]

Die preußische Militärverwaltung ist somit nach ihrem Rechtsgrund: 1. jus proprium für die preußischen Truppen, 2. jus delegatum — ein Stück der dem Kaiser zur Ausübung übertragenen Staatsgewalt — für Elsaß-Lothringen, 3. jus cessum für die übrigen deutschen Einzelstaaten,[77] ausgenommen Bayern, Württemberg und Sachsen; jene Einzelstaaten aber gruppieren sich

---

[75] Das Verhältnis zwischen Landesherrn und kommandierendem General kann leicht zu Kollisionen führen: beide haben Disziplinargewalt, beide ein Verfügungsrecht über die Truppen, die Kommandeure der Armeekorps sind Kommandeure des betr. Territorialbezirkes „unbeschadet der Souveränetätsrechte der einzelnen Bundesstaaten“ (Mil.-G. §. 5²). Das ganze Rechtsverhältnis ist in hohem Grade unklar und Konflikte geradezu provozierend. Vgl. Hänel StR. I, 508 f.; Brockhaus 100; über das landesherrliche Inspektionsrecht 103 f.; wie freilich eine Inspizierung ohne „Befehl“ möglich sein soll, bleibt dunkel, s. auch Laband im Archiv III, 514.

[76] Laband II, 560 f., Archiv III, 525; Brockhaus 124 ff., 127 ff., 148 ff.; Meyer, Verw.-R. II, 41, 62 ff.

[77] Diese zutreffende Unterscheidung des Rechtstitels macht Laband II, 505.

wieder in solche, welche die Sonderkontingente aufrecht erhalten, und in solche, welche hierauf ganz verzichtet haben.

Aus dem Angegebenen folgt, daß nicht die Kontingentsherrlichkeit, sondern der kaiserliche Oberbefehl den Ausgangspunkt für die prinzipielle Konstruktion des Militärrechtes zu bilden hat; in letzterem sind alle wichtigen materiellen Rechte konzentriert, erstere bildet nur das Medium für das Rechtsverhältnis zum Reiche und besteht in der Hauptsache nur aus wenig bedeutenden Ehrenrechten. Die Kontingentsherrlichkeit ist aber in ihrer Bedeutung noch weiter reduziert durch folgende drei Bestimmungen: 1. daß der Landesherr die aus der Kontingentsherrlichkeit fließenden Rechte auch denjenigen in seinem Gebiet dislocierten Truppen gegenüber hat, welche garnicht seine Landeskinder sind; 2. daß jene Rechte auch denjenigen Staaten bezw. Landesherren zukommen, welche garkeine selbständigen Kontingente mehr besitzen, sondern militärisch ganz in Preußen inkorporiert sind; 3. daß jeder Deutsche in jedem Einzelstaat seiner gesetzlichen Wehrpflicht genügen kann.[78] Dazu kommt noch, daß für die große Mehrzahl der Einzelstaaten das „Kontingent" völlig absorbiert wird durch die militärische

[78] Daß hierüber zwischen den Einzelstaaten eine Abrechnung erfolgt, was Laband II, 566, Archiv III, 521 als Argument dafür anführt, daß doch jeder Deutsche eigentlich seinem Staat die Dienstpflicht leiste, ist nichts weiter als eine notwendige Konsequenz des Satzes, daß die Rekruten von den Einzelstaaten pro rata zu stellen sind (RV. Art. 60). Daß jener Abrechnungsmodus kein Prinzip repräsentiert, beweist am klarsten der Umstand, daß zwischen Preußen und seinen 22 Annexen von Einzelstaaten keine solche Abrechnung stattfindet.

Formation: nur Württemberg, Sachsen, Baden haben abgeschlossene Armeekorps, Hessen eine abgeschlossene Division, Mecklenburg, Oldenburg, Braunschweig Brigaden.[79]

### III. Die militärische Sonderstellung Bayerns.[80]

Prinzipiell hat Bayern die Militärhoheit ebensogut verloren wie Preußen und die übrigen Einzelstaaten: die Ausnahmestellung, welche die Verfassung in militärischer Hinsicht für Bayern statuiert, geht jedoch so weit, daß Bayern neben dem Reichsheer sein vollkommen selbständiges Sonderheer behalten hat.

1. Was die Grundlagen der Organisation betrifft, so gelten der Grundsatz der allgemeinen Wehrpflicht, sowie die verfassungsmäßigen Grundsätze von der speziellen Dienstpflicht genau ebenso für Bayern wie für das übrige Reich. Das bayrische Heer wird in die gesetzliche Friedenspräsenzstärke eingerechnet; die Ziffer der alljährlich zu stellenden Ersatzmannschaften wird materiell vom Kaiser, formell vom König von Bayern fixiert;[81] das bayrische Heer ist im übrigen ein vollkommen abgeschlossenes Kontingent, jedoch der Gesetzgebung des Reiches in Militärsachen prinzipiell unterworfen (Verf. Vertr. III §. 5 Ziff. III Abs. 1).

2. Das bayrische Heer steht im Frieden unter dem ausschließlichen Oberbefehl des Königs von Bayern, im

---

[79] Laband II, 505; Brockhaus 198 f.

[80] Versailler Vertrag III §. 5 vb. mit den Schlußbest. zu Abschn. XI und XII der Reichsverfassung. Laband II, 504 f., 536 f.; Hänel, Stud. I, 107 ff., 112 ff., 236, 244, StR. I, 487 ff.; Brockhaus 130 ff., bes. auch über Schlußprot. XIV, XVI, 155 ff.

[81] Thudichum 105; Brockhaus 134 f.

Kriege dagegen unter dem Oberbefehl des Kaisers. Mit dem Beginn der Mobilmachung beginnt der kaiserliche Oberbefehl; die Mobilmachungsordre wird formell durch den König gegeben, derselbe ist jedoch verpflichtet, diese Ordre zu erlassen, wenn dieselbe vom Kaiser für das Reichsheer erlassen ist: „auf Veranlassung" des Kaisers, und ist nicht berechtigt, sie von sich aus zu erlassen[82] (Vers. Vertr. III §. 5 Ziff. III Absatz 5). Im Kriege nehmen sodann die bayrischen Truppen die gleiche rechtliche Stellung ein wie alle übrigen Truppenteile. Die Verpflichtung zum Gehorsam gegen den Kaiser im Kriege ist im bayrischen Fahneneid enthalten (Vers. Vertr. III §. 5 Z. IV).[83]

3. Im Frieden werden alle bayrischen Offiziere, auch die Höchstkommandierenden, vom König ernannt,[84] die Dislokation erfolgt nur durch letzteren, das Verordnungsrecht steht gleichfalls dem König zu, bezw. ist demselben durch Spezialbestimmungen der Reichsgesetzgebung mehrfach übertragen. Der König von Bayern ist jedoch verpflichtet, in Bezug auf Organisation, Formation, Ausbildung, Gebühren, Mobilmachung die nämlichen Vorschriften zu erlassen, welche für das Reichsheer gelten (Vers. Vertr. III §. 5 Z. III zweiter Satz: „wird Bayern volle Übereinstimmung herstellen"); der Kaiser hat über die angegebenen Punkte

---

[82] Seydel 1397; Laband II, 536 f.; Brockhaus 145 ff.

[83] Der von Laband, Archiv III, 528 hart bekämpfte Satz: „Rücken also die bayerischen Truppen aus Bayern aus, so bleibt für den König fast gar kein Recht mehr übrig," ist vollkommen richtig.

[84] Ausgenommen für die Festung Neu-Ulm. Nicht richtig Thudichum bei v. Holtzendorff, Jahrb. II, 99 bezüglich der Ernennung der Kommandeure neuer bayerischer Festungen.

sowie über Vollzähligkeit und Kriegstüchtigkeit des bayrischen Heeres das Inspektionsrecht, jedoch muß jede einzelne Inspektion vom Kaiser im Einvernehmen mit dem König von Bayern angeordnet werden (Verf. Vertr. III §. 5 Z. III Absatz 4). Vorgefundene Mängel müssen[85] von letzterem auf erhobenes Monitum des Kaisers abgestellt werden (Verf. Vertr. III §. 5 Z. III: „der Bundesfeldherr — — wird sich mit dem König von Bayern ins Benehmen setzen").

4. Die Bestimmungen der Verfassung über Verhängung des Kriegszustandes gelten für Bayern nicht: einem Reichsgesetz über diese Materie müßte sich jedoch auch Bayern fügen (Verf. Vertr. III §. 5 Z. VI).[86]

5. Hinsichtlich der Bewaffnung, Ausrüstung und der Gradabzeichen hat Bayern „sich vorbehalten", die Einheit zwischen dem bayrischen und dem Reichsheer herzustellen. Die Uniform der bayrischen Truppen dagegen ist eine besondere (Schlußprot. Z. XIV §. 4).

6. Die Disziplinarordnung für das bayrische Heer hat der König kraft seines Oberbefehles am 12. Dez. 1872 konform der für das übrige Reichsheer durch den Kaiser getroffenen, erlassen (bayr. Mil.-V.-Bl. 493).

7. Die Militärverwaltung Bayerns ist vollkommen selbständig, und der bayrische Militäretat wird von den gesetzgebenden Faktoren Bayerns festgestellt, figuriert demnach im Reichsmilitäretat nur als durchlaufender Posten; doch sind

[85] A. A. Laband II, 536, der dies nicht als Rechtspflicht anerkennt; Seydel 1397; Brockhaus 151.

[86] Laband II, 534; Seydel in Stengels Wörterb. I, 160.

die gesetzgebenden Faktoren Bayerns materiell bei Feststellung des Etats an die Normen des Reichsmilitärrechtes gebunden. Ersparnisse der bayrischen Militärverwaltung fallen nicht in die Reichs-, sondern in die bayrische Staatskasse (Vers. Vertr. III §. 5 Z. II).[87] Die Entschädigungen, welche aus dem Militärfiskus für die sog. Friedensleistungen sowie für Rayonbeschränkungen in der Umgebung von Festungen geleistet werden müssen (s. unten im Militärrecht), sind aus der bayrischen Militärkasse zu bezahlen, die Entschädigungen für Kriegsleistungen dagegen sowie für Armierung von Festungen auch für Bayern aus der Reichskasse.

8. Über die Sonderstellung der bayrischen Festungen s. unten im Militärrecht.[88]

### IV. Die Kriegsmarine (RV. Art. 53).[89]

Dieselbe ist in Krieg und Frieden, in Verfassung und Verwaltung eine vollkommene Einheit ohne jegliche Modifikation. Den Oberbefehl führt der Kaiser, dem allein die Mannschaften den Fahneneid leisten. Die verfassungsmäßigen Grundzüge der Organisation sind die gleichen wie beim Landheer, das Militärgesetz findet aber auf die Marine keine Anwendung, und die Präsenzziffer ist nicht

[87] Thudichum 116 behauptet, daß solche Ersparnisse nicht zu allgemeinen Staats-, sondern nur wieder zu speziellen Militärzwecken verwendet werden dürften. Über die ganze Frage des bayerischen Militäretats s. Brockhaus 137 ff.

[88] Brockhaus 134.

[89] Laband II, 499, 617 ff.; Hänel StR. I, 480 ff. Über das Reichsmarineamt u. das Oberkommando der Marine gemäß der Gestaltung durch den kais. Erl. v. 30. März 1889 s. unten S. 272[44].

gesetzlich fixiert. Der Marineetat wird von den gesetzgebenden Faktoren des Reiches festgestellt und zerfällt nicht wie der Militäretat in verschiedene Rubriken. Nur Preußen hatte vor Aufrichtung des Reiches eine Kriegsmarine, und diese wurde in vollem Umfange vom Reich übernommen. Zum Dienst in der Marine ist nur „die gesamte seemännische[90] Bevölkerung des Reiches verpflichtet"; der alljährliche Ersatzbedarf wird vom Kaiser festgestellt und durch den Ausschuß für Seewesen auf die Seeuferstaaten des Reiches (Preußen, beide Mecklenburg, Oldenburg, die 3 Hansestädte) verteilt. Der Kieler Hafen und der Jahde-Hafen sind Reichskriegshäfen, über welche das Reich gemäß den näheren Vorschriften des G. v. 19. Juni 1883 (RGBl. 105) das Verfügungsrecht besitzt. —

Die „allgemeine Begriffskategorie", die Laband zur wissenschaftlichen Erfassung des deutschen Kaisertumes für erforderlich hält, findet er in einer Direktorialstellung nach Analogie derjenigen einer Privatkorporation. Daraus leitet Laband vier Sätze ab: 1. „der Kaiser ist der alleinige, ausschließliche Vertreter des Reiches dritten gegenüber"; 2. „dem Kaiser liegt die Regierung des Reiches ob"; 3. „der Kaiser ist der Verwalter der Machtmittel des Reiches", und 4. er übt die Staatsgewalt in Elsaß-Lothringen aus. Die Sätze 3. und 4. haben mit der „allgemeinen Begriffskategorie" nichts zu thun, sondern sind Spezialrechtssätze. Die Sätze 1. und 2. dagegen sind allgemeiner Natur, Satz 1. aber würde in Satz 2. enthalten und demnach überflüssig sein, falls dieser Satz 2.

[90] Vgl. über diesen Begriff Seydel 1438.

richtig ist. Satz 1. ist für die auswärtigen Verhältnisse in der Verfassung spezialgesetzlich begründet, Satz 2. aber ist in der Verfassung nicht begründet. Das Organ für die „Regierung des Reiches" ist grundsätzlich der Bundesrat, nicht der Kaiser.[91] Ergiebt sich dies schon aus der ganzen staatsrechtlichen Konstruktion des deutschen Bundesstaates, so ist es auch deutlich genug in den allgemeinen Redewendungen von RV. Art. 7 zum Ausdruck gebracht. Dabei entsteht allerdings eine Schwierigkeit, welche zur Labandschen Konstruktion zu drängen scheint, wie denn thatsächlich die Praxis, insbesondere der neuesten Zeit, auch mehr und mehr in diese Bahn eingelenkt hat: die Gestaltung der „Exekutive" im Reich. Keine Verfassungsvorschrift, analog dem Satz der preuß. Verf.-Urk. Art. 44: „der König hat die vollziehende Gewalt", weist dieselbe dem Kaiser zu; nur die „Überwachung" der Reichsgesetze liegt dem Kaiser ob, aber auch diese gemäß Art. 7 in Konkurrenz mit dem Bundesrat. Aber der Kaiser ernennt den Reichskanzler, dieser ist für die Regierungshandlungen des Kaisers verantwortlich, und der Reichskanzler schließt in sich das ganze Behördensystem des Reiches ein. Daraus allein, nicht aus dem privatrechtlichen „Direktor", könnte — von rückwärts — der Labandsche Satz gefolgert werden: der Kaiser hat die Regierung des Reiches. Dennoch muß dieser Satz als mit den Grundlagen unserer Reichsverfassung

[91] Ebenso G. Meyer, Lehrb. 353: „Dem Reichstage gegenüber nimmt der Bundesrat nicht die Stelle eines zweiten Faktors der Repräsentation (Oberhaus), sondern diejenige Stellung ein, welche im konstitutionellen Staate die Regierung besitzt."

in Widerspruch stehend abgelehnt werden.[92] Dann bleibt freilich das bedenkliche Dilemma bestehen: der Bundesrat, das Regierungskollegium des Reiches, hat keinerlei Exekutive; die gesamte Exekutive ist thatsächlich konzentriert in dem vom Kaiser, dem nur einzelne Regierungsrechte, nicht die Regierung als solche zusteht, ernannten Reichskanzler, der die konstitutionelle Verantwortung nur für die kaiserlichen, nicht für die Regierungsakte des Bundesrates trägt.

## §. 8.

## Der Reichstag.[1]

### I. Prinzipielle Erörterung.

Wie in sämtlichen deutschen Einzelstaaten (mit Ausnahme Mecklenburgs), so wurde auch für den deutschen Bundesstaat das konstitutionelle Prinzip grundsätzlich angenommen. Fast mehr noch als ein Kaiser war ein einheitliches deutsches Parlament seit Anfang dieses Jahrhunderts die heiße Sehnsucht der Nation. Es war unter diesen Umständen mehr als der Ausdruck eines richtigen staatsrechtlichen Prinzipes, es war ein Akt höchster politi-

[92] Von politischen Gesichtspunkten aus, die er als „Rechtslogik", „Gewohnheitsrecht" bezeichnet, entwickelt Bornhak im Archiv VIII, 471 ff. eine Theorie des Kaisertums, die der verfassungsmäßigen Grundlage ermangelt.

[1] Laband I §§. 32—38; Meyer, Lehrb. §§. 105, 128 bis 133; Thudichum S. 132 bis 219; v. Mohl 331 ff.; Riedel 31 ff., 110 ff.; Seydel, Komm. 138 ff. u. in Hirths Ann. 1880, 352 ff.; v. Held 118 ff.; Westerkamp 85 ff., 222 ff.; lehrreich und das Niveau der politischen Tageslitteratur überragend: Jolly, Der Reichstag u. die Parteien (1880).

scher Klugheit, daß in allen preußischen Bundesreformentwürfen seit 1848 die Einrichtung eines deutschen Parlaments geradezu in erster Linie steht.

Der deutsche Reichstag ist von allen Reichsinstitutionen diejenige, in welcher der Gedanke der Einheit der Nation am ungetrübtesten und prägnantesten zum Ausdruck kommt. Der Reichstag ist die Vertretung des deutschen Volkes, und jedes einzelne Mitglied des Reichstages ist Vertreter des **ganzen** Volkes (RV. Art. 29): die einzelstaatlichen Grenzen sind in diesem Sinne für den Reichstag nicht vorhanden. Darin liegt der gerade Gegensatz zu dem im Bundesrat zum staatsrechtlichen Ausdruck gelangenden Prinzip der Vertretung der Einzelstaaten. Darum war es von vornherein prinzipwidrig, wenn nach dem ursprünglichen Absatz 2 des Art. 28 auch im Reichstag wie im Bundesrat bei Materien, die nicht dem ganzen Reiche nach der Verfassung gemeinsam sind, die Stimmen derjenigen Abgeordneten nicht gezählt werden sollten, die in Staaten gewählt waren, auf welche die Reichsgesetzgebung in der betreffenden Materie keine Anwendung findet: durch G. v. 24. Februar 1873 (RGB. 45) wurde diese Prinzipwidrigkeit beseitigt.[2]

Der Reichstag ist somit in voller Reinheit ein Organ der über den Einzelstaaten stehenden Centralgewalt.[3]

Die Wahlkreise allerdings sind nach Maßgabe der

[2] Damit ist auch die staatenbundliche Auseinandersetzung von Seydel, Komm. 138—142 zu Art. 28 Abs. 2 u. 29 gegenstandslos geworden.

[3] S. auch Laband I, 272; Jellinek, Staatenverb. 226.

einzelstaatlichen Grenzen cirkumskribiert, und das Wahlgesetz §. 5 Abs. 1 a. E. schreibt vor, daß in jedem Einzelstaat mindestens ein Abgeordneter zu wählen sei. Obwohl dies an sich als ein Verstoß gegen den prinzipiellen Gedanken des Art. 29 der RV. betrachtet werden muß, so empfahl es sich aus praktischen Erwägungen wegen der für die Wahlen zu treffenden, ziemlich komplizierten behördlichen Vorbereitungen. Das Wahlrecht zum Reichstag dagegen ist von den einzelstaatlichen Grenzen völlig unabhängig: jeder Deutsche kann, falls er den übrigen gesetzlichen Voraussetzungen genügt, an jedem Orte sein Wahlrecht ausüben, und es ist hierfür vollkommen gleichgültig, ob er dem betreffenden Einzelstaate staatsrechtlich angehört oder nicht (s. dazu unten S. 218).

Abgesehen von dem bereits erwähnten Grundsatz, daß mindestens in jedem Einzelstaate ein Mitglied des Reichstages zu wählen sei, bildet die Grundlage für die Zusammensetzung des Reichstages der Satz: daß auf je 100,000 Seelen ein Vertreter kommen solle; Bruchteile von über 50,000 sollen für voll gelten. Demnach bestanden für den ehem. Norddeutschen Bund 297 Wahlkreise (Wahlges. §. 5), dazu kamen die süddeutschen Staaten mit 85 (RV. Art. 20 Abs. 2), Elsaß-Lothringen mit 15 Wahlkreisen (G. v. 25. Juni 1873 §. 3), in Summa somit 397, welche Zahl jedoch dem dermaligen Stand der Bevölkerung nicht mehr entspricht.[4]

[4] Das Verzeichnis der Wahlkreise s. im RGB. 1870, 289, 1871, 35, dazu G. v. 20. Juni 1873 (RGB. 144) und Verordn. des Bundesrats v. 1. Dez. 1873

Gegenüber der bisherigen Ausbildung des konstitutionellen Prinzipes in Deutschland zeigt der Reichstag drei bemerkenswerte Neuerungen: 1. der Reichstag ist die **einheitliche** Vertretung des deutschen Volkes; das Zweikammersystem wurde für das Reich nicht angenommen; 2. das Wahlrecht zum Reichstag ist auf breitester demokratischer Basis normiert; 3. die Mitglieder des Reichstages beziehen verfassungsmäßig keine Diäten (s. die nähere Ausführung unten S. 234).

Die Mitglieder des Reichstages sind gemäß den allgemeinen konstitutionellen Prinzipien an Aufträge oder Instruktionen nicht gebunden (RV. Art. 29): von einem „Mandat“ im juristischen Sinne ist keine Rede, die „Vertretung“ des Volkes ist nur eine staatsrechtliche ohne irgendwelche andere Verantwortlichkeit, als welche die Gewählten gegen sich selbst haben.[5]

Die Wahlberechtigten — nur solche — haben das Recht, zum Betrieb der Reichstagswahlen Vereine zu bilden und in geschlossenen Räumen unbewaffnet öffentliche Versammlungen zu halten; nur für Anzeige und Überwachung dieser Vereine und Versammlungen bleibt das Landesrecht maßgebend (Wahlges. §. 17); anderweitige landesrechtliche Vorschriften nach dieser Richtung sind also reichsgesetzlich verboten.[6]

---

(RGB. 373), endlich für Helgoland Ges. v. 15. Dezbr. 1890 (RGBl. 207), V. d. BR. v. 16. Mai 1891 (RGBl. 111).

[5] S. bei Laband I, 273 ff. die eingehende juristische Analyse des „Mandates“ der Reichstagsmitglieder.

[6] Vgl. Laband I, 309 f.

## II. Die Bildung des Reichstages.[7]

Der Reichstag geht hervor aus allgemeinen, direkten Wahlen des Volkes, welche geheim erfolgen müssen (RV. Art. 20).[8]

Zur Durchführung dieses Grundsatzes erging das Wahlgesetz v. 31. Mai 1869 (BGB. 145 ff.), welches inhaltlich auf dem „Reichswahlgesetz" v. 12. April 1849 beruht, auf Grund dessen schon die Wahlen zum „konstituierenden" norddeutschen Parlament erfolgt waren (s. oben S. 22). Das nordd. Wahlgesetz wurde mit der Verfassung gleichzeitig eingeführt in den süddeutschen Staaten und in Elsaß-Lothringen. Eine generelle Ausführungsverordnung des Bundesrates erging am 28. Mai 1870, das sog. Wahlreglement, dessen Abänderung gemäß §. 15 des Wahlgesetzes nur mit Zustimmung des Reichstages rechtlich möglich ist; dazu ein Nachtrag für die süddeutschen Staaten v. 27. Febr. 1871, ein zweiter für Elsaß-Lothringen v. 1. Dez. 1873 (s. oben S. 215 N. 4).

### A. Das Wahlrecht.[9]

I. Dasselbe hat nachfolgende positive Voraussetzungen:

---

[7] Vgl. hierzu v. Mohl: Kritische Bemerkungen über die Wahlen zum Deutschen Reichstag. Tübingen 1874. Seydel in Hirths Ann. 1880, 359 ff.

[8] Über dieses „allgemeine" Wahlrecht existiert eine große politische Litteratur. Ich erwähne nur Gneist, Rechtsstaat (2. A.) S. 318 f. Ob das allgemeine Wahlrecht dauernden Bestand haben kann, mag dahingestellt bleiben; in keinem Falle darf vergessen werden, daß dasselbe einen ungeheuer starken Hebel für die Aufrichtung der deutschen Einheit bildete und darum einen der genialsten Gedanken in dem weltgeschichtlichen Gesamtplane des Fürsten Bismarck darstellt. An dieser historischen Thatsache kann alle Epigonenkritik nichts ändern.

[9] Über die vielumstrittene

1. Reichsangehörigkeit; „jeder Deutsche" (s. dazu unten §§. 11, 12),
2. Wohnsitz in einem Einzelstaate,
3. vollendetes 25. Lebensjahr,
4. männliches Geschlecht (Wahlgesetz §. 1).

II. Ausgeschlossen sind diejenigen Personen, welche:

1. unter Vormundschaft irgend welcher Art stehen,
2. im gerichtlichen Konkurse sich befinden,
3. Armenunterstützung aus öffentlichen oder Gemeindemitteln zur Zeit der Wahl beziehen oder im letztvergangenen Jahre vor derselben bezogen haben,
4. den Besitz der bürgerlichen Ehrenrechte (RStGB. §§. 32 ff.) durch rechtskräftiges Urteil verloren haben (Wahlges. §. 3).[10]

Besteht eines der unter den letzten vier Ziffern ge-

---

Frage, ob das Wahlrecht ein „subjektives" Recht — die Möglichkeit von solchen auf dem Gebiete des öffentlichen Rechtes überhaupt vorausgesetzt — sei, s. Laband I, 308; Jellinek, System d. subj. öff. Rechte S. 130 ff., beide die Frage verneinend: „Wählen ist eine staatliche Funktion, deren Subjekt niemals der einzelne als solcher sein kann. Der ganze Vorgang der Wahl ist ausschließlich durch objektives Recht geregelt, aus dem für niemand ein subjektives Recht sich ableitet" (Jellinek). „Das Wahlrecht ist überhaupt kein subjektives, im individuellen Interesse begründetes Recht, sondern lediglich der Reflex des Verfassungsrechtes" (Laband).

[10] Vgl. Laband I, 290 ff.: Meyer, Lehrb. 327. Das Wahlgesetz hatte bestimmt: wenn die Aberkennung wegen „politischer" Verbrechen oder Vergehen erfolgt sei, so sollten die Ehrenrechte sofort nach verbüßter Strafe oder erfolgter Begnadigung wieder eintreten. Soweit sich der Begriff „politischer" Verbrechen juristisch überhaupt feststellen läßt, ist jene Bestimmung des Wahlgesetzes nach dem RStGB. gegenstandslos, wenigstens für das Wahlrecht; inwieweit sie etwa für die Wählbarkeit praktisch sein könnte, s. Laband I, 292, ferner G. Meyer, Lehrb. 368.

nannten Verhältnisse, so ist auf die Dauer desselben das Wahlrecht nicht vorhanden: also bei Konkurs, bis derselbe auf irgendwelche Art, folglich auch durch völligen Mangel an Aktiven, beendet ist.

III. Ferner kennt das Reichsstaatsrecht noch einen Zustand, während dessen das Wahlrecht quoad jus vorhanden, quoad exercitium nicht vorhanden ist, wo dasselbe „ruht“; dies ist der Fall:

1. bei den Personen des aktiven Dienststandes in Landheer und Flotte, solange dieselben bei den Fahnen sind, ausgenommen jedoch die Militärbeamten, welche wählen dürfen (Wahlges. §. 2, Milit.-G. v. 2. Mai 1874, RGB. 45 §. 49 Abs. 1);
2. bei denjenigen Personen, welche nicht in den Wahllisten stehen (Wahlges. §. 8 Abs. 2 a. E.); s. unten S. 222.
3. bei denjenigen, welche zur Zeit der Wahl sich nicht im Wahlkreis ihres Wohnsitzes befinden („wo er seinen Wohnsitz hat“, Wahlges. §§. 1 a. E. u. 7).[11]

### B. Die Wählbarkeit.[12]

I. Die Wählbarkeit ist von den nämlichen Voraussetzungen bedingt wie das Wahlrecht: diejenigen Personenkategorieen, welche das Wahlrecht quoad jus nicht haben bezw. gesetzlich ausgeschlossen sind, sind auch nicht wählbar;

[11] Ein Preuße kann in München wählen, wenn er dort seinen Wohnsitz hat, ohne Bayer zu sein, aber nicht, wenn er z. B. der Wahl sich nur auf der Durchreise daselbst befindet. Über den „Wohnsitz“ Laband I, 289[1]; Seydel in Hirths Ann. 1880, 362[4].

[12] Vgl. über den rechtlichen Charakter der Wahl die anregende Untersuchung von Jellinek, System der subjekt. öff. R. S. 158 ff.

diejenigen dagegen, deren Wahlrecht ruht, sind wählbar (Moltke). Außerdem ist zu den Voraussetzungen des Wahlrechtes nur noch die eine gefügt: Staatsangehörigkeit in einem der deutschen Einzelstaaten seit mindestens einem Jahr, vom Wahltage rückwärts gerechnet, dagegen ist Domizil im Reichsgebiet nicht erforderlich (Wahlges. §. 4).

II. Nicht wählbar in den Reichstag sind:

1. die Souveräne; die auf solche fallenden Stimmen sind ungültig;
2. deren Vertreter im Regierungskollegium des Reiches, dem Bundesrat (RV. Art. 9);[13] die auf solche fallenden Stimmen sind jedoch nicht ungültig, da die Mitgliedschaft im Bundesrat niedergelegt werden kann, dann wäre die Wahl in den Reichstag gültig.[14]

III. Die Mitgliedschaft des Reichstages erlischt:

1. durch Verlust einer der Voraussetzungen der Wählbarkeit; der Verlust tritt zwar ex lege ein, jedoch bedarf es einer formellen Ungültigkeitserklärung, bis zu welcher Sitz und Stimme im Reichstag juristisch bestehen bleiben (GO. §. 8);[15]
2. durch Verzicht kraft ausdrücklicher Erklärung (GO. §. 66);
3. durch Annahme eines besoldeten Staatsamtes bezw. Beförderung in ein mit höherem Rang oder höherem Gehalt verbundenes (RV. Art. 21 Abs. 2);[16]

---

[13] Die preuß. V.-U. schließt auch die Mitglieder der Oberrechnungskammer aus: Art. 74 Abs. 2. Das Reichsrecht enthält diese Vorschrift nicht, die ratio legis ist aber hier wie dort die gleiche.

[14] Laband I, 293; Seydel in Hirths Ann. 1880, 366[4]; G. Meyer, Lehrb. 366[5].

[15] Laband I, 316 f.

[16] Preuß. Verf.-Urk. Art. 78 Abs. 3; vgl. Laband I, 317;

4. durch Auflösung des Reichstages (RV. Art. 24);
5. durch Ablauf der verfassungsmäßigen Wahlperiode von 5 Jahren, vom Tage der Wahl an gerechnet (RV. Art. 24, in der Fassung des Ges. v. 19. März 1888, RGBl. 110).[17]

In diesen Fällen ist Neuwahl erforderlich und Wiederwahl des bisherigen Mitgliedes, abgesehen von den sub 1 bezeichneten Fällen, gestattet. —

C. Das Wahlverfahren (Wahlges. §§. 6 ff.).[18]

1. Die Wahl erfolgt in Wahlkreisen (Wahlges. §. 6 Abs. 1); die sämtlichen Wahlkreise sollen durch Gesetz abgegrenzt werden (Wahlges. §. 6 Abs. 4); dies Gesetz ist noch nicht ergangen, somit dermalen noch diejenige Abgrenzung in Geltung, welche für die erstmaligen Wahlen getroffen wurde; diese Abgrenzung hat Gesetzeskraft und könnte eine Abänderung nur durch Gesetz erfahren (Anlage C zum Wahlreglement, Abänderungen durch G. v. 20. Juni 1873, RGBl. 144, u. G. v. 25. Dez. 1876, RGBl. 275). Danach bilden die Staaten Mecklenburg-Strelitz, Sachsen-

---

Seydel a. a. O. 398 ff. (überreiches Material aus der preuß. Praxis).

[17] Thudichum 165 nimmt an, ein aufgelöster Reichstag könne nochmals berufen werden; richtig dagegen Seydel 153; Meyer 330; Laband I, 320. Die Vorschriften des Reichsstaatsrechtes stimmen hier vollständig mit denjenigen des preuß. Staatsrechtes überein; es sind demgemäß für ihre Interpretation auch die Bearbeitungen des preuß. Staatsrechtes von Rönne, Schulze, Bornhak zu vergleichen.

[18] Dazu Ausf.-V. d. BR. v. 31. Mai 1870 („Reglement"); RGB. 275—310. Speziell S. 306 ff. ein Verzeichnis derjenigen Verwaltungsbehörden, welche in den Einzelstaaten mit Durchführung des Wahlreglements betraut sind. Vgl. auch Laband I, 297 ff.

Altenburg, Schwarzburg-Rudolstadt, Schwarzburg-Sondershausen, Waldeck, Reuß ä. L., Reuß j. L., Schaumburg-Lippe, Lübeck, Bremen je einen; Sachsen-Meiningen, Sachsen-Coburg-Gotha, Anhalt je zwei; Sachsen-Weimar, Oldenburg, Braunschweig, Hamburg je drei, Mecklenburg-Schwerin sechs, Hessen neun, Baden 14, Württemberg 17, Sachsen 23, Bayern 48, Preußen 236 Wahlkreise; dazu kommt das Reichsland Elsaß-Lothringen mit 15 Wahlkreisen, sodaß die Gesamtzahl 397 beträgt (Wahlges. §. 5 Abs. 2, ferner Beschl. d. BR. v. 27. Febr. 1871, RGBl. 35 ff., für Bayern V. v. 27. Februar 1871, für Elsaß-Lothringen v. 1. Dez. 1873, RGBl. 373). Für jeden Wahlkreis ist von Staatswegen ein Wahlkommissar zu ernennen.

2. Jeder Wahlkreis ist auf dem Verwaltungswege in Wahlbezirke abzuteilen, deren jeder nicht mehr als 3500 Seelen umfassen, räumlich abgegrenzt und thunlichst abgerundet sein, sowie mit den Ortsgemeinden möglichst zusammenfallen soll (Wahlges. §. 6, Abs. 2 u. 3, Regl. §. 7 Abs. 3). Für jeden Bezirk ist eine Wählerliste[19] aufzustellen (Wahlges. §. 8), welche in alphabetischer Folge die Wahlberechtigten des Bezirks nach Vor- und Zunamen, Alter, Gewerbe, Wohnung nachweist. Diese Wählerliste ist in doppelter Ausfertigung durch den Gemeindevorstand herzustellen (Regl. §. 1); spätestens vier Wochen vor der Wahl ist dieselbe auf mindestens acht Tage zu öffentlicher Einsicht auszulegen, damit jeder Wahlberechtigte durch Kontrolle sein Interesse wahren kann. Der Auslegungstag wird

[19] Vgl. das Formular BGB. 1870 S. 283.

durch die Staatsbehörde bestimmt und ist bekannt zu machen (Wahlges. §. 8 Abs. 2); am 22. Tage von jenem Termin ab ist die Liste durch Unterschrift des Gemeindevorstandes abzuschließen (Regl. §. 4). Innerhalb 8 Tagen nach Beginn der Auslegung kann jedermann[20] gegen den Inhalt der Liste, nicht nur in eigener, sondern auch in fremder Sache schriftlich oder zu Protokoll reklamieren und Aufnahmen oder Streichungen beantragen. Der Antrag ist sofort durch den Gemeindevorstand zu prüfen, spätestens binnen 14 Tagen nach Ablauf der achttägigen Frist durch die zuständige Behörde zu entscheiden und darüber die nötigen Vermerkungen zu machen (Wahlges. §. 8 Abs. 2, Regl. §. 3). Ist binnen Jahresfrist nach der allgemeinen Wahl Neuwahl erforderlich, so bedarf es der Aufstellung einer neuen Liste und der Auslegung nicht (Wahlges. §. 8 Abs. 3).[21]

3. Die Kosten für Vorbereitung und Vornahme der Wahl haben, abgesehen von den Kosten für die Druckformulare der Wahlprotokolle und für die Ermittelung des Wahlergebnisses, die Gemeinden zu tragen (Wahlges. §. 16).

4. Der Tag der Wahlen wird durch kaiserl. Verordnung bestimmt; die Wahlen sind im ganzen Reiche an einem und demselben Tage zu vollziehen (Wahlges. §. 14). Der Kaiser ist dabei nur an folgende verfassungsmäßige Schranken gebunden: a) der Reichstag muß nach RV.

[20] Der Wortlaut giebt also keine Schranke. Der Sinn aber kann doch vernünftigerweise nur sein: jeder wahlberechtigte Deutsche des Bezirks. A. M. Laband I, 306.

[21] Bezüglich der bei Aufstellung der Listen zu bewirkenden Dienstaufsicht s. Laband I, 302².

Art. 13 mindestens alljährlich einmal berufen werden. Ist die fünfjährige Wahlperiode abgelaufen, so müssen demnach die Neuwahlen jedenfalls vom Kaiser so rechtzeitig angeordnet werden, daß jener Vorschrift des Art. 13 genügt werden kann; b) ist der Reichstag aufgelöst, so müssen die Neuwahlen innerhalb der folgenden 60 Tage von der Publikation des Auflösungsdekrets ab angeordnet und der Reichstag innerhalb von 90 Tagen nach der Auflösung berufen werden (RV. Art. 25). Von der Vorschrift, daß die Wahlen im ganzen Reiche an einem Tage zu geschehen haben, darf nur abgegangen werden: a) wenn der Gewählte ablehnt, b) wenn ein Mitglied des Reichstages verzichtet (GO. §. 66), c) wenn der Reichstag eine Wahl für ungültig erklärt und dadurch eine Neuwahl erforderlich wird. Die in diesen Fällen notwendigen Spezialwahlen werden nicht durch den Kaiser, sondern durch die zuständige (Anl. D zum Wahlreglement bezeichnet dieselbe) Landesbehörde angeordnet.

5. Zur Vornahme der Wahl wird von der „zuständigen Behörde" für jeden Wahlbezirk ein Wahlvorsteher ernannt und ein Wahllokal bezeichnet (Regl. §. 8). Die Wahlhandlung ist öffentlich (Wahlges. §. 9 Abs. 1)[22] und hat um 10 Uhr vormittags zu beginnen und ist um 6 Uhr abends zu schließen. Der Wahlvorsteher bildet sich

---

[22] Diese Vorschrift kann vernünftigerweise und dem Zusammenhang des Gesetzes nach nur auf die Wähler des Bezirkes sich beziehen, da nur diese ein berechtigtes Interesse an der Wahlhandlung im Bezirk haben. Andere Personen kann der Wahlvorsteher aus dem Wahllokale hinwegweisen. Auch Laband I, 310 dürfte dieser Meinung sein, indem er sagt: „es wird dadurch die Ordnungsmäßigkeit und Redlichkeit des Verfahrens unter die Kontrolle der Wahlberechtigten gestellt."

mindestens zwei Tage vor dem Wahltermin ein Bureau aus beliebig zu wählenden Personen, die jedoch kein unmittelbares Staatsamt bekleiden dürfen (Wahlges. §. 9). Die Mitglieder dieses Wahlvorstandes sind durch Handschlag an Eidesstatt zu verpflichten (Regl. §§. 10, 12).

6. Die Stimmabgabe geschieht durch Zettel, die in eine Urne gelegt werden (Wahlges. §. 10). Das Geheimnis der Stimmabgabe ist durch eine Reihe spezieller Bestimmungen gesichert. Der Wähler muß in Person an der Urne erscheinen, hat Namen und Wohnung anzugeben, wird daraufhin in der Wählerliste aufgesucht und nur, wenn hier der angegebene Name sich findet und die Identität feststeht, zur Stimmabgabe zugelassen; in der Wählerliste ist die erfolgte Stimmabgabe zu vermerken (Wahlges. §. 10 Abs. 1, Regl. §§. 15, 16). Die Stimmzettel müssen von weißem Papier sein, dürfen kein äußeres Kennzeichen tragen und nicht im Wahllokal selbst geschrieben oder hergestellt werden (Wahlges. §§. 10 Abs. 2, 11): weder dürfen sie eine Unterschrift haben, noch dürfen sie ungefaltet oder so gefaltet sein, daß der Inhalt gelesen werden kann. Vorschriftswidrige Zettel sind vom Wahlvorsteher zurückzuweisen; Streitigkeiten hierüber entscheidet der Wahlvorstand (Wahlges. §§. 10, 13). Gedruckte oder sonst auf dem Wege der Vervielfältigung hergestellte Stimmzettel, die nur den Namen des zu Wählenden tragen, sind den gesetzlichen Vorschriften über „Druckschriften", speziell denjenigen der Preßgesetzgebung, nicht unterworfen (Ges. v. 12. März 1884, RGBl. 17). Im Wahllokal dürfen weder Ansprachen gehalten werden, noch darf Diskussion stattfinden (Regl. §. 13).

7. Der Schluß der Wahl ist durch den Wahlvorsteher offiziell zu verkünden (Regl. §. 17). Daraufhin erfolgt Zählung der im Bezirke abgegebenen Zettel und Feststellung des Resultates für den Wahlbezirk; alle Stimmzettel, welche mit äußeren Kennzeichen versehen oder nicht von weißem Papier sind, welche keinen oder keinen lesbaren oder mehrere Namen oder den Namen einer nicht wählbaren Person oder einen Namen mit Protest oder Vorbehalt enthalten, sind als ungültig auszuscheiden (Regl. §. 19) und dem Protokoll beizuheften; die übrigen sind versiegelt aufzubewahren.

8. Das Wahlresultat des Bezirks[23] sowie die Wahlakten sind dem von Staatswegen ernannten Wahlkommissar (Regl. §§. 24 ff.) des Wahlkreises zu übermitteln; die Wahlakten sind versiegelt aufzubewahren, bis der Reichstag über die Wahl definitiv entschieden hat. Der Wahlkommissar hat spätestens nach Ablauf des dritten Tages nach dem Wahltage das Wahlresultat unter Zuziehung einer Kommission von 6—12 Wählern, die kein unmittelbares Staatsamt bekleiden, in öffentlicher Verhandlung festzustellen und zu verkündigen (Regl. §§. 26 ff.). Das Wahlprotokoll ist dem Reichstag einzuhändigen, Stimmzettel, die für ungültig erklärt worden sind, sind beizufügen, die übrigen vom Wahlvorsteher solange versiegelt aufzubewahren, bis der Reichstag über die Wahl entschieden hat (Regl. §. 13 Abs. 2). Gewählt ist, wer die absolute Mehrheit der abgegebenen Stimmen auf sich vereinigt hat, d. i. mindestens eine Stimme über die Hälfte der sämt-

[23] Vgl. das Musterprotokoll BGBl. 1870, S. 285.

lichen abgegebenen gültigen — die ungültigen sind vorher auszuscheiden — Stimmen bekommen hat.

9. Ist dieses Resultat nicht erzielt worden, so hat engere Wahl, die sog. „Stichwahl", stattzufinden, d. h. es ist die begonnene Wahlhandlung in der Weise fortzusetzen, daß vollständige Neuwahl in Beziehung auf die Stimmabgabe der Wähler stattfindet, jedoch mit der Beschränkung, daß nur diejenigen beiden Kandidaten wählbar sind, welche bei der ersten Wahl die relativ meisten Stimmen auf sich vereinigt haben (Wahlges. §. 12, Regl. §. 29 ff.); ungültig sind bei der engeren Wahl demnach alle Stimmzettel, die einen anderen als den Namen eines dieser beiden Kandidaten tragen. Die engere Wahl ist vom Wahlkommissar spätestens binnen 14 Tagen nach der Ermittelung des erstmaligen Wahlergebnisses anzuordnen; sie ist juristisch nur Fortsetzung der ersten Wahl, darum sind die für diese getroffenen Vorbereitungen ohne weiteres auch für sie maßgebend.[24] Ergiebt sich bei der engeren Wahl Stimmengleichheit, so entscheidet das durch den Wahlkommissar zu ziehende Los.

10. Der Wahlkommissar hat den Gewählten von der auf ihn gefallenen Wahl in Kenntnis zu setzen und damit die Anfrage, ob er die Wahl annehme, sowie für den Bejahungsfall, insofern nicht Notorietät besteht, die Auf-

[24] Gegen dieses Stichwahlsystem, welches z. B. bei der Reichstagswahl von 1890 zur Folge hatte, daß in Baden diejenige Partei, für welche überhaupt die meisten Stimmen abgegeben waren, keinen Kandidaten durchgesetzt hatte, richtet sich eine in ihrer Schärfe wachsende politische Kritik. Über das System der Proportionalwahlen, mit dem man da und dort Experimente gemacht hat, s. Rosin: Minoritätenvertretung.

forderung zu verbinden, die hinsichtlich der Wählbarkeit nach dem Gesetz erforderlichen Nachweise zu erbringen. Für Abgabe dieser Erklärung ist gesetzlich eine Frist von 8 Tagen gesetzt;[25] bleibt die Erklärung binnen dieser Frist aus, so gilt dies als Ablehnung; das Gleiche ist rechtens bei bedingter Annahme.

11. Zum Schutz des Wahlrechtes[26] enthält das Reichsstrafgesetzbuch mehrere Bestimmungen gegen Wahlbeeinflussung (§§. 107—109 und 339)[27]. Wahlbeeinflussungen, welche nicht unter ein Strafgesetz fallen, sind rechtlich erlaubt, mögen sie moralisch noch so verwerflich sein. Wahlbeeinflussungen durch amtliche Organe sind vom Reichstag mehrfach als legitimer Grund zur Ungültigkeitserklärung von Wahlen betrachtet worden.[28]

12. Die definitive Entscheidung über die Gültigkeit einer Wahl erfolgt nur durch den Reichstag selbst (RV. Art. 27, erster Satz). Proteste gegen eine Wahl können dem Reichstag bis zum Ablauf des 10. Tages nach seiner Eröffnung eingereicht werden, bei Nachwahlen bis zum Ablauf des 10. Tages nach Feststellung des Wahlergebnisses (GO. §. 4). Auf Verlangen des Reichstags sind

[25] Über die Möglichkeit, daß der Reichstag eine verspätete Annahmeerklärung für gültig hält, s. — bejahend — Laband I, 307[3], verneinend Seydel in Hirths Ann. 1880, 384[2].

[26] S. die vortreffliche Darstellung bei Laband I, 308 ff.

[27] Die Vorschriften des preuß. G. v. 13. Mai 1873, betr. die Grenzen des Rechtes zum Gebrauche kirchlicher Straf- u. Zuchtmittel, §§. 2, 3, sind aufgehoben durch G. v. 29. April 1886, Art. 4. Über die Vorschriften des RStGB. s. v. Liszt, Lehrb. d. Strafrechts 530 ff., sowie die bei Laband I, 311 cit. strafrechtliche Litteratur.

[28] v. Mohl a. a. O. 49 ff.; Seydel in Hirths Ann. 1880, 389 ff.; Laband I, 312[1].

durch den Wahlkommissar die Wahlakten einzusenden. Die Prüfung der Wahlen durch den Reichstag geschieht in folgender Weise: Jeder Abteilung des Reichstages (s. darüber unten S. 236) wird durch das Los eine Anzahl von Wahlen zur Prüfung überwiesen; ergiebt sich kein Anstand, so wird dies lediglich durch den Präsidenten dem Reichstag mitgeteilt; ist die zehntägige Einspruchsfrist verstrichen, so sind diese Wahlen definitiv gültig (GO. §. 7). Sind dagegen Anstände vorhanden, so ist in folgenden Fällen die Sache an die Wahlprüfungskommission (s. darüber unten S. 245), die für jede Sitzungsperiode neu zu wählen ist, abzugeben: 1. bei Vorliegen von rechtzeitigen Wahlprotesten; 2. wenn die Wahl durch Mehrheitsbeschluß der Abteilung für zweifelhaft hinsichtlich der Gültigkeit erklärt wurde; 3. wenn 10 Mitglieder der Abteilung einen aus dem Inhalt der Wahlverhandlungen abgeleiteten, speziell zu bezeichnenden Zweifel gegen die Gültigkeit der Wahl erheben (GO. §. 5). Die Wahlprüfungskommission hat sodann dem Reichstag behufs definitiver Beschlußfassung Bericht zu erstatten. Die Abteilungen können übrigens immer an den Reichstag Bericht erstatten, auf Grund dessen dann formeller Beschluß gefaßt wird (§. 6).[29] Bis zur Ungültigkeitserklärung einer Wahl hat

[29] Neuerdings wird lebhaft die Forderung erhoben, die Prüfung der Gültigkeit der Wahlen einem unabhängigen Gerichtshofe zu übertragen, so insbesondere von Jellinek: ein Verfassungsgerichtshof, sowie derselbe: System der subj. öff. Rechte S. 159. Eine interessante Verwirklichung dieses Gedankens enthalten die Bestimmungen der neuen preußischen Selbstverwaltungsgesetzgebung, durch welche das Oberverwaltungsgericht — allerdings nur unter bestimmten Voraussetzungen — als Wahlprüfungs-Gerichtshof bestellt wurde. Die Jellinek'sche Forderung hängt zusammen mit der von diesem Schriftsteller entwickelten Theorie

der Gewählte Sitz und Stimme; bei Beanstandung einer Wahl darf das beteiligte Mitglied nicht über die Gültigkeit der Wahl mitabstimmen (GO. §. 8).

### III. Die persönliche Rechtsstellung der Reichstagsmitglieder.[30]

1. Mitglieder des Reichstags dürfen niemals wegen ihrer Abstimmung oder wegen der in Ausübung des parlamentarischen Berufes gethanen Äußerungen zur Rechenschaft gezogen oder gerichtlich oder disziplinarisch verfolgt werden (RV. Art. 30; RStGB. §. 11);[31] sie sind für die Ausübung ihrer Rechte im Reichstag niemandem irgendwie im juristischen Sinne verantwortlich.[32] Es besteht keine Haft-

der subjektiven öffentlichen Rechte. Jellinek spricht dem Gewählten ein subjektives Recht zu, jedoch nur, wenn ein Gericht den Streit darüber zu entscheiden habe, andernfalls sei nur ein „Reflex objektiven Rechtes“ vorhanden. Ich halte diese Konstruktion nicht für möglich.

[30] Vgl. zum folgenden Heinze: Die Straflosigkeit parlamentarischer Rechtsverletzungen und die Aufgabe der Reichsgesetzgebung (1879); Schleiden: Die Disziplinar- u. Strafgewalt parlamentarischer Versammlungen über ihre Mitglieder (1879); Fuld im Gerichtssaal B. 35, 529 ff.; Archiv f. öff. R. IV, 341 ff. u. besonders die lehrreiche Schrift von Seidler: Die Immunität der Mitglieder der Vertretungskörper nach österreich. Recht (1891). Die von letzterem Schriftsteller gegebene historische Entwickelung des englischen u. französischen Rechtes, sowie die vergleichende Darstellung der geltenden Gesetzgebungen ist sehr wertvoll und dankenswert. S. auch Laband I, 330.

[31] Meyer, Lehrb. 274 ff., 376 ff.; Seidler 79 ff., bes. über die Frage, ob außerparlamentarischen Instanzen überhaupt ein Recht der Beurteilung parlamentarischer Verhandlungen zustehe, welche Seidler mit Recht bejaht, entgegen einem Erk. d. Reichsger. v. 5. Juli 1881. Über die früheren Streitfragen des preuß. Staatsrechts s. Rönne, Pr. StR. I, 299 ff.; Schulze, Pr. StR. §. 161; G. Meyer, Lehrb. 275. Durch das RStGB. ist jeder Streit unmöglich gemacht.

[32] Daß das Privileg auch für die Arbeiten der Abteilungen, Kommissionen, Enqueten besteht,

barkeit der Reichstagsmitglieder für ihre parlamentarische Thätigkeit als nach Maßgabe der Geschäftsordnung.[33] Die Bestimmungen der letzteren haben keine Gesetzeskraft, sondern sind lediglich ein Ausfluß der dem Reichstag durch RV. Art. 27 nach dieser Richtung eingeräumten Autonomie; somit gilt formell die Geschäftsordnung nur für denjenigen Reichstag, der sie sich gegeben hat; doch ist die vom I. norddeutschen Parlament aufgestellte, i. J. 1876 neu redigierte Geschäftsordnung bis jetzt von jedem neuen Reichstag angenommen worden.[34] Darnach werden Redner, welche die in den §. 42 ff. der GO. gegebene Redeordnung verletzen, vom Präsidenten unter Nennung des Namens darauf zurückgewiesen. Gegen den Ordnungsruf ist schriftlicher Rekurs an den Reichstag gestattet, der in der nächsten Sitzung ohne Diskussion und nur über die Berechtigung des Ordnungsrufes entscheidet (§. 60). Ist der Redner zweimal zur Ordnung gerufen und verletzt in der nämlichen Rede die Ordnung abermals, so kann ihm durch Beschluß des Reichstages auf Anfrage des Präsidenten ohne Debatte das Wort entzogen werden, wenn er zuvor auf diese Folge hingewiesen wurde (GO. §. 46).[35] Nie-

ist unzweifelhaft: Seidler 85. Eine Befreiung von der Zeugnispflicht liegt jedoch darin nicht: Seidler 93 ff., da Privilegien strictissime zu interpretieren sind.

[33] Die neueste Fassung der Geschäftsordnung v. 10. Februar 1876 s. bei Hirth, Ann. 1877, S. 490 ff.

[34] Vgl. Laband I, 320 f.

[35] Über die Unzulänglichkeit dieser sog. Disziplin, speziell des Ordnungsrufes s. bes. Heinze 36 ff. Ein Versuch der Regierung i. J. 1879, die Reichstagsdisziplin durch Staatsgesetz zu ordnen, was ganz unzweifelhaft rechtlich zulässig wäre, scheiterte am Widerspruch des Reichstages; eine Kommissionsberatung des letzteren über Verschärfung der Geschäftsordnung blieb gleichfalls resultatlos. Das englische

mand darf reden, ohne vom Präsidenten das Wort erhalten zu haben (§. 42); die Rednerliste wird von den Schriftführern geführt; die Zulassung zum Wort erfolgt nach der Reihenfolge der Meldung (§. 47), nur zur Geschäftsordnung sofort; persönliche Bemerkungen können nur zum Schluß der Debatte, „faktische" Bemerkungen garnicht gemacht werden (§. 44); abgelesen werden dürfen Reden nur von der deutschen Sprache nicht mächtigen Rednern (§. 45 Abs. 2).

2. Beamte bedürfen zum Eintritt in den Reichstag keines Urlaubs (RV. Art. 21 Abs. 1).[36] Unter Beamten sind jedenfalls alle Staats- und Kommunalbeamte, keinenfalls die „Privatbeamten" zu verstehen, ob Kirchendiener, ist zweifelhaft, aber nach der richtigen Ansicht zu verneinen,[37] ob Offiziere, ist gleichfalls zweifelhaft, aber nach der richtigen Ansicht zu bejahen.[38] Beamte haben lediglich ihrer vorgesetzten Behörde die erforderliche Anzeige zu erstatten, ein Hindernis darf ihrem Eintritt nicht entgegengestellt werden. Ein Gehaltsabzug ist nach dem Sinn der Verfassung als unstatthaft zu erachten; das Gleiche ist für Stellvertretungskosten anzunehmen.[39]

---

wie das französische Recht sind viel strenger: beide gestatten Haft und Ausschließung als Disziplinarstrafen. Vgl. Sten. Ber. d. Reichst. 1879, S. 247 ff.

[36] Nach dem Entw. der nordd. BV. sollten Beamte garnicht wählbar sein, vgl. hierzu v. Martitz 79 ff.

[37] So auch Meyer, Lehrb. 368 f.; vgl. die Zusammenstellung der Meinungen 369[7].

[38] Ebenso Laband I, 420; a. A. G. Meyer, Lehrb. 369[8].

[39] Vgl. Laband I, 312[2]. Für Reichsbeamte ist der im Text bezeichnete Satz positiv anerkannt durch das Reichsbeamtengesetz v. 31. März 1873, §. 14 Abs. 2. Vgl. weiter Seydel, Komm. 144; Hiersemenzel 84; Thudichum 154; v. Martitz 82; Riedel 112. Über die berühmte Streitfrage der Stellvertretungs-

3. Während der Sitzungsperiode[40] kann kein Mitglied des Reichstags ohne dessen Genehmigung[41] wegen einer mit Strafe bedrohten Handlung zur Untersuchung gezogen oder verhaftet werden, außer wenn es bei Ausübung der That oder im Laufe des nächstfolgenden Tages ergriffen wird (RV. Art. 31 Abs. 1).[42] Der Reichstag hat die auf diese Genehmigung gerichteten Anträge stets abgewiesen. Sind die Verhandlungen nur vertagt, so dauert die Sitzungsperiode fort, und obiger Grundsatz bleibt in Kraft,[43] doch ist durch G. v. 26. März 1893 (RGBl. 133) bestimmt, daß die strafrechtliche Verjährung ruht, solange „auf Grund gesetzlicher Vorschrift die Strafverfolgung nicht begonnen oder nicht fortgesetzt werden kann". Selbstverständlich bezieht sich derselbe jedoch nicht auf Verhaftung eines Reichstagsmitgliedes zur Verbüßung einer rechtskräftig erkannten Strafe.[44]

---

kosten im preuß. Staatsrecht s. Rönne, Preuß. StR. I, 245 ff.; Gerber, Grundz. S. 136.

[40] Die unter 3—5 erörterten strafrechtlichen Privilegien kennt das englische Recht nicht, sie beruhen auf der Gesetzgebung der französ. Revolution und reichen hier noch weiter (Dekl. v. 26. Juni 1790 u. bes. Verfassung v. 22. Aug. 1795, Art. 110—123, jetzt Ges. v. 16. Juni 1875). Das deutsche Reichsrecht ist aus der preuß. Verf.-Urk. Art. 84 übernommen und beruht, vermittelt durch die belgische Verfassung, auf der französischen Entwickelung. Wesentlich enger die schweizerische und niederländische Gesetzgebung. S. darüber die lehrreiche Darstellung von Seidler 15 ff., 43 ff., 57 ff., 60; vgl. auch G. Meyer, Lehrb. 277 ff.

[41] Über den Begriff der „Genehmigung" s. Seidler 108 ff.

[42] Die hierher gehörigen Vorschriften des Ges. v. 21. Okt. 1878 gegen die gemeingefährlichen Bestrebungen der Sozialdemokratie §. 28 Abs. 3 nebst Dekl.-G. v. 31. Mai 1880 sind aufgehoben.

[43] So alle staatsrechtlichen Schriftsteller und der Reichstag selbst, s. Laband I, 330 ff.; G. Meyer, Lehrb. 378. A. A. die Vertreter des Strafrechts, so Binding, Handb. I, 680[22]; Fuld im Archiv f. öff. R. IV, 347.

[44] Der Wortlaut der RV. ist so klar, daß es nur Verwunderung erregen kann, wie im Reichstag bei Anlaß des „Falles Ma-

4. Die Genehmigung des Reichstages ist während der Sitzungsperiode auch erforderlich zur Verhaftung eines Mitgliedes „wegen Schulden oder zum Sicherungsarrest" (RV. Art. 31 Abs. 2. CPO. §. 785 Abs. 1).[45]

5. Auf Verlangen des Reichstages muß jedes schwebende Strafverfahren gegen ein Mitglied, sowie jede Untersuchungs- oder Civil-, nicht Straf-Haft, für die Dauer der Sitzungsperiode aufgehoben werden (CPO. §§. 347, 367, 786; StPO. §§. 49, 72). Es bedarf aber hierfür eines offiziellen Reichstagsbeschlusses, der dies verlangt (RV. Art. 31 Abs. 3).[46]

6. „Die Reichstagsmitglieder dürfen als solche keine Besoldung oder Entschädigung beziehen" (RV. Art. 32).[47] Damit sind nach dem Wortlaut der RV. nicht allein offizielle Diäten ausgeschlossen, sondern alle und jede, sei es auch private „Entschädigung", die im Hinblick auf die Reichtagsmitgliedschaft gegeben wird.[48] Freilich hat dies Verbot an der Unmöglichkeit einer wirksamen Kontrolle eine Schranke, ist auch nicht strafrechtlich geschützt,[49] immerhin kann es die Rechtsfolge haben, daß eine civilrechtliche

junke" i. J. 1874 hierüber so lange debattiert werden konnte. Vgl. auch Meyer, Lehrb. 277[28], 378[16]; Laband I, 332 ff.

[45] G. Meyer, Lehrb. 278.

[46] Laband I, 332; G. Meyer, Lehrb. 378[15].

[47] Vgl. hierzu Laband I, 335 ff.; v. Martitz 77 f.; Seydel, Komm. 161; Thudichum 208; Meyer, Lehrb. 379. Ferner über die Diätenprozesse in Preußen Fuchs im Archiv f. öff. R. II, 123 ff.

[48] Riedel 35 beschränkt den Sinn des Artikels in unzulässiger Weise, wenn er nur Entschädigung „aus öffentlichen Mitteln" darunter subsumiert. Ebenso Thudichum 209; Seydel a. a. O.; Laband a. a. O.; richtig v. Martitz 78.

[49] Thudichum 209 behauptet ganz willkürlich: der Verlust der Mitgliedschaft zum RT. sei die Rechtsfolge einer Verletzung von Art. 32.

Klage, welche auf Leistung einer versprochenen „Entschädigung" gerichtet ist, abgewiesen werden muß, ferner, daß auf Grund des preuß. Allg. Landrechtes solche „Diäten" vom Staat eingefordert werden können.[50] — Die zu freier Fahrt vom Sitz des Reichstags zum Domizilsort während der Sitzungsperiode, sowie 3 Tage vorher und nachher, berechtigende Karte, welche den Reichstagsmitgliedern vom Reiche, das hierfür eine erhebliche Entschädigungssumme an die Eisenbahnen bezahlt, verabfolgt wird, kann mit RV. Art. 32 kaum in Einklang gebracht werden.[51] Die Diätenfrage bildet einen vielerörterten Streitpunkt. Wiederholt hat der Reichstag durch formelle Beschlüsse sich für Diäten ausgesprochen.

7. Wahrheitsgetreue Berichte über Reichstagsverhandlungen sind von jeder strafrechtlichen Verantwortung frei (RV. Art. 22 Abs. 2; RStGB. §. 12). Bruchstücke von Verhandlungen, z. B. einzelne Reden aus einer Sitzung, haben dieses Privilegium nicht.[52]

8. Ein Zwang irgendwelcher Art für die Mitglieder zur Teilnahme an den Sitzungen besteht nicht; das vorhandene Recht ist nach dieser Richtung höchst unvollständig. Urlaub für 8 Tage erteilt der Präsident, für länger nur der Reichstag selbst; Urlaub auf unbestimmte Zeit ist verboten (GO. §. 65).

---

[50] Entsch. d. RGer.-Civ.S. XVI, 89 ff. Laband I, 336; Fuchs im Archiv f. öff. R. II, 121 ff.; vgl. G. Meyer, Lehrb. 380[23].

[51] Laband I, 336[2]; Meyer, Lehrb. 336.

[52] Seydel 149; Laband I, 323; Oppenhoff, Komm. zum StGB. §. 12 N. 6, 7; Fuld in Ann. d. Deutschen Reiches 1887, S. 251 ff. und besonders Heinze S. 21 ff. mit vernichtender Kritik; s. auch G. Meyer, Lehrb. 276. Entsch. d. RGer. in Strafsachen XVIII, 207 ff.

9. Mitglieder des Reichstages dürfen den Geschworenen- und Schöffendienst ablehnen, ebenso die Berufung als Beisitzer eines Seeamtes; zur Vernehmung als Zeuge oder Sachverständiger während der Sitzungsperiode an einem andern Orte als dem Sitze des Reichtages ist Genehmigung des Reichstages erforderlich.[53]

### IV. Die Kompetenz des Reichstages.

1. Der Reichstag hat zunächst das Recht der *Autonomie für seine inneren Verhältnisse* (RV. Art. 27).[54] Kraft dieses Prinzipes entscheidet derselbe über seinen Bestand in der Weise, daß *jede einzelne Wahl geprüft und darüber eine Entscheidung*, sei es von den Abteilungen, sei es vom Plenum, von letzterem entweder in positiver oder in negativer Richtung, gefällt wird (s. hierüber oben S. 229). Kein anderer Faktor hat hieran irgendwelchen Anteil. Kraft des gleichen *Prinzipes wählt der Reichstag, nachdem durch Namensaufruf die Beschlußfähigkeit festgestellt ist, sein Präsidium* (GO. §§. 9 ff.), bestehend aus einem Präsidenten, zwei Vicepräsidenten und acht Schriftführern; die Wahl erfolgt für jede Sitzungsperiode (s. über den Begriff unten S. 243) beim Zusammentritt des Reichstages, für den Präsidenten und die Vicepräsidenten bei Beginn der Legislaturperiode zunächst

---

[53] Ger.Verf.Ges. §. 35 Z. 1, §. 85 Abs. 2; RGes. v. 27. Juli 1877 (RGBl. 551) §. 10; StPO. §§. 49, 72; CPO. §§. 347, 367.

[54] *Jellinek*, Syst. d. subj. öff. R. 161 bestreitet, daß es sich hier um „statutarisches Recht“ handle, „denn parlamentarische Kammern sind keine Korporationen“.

provisorisch auf 4 Wochen, nach Ablauf dieser Frist sowie in den späteren Sitzungsperioden sofort definitiv für die Sitzungsperiode (§. 11).[55] Der Reichstag giebt sich ferner, soweit nicht verfassungsmäßige Vorschriften seine Thätigkeit regeln, seine Geschäftsordnung. Juristisch kann diese selbstverständlich nur auf die Dauer der Wahlperiode von einem Reichstag aufgestellt werden: die vom ersten nordd. Reichstag normierte Ordnung wurde jedoch von allen späteren acceptiert (s. oben S. 231).

Der Präsident leitet die Verhandlungen, vertritt den Reichstag nach außen, erteilt das Wort, stellt die Tagesordnung der Sitzungen in der Regel allein fest und übt die Disziplinargewalt über die Reichstagsmitglieder (s. oben S. 231)[56] sowie die Polizei im gesamten Gebäude (GO. §§. 13, 35, 37, 51, 62). Wer von der Tribüne Zeichen des Beifalls oder Mißfallens giebt, ist zu entfernen, auch können die Tribünen vollständig geräumt werden (§§. 63, 64). Der Präsident ernennt ferner die speziell für den Reichstag notwendigen Beamten und Diener nach Maßgabe

---

[55] Vor der Wahl fungiert als Vorsitzender der Alterspräsident bezw. der bisherige Präsident, GO. §. 1; über die eventuell erforderlichen engeren Wahlen s. §. 9 Abs. 3; für die Wahl der Schriftführer ist nur relative Stimmenmehrheit erforderlich (§. 10).

[56] Hat der Präsident eine Disziplinargewalt über die Mitglieder des Bundesrates? Meyer, Lehrb. 375 [16] verneint die Frage, ebenso der frühere langjährige Präsident Simson (Sten. Ber. 1873 I, 655). Mit Recht, denn die Zuständigkeit des Präsidenten des Reichstages kann sich in disziplinarischer Beziehung logischerweise nur auf die Mitglieder des Reichstages beziehen; ein Einschreiten gegenüber den Vertretern der Regierung ließe sich nur vom Gesichtspunkt der Sitzungspolizei aus juristisch konstruieren.

der hierfür in den Etat aufgenommenen Positionen (GO. §. 14 u. Reichs-Beamt.G. v. 31. März 1873 §. 156), sowie zwei Quästoren aus der Mitte des Reichtages für das Kassen- und Rechnungswesen (§. 16).

2. Die wichtigste Funktion des Reichstages ist die Mitwirkung bei der Gesetzgebung (s. hierüber unten die Lehre von der Gesetzgebung §. 17).

Man hat von der Zustimmung des Reichstages, welche zum Zustandekommen aller Reichsgesetze erforderlich ist, noch eine „Genehmigung" als besondere Art der Mitwirkung des Reichstages für bestimmte Angelegenheiten abgezweigt.[57] Es handelt sich jedoch bei dieser „Genehmigung" staatsrechtlich entweder genau um den nämlichen Akt, wie bei der Zustimmung zu Gesetzen, oder um eine bloße Kontrolle.

Einmal schreibt RV. Art. 11 Abs. 3 „Genehmigung" des Reichstages für die „Gültigkeit" von Staatsverträgen vor, die sich „auf solche Gegenstände beziehen, welche nach Art. 4 in den Bereich der Reichsgesetzgebung gehören", während für den „Abschluß" die „Zustimmung" des Bundesrates gefordert wird. Die Unklarheit dieser Terminologie ist, wie die Verhandlungen über jenen Satz der Verfassung zur Evidenz ergeben, hervorgegangen aus einer völligen Unklarheit über die rechtliche Natur der Staatsverträge. Der dem Satz zu Grunde liegende richtige Gedanke kann nur der sein: falls es sich bei Staatsverträgen um Materien der Gesetzgebung handelt, so bedarf es der für letztere vorgeschriebenen Form, in welcher der zustimmende Beschluß des Reichstages einen Hauptbestandteil

---

[57] Laband I, 278 ff.

bildet. Die Thätigkeit des Reichstages ist somit hier genau die nämliche, wie bei den Gesetzen.[58]

Eine „Genehmigung“ wurde ferner noch in der Praxis erholt und juristisch als selbständiger Akt zu konstruieren versucht bei Überschreitungen des Reichshaushaltsetats. Wenn sich zur Ergänzung des Hauptetats Nachträge als notwendig darstellen, so bedarf es hierfür nach der klaren Vorschrift der Verfassung grundsätzlich ganz ebenso der Form des Gesetzes wie beim Hauptetat; demgemäß wird auch verfahren. Wenn bei Etatsüberschreitungen nur „Genehmigung“ eingeholt wird, so ist das ein abgekürztes Verfahren für den verfassungsmäßig vorgeschriebenen Weg der Gesetzgebung, welches auf dem zum Reichsgesetz erhobenen preuß. Ges. v. 27. März 1872 §. 19 beruht (s. hierüber unten §. 18) und immerhin gegenüber der Verfassung rechtlich bedenklich ist.

Endlich ist hier noch der „Genehmigung“ zu gedenken, welche für Verordnungen des Bundesrates oder des Kaisers durch Spezialgesetze dem Reichstag vorbehalten ist. In der Regel ist diese „Genehmigung“ einfach ein Recht der Kontrolle, das dem Reichstag eingeräumt ist, sogar bis zur eventuellen Außerkraftsetzung von solchen Verordnungen. Soweit es sich um das dem Kaiser für Elsaß-Lothringen gewährte Recht handelt, Verordnungen mit interimistischer Gesetzeskraft zu erlassen, welche dem Reichstag sofort bei seinem Zusammentritt vorzulegen und von ihm zu bestätigen oder außer Kraft zu setzen sind — ein Änderungsrecht ist dem Reichstag nicht gegeben worden —, insoweit handelt es sich

[58] S. hierüber unten §. 19.

lediglich um ein dem preußischen Staatsrecht (pr. VU. Art. 63) nachgebildetes, modifiziertes Gesetzgebungsverfahren (s. unten §. 20); in zahlreichen anderen Fällen erscheint dieses Recht des Reichstages nur als Kontrolle, so für den Retorsionszoll nach Ges. v. 15. Juli 1879 §. 6, für die Abänderung des Wahlreglements für den Reichstag nach Wahlgesetz vom 31. Mai 1869 §. 15 Abs. 2).[59]

Eine staatsrechtlich in besonderer Weise zu behandelnde „Genehmigung" als Form der Thätigkeit des Reichstages besteht somit nicht: die betreffenden Funktionen fallen entweder in das Gebiet der Gesetzgebung oder in das der Kontrolle.[60]

3. Dagegen bildet eine vollkommen selbständige und durch innere Gesichtspunkte zusammengehaltene Gruppe von Funktionen des Reichstages das demselben zustehende Kontrollrecht.

„Es widerspricht schlechterdings der Natur jeder Volksvertretung, sich in der Aufgabe einer Mitwirkung bei der Gesetzgebung zu isolieren. Das hat sie in keiner Phase ihrer historischen Entwickelung geduldet."[61]

Nichts, was Reichssache ist, ist prinzipiell dem Reichstag fremd: kraft dieses Prinzipes kann der Reichstag jederzeit an die Vertreter der Reichsregierung Anfragen und Interpellationen (GO. §. 32 ff.) richten, ein aller-

[59] Weitere Angaben bei Laband I, 280².

[60] Daß sich der staatsrechtliche Begriff der „Genehmigung" in der bisherigen „traditionellen Darstellung des konstitutionellen Staatsrechts" nicht findet, was Laband I, 280 rügt, ist somit in der Sache begründet.

[61] Hänel, Stud. II, 16; vgl. über die historische Entwickelung der englischen Parlamentsverfassung Gneist, Rechtsstaat (2. A.) S. 43 ff. und die Ausführung der hier gegebenen Skizze in den übrigen Schriften Gneists über das englische Staatsrecht.

dings nur moralisches Recht, da demselben keine Pflicht der Beantwortung seitens der Vertreter der Regierung entspricht. Interpellationen sind an den Bundesrat zu richten und dessen Vorsitzenden, dem Reichskanzler, mitzuteilen; sie müssen bestimmt formuliert und von 30 Mitgliedern unterzeichnet sein. Eine Diskussion über Interpellationen darf nur erfolgen, wenn 50 Mitglieder eine solche verlangen; die Stellung eines Antrages ist in keinem Falle dabei zulässig. Immerhin hat das Prinzip darin Ausdruck gewonnen: daß der Reichstag seine kontrollierende Thätigkeit über alle und jede Sphäre des öffentlichen Lebens im Reiche erstrecken kann.[62]

Die allgemeine Kontrolle wird ferner geübt bei der Beratung des Reichshaushaltsetats. Die einzelnen Positionen des letzteren geben die Möglichkeit einer Diskussion aller Mißstände, die sich auf irgendwelchem Gebiet gezeigt haben.

Endlich gehört hierher auch das sog. Petitionsrecht (GO. §. 28). Jedermann kann dem Reichstag auf dem Wege der Petition eine Anregung nach irgendwelcher Seite geben; der Reichstag kann darüber auf Antrag einer Kommission oder von 15 Mitgliedern debattieren (s. auch GO. §. 35 Abs. 2 u. 3) und hierdurch oder durch besondere Beschlüsse, die über Petitionen gefaßt werden, einen Einfluß auf die Regierung geltend machen (RV. Art. 23).[63]

---

[62] Laband I, 285; Seydel in Hirths Ann. 1880, 430; G. Meyer, Lehrb. §. 128.

[63] Das „Petitionsrecht" erklärt Laband I, 283[3] in drastischer Weise für inhaltslos. Formaljuristisch ist dies gewiß zutreffend. Aber dies schließt nicht aus, daß Verhandlungen und Beschlüsse über Petitionen unter Umständen eine welthistorische Bedeutung haben können; eine

Unmittelbares Eingreifen ist dem Reichstag nirgends gestattet. Der Reichstag kann auch den formellen Beschluß fassen, daß ihm über Durchführung eines bestimmten Gesetzes Bericht zu erstatten sei, der Bundesrat seinerseits kann daraufhin zustimmende oder ablehnende Entscheidung geben.[64] Eine Übersicht der vom Bundesrat auf Beschlüsse des Reichstages hin getroffenen Entscheidungen gelangt zur Mitteilung an die Mitglieder und kann unter bestimmten Voraussetzungen zum Gegenstand von „Bemerkungen" im Reichstag gemacht werden (das Nähere s. GO. §. 34).

Die Kontrolle des Reichstages bezieht sich ganz besonders auf die Finanzwirtschaft des Reiches. Nach RV. Art. 72 ist demselben, ebenso wie dem Bundesrat, über die Verwendung aller Einnahmen des Reiches alljährlich durch den Reichskanzler Bericht zu erstatten und Entlastung einzuholen. Der Reichstag hat hierdurch die Möglichkeit einer völlig unbeschränkten Kontrolle der gesamten Finanzwirtschaft des Reiches (s. unten §. 16 B.).

Dazu kommt noch die spezielle Kontrolle, welche dem Reichstag bezüglich aller bedeutenderen, selbständigen Finanzverwaltungen des Reiches vorbehalten wurde, so bezüglich des Reichsschuldenwesens, des Reichskriegsschatzes, des Reichsinvalidenfonds, des Reichsfestungsbaufonds und des Reichstagsgebäudebaufonds: alle diese Verwaltungen haben alljährlich an die Reichsschuldenkommission Bericht zu er-

Illustration hierzu giebt der Beschl. d. amerik. Repräsentantenhauses v. 26. Mai 1836 auf die Petitionen über Abschaffung der Sklaverei (s. Holst, Gesch. d. nordamerik. Freistaaten I, 2 S. 223 ff.).

[64] Zahlreiche Gesetze mit dieser Klausel citiert Laband I, 282[4].

statten, welche aus Abgeordneten des Bundesrates und des Reichstags besteht; diese Delegierten haben an ihre Delegatare zu berichten und letztere jenen Spezialverwaltungen durch offiziellen Beschluß Entlastung zu erteilen (vgl. unten §. 16 B.).

### V. Die Verhandlungen des Reichstages.

1. Der Reichstag ist alljährlich mindestens einmal zu berufen. Die Berufung geschieht durch kaiserliche Verordnung. „Dem Kaiser steht es zu, — — den Reichstag zu berufen, zu eröffnen, zu vertagen und zu schließen“ (RV. Art. 12). Der Kaiser eröffnet in Person oder durch einen Stellvertreter den Reichstag, und in gleicher Weise erfolgt der Schluß desselben. Durch Eröffnung und Schluß ist die Sitzungsperiode („Session“, RV. Art. 26) thatsächlich und juristisch umgrenzt. Nur der Kaiser hat ferner das Recht, den Reichstag zu vertagen; durch Vertagung wird die Sitzungsperiode nur thatsächlich, nicht rechtlich unterbrochen; bei wiederholter Vertagung während der nämlichen Sitzungsperiode, sowie bei einer Vertagung von über 30 Tagen, ist der Kaiser an die Zustimmung des Reichstags gebunden (RV. Art. 26 vb. 12). Wird die Sitzungsperiode geschlossen, so hören damit auch die Arbeiten der Kommissionen auf, und alle noch nicht sanktionierten Vorlagen werden herkömmlich neu behandelt.[65]

[65] Prinzip der „Diskontinuität“ Gesch.-O. §. 70; vgl. Laband I, 318, II, 58; Meyer, Lehrb. 373; über die verfassungsmäßige Bedenklichkeit dieses durch die Gesch.-O. in zweifelloser Überschreitung des ihr gezogenen Rahmens geschaffenen „Prinzips“ s. unten §. 15 in der Lehre von der Gesetzgebung.

Nur auf Grund spezieller gesetzlicher Ermächtigung erachtete man ausnahmsweise eine Fortsetzung der Kommissionsarbeiten für statthaft.[66]

2. Die Verhandlungen müssen verfassungsmäßig öffentlich sein (RV. Art. 22 Abs. 1); Ausschluß der Öffentlichkeit ist verfassungswidrig.[67] Ein in geheimer Sitzung gefaßter Beschluß wäre rechtlich nicht vorhanden.[68] Im Sitzungsgebäude handhabt der Präsident die Polizei; dieselbe kann sich allerdings bis zur Räumung der Tribünen ausdehnen (GO. §§. 62—64).[69]

3. Die Arbeiten des Reichstags vollziehen sich teils im Plenum, teils in Ausschüssen; als solche kommen in Betracht die Abteilungen und die Kommissionen. Beim Zusammentritt jedes neu gewählten Reichstages werden 7 ständige Abteilungen mit möglichst gleicher Mitgliederzahl durch das Los gebildet (GO. §. 2); den Abteilungen liegt insbesondere die Vorprüfung der Wahlen und in der Regel auch die Entscheidung über deren Gültigkeit ob (§. 3).[70] Die Kommissionen werden nach Erfordernis bestellt, sei es dauernd für bestimmte

---

[66] Vgl. G. v. 23. Dez. 1874 (RGBl. 194).

[67] RV. Art. 22 Abs. 1: „die Verhandlungen des Reichstages sind öffentlich". Diesem absoluten Satz gegenüber ist Gesch.-O. §. 36, welcher Ausschluß der Oeffentlichkeit gestattet, nichtig. Übereinstimmend Laband I, 322; Seydel, Ann. 1880, S. 417 ff.; a. A. Meyer, Lehrb. 376[21]; Riedel 112; Thudichum 192.

[68] Laband I, 562; a. A. Seydel 146; Thudichum 192; Riedel 112.

[69] Darin läge ein thatsächlicher Ausschluß der Öffentlichkeit. Daß die Räumung der Tribünen erforderlich werden kann, ist zweifellos. Gegenüber dem uneingeschränkten Grundsatz der Verfassung über die Öffentlichkeit wird in solchem Falle nichts übrig bleiben, als die Sitzung zu unterbrechen.

[70] Vgl. Gesch.-O. §§. 26 ff.

Zweige von Geschäften, sei es für bestimmte einzelne Aufgaben. Dauernde Kommissionen werden bestellt für 1. die Geschäftsordnung, 2. Petitionen, 3. Handel und Gewerbe, 4. Finanzen und Zölle, 5. Justizwesen, 6. den Etat. Die Kommissionen werden gebildet durch Wahl seitens der Abteilungen (§. 26 Abs. 3), und es steht kein Hindernis im Wege, daß ein Mitglied des Reichstages zugleich mehreren Kommissionen angehöre. Die Kommissionen wählen ihren Vorsitzenden und Schriftführer und bestellen in der Regel einen oder mehrere Referenten, die Bericht an das Plenum erstatten, sei es mündlich, sei es schriftlich. Beschlußfähig sind die Kommissionen, wenn mindestens die Hälfte der Mitglieder anwesend ist. Die Sitzungen der Kommissionen sind geheim: nur Reichstagsmitglieder dürfen denselben beiwohnen, falls nicht auch dies durch Plenarbeschluß des Reichstags ausgeschlossen ist (GO. §. 27 Abs. 5). Im übrigen gelten für die Abteilungen und Kommissionen die allgemeinen Vorschriften für den Reichstag, insbesondere auch bezüglich der Teilnahme von Vertretern des Bundesrates (RV. Art. 9),[71] sowie der Unverfolgbarkeit parlamentarischer Äußerungen (RV. Art. 30); dagegen kann die Vorschrift der Verfassung über die Unverfolgbarkeit „wahrheitsgetreuer Berichte" (RV. Art. 22 Abs. 2) auf die Kommissionen und Abteilungen keine Anwendung finden, ist vielmehr ausdrücklich nur für die „öffentlichen Sitzungen des Reichstages", d. i. die Plenarverhandlungen gegeben. Von dem Zusammentritt der Kommissionen und dem Gegen-

[71] Nicht „mit beratender Stimme" „können" (GO. §. 29) Bundesratsmitglieder an den Kommissionssitzungen teilnehmen, sondern ihr Recht beruht auf RV. Art. 9.

stand ihrer Arbeiten muß dem Reichskanzler Mitteilung gemacht werden (GO. §. 29).

4. Alle Vorlagen,[72] welche von seiten des Bundesrates an den Reichstag gelangen, sowie die förmlichen d. i. von 15 Mitgliedern unterstützten und in der durch GO. §. 22 bestimmten Form eingebrachten Anträge von Reichstagsmitgliedern, welche den Charakter von Gesetzentwürfen tragen, sind durch den Präsidenten zum Druck und zur Verteilung zu bringen, sowie weiterhin einer dreimaligen Beratung zu unterwerfen. Die erste Beratung darf frühestens am dritten Tage, nachdem der Entwurf gedruckt und verteilt ist, erfolgen; handelt es sich um Vorlagen des Bundesrates, so werden dieselben zunächst in allgemeiner Weise durch einen Regierungskommissar begründet; Anträge aus der Mitte des Reichstages führt der Antragsteller begründend ein. Auch die Verhandlung trägt bei der ersten „Lesung" nur einen allgemeinen Charakter und die Beschlußfassung erfolgt nur über die Frage: ob der Entwurf im Plenum weiter beraten oder ganz oder teilweise an eine sei es bereits vorhandene, sei es ad hoc zu bestellende Kommission verwiesen werden soll. Mit einfacher Stimmenmehrheit kann der Reichstag beschließen, daß mit der ersten sofort die zweite Beratung verbunden werde. Außerdem darf die zweite Beratung frühestens zwei Tage nach der ersten, falls eine Kommission bestellt und von dieser schriftlicher Bericht erfordert wurde, frühestens zwei Tage nach Verteilung des gedruckten Kommissionsberichtes erfolgen. In dieser zweiten „Lesung" ruht regelmäßig der Schwerpunkt der parlamen-

---

[72] Gesch.-O. §§. 17 ff.; Seydel 427 ff.; Laband I, 325 ff.

tarischen Arbeit. Jedes einzelne Mitglied kann hier Abänderungsanträge stellen. Die Verhandlung und Abstimmung ist bei der zweiten Beratung eine artikelweise. Führt die Abstimmung auf Grund der zweiten Beratung zu allgemeiner Ablehnung, so wird nicht mehr weiter beraten. Andernfalls hat der Präsident die Beschlüsse der zweiten „Lesung" zusammenzustellen und die gedruckte Zusammenstellung den Mitgliedern zuzustellen; frühestens am zweiten Tage nach dieser Zustellung darf dann auf Grund jener Zusammenstellung in die dritte Beratung eingetreten werden.[73] Diese dritte Beratung teilt sich in General- und Spezialberatung; Abänderungsanträge bedürfen bei der dritten „Lesung" der Unterstützung von mindestens 30 Mitgliedern; die Abstimmung erfolgt erst artikelweise, dann über das Ganze des Entwurfes. Werden noch in dritter Beratung Abänderungsanträge angenommen, so ist die Beschlußfassung auszusetzen bis nach erfolgter Zusammenstellung jener Beschlüsse durch das Büreau.

Über Anträge des Bundesrates kann nicht zur Tagesordnung übergegangen werden (§. 53 Abs. 4).

Die Vorlagen des Bundesrates werden im Reichstag durch Mitglieder des Bundesrates oder besondere Kommissare vertreten; erstere können jederzeit das Wort verlangen und müssen sofort, außerhalb der Rednerliste, zum Worte zugelassen werden, auch nach Schluß der Debatte, wodurch diese wieder als eröffnet gilt. Auf die Kommissare werden

[73] Eine Modifikation dieser Bestimmungen kann nach Maßgabe von Gesch.-O. §. 21 erfolgen.

diese Grundsätze geschäftsordnungsmäßig gleichfalls angewendet.[74]

5. Anträge von Reichstagsmitgliedern, welche nicht den Charakter von Gesetzentwürfen tragen, werden in einmaliger Beratung erledigt (GO. §. 23). Alle selbständigen Anträge müssen von mindestens 15 Mitgliedern unterzeichnet sein (GO. §. 22). Im übrigen sind auch solche Anträge nach den Vorschriften für Gesetzentwürfe zu behandeln. Sie können jederzeit zurückgezogen, dann aber von jedem Mitglied ohne Unterstützung wieder aufgenommen werden (§. 24). Über Abänderungsanträge und Anträge auf motivierte Tagesordnung s. noch GO. §§. 49, 50; über Vertagungsanträge und Anträge auf einfache Tagesordnung §. 53.

6. Die Beschlußfassung erfolgt prinzipiell so, daß die absolute Mehrheit der Stimmen entscheidet, d. i. also: 199 Stimmen sind erforderlich zu einem bejahenden Votum, falls alle Mitglieder anwesend sind (RV. Art. 28 erster Satz); Stimmengleichheit ist Ablehnung (GO. §. 51). Gültige Beschlüsse können gefaßt werden, wenn mindestens ein Mitglied über die Hälfte der gesetzlichen Mitgliederzahl des Reichstages („Mehrheit der gesetzlichen Anzahl der Mitglieder") anwesend ist (RV. Art. 28 zweiter Satz).[75] Die Beschlußfähigkeit wird an sich präsumiert; es kann aber zu jeder Zeit von jedem Mitgliede eine Entscheidung hierüber durch Auszählung verlangt werden; ist jedoch das Bureau einstimmig der Ansicht, das Haus sei beschlußfähig,

[74] RV. Art. 16 u. 9; Gesch.-O. §. 43; G. Meyer, Lehrb. 375.

[75] Über den Modus der Abstimmung (Aufstehen u. Sitzenbleiben, ev. Gegenprobe, subev. Zählung) s. GO. §. 55 ff.

so erfolgt trotz gestellten Antrages kein Namensaufruf (§. 54 Abs. 2 u. 3). Namentliche Abstimmung erfolgt auf Antrag von 50 Mitgliedern (§. 57).

7. Über die Verhandlungen des Reichstages[76] müssen Protokolle geführt werden (GO. §§. 38 ff.). Dieselben haben zu enthalten: die gefaßten Beschlüsse in wörtlicher Anführung; die etwa gestellten Interpellationen in wörtlicher Anführung nebst Vermerk über die Beantwortung derselben; die amtlichen Anzeigen des Präsidenten. Die Protokolle müssen vom Präsidenten und zwei Schriftführern vollzogen werden und sind im Archiv des Reichstages aufzubewahren. Sie gelten als genehmigt, wenn kein Mitglied des Reichstags Einspruch erhebt. Sie sind die einzigen offiziellen Urkunden über die Thätigkeit des Reichstages. Außerdem werden noch die stenographischen Berichte in quasi-offizieller Weise behandelt, indem sie nach erfolgter Drucklegung von den Rednern durchgesehen und von den Schriftführern revidiert werden (GO. §. 15); sie sollen einen korrekten wörtlichen Bericht über die ganze Sitzung von Anfang bis zu Ende geben; demnach ist die Vornahme von sachlichen Veränderungen bei der Korrektur unstatthaft.

8. Wenn in der Versammlung störende Unruhe entsteht, so kann der Präsident die Sitzung auf bestimmte Zeit aussetzen oder ganz aufheben. Kann sich der Präsident kein Gehör verschaffen, so bedeckt er sein Haupt, wodurch die Sitzung auf eine Stunde unterbrochen ist (§. 61).

9. Die Verhandlungen des Reichstages sind durch besondere Strafsanktionen geschützt: Zwang gegenüber dem

---

[76] Laband I, 564 f.

versammelten Reichstage wäre mit Zuchthaus eventuell Festung zu bestrafen; nicht minder tritt Zuchthaus- eventuell Festungsstrafe auch ein gegen Personen, die einzelnen Mitgliedern des Reichstages gegenüber bezüglich ihrer Thätigkeit in letzterem Zwang ausüben (RStGB. §. 105: „sprengen, zur Fassung oder Unterlassung von Beschlüssen zu nötigen oder Mitglieder aus ihnen gewaltsam zu entfernen", §. 106: „ein Mitglied — — durch Gewalt oder durch Bedrohung mit einer strafbaren Handlung verhindert, sich an den Ort der Versammlung zu begeben oder zu stimmen").[77]

## §. 9.

### Der Reichskanzler, die Stellvertretungsämter und die übrigen Reichsbehörden.[1]

Die Materien, welche durch die Reichsverfassung und die Nachtragsgesetze zu derselben der Kompetenz des Reiches überwiesen wurden, sind in Bezug auf die Durchführung der hierfür ergangenen Spezialgesetze zu nicht geringem Teile dem bereits bestehenden altbefestigten Behördenorganismus der Einzelstaaten übertragen worden. Nur bezüglich eines Teiles jener Materien wurde ein selbständiger Reichsbehördenorganismus geschaffen. Zutreffend kann man demnach den Unterschied machen: daß das Reich hinsichtlich seiner Kompetenzen teilweise nur Aufsichtsbefugnisse, teilweise aber eine „eigene und unmittelbare" Verwaltung ausübt.[2]

---

[77] Vgl. auch StGB. §. 339, sowie d. Lehrbücher d. Strafrechts.

[1] Laband I, §§. 39—43: Meyer, Lehrb. §. 135, Grundz. §. 13 (bes. S. 88 ff.); Riedel §. 9; Seydel, Komm. 126 ff.; v. Martitz 66 ff.

[2] S. oben S. 108 ff. über die in

Die Entwickelung der Ämterorganisation des Reiches war anfangs in starkem Flusse begriffen, hat aber jetzt einen gewissen Abschluß gefunden, sodaß an der Hand der bisherigen Entwickelung und auf Grund der im Reichstag aus Anlaß des Gesetzentwurfes über die Stellvertretung des Reichskanzlers gepflogenen Debatten[3] die Grundzüge des Reichsbehördensystems mit einiger Sicherheit formuliert werden können.

## A. Der Reichskanzler.[4]

Das Behördensystem des Reiches beruht auf dem Prinzipe strenger Centralisation. Nach der Reichsverfassung konzentriert sich dasselbe in höchster Instanz nur im Reichskanzler. Die staatsrechtliche Stellung des Reichskanzlers hat demnach eine doppelte Seite: derselbe ist einerseits Vorsitzender im Bundesrat und andererseits oberster Chef der Reichsverwaltung.

---

„Selbstverwaltung“ der Einzelstaaten gegebenen Reichsangelegenheiten, S. 109 ff. über die „eigene und unmittelbare Verwaltung“ des Reiches.

[3] Diese Verhandlungen sind für die Erkenntnis des staatsrechtlichen Zustandes des Reiches besonders lehrreich. Sten. Ber. 1878, S. 321 ff. (5. März), 373 ff. (8. März), 401 ff. (9. März), 431 ff. (11. März).

[4] S. Hensel in Hirths Ann. 1882, 1 ff.; Rosenberg, Die staatsrechtliche Stellung des Reichskanzlers (1889); Joël in Hirths Ann. 1878, 402 ff.; Hänel, Stud. II, 24 ff.; Laband I, §. 40. Über die rein preußische Stellung des Bundeskanzlers nach dem Entwurf v. 15. Dez. 1866 s. Hänel StR. I, 339 f. Erst durch den Reichstag empfing der Kanzler seine heutige Rechtsgrundlage, die zugleich die Grundlage des Reichsbehördensystems bildet, s. auch Bornhak im Archiv VIII, 435. Daß dieses Behördensystem nur zur „Beaufsichtigung“ da und somit „einer umfassenden Entwickelung garnicht fähig“ ist, behauptet Hänel StR. I, 340 auf Grund seiner wahrhaft verhängnisvollen Anschauung über den „Grund-

I. Nach RV. Art. 15 steht „der Vorsitz im Bundesrate und die Leitung der Geschäfte“ dem Reichskanzler zu. Die „Leitung der Geschäfte“ kann im Zusammenhang jener Verfassungsbestimmung nur auf den Bundesrat sich beziehen:[5] daß die Leitung der übrigen Reichsgeschäfte dem Reichskanzler zukomme, ergiebt sich nicht aus Art. 15, sondern aus Art. 17 der RV., demnach kann auch die dem Kanzler in Art. 15 eingeräumte Substitutionsbefugnis sich nicht auf die „Leitung der Geschäfte“ des Reiches, sondern nur auf den Vorsitz und die Leitung der Geschäfte im Bundesrate beziehen.[6]

Der Reichskanzler muß nach RV. Art. 15 Mitglied des Bundesrates und zwar preußischer Bevollmächtigter sein.[7] Dermalen ist das Amt des Reichskanzlers nicht

satz“ von RV. Art. 4; s. darüber oben S. 113 f.

[5] Ebenso Laband I, 357: Hänel, Stud. II, 35: Meyer, Lehrb. S. 338[8]; Seydel 122. Eine andere Ansicht suchen Joël und Hensel in den oben N. 4 citierten Aufsätzen zu begründen. Die Joëlsche Ansicht hat auch Fürst Bismarck in der Sitzung des Reichstages v. 5. März 1878 für richtig erklärt (Sten. Ber. 343).

[6] A. A. Joël a. a. O. Dagegen Hänel, Stud. II, 34 f.: „es ist eine vollkommene Verkennung der ganzen historischen Entwickelung, der politischen Bedeutung und Absicht des Gesetzes v. 17. März 1878, wenn man annimmt, daß neben demselben auch noch die Substitutionsbefugnis aus Art. 15 der Verf. für den ministeriellen Geschäftskreis des Reichskanzlers Anwendung finden könne. Dem Art. 15 ist vielmehr durch jenes Gesetz die Bedeutung definitiv zuerkannt, die er ursprünglich zweifellos allein besaß, und die er nach einer wohlbegründeten Meinung niemals verloren hat, wenn sie auch durch den Beschluß zu Art. 18 verdunkelt wurde. Er bezieht sich ausschließlich und allein auf die Substitution des Reichskanzlers im Präsidium des Bundesrates“.

[7] Die Begründung dieses Satzes s. oben S. 160 f.; vgl. dazu auch Rosenberg 12: Laband I, 253 ff., 351 ff.; dagegen Hensel 10 f.

mehr verbunden mit dem des preußischen Ministerpräsidenten: eine verfassungsmäßige Notwendigkeit für diese Verbindung besteht auch nicht;[8] ist aber der Reichskanzler überhaupt preußischer Minister, so ist es staatsrechtlich unzweifelhaft, daß eine Verantwortlichkeit desselben gegenüber dem preußischen Landtag in Beziehung auf die Vertretung der preußischen Interessen im Bundesrat nach Maßgabe des preußischen Staatsrechtes begründet ist;[9] der Reichskanzler ist in diesem Falle zugleich preußischer Minister für die Reichsangelegenheiten.

---

[8] Politisch dagegen dürfte sie unzweifelhaft bestehen, wie dies auch Fürst Bismarck im Reichstag bei jedem Anlaß entschieden betonte; es kommen hier große politische Imponderabilien in Betracht, die sich der kleinen juristischen Formulierung entziehen. Ein Reichskanzler, der nicht fest auf dem preußischen Staatsministerium fußen würde, würde in der Luft schweben; s. Preuß in Tüb. Z. Bd. 45, 446; G. Meyer, Lehrb. 381; vgl. auch Hänel, Stud. II, 60; Laband I, 352.

[9] Laband a. a. O. Ebenso Hänel, Stud. II, 58 ff.: „auch die preußische Vollmacht des Reichskanzlers unterliegt der Instruktion von seiten Preußens unter Verantwortlichkeit des preußischen Ministeriums". Dieser Satz ist grundsätzlich richtig, nur mit der Einschränkung, daß für eine Verantwortlichkeit „des Ministeriums" als Kollegiums ein positiver Rechtssatz nicht auffindbar ist (s. hierüber Zorn, die staatsrechtliche Stellung des preuß. Gesamtministeriums in Festgaben für Konrad Maurer, 1893). Ebensowenig beruht es auf positivem Recht, wenn Hänel weiter ausführt: „aber allerdings, der Reichskanzler gewinnt aus seinem kaiserlichen Amte das Recht und die Pflicht, einer Instruktion der preuß. Stimme, die den Gesichtspunkten der unter seiner Verantwortlichkeit geführten Reichspolitik widerspricht, und die ihn lediglich als preuß. Bevollmächtigten binden würde, Weigerung und Widerspruch entgegenzusetzen". Weder aus der Verfassung noch aus der Spezialgesetzgebung läßt sich dieser Satz begründen; er mochte für des Fürsten Bismarck weltgeschichtliche Persönlichkeit als selbstverständlich erscheinen; die Verfassung kennt weder für den Kaiser noch für den Kanzler die von Hänel in jenem Satze vorausgesetzte selbständige staatsrechtliche Stellung im Bundesrate.

Über die Stellvertretung des Reichskanzlers im Bundesratspräsidium s. oben S. 161 f.

II. Nach RV. Art. 17[10] *bedürfen die vom Kaiser namens des Reiches erlassenen Anordnungen und Verfügungen „zu ihrer Gültigkeit der Gegenzeichnung des Reichskanzlers, welcher dadurch die Verantwortlichkeit übernimmt“.*[11] Im Lichte der allgemeinen konstitutionellen Prinzipien betrachtet, besagt jene Verfassungsbestimmung, daß der Reichskanzler verantwortlicher, und zwar nach der Verfassung der einzige verantwortliche Minister des Reiches ist. Eine Anomalie gegenüber den allgemeinen konstitutionellen Prinzipien liegt jedoch nur insofern vor, als der Kanzler nicht, wie die Minister im Einheitsstaat, vom Souverän ernannt wird, sondern vom Kaiser, dem dieses Recht verfassungsmäßig delegiert ist (RV. Art. 15), ohne daß der Bundesrat, der Repräsentant der Souveränetät, daran irgend welchen Anteil hätte. Dem Kaiser sind demnach diejenigen Kompetenzen bezüglich der laufenden Verwaltung, welche im monarchischen Einzelstaate dem Souverän zukommen, insoweit übertragen, als derselbe den obersten Chef der Reichsverwaltung und ferner die demselben zuzuordnenden Beamten ernennt (RV. A. 18, s. ferner unten §. 10, S. 290 ff.). Die Verantwortlichkeit des Kanzlers erstreckt sich demgemäß

---

[10] Der Entwurf der nordd. Bundesverfassung hatte diesen Artikel nicht. Über die Entstehungsgeschichte des Art. 17 aus einem Antrage v. *Bennigsen* s. *Bornhak* im Archiv f. öff. R. Bd. VIII, 435 ff. u. besonders die ausgezeichnete Darstellung von *Hänel* StR. I, 338 ff., Stud. II, 31 ff.; *Laband* I, 350.

[11] Vgl. hierzu die allgemeinen Betrachtungen bei v. *Mohl* 393 ff.; v. *Held* 130 ff.; die rechtlichen Ausführungen von *Rosenberg* 13 ff. u. bes. *Hänel*, Stud. II, 19 f.

auch nur auf die Regierungshandlungen des Kaisers, nicht dagegen auf diejenigen des Bundesrates; für die letzteren besteht eine konstitutionelle Verantwortlichkeit im Rahmen des Reichsstaatsrechts überhaupt nicht,[12] sondern nur im Rahmen des Landesstaatsrechtes, insofern die einzelstaatlichen Minister ihren Landtagen für die Thätigkeit der einzelstaatlichen Bevollmächtigten zum Bundesrat verantwortlich sind. Der Reichstag aber hat dem Bundesrate gegenüber keine Möglichkeit, eine Verantwortlichkeit geltend zu machen, sondern nur dem Reichskanzler gegenüber.

Materiell kann auf Grund der Reichsverfassung nicht behauptet werden: dem Kaiser sei die Regierungsgewalt im Reiche übertragen; vielmehr kommt dieselbe prinzipiell dem Bundesrat zu, und die dem Kaiser übertragenen Rechte sind nur einzelne, wenn auch noch so wichtige (s. hierüber oben S. 211 f.); formell allerdings ist der Kaiser durch das ihm überwiesene Beamtenernennungsrecht und durch die Verbindung, welche die Reichsverfassung zwischen Kaiser und Reichskanzler herstellt, als Inhaber der Regierungsgewalt neben dem Bundesrat auch juristisch anerkannt. Die Folge dieses eigentümlichen und schwierigen Rechtsverhältnisses ist die, daß der Kaiser unter Umständen verpflichtet sein kann, die Durchführung von Gesetzen zu überwachen (RV. Art. 17), bei deren Beschlußfassung der König von

---

[12] Richtig Joël 410; Seydel 127; Hänel, Stud. II, 48. Auch für „die formelle Verfassungsmäßigkeit der Beschlüsse des Bundesrates über vorgelegte Gesetzentwürfe" kann die von Hänel, Stud. II, 47 geforderte Verantwortlichkeit des Reichskanzlers gegenüber dem Reichstag nicht anerkannt werden.

Preußen im Bundesrat majorisiert wurde; daß ferner die vom Kaiser ernannten Beamten die Verordnungen des Bundesrates ausführen müssen, ganz gleichgültig, ob sie dem Willen des Kaisers entsprechen oder nicht.[13]

Die Verantwortungspflicht des Reichskanzlers ist durch die Verfassung nur auf „Anordnungen und Verfügungen des Kaisers" bezogen, das heißt: sie besteht überhaupt nur in demjenigen materiellen Umfange, der durch die kaiserlichen Kompetenzen begrenzt wird; da der Kaiser aber alle Beamten des Reiches ernennt, so wird durch dieses Recht des Kaisers das Verantwortungsgebiet des Kanzlers geradezu auf die Thätigkeit aller Reichsbehörden erstreckt und dadurch der Umstand, daß für Anordnungen des Bundesrates keine Verantwortungspflicht besteht, praktisch wesentlich eingeschränkt werden. Die Verantwortung richtet sich nach oben und nach unten: sie deckt den als Mitträger der Souveränetät unverantwortlichen Kaiser und deckt andererseits alle untergeordneten Behörden in ihrer Thätigkeit. Indem der Kanzler kraft seiner Verantwortlichkeit verpflichtet ist, die staatsrechtliche Haftung für die untergeordneten Reichsbehörden zu tragen, ist ihm zugleich notwendigerweise das Recht eingeräumt, die Thätigkeit dieser letzteren durch seine Direktiven zu bestimmen.[14] Nur dann kann logischerweise eine Verantwortlichkeit begründet werden, wenn derselben das Recht entspricht, jederzeit in die Funktionen der Behörden, für welche die Verantwortung getragen werden muß, bestimmend einzugreifen.

---

[13] Vgl. Laband I, 344 f.

[14] Treffend Seydel 126; s. auch unten S. 265 f. über Stellvertret. Ges. v. 17. März 1878, §. 3.

Diese allgemeinen Grundsätze für die staatsrechtliche Konstruktion der konstitutionellen Verantwortungspflicht sind anerkannt hinsichtlich der eigentlichen Verwaltungsbehörden, erfahren dagegen eine Modifikation hinsichtlich der Richterbehörden und bestimmter Finanzbehörden. Kraft des Prinzips der Unabhängigkeit des Richteramtes, das als positives Reichsrecht anerkannt ist (GVG. §. 1), ist jedes Eingreifen in die gesetzlich festgeordnete Thätigkeit der Richter durch außenstehende Faktoren verboten. Die Rechtsprechung der Reichsgerichte ist vollkommen selbständig und unabhängig vom Reichskanzler: dem entspricht, daß dem Kanzler keinerlei Pflicht der Verantwortung für die Rechtsprechung obliegt; der Kanzler haftet lediglich dafür: daß die gesetzlich geordneten Gerichte überhaupt bestehen, und daß ihnen die Möglichkeit des Funktionierens geboten ist. Dies gilt für die Gerichte jeder Art, auch Verwaltungs- und Disziplinargerichte. Den Gerichten vollkommen gleichgestellt ist der Reichsrechnungshof. Dem Gedanken der konstitutionellen Verantwortung vollkommen entrückt ist ferner der militärische Oberbefehl (s. darüber oben S. 192).

Bei den selbständigen Finanzbehörden findet gleichfalls kein dirigierendes Eingreifen des Reichskanzlers statt: diese sind vielmehr in Bezug auf ihre „innere Thätigkeit" vollkommen unabhängig. Der Reichskanzler hat demnach für sie gleichfalls nur eine ähnlich beschränkte Haftpflicht, wie hinsichtlich der Richterbehörden, obwohl sie seiner „oberen Leitung unterstellt" sind (s. unten S. 277 ff.). Demnach wird der Reichskanzler allerdings staatsrechtlich befugt sein, diesen Behörden Anweisungen zu erteilen, jedoch nur insoweit, als nicht das Gesetz sie ausdrücklich als selbständig und allein verantwortlich erklärt;[15] für die vom Gesetz unter diesen Grundsatz gestellte Sphäre ihrer Thätigkeit stehen sie den Gerichten gleich, und kann ein dirigierendes Eingreifen des Reichskanzlers nicht stattfinden; für die noch verbleibende Sphäre dagegen stehen sie den Verwaltungsbehörden gleich.[16]

Die „Verantwortlichkeit", wie sie Art. 17 statuiert, ist weder in der Verfassung näher präzisiert noch durch ein Spezialgesetz genauer festgestellt. Man streitet unter den politischen Parteien lebhaft darüber: ob die Verantwortung nur eine „historisch-politische", „moralische" oder eine staatsrechtliche Pflicht sei. Nach allgemeinen Grundsätzen, auf welche zu rekurrieren wir mangels positiver Rechtssätze genötigt sind, ist zuzugeben: die Verantwortung des Art. 17 konstituiert eine Rechtspflicht des Kanzlers, dem Reichstag Rechenschaft über jeden Punkt, der in das Gebiet der Verantwortlichkeit fällt, abzulegen. Daß der Reichskanzler auch dem Bundesrat zur Rechenschaft verpflichtet ist, folgt unzweifelhaft aus der prinzipiellen rechtlichen Natur jenes Organes.[17] Weiter aber reicht die für das Reichsstaats-

---

[15] Vgl. unten S. 277.

[16] Anders konstruiert Laband I, 381 das Verhältnis. Es ist das Verdienst Labands, die staatsrechtliche Eigenart der selbständigen Finanzbehörden besonders hervorgehoben zu haben. Wenn er aber die rechtliche Eigenart darin findet, daß diese Behörden befugt seien, die Anweisungen des Reichskanzlers auf ihre „Übereinstimmung mit den gesetzlichen Vorschriften" zu prüfen, und nur bejahenden Falles dieselben auszuführen verpflichtet seien, so muß doch dieser Grundsatz als für alle Behörden geltend behauptet werden: die staatsrechtliche Eigenart der selbständigen Finanzbehörden liegt in dem im Text bezeichneten Moment.

[17] A. A. Rosenberg 31 auf Grund einer rechtlich nicht haltbaren Konstruktion des Verhältnisses von Kaiser und Bundesrat.

recht statuierte Verantwortlichkeitspflicht nicht: die Verweigerung der Rechenschaft ist mit keinem Rechtsnachteil bedroht, und die Ablage der Rechenschaft kann nicht erzwungen werden. Somit handelt es sich in jedem Falle hier um eine lex imperfecta: freilich ist das hierbei in Frage stehende Problem bis zur Stunde nirgends gelöst und nirgends die Basis für eine zu empfehlende lex perfecta gewonnen.[18]

Der Reichskanzler ist somit nach der Verfassung das verantwortliche Gesamtstaatsministerium des Reiches: alle Reichsbehörden sind — abgesehen von der oben erwähnten Modifikation für die Richter- und bestimmte Finanzbehörden — gleichsam seine „Bureaus" (Laband); ihre Thätigkeit ist in letzter Instanz staatsrechtlich Thätigkeit des Reichskanzlers.

Das unmittelbare Bureau des Reichskanzlers bildet die Reichskanzlei, deren Einrichtung lediglich auf dem Etat beruht (im Etat pro 1877/78 ist der Reichskanzler noch unter dem Titel „Reichskanzleramt" rubriciert, 1878/79 ist der Reichskanzler und sein „Centralbureau" selbständig rubriciert, 1879/80 heißt das Centralbureau: „Reichskanzlei").

---

[18] Andererseits ist das ganz absprechende Urteil Seydels (129 f.) über die Verantwortlichkeit, die eben eine „Phrase" sei, auch nicht gerechtfertigt. Vgl. auch Laband I, 355 f.; Hensel 54; Rosenberg 21 ff., sowie bes. die allgemeine staatsrechtliche Erörterung bei G. Meyer, Lehrb. 208 ff.

## B. Die Stellvertretungsämter (Reichsministerien).[19]

### I. Entstehung und Bedeutung des Stellvertretungsgesetzes.

Das Prinzip, welches die Verfassung hinsichtlich der Verantwortlichkeit des Reichskanzlers aufstellt,[20] hat eine weitgehende Modifikation erfahren durch das hochwichtige Gesetz v. 17. März 1878 (RGBl. 7), betreffend die Stellvertretung des Reichskanzlers.

Die Verfassung sieht, wie oben ausgeführt, eine Stellvertretung des Reichskanzlers nur für den Vorsitz und die Geschäftsleitung im Bundesrat vor, nicht aber für die Geschäfte des Reichskanzlers als des verantwortlichen Reichsministers.[21] Allerdings wurde zweimal auch in diesen Funktionen eine Stellvertretung des Reichskanzlers angeordnet:[22] gegen die Verfassungsmäßigkeit dieser Stellver-

---

[19] Joël bei Hirth, Ann. 1878, S. 761 ff.: Rosenberg 38 ff. Die Bezeichnung „Stellvertretungsämter" hat zuerst der Abg. Hänel im Reichstag gebraucht; es empfiehlt sich, dieselbe für die Theorie des Reichsstaatsrechtes zu acceptieren. Nach dem Wortlaut des Gesetzes v. 17. März 1878, §. 2 kann es zweifelhaft erscheinen, ob die Stellvertretung persönlich oder sachlich gedacht ist (s. darüber unten S. 263 f.): bis jetzt ist die Stellvertretung nur persönlich eingerichtet: die bezüglichen Anordnungen des Kaisers sind im Reichsanzeiger publiziert. Der hohen Bedeutung dieser Angelegenheit für die Entwickelung des Reichsstaatsrechtes würde am besten Rechnung getragen, wenn durch kaiserliche, im Reichsgesetzblatt zu publizierende Verordnung eine Fixierung der jetzt in Betracht kommenden Stellvertretungsämter ohne persönliche Beziehung erfolgen würde, wie dies auch der Abg. Hänel bei der Beratung des Gesetzes im Reichstag beantragt hatte. Obwohl dieser Antrag abgelehnt wurde, erscheint doch seine Ausführung als gesetzlich zulässig.

[20] Über die Verhandlungen im konstituierenden norddeutschen Reichstag s. Hänel, Stud. II, 16 ff.

[21] Anders der erste Verfassungsentwurf Art. 16; s. Hänel, Stud. II, 31 ff.; G. Meyer, Lehrb. 382[5].

[22] Joël 402; vgl. dazu die

tretung aber wurden mit Recht sofort Bedenken erhoben,[23] und da auch nach anderer Richtung sich Bedenken geltend machten, fand die Frage eine gesetzliche Regelung durch das die Verfassung abändernde Gesetz vom 17. März 1878. Dieses Gesetz wurde in der Fassung, in welcher es vom Bundesrat festgestellt worden war, vom Reichstag angenommen und alle Abänderungsanträge entweder zurückgezogen (Beseler) oder abgelehnt (Hänel und andere). Das Gesetz wurde in dieser Fassung angenommen, obwohl die sämtlichen Redner im Reichstag, die in der langgedehnten Debatte das Wort ergriffen, die große Unklarheit und mangelhafte Präzision des vorgelegten Entwurfes hervorhoben; das Gesetz fand trotzdem Annahme, weil 1. Fürst Bismarck erklärte: „es ist nicht ohne schwere Mühe und Arbeit möglich gewesen, im Bundesrat das Maß von Übereinstimmung, dessen Ausdruck die Vorlage ist, herzustellen" (Sten. Ber. 386), und weil man bei neuen Verhandlungen im Schoße des Bundesrates ein Scheitern der Vorlage befürchten mußte;[24] 2. weil von allen der Weiterentwickelung der Reichsinstitutionen im bundesstaatlichen Sinne günstigen Rednern erkannt wurde, daß das Gesetz trotz seiner Unfertigkeit und Unklarheit einen „ungeheuren Fortschritt" enthalte, welcher der künftigen Entwickelung die Wege ebne;[25] weil, wie Fürst Bismarck bemerkte (Sten.

Rede des Abg. Hänel im Reichstag (Sten. Ber. a. a. O. 321 ff.).

[23] Meyer, Lehrb. 383[6] für die Verfassungsmäßigkeit.

[24] Vgl. die Rede des sächs. Ministers v. Nostiz-Wallwitz im Reichstag (Sten. Ber. 391).

[25] „Dieses Gesetz — darüber bin ich außer jedem Zweifel — räumt jetzige verfassungsmäßige Hindernisse weg in der Absicht, daß später sich eine solche Regierung entwickele, wie das Deutsche Reich sie notwendig haben

Ber. 348), das Gesetz „keinen Abschluß für immer“ darstelle, sondern einer „langsamen Fortbildung“ fähig sei.

Die von den Rednern der Mehrheit an das Gesetz geknüpfte Hoffnung hat sich inzwischen wohl bewährt, und thatsächlich wurde auf Grund des Gesetzes eine Anzahl verantwortlicher Reichsminister geschaffen, nur werden dieselben nicht Minister, sondern Staatssekretäre genannt.[26]

### II. Der allgemeine Inhalt des Gesetzes.

1. Nach dem Gesetz kann ein Stellvertreter des Reichskanzlers für dessen gesamten Amtskreis aufgestellt werden (Generalstellvertreter, Vizekanzler), sowie Spezialstellvertreter (s. unten III). Die Ernennung erfolgt in jedem Falle durch den Kaiser „auf Antrag des Reichskanzlers“; mit den letzteren Worten ist lediglich zum Ausdruck gebracht, daß dem Kanzler die

---

wird, damit nicht später dem materiellen Bedürfnis formelle Hemmnisse sich entgegenstellen, wie augenblicklich der Fall ist. Im Hinblick hierauf muß ich dieses Gesetz bezeichnen als eine überaus weitgehende Vollmacht, welche an den Kaiser und an den Reichskanzler erteilt wird, und ich verkenne nicht einen Augenblick die Bedenken, welche gegen die Ausstellung einer solchen Vollmacht vorgebracht werden. Wir legen die zukünftige Organisation des Reiches auch dem Recht nach in die Hand derjenigen Gewalten, die ich eben jetzt bezeichnet habe.“ Abg. Lasker am 8. März 1878 (Sten. Ber. 387). Vgl. G. Meyer, Lehrb. 383 ff.

[26] Hänel, Stud. II, 22: „Allerdings hat das Gesetz die Reichsminister, verdeckt unter dem Namen der Stellvertreter, weder der Zahl noch der Kompetenz nach bestimmt, es hat sie vereinzelt nebeneinander hingestellt, jeden für sich nur in Verbindung mit dem Reichskanzler. Aber ihrer Gestaltung zu festen Ämtern — — steht ein verfassungsmäßiges Hindernis nicht entgegen.“ Dagegen ist der „kollegialische Zusammenschluß“, falls er eine staatsrechtliche Bedeutung haben sollte, allerdings verfassungsmäßig ausgeschlossen.

Initiative in der Regel zukommen solle; dies rechtfertigt sich dadurch, daß der Kanzler auch nach eingerichteter Stellvertretung für deren Gebiet grundsätzlich verantwortlich bleibt (s. unten S. 265), daß demnach die zu ernennenden Stellvertreter dem Kanzler genehm sein müssen; Meinungsverschiedenheiten hierüber zwischen Kaiser und Kanzler können in jedem Moment durch Entlassung des letzteren im Sinne des monarchischen Prinzipes ausgeglichen werden.[27] Der Bundesrat hat auf die Ernennung der Stellvertreter ebensowenig einen Einfluß, wie auf die Ernennung des Reichskanzlers selbst.

2. Die Stellvertretung ist keine obligatorische, sondern eine fakultative Institution („können"); es steht im Ermessen des Kaisers, von der ihm durch das Gesetz verliehenen Vollmacht Gebrauch zu machen oder nicht.

3. Die Stellvertretung hat einzutreten „in Fällen der Behinderung". Nach dem Wortlaut dieser Vorschrift müßte angenommen werden, daß eine spezielle Behinderung zuerst eingetreten sein müsse, ehe die Ernennung von Stellvertretern erfolgen dürfe. In der Praxis haben jene Worte jedoch eine andere Auslegung gefunden,[28] nämlich dahin, daß derjenige „Fall der Behinderung", welcher in erster Linie in Betracht kommt, die ganz außerordentliche Ausdehnung ist, welche der Amtskreis des Kanzlers im Verlaufe der Zeit angenommen hatte; nur sekundär wurde dabei

[27] Joël 766. Die langatmigen Debatten über diesen Punkt im Reichstag waren ganz gegenstandslos.

[28] Ein Antrag des Abg. Beseler wollte die Fassung dahin geändert wissen „für den Fall der Behinderung". Vgl. auch Rosenberg 39.

an Fälle der Behinderung durch Krankheit, Urlaub u. dgl. gedacht. Demnach wurden alsbald ein Generalstellvertreter und mehrere Spezialstellvertreter ernannt und setzten ihre Funktionen fort, gleichgültig, ob der Kanzler beurlaubt war oder nicht. Auch für den Generalstellvertreter wurde diese Interpretation des Gesetzes beliebt: derselbe ist als dauernder Gehilfe des Kanzlers für den Gesamtumfang der Amtsgeschäfte betrachtet worden.[29] Das Amt des Vizekanzlers war, solange es bestand — zur Zeit besteht es nicht —, mit dem des Vizepräsidenten des preußischen Staatsministeriums verbunden, wie früher das des Kanzlers mit dem des Präsidenten: eine gesetzliche Notwendigkeit hierfür besteht dort so wenig wie hier; ebensowenig besteht eine rechtliche Notwendigkeit, daß der Vizekanzler Bevollmächtigter zum Bundesrat sein muß; vielmehr ließe sich sehr wohl denken, daß der Kanzler sich auf die Thätigkeit aus Art. 15 beschränkt, indes der Vizekanzler die Geschäfte aus Art. 17 wahrnimmt.

Der Vizekanzler kann somit als Stellvertreter des Kanzlers vollkommen an Stelle des letzteren fungieren, und zwar gleichgültig, ob dieser letztere ebenfalls amtiert oder nicht. Nur den Vorsitz im Bundesrat an Stelle des Kanzlers hat der Vizekanzler nicht kraft seines Amtes zu führen, sondern nur dann, wenn er hierfür spezielle schriftliche Substitutionsvollmacht erhält (RV. Art. 15 ob. §. 4

[29] Joël 765 hält einen solchen „eisernen“ Generalstellvertreter für gesetzlich unzulässig: Meyer, Lehrb. 339 f.: „eine solche Stellvertretung tritt naturgemäß nur dann ein, wenn der Reichskanzler persönlich behindert ist“. Die Kontrasignatur wurde jedoch bald vom Kanzler, bald vom Vizekanzler vorgenommen (vgl. z. B. RGBl. 1879 Nr. 5, 6 u. 37).

des G. v. 17. März 1878).[30] Die Leitung der Verwaltung des Reiches dagegen und die Kontrasignatur aller Anordnungen und Verfügungen des Kaisers hat der Vizekanzler, soweit der Kanzler nicht selbst thätig wird, kraft seines Amtes. Ist der Kanzler zeitweise ganz aus den Geschäften ausgeschieden, so gehen alle Obliegenheiten des Kanzlers ohne weiteres auf den Vizekanzler über; fungiert dagegen der Vizekanzler neben dem Kanzler, so ist die Verteilung der Geschäfte lediglich in das Belieben des letzteren gestellt, ohne daß hierfür irgendwelche gesetzliche Schranken bestünden.

4. Jederzeit aber ist der Kanzler, gleichgültig ob er beurlaubt ist oder nicht, berechtigt, „jede Amtshandlung auch während der Dauer seiner Stellvertretung selbst vorzunehmen" (§. 3). Diese Bestimmung bezieht sich sowohl auf die General- wie die Spezialstellvertretung. Dieselbe hat nach Maßgabe der Verhandlungen eine mehrfache Bedeutung: einmal legten die Einzelstaaten darauf Gewicht, sodann der Reichstag und endlich insbesondere der Reichskanzler selbst. Letzterem sollte auch dann, wenn die staatsrechtliche Verantwortlichkeit, welche rechtlich aus der Kontrasignatur folgt, von einem anderen getragen würde, doch immer die allgemeine „historisch-politische" Verantwortlichkeit verbleiben;[31] ferner sollten Reichsministerien im gewöhnlichen Sinne des

[30] A. A. G. Meyer, Lehrb. 384[9], dessen Ansicht aber mit §. 4 nicht in Einklang zu bringen ist.

[31] Abg. v. Bennigsen, Sten. Ber. S. 331: „die allgemeine, sozusagen historisch-politische Verantwortlichkeit für den ganzen Gang der Verwaltung, für die Einheitlichkeit derselben, für die Auswahl der Personen bleibt beim Reichskanzler."

deutschen konstitutionellen Staatsrechts, d. i. mit voller Selbständigkeit der einzelnen Ressorts ausgestattete Ämter in den Stellvertretungsämtern nicht geschaffen werden; endlich legten die Einzelstaaten darauf Gewicht, nur dem Reichskanzler, nicht anderen „Ministern" gegenüberzustehen: so kam man von verschiedenen Seiten zu jener Bestimmung. Erreicht ist damit zweifellos die Absicht, den „Ressortpartikularismus" und seine Gefahren abzuschneiden: der Reichskanzler hat nach dem positiv geltenden Recht die volle Freiheit, den Umfang jedes Stellvertretungsamtes zu normieren, und auch in diesen Bereich kann er jederzeit abändernd eingreifen. Erreicht ist ferner die Absicht, eine Verantwortlichkeit des Kanzlers auch bei eingerichteter Stellvertretung gesetzlich fixiert zu wissen; dagegen wird der Kanzler in Ressortsachen unbehindert sein, die Einzelstaaten eintretenden Falles an den gesetzlichen Stellvertreter zu weisen. —

### III. Die Spezialstellvertretung.

1. Eine Spezialstellvertretung ist nach dem Gesetz nur gestattet „für diejenigen einzelnen Amtszweige, welche sich in der eigenen und unmittelbaren Verwaltung des Reiches befinden" (§. 2).[32] Aus den Verhandlungen ergiebt sich, daß die „eigene und unmittelbare Verwaltung" als Gegensatz zu der Aufsicht des Reiches gedacht wurde: wo dem

[32] Ein abgelehnter Antrag des Abg. Hänel bezweckte gesetzliche Aufzählung dieser Verwaltungszweige. Vgl. über die Verhandlungen Joël 767 ff. S. den ob. No. 9 ausgesprochenen Wunsch.

Reich nur Aufsichtsfunktionen zugewiesen sind, ist kein Stellvertretungsamt statthaft. Ist die Verwaltung zwischen Reich und Einzelstaaten geteilt, so soll eine Stellvertretung nach Ausweis der Motive nur statthaft sein, wenn die Verwaltung „vorwiegend" in den Händen des Reiches sich befindet.[33]

2. Als verantwortliche Spezial-Stellvertreter des Reichskanzlers dürfen nur bestellt werden „die Vorstände der dem Reichskanzler untergeordneten obersten Reichsbehörden (§. 2).

3. Die Stellvertretung kann sich nach dem Gesetz sowohl auf den „ganzen Umfang" eines Ressorts als auf „einzelne Teile ihres Geschäftskreises" beziehen (§. 2). Durch letztere Bestimmung ist die Möglichkeit weiterer Spezialisierung der Reichscentralbehörden offen gehalten.

4. Als verantwortliche Reichscentralstellen im Sinne des Stellvertretungsgesetzes kommen demnach, abgesehen vom Vizekanzler und von Elsaß-Lothringen[34], in Betracht:

---

[33] Die Motive nennen: Auswärtiges, Marine, Post- und Telegraphenwesen, eigene Finanzverwaltung des Reiches, Elsaß-Lothringen. Joël 771 zählt ferner an Behörden, für welche eine Spezialstellvertretung des Reichskanzlers zulässig wäre, auf: das Reichskanzleramt (jetzt Reichsamt des Innern), das Reichseisenbahnamt, das Reichsbankdirektorium und das Reichsjustizamt. Das Reichsbankdirektorium ist hiervon auszuscheiden, da das Bankwesen in erster Linie privatrechtlich und nur sekundär staatsrechtlich zu betrachten ist, s. unten B. II §. 27, demgemäß enthält auch Bankges. §. 25 eine Sondervorschrift hierüber, materiell gleichen Inhalts; das Reichseisenbahnamt ferner ist nur Aufsichtsinstanz. Meyer, Lehrb. 334 subsumiert das Reichsjustizamt und das Reichsbankdirektorium unter die substitutionsfähigen Ämter, ferner die Verwaltung der Schutzgebiete, letzteres zutreffend, da sie Bestandteil des Auswärtigen ist.

[34] Über Elsaß-Lothringen s. unten Buch VI.

1. der Staatssekretär des Auswärtigen,
2. der Staatssekretär des Reichsmarine-Amtes,
3. der Staatssekretär für das Finanzwesen[85] (Reichsschatzsekretär),
4. der Staatssekretär für das Post- und Telegraphenwesen (Kais. V. v. 23. Februar 1880). Soweit Reservatrechte in Beziehung auf die Postverwaltung bestehen, sowie für die Sphäre der den Einzelstaaten belassenen Verwaltungsbefugnis kann keine Stellvertretung stattfinden;[86]
5. der Staatssekretär für das Justizwesen,
6. der Staatssekretär für die Verwaltung der Reichseisenbahnen,
7. der Staatssekretär für das Innere.[87]

## C. Die übrigen Reichsbehörden.

### I. Die Centralverwaltungsstellen.

In unmittelbarer Unterordnung unter den Reichskanzler bestehen für sämtliche Verwaltungszweige des Reiches Centralstellen, die sich gegenseitig koordiniert sind, und deren Vorstände nach englischem Vorbild den Titel „Staatssekretär" führen. An diesem Koordinationsverhältnis ist auch

---

[85] Vgl. die ausführliche Erörterung hierüber bei Joël 77 ff.

[86] Vgl. im einzelnen Joël 774 ff.

[87] Die Stellvertretungsordres sind (s. oben S. 260[19]) persönlich auf Namen ausgestellt, müssen also bei Wechsel des Amtes erneuert werden. Für die unter Ziff. 5 u. 6 genannten Stellvertretungen könnten gesetzliche Bedenken erhoben werden, vielleicht auch bezüglich der Ziff. 3 u. 7.

dadurch nichts geändert worden, daß einzelne dieser Ämter als Stellvertretungsämter des Reichskanzlers (s. oben) bestellt wurden. Bei mehreren Centralstellen überwiegt der Gesichtspunkt der Aufsicht.[38] —

### 1. Das Reichsamt des Innern.

Durch Erlaß des Bundespräsidiums vom 12. August 1867 (BGBl. 29) war die erste Bundescentralstelle unter dem Namen „Bundeskanzleramt" geschaffen worden. Chef derselben war der Bundeskanzler selbst. Jener Centralstelle war überwiesen: 1. „die Verwaltung und Beaufsichtigung der durch die Verfassung zu Gegenständen der Bundesverwaltung gewordenen, bezw. unter die Aufsicht des Bundespräsidenten gestellten Angelegenheiten", 2. „die dem Bundeskanzler zustehende Bearbeitung der übrigen Bundesangelegenheiten".

Aus diesem Bundeskanzleramt entwickelte sich allmählich das ganze dermalige Behördensystem. Zuerst waren nur Post- und Telegraphenwesen Materien der „unmittelbaren Bundesverwaltung". Das Bundeskanzleramt zerfiel demnach in die Centralabteilung, die I. Abteilung: das Generalpostamt, die II. Abteilung: Generaldirektion der Telegraphen (V. v. 18. Dez. 1867, BGBl. 328). Durch V. v. 12. Mai 1871 (BGBl. 102) erhielt das Bundeskanzleramt die Bezeichnung „Reichskanzleramt". Zu den oben bezeichneten Abteilungen kam 1871 die III. für

[38] Laband I, 363 ff. giebt eine ausführliche Entwickelung des gesamten Behördenorganismus. Das dürfte an dieser Stelle zu weit führen. Es kann sich hier nur um einen Überblick des Systemes handeln; seinen Inhalt kann dieser Rahmen nur in der Spezialdarstellung finden.

Elsaß-Lothringen, am 1. Januar 1875 die IV. für das Justizwesen.

Der Entwickelungsprozeß dieser Ämter[39] hat jetzt nur mehr historisches Interesse: das heute gewonnene Resultat geht dahin, daß von dem ursprünglich wenig umfangreichen, allmählich aber zu immer größeren Dimensionen angewachsenen Bundeskanzleramt alle größeren Geschäftszweige abgelöst wurden, bis auf Handel und Gewerbe, ursprünglich zu den Funktionen der Centralabteilung gehörig. Außerdem gehören jetzt noch zum Ressort dieser Stelle: die auf den Bundesrat und Reichstag bezüglichen Angelegenheiten, die Civilverwaltung in Militärsachen, speziell das Ersatzgeschäft, die allgemeinen und Disziplinarangelegenheiten der Reichsbeamten, die Heimats- und Niederlassungsverhältnisse, Patentwesen, Maß- und Gewichtswesen, d. i. alle Materien, für welche nicht inzwischen Spezialbehörden errichtet wurden. Demgemäß wurde durch kaiserl. Verordn. v. 24. Dez. 1879 (RGBl. 321) der Name „Reichskanzleramt“, der in einer ernsten gewaltigen Periode der Nation lieb geworden war, in ein nüchternes „Reichsamt des Innern“ verwandelt. Sein Chef führt den Titel Staatssekretär und ist Stellvertreter des Reichskanzlers; das Amt zerfällt in zwei Abteilungen;[40] die erste hat zu bearbeiten die auf den Bundesrat, den Reichstag, die Reichsbehörden bezüglichen Angelegenheiten, Disziplinarsachen, Staatsangehörigkeits- und Auswanderungssachen, wirtschaftliche Angelegenheiten, Handel- und Schiffahrt, Medizinal- und Veterinär-

[39] Vgl. Laband I, 360 ff.; G. Meyer, Lehrb. 386 ff.

[40] Handbuch für das Deutsche Reich 1893 S. 126 ff.

polizei, Civilsachen der Militärverwaltung, Presse und Vereinswesen, Statistik; die zweite bearbeitet alle die Fürsorge für die arbeitenden Klassen sowie die Gewerbe betreffenden Sachen.

Vom Reichsamt des Innern ressortieren insbesondere das Statistische Amt des Reiches;[41] die Normalaichungskommission als technische Centralstelle für Maß- und Gewichtswesen; der Reichskommissar für das Auswanderungswesen; die Inspektoren für Steuermanns-, Maschinisten- und Seeschifferprüfungen; das Schiffsvermessungsamt; die Reichsschulkommission; die technische Kommission für Seeschiffahrt; das Reichsgesundheitsamt (seit 1876); die Kommission für Arbeiterstatistik; die Behörden für Untersuchung von Seeunfällen (Oberseeamt und Reichskommissare bei den Seeämtern); die physikalisch-technische Reichsanstalt; das Reichsversicherungsamt; die kaiserl. Kanalkommission in Kiel (K. V. v. 17. Juli 1886, RGBl. 233) mit fünf Bauämtern; die Disziplinar- und Verwaltungsgerichte (s. unten B, C) in Verwaltungssachen; die Centraldirektion der Monumenta Germaniae historica.[42]

2. Das Auswärtige Amt.

Bis z. J. 1870 wurden die auswärtigen Angelegenheiten des Bundes vom preußischen Ministerium des Auswärtigen verwaltet. Auf wiederholte Anregung des Reichstages wurde weiterhin das korrekte Verhältnis durch Er-

[41] Über die Aufgaben desselben s. d. Denkschrift in Drucks. d. Reichstages 1872 Nr. 8, Gesch. Instr. v. 23. Juni 1872 (RGBl. 206). Vgl. die eingehende Darstellung bei Laband I, 363 ff.

[42] S. über alle diese Ressortbehörden Handbuch 129 ff.

richtung des oben genannten Reichsamtes hergestellt. Der Staatssekretär des Amtes ist Stellvertreter des Reichskanzlers. Das Auswärtige Amt besteht aus vier Abteilungen, deren erste die höhere Politik, die zweite die auswärtigen Beziehungen des Handels, die dritte die Rechtsangelegenheiten völkerrechtlicher, staats- und privatrechtlicher Natur, die vierte (nicht numeriert) die Kolonialsachen zu bearbeiten hat: unter der ersten stehen die Gesandtschaften des Reiches (s. dazu unten B. II §. 23), unter der zweiten die Konsuln des Reiches (s. unten B. II §. 24), unter der vierten die Kolonialbehörden (s. unten Buch VII).

Ferner ressortieren vom Auswärtigen Amt das archäologische Institut mit Sekretariaten in Rom und in Athen;[43] endlich die Prüfungskommission für das diplomatische Examen.

### 3. Das Reichsmarine-Amt.[44]

Dieses Amt ist seit 1872 an die Stelle des preuß. Marineministeriums getreten (V. v. 15. Juni 1871, RGBl. 272). An der Spitze steht ein Staatssekretär, der Stellvertreter des Reichskanzlers ist. Die Admiralität als Verwaltungsstelle zerfällt in acht Abteilungen: das Central-

[43] Handbuch 43 ff.

[44] Vgl. Handbuch 171 ff. über die Einteilung dieses Amtes; über die Entwickelung Laband I, 370 f. Die heutige Organisation entspricht der früheren preußischen, gemäß Allerh. Erl. v. 16. April 1861; an dessen Stelle war der A. E. v. 15. Juni 1871 (RGBl. 272) bzw. A. E. v. 1. Januar 1872 (RGBl. 5) getreten, welcher Oberkommando und Marineministerium in einer Centralstelle vereinigte; durch A. E. v. 30. März 1889 wurde sodann die Trennung der beiden, grundsätzlich so verschiedenen Aemter wiederhergestellt.

bureau, die militärische Abteilung, das Marine-, das Verwaltungsdepartement, die Medizinal-, die nautische Abteilung, das statistische Bureau, das Justitiariat. Als beratendes Organ für die Marineverwaltung fungiert ein von dem Reichsmarineamt ressortierender Admiralitätsrat;[45] fernere Ressortbehörden sind: die Werften in Danzig, Kiel, Wilhelmshaven; die Bildungsanstalten der Marine für Organisation und Verwaltung (Marine-Akademie, Marine-Schule, Deckoffizier-Schule); die Inspektion der Marine-Artillerie; die Artilleriedepots in Friedrichsort, Wilhelmshaven, Geestemünde, Cuxhaven; die Minendepots ebenda; die Inspektion des Torpedowesens; das Torpedo-Versuchskommando; die Torpedowerkstatt; die Sanitätsämter; die Küstenbezirksinspektoren; die Schiffsprüfungskommission; die Observatorien zu Wilhelmshaven und Kiel; die Marineintendanturbehörden der Nord- und Ostsee; die deutsche Seewarte; das hydrographische Amt; von der Seewarte ressortieren die Agenturen, Beobachtungsstationen und Signalstellen.[46]

### 4. Das Reichspostamt.[47]

Die Abteilungen I und II des Reichskanzleramtes waren bereits vom 1. Januar 1876 ab als selbständige Centralstelle dem Generalpostmeister unterstellt und aus dem Reichskanzleramt ausgeschieden worden (V. v. 22. Dez. 1875,

---

[45] Die Einberufung desselben ist nach der V. v. 15. Juni 1871 fakultativ; eine V., wonach in gewissen Fällen der Admiralitätsrat berufen werden muß, welche nach der Behauptung des Abg. Lasker im Reichstag (4. März 1880) vorhanden sein soll, ist nicht publiziert.

[46] Handbuch 168 ff. über alle diese Ressortbehörden.

[47] Vgl. Handbuch 224 ff.

RGBl. 379). Die Abteilungen selbst blieben, die erste für das Post-, die zweite für das Telegraphenwesen (Organisation und Technik) erhalten;[48] dazu kam 1880 noch eine dritte Abteilung für die gemeinsamen Verwaltungsangelegenheiten.[49] An der Spitze des Reichspostamtes steht ein Staatssekretär, welcher Stellvertreter des Reichskanzlers ist. Ressortbehörden sind die 40 Oberpostdirektionen mit 25615 Post- und 12799 Telegraphenämtern (ausgenommen sind Bayern und Württemberg).

### 5. Das Reichsjustizamt.[50]

Dasselbe besteht als selbständige oberste Reichsbehörde seit 1. Januar 1877. In Verwaltungssachen ressortiert von demselben nur das Reichsgericht. Außerdem hat das Reichsjustizamt insbesondere die Vorbereitung, Ausarbeitung und Vertretung von solchen Gesetzentwürfen, die sich auf die Rechtspflege beziehen.[51] Der Staatssekretär des Amtes ist Stellvertreter des Reichskanzlers (R.-Anz. v. 2. Mai 1879). Vom Reichsjustizamt ressortiert die Kommission für das bürgerliche Gesetzbuch.

---

[48] Vgl. hierzu das Regulativ v. 27. Dez. 1875 bei Hirth, Ann. 1876 S. 205 ff. A. E. v. 23. Febr. 1880 (RGBl. 25).

[49] Vom Reichspostamt ressortiert auch die Reichsdruckerei, hervorgegangen aus der ehem. Staatsdruckerei, sowie der Deckerschen Oberhofbuchdruckerei, welche das Reich um 872,500 M. von Preußen angekauft hat. Vgl. den Nachtragsetat v. 6. Juli 1879 (RGBl. 1879 S. 174 f.) sowie das Ges. v. 15. Mai 1879 (RGBl. 139) und die kaiserl. V. v. 23. Febr. 1880 (RGBl. 25); s. Handb. 362.

[50] Handb. 200 ff.

[51] Vgl. die Rede des Staatssekretärs Friedberg im Reichstag v. 14. März 1877 (mitgeteilt bei Hirth, Ann. 1877 S. 680 ff.).

### 6. Das Reichsamt für die Verwaltung der Reichseisenbahnen.[52]

Durch K. V. v. 27. Mai 1878 (RGBl. 1879, 193) wurde dieses Amt als selbständige Centralstelle geschaffen: Reichseisenbahnen sind aber bis jetzt nur die elsaß-lothringischen Bahnen. Durch K. V. v. 14. Juli 1879 (R.-Anz. von dems. D.) wurde ferner das Amt in Personalunion mit dem preußischen Ministerium der öffentlichen Arbeiten gesetzt und durch K. V. v. 22. Juli (R.-Anz. v. dems. D.) der Staatssekretär dieses Amtes zum Stellvertreter des Reichskanzlers ernannt. Bis zu dieser Neuorganisation war Centralstelle für die Reichseisenbahnverwaltung das Reichskanzleramt für Elsaß-Lothringen gewesen, bei der staatsrechtlichen Neuorganisation des Reichslandes im Jahre 1879 wurde die oben bezeichnete Änderung durchgeführt.

### 7. Das Reichsschatzamt.[53]

Dasselbe ist an die Stelle der früheren Finanzabteilung des Reichskanzleramtes getreten (V. v. 14. Juli 1879, RGBl. 196). An der Spitze steht ein Staatssekretär, welcher Stellvertreter des Reichskanzlers ist.

Vom Schatzamt ressortieren: die Reichshauptkasse, die Verwaltung des Reichskriegsschatzes, das Zoll- und Steuer-Rechnungsbureau, die Reichsbevollmächtigten und Stationskontrolleure für Zölle und indirekte Steuern,[54] das Münzmetalldepot des Reiches, die Reichsrayonkommission, die Reichsschuldenverwaltung.

---

52 Vgl. Handbuch 363 ff.
53 Handbuch 207 ff.
54 Handbuch 209 ff.

8. Das Reichseisenbahnamt.[55]

Zur Wahrnehmung der Aufsichtsfunktionen auf Grund von RV. Art. 41—47 wurde durch G. v. 27. Juni 1873 (RGBl. 164) §. 1 eine „ständige Centralbehörde" errichtet und dem Reichskanzler unterstellt. Von derselben können im Falle des Bedürfnisses Kommissare an Ort und Stelle entsendet werden. Die Organisation des Eisenbahnwesens durch das Reich ist aber bis jetzt ein Torso geblieben. S. unten B. II §. 20.

9. Das Reichsbankdirektorium.[56] [57]

Während es sich bei den oben sub 1—7 genannten Centralstellen unzweifelhaft um die Ausübung von Hoheitsrechten des Staates handelt, ist dies beim Reichsbankdirektorium (G. v. 14. März 1875, RGBl. 177 §. 26) nicht in gleicher Weise der Fall. Bei der Reichsbank ist vielmehr der privatrechtliche fiskalische Gesichtspunkt überwiegend, daneben kommt allerdings auch ein öffentlich-rechtlicher Gesichtspunkt in Betracht (s. darüber die grundsätzliche Erörterung unten B. II §. 22[58]); doch sind die Reichsbankbeamten und Reichsbankbehörden den eigentlichen Staatsbeamten und Staatsbehörden des Reiches durch positive gesetzliche Vorschrift gleichgestellt worden. Centralstelle für das Reichsbankwesen ist das unter der verantwortlichen Leitung des Reichskanzlers stehende Reichsbankdirektorium, von welchem die 17 Hauptstellen, 46 Stellen, 179 Neben-

[55] Handbuch 218 ff.

[56] Über die sehr interessante historische Entwickelung der preußischen Bank vgl. v. Rönne, preuß. Staatsrecht II, 146 ff.

[57] Handbuch 372 ff.

[58] Siehe auch Laband I, 375 ff.

stellen, 23 Warendepots und eine Kommandite ressortieren; die Mitglieder werden nach Vorschlag des Bundesrates vom Kaiser ernannt. Die Aufsicht über die Bankverwaltung führt das Bankkuratorium (Bankges. §. 25), bestehend aus dem Reichskanzler, einem vom Kaiser ernannten und drei vom Bundesrat gewählten Mitgliedern.

### II. Die selbständigen Finanzbehörden des Reiches.

Die sub I genannten Centralstellen sind beherrscht von dem strengen Grundsatz des verwaltungsrechtlichen Dienstgehorsams; sie stehen demnach in dem Sinne unter dem Reichskanzler, daß er in ihre Thätigkeit durch direkte Anordnungen abändernd oder ergänzend einzugreifen jederzeit befugt ist (s. oben S. 257 f.).

Neben dieser Kategorie von Behörden steht als zweiter Kreis die Gruppe der selbständigen Centralfinanzbehörden, deren Geschäftsgang vom Reichskanzler nicht in derselben Weise beeinflußt werden darf, wie derjenige der Verwaltungsbehörden, deren Stellung dem Reichskanzler gegenüber vielmehr eine den Gerichten ähnliche ist.

Diese Centralfinanzstellen sind:

#### 1. Der Reichsrechnungshof.[59]

Derselbe hat die Kontrolle über die Durchführung des Etats zu führen behufs Erholung der nach RV. Art. 73

[59] Über die für die Erkenntnis der Entwickelung des preußischen Staates hochinteressante Geschichte der preuß. Oberrechnungskammer und deren weltberühmt gewordene Praxis s. Schulze, preuß. Staatsrecht II, 498 ff.; v. Rönne, preuß. Staatsrecht II, 154 ff.; über das geltende Recht Laband I, 384 ff.; s. ferner Handb. 220 ff.

vorgeschriebenen Entlastungsbeschlüsse. Die Mitglieder werden nach Vorschlag des Bundesrates vom Kaiser ernannt. Als Rechnungshof des Reiches fungiert auf Grund alljährlich wiederholter gesetzlicher Delegation die preußische Oberrechnungskammer in der ihr durch G. v. 4. Juli 1868 (BGBl. 433) gegebenen Erweiterung, nach Maßgabe des G. v. 11. Febr. 1875 (RGBl. 61). Der Rechnungshof ist dem Reichskanzler gegenüber ebenso unabhängig wie die Gerichte (s. im übrigen unten §. 16, B.).

### 2. Die Reichsschuldenverwaltung und Reichsschuldenkommission.

(G. v. 19. Juni 1868, BGBl. 339, G. v. 27. Januar 1875, RGBl. 18.)

Erstere ist kombiniert mit der preußischen Hauptverwaltung der Staatsschulden, welche als Reichsschuldenverwaltung unter der „oberen Leitung" des Reichskanzlers steht, „soweit dies mit der ihr beigelegten Unabhängigkeit vereinbar ist" (§. 2); letztere beruht auf dem preuß. G. v. 24. Febr. 1850 §. 6, aus welchem in §. 9 die Konsequenzen für die persönliche Rechtsstellung der Mitglieder gezogen sind.[60]

Neben der Verwaltung der Reichsschulden besteht noch als Aufsichtsbehörde die Reichsschuldenkommission (§§. 4—7), aus drei vom Bundesrat und drei vom Reichstag gewählten Mitgliedern und dem Präsidenten des Reichsrechnungshofes gebildet, unter dem Vorsitz des Präsidenten des Bundesratsausschusses für das Rechnungswesen, aus dessen Mitte auch die vom Bundesrat zu deputierenden Kommissions-

---

[60] S. dazu unten Bd. II im Reichsfinanzrecht (§. 29).

mitglieder zu wählen sind; dieselbe ist vom Reichskanzler unabhängig.

Die Verwaltung des Reichskriegsschatzes wird gleichfalls unter der Kontrolle der Reichsschuldenkommission geführt.

Durch G. v. 11. Nov. 1871 (RGBl. 403) wurde nämlich ein Reichskriegsschatz im Betrag von 40 Mill. Thlr. gemünzten Geldes gebildet und die Verwaltung desselben dem Reichskanzler übertragen (§. 3), an dessen Stelle ein Kurator die laufenden Geschäfte besorgt; in Verwaltungssachen ressortiert die Verwaltung des Kriegsschatzes vom Schatzamt (s. im übrigen unten B. II §. 29).

### 3. Die Verwaltung des Reichsinvalidenfond.[61]

(G. v. 23. Mai 1873, RGBl. 117; v. 23. Febr. u. 11. Mai 1876, RGBl. 24 u. 495; v. 30. März 1879, RGBl. 119.)

Im Betrage von 187 Mill. Thlr. wurde aus der französischen Kriegskostenentschädigung ein Invalidenfond gebildet und für denselben eine selbständige Verwaltung, bestehend aus drei vom Bundesrat gewählten und einem vom Kaiser ernannten Mitgliede (§. 11), eingesetzt, in allgemeiner Unterordnung unter den Reichskanzler, unter Kontrolle der verstärkten Reichsschuldenkommission (§. 13). Die grundsätzliche Rechtsstellung der Behörde ist die nämliche wie diejenige der Reichsschuldenverwaltung.

Unter diese Verwaltung ist auch, ganz nach Maßgabe der für den Invalidenfond geltenden Grundsätze der Reichsfestungsbaufond und der Reichstagsgebäudebaufond gestellt.

---

[61] Handbuch 223.

(G. v. 30. Mai 1873, RGBl. 123); (s. im übrigen unten B. II §. 29).

### III. Die Richterbehörden des Reiches.

#### 1. Civil- und Strafgerichtsbarkeit.

a) Diese ist grundsätzlich der Selbstverwaltung der Einzelstaaten verblieben. Vom Reich ist nur die höchste Instanz, das Reichsgericht zu Leipzig, bestellt (GVG. §§. 125—141, dazu Gesetz v. 11. April 1877 über den Sitz des Reichsgerichtes). Dasselbe ist hervorgegangen aus dem früheren Reichsoberhandelsgericht und beruht im wesentlichen noch auf der Organisation dieses letzteren, wie sie durch G. v. 12. Juni 1869 (BGBl. 201) eingerichtet worden war.[62] Das Reichsgericht ist oberste Instanz („Revisions"-Instanz) in Civil- und Kriminalsachen (GVG. §§. 12, 125, 141) und demselben sind außerdem noch eine Reihe spezieller Funktionen übertragen.[63, 64] Die Mitglieder desselben, einschließlich der Reichsanwälte, werden vom Bundesrate gewählt und vom Kaiser nur formell ernannt („werden auf Vorschlag des Bundesrates vom Kaiser

---

[62] Über die Entstehungsgeschichte s. Laband I, 388[3]. Für Elsaß-Lothringen Ges. v. 14. Juni 1871 (RGBl. 315).

[63] Über Hochverrat und Landesverrat gegen Kaiser und Reich entscheidet das Reichsgericht in erster und letzter Instanz (vgl. den niemals in Rechtskraft getretenen Art. 75 der RV., jetzt StGB. §§. 80—93 und GVG. §. 136 Z. 1).

[64] G. v. 16. Juni 1879 (RGBl. 175), dazu ferner die 14 im RGBl. 1879 S. 287 ff. publizierten Verordnungen. Vgl. Laband I, 389[2] über die Erweiterung der Kompetenzen des ehemaligen Reichsoberhandelsgerichtes, die insofern noch jetzt von großer praktischer Bedeutung ist, als sich hierauf der Vorbehalt des selbständigen bayrischen obersten Landesgerichtes nicht bezieht (EG. z. GVG. §. 8 Abs. 2); s. auch G. Meyer, Lehrb. 392[8].

ernannt"). Beim Reichsgericht besteht eine Staatsanwaltschaft (Oberreichsanwalt und Reichsanwälte), die verwaltungsrechtlich dem Reichskanzler unterstellt ist.[65]

b) Direkte Reichsgerichte sind außerdem noch die Reichskonsulargerichte. Alle Reichskonsuln haben kraft Gesetzes gewisse im Inland den Richtern zukommende Funktionen zu bethätigen. Als vollständige Civil- und Kriminalgerichte fungieren die deutschen Konsuln jedoch nur in der Türkei samt dem Vasallenstaat Bulgarien, indes für den Vasallenstaat Ägypten besondere Verhältnisse obwalten; ferner in Rumänien, Serbien, Montenegro, Persien, Japan, China, Siam und Samoa. Die Gerichtsbezirke der Konsuln in diesen Ländern werden durch den Bundesrat abgegrenzt. Kompetent sind die Konsuln zur Jurisdiktion über die Reichsangehörigen und sog. Schutzgenossen. Berufungsinstanz über den Konsulargerichten ist das Reichsgericht zu Leipzig.[66]

c) Ferner sind Reichsgerichte die Marinestrafgerichte. Während die Strafgerichte des Landheeres ein Bestandteil der Landes-Militärverwaltung sind, ist die Marine in der eigenen und unmittelbaren Verwaltung des Reiches; daraus ergiebt sich der staatsrechtliche Charakter der Marinestrafgerichte. Als solche fungieren die Kommandantur der Seefestung Kiel, die beiden Stationschefs der Ost- und Nordsee, die Kommandanten der in Dienst gestellten Schiffe, das preußische Generalauditoriat als Generalauditoriat der Kaiserlichen Marine (A. E. v. 23. Mai 1876).[67]

---

[65] Handbuch 203 ff.

[66] Die nähere Darstellung dieser Verhältnisse ist dem äußeren Staatsrecht vorzubehalten, s. unten §. 26.

[67] Laband I, 390 f.

### 2. Die Disziplinargerichte.[68]

(G. v. 31. März 1873 §§. 86 ff., RGBl. 60, dazu G. v. 5. Nov. 1874, RGBl. 128.)

a) Zur Ausübung der Disziplinargerichtsbarkeit ist das Gesamtgebiet des Reiches dermalen in dreißig Bezirke[69] eingeteilt, für deren jeden eine Disziplinarkammer besteht; dieselbe ist nur zuständig über die unmittelbaren Reichsbeamten und tritt nur bei Bedarf zusammen (V. v. 11. Juli 1873, RGBl. 293; v. 7. Jan. 1874, RGBl. 3; Regulativ v. 12. Dez. 1873, CBl. 390). Für die außerhalb des Reichsgebiets domizilierenden Reichsbeamten ist die Disziplinarkammer zu Potsdam zuständig, für die Beamten der Reichseisenbahnverwaltung, welche im Ausland ihren dienstlichen Wohnsitz haben, die zu Straßburg (G. v. 5. Nov. 1874, RGBl. 128). Die Mitglieder der Disziplinarkammern werden vom Kaiser gemäß Wahl des Bundesrates ernannt. Jede Disziplinarkammer besteht aus sieben Mitgliedern, von denen vier, einschließlich des Präsidenten, die Richterqualität haben müssen; im einzelnen Falle entscheidet ein Kollegium von fünf Mitgliedern, von welchen drei, einschließlich des Vorsitzenden, die Richterqualität haben müssen. Zu Mitgliedern der Disziplinarkammern werden Beamte im Reichs- oder Staatsdienste nebenamtlich berufen (Regulativ v. 18. April 1880, CBl. 203).

b) Für Militärbeamte, die ausschließlich unter militärischen Oberen stehen — also nicht für Personen des Soldatenstandes, für Auditeure und für Militärbeamte, die auch unter nichtmilitärischen Vorgesetzten stehen — werden

[68] Über den Begriff der Disziplinargewalt s. unten §. 10 S. 328.

[69] Vgl. Handbuch 137 ff.; RBeamtG. §. 87, dazu später noch Stuttgart u. Straßburg s. Laband I, 392.

für das Verfahren auf Amtsentsetzung besondere Militärdisziplinarkommissionen gebildet, bestehend aus einem Oberst, drei höheren Offizieren und drei Militärbeamten; für jeden Armeekorpsbezirk, sowie für den Bezirk jeder Marinestation besteht eine solche Kommission (RBeamtG. §. 121, dazu das Verzeichnis BGBl. 1867, 289).

c) Die obere Disziplinarinstanz über den zu a. und b. bezeichneten Behörden ist der Disziplinarhof. Derselbe tritt im Bedarfsfalle in Leipzig zusammen: er besteht aus fünf Mitgliedern des Reichsgerichtes und vier aus der Mitte des Bundesrates vom Kaiser nach Vorschlag des Bundesrates zu ernennenden Mitgliedern (G. v. 31. März 1873 §. 110), dazu zwei anderen Mitgliedern; im einzelnen Fall entscheidet ein Kollegium von 7 Mitgliedern, von welchen 4 Richterqualität haben müssen.

d) Das Bundesamt für Heimatswesen ist als Plenum konstituiert alleinige Disziplinarinstanz über seine Mitglieder (s. unten §. 10) für Anklagen auf Amtsverlust, Suspension und freiwillige Versetzung in Ruhestand.

e) Das Reichsgericht ist als Plenum konstituiert alleinige Disziplinarinstanz für seine Mitglieder, sowie über die bei demselben zugelassenen Rechtsanwälte (s. unten §. 10).

### 3. Die Verwaltungsgerichte.

a) Das Bundesamt für Heimatwesen ist ständiges Oberverwaltungsgericht in zwischenstaatlichen Armensachen, soweit es sich nicht um die örtliche Organisation der Armenverbände handelt (G. v. 6. Juni 1870,

BGBl. 360, §§. 42 ff., dazu Regulativ v. 6. Jan. 1873, CBl. 4), sowie kraft erfolgter Delegation als höchste Instanz für innerstaatliche Armensachen in Preußen, Hessen und 15 Kleinstaaten.[70] Die Mitglieder desselben werden auf Vorschlag des Bundesrates vom Kaiser auf Lebenszeit ernannt. Das Bundesamt besteht aus mindestens fünf Mitgliedern, von denen drei Richterqualität haben müssen; im einzelnen Falle entscheidet ein Senat von drei Mitgliedern, von denen eines Richterqualität haben muß. Die Entscheidungen erfolgen „Im Namen des Reiches"; für Bayern und Elsaß-Lothringen ist das Bundesamt nicht zuständig.

b) Das verstärkte Reichseisenbahnamt (G. v. 27. Juni 1873 §. 5, dazu Regulativ des Bundesrats v. 13. März 1876, CBl. 27).

Gegen Maßregeln des Reichseisenbahnamtes kann „auf Grund der Behauptung, daß jene Maßregeln in den Gesetzen und rechtsgültigen Vorschriften nicht begründet seien", Rekurs an das verstärkte Reichseisenbahnamt ergriffen werden; dasselbe besteht aus zwei Räten des einfachen Reichseisenbahnamtes und drei hinzuzuziehenden Richtern unter Vorsitz des Präsidenten des Reichseisenbahnamtes; die Richter werden vom Kaiser nebenamtlich ernannt; der Rekurs ist beim Reichskanzler anzubringen.

c) Das Reichspatentamt (G. v. 25. Mai 1877, RGBl. 501, §. 13 ff., dazu V. v. 18. Juni 1877, RGBl. 533), bestehend aus mindestens drei ständigen, vom Kaiser

---

[70] Aufgezählt im Handbuch | S. 135 und bei Meyer, Lehrb. S. 389[21].

nach Wahl des Bundesrates ernannten und einer beliebigen Anzahl nichtständiger Mitglieder,[71] zur Entscheidung über Erteilung, aber auch über Zurücknahme und Nichtigkeitserklärung erteilter Patente, sowie über Patentbeschwerden (vier Anmelde-, zwei Beschwerde- und eine Nichtigkeitsabteilung). Vom Patentamt ist Rekurs an das Reichsgericht gestattet.

d) Das Reichsoberseeamt.

Zur Entscheidung der Schuldfrage bei Seeunfällen sind durch G. v. 27. Juli 1877 (RGBl. 549) besondere Seeämter eingesetzt, gegen deren Entscheidung Rekurs an das Oberseeamt in Berlin offen steht; letzteres ist eine Kollegialbehörde, bestehend aus einem Vorsitzenden und sechs Mitgliedern, von welchen mindestens drei der Schiffahrt kundig sein müssen (GO. v. 3. Mai 1878, CBl. 276). Der Vorsitzende und ein schiffahrtskundiger Beisitzer werden vom Kaiser ernannt; außerdem präsentieren die Seeuferstaaten immer auf drei Jahre drei sachkundige Personen, aus welchen der Vorsitzende im konkreten Fall fünf Mitglieder zur Konstituierung des Oberseeamtes beruft. Nur das Oberseeamt ist Reichsbehörde, die Seeämter dagegen sind Landesbehörden, doch wird das öffentliche Interesse auch bei den Seeämtern durch einen vom Reichskanzler ernannten Reichskommissar vertreten; die Bezirke der Seeämter sind durch den Bundesrat abgegrenzt, und die Oberaufsicht auch über die Seeämter wird vom Reich geführt.[72] —

e) Die Reichsrayonkommission (s. auch unten im Militärrecht). Diese, durch Ges. v. 21. Dezbr. 1871,

---

[71] Vgl. Handbuch 155 f. | [72] Vgl. Handbuch 133 f.

RGBl. 459) gebildet, ist die obere Instanz über den Festungskommandanten, sowohl für administrative wie verwaltungsgerichtliche Sachen in Bezug auf die gesetzlichen Eigentumsbeschränkungen in der Umgebung von Festungen; sie besteht aus einem Vorsitzenden, dessen Stellvertreter und vier Mitgliedern.[73]

f) Das Reichsversicherungsamt.[74]

Durch das Unfallversicherungsgesetz v. 6. Juli 1884 (RGBl. 102) wurde diese Behörde geschaffen zur Entscheidung von Streitigkeiten bezüglich der Genossenschaften (K. V. v. 5. Aug. 1885, RGBl. 255); erweitert wurde ihr Wirkungskreis durch die Gesetze v. 28. Mai 1885 (RGBl. 159), 5. Mai 1886 (RGBl. 132), 11. Juli 1887 (RGBl. 537), 13. Juli 1887 (RGBl. 329), 22. Juni 1889 (RGBl. 97). Dasselbe besteht aus einem Präsidenten, vier Mitgliedern des Bundesrates, zwei Direktoren, 31 ständigen Mitgliedern, fünf ständigen richterlichen Beisitzern, einer Anzahl von richterlichen und nichtrichterlichen Hilfskräften, je vier nichtständigen Mitgliedern für die gewerbliche, landwirtschaftliche und Seeunfallversicherung mit bezw. 12, 6, 2 Stellvertretern für jedes Mitglied. Die ständigen Mitglieder, sowie die ständigen richterlichen Beisitzer werden vom Kaiser auf Vorschlag des Bundesrates lebenslänglich ernannt, von den nichtständigen werden vier vom Bundesrat aus seiner Mitte, je eines von den Genossenschaftsvorständen und den versicherten Arbeitern aus ihrer Mitte gewählt. Die übrigen Mitglieder ernennt der Reichskanzler. Außerdem beruft der Bundesrat aus der Zahl der in land- und forstwirtschaftlichen Betrieben

[73] Handbuch 216.

[74] Handbuch 158 ff.

beschäftigten Personen zwei nichtständige Mitglieder des Reichsversicherungsamtes und je sechs Stellvertreter derselben.

## §. 10.

## Das Reichsbeamtenrecht.[1]

### I. Der Begriff von Amt und Behörde.

1. Amt ist ein bestimmt begrenzter Kreis von Geschäften des Staates:[2] das Wesen des Staates ist Herrschen, imperium: Geschäfte des Staates sind für die staatsrechtliche Betrachtung demnach nur Funktionen, welche sich auf die Herrschaft, auf die Ausübung von Hoheitsrechten beziehen: zum Begriff des Amtes gehört folglich die Amtsgewalt, welcher die Pflicht der Staatsangehörigen zum Gehorsam und die dem Amte beigelegte Fähigkeit, den Gehorsam nötigen Falles zu erzwingen, entspricht.[3]

---

[1] Laband I §§. 39, 44—53; Meyer, Lehrb. §§. 135—137; Ztschr. f. Gesetzgebung u. Praxis des öffentl. Rechtes v. Hartmann B. I, 449 ff., 569 ff., II, 13 ff., 238 ff., 333 ff., 429 ff.; vgl. ferner über die Behördenorganisation im Reiche das im Reichsamt des Innern bearbeitete, alljährlich zur Ausgabe gelangende Handbuch des Deutschen Reiches. Weitere Litteraturangaben s. unten zu II,

[2] Die ursprüngliche Bedeutung des Wortes ist allerdings eine viel weitere; der „persönliche Begriff eines Dienenden" bildete aber seit der ältesten Zeit das charakteristische Moment, siehe Grimm, Deutsches Wörterbuch I, 280 f. Unser Hauptwort „Beamte" ist das Partizipium Perf. Pass. des Zeitwortes „beambeten" Grimm I, 1206 und die Untersuchung über die Partikel „be" 1202 ff.

[3] S. die treffenden Bemerkungen hierüber bei Perthes, der Staatsdienst 108 ff., 114 f. A.L.R. II, 13 §. 16: „soweit die

2. Behörde ist das Amt als objektive dauernde Institution gefaßt; dem Amt ist der Charakter des Dauernden begrifflich nicht eigen, es kann Ämter ganz vorübergehender Natur geben; die Behörde dagegen kennzeichnet gerade das Dauernde einer Amtsinstitution, im übrigen decken sich beide Begriffe.

„Die Behörden sind nur Apparate des Staates, mittels deren er seine Staatsgewalt ausübt." „Amtsgewalt ist nichts anderes als Staatsgewalt." „Den Unterthanen gegenüber erscheint die Behörde als Subjekt von Hoheitsrechten, indem sie gewissermaßen die konkrete Manifestation des Staates darstellt und mit dem Staate selbst identisch wird. Im Verhältnis zum Staate dagegen hat die Behörde nur etwa die Bedeutung wie ein Rad oder eine Schraube an einer Maschinerie." [4] —

Besorgung gewisser zu den Rechten und Pflichten des Staates gehörender Angelegenheiten und Geschäfte den Beamten des Staats vermöge ihres Amtes obliegt, muß diesen, innerhalb der Grenzen ihres Auftrages, ebenso wie dem Landesherren selbst, Folge geleistet werden."

[4] Die im Text citierten Sätze sind entnommen der 1. Auflage von Laband I, 293—295. Die prinzipielle Begriffsbestimmung Labands in dieser Materie zeichnet sich durch ganz besondere Schärfe und Klarheit aus. — Jene Sätze sind auch in der 2. Auflage S. 338 ff. stehen geblieben, obwohl nach der jetzt von Laband angenommenen Ansicht „Staatsgewalt" nicht essentielles Begriffsmoment für die Behörde ist; leider hat Laband in der 2. Aufl. S. 338[2] die Ansicht, die er in der 1. A. so vorzüglich begründet hatte, und auf der m. E. allein die staatsrechtliche Konstruktion von Amt und Beamter möglich ist: daß jedes Amt eine „obrigkeitliche Gewalt" enthalte und darstelle, aufgegeben; der vulgäre Sprachgebrauch mag auch sonst von „Amt" sprechen, das Staatsrecht kann es nicht. Der behauptete (S. 339[1]) „Gegensatz" zwischen „obrigkeitlichen" und „fiskalischen, technischen, wissenschaftlichen u. dgl. (?)" Ämtern ist nicht vorhanden.

Reichsämter und Reichsbehörden[5] sind somit Ämter und Behörden, die zur Ausübung der Staatsgewalt des Reiches berufen sind.

3. Im monarchischen Einzelstaate laufen alle Funktionen des Staates zusammen im Monarchen als dem Träger der Staatsgewalt; er ist als solcher höchster Inhaber der Amtsgewalt; gleichsam strahlenförmig geht von diesem Mittelpunkte der Ämterorganismus des Staates aus und läuft in letzter Instanz wieder zu jenem Mittelpunkt zurück.[6] Der Monarch hat kraft dieses Prinzipes das Recht der Organisation der Ämter und der Ernennung der Beamten. Dieses Recht kann allerdings Modifikationen erfahren, indem durch Verfassung oder Spezialgesetze bestimmte Grundsätze für die Organisation der Ämter aufgestellt werden: daß die „Organisation durch Gesetz", d. i. unter Mitwirkung der Volksvertretung, aber ein Bestandteil des konstitutionellen Prinzipes sei, kann nicht behauptet werden. Übrigens steht der Volksvertretung nach Maßgabe des Budgetrechtes (s. unten §. 16) in jedem Falle ein bedeutender Einfluß auf die Ämterorganisation zu.

Die Beamten sind demnach staatsrechtlich als Gehilfen des Monarchen zu betrachten:[7] der unverant-

---

[5] Eine Klassifikation der Reichsbehörden mit Rücksicht auf die Ausführung des Reichsbeamtengesetzes s. in der K. V. v. 23. Nov. 1874 (RGBl. 135), dazu für die Reichsbankbeamten V. v. 19. Dez. 1875 (RGBl. 378), ferner K. V. v. 7. Aug. 1888 (RGBl. 229).

[6] Vorzügliche Bemerkungen hierüber bei v. Gerber, Grundzüge (2) S. 227.

[7] Gönner, Staatsdienst (s. über dieses Werk unten N. 16) 30 f.; Gerber 227 ff. Analog konstruiert Laband I, 343 eine „Kaiserliche Prärogative" gemäß dem m. E. unhaltbaren

wortliche Träger der Staatsgewalt wird hinsichtlich der Thätigkeit seiner Gehilfen gegenüber der Volksvertretung gedeckt durch die verantwortlichen Minister.

4. Diese allgemeinen Grundsätze lassen sich auf das Reichsstaatsrecht nicht ohne weiteres anwenden. Das dem Monarchen des Einzelstaates korrespondierende Reichsorgan ist der Bundesrat: die Reichsverfassung überträgt jedoch die Ernennung der Beamten dem Kaiser, ebenso deren Entlassung (RV. Art. 18). Über die Ämterorganisation dagegen enthält die Reichsverfassung keine Bestimmung,[8] nur einzelne Ämter beruhen auf spezialgesetzlichen Vorschriften. Da somit allgemeine gesetzliche Bestimmungen hierüber nicht vorhanden sind, so bleiben jedenfalls die Errichtung unbesoldeter Ämter, die Aufhebung und Veränderung bestehender Ämter und insbesondere die Abgrenzung des Geschäftskreises Gegenstände der freien Entscheidung der Regierung. Und auch die Errichtung besoldeter Ämter ist prinzipiell frei, nur in Hinsicht der dafür erforderlichen Geldmittel an

---

Grundsatze: „Der Kaiser führt die Regierungsgeschäfte des Reiches", s. hierüber oben S. 211 f. Schon seit Anfang des 17. Jahrh. wird der Grundsatz des Textes in der Theorie betont: „praefectus societatis civilis cui a Majestate sub certo salario concessa est potestas de negotiis rei publicae cognoscendi judicandi imperandi et ratiocinia curandi, ad utilitatem rei publicae, ut ipsum Imperantem in oneribus regiminis sublevet" (Myler v. Ehrenbach, citiert bei Rehm 587, noch präciser J. H. Böhmer).

[8] Wohl aber findet sich eine solche in einem Etats-Ges.-Entw. vom 29. Okt. 1874 §. 8: danach sollten „Gehalt und andere ständige Dienstemolumente" nur auf Grund gesetzlicher Genehmigung gegeben werden dürfen; vgl. dazu Laband I, 345 f. Doch dürfte es zu weit gegangen sein, aus einem abgelehnten Gesetzentwurfe und einer unbeantworteten Reichstagsresolution von 1868 als aus einem „Prinzipe" Rechtssätze abzuleiten.

die etatsmäßige Bewilligung gebunden.[9] Als kompetent zur Errichtung von Ämtern ist nach den allgemeinen Grundsätzen der Reichsverfassung der Bundesrat, nicht der Kaiser, zu betrachten, falls nicht positive Vorschriften anders bestimmen; für den Bundesrat spricht gemäß RV. Art. 7 Abs. 2 die Präsumtion.[10] Die Ansicht, daß die Organisation der Reichsämter ein grundsätzlicher Bestandteil der kaiserlichen Gewalt sei, stützt sich darauf, einmal, daß der Reichskanzler als der Chef aller Reichsbehörden durch die Verfassung in unmittelbare Beziehung nicht zum Bundesrat, sondern zum Kaiser gesetzt ist, ferner, daß das Recht, die Amtsträger zu bestellen und zu entlassen, durch die Verfassung dem Kaiser übertragen ist (RV. Art. 17 u. 18). Der Kaiser ist jedoch in dieser Beziehung als Träger der Reichsgewalt nur zur Ausübung eines besonderen Staatshoheitsrechtes des Reiches berufen, nämlich zur Auswahl der Personen, ohne daß hieraus eine allgemeine Schlußfolgerung auch bezüglich der Einrichtungen, der Ämterorganisation, gezogen werden dürfte.[11] Übrigens ist es nicht unbedingt erforderlich, daß Reichsämter durch Reichs-

[9] Laband I, 346; Löning, Verw.-R. 56.

[10] Vgl. Laband I, 346, der, soweit eine gesetzliche Grundlage vorhanden ist, den Kaiser, andernfalls aus RV. Art. 7 Z. 2 („Einrichtungen") den Bundesrat für zuständig erklärt. Dagegen spricht Löning, Verw.-R. 56 das Recht grundsätzlich dem Kaiser zu.

[11] Laband I, 343 sagt: „Der Inbegriff aller Befugnisse, welche sämtlichen Reichsbehörden zustehen, erscheint als ein Anteil des Kaisers am Verfassungsleben des Reiches" und folgert dies daraus, weil „der Kaiser die Regierungsgeschäfte des Reiches führt." Über letztere m. E. den Grundlagen unserer Reichsverfassung widersprechende Ansicht s. oben S. 211 f. S. übrigens auch die Einwendungen, die sich Laband S. 344 f. selbst macht.

beamte verwaltet werden;[12] ferner kann sehr wohl im Bundesstaate die nämliche Behörde zugleich Funktionen des Reiches und eines Einzelstaates verwalten.[13] In allen zur Zuständigkeit des Reiches gehörigen Angelegenheiten, welche in Selbstverwaltung der Einzelstaaten gegeben wurden, sind die zur Ausführung der Gesetze berufenen Behörden nicht Reichs- sondern Landesbehörden,[14] besonders also die Gerichte, die Zollbehörden u. a. m., und ganz ebenso die vier Kriegsministerien.[15]

## II. Der Beamtenbegriff.[16]

1. Der Begriff Beamter hat zur staatsrechtlichen Vor-

---

[12] Laband I, 341[2], s. unten S. 300 f.

[13] Laband I, 341[6].

[14] Nach Laband I, 337 sollen „dem bundesstaatlichen Charakter des Reiches entsprechend“ Landesbehörden die Regel für den Vollzug der Reichsgeschäfte bilden, s. dagegen oben S. 138 f.

[15] A. A. bezüglich der Kriegsministerien Brockhaus, das deutsche Heer 124 ff., 148 ff., Hänel StR. I, 508, richtig dagegen Laband I, 342. S. auch oben S. 205.

[16] Laband I §. 44; Meyer, Lehrb. §§. 142—154; Kanngießer, das Recht der deutschen Reichsbeamten (1874); v. Zedlitz-Neukirch, die Rechtsverhältnisse der Reichsbeamten Thudichum bei Hirth, Ann. 1876, S. 261—400 (Kommentar zum Gesetz v. 31. März 1873, betr. die Rechtsverhältnisse der Reichsbeamten, RGBl. 61 ff., welches im folgenden nur nach §§. ohne Zusatz zitiert ist). H. Schulze §. 127 ff. (sehr gute rechtshistorische Einleitung); Gareis, Allgem. Staatsrecht 161 ff. und besonders die in rechtshistorischer Beziehung vortreffliche Monographie von Rehm in Hirths Ann. 1884, S. 565 ff., 1885, S. 65 ff. Von älteren Werken sind besonders als grundlegendes hervorzuheben die Arbeiten von Gönner (1808) und Perthes (1838) über den Staatsdienst. Diese beiden Monographieen sind heute noch das Beste, was über den Gegenstand geschrieben ist. Sieht man bei Gönner von dem armseligen widerlichen bayrischen Byzantinismus der Rheinbundszeit ab, so ist die Arbeit durch ihre richtige grundsätzliche Erfassung des Staatsdienstes und durch die juristische

aussetzung den Begriff des Amtes;[17] doch decken sich beide

Schärfe der Einzelausführungen epochemachend. Gleiche Anerkennung verdient die Schrift von Perthes, die zudem durch den hohen ethischen Standpunkt der Betrachtung ausgezeichnet ist. Beide Schriften, im positiv-rechtlichen Teil längst völlig veraltet, überragen weit die ganze neuere Litteratur; die Schrift von Perthes sollte m. E. neu herausgegeben werden und das Vademecum jedes Beamten bilden. Vgl. ferner die Litteraturangaben bei Meyer S. 353[1]. Schöpfer des Beamtenstandes speziell für Preußen ist Friedrich Wilhelm I. Diesem größten Verwaltungskönig des preußischen Staates verdanken wir auch die erste umfassende Beamtengesetzgebung in den großen Instruktionen für das Generaldirektorium und für die Kriegs- und Domänenkammern von 1723. S. Schmoller in Preuß. Jahrb. XXVI, 148 ff., 253 ff., 538 f.; s. auch Löning, Verw.-R. 37 ff., 108 ff., derselbe im Verwalt.-Archiv II, 217 ff., 437 ff. („Gerichte und Verwaltungsbehörden in Brandenburg-Preußen"). „Aus der Praxis der preußischen Regenten des vorigen Jahrhunderts ist faktisch das heutige deutsche Staatsdienerrecht erwachsen. Man war im großen und ganzen unter Friedrich Wilhelm wie später unter Friedrich d. Gr. sicher, daß ein gerechtes Verfahren, eine sachliche, unparteiische Behandlung der Personalfragen stattfinden, daß keiner ohne Ursache entlassen werde, daß der tüchtige Beamte mit ehrenhafter Selbständigkeit seiner Überzeugung folgen dürfe. Und innerhalb der Karriere war man sicher, daß der Fleißige, Ehrliche, Brauchbare vorwärts komme, man gewärtigte nicht, unfähige Dilettanten und Höflinge in den besten Stellen und höchsten Gehalten zu sehen. Das war es, was dem Staatsdienste immer genug Leute und die besten Kräfte des Landes zuführte. Und bald gab es keine andere Möglichkeit, zu hoher Stellung, zu Einfluß und Ehre zu kommen, als den Staatsdienst" (Schmoller). „So ward der preußische Beamtenstand ein Vorbild für die anderen deutschen Staaten" (Löning). Dieses Beamtenrecht wurde sodann im wesentlichen eingefügt ins Allgem. Preuß. Landrecht II, 10. Eine analoge Kodifikation erfolgte 1805 für Bayern unter dem bestimmenden Einflusse von Gönner, danach in den übrigen deutschen Staaten (s. die genaueren Angaben bei G. Meyer 408 N. 5).

[17] Die ältere Theorie (Gönner 12 ff.) konstruiert den Beamtenbegriff rein privatrechtlich (Miete oder Pacht). Die Theorie des Staatsdienstes hat in ihren Grundgedanken zuerst entwickelt Samuel v. Pufendorf, de jure naturae gentium (1672), l. VIII, c. 2 §. 24. Den Wende-

Begriffe nicht unbedingt: es kann Ämter geben, deren Inhaber nicht Beamte sind (Geschworene, Schöffen), niemals aber kann es Beamte geben, die prinzipiell ohne Amt wären; Beamte ohne Amt giebt es nur insofern, als das Amtsverhältnis unter Umständen ruhen kann, oder die Übertragung des Amtes noch vorbehalten bleibt, also nur in Ausnahmefällen;[18] begrifflich setzt der Beamte das Amt voraus.[19] Es muß sich somit bei den Funktionen des Beamten immer handeln um Geschäfte des Staates, um ein Stück des staatlichen imperium, um Ausübung staatlicher Hoheitsrechte.[20] Die Staatsgewalt läuft aus bis in kleine und kleinste Äderchen, und bis zu diesen letzten Ausläufern können bestellt sein und sind thatsächlich bestellt besondere Beamte, welche die Staatshoheit darstellen; auf die Natur der dem Staate geleisteten Dienste kommt es nicht an:[21]

---

punkt bilden die Gesetzgebung des Allg. Pr. Landrechts (II, 10) und die Schrift von Gönner: der Staatsdienst (1808). Vgl. auch Isaacsohn, Geschichte d. preuß. Beamtentumes, 3 Bde, Als Vorläufer von Gönner sind zu nennen Seuffert (1793) und v. d. Becke (1797), s. über sie Rehm 614 ff. ALR. II, 10 ist heute noch die Grundlage des preuß. Rechtes, da das in Verf.-Urk. Art. 98 gegebene Versprechen nicht eingelöst wurde.

[18] Vgl. unten V, sub 1 u. 3.

[19] Etwas anders Laband I, 404, doch scheint mir die Abweichung mehr in den Worten als in der Sache zu liegen.

[20] Dagegen erklärt sich jetzt Laband in den Ausführungen der 2. Aufl. mit aller Schärfe; nur S. 414 spricht er doch wieder ganz generell von der im Staatsamt liegenden „Delegation der Staatsgewalt“! S. auch S. 445: „Der Beamte, welcher Hoheitsrechte des Staates handhabt“.

[21] Vgl. hierfür besonders Perthes 27 ff.; Laband I, 406¹, 409²; Meyer, Lehrb. 362; der Gegensatz von „obrigkeitlich“ und „technisch“, auf welchen Laband so großes Gewicht legt, besteht allerdings für den Beamtenbegriff nicht, weil die vom Beamten als sol-

der Widerstand gegen den Nachtwächter oder den staatlichen Flurwächter oder den mit der Polizei betrauten Portier eines Staatsgebäudes ist Widerstand gegen die Staatsgewalt (RStGB. §. 113).[22]

2. Insoweit decken sich Amt und Beamter. Um letzteren Begriff zu gewinnen, ist aber ferner noch erforderlich

chem geleisteten Dienste auch dann, wenn sie eine bestimmte technische Vorbildung, wie z. B. bautechnischer, medizinischer rc. Art voraussetzen, eben begrifflich obrigkeitliche sind. Sehr richtig sagt Laband a. a. O.: „nicht die Art ihrer Dienste, sondern die Art des rechtlichen Verhältnisses zum Staate, welches sie zur Leistung ihrer Dienste verpflichtet", giebt das unterscheidende Merkmal zwischen dem privaten Baumeister und dem Regierungsbaurat. Handeln etwa nur „Polizeibeamte und Richter" „obrigkeitlich"? In jenem von Laband selbst so präzis hervorgehobenen Merkmal liegt der von Laband vermißte „vernünftige Sinn" meiner Behauptung und des Umstandes, daß das RBeamtG. keine Unterscheidung macht zwischen „obrigkeitlich" und „technisch"; s. bes. auch Laband I, 410[2]. Dagegen hält Löning, Verw.-R. 115, den Rechtsakt der Übertragung für gleichgültig und erklärt auch gemietete Diener für Beamte, wenn sie Staatsfunktionen ausüben. Das gerade Gegenteil: daß es nur auf den Rechtsakt der Übertragung ankomme, führt das pr. OVG. Entsch. XX, 128, XIII, 137 aus.

[22] Ist für gewisse Dienstleistungen mit bestimmten Personen nur ein Dienstmietevertrag abgeschlossen, so sind diese Personen nicht Beamte, wenn sie auch etwa staatliche Bureaus zu reinigen haben oder dgl. Es kommt für den Begriff immer auf den in der Anstellung liegenden staatlichen Auftrag an. Durchaus zutreffend findet Laband I, 408 das „entscheidende, wesentliche Kriterium des juristischen Begriffes des Beamten" in dem doppelten Gegensatz einmal zu dem „Dienst des Unterthanen", den er leisten muß, und zweitens zu dem Dienst desjenigen, den der Staat gemietet hat. Ganz auf demselben Standpunkt steht die Kodifikation des A.LR. II, 10, §§. 1–3. So auch Löning 116, aber nur für Beamte „im engeren Sinn". Übereinst. pr. OVG. Entsch. XX, 128. Die Entsch. d. pr. OVG. XVI, 259 ff. ist im Resultat richtig, nicht aber in der Begründung; die „Besoldung" ist für den Beamtencharakter des Regierungsbaumeisters nicht entscheidend, sondern lediglich die Anstellung.

das Merkmal des *dauernden Dienstverhältnisses* zum Staate.[23] Keineswegs ist aber unter dauernd lebenslänglich zu verstehen: *es kommt vielmehr nur darauf an, daß ein Kreis von Geschäften generell einer Person zugewiesen ist, daß es sich nicht um eine* **einzelne** *konkrete Thätigkeit handelt.*[24] Demnach begründet auch eine provisorische Anstellung staatsrechtlich die Beamtenqualität, ebenso die Anstellungen auf Zeit, nicht aber sind Beamte die Geschworenen, Schöffen, obwohl sie in ihrer Mitwirkung an der Ausübung der Justizhoheit des Staates grundsätzlich ein Amt im staatsrechtlichen Sinne darstellen.

*Beamter ist demnach, wer auf Grund eines dauernden Dienstverhältnisses zur Ausübung von Funktionen der Staatsgewalt berufen, „angestellt" ist.*[25]

---

[23] Ebenso *Laband* I, 405 (jedoch ohne das Moment „dauernd") mit zutreffender Berufung auf RStGB. §. 359 „im Dienste — — angestellt", G. *Meyer* 411[3]. *Löning* 115 f. hält dies Moment für irrelevant, sehr schön wird dasselbe ethisch begründet von *Perthes* 25 ff., 31.

[24] *Perthes* 35: *Laband* I, 409[1] gegen dieses Erfordernis: Probe, Kündigung und Widerruf beweisen nichts gegen die im Text gegebene Begriffsbestimmung; für ein „seiner Natur nach vorübergehendes Geschäft" werden Beamte nur „angenommen", nicht „angestellt", d. h. sie werden als Beamte betrachtet und behandelt; vgl. auch Entsch. des pr. OVG. XIII, 124 ff.

[25] v. *Gerber* 109: „als Staatsdiener werden nur solche Personen betrachtet, welche vom Monarchen zu dauernder Ausübung der in einem bestimmten Staatsamte regulierten Thätigkeit berufen sind." *Schulze* a. a. O. verlangt als Begriffsmomente des Staatsdienstes: 1. Thätigkeit „für wahre Staatszwecke, und zwar für speziell normierte Aufgaben des Staatslebens", 2. daß diese Thätigkeit „nicht in vorübergehenden Aufträgen, sondern in Bekleidung eines vom Staate errichteten ständigen Amtes bestehe", 3. daß

Alle übrigen als begrifflich notwendig angenommenen Merkmale sind irrelevant: so insbesondere Gehaltsbezug,[26] Aufwand der gesamten oder auch nur vorwiegenden Lebensthätigkeit,[27] Diensteid[28] und was sonst noch der Art behauptet wurde.

3. Der dauernde Träger der Staatsgewalt ist im monarchischen Staate der Monarch: alle Beamten sind demnach staatsrechtlich Gehilfen des Monarchen.[29]

---

das Verhältnis „auf einer besonderen Anstellung beruhe", 4. daß es „mit einer besonderen Pflicht der Treue und des Gehorsams gegen das Staatsoberhaupt verbunden sei". Laband I, 404 f. betont für die Begriffsbestimmung neben dem Amt als „zweites Begriffsmoment" das Dienstverhältnis zum Staat, bemerkt bald darauf, „daß nicht das Amt für den Begriff des Beamten ausschlaggebend ist. Charakteristisch ist vielmehr das Dienstverhältnis"; S. 412 ist dann dieses letztere „das allein wesentliche Begriffsmoment", das „übrig bleibt". Löning, Verw.-R. 115: „Beamter ist eine Person, welcher die Verpflichtung auferlegt ist, in dienstlicher Unterordnung unter ein Organ des Staates bezw. eines Kommunalverbandes amtliche Funktionen auszuführen".

[26] Schulze 318 sagt: „nur auf die besoldeten berufsmäßigen Beamten finden alle Konsequenzen des Staatsdienerrechtes volle Anwendung." Ebenso andere Schriftsteller, auch einige Partikulargesetzgebungen; s. dagegen Laband I, 408 f.

[27] Vgl. die bei Meyer 357[4] zitierten Schriftsteller, die auf dieses Moment das entscheidende Gewicht legen (Perthes, Heffter, v. Gerber, Zöpfl, v. Held, v. Pözl, v. Schulze [das „volle" Staatsdienerverhältnis bestehe nur für solche Personen, die „im Staatsdienst ihren Lebensberuf gefunden haben"], v. Stein, denen sich Meyer selbst anschließt). Die im Text vertretene Ansicht teilt Laband I, 411.

[28] Aus diesen Momenten darf also nicht der Staatsbeamtencharakter der Mitglieder der Behörden des landesherrlichen Kirchenregimentes gefolgert werden. Ausgezeichnet ist diese Streitfrage erörtert in Entsch. d. pr. OVG. XX, 451 ff.

[29] Gönner 30 ff., Perthes 22 ff., v. Gerber 108, Gierke, Genoss.-R. III, 642, Nr. 344. Es kann dahin gestellt bleiben, ob es zutrifft — Gareis, Allg. StR. 82 —, daß auch in der Republik die Beamten ihre Amts-

„Magistratus vero principis majestatem suscipit ejusque legibus ac jussis obligatur“ — so bestimmt schon Bodinus, de republica III, 5 das staatsrechtliche Verhältnis der Behörden zum Fürsten.[30] Daraus folgt, daß es Prinzip des monarchischen Staatsrechtes ist, daß der Monarch die Beamten, seine Gehilfen in Ausübung der Staatsgewalt, beruft[31] und entläßt, daß alle ihre Thätigkeit im Namen und Auftrag des Monarchen erfolgt, daß sie mit Recht einen auf dieses Verhältnis hinweisenden Titel: kaiserlich, königlich, fürstlich ꝛc. führen. Dazu kommen im konstitutionellen Staate noch die wenigen Beamten, welche direkt zum Dienste der parlamentarischen Körperschaften berufen sind; wenn dieselben auch in der Regel nicht vom Monarchen oder in seinem Auftrag ernannt werden, so sind sie doch unzweifelhaft zur Ausübung von staatlichen Funktionen berufen.[32]

4. Beamte im staatsrechtlichen Sinne sind demnach niemals Personen, welche keinen Auftrag zur Ausübung staatshoheitlicher Funktionen haben:[33] Beamte sind nicht Rechtsanwälte und

gewalt vom „Staatshaupt“ ableiten.

[30] Indem G. Meyer 411 f. es für einen „Wortstreit“ erklärt, ob man die durch privatrechtlichen Dienstmietevertrag angenommenen Personen als „Beamte“ bezeichne, ferner es als unwesentlich bezeichnet, ob der Beamte vom Monarchen ernannt werde, endlich es ebenso für unwesentlich hält, ob der Beamte Staatshoheitsrechte ausübe, beseitigt er alle Momente, welche eine staatsrechtliche Konstruktion des Beamtenbegriffes ermöglichen.

[31] „Staatsämter und Würden zu verleihen gebührt nur dem Oberhaupt des Staates“ A.LR. II, 13 §. 7, dazu Perthes 69 ff.

[32] Vgl. Meyer 359[15].

[33] Vgl. die zutreffenden Be-

Notare, wenn dieselben nur im Interesse und nach Wahl privater Personen ohne staatlichen Auftrag fungieren, auch dann nicht, wenn etwa ihre Bezirke staatlich abgegrenzt oder angewiesen sind, wie dies nach deutschem Reichsrechte bei den Rechtsanwälten der Fall;[34] Beamte sind überhaupt nicht alle sogenannten „Privatbeamten",[35] insbesondere auch die Bediensteten privater Korporationen; Beamte sind nicht die Funktionäre auf Gütern, Fabriken 2c., welche dem Staate zu privatrechtlichem Eigentum gehören, wenn damit keinerlei Auftrag zu staatlichen Funktionen z. B. Polizeigewalt verbunden ist; Beamte sind im staatsrechtlichen Sinne nicht die Reichsbankbeamten, dieselben sind vielmehr nur kraft positiver Gesetzesvorschrift mit den Rechten der

---

merkungen bei v. Gerber 109 f.; Gareis, Allg. StR. S. 160.

[34] Die staatsrechtliche Bestimmung der Rechtsanwälte bietet ganz besondere Schwierigkeiten, s. die anregenden Untersuchungen von Laband II, 418. Jellinek, subjekt. öff. Rechte 237. Mit dem Satze dieses letzteren Schriftstellers: „sie sind mit öffentlichem Rechte belehnt, die Ausübung des geliehenen Rechtes ist dem Staat gegenüber Ausübung eines öffentlichen, dem Privaten gegenüber eines Privatrechts", ist eine Begriffsbestimmung nicht gewonnen; die Schwierigkeit liegt im Anwaltszwang, d. i. in der gesetzlichen Vorschrift, daß bestimmte Akte der Rechtspflege, also der Justizhoheit, nur unter Mitwirkung von Rechtsanwälten giltig vorgenommen werden können. Damit wären die Rechtsanwälte grundsätzlich dem Staatsdienst eingegliedert, auch wenn die Auswahl der im einzelnen Fall fungierenden Person dem privaten Belieben überlassen ist; aber es fehlt das Begriffsmoment des staatlichen Auftrages, der staatlichen Berufung. Über das Verhältnis von Rechtsanwaltschaft und Gewerbe sehr gut das pr. OVG. XV, 44 ff.; s. auch über die Auffassung des Ehrengerichtshofes u. des Reichsgerichtes Preuß. Just.-Min.-Bl. 1886, 32, 70.

[35] „Privatbeamter" ist für die staatsrechtliche Betrachtung eine contradictio in adjecto, demnach kann auch die Anstellung von Staats- und Privatbeamten nicht „unter eine gemeinsame „Begriffskategorie" fallen" (Laband I, 421).

Beamten begabt, wie dies auch in der Anhangsstellung des Banketats zum allgemeinen Reichshaushaltsetat äußerlich zum Ausdruck kommt (s. über die staatsrechtliche Stellung der Reichsbank im Rahmen der Staatshoheit des Reiches unten Bd. II §. 27); Beamte sind nicht alle Kirchendiener, auch die der sog. Landeskirchen; obwohl letztere nicht private Korporationen sind, so sind doch die Funktionen der Religionsdiener auch der Landeskirchen nicht als staatliche zu betrachten, weil dieselben zu erholen kein Zwang besteht, auch dann, wenn, wie nach dem Pr. Allg. LR. II, 11 §. 18 und sämtlichen deutschen Partikulargesetzgebungen, den Geistlichen der Landeskirchen die Rechte der Staatsbeamten eingeräumt sind.[36]

Dagegen sind prinzipiell Beamte die Kommunalbeamten, da die Kommunen staatsrechtliche Verbände sind, und somit die Funktionen dieser kommunalen Verwaltung prinzipiell Funktionen der Staatsverwaltung sind: eine Verwaltung staatlicher Funktionen, welche den vom Staat organisierten und ihm untergeordneten Kommunalverbänden der verschiedenen Grade — in Preußen: Einzelgemeinde, Kreis, Provinz — übertragen ist.[37] Diese Beamten kann man demnach zutreffend als mittelbare Staatsbeamte bezeichnen.[38] Als Beamte sind ferner die Ver-

---

[36] S. hierzu vortrefflich Perthes 36 ff., ferner Entsch. des pr. OVG. XX, 453 ff., über das Amt des Superintendenten, ebenso XIX, 422 ff.

[37] Dies ist auch die Auffassung d. A.LR. II, 10 §§. 69. 105; s. dazu auch Entsch. d. pr. OVG. XVI, 154 ff., XX, 39 ff., 454 ff., XIX, 49. S. ferner Gneist, Rechtsstaat (2) S. 42, 334[8].

[38] Das OVG. in den N. 37 zitierten Entsch. sagt: „welche organisch in die Verfassung des Staates eingreifen, Zwecke zu erfüllen haben, die in direkter Beziehung zu den Aufgaben des

sonen des Hofdienstes anzusehen, da die Funktionen derselben als ein Dienst zu Staatszwecken und in Ausübung der Staatshoheit erscheinen, soweit nicht private Vermögensverwaltungen des Fürsten in Betracht kommen.[39]

Beamte sind dagegen nicht Personen, die zwar ein Amt bekleiden, die aber nicht in dauerndem Dienstverhältnis zum Staate stehen, so insbesondere die Geschworenen, Schöffen, Sachverständigen ad hoc.[40]

---

Staates stehen"; zu diesen gehören die Berufsgenossenschaften des Unf.-Vers.-Ges. nach Ansicht des OVG. nicht, wohl aber die Handelskammern, XIX, 62 f., XVI, 154. Diese Judikatur des OVG. erscheint nicht unbedenklich, was zu begründen jedoch hier zu weit führen würde; richtig dagegen OVG. XI, 73 ff., vgl. ferner II, 176 f. (Eisenbahnpolizei bei Privateisenbahnen). Über den Gedanken der „mittelbaren" Staatsdiener s. auch die im wesentlichen noch heute zutreffenden Erörterungen von Gönner 46, 154 ff.

[39] Die Ausscheidung der hier in Betracht kommenden Funktionen wird Schwierigkeiten bereiten, da nicht selten eine Verbindung derselben in Personen bestehen wird. Perthes 28 f. schließt den Hofdienst grundsätzlich aus.

[40] Das deutsche StGB. subsumiert in §. 31 Advokatur, Anwaltschaft, Notariat, Schöffen- und Geschworenendienst unter die „öffentlichen Ämter" „im Sinne dieses Gesetzes"; bei den letztgenannten beiden Funktionen ist dies auch staatsrechtlich richtig, bei der Advokatur und der Anwaltschaft dagegen nach Reichsrecht nicht (s. oben N. 34), beim Notariat kommt es auf das Partikularrecht an. Abschnitt XXVIII des 2. Teils des StGB. handelt von den „Verbrechen und Vergehen im Amte" und definiert in §. 359 den Beamtenbegriff (der sich also im Sinne dieses Abschnittes mit dem Amtsbegriff deckt, nicht aber im Sinne des oben zit. §. 31) dahin: „unter Beamten im Sinne dieses Strafgesetzes sind zu verstehen (1) alle im Dienste des Reiches oder (2) in unmittelbarem oder (3) mittelbarem Dienste eines Bundesstaates auf Lebenszeit, auf Zeit oder nur vorläufig angestellte Personen, ohne Unterschied, ob sie einen Diensteid geleistet haben oder nicht, ingleichen (4) Notare, nicht aber (5) Advokaten und Anwalte." Diese Definition stimmt für 1—3 vollkommen mit der staatsrechtlichen überein, während für 4 das Partikularrecht entscheidet, ob mit diesen Funktionen ein Auftrag zur Führung von

Seit dem preußischen Landrecht (II, 10 §§. 1—3) wird für die Beamten der staatsrechtliche Terminus: Staatsdiener[41] gebraucht. Darin kam zu treffendem Ausdruck, daß die frühere privatrechtliche Anschauung vom Verhältnis des Monarchen zu den Beamten überwunden war, daß letztere, wenn auch Gehilfen des Monarchen, dies doch nur seien zu Zwecken des Staates und für Ausübung der Staatsgewalt.[42]

---

Staatsgeschäften verbunden ist oder nicht; ist ersteres der Fall, dann ist der Beamtenbegriff gegeben; für 5 ist die strafrechtliche Normierung nach den Grundsätzen der deutschen Rechtsanwaltsordnung die allgemein gültige.

[41] Thatsächlich erreicht und in einzelnen Rechtssätzen zum Ausdruck gebracht war diese Entwickelung in Brandenburg-Preußen bereits unter dem großen Kurfürsten, grundsätzlich ausgebildet unter Friedrich Wilhelm I. Den wichtigsten Bestandteil dieser Entwickelung bildet das Entlassungsrecht des Landesherrn wegen schlechter Dienste des Beamten, ursprünglich ganz unbeschränkt, weiterhin aber nur auf Grund eines geordneten rechtlichen Verfahrens: so A.LR. II, 10 §§. 99—101, für Richter II, 17 §. 99; s. J. H. Böhmer, de jure principis circa dimissionem ministrorum (1716).

[42] Danach sind Staatsdiener und Staatsbeamter identische Begriffe. Dagegen Seydel, Allg. Staatslehre (1873) 95 ff.; Rehm 652 ff., 164 ff.; Laband I, 415[1] (zuerst Meisterlin, die Verhältnisse der Staatsdiener 1838); der scharfen Polemik Labands a. a. O. wird m. E. jeder Boden entzogen durch die sehr richtige Bemerkung S. 425: „weil die Anstellung im Staatsdienst eben nur zu dem Zwecke erfolgen darf, daß der Angestellte ein öffentliches Amt bekleide". Sehr gut betont diesen Punkt auch O. Mayer 66: „es giebt keinen Eintritt in den Staatsdienst schlechthin. Die Anstellung erfolgt immer zu dem Zweck der Übertragung eines bestimmten Amtes, regelmäßig unter gleichzeitiger Übertragung desselben." Ebenso Löning, Verw.-R. 116[4]. Gönner 29 ff. bestimmt den Beamtenbegriff wesentlich ebenso, nur rechnet er die Kirchendiener auch dazu; davon unterscheidet er Staatsdiener, den weiteren Begriff, der auch Rechtsanwälte, Hofdiener, Ärzte, angestellte Gelehrte umfassen soll; s. dagegen die Ausführungen des Textes. Endlich zählt er hierher die

5. Die oben dargelegten Grundsätze des Beamtenrechtes haben auch für das Reichsstaatsrecht volle Geltung; nur sind zwei Modifikationen hervorzuheben: 1. an Stelle des Monarchen im Einzelstaat ist für das Reich der Kaiser gesetzt, obwohl der Kaiser nicht der monarchische Träger der Reichsstaatsgewalt ist; 2. das Zusammenwirken der Centralgewalt und der Einzelstaaten behufs Erfüllung der Staatsaufgaben, wie es den Bundesstaat überhaupt charakterisiert, findet hinsichtlich des Beamtenverhältnisses darin einen besonderen Ausdruck, daß es sog. „mittelbare" Reichsbeamte giebt: die Ernennung erfolgt bei denselben durch die Einzelstaaten, sie sind somit Landesbeamte, ihre Dienstverpflichtung aber besteht gegenüber dem Reich; hierher gehören insbesondere die unteren Post- und Telegraphenbeamten (RV. Art. 50), ausgenommen in Bayern und Württemberg,[43] während die Beamten der Militärverwaltung als eines verfassungsmäßig — Art. 66 — den Einzelstaaten überlassenen Verwaltungszweiges rechtlich Beamte der Einzelstaaten sind.[44]

Den Reichsbankbeamten,[45] Reichstagsbeamten[46] und

---

„ohne bestimmte Staatsfunktion" „in des Staats Pflichten und Dienste" genommenen Personen. Dieser Punkt allein macht Schwierigkeit, erledigt sich aber durch die oben in dieser Note gemachten Bemerkungen.

[43] Meyer 417; Laband I, 337, 417 ff. Das RBeamtG. §. 1 unterscheidet demgemäß 1. vom Kaiser angestellte, 2. dem Kaiser nach der Verfassung zum Gehorsam verpflichtete Beamte; beide Kategorieen sind „Reichsbeamte im Sinne dieses Gesetzes".

[44] Auf Personen des Soldatenstandes finden nur die §§. 134 bis 148 des RBeamtG. Anwendung, s. Laband I, 420[3]; G. Meyer 418 Z. 2.

[45] Bankges. vom 14. März 1875 (RGBl. 184) §. 28.

[46] RBeamtG. §. 156.

elsaß-lothringischen Landesbeamten[47] sind die Rechte der Reichsbeamten ausdrücklich beigelegt.

Die Rechtsverhältnisse der Reichsbeamten haben eine umfassende Ordnung erfahren durch das hochwichtige Gesetz vom 31. März 1873 (RGBl. 61); subsidiär kommt für Reichsbeamte das Recht des Wohnortes, bei Residenz außerhalb des Reichsgebietes das Recht des Heimatstaates, beim Mangel eines solchen das preußische Recht zur Anwendung (§. 19).[48] Für die Mitglieder des Reichsgerichtes, des Bundesamtes für Heimatswesen, des Reichsrechnungshofes, sowie für richterliche Militärjustizbeamte sind nicht anwendbar die Bestimmungen des Gesetzes über Versetzung, Stellung zur Disposition, zwangsweise Pensionierung, Disziplinarbestrafung und Suspension, für die Mitglieder des Reichsgerichtes ferner die Bestimmungen über Pensionierung (§. 158).[49]

### III. Die Begründung des Beamtenverhältnisses.

Jeder Beamte ist Träger der Staatsgewalt; er ist dies aber nicht kraft eigenen Rechtes, sondern kraft einer vom Monarchen als dem obersten Träger der Staatsgewalt erfolgten Delegation, kraft des durch die Anstellung empfangenen Amtsauftrages, der ihm prinzipiell jederzeit wieder

---

[47] G. v. 23. Dez. 1873 (GBl. f. Elsaß-Lothringen 479). Thudichum 269 bestreitet für diese Kategorie den Charakter von Reichsbeamten, ebenso Leoni in Marquardsens Handb. II, 1 S. 249; Rehm bei Hirth 1885, S. 71; s. Laband I, 420[2]; G. Meyer 417[4].

[48] Thudichum 285; Laband I, 508 ff. Über den Gerichtsstand der im Ausland domizilierten Beamten s. §§. 21, 22 d. Ges.

[49] Thudichum 270.

entzogen werden kann.[50] Die Begründung des Beamtenverhältnisses kann demnach begrifflich nicht durch ein „Rechtsgeschäft“[51] erfolgen, sondern muß auf einem einseitigen Staatsakte beruhen („lex specialis“), da eine Übertragung von Staatshoheitsrechten auch nur zur Ausübung namens des Staates durch „Rechtsgeschäft“ unmöglich ist.[52]

[50] Vgl. hierzu die treffenden Bemerkungen von Laband I, 339.

[51] Die älteren Theorieen: Prekurium, Dienstmiete, Mandat, Innominatkontrakt s. b. Rehm in Hirths Ann. 1884, 582 ff. und danach die Skizze bei Laband I, 412 ff. Auf dem Standpunkt des Textes steht A.LR. II, 10 §. 84. Die „lex specialis“ rührt von H. A. Zachariä s. Rehm 647 ff. Die richtige Ansicht entwickeln Gönner u. Perthes 52 ff.

[52] Richtig G. Meyer 414 u. Verw.-R. I, 72, sowie die dort angeführten Schriftsteller. Ebenso Schulze 320. Der Begründer dieser Theorie ist Gönner 83 ff., 140 ff.; ihm folgten Perthes, Heffter, Dahlmann, Zöpfl, Zachariä, Gerber, Gierke, Bluntschli, Pözl u. a. m. (s. die Litt.-Ang. bei G. Meyer 415[17]). A. A. Laband I, 407, 421 ff. Seydel, allg. Staatslehre 59 ff. Vgl. darüber jetzt besonders die schöne Abhandlung von Otto Mayer im Archiv f. öff. Recht III, 1 ff. über den Gedanken des öffentlichrechtlichen „Vertrages“ und dessen Gestaltung im römischen (censorische V.) und franz. Recht (contrat administratif). Neuerdings unterscheidet Laband I, 415 und ihm folgend Jellinek, subj. öffentl. Rechte 198, zwischen dem Staatsdienervertrag und der Übertragung des Amtes, zwischen Anstellung und Ernennung: ersteres sei Vertrag, letzteres Staatshoheitsakt. Es ist ohne weiteres zuzugeben, daß der Anstellung ein privatrechtlicher Vertrag vorangehen, daß ein solcher ein Annexum des Hoheitsaktes der Anstellung bilden kann. Es ist gleichfalls richtig, daß in der Staatspraxis da und dort (z. B. in Preußen) die Ernennung (z. B. zum Landrat) und die Anstellung („das Landratsamt des Kreises X. übertragen“) äußerlich gesondert werden. Die innere Einheit des Staatshoheitsaktes bleibt dadurch völlig unberührt. Der „Vertrag“ scheitert immer an dem Satze: daß die Berufung zur Ausübung von Hoheitsrechten des Staates im heutigen Staate — anders im Mittel-

Allerdings ist der Eintritt in den Staatsdienst regelmäßig ein **freiwilliger** Akt: dies hat aber nur in äußeren Verhältnissen seinen Grund, weil der Staat auf dem Wege der Freiwilligkeit ausreichende Kräfte zu gewinnen vermag;[58] und auch abgesehen hiervon ist freiwilliger Eintritt in ein Verhältnis und Begründung eines

---

alter, anders auch heute bei unentwickelter Organisation, z. B. in Kolonieen, — ein dem Vertrage unerreichbares und unzugängliches Gebiet bleibt. Die prinzipielle Auffassung der Streitfrage hängt lediglich von der prinzipiellen Auffassung des Staates und der Staatsgewalt ab (s. die Bemerkung bei Perthes S. 4). „Was von seiten des Staates ausgesprochen wird, ist immer obrigkeitlich bindend" (O. Mayer): „il n'y a pas à proprement parler de contrats administratifs, par ce qu'un pareil adjectif ne saurait accompagner un pareil substantif" (Desjardins). Zum Verständnis seiner Konstruktion zieht Laband S. 407 als „klassisches Beispiel" aus der Geschichte des Privatrechts die Vasallität heran: „die Kommendation erzeugte kein (obligatorisches) Kontraktsverhältnis, sondern ein Verhältnis der Über- und Unterordnung, eine potestas — —. Der Inhalt des Verhältnisses wird nicht durch gegenseitiges dare facere praestare oportere, sondern mundeburdium (defensio) und fides gebildet." Dann ist der ganze Streit ein Kampf um Worte: dieser „Vertrag" ist kein Vertrag; warum soll ein „Gewaltverhältnis des Staates", welches „eine besondere Gehorsams-Treue- und -Dienstpflicht des Beamten, andererseits eine Pflicht des Staates zum Schutze und zur Gewährung des zugesicherten Diensteinkommens begründet", in das Prokrustesbett des „Vertrages" eingezwängt werden? Die Vertragstheorie teilen Seydel, Gareis, Sarwey, Löning, Stengel, Rehm, Freund, Endemann (s. G. Meyer 415[15] die Litteraturangaben).

[58] G. Meyer, Lehrb. 413[9], 420 und besonders Gönner 83 ff. Kreittmayer: „bei dem heutigen großen Überfluß der Leute pflegt man ad officia publica niemand mehr zu zwingen", s. Rehm 630 ff. (Seuffert, Heffter, Perthes, Zachariä, Dahlmann); O. Mayer 38. Schon Myler und J. H. Böhmer behaupten eine Zwangspflicht zur Übernahme von Staatsämtern jussu principis, s. Rehm 587 ff. Auch Perthes 55 erklärt die Übernahme als Unterthanenpflicht.

Verhältnisses durch Vertrag keineswegs identisch;[54] übrigens trifft auch der Gesichtspunkt der Freiwilligkeit garnicht bedingt zu (der preußische Amtsvorsteher!).[55]

Das Beamtenverhältnis ist ein staatsrechtliches, seine Begründung erfolgt durch einseitigen Akt der Staatsgewalt,[56] den allerdings anzunehmen oder zurückzuweisen dem Berufenen regelmäßig freisteht. Niemand aber hat ein Recht auf Anstellung im Staatsdienst. Schon die äußere Form der Anstellungsurkunde (Bestallung, Patent) spricht evident gegen die Annahme eines Vertrages, dagegen für Annahme eines Aktes der Staatshoheit. Eine „Willenseinigung" ist erforderlich.[57] Die Anstellung erfolgt grund-

[54] S. die Ausführung über diesen Gedanken bei Gönner 84 ff.; unwiderleglich ist m. E. der Satz: „wo nicht die Personen in Ansehung des Gegenstandes ihrer Willensvereinigung im Zustand einer rechtlichen Gleichheit sich befinden, da ist ein Vertrag nicht vorhanden, wenn wir auch eine Übereinstimmung der Willen antreffen"; s. auch S. 140 ff.

[55] Zutreffend Meyer 413; Löning, Verw.-R. S. 138 f. Vgl. hierher auch die charakteristische Vorschrift der preuß. Kreisordnung §. 8 über die Rechtspflicht der Annahme von Selbstverwaltungsämtern, der Vormundsch.-O. §. 20, des Ger. Verf.G. §§. 35, 85 (Schöffen, Geschworene). Zwar beziehen sich diese Vorschriften nur auf Ämter, nicht auf Beamte, sie entbehren aber in ihrer Eigenschaft als Zwangsvorschriften dennoch nicht der charakteristischen Bedeutung; s. auch Laband I, 414. Nicht ausgeschlossen ist, daß vor der Anstellung eine vertragsmäßige Einigung über bestimmte Punkte zwischen dem zu Berufenden und dem Staat erfolgt ist: dies ist dann ein lediglich privatrechtliches Verhältnis, das nur seine causa dem öffentlichen Rechte entnimmt, kein Bestandteil der Ernennung, sondern etwas von außen Hinzukommendes; s. auch O. Mayer S. 71 N. 104.

[56] Übereinst. pr. OVG. Entsch. XX, 128; XIII, 137 ff.; Gönner 153 ff.

[57] Übereinstim. Dernburg, Pand. II, 561[8]. O. Mayer 61 ff. Pr. V. v. 26. Dez. 1808 § 44: „es müssen die Regierungen das Dienstverhältnis aber auch gegen ihre Untergebenen

sätzlich auf Lebenszeit; Anstellung auf Widerruf oder Kündigung bedarf besonderen Vorbehaltes (§. 2).

Für die Reichsbeamten erfolgt dieser Akt prinzipiell durch den Kaiser, nur die sog. mittelbaren Reichsbeamten (s. oben S. 303) werden durch die Landesherren der Einzelstaaten ernannt; für einige Kategorieen von Beamten hat der Bundesrat ein Mitwirkungsrecht; dasselbe besteht in folgendem Umfang: 1. Der Bundesrat wählt: die Mitglieder des Reichsrechnungshofes und der Disziplinarbehörden; der Kaiser hat hier nur die formelle Ernennung; 2. der Bundesrat präsentiert dem Kaiser durch den Ausschuß für Zoll- und Steuerwesen die Reichsbevollmächtigten und Stationskontrolleure (RV. Art. 36), durch seinen Ausschuß für Handel die Konsuln (RV. Art. 56 Abs. 1), jedoch kann der Kaiser von der Präsentation auch abgehen (nach „Vernehmung" des betr. Ausschusses); 3. der Kaiser ernennt, jedoch auf Grund vorheriger Einigung mit dem Bundesrat: die Mitglieder des Reichsgerichtes, den Oberreichsanwalt und die Reichsanwälte, die Mitglieder des Bundesamtes für Heimatswesen, des Reichsbankdirektoriums, des Reichspatentamtes, soweit die letzteren ständig sind.[58] Die Reichstagsbeamten werden durch den Präsidenten des Reichstags ernannt (§. 156), die niederen Reichsbeamten meist kraft genereller Delegation durch den Reichskanzler oder andere Chefs.[59] Eine kaiserliche Bestallungsurkunde

nicht als Mietskontrakt, und öffentliche Beamte nicht zu Mietlingen herabwürdigen, indem ein Jeder von ihnen nach dem Verhältnisse des ihm angewiesenen Berufs zur Erhaltung und Beförderung des allgemeinen Wohls beitragen soll"; s. Perthes 79.

[58] Meyer 364.

[59] S. dazu die Angaben bei Laband I, 424[5].

erhalten nur die höheren Reichsbeamten und die Konsuln.[60] Die Reichsbeamten führen die Bezeichnung kaiserlich.[61]

Besondere Voraussetzungen für die Anstellung im Reichsdienst bestehen in Beziehung auf Geschlecht, Alter (nur für Reichsgericht vollendetes 35. Lebensjahr, GVG. §. 127), Konfession und Staatsangehörigkeit[62] nicht; dagegen sind durch die Spezialgesetze besondere Qualifikationsbestimmungen für die einzelnen Beamtenkategorieen mehrfach vorgeschrieben.[63] Außerdem setzt die Bekleidung eines Reichsamtes die vollkommene bürgerliche Integrität voraus, so wie dieselbe im RStGB. §§. 31—34 präcisiert ist: darnach hat die Verurteilung zu Zuchthausstrafe, die Aberkennung der bürgerlichen Ehrenrechte und die Aberkennung der Fähigkeit zur Bekleidung öffentlicher Ämter den dauernden Verlust der bekleideten öffentlichen Ämter zur Folge, sowie die Unfähigkeit, während der im Urteil bestimmten Zeit solche zu erwerben; bei Zuchthausstrafe tritt diese Unfähigkeit für immer ein. Hinsichtlich des Befähigungsnachweises enthält die Reichsgesetzgebung nur generelle Vorschriften für die zum Richteramt erforderliche theoretische und prak-

---

[60] K. V. v. 23. Nov. 1874 (RGBl. 135); derselben ist ein Klassifikations-Verzeichnis der Reichsbeamten beigefügt; ferner K. V. v. 19. Dez. 1875 (RGBl. 378); über die Klasseneinteilung der Militär- und Marinebeamten Kais. V. v. 29. Juni 1880 (RGBl. 169).

[61] K. V. v. 3. Aug. 1871 Z. 1 (RGBl. 318).

[62] Ausländer können demnach berufen werden; die Anstellung ist aber Erwerbsgrund der Staatsangehörigkeit, s. darüber unten §. 12. Über den hierin liegenden Gesichtspunkt gegen die Vertragstheorie Gönner 93 ff., 181 f.

[63] Vgl. hierüber Meyer 421 ff.; Laband I, 425; Hartmann, Ztschr. f. d. öff. Recht I, 462 (anonymer Aufsatz); Schulze 322.

tische Vorbildung (GVG. §§. 2—5, 149), sonst ist dieser Punkt nur durch Landesrecht geordnet: das Reich übernimmt nach freiem Ermessen landesrechtlich vorgebildete Beamte in seinen Dienst.[64]

Die Begründung des Beamtenverhältnisses muß nach Reichsstaatsrecht durch ein schriftliches Dokument, die Bestallungsurkunde,[65] erfolgen. Erst mit dem Amtsantritt jedoch beginnen die rechtlichen Wirkungen des Beamtenverhältnisses,[66] so besonders der Anspruch auf das Gehalt mangels besonderer Bestimmung (§. 4). Vor dem Amtsantritt ist der Diensteid[67] zu leisten (§. 3); doch sind amtliche Funktionen vor Ableistung des Diensteides rechtlich vollkommen wirksam (s. RStGB. §. 359);[68] bei

[64] S. die näheren Angaben bei G. Meyer 421[11 12].

[65] Über die ältesten Bestallungsurkunden s. Rehm 575, der darin einen „deutlichen Vertrag" findet; s. auch Laband I, 426[3]. Sehr gut Dernburg, Pand. II, 561[8]; O. Mayer 61 ff.

[66] Ebenso Meyer 423; Schulze 323; a. A. Laband I, 426, der mit dem Empfang der Bestallungsurkunde die Wirkungen eintreten läßt, ebenso die „herrschende Ansicht". Die im Text aufgestellte Ansicht folgt aus der Natur der Sache. Grundsätzlich müßten die Wirkungen mit dem Datum des Dekrets beginnen; s. darüber und dagegen vollkommen richtig Laband I, 426[4]. Aber die Labandsche Meinung: „durch die Aushändigung, d. i. durch die vorbehaltlose Annahme seitens des Beamten" ist auch unzutreffend. Einmal sind die durch „d. i." verbundenen beiden Momente ganz verschiedene Dinge. Sodann bildet die Feststellung des zweiten Momentes Schwierigkeiten. Man wird somit das thatsächliche Moment des Amtsantrittes als entscheidend anzusehen haben, wie dies für den Gehaltsbezug auch durch ausdrückliche Vorschrift des Gesetzes bestimmt ist (§. 4 Abs. 2, vgl. auch §. 45 Abs. 2).

[67] S. Perthes 79 ff.

[68] Vgl. Perthes 80; Meyer 424; Harseim in Stengels Wörterb. I, 265 ff.; Thudichum 271; a. A. für richterliche Geschäfte Laband I, 427[4]; s. aber G. Meyer 425[25]. Pr. K. O. v. 11. Aug. 1832.

den mittelbaren Reichsbeamten wird der Diensteid dem Landesherrn geleistet, jedoch in einer Fassung, welche die Gehorsamspflicht gegen Kaiser und Reich einschließt;[69] die Ernennung der Reichsbeamten ist öffentlich bekannt zu machen, wodurch die für den Träger der Staatsgewalt erforderliche Legitimation bewirkt wird.

Wie von allen Reichsbeamten die Ableistung des Diensteides, so wird noch überdies von bestimmten Kategorieen derselben die Leistung einer Kaution gefordert.[70] Kaution und Eid von Beamten stehen sich begrifflich vollkommen gleich: es handelt sich weder hier noch dort um ein Erfordernis des Amtes an sich, sondern nur um eine vom Gesetz geforderte Garantieleistung für Erfüllung der Amtspflichten,[71] die nach der Natur der Sache vor Antritt des Amtes zu leisten ist. Kaution müssen alle Beamten[72] leisten, welche Geld

---

[69] Die Eidesformel ist festgestellt durch kais. V. v. 29. Juni 1871 (RGBl. 303), für die Konsuln durch das G. v. 8. Nov. 1867 (BGBl. 138) §. 4, für die Mitglieder der Verwaltung des Reichsinvalidenfonds durch Ges. v. 23. Mai 1873 (RGBl. 121) §. 12; über die „mittelbaren“ Reichsbeamten Laband I, 428[3].

[70] RG. vom 2. Juni 1869 (BGBl. 161 ff.), betr. die Kautionen der Bundesbeamten (gilt im ganzen Reiche) mit Nachtragsgesetz v. 22. März 1893 (RGBl. 131); vgl. Meyer 422: Harseim in Stengels Wörterb. d. Verw.-R. I, 722 ff. Dazu eine Reihe von Spezialverordnungen, deren Angabe bei Laband I, 429[1]. Das Kautionssystem in Preußen seit Friedrich Wilhelm I., dann A. L.R. II, 10 §. 83. K. O. v. 11. Febr. 1832, jetzt G. v. 25. März 1873. Die im Reiche kautionspflichtigen Beamtenklassen, sowie die Höhe der Kautionen zu bestimmen, ist kaiserlicher, im Einvernehmen mit dem Bundesrat zu erlassender Verordnung anheimgegeben (§. 3 d. Ges.).

[71] Nach Laband I, 432 ist die Kautionsleistung ein contractus pigneraticius.

[72] Über die Ausdehnung des

oder Geldeswert zu verwalten haben (§. 2). Aus dem Begriff der Kaution folgt notwendig, daß dieselbe vor Antritt des Amtes erlegt werden muß, doch kann davon ausnahmsweise dispensiert werden (§. 7); die Rechtswirksamkeit der Amtshandlungen ist von der Erlegung der Kaution nicht abhängig. Reichsbeamte, deren Amt bisher kautionslos war und durch eine neue Vorschrift mit Kaution belegt wird, sind für ihre Person von der Kautionspflicht frei (§. 16, s. dazu jedoch V. v. 16. Aug. 1876 [RGBl. 179] §§. 7—9). Als Kaution dürfen gegeben werden auf den Inhaber lautende Obligationen über Schulden des Reiches oder eines Einzelstaates, welche zu ihrem Nennwerte angerechnet werden (§. 5), sowie Forderungen, welche in einem Schuldbuch des Reiches oder eines Einzelstaates eingetragen sind (G. v. 22. März 1893 §. 1); die Kaution ist das Haftobjekt („Faustpfand" §. 5 Abs. 2) für das Reich bezüglich der der Verwaltung des Beamten anvertrauten Werte (§. 10);[78] dieselbe gehört nicht zur etwaigen Konkursmasse (§. 11 Abs. 2); sie wird von Reichswegen aufbewahrt und nach Maßgabe der im Gesetz (§. 6) aufgestellten Grundsätze verwaltet; Forderungen des Reiches auf Grund rechtskräftiger Urteile oder vollstreckbarer Administrativentscheidungen können 1. durch gerichtlichen Verkauf von Kautionsobjekten geltend gemacht werden, 2. durch außergerichtlichen Verkauf von solchen nur an der Börse (§. 11), nicht bei einem Privatbankier. (Über

---

Gedankens auf Nichtbeamte s. Laband I, 432[2].

[78] Nach näherer Maßgabe des Landesrechtes §. 12 Abs. 1 od. RBeamtG. §. 20. Über die Anlegung von Kautionsmassen G. v. 22. März 1893 §§. 5—8.

Schuldbuch-Forderungen G. v. 22. März 1893 §. 3.) Rückgabe der Kaution (§. 13) bezw. des Kautionsrestes erfolgt gegen Quittung bei Beendigung des Dienstverhältnisses, wenn keine Forderungen des Reiches aus demselben entstanden oder die entstandenen befriedigt sind (§. 13), über Schuldbuch-Forderungen G. v. 22. März 1893 §. 4.

## IV. Der rechtliche Inhalt des Beamtenverhältnisses.[74]

### A. Pflichten.

1. Der Beamte ist verpflichtet zur gewissenhaften Verwaltung seines Amtes nach Maßgabe von Verfassung, Gesetz und Dienstvorschriften (§. 10). Darin liegt insbesondere auch die Residenzpflicht: zum Verlassen des Dienstortes bedarf der Beamte amtlicher Erlaubnis, Urlaub genannt (§. 14),[75] ausgenommen Eintritt in den Reichstag (RV. Art. 21), Erfüllung gesetzlicher Pflichten als Zeuge, Sachverständiger (über außergerichtliche Gutachten §. 12), Geschworener, Schöffe, Militärdienst oder Krankheit;[76] in diesen Fällen ist nur Anzeige an die vorgesetzte Behörde gefordert.

---

[74] S. hierher auch die Erörterung bei Laband I, 508 ff. über indirekte Rechtswirkungen; Gönner 190 ff.

[75] V. v. 2. Nov. 1874 (RGBl. 129). Dazu für gesandtschaftliche und Konsularbeamte V. v. 23. April 1879 (RGBl. 134); vgl. die genaueren Angaben bei Laband I, 436 ff. Über die Steuerpflicht am dienstlichen Wohnsitz s. G. v. 13. Mai 1870 §. 2 Abs. 3, dazu Seydel in Hirths Ann. 1886, 179. Ein Abzug von Stellvertretungskosten findet bei Urlaub bis zu 1½ Monat, bei Eintritt in den Reichstag, infolge von Krankheit nicht statt.

[76] Entsch. d. pr. OVG. XVI, 399 ff. erkennt das im Text formulierte Prinzip an; ein disziplinarisch zu ahndender Thatbestand kann aber in der Form der Anzeige liegen, sowie darin, daß sie zu spät erfolgte, demgemäß keine Fürsorge für Stellvertretung möglich war.

2. Der Beamte ist kraft seines Eides zu „besonderer Treue und Gehorsam“ (A. LR. II, 10 §. 2) gegenüber dem Staate verpflichtet.[77] Darin liegt besonders auch die Pflicht des Beamten zur Amtsverschwiegenheit in Sachen „deren Geheimhaltung ihrer Natur nach erforderlich oder von seinem Vorgesetzten vorgeschrieben ist“ (§. 11).[78] Die Gehorsamspflicht gegenüber den vorgesetzten Behörden ist jedoch keine absolute, sondern bezieht sich nur auf amtliche Geschäfte, welche nicht mit Verfassung und Gesetzen in Widerspruch stehen (§. 10). Die Befolgung von gesetzwidrigen Befehlen eines Vorgesetzten ist demnach unstatthaft: jeder Beamte hat die dienstliche Verpflichtung, jeden ihm erteilten Befehl auf seine Gesetzmäßigkeit zu prüfen und ist „für die Gesetzmäßigkeit seiner amtlichen Handlungen verantwortlich“ (§. 13). Andererseits aber kann der Ungehorsam gegen einen dienstlichen Befehl auf Grund subjektiv angenommener Gesetzwidrigkeit für den ungehorsamen Beamten gleichfalls eine Haftung begründen.[79]

---

[77] Sehr gut hierüber Laband I, 438[6] gegen abweichende Ansichten, bes. G. Meyer 424[1]; Seydel, Bayr. StR. III, 387; O. Mayer 54; Rehm 86. Aus der älteren Litt. bes. die vortrefflichen Ausführungen bei Perthes 23 ff., 119 ff.

[78] Vgl. hierüber Meyer 425[4 5]; Thudichum 278; die hierher bezüglichen Gesetzesbestimmungen sind: RBG. §§. 11, 12; CPO. §§. 341, 348 Z. 5, 373; StPO. §§. 53, 76, 96; vgl. dazu Dochow, Strafproz. 122 ff., 133: Laband I, 439. Zeugnis über dienstliche Angelegenheiten nur mit Genehmigung der vorgesetzten Dienstbehörde (§. 12 Abs. 2).

[79] Laband I, 440 ff.; Freund im Arch. f. öff. R. I, 108 ff.; G. Meyer 426 f.; Entsch. d. pr. OVG. XIV, 420 ff., VIII, 409 ff., 417 ff.: Perthes 120 ff., bes. 126 ff. Mit Recht sagt Perthes 127: „die Schwierigkeit läßt sich nicht durch ein Gesetz beseitigen, es bleibt vielmehr dem guten Geiste des Beamten-

Über das Prüfungsrecht und die Prüfungspflicht herrscht in der staatsrechtlichen Litteratur ein alter Streit.

Die Prüfung hat sich zu erstrecken: 1. auf die Kompetenz der befehlenden Behörde, sowohl in territorialer als sachlicher Beziehung; in ersterer Richtung bietet die Prüfung kaum erhebliche Schwierigkeiten, wohl aber kann der letztere Punkt unter Umständen sehr schwierig sein. 2. Die Prüfung ist ferner zu richten auf die vorschriftsmäßige Form: dieser Punkt wird in der Regel sich einfach erledigen. 3. Endlich hat der mit dem Befehl beauftragte Beamte seine eigene Kompetenz zu prüfen, was gleichfalls im einzelnen Fall große Schwierigkeiten bieten kann.

Die drei angegebenen, von Laband aufgestellten allgemeinen Grundsätze sind zwar wertvolle Richtpunkte, bieten aber keineswegs eine für jeden Fall sichere Lösung. Man wird überhaupt darauf verzichten müssen, eine solche zu gewinnen: der Beamte hat nach bestem Wissen und Gewissen seine Gehorsamspflicht zu erwägen und andererseits liegt die gleiche Pflicht gewissenhafter Erwägung aller im konkreten Fall in Betracht kommenden Umstände eventuell den zur Entscheidung berufenen Disziplinarbehörden ob. Das Recht der Remonstration bei der vorgesetzten Dienstbehörde nach Erledigung des Befehles hat der Beamte in jedem Falle und damit die Möglichkeit, die disziplinarische

standes überlassen, im einzelnen Falle das Richtige zu finden"; s. die charakteristische Vorschrift A. LR. I, 6 §. 47; ferner Gönner 202 ff. für die unbedingte Gehorsamspflicht innerhalb der Dienstsphäre.

Verantwortlichkeit unter Umständen ganz von sich abzulehnen.[80]

3. Der Beamte hat die Pflicht eines achtungswürdigen Verhaltens: auch durch sein außeramtliches Verhalten darf er das Ansehen des Staates, den er zu repräsentieren hat, nicht schädigen und kann eventuell durch solche Schädigung disziplinarische Maßnahmen gegen sich provozieren (§. 10).[81]

4. Die Reichsbeamten dürfen ohne Genehmigung der obersten Reichsbehörden keine Nebenämter führen oder Gewerbe betreiben oder Nebenbeschäftigungen, mit welchen eine fortlaufende Remuneration verbunden ist, annehmen, ausgenommen die Wahlkonsuln, die nichtständigen Mitglieder des Patent- und des Reichsversicherungsamtes und die zeitweilig in den Ruhestand versetzten Beamten.[82] Zum Ein-

---

[80] Auch Meyer 426 f. gewinnt keineswegs ein unzweifelhaft festes Resultat. Vgl. Thudichum 275 ff.; Laband I, 440 ff., 433 ff.; Schulze 324 ff.; John in Ägidis Z. f. deutsch. StR. 244 ff.; v. Rönne ebenda 385 ff.; Binding, Straf-R. I, 805 ff.; Seydel, Bayr. StR. III, 390 ff.; Löning, Verw.-R. 122 f.; v. Martitz 131 ff. ist der Ansicht, kaiserliche Verordnungen, wenn gehörig kontrasigniert und publiziert, müßten ausgeführt und angewendet werden, „sogar wenn sie Gebiete betreffen, die gesetzlicher Regulierung unterliegen, auch wenn sie ferner der Verfassung und Gesetzen widersprechen", und gestattet von dieser „Regel" nur „kleine Ausnahmen".

[81] Zuerst hat das kanonische Recht diesen Gedanken ausgestaltet in seiner Vorschrift über das decorum clericale, vgl. auch Laband I, 445 f.; s. Entsch. d. pr. OVG. XIV, 404 ff. über Verletzung dieser Pflicht durch politisches Verhalten. Vgl. auch §. 44 der Pr. V. v. 26. Dez. 1808, u. dazu Perthes 56 ff.; Gönner 198.

[82] Vgl. Thudichum 282; Laband I, 431². Die Argumentation bei Meyer 357 ist ein post hoc ergo propter hoc: nicht weil bestimmte Personen keine Nebenämter führen dürfen, sind sie Beamte, sondern weil sie Beamte sind, dürfen sie keine Nebenämter führen.

tritt in den Vorstand, Aufsichts- oder Verwaltungsrat einer auf Erwerb gerichteten Gesellschaft ist die gleiche Genehmigung erforderlich, die nicht erteilt werden darf, wenn die Funktion mit einer Remuneration verbunden ist (§. 16).[83]

5. Titel, Ehrenzeichen, Geschenke, Remunerationen u. dgl. dürfen Reichsbeamte von auswärtigen Regierungen oder Herrschern nur mit kaiserlicher Genehmigung annehmen; diese Vorschrift bezieht sich jedoch nur auf die unmittelbaren vom Kaiser angestellten Reichsbeamten (§. 15 Abs. 1).[84]

6. Geschenke oder Belohnungen „in Bezug auf ihr Amt" dürfen Reichsbeamte nur mit Genehmigung der obersten Reichsbehörde annehmen (§. 15 Abs. 2).[85]

7. Den Konsens der vorgesetzten Behörde zur Eingehung einer Ehe zu erholen, sind Reichsbeamte nicht verpflichtet.[86]

### B. Rechte.

1. Die Beamten sind in Bezug auf ihre amtliche Thätigkeit in besonderer Weise strafrechtlich geschützt: RStGB. §§. 113, 114, 196, doch kennt unser Strafrecht das Delikt der Amtsehrenbeleidigung als ein selbständiges nicht mehr.[87]

2. Die Beamten haben das strafrechtlich geschützte (RStGB. §. 360 Nr. 8) Recht auf den mit ihrem Amt

---

[83] Laband I, 447 Z. 3, 4.

[84] Über die „mittelbaren" Reichsbeamten s. Laband I, 446 f.

[85] Über das Verhältnis dieser Bestimmung zu RStGB. §. 331 s. Thudichum 281 f.

[86] G. v. 5. Febr. 1875 §§. 38, 39. Dazu Hinschius, Kom. 133; v. Sicherer, Personenstand u. Eheschließung in Deutschland 262; Laband I, 510[5]; Schulze 328; G. Meyer 429[10].

[87] Laband I, 473 f. und die Lehr- u. Handbücher des Strafrechts. Um ein „subjektives" Recht allerdings handelt es sich hierbei nicht, sondern um den objektiven Schutz der Institution, s. O. Mayer 65[26].

verbundenen Rang, Uniform und Titel.[88] Eine selbständige Rangordnung der Reichsbeamten besteht bis jetzt nicht.[89]

3. Die Beamten empfangen ihren Lebensunterhalt vom Staate in Form der Besoldung („beneficium datur propter officium“);[90] der Anspruch beginnt mangels anderweiter Bestimmung mit dem Tage des Amtsantrittes (§. 4 Abs. 2). Mit Recht wird diese letztere unter den Gesichtspunkt der Rente[91] gebracht: der Staat hat diejenigen Personen, welche den Staatsdienst zu ihrem Lebensberufe gemacht haben (und dies ist nach §. 2 des RBeamtG. die zur Grundlage zu nehmende Regel), standesgemäß zu unterhalten[92] und thut dies je nach Art und Wert der Dienste des Einzelnen nach einem höchst verschieden abgestuften Maßstabe. Das „Gehalt“ wird auch bei Krankheit und in den Fällen, wo kein Urlaub erforderlich ist (s. oben S. 313), entrichtet (§. 14); dasselbe wird monatlich oder viertel-

---

[88] Über den Titel s. die beherzigenswerte Mahnung bei Perthes 86 f.

[89] Vgl. die Bemerkungen von Laband I, 490[1].

[90] „Qui altario servit, vivere debeat de altari“, c. 16 X. de praeb. III, 5.

[91] Die Bezeichnung „Rente“ rührt von Gönner S. 105, 108, der Staatsdiener hat dadurch seinen „Nahrungsstand“. Laband sagt „Alimentation“, verbindet aber damit denselben Sinn wie Gönner mit der „Rente“.

[92] Vortrefflich Laband I, 477 ff., dessen Ausführungen an dieser Stelle zu den besten Teilen des ganzen Werkes gehören. Übereinstimmend im Grundgedanken mit Laband ist die von großen Gesichtspunkten beherrschte Entwickelung bei Jhering, Zweck im Recht I (2. A.), 186 ff., 195 ff. Eine völlig andere Anschauung vertreten Seydel, Bayr. StR. III, 415; Rehm 104 ff. Vgl. auch Harseim in Stengels Wörterb. I, 184 ff.; Meves in Holtzendorffs R.-Lex. II, 32 ff.; s. auch Entsch. d. OVG. IX, 36 ff., IV, 127 f.; ferner die Erörterungen bei Perthes 93 ff.; Gönner 104 ff.

jährlich[93] vorausbezahlt (§§. 5, 27, 56), und es ist gleichgültig, ob der Beamte noch während des ganzen Zeitraumes wirklich im Dienst bleibt oder nicht, ausgenommen bei Dienstentlassung infolge gerichtlichen oder Disziplinarurteils, in welchem Falle der Besoldungsanspruch mit dem Tag der Rechtskraft des Urteils endet.[94] Die Besoldung, soweit sie nur den Lebensunterhalt deckt (bis 1500 Mk., vom Mehrbetrag 1/3), ist nicht gerichtliches Exekutionsobjekt,[95] auch nur insoweit cedirbar, verpfändbar oder in anderer Weise übertragbar (§. 6), endlich auch nur insoweit Bestandteil der Konkursmasse (analog für Witwen- und Waisengelder G. v. 20. April 1881 §. 17). Beamte, die zeitweise in Ruhestand versetzt sind, haben nur Anspruch auf einen Teil des Gehaltes, das sog. Wartegeld.[96] Etatsmäßig angestellte Beamte, die dauernd dienstunfähig geworden sind, erhalten Pension,[97] wenn die Dienstunfähigkeit ohne ihr Verschulden eingetreten ist, oder wenn sie 10 Jahre im Reichsdienst gewirkt oder das 65. Lebensjahr zurückgelegt haben;[98] der Mindestbetrag der Pension

---

93 S. dazu die bei Laband I, 479³ cit. Verordnungen; s. auch Ges. vom 25. Mai 1887 (RGBl. 194).

94 Thudichum 272 bes. Z. 4.

95 CPO. §§. 715, 749; Reichsbeamtenges. §. 6. Dazu Laband I, 479.

96 Laband I, 483. Dasselbe beträgt in der Regel 3/4 des Gehaltes, doch mit der Grenze von 450—9000 Mk. jährlich (§. 26), ruht jedoch unter bestimmten gesetzlichen Voraussetzungen und erlischt unter anderen ganz (§§. 29, 30).

97 Über den Begriff der Pension s. Ihering, Zweck im Recht I, 293 ff.; ferner Laband I, 483 f.; Gönner 147 ff.

98 Über Berechnung der Dienstzeit geben genaue Vorschriften die §§. 45—52 (zu §. 48 noch G. v. 21. April 1886 Art. II), über Feldzüge speziell §. 49, über diplomatischen und konsularischen Dienst §. 51, Kolonialdienst G. 31. Mai 1887 (RGBl. 211) §. 1, ferner ergänzend zu diesen Vorschriften G. v. 22. Mai 1893 (RGBl. 171) Art. 17.

ist $^{15}/_{60}$, für jedes weitere Dienstjahr $^{1}/_{60}$ mehr bis zum Höchstbetrage von $^{45}/_{60}$ des Diensteinkommens (§§. 34 ff.), dazu RG. v. 21. April 1886 (RGBl. 80), v. 25. Mai 1887 (RGBl. 194), „unbeschadet jedoch weitergehender Ansprüche, welche etwa vor Erlaß dieses Gesetzes und vor Eintritt in den Reichsdienst zugestanden worden sind".[99] Ist die Dienstunfähigkeit die Folge eines im Dienste erlittenen Betriebsunfalles[100] in einem reichsgesetzlich der Versicherungspflicht unterliegenden Betriebe, so beträgt die Pension vorbehaltlich etwaiger besonderer Ansprüche, $^{2}/_{3}$ des jährlichen Diensteinkommens; ist durch den Unfall zwar nicht dauernde Dienstunfähigkeit, wohl aber beeinträchtigte Erwerbsfähigkeit verursacht, so beträgt die Pension bei dem Ausscheiden aus dem Dienst ebenfalls $^{2}/_{3}$ des jährlichen Diensteinkommens bei völliger Erwerbsunfähigkeit für die Dauer derselben; einen nach dem Maße der verbliebenen Erwerbsfähigkeit zu bemessenden Bruchteil bei teilweiser Erwerbsunfähigkeit. Außerdem werden nach dem Wegfall des Diensteinkommens die Kosten des Heilverfahrens ersetzt. Die Besoldung (ebenso Wartegeld) für das dem Todesmonat eines etatsmäßigen Beamten folgende Quartal wird als Gnadenquartal an die Witwe oder eheliche Deszendenz, mit Genehmigung der obersten Reichsbehörde auch eventuell an andere Verwandte entrichtet (§§. 7, 8, 31).[101]

---

[99] Auch das Recht auf Pension ruht bezw. erlischt unter bestimmten gesetzlichen Voraussetzungen (§§. 57—60). Über die Mitglieder des Reichsgerichts GVG. §. 130.

[100] Ges. vom 15. März 1886 (RGBl. 53) §. 1; vgl. dazu Laband I, 485. Über das Verhältnis dieses Gesetzes zum Haftpflichtgesetz v. 7. Juni 1871 bestimmt §. 10. S. zu diesem Gesetz Zeller in Hirths Ann. 1887, 21 ff.

[101] Vgl. Thudichum 274. Analog ein Gnadenmonat für

Für die Witwen und Waisen der Reichsbeamten hatte das Reichsbeamtengesetz keine Fürsorge getroffen. Durch das RG. v. 20. April 1881 (RGBl. 85) war diese Lücke zwar ausgefüllt worden, jedoch derart, daß die erforderlichen Summen durch Beiträge der Beamten selbst beschafft werden mußten; durch G. v. 5. März 1888 (RGBl. 65) sind nunmehr auch diese Beiträge aufgehoben und damit die gesetzliche Fürsorge für Witwen und Waisen von Beamten lediglich auf die Reichskasse übernommen.[102] Demgemäß gelten jetzt folgende Vorschriften:

a. Gesetzlichen Anspruch[103] auf Witwenpension und Waisengelder für eheliche oder durch nachfolgende Ehe legitimierte Kinder haben a) die mit Gehalt oder Wartegeld angestellten pensionsberechtigten Beamten, b) Beamte, welche eine lebenslängliche Pension aus der Reichskasse beziehen, c) die Reichsbankbeamten,[104] nicht aber die nur nebenamtlich im Reichsdienst thätigen Personen.

b. Die Witwenpension beträgt 1/3 derjenigen Pension, zu welcher der Beamte nach Maßgabe des G. v. 21. April 1886 am Todestage berechtigt gewesen wäre, jedoch mindestens 160, höchstens 1600 Mk. (besondere Vorschriften über Altersunterschied und Eheschließungen zum Zweck der Erschleichung der Pension in §§. 12 u. 13); das Waisen-

Pensionen gemäß §. 69 u. G. v. 25. Mai 1887 (RGBl. 194).

[102] S. Laband I, 486 f., sowie den Kommentar von Thudichum in Hirths Ann. 1881, 551 ff., Vollzugsvorschriften v. 25. Mai 1881 im CBl. 183.

[103] Über ausnahmsweise Bewilligung §. 14.

[104] K. V. v. 8. Juni 1881 (RGBl. 117), v. 20. Juni 1886 (RGBl. 203), v. 18. März 1888 (RGBl. 80).

geld beträgt bei Lebzeiten der Witwe für jedes Kind 1/5, für Doppelwaisen 1/3 der Witwenpension; Witwenpension und Waisengelder zusammen dürfen jedoch höchstens bis auf den Pensionsbetrag des Beamten selbst ansteigen. Die Zahlung beginnt mit Ablauf des Gnadenmonates bezw. Gnadenquartales und erfolgt monatlich durch Vorauszahlung. Der Empfangsberechtigte wird durch die oberste bezw. höhere Reichsbehörde bestimmt.

c. Der Anspruch erlischt mit dem Ablauf des Monats der Wiederverehelichung der Witwe oder Verheiratung der Waise, sowie Vollendung des 18. Lebensjahres der Waisen; er ruht bei Verlust der deutschen Staatsangehörigkeit.

d. Eine besondere Regelung ist erfolgt für Todesfälle infolge von Betriebsunfällen[105] im Betriebe einer reichsgesetzlich dem Unfallversicherungszwang unterliegenden Beschäftigung. Bei derartigen Todesfällen wird, sofern nicht ein Gnadenquartal oder Gnadenmonat zusteht, ein Sterbegeld im Betrage des einmonatlichen Diensteinkommens, mindestens jedoch 30 Mark bezahlt; die Witwenrente beträgt 20% des Diensteinkommens, jedoch mindestens 160, höchstens 1600 Mk.; das Waisengeld 3/4 der Witwenrente für jedes Kind bis zum vollendeten 18. Lebensjahre oder der Verheiratung; Doppelwaisen erhalten die volle Witwenrente; Ascendenten, wenn der Verstorbene ihr einziger Ernährer war, erhalten bis zum Tod oder Wegfall der Bedürftigkeit 20% des Diensteinkommens des Verstorbenen; der Höchstbetrag der gesamten Rente für Witwe und Waisen beträgt 60% des Diensteinkommens; ist die Ehe

[105] G. v. 15. März 1886 (RGBl. 53) §. 2, dazu die Modifikation in §. 3, über die Anmeldung des Unfalls §. 6.

erst nach dem Unfall geschlossen, so fällt die Rente weg (§§. 2 Abs. 2), ebenso wenn der Unfall vorsätzlich oder durch ein Verschulden herbeigeführt ist, wegen dessen auf Dienstentlassung erkannt werden kann (§. 5). —

Der Anspruch auf die Besoldung und die Dienstemolumente ist durch positive Rechtsvorschrift privatrechtlich geschützt (§§. 149 ff.).[106] Jedoch dürfen die Gerichte erst angerufen werden, wenn zuvor der Instanzenzug des betreffenden Ressorts vergeblich durchgemacht wurde; die Frist für Anrufung der Gerichte — die erste Instanz ist das Landgericht — beträgt 6 Monate vom Zeitpunkte des abweisenden Bescheides der obersten Ressortbehörde.[107] In zweiter und letzter Instanz entscheidet derartige Streitigkeiten zwischen Beamten und Fiskus das Reichsgericht (§. 152). Die Revision ist in jedem Falle ohne Rücksicht auf den Streitwert zulässig. An die Entscheidungen der Verwaltungs- und Disziplinarbehörden über das Dienstverhältnis (Versetzung in Ruhestand, Amtsentsetzung u. s. f.) ist der Civilrichter gebunden (§. 155).[108]

---

[106] Meyer 283; Laband I, 470 mit Recht gegen die Behauptung: dadurch werde das Rechtsverhältnis ein aus Civil- und öffentl. Recht „gemischtes". Sarwey, das öff. R. u. die Verwaltungsgerichtsbarkeit 321. Der Gegenstand ist vielumstritten. Sehr gut darüber Wach, Civilprozeß I, 95 ff., dem vollkommen beizustimmen ist: „es ist durchweg der Staatszweck, das Staatsinteresse, welches das gesamte Verhältnis dominiert; es ist unzulässig, dasselbe mit Zerstörung seiner organischen Einheit in zwei, wenn auch konnexe, verschiedenartige Rechtsverhältnisse zu zerlegen." Auf dieser letzteren Unterscheidung beruhen besonders die Ausführungen von Perthes 93 ff., 146 ff.

[107] Über Verlust des Klagerechtes in den Fällen des §. 54 bei nicht fristzeitig eingelegter Beschwerde an die oberste Reichsbehörde s. G. v. 25. Mai 1887 (RGBl. 194).

[108] Laband I, 492[5] und die dort cit. Entsch. d. Reichsgerichts.

Barauslagen sind dem Beamten zu ersetzen: es geschieht dies in verschiedener Weise je nach Art der Ämter wie nach Art der gemachten Auslagen (Diäten, Fuhrkosten, Bureaukosten, Repräsentationsgelder, Umzugskosten u. dgl.).[109]

Endlich werden noch unter besonderen Verhältnissen Funktionszulagen, Mankogelder, Remunerationen gewährt.

Die Berechnung der Pension erfolgt nur auf Grund des eigentlichen Diensteinkommens, wozu der Wohnungsgeldzuschuß (§§. 1, 4 ff.) prinzipiell gehört.[110]

Dienstwohnungen bilden einen Bestandteil des Gehaltes; für die Berechnung der von solchen zu erhebenden Mietssteuer[111] erging eine gesetzliche Spezialvorschrift dahin, daß der Wert der Wohnung nicht mit mehr als 15 % des Bargehaltes angerechnet werden darf.

4. Die allgemeine Staatsbürgerpflicht der Übernahme von Geschworenen- und Schöffendienst ist für Beamte ge-

---

[109] Hierüber sind auf Grund von §. 18 des Ges. viele Spezialverordnungen erlassen und teils im RGBl., teils im CBl. publiziert worden. Vgl. auch Laband I, 474 ff. Die Grundlage bildet die K. V. v. 21. Juni 1875 (RGBl. 249), ferner 30. Juni 1873 (RGBl. 169), 3. Febr. 1874 (RGBl. 13), dazu V. v. 19. Nov. 1879 (RGBl. 313), für Militär- und Marinebeamte v. 20. Mai 1880 (RGBl. 113) und 16. Febr. 1891 (RGBl. 16), für gesandtschaftliche und Konsularbeamte V. v. 23. April 1879 (RGBl. 127); ferner die bei Laband I, 475[3], 477[1] angegebenen weiteren Verordnungen.

[110] RG. v. 30. Juni 1873 (RGBl. 166) u. v. 28. Mai 1887 (RGBl. 159), unter Aufhebung der früheren Gesetze und Verordnungen. Danach stuft sich der Wohnungsgeldzuschuß für etatsmäßig angestellte besoldete Beamte mit Dienstsitz in Deutschland nach fünf Rang- und ebensoviel Ortsklassen, dazu noch als besondere Ortsklasse Berlin, ab. Ausführlich über die rechtliche Natur des Wohnungsgeldzuschusses Laband I, 481 f., bes. S. 482 über die positivrechtlichen Einschränkungen des Grundsatzes, daß der Wohnungsgeldzuschuß als Gehalt gilt.

[111] Ges. vom 31. Mai 1881 (RGBl. 99).

setzlich modifiziert;[112] auch sonst finden sich in der Spezialgesetzgebung sowohl des Reiches als der Einzelstaaten mehrfach Vorschriften analoger Art.

V. **Die Rechtsfolgen der Pflichtverletzung** (§§. 72 ff.).[113]

Dieselben können begründet sein im Strafrecht, im Privatrecht oder ausschließlich im Staatsrecht.

a) Die strafrechtlichen Folgen.[114]

Das Strafgesetzbuch handelt im 28. Abschn. des zweiten Teiles speziell von „Verbrechen und Vergehen im Amte". An sich beruht dieser Abschnitt auf der Basis des Staatsrechtes: Angesichts der unausgetragenen staatsrechtlichen Kontroversen über die Begriffe Amt und Beamter wurde es jedoch für notwendig erachtet, den letzteren Begriff „im Sinne des Strafgesetzes" zu definieren; der strafrechtliche Beamtenbegriff deckt sich nicht vollständig mit dem staatsrechtlichen (s. oben S. 301 [40]); eine strafrechtliche Verantwortlichkeit der Beamten besteht nur, soweit positive strafgesetzliche Normen die Grundlage für eine solche bieten.[115]

Man unterscheidet eigentliche und uneigentliche Amtsdelikte, je nachdem eine Handlung überhaupt nur dann bestraft wird, wenn sie „im Amte" begangen wurde oder in diesem Falle nur höher als gewöhnlich bestraft wird.

Die Spezialbetrachtung dieser Delikte gehört dem Strafrecht an.[116]

---

[112] RBeamtG. §. 25, dazu Dochow, Strafprozeß 38.

[113] Laband I, 447 ff.

[114] S. die Lehr- u. Handbücher des Strafrechts, ferner Zucker, Amtsverbrechen (1870), Hecker im Gerichtssaal Bd. XXXI.

[115] Laband I, 448.

[116] Vgl. auch Laband I, 448 ff.

b) Die privatrechtlichen Folgen.[117]

Die Pflichtverletzung eines Beamten kann dann einen im Wege des Civilrechtes verfolgbaren Schadensersatzanspruch begründen, wenn durch dieselbe eine Vermögensbeschädigung, sei es dem Fiskus, sei es einem Dritten gegenüber, herbeigeführt ist (A. LR. II, 10 §§. 88, 89). Die Beamten haften nach Analogie der Grundsätze über das Mandat sowohl dem Fiskus als jedem Dritten gegenüber, gleichgültig ob Absicht oder Irrtum oder Mangel an Sorgfalt[118] vorliegt, „wegen Überschreitung ihrer amtlichen Befugnisse oder pflichtwidriger Unterlassung von Amtshandlungen" (§. 154). Die privatrechtliche Haftung ist unabhängig von dem etwa eingeleiteten Disziplinarverfahren und unterliegt nur der Entscheidung durch die Civilgerichte (§. 79). Auch dann, wenn ein Disziplinarverfahren gegen einen Beamten wegen Nichterfüllung oder nicht ordentlicher Erfüllung seiner Pflichten eingeleitet wurde, kann doch aus dem nämlichen Thatbestande sich noch eine privatrechtliche Haftung ergeben.[119] Berufung auf einen Befehl der vorgesetzten Behörde giebt keine Befreiung, wenn Gesetzwidrigkeiten in Frage sind, wohl aber dann, wenn Mangel an

[117] Meyer §. 149; Laband I, 454 ff.; Löning, Verw.-R. 126[1]; Perthes 135 ff.; Sarwey, das öff. R. 2c. 157 f.; Jellinek, System d. subj. öff. R. 232. Über die vermögensrechtliche Haftung des Staates für Versehen seiner Beamten besonders die Monographie von E. Löning, die Haftung des Staates aus rechtswidrigen Handlungen der Beamten (1879); Freund im Arch. f. öff. R. I, 361 ff.; Piloty in Ann. 1888, 254 ff.; G. Meyer, Lehrb. 437[5]; Entsch. d. RG. i. Civilsachen XI, 206 ff. (verneinend); aus der älteren Litteratur Perthes 137 ff.

[118] Über „technische Fehler" s. Laband I, 456 f. bes. N. 3.

[119] Laband I, 470 ebenso.

Sorgfalt oder technische Fehler die Voraussetzung des Anspruchs bilden.[120] In höchster Instanz — erste Instanz ist das Landgericht — entscheidet das Reichsgericht über die Schadensersatzpflicht von Beamten (§. 154).

Neben diesen allgemeinen, prinzipiell dem Civilrecht[121] angehörenden Sätzen bestimmt das Reichsbeamtengesetz (§§. 134—148) noch speziell über die Ersatzpflicht bei „Defekten", d. i.: wenn „der thatsächliche Bestand einer Kasse oder eines Magazins geringer ist als der Sollbestand", ohne daß notwendig der Thatbestand der Unterschlagung darin läge. Die vorgesetzte „höhere" Behörde entscheidet in vollstreckbarer Weise über den Betrag des Defektes und den ersatzpflichtigen Beamten (§§. 134 ff.), jedoch steht dem betroffenen Beamten hiergegen, sowohl bezüglich der Ersatzverbindlichkeit als des Betrages außer der Beschwerde im Instanzenzug noch der Rechtsweg frei (§. 144).[122] Die reichsrechtliche Regelung dieser Materie erfolgte ganz nach der preuß. V. v. 24. Januar 1844. Oberste richterliche Instanz ist das Reichsgericht (§. 152).

c) Staatsrechtliche Folgen.[123]

Für den Fall, daß weder ein im eigentlichen Sinne des Wortes strafrechtlicher noch ein privatrechtlicher Thatbestand in einer Pflichtverletzung liegt, kann doch im enge-

[120] Vgl. hierher die interessanten Vorschriften A. LR. I, 6 §§. 45, 58, dazu Perthes 135 ff.

[121] Vgl. über die Verschiedenheit der im Reich hierüber geltenden Grundsätze Laband I, 457.

[122] Laband I, 458 ff.; Harseim in Stengels Wörterb. I, 361 ff.

[123] Laband I, 462 ff. u. die dort N. 2 zitierte staats- und strafrechtliche Litteratur; G. Meyer, Lehrb. 429 ff., Anm. 1876, 672 ff.; Löning, Verw.-R. 127 ff.; Gönner 213 ff.

ren Rahmen des für Beamte geltenden Spezialrechtes ein strafbarer Thatbestand gegeben sein; ebenso kann neben dem strafrechtlichen oder privatrechtlichen noch ein staatsrechtliches Einschreiten erfolgen.

Neben dem Kriminalstrafrecht, welches bereits spezielle Bestimmungen über Amtsdelikte enthält, besteht noch das besondere Disziplinarrecht für Beamte. Dieses fällt prinzipiell unter den Begriff des Strafrechtes: es ist von letzterem nicht der Art, sondern nur dem Grade nach[124] verschieden.[125] Welche Amtsdelikte im Strafgesetzbuch, welche in der Disziplinarordnung zu behandeln seien, ergiebt sich nicht aus inneren prinzipiellen, sondern nur aus äußeren Gründen. Die Disziplinargewalt ist nicht „Zwang zur Erfüllung der Dienstpflicht",[126]

[124] Darum ist eine Unterscheidung und Gegenüberstellung recht wohl möglich, was Laband I, 462² für unmöglich zu halten scheint.

[125] Übereinstimmend Meyer, Lehrb. §. 148; v. Pözl im Staatswörterbuch IX S. 696: Hugo Meyer, Lehrb. d. Strafrechtes §. 204, sowie die bei Laband zitierte kriminalistische Litteratur. Es ist dies eine der am meisten umstrittenen Materien des Staatsrechts. Die neuesten Untersuchungen sind von Binding bei Grünhut II, 684 ff.; Hecker im Gerichtssaal XXXI, 481 ff.; Rehm in Hirths Ann. 1885, 191 ff.; v. Liszt in v. Holtzendorffs R.-Lex. II, 966 ff.; v. Bar, Handb. d. Strafrechts I, §. 111; Seydel, Bayr. StR. III, 478 ff.: Harseim in Stengels Wörterb. I, 67 ff., 267 ff.

[126] So Laband I, 462 ff. Vgl. jedoch Laband III, 167 (1. Aufl.), wo der richtige Gesichtspunkt hinsichtlich des Militärstrafgesetzbuches und der Militärdisziplinarordnung („gleichsam ein zweites Strafgesetzbuch für leichtere Fälle") zum Ausdruck gelangt ist. Übereinst. jetzt bes. Hecker, Lehrb. d. Militärstrafrechts §. 3, ferner die bei Laband I, 463¹ angeführten Schriftsteller. Die gegen obige Bemerkung gerichtete N. 1. S. 464 der 2. Aufl.: „im Gegensatze zu den Disziplinarvorschriften für Beamte ist die Disziplinarstrafordnung für das Heer ein wirkliches Militärstrafgesetz-

(so Laband in der 1. Aufl.; in der zweiten: „Mittel zur Erhaltung der Zucht und Ordnung innerhalb des Dienstverhältnisses und zur Sicherung der Erfüllung der Dienstpflichten"), sondern Strafgewalt wegen Verletzung der Dienstpflicht. „Ein Reichsbeamter, welcher die ihm obliegenden Pflichten (§. 10) verletzt, begeht ein Dienstvergehen und hat die Disziplinarbestrafung verwirkt" (§. 72). Zwangsmittel zur Erfüllung der Dienstpflicht kennt das Reichsstaatsrecht nicht.[127] Wenn ein Teil dieser Verletzungen wegen ihrer besonderen Schwere und allgemeinen Beziehung in das allgemeine Strafgesetzbuch aufgenommen wurde, so ist dies doch unter dem generellen Vorbehalt geschehen, daß die selbständige Würdigung des Thatbestandes unter dem spezifisch amtlichen Gesichtspunkt vorbehalten bleibe: darin liegt kein Verstoß gegen das strafrechtliche Grundprinzip „ne bis in idem", sondern nur eine aus Zweckmäßigkeitsgründen beliebte Teilung der Kognition über einen und denselben Thatbestand durch zwei verschiedene Instanzen unter zwei besonderen Gesichtspunkten.[128]

buch", ist doch eine willkürliche Behauptung. S. auch Jellinek, System d. subj. öff. Rechte S. 203 ff., der energisch widerstreitet, daß die Disziplinargewalt „Herrschergewalt" sei. Löning, Verw.-R. 127⁵. Ganz übereinstimmend mit der Auffassung des Textes jetzt das pr. OVG. Entsch. XXII, 445 („Spezialstrafrecht für Beamte").

127 Schulze 330 f. erklärt Arrest und Geldstrafen als „Zwangsmittel" dieser Art, kombiniert also die beiden Gesichtspunkte; andere Gesetzgebungen sehen Zwangsmittel vor, s. Löning, Verw.-R. 130 f.

128 Der Gedanke rührt aus dem kanonischen Recht, wo er seine Ausprägung in der Unterscheidung zwischen forum externum und f. internum gefunden hat, vgl. Hinschius, Syst. d. Kirchenrechtes I, 163 ff.; Scherer, Handb. d. KR. I,

Disziplinarisches Einschreiten kann als Folge der Verletzung einer jeden Amtsverpflichtung[129] vorkommen. Die Disziplinarstrafen sind entweder sog. Ordnungsstrafen oder Entfernung aus dem Amte. Erstere sind: Warnung, Verweis, Geldstrafe (§. 74). Warnung und Verweis kann jeder Vorgesetzte erteilen (§§. 80—82). Geldstrafen bis zu 9 Mk. können die Vorsteher von Behörden, bis 30 Mk. die der obersten Reichsbehörde unmittelbar untergeordneten Behörden, von über 30 Mk. nur die oberste Reichsbehörde verhängen: dieselben dürfen bei unbesoldeten Beamten den Betrag von 90 Mk., bei besoldeten Beamten den Betrag des einmonatlichen Diensteinkommens nicht übersteigen (§§. 74, 81). Ordnungsstrafen (§§. 82, 83) werden durch einfache Verwaltungsverfügung, die jedoch mit Gründen zu versehen ist, verhängt; dagegen ist Beschwerde an die vorgesetzte Behörde gestattet.

Die Entfernung aus dem Amt ist entweder Strafversetzung mit gleichem Rang aber geringeren (bis zu 1/5) Einkünften; eine solche kann durch die oberste Reichsbehörde verfügt werden (§. 75 Abs. 1);[130] oder Dienstentlassung

---

18 ff.; Henner, Inquisition 236. Ein analoges Verhältnis liegt vor, wenn derselbe Thatbestand unter verschiedenen Gesichtspunkten vom Civil- und vom Verwaltungsgericht zu behandeln ist; s. hierher Sarwey, d. öff. R. ꝛc. 648. Nach Laband I, 465 liegt kein Verstoß gegen das strafrechtliche Prinzip „ne bis in idem" vor, weil die Disziplinarstrafe keinen strafrechtlichen Charakter hat, sondern „an Stelle der Kontraktklage auf Leistung steht". Vgl. Löning, Verw.-R. 130 („begrifflich voneinander unabhängig"). Eine vortreffliche Untersuchung der Frage in Entsch. d. pr. OVG. XXII, 433 ff.

[129] S. dazu die kasuistische Entwicklung bei Laband I, 466.

[130] Richter können gegen ihren Willen nur kraft richterlicher Entscheidung, die nur auf gesetzlichen Gründen beruhen kann, versetzt werden: GVG. §. 8.

mit Verlust des Titels, Ranges und Pensionsanspruches bezw. eines Teiles desselben. Dienstentlassung (§§. 75 Abs. 2, 84 ff.) kann nur auf Grund eines Urteiles der Disziplinarkammer erfolgen, gegen welches Berufung (§§. 111 ff.) an den Disziplinarhof in Leipzig sowohl dem Beamten als dem Staatsanwalt freisteht (§. 110). Zuständig ist die Disziplinarkammer des dienstlichen Wohnsitzes, für die im Auslande domizilierten Beamten diejenige zu Potsdam (§. 88, dazu jedoch §. 90 u. G. v. 5. Nov. 1874 [RGBl. 128] für die Beamten der Eisenbahnverwaltung), für die einstweilig in den Ruhestand versetzten diejenige des letzten dienstlichen Wohnsitzes (§. 119).

Jede Disziplinarkammer besteht aus 7 Mitgliedern und entscheidet im einzelnen Fall als Kollegium von 5 Mitgliedern, von welchen der Vorsitzende und 2 Beisitzer Richter sein müssen (§. 89). Der Disziplinarhof (§. 91) besteht aus 11 Mitgliedern, nämlich 4 Bevollmächtigten zum Bundesrat und 6 Mitgliedern des Reichsgerichtes, darunter der Präsident; der Disziplinarhof entscheidet im einzelnen Fall als Kollegium von 7 Mitgliedern, von welchen der Vorsitzende und 3 Beisitzer Richter sein müssen[181] (s. auch oben S. 283); die Mitglieder werden vom Bundesrat gewählt und vom Kaiser ernannt (§. 93).

Die oberste Reichsbehörde läßt die Voruntersuchung (§§. 94 ff.) durchführen und beschließt auf Grund der Vor-

---

[181] Die Sitze der Disziplinarkammern wurden erstmalig durch §. 87 des Gesetzes (28) bestimmt, dazu V. v. 7. Jan. 1874 (RGBl. 3). Über die Abgrenzung der Bezirke erging kais. V. v. 11. Juli 1873 (RGBl. 293); Regulativ für die Disziplinarkammern v. Dez. 1873 (CBl. 390), gemäß §§. 88, 92.

untersuchungsakten entweder Einstellung des Verfahrens, Verhängung einer Ordnungsstrafe oder Abgabe der Sache an die Disziplinarkammer (§§. 84, 85, 98); letztere verhandelt regelmäßig in kontradiktorischem Verfahren (§§. 104 ff.) in öffentlicher Sitzung (§§. 101—103). Verhaftung, vorläufige Festnahme oder Vorführung des Angeschuldigten ist unzulässig (§. 94 Abs. 2, dazu §. 102). Der Kaiser kann alle Disziplinarstrafen mildern oder erlassen, auch für die mittelbaren Reichsbeamten (§. 118). Der Dienstentlassung kann sich ein Beamter dadurch entziehen, daß er vor Beendigung des Verfahrens seine Entlassung mit Verzicht auf Titel, Gehalt und Pensionsanspruch beantragt und erhält (§. 75 od. 100).[182] Disziplinarstrafen sind stets mit Rücksicht auf die „gesamte Führung" des Beamten auszumessen (§. 76). Die Disziplinarkammer kann auch eine Ordnungsstrafe verhängen (§. 108 Abs. 3).

Die Mitglieder des Reichsgerichtes, des Bundesamtes für Heimatswesen, des Reichsrechnungshofes, sowie die Militärjustizbeamten unterliegen nicht der Disziplinargewalt der Disziplinarkammern (§. 158), die Mitglieder des Reichsgerichtes vielmehr nur derjenigen ihres Plenums, dessen Entscheidung nur auf Entlassung lauten kann, wenn der betr. Beamte wegen einer entehrenden Handlung zu einer Strafe überhaupt, oder wegen irgend einer Handlung zu einer Strafe von längerer als einjähriger Dauer ver-

[182] Thudichum 310, 321; Laband I, 453 f.; Löning, Verw.-R. 132. Die Gesetzgebungen sind in Ordnung dieses Punktes verschieden; der Standpunkt des RBeamt.G. rechtfertigt sich daraus, daß die ganze Disziplinargewalt nur den Zweck hat, Ordnung innerhalb des Beamtenstandes zu halten.

urteilt wurde (GVG. §. 128), die Militärbeamten derjenigen besonders zu bildender Militärdisziplinarkommissionen.[133] Die für die Mitglieder des Reichsgerichtes geltenden Bestimmungen sind analog auf die Mitglieder des Bundesamtes für Heimatswesen anzuwenden.

Ist gegen einen Beamten ein Strafverfahren auf Grund des Strafgesetzbuches eingeleitet, so muß mit Einleitung oder Weiterführung des Disziplinarverfahrens bis nach Erledigung des ersteren gewartet werden (§. 77):[134] Freisprechung durch das Strafgericht schließt die Einleitung eines Disziplinarverfahrens nicht aus (§. 78); die Disziplinarbehörde ist jedoch als an den vom Strafrichter festgestellten Thatbestand gebunden zu erachten[135] und hat denselben lediglich unter dem spezifisch amtlichen Gesichtspunkt — „an sich und ohne ihre Beziehung zu dem gesetzlichen Thatbestande der strafbaren Handlung, welche den Gegenstand der Untersuchung bildete“ — zu würdigen. Die oberste Reichsbehörde hat überdies auch nach erfolgter gerichtlicher Verurteilung noch die Möglichkeit, ein Disziplinarverfahren einzuleiten, wenn jene nicht den Verlust des Amtes einschließt (StGB. §§. 33, 35).[136]

[133] Die besonderen Vorschriften über die „ausschließlich unter Militärbefehlshabern stehenden Militärbeamten“ §§. 120—123.

[134] Über die Gründe dieser gesetzlichen Vorschrift s. Entsch d. OVG. XXII, 441.

[135] Ebenso Laband I, 469. Entsch. d. pr. OVG. (in eingehender vorzüglicher Begründung) XXII, 428 ff.; Entsch. d. Disziplinarhofes im Centralbl. f. d. Deutsche Reich 1874, S. 174. A. A. ein Beschluß d. pr. Staatsministeriums v. 23. März 1891 (M.-Bl. d. inn. Verw. S. 134).

[136] Thudichum 311. Sehr abweichender Ansicht über das Verhältnis von Disziplinar- u. Kriminalverfahren ist Laband I, 468 f. Jellinek, System d. subj. öff. R. 107: „beide Strafberechtigungen laufen nebenein-

## VI. Veränderung und Beendigung des Dienstverhältnisses.

Die Beendigung des Dienstes kann entweder in der Weise vorkommen, daß sie nur auf das spezielle Amt sich bezieht oder sie kann generell sein: im ersteren Fall bleiben die allgemeinen Rechte und Pflichten bestehen, und es ruht nur die Amtsausübung, im letzteren Falle hören die Amtsausübung sowie alle Rechte und Pflichten juristisch auf.

### 1. Das Ruhen der Dienstpflicht.[137]

a) Ein Beamter kann zur Disposition gestellt werden. Die einstweilige Versetzung in den Ruhestand ist ein der Natur der Sache nach ganz ausnahmsweises und vorübergehendes Verhältnis, in welchem der Beamte kein Amt zu verwalten hat; für das grundsätzliche Verhältnis zwischen Amt und Beamten dürfen aus dieser Singularität keine Schlußfolgerungen gezogen werden.[138] Die Amtsrechte und Amtspflichten, letztere ausgenommen die Verwaltung eines besonderen Amtes, bestehen in diesem Falle fort, nur kann die Besoldung verringert werden (Wartegeld §. 26), andererseits aber kann es auch vorkommen, daß in diesem Falle besondere Entschädigung gegeben wird.[139] Beamte zur Disposition unterstehen der Disziplinargewalt nach Maßgabe des letzten dienstlichen Wohnsitzes (§. 119); sie müssen jederzeit ein ihrer Berufsbildung entsprechendes anderes Amt, zu welchem sie berufen werden, übernehmen

ander her, weil sie auf verschiedenem Rechtsgrund beruhen."

[137] Meyer §. 154; Laband I, 495 ff.

[138] Anders Laband I, 493 f., der in diesem Verhältnis ein Hauptargument für seine Theorie von dem grundsätzlichen Unterschied zwischen Staatsamt und Staatsdienst sieht.

[139] Meyer, Lehrb. 357.

(§. 28). Generell ist ihnen die Annahme von Nebenämtern und der Betrieb von Gewerben gestattet (§. 16 Abs. 3). Beamte müssen sich jederzeit gefallen lassen, zur Disposition gestellt zu werden, wenn ihr Amt infolge einer „Umbildung der Reichsbehörden" aufgehoben wird (§. 24). Außerdem ist das Gleiche ganz allgemein dem Kaiser vorbehalten für Beamte, „bei welchen eine fortdauernde Übereinstimmung in prinzipiellen Ansichten mit der leitenden Autorität notwendig ist",[140] nämlich: 1. dem Reichskanzler, 2. den Chefs, 3. Direktoren und Abteilungsvorständen der Centralverwaltungsbehörden, 4. den vortragenden Räten und etatsmäßigen Hilfsarbeitern im auswärtigen Amt, 5. den Militär- und Marine-Intendanten, 6. dem diplomatischen Personal, 7. den Konsuln (§. 25),[141] 8. dem Oberreichsanwalt und den Reichsanwälten (GVG. §. 150), 9. den Gouverneuren, Kommissaren und Kanzlern der deutschen Schutzgebiete (G. v. 31. Mai 1887 §. 2), 10. gewissen Kategorieen elsaß-lothringischer Beamten.

b) Ein Beamter kann suspendiert werden:[142] einmal kraft gesetzlicher Vorschrift im Falle der Verhaftung auf Grund eines gerichtlichen Strafverfahrens, sodann kraft gerichtlichen oder Disziplinarurteils, das auf Amtsverlust lautet, aber noch nicht die Rechtskraft beschritten hat

---

[140] Das Gesetz nennt nur die Chefs des Innern, Auswärtigen, der Admiralität, dazu fügt das G. v. 27. Juni 1873 §. 2 den Vorsitzenden des Reichseisenbahnamtes. Daß nach Ausweis der im Text citierten Worte der Motive die ausdehnende, im Text gegebene Interpretation, dem Sinn des Gesetzes entspricht, dürfte nicht zu bezweifeln sein; jedenfalls aber empfiehlt es sich, dies gesetzlich zu fixieren.

[141] Thudichum 289.

[142] Laband I, 498 ff.; G. Meyer 455 ff.

(§. 125); endlich durch Verfügung der Centralstelle des Ressorts infolge der Einleitung eines gerichtlichen Verfahrens oder Abgabe der Akten an die Disziplinarkammer (§. 127). Bei Gefahr auf Verzug kann jeder Vorgesetzte seine Untergebenen suspendieren, vorbehaltlich definitiver Entscheidung durch die Centralstelle (§. 131). Die Suspension hebt die ganze Amtsgewalt vorläufig auf und hat zur Folge, daß die Hälfte des Gehaltes vom Ablauf des Suspensionsmonates ab zurückbehalten wird (§. 128: der allgemeine Grundsatz erleidet wesentliche Modifikationen). Die anderweitigen Rechte und Pflichten dauern fort.[143] Die Suspension ist immer nur eine vorläufige Maßregel und wird aufgehoben (§. 126) entweder durch Dienstentlassung oder Wiedereintritt in das Amt: im letzteren Falle wird die zurückbehaltene Besoldung nachbezahlt, vorbehaltlich des Abzuges einer etwa verhängten Ordnungsstrafe und der Untersuchungskosten; im ersteren Falle wird nur nachbezahlt, was nach Abzug der Stellvertretungs- und Untersuchungskosten noch verbleibt (§§. 128—130). Die Mitglieder des Reichsgerichtes, des Bundesamtes für Heimatswesen und des Reichsrechnungshofes können suspendiert werden durch Beschluß ihrer Plena (Mitglieder des Reichsgerichtes: „nach Anhörung des Oberreichsanwaltes"), „wenn wegen eines Verbrechens oder Vergehens das Hauptverfahren eröffnet" wurde; bei verhängter Untersuchungshaft tritt die Suspension von Rechtswegen ein; das Recht auf die Besoldung wird durch die Suspension nicht berührt (GVG. §. 129, G. v. 6. Juni 1870 §. 43, pr. G. v. 27. März

---

[143] Laband I, 500[8].

1872, RBeamtG. §. 153). Über das Aufhören der Suspension enthält das Gesetz gleichfalls genaue Vorschriften (§§. 125, 126).

2. Die Beendigung der Dienstpflicht[144] erfolgt:

a) auf Grund eines strafgerichtlichen Urteils durch Verurteilung zu Zuchthaus, durch Aberkennung der bürgerlichen Ehrenrechte oder der Fähigkeit zur Bekleidung öffentlicher Ämter, ferner durch Urteil, das auf Verlust der bekleideten Ämter lautet; das richterliche Urteil wirkt ipso jure (RStGB. §§. 31, 33, 35, 36, 358; 81, 83, 84, 87—91, 94, 95), bei den Mitgliedern des Reichsgerichtes und des Bundesamtes für Heimatswesen schon bei Verurteilung zu Freiheitsstrafe von mehr als einem Jahr in jedem Falle und ebenso bei jeder Verurteilung wegen eines entehrenden Deliktes (GVG. §. 128, G. v. 6. Juni 1870 §. 43);[145]

b) auf Grund eines die Amtsentlassung aussprechenden Disziplinarurteils, das den Verlust des Titels und Pensionsanspruches von Rechtswegen zur Folge hat (§. 75);

c) auf Antrag: jeder Beamte kann jederzeit seine Entlassung fordern und dieselbe kann ihm nicht versagt werden;[146] die Entlassung wird erteilt durch den Kaiser (RV.

[144] Die ältere Theorie behandelt mit größter Ausführlichkeit die Frage des freien Entlassungsrechtes der Staatsdiener durch den Monarchen; die Streitfrage ist geradezu der Kernpunkt der früheren Untersuchungen und spaltet die Schriftsteller in zwei Heerlager, s. besond. Gönner 264 ff. Durch die neuere Entwickelung und die moderne Gesetzgebung ist die Frage gegenstandslos geworden.

[145] Meyer 449; Laband I, 503.

[146] Laband I, 501 f.; G. Meyer, Lehrb. 444; Rehm in Hirths Ann. 1885, 203². A. A.

Art. 18) und hat den Verlust des Amtes sowie des damit verbundenen Titels und Gehaltes zur Rechtsfolge. Der Staat kann das Dienstverhältnis ohne Grund einseitig nur lösen, wenn die Anstellung auf Widerruf oder auf Zeit erfolgte (§§. 2, 32).[147] Außerdem können der Reichskanzler, der Statthalter für Elsaß-Lothringen, die Chefs des Auswärtigen, des Innern und der Admiralität jederzeit ihre Entlassung fordern und haben nach zweijähriger Dienstzeit im Amte Pensionsanspruch.[148]

3. Die Pensionierung (§§. 44, 69).

Zwischen 1. und 2. inmitten steht die Pensionierung: das Ruhen der Dienstpflicht ohne die Voraussetzung des Wiedereintrittes in den Dienst. Pensionierte Beamte sind begrifflich nicht mehr Beamte, sie sind aus dem staatsrechtlichen Beamtenverhältnis ausgeschieden und folglich auch aus der staatlichen Disziplinargewalt; was ihnen an Beamtenrecht belassen wurde, ist an sich nur Vergünstigung, deren Gewährung allerdings gesetzlich reguliert ist und für deren Entziehung in der Regel auch gesetzlich bestimmte Voraussetzungen aufgestellt sind.[149]

a) Die Pensionierung kann erfolgen auf Antrag des Beamten: Voraussetzung hierfür ist jedoch entweder 1. mindestens zehnjähriger Dienst und nachgewiesene körperliche

---

Löning, Verw.-R. 134[1]; Gönner 258; A. LR. II, 10 §. 95: verneint dies, „wenn daraus ein erheblicher Nachteil für das gemeine Beste zu besorgen ist"; s. auch die interessanten Angaben bei Perthes 143 ff.

[147] Vgl. die Mitteilung des Reichskanzlers an den Reichstag bei Thudichum 353 ff. Laband I, 502 f.

[148] Thudichum 294.

[149] Vgl. Thudichum 310; G. Meyer, Lehrb. 447[7].

oder geistige dauernde Dienstunfähigkeit (§. 34) oder 2. unverschuldet eingetretene, durch den Dienst verursachte[150] Unfähigkeit (§. 36; vgl. überdies §. 39), oder 3. zurückgelegtes 65. Lebensjahr (G. v. 21. April 1881 Art. 1); jedoch kann auch beim Mangel dieser Voraussetzungen Pension gegeben werden. Mitglieder des Reichsgerichtes können bei eingetretener Dienstunfähigkeit jederzeit pensioniert werden und erhalten mindestens $^{20}/_{60}$ des Gehaltes als Ruhegehalt (GVG. §. 130). Außerdem können der Reichskanzler, die Staatssekretäre des Auswärtigen, des Innern, der Admiralität und für Elsaß-Lothringen jederzeit auch ohne eingetretene Dienstunfähigkeit ihre Pensionierung fordern (§. 35).[151] Anspruch auf das Pensionsgehalt besteht für diese Beamten schon dann, wenn das betreffende Amt mindestens zwei Jahre bekleidet wurde. Bei Beamten, welche eine kaiserliche Bestallung empfangen haben, ist kaiserliche Genehmigung auch für die Pensionierung erforderlich; die Entscheidung erfolgt durch die oberste Reichsbehörde (§. 54), welche diese Befugnis auf die höhere Reichsbehörde übertragen kann (G. v. 25. Mai 1887, RGBl. 194). Über den Antrag muß immer die vorgesetzte Behörde des Antragstellers gehört werden.

b) Die Pensionierung kann erfolgen ohne Antrag (§§. 61 ff.) wegen dauernder Dienstunfähigkeit nach zehnjähriger Dienstzeit (§. 61 od. 68) oder nach zurückgelegtem 65. Lebensjahr[152] (vor zurückgelegter zehnjähriger Dienstzeit nur im

---

[150] Über den zu erbringenden Beweis §. 53; s. Laband I, 505.

[151] S. dazu Laband I, 404 f.; G. Meyer, Lehrb. §. 152[6].

[152] Ges. vom 21. April 1886 (RGBl. 80) Art. III.

Wege des Disziplinarverfahrens). Widerspricht der Beamte, so ist ein genaues Administrativverfahren mit Ausschluß des Rechtsweges zur Entscheidung über den Widerspruch vorbehalten. Die Entscheidung erfolgt durch den Kaiser im Einvernehmen mit dem Bundesrat, wenn der Beamte eine kaiserliche Bestallung empfangen hat (§. 66), sonst durch die oberste Reichsbehörde, gegen deren Entscheidung binnen 4 Wochen Rekurs an den Bundesrat freisteht, welcher definitiv entscheidet (§. 66),[153] bei den Mitgliedern des Reichsgerichtes durch Plenarbeschluß (GVG. §. 131). Außerdem können der Reichskanzler und die sub a genannten Chefs höchster Reichsbehörden jederzeit pensioniert werden mit Anspruch auf Pension nach zweijähriger Verwaltung des Amtes. Keine Anwendung finden die Vorschriften über unfreiwillige Versetzung in Ruhestand auf die in §. 158 genannten Beamten, für welche Spezialvorschriften gelten.[154]

c) Die Pension kann auf Antrag des Staates erfolgen bei den Beamten des auswärtigen Amtes.

### 4. Versetzung.[155]

a) Jeder Beamte muß sich, im Fall das dienstliche Bedürfnis dies erfordert, in ein anderes Amt von gleichem

---

[153] Thudichum 305. Eine Spezialvorschrift noch in §. 68 Abs. 2.

[154] Laband I, 508[2].

[155] Thudichum 288; Meves in Holtzendorffs R.-Lex. III, 1077 ff.; G. Meyer, Lehrb. 454. Man mag, wenn man will, die Versetzung als „Analogon der Novation" konstruieren; ein Bedürfnis dafür besteht nicht. Auch die Versetzung ist eine Ausnahme, was schon daraus hervorgeht, daß jedes Amt in der Regel „lebenslänglich" verliehen wird. Schlußfolgerungen über das grundsätzliche Verhältnis von Amt und Staatsdienst sind

Rang und Einkommen versetzen lassen (§. 23). Über das „dienstliche Bedürfnis" entscheidet nur die Regierung. Die Mitglieder des Reichsgerichtes, des Bundesamtes für Heimatwesen, des Reichsrechnungshofes und die Militärjustizbeamten können nicht wider ihren Willen versetzt werden.

b) Über die Versetzung als Disziplinarstrafe s. oben V. c.

---

somit auch hier abzulehnen. Anders Laband I, 493, der auch die Versetzung nur aus jenem grundsätzlichen Unterschiede erklärbar findet.

# Viertes Buch.

# Die Reichsangehörigkeit (das Reichsbürgerrecht).

---

## §. 11.

### Der Begriff der Reichsangehörigkeit.[1]

I. Die Staatsgewalt hat zu ihrer natürlichen Grundlage: Land und Leute. In letzterer Beziehung sind zwar dem Staat prinzipiell alle Menschen unterworfen, die in

[1] v. Gerber, Grundz. §§. 15—17 und besonders Anlage II; Laband I, §§. 14—19 (vgl. auch die zu §. 14 zitierte Speziallitteratur); Meyer, Lehrb. §§. 75—79, 213—226, Verw.-R. I, 96—144; Seydel in Hirths Ann. 1876, 135 ff., 1883, 577 ff., Bayr. StR. I, 524 ff., Abh. 59 ff.; Hänel StR. I, 353 ff.; Schulze §§. 136—158; E. Meier in Holtzendorffs R.-Lex. III, 413 ff.; Riedel 249 ff.; Th. Landgraff bei Hirth, Ann. 1870, S. 625 ff. Unter den Kommentaren zum Reichsgesetz v. 1. Juni 1870 ist besonders hervorzuheben derjenige von Cahn (1889). Die rechtshistorische Entwicklung hat eine gute Bearbeitung gefunden durch Rehm, der Erwerb von Staats- und Gemeindeangehörigkeit in geschichtlicher Entwickelung nach römischem und deutschem Staatsrecht in Hirths Ann. 1892, auch im Separatabdruck. Ferner entstand über den Rechtsfall Bauffremont-Bibesco eine vollständige Spezialliteratur, die sich auch auf die Staatsangehörigkeit bezieht und aufgeführt ist bei Th. Landgraff in Hirths Ann. 1876, 1022[1]. Die internationale Seite der Frage hat speziell behandelt v. Martitz in einer trefflichen Abhandlung bei Hirth, Ann. 1875, 793 ff., 1113 ff.; s. ferner Störk in Holtzendorffs Handb. d. Völkerrechts §§. 113 ff.

seinem Gebiete sich aufhalten, auch die Ausländer („habiter le territoire: c'est se soumettre à la souveraineté“ — Rousseau): die rechtliche Wechselbeziehung aber, welche den Staat mit den Inländern verbindet, ist eine intensivere, durch besondere Normen bestimmte. Man faßt dieselben zusammen in dem Begriff der Staatsangehörigkeit. Staatsangehörigkeit ist also die nicht bloß faktische und als solche rechtlich geschützte Gewalt, wie sie der Staat auch über Ausländer hat, sondern das besondere Rechtsverhältnis der Staatsgewalt zu den seine natürliche Grundlage bildenden Volksgenossen. Von der Staatsangehörigkeit ist das Staatsbürgerrecht zu unterscheiden: letzteres beruht unbedingt auf der Staatsangehörigkeit, reicht aber weiter, indem es auch die Teilnahme am öffentlichen Leben des Staates umfaßt, welche außer an die allgemeine Staatsangehörigkeit noch an spezielle Voraussetzungen, wie männliches Geschlecht, bestimmtes Alter u. dgl. durch die Gesetzgebung geknüpft zu sein pflegt.[2]

II. Die Feststellung des Begriffes der Staatsangehörigkeit bietet im Einheitsstaat keine Schwierigkeiten — vorausgesetzt, daß man sich von der verwirrenden Phrase freihält, die in der Staatsangehörigkeit nur möglichst umfassende Rechte aber möglichst geringe Pflichten statuiert wissen will — wohl aber im Bundesstaate. Die früher herrschende Theorie vom Bundesstaate mußte notwendig eine doppelte Staatsangehörigkeit annehmen: der Einzelne sollte

[2] Vgl. v. Pözl, Bayr. StR. §. 31, dazu unten §. 12.

zwei gleichberechtigten koordinierten Staaten staatsrechtlich angehören, für gewisse Materien dem einen, für andere dem anderen. Diese Begriffsbestimmung ist logisch ebenso unhaltbar wie ihre Unterlage, die „geteilte Souveränetät". Die Staatsangehörigkeit muß prinzipiell ein einheitlicher Begriff sein:[3] „Reichs- und Landesangehörigkeit sind nicht zwei verschiedene, sondern ein- und dieselbe Thatsache" (Seydel, Komm. 135). Im Bundesstaat besteht sie gegenüber dem Staat, d. i. der souveränen Centralgewalt (s. oben S. 75 ff.). Die Staatsangehörigkeit im Deutschen Reiche ist prinzipiell Reichsangehörigkeit; die Zugehörigkeit zum Einzelstaat ist, wenn auch historisch und nach dem positiven Recht das Primäre, doch prinzipiell ein aus der Reichsangehörigkeit erst hervorgehendes Rechtsverhältnis.[4]

Alle Deutschen gehören dem Reiche an und sind der Staatsgewalt des Reiches unterthan, erfreuen sich aber andererseits auch der Rechte, die jenem Unterthanenverhältnis korrespondieren.[5]

III. Für den Erwerb der Reichsangehörigkeit aber wurde der Grundsatz festgehalten, daß derselbe durch das Medium der Einzelstaaten zu erfolgen

---

[3] Vgl. Laband I, §. 14: Hänel I, 356; Schulze §. 138 bewegt sich für diese Frage noch im Gedankenkreis der geteilten Souveränetät.

[4] Ebenso Jellinek, Staatenverb. 278 f.: vgl. andererseits Laband I, 129.

[5] Hänel StR. I, 354. Das Unterthanenverhältnis zum Reiche ist ein „unmittelbares" (a. A. Laband 128), insoweit das Reich seine Staatsgewalt unmittelbar d. i. ohne Mitwirkung der Einzelstaaten ausübt, also z. B. für Konsularwesen, Militär, Marine.

habe (G. v. 1. Juni 1870 §. 1). Es giebt keine von den Einzelstaaten losgelöste selbständige Reichsangehörigkeit: nur wenn und weil der Einzelne Angehöriger des Einzelstaates ist, ist er Reichsangehöriger.[6] Dies wäre begrifflich durchaus nicht notwendig gewesen, und in der nordamerikanischen Union besteht in der That das entgegengesetzte Verhältnis:[7] das im Reiche für den Erwerb der Staatsangehörigkeit normierte Verhältnis enthält jedoch andererseits auch keinen Widerspruch zum Begriff des Bundesstaates.

Für die Schutzgebiete sind die Grundsätze des Reichsgesetzes über den Erwerb der Staatsangehörigkeit durch das Medium der Einzelstaaten vollständig aufgegeben (Ges. v. 15. März 1888 §. 3), s. hierüber unten B. VII.

Die Reichsangehörigkeit kann vermittelt sein durch die Zugehörigkeit zu mehreren Einzelstaaten: ein mehrfaches Angehörigkeitsverhältnis dieser Art widerspricht in keiner Weise dem Bundesstaat. Die Angehörigkeit zum Einzelstaat kann auch wechseln, ohne daß dadurch die Reichsangehörigkeit berührt wird: der Inwohner eines Hauses verbleibt unter demselben Dache, auch wenn er aus dem Zimmer 1 in das Zimmer 20 übersiedelt.

IV. Indem also der Deutsche dem Einzel-

---

[6] Über Elsaß-Lothringen unten B. VI. Vgl. Cahn 11 f.; G. Meyer, Lehrb. 183[11].

[7] Constitution of Unit. St. Amend. a. XIV, s. 1: „all persons born or naturalized in the United States and subject to the jurisdiction thereof, are citizens of the United States and of the state, wherein they reside.“ Dagegen Eidg. Bundesverf. Art. 43: „jeder Kantonsbürger ist Schweizerbürger“; s. dazu Bake, Beschouwingen S. 129 f.; Hänel I, 359; Jellinek a. a. O. 279.

staate als Unterthan Gehorsam leistet, leistet er denseben dem Reiche, von welchem der Einzelstaat staatsrechtlich bedingt ist.[8] In diesem Sinne ist der Satz vollkommen richtig: „indem der Einzelne der Bundesgewalt gehorcht, gehorcht er ihr als der von seinem Staat bestellten Gewalt, er gehorcht seiner eigenen Staatsgewalt".[9] In den zur Reichskompetenz gezogenen und vom Reiche selbst in Verwaltung genommenen Materien ergreift das Reich jeden einzelnen Deutschen direkt,[10] in den der Selbstverwaltung der Einzelstaaten überwiesenen indirekt, in den der Autonomie überlassenen nur grundsätzlich, virtuell, thatsächlich aber garnicht. —

V. Da das Recht der Staatsangehörigkeit zum Einzelstaat durch die Aufrichtung des Norddeutschen Bundes formell unangetastet blieb und materiell nach wie vor für die Einzelstaaten eine besondere Rechtswirkung äußerte und äußert, ergab sich die Notwendigkeit, das gegenseitige Rechtsverhältnis der Staatsangehörigkeit unter den einzelnen Bundesstaaten sofort wenigstens in seinen Grundzügen zu regeln.[11] Dies ist die Bedeutung des vielumstrittenen Artikel 3 der Reichsverfassung, der das „gemeinsame

---

[8] S. die Ausführung oben S. 136 ff.

[9] Seydel, Komm. 43.

[10] A. A. Laband I, 128 auf Grund seiner Theorie, daß im Bundesstaat die Centralgewalt über Staaten, nicht direkt über die Unterthanen herrsche. Vgl. dagegen oben §. 4.

[11] Hänel StR. I, 356, 564, 584 ff., bes. auch die Angaben über die analogen Vorschriften in den anderen Bundesstaaten N. 4. 5. Sehr richtig betont Hänel bes. die Notwendigkeit der „planmäßig übereinstimmenden Regelung" und damit des „Übergreifens der Organisationsgewalt des Centralstaates in die elementare Organisation der Einzelstaaten, nämlich in die Ordnung ihrer Staatsangehörigkeit".

Indigenat" statuiert.[12] Hätte sofort auf dem Wege der Spezialgesetzgebung das Verhältnis der Staatsangehörigkeit des Einzelstaates zur Reichsangehörigkeit geregelt werden können, so wäre jener Artikel 3 vollkommen überflüssig gewesen, wie er denn durch die inzwischen ergangene Spezialgesetzgebung in der That in fast allen Einzelpunkten gegenstandslos geworden ist. Der Artikel 3 gab somit erstens in negativer Hinsicht einen durchgreifenden, unmittelbar anwendbaren Rechtsgrundsatz,[13] der dahin zu formulieren ist: kein Deutscher darf in irgend einem Teile des Reiches für die Sphäre des bürgerlichen Rechtes schlechter gehalten werden als die Angehörigen des betreffenden Staates[14]

---

[12] Vgl. Laband I, 169 ff. Allerdings ist das Reichsbürgerrecht nicht die „logisch notwendige Voraussetzung" für den Art. 3 und es könnte sehr wohl der Inhalt des Art. 3 auch für die Angehörigen von fremden Staaten Geltung haben (Laband I, 169, Hänel StR. I, 584 f. und im wesentlichen ebenso Seydel, Komm. 44), aber der Inhalt des Art. 3 ist eine logische Konsequenz der Aufrichtung des Bundesstaates und der daraus folgenden gebieterischen Notwendigkeit einer in der Hauptsache gleichen Rechtsstellung aller Angehörigen des Bundesstaates in jedem Teile desselben. Über die historische Entwickelung des Art. 3 handelt sehr gut G. Meyer, Verw.-R. I, §. 34 und besonders Hänel StR. §. 98. Laband I, 168 ff. Vorläufer des Art. 3 war Art. 18 der Bundesakte, weiterhin die ganze Entwickelung des Zollvereins. Den analogen Gedanken, aber in anderer Ausführung, stellt die Vorschrift in Art. 42 der eidgenöss. Bundesverf. dar, der freilich Seydel, Abhandl. 63 von seinem Standpunkt den Vorwurf der „Verworrenheit" und einer „Unerklärlichkeit, die ihres gleichen sucht", macht.

[13] S. die Einzelangaben bei Laband I, 171³, ebenso Hänel StR. I, 587 (gegen Sarwey, Württemb. StR. I, 147).

[14] Hänel StR. I, 590: „Verneinung der Rechtskraft jeder der gleichen Behandlung der Landesfremden und Einheimischen entgegenstehenden Rechts-

— vorbehalten nur Aufnahme in den lokalen Gemeindeverband und Armenpflege, welche beiden verfassungsmäßigen Vorbehalte jedoch durch die Reichsspezialgesetzgebung, insbesondere das G. v. 1. Nov. 1867 („Freizügigkeit") und v. 6. Juni 1870 („Unterstützungswohnsitz") auch in weitem Umfange beseitigt sind[15] — sodann zweitens in positiver Hinsicht ein Programm, das in seinen einzelnen Bestandteilen erst spezialgesetzlich zur Durchführung gelangen mußte, wie dies inzwischen in den Gesetzen über Freizügigkeit, Unterstützungswohnsitz, Gewerbewesen, sowie insbesondere den großen Justizgesetzen geschehen ist.

Die einzelnen Bestimmungen des Art. 3 sind folgende:

1. Derselbe beseitigt zuvörderst für das Gesamtgebiet des deutschen Bundesstaates bezw. die Gesamtmasse der Reichsangehörigen den juristischen Unterschied zwischen Inland und Ausland. Jeder Deutsche ist, welchem Einzelstaat er auch angehören mag, in jedem Teile des Reichsgebietes Inländer. Daraus werden sofort folgende direkte Konsequenzen gezogen: fester Wohnsitz, Gewerbebetrieb, Erwerb von Grundstücken ist allen Deutschen überall unter den gleichen rechtlichen Voraussetzungen gestattet; für Wohnsitz und Gewerbebetrieb sind diese Voraussetzungen jetzt durch das Reichsrecht geregelt; der Erwerb von Grundstücken erfolgt noch nach Landesrecht, das also in seinen Ausländer hierfür etwa

norm"; dazu Note 12 über den preuß. Verfassungsentwurf von 1866, Art. 3 in seiner grundsätzlichen Verschiedenheit von dem jetzigen Art. 3.

[15] Hänel StR. I, 591 f. Über den heutigen immer noch sehr bedeutenden Umfang des „Indigenates" bes. 592 N. 14.

schlechter stellenden Vorschriften für Deutsche nicht weiter zur Anwendung kommen darf.

2. Artikel 3 schreibt ferner vor, daß alle Deutschen in Hinsicht der sonstigen bürgerlichen Rechte, der „Rechtsverfolgung und des Rechtsschutzes" gleichheitlich behandelt werden müssen: auch dieser Punkt ist jetzt in der Hauptsache durch die Reichsgesetzgebung erledigt und, soweit dies noch nicht der Fall, steht die reichsrechtliche Normierung bevor.[16]

Es wurde die Frage erhoben, ob die Grundsätze des Art. 3 und der zu demselben ergangenen Spezialgesetze auf juristische Personen anwendbar seien. Diese Frage ist zu verneinen. Juristische Personen können der Natur der Sache nach keine Rechte haben, die aus der persönlichen Staatsunterthanenschaft fließen, und nur um solche handelt es sich hier. Beschränkungen, die nach dem Partikularrecht der einzelnen Staaten für juristische Personen fremden Domiziles vorhanden waren, sind in Kraft verblieben: eine Anomalie kann darin nur insofern gefunden werden, als verschiedene Civilrechte in einem Bundesstaate überhaupt eine Anomalie sind. Die juristische Person aber kommt hier nur als eine Form des Civilrechtes in Betracht und auf solche bezieht sich der Art. 3 nicht.[17]

---

[16] Über eine das Eherecht betreffende Konsequenz, welche aus der in dieser Materie vorbehaltenen bayrischen Gesetzgebung folgt, s. v. Sicherer, Personenstand u. Eheschließung S. 270 f.; Hinschius, Komm. z. RGes. v. 6. Febr. 1875 S. 151 f. (3. A.).

[17] Richtig Seydel, Komm. 42; Laband I, 170². A. A. Brückner, über das gemeinsame Indigenat; Hiersemenzel 283, u. bes. Hänel StR. I, 589⁹. Eine spezialgesetzliche Vorschrift in dem Sinne der Brücknerschen Meinung hat jedoch die GewO. §. 12.

3. Ferner sollen alle Deutschen in jedem Einzelstaat zur Bekleidung öffentlicher Ämter zugelassen werden: soweit also Ausländer von öffentlichen Ämtern in einem Einzelstaat ausgeschlossen sind oder für solche erschwerende Vorschriften gelten, dürfen diese Vorschriften für Deutsche nirgends im Reiche mehr zur Anwendung gebracht werden; die positiven Vorschriften des Partikularrechtes aber bleiben, soweit nicht für einzelne Ämter die Reichsgesetzgebung eingegriffen hat, durchweg in Kraft, und Artikel 3 fordert keineswegs, daß die in einem Einzelstaat für eine bestimmte Kategorie von Ämtern erlangte Qualifikation ohne weiteres auch für jeden anderen Einzelstaat gelten müsse.[18]

4. Endlich muß nach Art. 3 jeder Deutsche in jedem Einzelstaate zur Erlangung des Staatsbürgerrechtes zugelassen werden („politische Freizügigkeit"). Der Artikel enthält das „Verbot, die Voraussetzungen für die Ausübung politischer Rechte für Reichsgenossen anders zu bestimmen als für Einheimische".[19] Zwar ist der Preuße ebensogut wie der Sachse Reichsangehöriger, aber der Preuße, der in Sachsen sich niederläßt, ist nicht ohne weiteres Sachse, sondern muß nur nach Vorschrift der Reichsverfassung zur

---

[18] S. auch Laband I, 148.

[19] G. Meyer, Verw.-R. § 99[21]. Zu weit aber geht Hänel StR. I, 594, wenn er sagt: „vorausgesetzt, daß nicht die partikulargesetzlich zur Voraussetzung gemachte Aufnahme in den lokalen Gemeindeverband eine Ausnahme bewirkt, ist kraft des Indigenates der Landesfremde unter den nämlichen Voraussetzungen wie der Einheimische auch zur Ausübung aller staatsbürgerlichen Rechte berechtigt, mögen sie das aktive oder passive Wahlrecht oder jede sonstige Teilnahme an den Funktionen des Staates oder der Selbstverwaltungskörper betreffen." Nicht von der „Ausübung", sondern nur von der „Zulassung" handelt Art. 3.

Erlangung des sächsischen Staatsbürgerrechts „zugelassen" werden. Der prinzipielle Rechtsgrund hierfür liegt in der Aufrichtung des Bundesstaates und der damit gegebenen Notwendigkeit, auch in staatsbürgerlicher Beziehung die Eigenschaft des Ausländers für den Deutschen in jedem Teile des Reiches prinzipiell zu beseitigen. „Die wichtigsten staatlichen Aufgaben werden für das ganze Reich gemeinschaftlich gelöst, und deshalb kann derjenige, der dem Ganzen bereits angehört, von einem einzelnen Teile nicht als ein Fremder abgestoßen werden."[20] Es blieb den Einzelstaaten im allgemeinen freigestellt, die Voraussetzungen für den Erwerb des einzelstaatlichen Staatsbürgerrechtes und damit auch für die Ausübung der speziellen staatsbürgerlichen Rechte zu normieren:[21] um zum sächsischen Landtag wählen zu können, bedarf somit der in Sachsen domizilierte Preuße erst des Erwerbes des sächsischen Staatsbürgerrechtes.

Dies der Standpunkt des geltenden deutschen Staatsrechtes. Auf einem anderen: dem im Bundesstaate prinzipiell richtigen Gesichtspunkt steht die Gesetzgebung im nordamerikanischen und auch, wenn auch in anderer Rechtsform, im eidgenössischen Bundesstaate:[22] der Angehörige eines Einzelstaates, der in einem anderen sich niederläßt, gewinnt nach diesen Gesetzgebungen ipso jure sofort oder durch Ablauf einer gewissen, kurz bemessenen Zeit, das Staatsbürgerrecht in dem Einzelstaate der Niederlassung.

---

[20] Laband I, 172; Thudichum Verf.-R. 69; Sarwey Württemb. StR. I, 147; Hänel StR. I, 357 f., 592 f.

[21] Bayr. Schlußprot. II; vgl. hierzu Seydel bei Hirth 1876, 136[1], Komm. 61 f.

[22] Vgl. Meyer, Lehrb. 182 f. N. 8—10.

Der i. J. 1870 von Preußen vorgelegte Entwurf eines Reichsgesetzes über die Staatsangehörigkeit hatte das gleiche Prinzip adoptiert,[23] dasselbe wurde aber von den anderen Einzelstaaten verworfen; es ist jedoch kaum ein Zweifel, daß auch im deutschen Bundesstaate dem schweizerisch-nordamerikanischen Prinzipe in dieser Frage die Zukunft gehört.[24]

Das Reich hat dermalen für den Erwerb des Bürgerrechtes im Einzelstaate nur einen großen Grundsatz fixiert und damit eine mehrhundertjährige Leidensgeschichte Deutschlands zum prinzipiellen Abschlusse gebracht: die Ausübung der staatsbürgerlichen Rechte darf nach dem G. v. 3. Juli 1869 (BGBl. 292) nirgends im Reiche abhängig gemacht werden von Voraussetzungen, die sich auf das Religionsbekenntnis beziehen, und alle Beschränkungen, die nach dieser Richtung noch im partikularen Staatsrecht vorhanden waren, sind aufgehoben.[25] Das Gesetz bezieht sich sowohl auf die bürgerliche als auf die staatsbürgerliche Sphäre: in Bezug auf letztere werden beispielsweise angeführt 1. Teilnahme an der Gemeindevertretung, 2. Teilnahme an der Landesvertretung, 3. Bekleidung öffentlicher Ämter. Nach dieser staatsbürgerlichen Seite liegt der Entstehungsgrund und unmittelbar praktische Hauptwert des Gesetzes: es beseitigt

---

[23] S. dazu Hänel StR. I, 590[12].

[24] Dazu wird auch im Laufe der Zeit noch ein anderer Gesichtspunkt nötigen, den Laband I, 155 treffend beleuchtet: vgl. auch Hänel StR. I, 592[14].

[25] Zur Entstehungsgeschichte des Gesetzes und über dessen grundsätzliche Bedeutung hinsichtlich der Kompetenz des Reiches s. Hänel StR. I, 358 ff.

eine objektive Schranke. Ob damit auch ein subjektives „Recht der Glaubensfreiheit" gegeben sei, entscheidet sich durch die **Beantwortung** der großen Streitfrage um die Existenz von „subjektiven öffentlichen Rechten". „Der Deutsche," bemerkt Laband (I, 153), „hat die Fähigkeit, seine eigenen religiösen Überzeugungen zu haben und zu bekennen, von der Natur nicht vom Recht." [26] Die Fähigkeit, „Überzeugungen zu haben", entzieht sich allerdings der Rechtsordnung, die Fähigkeit aber, „Überzeugungen zu bekennen", hat der Deutsche „vom Recht": eine Jahrhunderte andauernde schwere Leidensgeschichte Deutschlands belegt diesen Satz mit den stärksten Beweisen. Die Konsequenzen zu erörtern, welche sich aus dem durch jenes Reichsgesetz fixierten Staatsgrundprinzipe der Religionsfreiheit ergeben, steht hier nicht zur Aufgabe, wo nur eine ganz bestimmte einzelne Konsequenz in Frage kommt. Für das Verfassungsrecht des Reiches giebt jenes Gesetz nur ein großes, weittragendes Prinzip: im übrigen ist es richtig, daß die unmittelbar praktische Anwendung des Gesetzes nur innerhalb der Einzelstaaten zu erfolgen hat, daß durch dasselbe „ein gemeinrechtlicher Grundsatz des Territorialstaatsrechts reichsgesetzlich sanktioniert wurde". (Laband a. a. O.)

Innerhalb dieses Rahmens aber dürfen Voraussetzungen, die sich auf Alter, Steuerpflicht oder dgl. beziehen, für den

---

[26] Derselben Ansicht jetzt **Jellinek**, System d. subj. öff. R. 97[1]. Vgl. auch G. **Meyer**, Lehrb. §. 220; **Hinschius** in Stengels Wörterb. I, 603 ff. u. Löning, Verw.-R. S. 797. S. dazu auch Zorn im Verwalt.-Arch. von Schulzenstein u. Keil II, S. 96 ff.

Erwerb des Staatsbürgerrechtes im Einzelstaat von diesem nach Belieben aufgestellt werden.[27]

§. 12.

## Erwerb und Verlust der Reichsangehörigkeit.

Erwerb und Verlust der deutschen Staatsangehörigkeit fanden ihre spezialgesetzliche Normierung in dem Ges. vom 1. Juni 1870 (BGBl. 355).[1]

### A. Erwerb.

Derselbe erfolgt entweder ipso jure oder durch einen formellen Rechtsakt, die Naturalisation.

Die Erwerbsgründe sind:

1. Geburt (§. 3) d. i. Abstammung von deutschen staatsangehörigen Eltern, bei unehelichen Kindern von einer

[27] Ausdrücklich anerkannt im bayr. Schlußprot. II, eine reichsrechtliche Schranke bietet aber noch MilGes. §. 49 über das Wahlrecht der aktiven Militärpersonen: s. dazu oben S. 219.

[1] Über die Einführungsdaten des Gesetzes in den verschiedenen Teilen des Reichsgebietes vgl. Laband I, 154: Meyer, Lehrb. 183[9]; Riedel 271. Im folgenden ist das Gesetz einfach durch Allegierung der §§. zitiert. Vorläufer des Reichsgesetzes war das interessante preuß. Ges. v. 31. Dez. 1842; eine sehr wertvolle Übersicht über die europäischen Gesetzgebungen bietet die Tabelle bei Cahn 340 ff. Über das röm. u. ältere deutsche Recht, besonders über die entscheidende Bedeutung des Domizilsbegriffes und dessen Wandelungen s. die reichhaltige und lehrreiche Abhandlung von Rehm (oben §. 11 N. 1). Das ältere Recht kennt insbesondere auch den dem heutigen völlig verloren gegangenen (Pr. G. v. 31. Dez. 1842 §. 13, RGes. v. 1. Juni 1870 § 12) Erwerbsgrund des durch längere Zeit, in der Regel ein Jahr, fortgesetzten Domiciles, also eine Art Ersitzung, s. Rehm 48 ff., 81 ff. Zum älteren preuß. Recht s. auch Entsch. d. OVG. XVIII, 397; ferner Rehm 98 ff.

deutschen Mutter; ob die Geburt im In- oder Auslande erfolgte, ist gleichgültig.[2]

2. Legitimation (§. 4), sei es bei unehelichen Kindern durch nachfolgende Ehe, sei es durch jede andere civilrechtlich statthafte Art.[3] Adoption ist auf die Staatsangehörigkeit ohne jede Wirkung (§. 2). Die civilrechtlichen Voraussetzungen der Legitimation richten sich dermalen noch nach dem am Domizil des Legitimierenden geltenden Partikularrecht.[4]

3. Verheiratung mit einem Deutschen (§. 5); wird die Ehe für nichtig erklärt, so geht die Staatsangehörigkeit wieder verloren, nicht aber bei Ehescheidung.[5]

4. Eintritt in den unmittelbaren oder mittelbaren Staatsdienst, sowie in den Dienst einer der sog. Landeskirchen (§. 9).[6] Staatsdienst ist sowohl der staatliche Dienst im Reiche wie in den Einzelstaaten, Civil- wie Militärdienst,[7] mittelbarer Staatsdienst

[2] Cahn 17 ff. Die Gesetzgebungen sind hierüber außerordentlich verschieden, s. darüber die Angaben bei Cahn 19 ff.; vgl. auch Laband I, 155, bes. 156[1].

[3] Cahn 34 ff.

[4] A. A. Cahn 36 ff.: nach dem Recht, welchem der Legitimierende als Staatsangehöriger angehört, dagegen Laband I, 156.

[5] Cahn 43; G. Meyer, Lehrb. 184[5].

[6] Cahn 41 ff.; G. Meyer, Lehrb. 187. Nur in der Beschränkung des Textes wird das Wort „Kirchendienst" des Gesetzes zu verstehen sein: denn nur bei den Landeskirchen findet hinsichtlich der Besetzung der Kirchenämter eine Mitwirkung des Staates statt, die doch als Voraussetzung jener Gesetzesbestimmung betrachtet werden muß. Vgl. Seydel 144[7]. Cahn 94 über Rabbiner. Über die rechtshistorische Entwickelung des Gedankens s. Rehm 36, 43 ff., 90. Das 17. Jahrh. steht auf dem dem heutigen entgegengesetzten Standpunkt; erst Ende des 18. Jahrh. bringt die heutige Anschauung durch: vgl. auch Pr. A. LR. II, 17 §. 131.

[7] Bezüglich des Militärdienstes

ist nach der richtigen Ansicht (vgl. oben S. 300 f.) nur der Dienst der Kommunalverwaltung; Rechtsanwälte sind nicht Staatsdiener, Notare je nach den Vorschriften des Landesrechtes.[8] Die Bestallungsurkunde[9] verleiht zugleich die Staatsangehörigkeit, falls nicht ausdrücklich ein entgegengesetzter Vorbehalt gemacht wurde; ein solcher kann sich aber nicht auf den Beamten selbst, sondern nur auf die Ehefrau und minderjährige, in der Gewalt des Vaters stehende Kinder beziehen, für welche der Erwerb der Staatsangehörigkeit durch den Vater im anderen Fall ipso jure wirkt.[10] Beamte, die im Inlande ihr Domizil haben, müssen die deutsche Staatsangehörigkeit besitzen (§. 9), solche, die im Ausland domiziliert sind, nicht, doch darf ein Gesuch solcher Beamten um die deutsche Staatsangehörigkeit niemals von dem ersuchten Staate abschlägig beschieden werden, wenn dieselben ein Gehalt aus der Reichskasse beziehen (G. v. 20. Dez. 1875, RGBl. 324: dieses Spezialgesetz ergänzte eine auffällige Lücke des Hauptgesetzes).[11]

5. Naturalisation (§§. 6 ff.): darunter versteht man den staatsrechtlichen Akt der Verleihung der Staatsangehörigkeit an Ausländer.[12] Die

---

wollte man dies sächsischerseits verneinen; s. dazu G. Meyer, Lehrb. 188[2]; Laband I, 162[3].

[8] Das Gesetz zählt auf: „unmittelbarer oder mittelbarer Staatsdienst, Kirchen-, Schul- oder Kommunaldienst“. Vgl. Seydel 144 ff.; Cahn 91 zu Pr. A. LR. II, 10 §. 69; G. Meyer, Lehrb. 187[20]; Seydel, Bayr. StR. I, 537.

[9] Durch Staatsoberhaupt, Central- und „höhere“ Verwaltungsbehörden erteilt; s. dazu das Verzeichnis bei Cahn 44 ff.

[10] Cahn 98 ff.

[11] Eine Verpflichtung zum Erwerb der deutschen Staatsangehörigkeit besteht also auch jetzt noch nicht; Cahn 102 ff.; Laband I, 163[2].

[12] Cahn 43 ff., 69 ff. über

Naturalisation erfolgt auf Grund eines formellen Gesuches durch eine von der „höheren Verwaltungsbehörde"[13] auszufertigende Urkunde, deren Rechtswirkung vom Datum der Aushändigung beginnt. Niemand hat (abgesehen von dem sub 4 erwähnten Falle der Beamten) ein Recht auf Naturalisation: der ersuchte Staat kann das Gesuch nach vollständig freiem Ermessen abweisen. Die Naturalisation ist daher[14] kein „Rechtsgeschäft", wie Laband will, sondern ein freier Hoheitsakt.[15]

Für die Erteilung der Naturalisation hat das Reichs-

---

die Form der Urkunde 291 ff. Rechtshistorisches bei Rehm 62 ff.; der Gedanke, daß der Staat die rechtliche Rezeption von Fremden vornehmen kann, gehört der Entwickelung erst des 18. Jahrh. an.

[13] Vgl. Seydel 138[6]; Cahn 44, hier auch eine Aufzählung der Behörden, in den Schutzgebieten der Reichskanzler G. v. 15. März 1888 §. 6.

[14] Laband I, 157[5] fragt: „dann sind wohl auch Kauf und Miete keine Rechtsgeschäfte?" Allerdings sind sie dies, da jeder bürgerlich Rechtsfähige kauf- und mietsberechtigt ist; naturalisationsberechtigt ist aber niemand (vorbehaltlich der Ausnahmen des §. 21 u. d. G. v. 20. Dez. 1875).

[15] Laband I, 157[5] nennt die Naturalisation ein „staatliches Rechtsgeschäft" und zwar ein „zweiseitiges" nach Analogie der privatrechtlichen Adoption. Das Familienrecht bietet aber hier für die juristische Konstruktion keine brauchbare Analogie zum Staatsrecht, weil es sich bei beiden um prinzipiell ganz verschiedene Objekte handelt. Ebenso wie Laband jetzt Jellinek, Syst. d. subj. öff. R. S. 198: Die Naturalisation sei ein „Vertrag", die Theorie von der „Ungleichartigkeit von Staat und Individuum" sei „durchaus verfehlt", im „status libertatis" seien Individuum und Staat „gleichartig". Das sind sie nie. — Die richtige Ansicht bei G. Meyer, Lehrb. 184 ff., Verw.-R. S. 72 und O. Mayer, Archiv f. öff. R. III, 46 ff. Die richtige Ansicht auch in Entsch. d. pr. OVG. XIII, 414. Interessante Bemerkungen über das römische Recht bei Pernice, formelle Gesetze S. 23: die Erhebung in den Bürgerstand erfolgte nur durch lex; „jede Civitätsverleihung enthält die Aufstellung eines Rechtssatzes". Über die Frage ist allmählich eine große Litteratur entstanden.

recht den Einzelstaaten bestimmte Vorschriften erteilt, die als zwingendes Recht, von dem keinerlei Dispensation statthaft ist, betrachtet werden müssen.[16] Dagegen ist es den Einzelstaaten freigestellt, neben den reichsrechtlichen Voraussetzungen noch besondere Erfordernisse der Naturalisation aufzustellen. Die reichsrechtlichen Voraussetzungen sind: 1. Dispositionsfähigkeit des Gesuchstellers nach seinem bisherigen Recht, bez. Konsens von Vater oder Vormund;[17] 2. Unbescholtener Lebenswandel; 3. Wohnung am Ort der beabsichtigten Niederlassung;[18] 4. Fähigkeit, sich und seine Angehörigen[19] zu ernähren (§. 8). Diese gesetzlichen Voraussetzungen sind dem ersuchten Staate nachzuweisen,[20] doch ist die Würdigung der erbrachten Beweismittel dem Ermessen der Behörde anheimgegeben[21] Die Nachweisungen über Lebenswandel, Domizil und Subsistenzfähigkeit sind von der Verwaltungsbehörde vorher der zuständigen Ge-

---

[16] Ein generelles Dispensationsrecht will Th. Landgraff den Behörden, welche die Naturalisation zu erteilen haben, vindizieren: bei Hirth, Ann. 1876 S. 1024; vgl. aber dagegen Laband I, 160 f.; Riedel 251; Meyer, Lehrb. 185[9]; Cahn 75.

[17] Cahn 75ff.; Seydel 142.

[18] Nach dem Reichsgesetz kommt nur das Wollen in Betracht. Verschiedene Einzelstaaten, neuestens auch Preußen, fordern wirkliche Niederlassung, Cahn 82. Über die Schwierigkeiten in der Begriffsbestimmung des Domizils s. bes. Rehm 52 ff., bes. 53[1]. Über Aufenthalt und Niederlassung s. auch Entsch. d. pr. OVG. XXII, 394 f.

[19] Cahn 66 f. über die Grundsätze des Bundesamtes für das Heimatswesen in dieser Frage.

[20] In Preußen erfolgt protokollarische Vernehmung. Die Androhung, daß bei falschen Angaben die Naturalisation nichtig sei, erklärt das preuß. OVG. mit Seydel und G. Meyer für unzulässig. Cahn 83 f. Anl. 40.

[21] Nur dies besagen die Bemerkungen Delbrücks im Reichstag, auf welche sich Landgraff zur Stütze seiner in der Note 16 erwähnten Ansicht beruft. (Sten. Ber. 1870 S. 1077.)

meindebehörde zuzustellen und von letzterer zu begutachten, ohne daß jedoch die Staatsbehörde an das Gutachten der Gemeindebehörde gebunden wäre.[22] Die Entscheidung erfolgt durch einfache Verwaltungsverfügung, die dem Gesuchsteller ohne Angabe von Gründen zu eröffnen ist. Die Wirkungen der erteilten Naturalisation erstrecken sich ipso jure auf die Ehefrau und die minderjährigen Kinder — der Volljährigkeitstermin ist nach dem G. v. 17. Februar 1875 (RGBl. 71) für Deutsche das vollendete 21. Lebensjahr, für Nichtdeutsche ist das Recht des bisherigen Heimatsstaates anzuwenden —, falls nicht für diese Personen ein ausdrücklicher, anderweitiger Vorbehalt gemacht wurde. Ehefrauen allein können für sich und für die bei ihnen befindlichen Kinder auch ohne den Ehemann naturalisiert werden, wenn den gesetzlichen Voraussetzungen, insbesondere auch über Dispositionsfähigkeit, genügt ist; also z. B. im Falle der séparation de corps des früheren französischen Rechtes.[23]

Ein Ausländer, der sich im Reiche naturalisieren läßt, kann seine frühere Staatsangehörigkeit beibehalten; ebenso verliert andererseits ein Deutscher durch Erwerb einer fremden Staatsangehörigkeit nicht ipso jure die

[22] Bayern u. Württemberg fordern Zusicherung der Aufnahme in einer Gemeinde, Cahn 70 f.

[23] Übereinstimm. Cahn 80; Meyer, Lehrb. 186[18]; Th. Landgraff a. a. O. 1029; a. A. Seydel ebenda 138 f.: Bayr. StR. I, 528[4]. Der Gedanke der rechtlichen Selbständigkeit einer Ehefrau unter bestimmten Voraussetzungen ist auch im G. v. 6. Juni 1870 über den Unterstützungswohnsitz §. 17 ausdrücklich anerkannt, demnach also dem deutschen Rechte wohlbekannt.

deutsche. Die Konflikte, welche aus einem derartigen doppelten Staatsbürgerrecht sich notwendig ergeben müssen, haben Theorie und Praxis im hohen Grade beschäftigt, ohne daß bis jetzt ein national oder international brauchbares Recht erreicht wäre.[24]

Gebühren können für die Naturalisation erhoben werden.[25]

Von der Naturalisation unterscheidet das Gesetz (§. 7) die Aufnahme:[26] es handelt sich bei letzterer ganz um den gleichen Rechtsakt wie bei der Naturalisation, nur mit der Modifikation, daß eine Person in Frage steht, welche bereits eine deutsche Staatsangehörigkeit hat. Wäre das für den Bundesstaat allein richtige Prinzip angenommen worden, daß der Angehörige eines Einzelstaates bei Niederlassung in einem anderen Einzelstaat ipso jure vollberechtigter Bürger des letzteren wird, so bedürfte es der Rechtssätze über die „Aufnahme" nicht. Nachdem dies nicht geschah, waren für die Verwirklichung des Grundsatzes in Art. 3 der RV., daß jeder Bundesangehörige in jedem Einzelstaat zum Erwerb des Staatsbürgerrechtes „zugelassen" werden muß, besondere Vollzugsvor-

[24] Vgl. den §. 11 N. 1 angeführten trefflichen Aufsatz von v. Martitz; auch Meyer §. 79; v. Bar, internat. Privat- und Straf-R. §. 27; Schulze 344 f. Auf einem anderen, dem grundsätzlich richtigen Standpunkt stehen das französische und nordamerikanische Recht: das Bürgerrecht geht nach diesen Rechten durch Naturalisation in einem fremden Staate ipso jure verloren. Österreicher und Ungarn, Russen, Türken, Perser, Marokkaner können auf Grund der geltenden Staatsverträge im Deutschen Reiche nur dann naturalisiert werden, wenn sie aus ihrer bisherigen Staatsangehörigkeit entlassen sind; vgl. Cahn 72 ff. Rechtshistorisches bei Rehm 46 („plenus civis plurium civis esse non potest", Knipschildt).

[25] Riedel 270; Seydel 141; a. A. Th. Landgraff bei Hirth, Ann. 1870, 648.

[26] Cahn 48 ff.

schriften erforderlich. Diese finden sich im G. v. 1. Juli 1870 im Anschluß an die Rechtssätze über die Naturalisation.

Keinem Deutschen darf die „Aufnahme" versagt werden. Zur Erlangung derselben bedarf es jedoch eines formellen Gesuches[27] und einer formellen Aufnahmeurkunde; das Gesuch ist mit dem Nachweis der bisherigen Staatsangehörigkeit und der festen Niederlassung[28] in dem ersuchten Einzelstaate zu belegen; übrigens kann mangels des letzteren Nachweises die Aufnahme doch gewährt werden.[29] Kosten für die Aufnahme dürfen nicht berechnet werden. Die Aufnahme darf nur versagt werden, wenn auf Grund gesetzlicher Bestimmung gegen den Gesuchsteller Aufenthaltsbeschränkungen statthaft sind (vgl. unten §. 13 III 3c).[30]

Deutsche, die im Reichsdienst angestellt werden, verändern dadurch ihre Staatsangehörigkeit nicht, erwerben also nicht diejenige des Domizilstaates.[31] Will ein Deutscher die Aufnahme in einem Einzelstaat erhalten, so ist hierfür keineswegs die Aufgabe der früheren Staatsangehörigkeit gesetzliche Voraussetzung: mehrere Staatsangehörigkeiten können nebeneinander bestehen; doch zieht nach positiver Gesetzesvorschrift der Erwerb einer solchen durch Legitimation oder Verheiratung den Untergang der früheren

---

[27] Cahn S. 53 Z. 7.

[28] Vgl. hierüber Laband I, 159.

[29] Meyer, Lehrb. 186; Seydel, Bayr. StR. I, 530; Laband I, 159; Rehm 100; Cahn 54.

[30] Seydel 141, u. sehr ausführlich Cahn 56 ff., ferner G. Meyer, Verw.-R. §. 43; Laband I, 159 [1]; Löning, Verw.-R. 262 ff.

[31] Seydel 145; a. A. Riedel 261.

nach sich; durch Aufnahme, Geburt, Legitimation, Verheiratung können aber andererseits mehrere Staatsangehörigkeiten neu entstehen, in den letztgenannten drei Fällen, wenn der für das Rechtsverhältnis maßgebende Teil mehrere Staatsangehörigkeiten besitzt;[32] Anstellung in einem Einzelstaat, die den Erwerb der Staatsangehörigkeit des letzteren zur Folge hat, ist vom Gesetz nicht als Verlustgrund der früheren Staatsangehörigkeit bezeichnet.

### B. Verlust.[33]

Analog den Erwerbsgründen gliedern sich die Verlustgründe in solche, welche ipso jure und solche, welche nur auf Grund eines formellen Rechtsaktes wirken.

Die einzelnen Verlustgründe sind:[34]

1. Legitimation (§. 13),[35]
2. Heirat (ebenda),[36]
3. Erklärung der Ehenichtigkeit, nicht aber Ehescheidung (ebenda),
4. Entlassung durch formellen Rechtsakt (§§. 14 ff.)[37]

Die Entlassung als staatsrechtlicher Akt wird durch die „höhere Verwaltungsbehörde" auf Grund eines gestellten Gesuches erteilt; die Wirkung beginnt mit erfolgter Zu-

[32] Beispiel: die B. ist Bayerin und heiratet den A., der Preuße und Sachse ist; die B. verliert durch die Heirat die bayrische und erwirbt die preußische und sächsische Staatsangehörigkeit.

[33] Cahn 112 ff.

[34] Dazu kommen noch die Vorschriften der Staatsverträge: s. über dieselben Cahn 113.

[35] Cahn 119 ff.

[36] Cahn 124 ff. über die Vorschriften, welche in betreff der Eheschließung von Ausländern bestehen; s. auch zu §. 38 des Ges. v. 6. Febr. 1875 v. Sicherer, Personenstand S. 268 ff.; Hinschius, Komm. 135 ff. (3. A.).

[37] Cahn 128 ff.

stellung der Urkunde.[38] Jedoch erlischt die Wirksamkeit der Urkunde mit rückwirkender Kraft, wenn nicht der Entlassene innerhalb 6 Monaten nach erfolgter Zustellung seinen Wohnsitz faktisch außerhalb des Reichsgebietes nimmt oder die Staatsangehörigkeit in einem anderen Einzelstaat erwirbt (§. 16);[39] die Urkunde wird dann überhaupt als nicht ausgestellt betrachtet und es erfolgt die Heranziehung zu allen Staatspflichten.[40] Die Entlassung erstreckt sich wie die Naturalisation mangels besonderen Vorbehaltes ipso jure auch auf die Ehefrau und die minderjährigen Kinder, auf letztere vorbehaltlich der unten bezeichneten militärischen Beschränkungen.[41] Bei Übersiedelung in einen anderen Einzelstaat muß die Entlassung auf gestelltes Gesuch gewährt werden, wenn die Aufnahmeurkunde dieses anderen Einzelstaates vorgelegt wird (§§. 15, 24); letzteres ist aber keineswegs positive Voraussetzung, auf Grund deren allein etwa die Entlassung gewährt werden dürfte. Bei Auswanderung in einen fremden Staat darf nach heutigen internationalen Prinzipien die Entlassung ebenfalls nicht versagt werden:[42] die deutsche Gesetzgebung

---

[38] Auch an Bevollmächtigte: Cahn 142.

[39] Über die Berechnung von Datum zu Datum s. Seydel, Ann. 1876, 148, weitere Litteratur bei G. Meyer, Lehrb. 190[18].

[40] Die Ausstellung ist also als resolutiv bedingt zu betrachten, Cahn 144; Laband I, 164[4].

[41] Cahn 146 ff.; s. auch Pr. A. LR. II, 1 § 681, II, 2 §. 255 ff.

[42] Das frühere Recht steht bekanntlich auf dem entgegengesetzten Standpunkt; die Wandelungen in diesem Punkt bilden eines der bedeutsamsten Momente nicht bloß der Rechts-, sondern der ganzen Kulturentwickelung; s. dazu Rehm 72 ff.; vgl. A. Pr. LR. II, 17 §§. 130, 132. Störk in Holtzendorffs Handb. d. Völkerrechts II, 596 ff. und die dort verzeichnete Litteratur.

(§. 17) setzt dieses internationale Prinzip voraus und fordert nur von Beamten, daß sie zuvor dieses Rechtsverhältnis lösen; außerdem sind noch die nachfolgenden Beschränkungen militärischer Natur[43] statuiert:

a) Aktiven Militärpersonen, einschließlich der zum Dienst einberufenen Reservisten und Land(See-)wehrleute, muß die Entlassung unbedingt verweigert werden (§. 15 Abs. 2, 3);

b) Wehrpflichtigen im Alter vom vollendeten 17. bis zum vollendeten 25. Lebensjahr, die noch nicht ausgehoben sind, darf die Entlassung nur gewährt werden auf Grund eines Zeugnisses der Ersatzkommission, daß sie die Entlassung nicht nachsuchen, um sich der Dienstpflicht zu entziehen (§. 15, 1, Mil.-Ges. v. 2. Mai 1874 §. 30);[44]

c) die Genehmigung der Militärbehörde, welche beliebig versagt werden kann,[45] ist gesetzliche Voraussetzung für die Entlassung bei folgenden Kategorieen von Personen des Beurlaubtenstandes: Offizieren und im Offiziersrang stehenden Ärzten, ausgehobenen aber vorläufig in die Heimat beurlaubten Rekruten und Freiwilligen, den zur Disposition der Ersatzbehörden entlassenen Militärpersonen, den zur Disposition der Truppenteile beurlaubten Mannschaften (Mil.-Ges. v. 2. Mai 1874, RGBl. 61, §§. 34, 52, 54, 56 Nr. 2—4, 60);

---

[43] S. dazu Cahn 135 ff.; G. Meyer, Lehrb. 189; Laband II, 624 ff.

[44] Das Zeugnis der Ersatzkommission unterliegt keiner Nachprüfung von Civilbehörden, Entsch. d. pr. OVG. XV, 410.

[45] Jedoch ist gegen die Versagung Klage im Verwaltungsstreitverfahren zulässig in Preußen, Bayern, Württemberg, Baden, Hessen, Cahn 141.

d) Reservisten, Land- und Seewehrleute, die nicht zum Dienst einberufen sind,[46] bedürfen zur Entlassung ebenfalls der Genehmigung der Militärbehörde, die aber nicht versagt werden kann (KriegsdienstG. v. 9. Nov. 1867 §. 15; Mil.Ges.-Nov. v. 11. Febr. 1888 Art. II §. 11).[47]

5. Die deutsche Staatsangehörigkeit wird ferner verloren durch Nichtgebrauch (§. 21).[48] Wenn sich ein Deutscher zehn Jahre ununterbrochen (zeitweilige Rückkehr mit Niederlassung im Reiche unterbricht also den Lauf der Frist)[49] im Ausland[50] aufhält, so verliert er nach Ablauf dieser Zeit seine Rechtsqualität als Deutscher, falls er nicht ein staatliches Reisepapier[51] oder einen Heimatsschein mit sich führt, oder zum Zweck des Eintrittes in fremden Staatsdienst die besondere Erlaubnis seiner Regierung eingeholt hat.[52] Abgewendet kann jedoch diese von selbst eintretende Rechtsfolge dadurch werden, daß Ein-

---

[46] Auch innerhalb des sub b. bezeichneten Alters s. Seydel in Hirths Ann. 1881, 67 ff.; G. Meyer, Lehrb. 189[8].

[47] Die Strafsanktionen zu diesen Bestimmungen s. RStGB. §§. 140, 360 Z. 3. Die Militärgesetze statuieren noch eine Reihe von Rechtsvorschriften für Personen, die mit Genehmigung der Militärbehörde ihren Wohnsitz im Ausland genommen haben.

[48] Cahn 151 ff.; Laband I, 165 f.

[49] Seydel 154; Cahn 159.

[50] Den zwar selbstverständlichen, aber dennoch bestrittenen Satz, daß die Schutzgebiete Inland sind, spricht besonders aus das G. v. 17. April 1886 §. 6 Abs. 3.

[51] Auch das Seefahrtsbuch ist ein solches vgl. Cahn 162, über ein einheitliches Formular von Heimatsscheinen B. d. BR. vom 20. Jan. 1881, Cahn 196.

[52] Vgl. dazu die Übergangsbestimmung in §. 25. Ob Irrsinn und Minderjährigkeit einzurechnen sind, ist streitig: bejahend Laband I, 166[1]; Seydel, Ann. 1883, 582 ff., Bayr. StR. I, 550: G. Meyer, Lehrb. 192[29]; a. A. Cahn 170 ff., u. das Reichsamt des Innern.

trag in die Matrikel eines deutschen Konsuls erwirkt wird; der Konsul hat über den erfolgten Eintrag auf Verlangen einen Matrikelschein zu erteilen.[53] Die Frist von zehn Jahren kann durch Staatsvertrag auf fünf Jahre reduziert werden für Deutsche, welche sich in einem fremden Staate fünf Jahre ununterbrochen aufhalten und die Staatsangehörigkeit jenes Staates erworben haben, einerlei, ob sie ein Reisepapier oder einen Heimatsschein haben oder nicht.[54] Der durch die oben bezeichnete Rechtsfolge Betroffene kann jedoch im Falle der Rückkehr in das Reichsgebiet jederzeit Wiederaufnahme in die deutsche Staatsangehörigkeit verlangen und dieselbe **muß** ihm gewährt werden in dem Staate der Niederlassung (§. 21 Abs. 5). Andererseits darf die Wiederaufnahme durch den früheren Heimatsstaat selbst dann gewährt werden, wenn keine Niederlassung im Reichsgebiete erfolgt und keine andere Staatsangehörigkeit erworben ist.[55] —

Der Verlust der Staatsangehörigkeit durch Nichtgebrauch erstreckt sich nach positiver Bestimmung des Gesetzes auch auf die Ehefrau und die minderjährigen, unter väterlicher

[53] S. hierüber Näheres Bd. II im Konsularrecht. Vgl. auch Meyer, Lehrb. 192; Cahn 155 ff.

[54] Diese Vorschrift bezieht sich insbesondere auf die nordamerikanische Union (Bancroft-Verträge), s. den Text bei Cahn 174 ff., vgl. über die Sache selbst und die bedeutende Litteratur der Frage Laband I, 167[5]; Cahn 153; G. Meyer, Lehrb. 195; v. Martitz 827 ff., 1122 ff.; Seydel, Bayr. StR. I, 557; Entsch. d. pr. OVG. XIV, 388 ff.

[55] Cahn 182 ff.; Laband I, 167[3]: s. auch Entsch. d. pr. OVG. XIV, 395 f., der Rechtsanspruch erstreckt sich auch auf die im Ausland geborenen Kinder, ebenda XXII, 388 ff.

Gewalt stehenden Kinder, wenn sie sich beim Vater befinden (§. 21 Abs. 2).[56]

6. Endlich kann die deutsche Staatsangehörigkeit zur Strafe verloren werden:

a) von Deutschen, welche beim Ausbruch eines Krieges auf die ergangene generelle Aufforderung des Kaisers hin nicht in das Vaterland zurückkehren (§. 20);[57]

b) von Deutschen, welche ohne Erlaubnis ihrer Regierung in ausländischen Staatsdienst getreten sind und auf ergangene Aufforderung seitens des Heimatsstaates dieses Dienstverhältnis nicht lösen (§. 22).[58] [59]

Die Entscheidung erfolgt in diesen Fällen durch die Centralbehörde des Heimatsstaates mit Wirksamkeit für das gesamte Reichsgebiet.[60] [61] Auf Frau und Kinder erstreckt

---

[56] Vgl. Seydel 152 f.; Laband I, 166; Riedel 268; v. Pözl 73[11]; Cahn 170.

[57] Cahn 148 ff.; Laband I, 138 f.

[58] Cahn 187 ff.; Laband I, 140.

[59] Außerdem konnte gemäß G. v. 4. Mai 1874 (RGBl. 43) über die unbefugte Ausübung von Kirchenämtern der Verlust der Staatsangehörigkeit noch ausgesprochen werden für Geistliche oder andere Religionsdiener α) welche durch Urteil eines staatlichen Gerichtes aus dem Amte entlassen waren und trotzdem fortfuhren, das Amt sich ausdrücklich anzumaßen oder thatsächlich auszuüben; β) ebenso für gerichtlich entlassene Religionsdiener, welche einzelne Amtshandlungen vorgenommen hatten und infolgedessen von der Landespolizeibehörde in bestimmten Bezirken konfiniert oder aus solchen externiert worden waren, wenn sie den polizeilichen Verfügungen zuwider handelten; ebenso γ) für Personen, welchen ein Kirchenamt den Vorschriften der Staatsgesetze zuwider übertragen oder von ihnen übernommen wurde, wenn wegen Amtshandlungen in diesem Amte richterliche Bestrafung erfolgt war. Dieses Gesetz ist aufgehoben durch G. v. 6. Mai 1890 (RGBl. 65).

[60] Sehr richtig weist Laband I, 138 f., hier auf die „mit besonderer Deutlichkeit" hervortretende „innere Einheit von Staats- und Reichsbürgerrecht"

sich die Wirkung der Aberkennung der deutschen Staatsangehörigkeit zur Strafe nicht.[62] Im Falle einer mehrfachen deutschen Staatsangehörigkeit muß prinzipiell angenommen werden, daß der Verlust einer derselben den Verlust aller nach sich zieht, wie dies bei Geistlichen und Religionsdienern, die zur Strafe expatriiert wurden, das Gesetz ausdrücklich bestimmt hatte.[63]

---

und die Kongruenz der Unterthanenpflicht gegen Reich und Einzelstaat hin.

[61] Neuerdings hervorgetretene Übelstände (Beauffremont-Bibesco-Fall) lassen es als dringend wünschenswert erscheinen, daß über die Naturalisation von Ausländern überhaupt von Reichswegen eine Kognition erfolge, wie dies jetzt auch in der Schweiz geschieht. Diese Kognition aber sollte jedenfalls dem höchsten Regierungsorgan des Reiches, dem Bundesrat, bezw. einem Ausschuß desselben, der in zweifelhaften Fällen die Entscheidung des Plenums einzuholen hätte, vorbehalten bleiben. Vgl. Seydel, Ann. 1876, 733; Th. Landgraff ebenda 1027.

[62] Übereinstimmend Meyer 191[24]; vgl. auch Seydel 151 f., der die Strafe auf die Frau, nicht aber die Kinder sich erstrecken läßt.

[63] A. A. Meyer, Lehrb. 194, der vielmehr jene Gesetzesbestimmung als argumentum e contrario verwertet und annimmt, daß zwar durch Legitimation, Verheiratung und zehnjährigen Aufenthalt im Auslande, ebenso in dem angezogenen vom Gesetz ausdrücklich entschiedenen Spezialfall, ebenso bei Entlassung zum Zweck der Auswanderung alle Staatsangehörigkeiten erlöschen, nicht dagegen in den unter 1. u. 2. bezeichneten Fällen der Entlassung zur Strafe. Das wäre ein prinzipiell ganz unhaltbarer, ja begrifflich unmöglicher Rechtszustand. Übrigens liegt auch hierin eine Nötigung, daß von seiten der Centralgewalt über Naturalisationen und Entlassungen eine Kognition eingerichtet werde. Vgl. auch Laband I, 168, der sich zweifelhaft äußert, trotz der „völligen Analogie der Fälle“, da der „extensiven Interpretation“ „der Charakter des G. v. 4. Mai 1874 als eines Ausnahmegesetzes“ entgegenstehe.

## §. 13.

## Der Rechtsinhalt der Reichsangehörigkeit.[1]

### I. Allgemeine Erörterung.

Der Rechtsinhalt der Staatsangehörigkeit läßt sich mit wenigen Worten dahin zusammenfassen: der einem Staate Angehörige ist verpflichtet, den Gesetzen des Staates Gehorsam zu leisten. Darin liegt negativ, daß er alles unterlassen muß, was dem Staate Schaden bringt, und positiv, daß er alles leisten muß, was der Staat zu seinen Zwecken von seinen Angehörigen fordert. Diese beiden Gesichtspunkte haben im einzelnen eine umfassende spezialgesetzliche Ausbildung empfangen. Soweit keine Normen dieser Art vorhanden sind, ist der Staatsangehörige in seiner Bewegung und Thätigkeit frei: jenen Pflichten zur Treue und zur Erfüllung der vom Staate geforderten Leistungen entspricht demnach das in der Staatsangehörigkeit enthaltene Recht, im Rahmen der staatlichen Rechtsordnung frei dem Erwerbe und

[1] Vgl. hierfür besonders v. Gerber, Grundz. S. 222—225, der sich vollkommen zutreffend, nur vielleicht nicht scharf genug, gegen eine Anschauung wendet, die nur nach „Rechten“ ruft und darüber das richtige Verständnis für die Pflichten verliert, die, angesteckt durch die republikanische Phrase, schon vor dem Wort „Unterthan“ ein Grauen empfindet und mit „trüben Medien schillernder Bilder“ den Fundamentalgrundsatz verdeckt, daß der Staatsangehörige der Staatsgewalt unterworfen sei und nur in Konsequenz der hieraus entspringenden Pflichten staatsbürgerliche Rechte hat.

der Beschäftigung nachzugehen und hierfür den staatlichen Rechtsschutz in Anspruch zu nehmen.

„Das Wesen der Zugehörigkeit zu einem staatlichen Organismus besteht in der Unterthanenschaft, d. h. in der Unterwerfung unter die obrigkeitliche Herrschermacht. Der Bürger ist als Einzelner Objekt der obrigkeitlichen Rechte des Staates; die Willenssphäre des Staates richtet sich gegen ihn und verpflichtet ihn zu Handlungen, Leistungen und Unterlassungen behufs Durchführung der dem Staate obliegenden Aufgaben.“ [2]

Dafür aber hat der Staat jedem einzelnen seiner Unterthanen gegenüber die Pflicht, Schutz und Rechtssicherheit nach Maßgabe der Gesetze zu gewähren, eine Pflicht, die sich auch in das Ausland erstreckt und gerade nach der letzteren Richtung in den modernen Kulturstaaten eine ausgedehnte und sorgfältig geordnete Spezialisierung erfahren hat, während die Theorie diesem Rechtszweig bis jetzt keineswegs eine seiner hohen Bedeutung entsprechende Würdigung hat zuteil werden lassen. —

Aus diesen allgemeinen Bemerkungen ergiebt sich, daß die strenge Systematik des Staatsrechtes für die Darstellung des Rechtsinhaltes der Staatsangehörigkeit fordern müßte entweder, daß man sich begnüge mit dem allgemeinen Satze: der Staatsangehörige ist seinem Staate zum Gehorsam und der Staat seinem Angehörigen zu Schutz verpflichtet oder aber, daß man die ganze Rechtsordnung unter der Rubrik „Rechtsinhalt der Staatsangehörigkeit“ darstelle.[3] Die

---

[2] Laband I, 131.

[3] Dieser wörtlich ebenso bereits in der 1. Aufl. (1880) formulierten Ansicht hat sich auch Seydel, Bayr. StR. I, 558 (1884) angeschlossen, ebenso

Theorie hat jedoch weder diesen noch jenen Weg eingeschlagen; vielmehr hat man einen Mittelweg genommen und unter dem Thema der Staatsangehörigkeit zwar nicht einen Katalog aller Rechtssätze gegeben, die sich auf die Staatsangehörigen beziehen, wohl aber eine Aufzählung der sogenannten Grundrechte, ein Begriff, der keinerlei juristische Formulierung fand, der infolgedessen einen bequemen Deckmantel bot für eine wunderliche Mischung von wirklichen Rechten und von politischen — mehr oder weniger gerechtfertigten — Wünschen. Es ist nicht verwunderlich, daß ein so scharfer Denker wie Laband,[4] dem Gedankengang Gerbers[5] folgend, unter diesen Verhältnissen mit der ganzen Kategorie der „Grundrechte“ kurzen Prozeß machte und sie mit der spöttischen Bemerkung über Bord warf: warum man denn nicht das Recht, Wechsel zu trassieren, auch als ein „Grundrecht“ aufführe? Aber die strenge Konsequenz seiner prinzipiellen und prinzipiell richtigen Auffassung des staatsrechtlichen Charakters dieser „Grundrechte“ zieht Laband nicht: vielmehr bringt auch dieser Schriftsteller einen Katalog von Einzelrechten,

---

Jellinek, Syst. d. subj. öff. R. 112 (1893), welcher bemerkt: „mit scharfem Blick hat endlich Seydel die Unmöglichkeit eines derartigen Beginnens erkennend erklärt: den rechtlichen Inhalt der Staatsangehörigkeit erschöpfend zu bestimmen, würde eine Rundreise durch das ganze Staatsrecht voraussetzen.“ Die „Rundreise“ würde sich noch viel weiter ausdehnen müssen. Übereinst. auch Hänel StR. I, 355 ff., der zutreffend die Staatsangehörigkeit als „Staatsrecht“ charakterisiert; ebenso Laband I, 130 f.

[4] Vgl. hierzu Laband I, 141 ff. und die hier N. 1 gegebenen Litteraturnachweise; andererseits Meyer, Lehrb. §. 217. Übereinst. mit Laband auch Hänel StR. I, 356.

[5] Über öffentl. Rechte (1852) S. 76 ff., Grundz. d. StR. §§. 10[5], 17.

die in der Staatsangehörigkeit enthalten sein sollen, giebt also der Theorie von den Grundrechten gewissermaßen nur eine andere Wendung. Dabei verdient es jedoch besonders hervorgehoben zu werden, daß die Darstellung der Staatsangehörigkeit bei Laband insofern einen großen Fortschritt repräsentiert, als dieser Schriftsteller zuerst die strafrechtlichen Gesichtspunkte der Lehre scharf hervorgehoben und ausführlich behandelt hat. Wenn aber Laband das „Wohnrecht" als Inhalt der Staatsangehörigkeit aufführt, so erhebt sich hinsichtlich der Systematik doch auch hier die Frage: warum nicht ebensogut das Recht, Wechsel zu trassieren? Und auch von den strafrechtlichen Momenten der Lehre gilt prinzipiell ganz das Gleiche.

Es ist aber in der That der von der Theorie bisher festgehaltene Gedanke, als Inhalt des Staatsbürgerrechtes „Grundrechte" aufzuzählen, wenn auch systematisch unrichtig, doch aus einem anderen Gesichtspunkt recht wohl zu verteidigen. Es empfiehlt sich, bei der Lehre von der Staatsangehörigkeit die Grundzüge derjenigen Ordnung darzulegen, in deren Rahmen das Leben der Angehörigen des Staates sich bewegt: im Zusammenhang mit dem faktischen Substrat, das für jeden Staat essentiell ist, den Menschen, d. i. den staatsrechtlich zu dem „Volke" gehörigen Personen, wird am besten trotz aller Bedenken der strengen Systematik durch Darlegung der Grundzüge des für jene Menschen geltenden Rechtes ein Überblick gewonnen über den Kulturgrad, den die Staats- und Rechtsordnung repräsentiert. Das ist der richtige und festzuhaltende Gedanke, den die Theorie von den „Grundrechten" einschließt, der aber allerdings stark verdunkelt wurde durch den groben Unfug, der vielfach von der politischen Darstellung des Staatsrechtes hinsichtlich der „Grundrechte" verschuldet ist.[6]

## II. Die Pflichten.

### 1. Die Gehorsams- und Treupflicht.

Jeder Deutsche ist dem Staat zum Gehorsam verpflichtet. Der Staat wird repräsentiert entweder durch das Reich oder die Einzelstaaten: der Gehorsam bemißt sich lediglich nach der für jene Faktoren bestehenden Kompetenzgrenze.[7] Voraussetzung für den Gehorsam ist nur, daß das den Staat vertretende Organ in rechtmäßiger Ausübung seines Amtes sich befinde. Die Frage der Rechtmäßigkeit ist im einzelnen Fall quaestio

[6] Vgl. hierher Gierke in Schmollers Jahrb. VII, 1132 ff., Jellinek, Syst. d. subj. öff. R. 89 ff., 111 ff.; Binding, Reichsgründung 22 ff. („doch klingt aus ihnen klar vernehmbar der ganz natürliche nationale Aufschrei gegen die Reaktion in Deutschland"); Hänel StR. I, 356: „die Grundrechte sind nichts anderes als zur Höhe von Verfassungsbestimmungen erhobene Rechtsgrundsätze für einzelne oder mehrere bestimmte Verwaltungszweige unter dem einseitigen Gesichtspunkte der staatsbürgerlichen Berechtigung"; Gneist, Rechtsstaat S. 60: „nicht als besondere Individualrechte, sondern als eine Abstraktion der Wissenschaft aus dem Geist der Justiz- und Verwaltungsgesetze"; Waldeck im konstituierenden Reichstag 1867 (Sten. Ber. I, 108): „wir haben einen großen Teil dieser Grundrechte in der preuß. Verfassung und wir haben die Erfahrung gemacht, daß sie nur insofern von einigem Wert für das Volk sind, als sie sich durch Organisation und Gesetzgebung in Fleisch und Blut verkörpern". Vgl. auch G. Meyer, Verw.-R. I, §. 224 ff.; Gareis, Allg. StR. §. 54 ff.; Tezner bei Grünhut XXI, 30 f., speziell gegen Jellinek.

[7] Laband I, 131 f.

facti: allgemeine Regeln lassen sich hierüber nicht aufstellen; in jedem Falle kann Gehorsam nur im Rahmen von Verfassung und Gesetzen gefordert werden. Liegt diese Voraussetzung aber vor, so ist der Gehorsam Staatsbürgerpflicht, gleichgültig, ob er für ein Thun oder Unterlassen gefordert ist. Die vielberufene Theorie, vom „passiven Widerstand" als der erlaubten Opposition gegen Anordnungen des Staates, die ein positives Thun fordern, wenn man sich nur den durch das Nichtthun verursachten Rechtsfolgen unterwerfe, ist in nuce die Auflösung jeder staatlichen Ordnung und es ist geradezu unbegreiflich, wie diese Lehre bis auf den heutigen Tag eine so wenig bestrittene Herrschaft in der Theorie behaupten konnte.[8] —

Zum Gehorsam gegenüber den vom Staat ausgehenden Rechtsvorschriften ist jedoch nach heutigen Rechtsprinzipien nicht allein jeder Staatsangehörige, sondern auch jeder im Staatsgebiet sich aufhaltende Ausländer verpflichtet. Der

---

[8] Diese Lehre ist bekanntlich ein Hauptstück aus dem Inventarium des alten Naturrechtes und in dessen Rahmen nicht nur verständlich, sondern notwendig als Konsequenz des behaupteten „Staatsvertrages" („contrat social"). Aber auch Schulze §. 142 betont als „christlich-germanische Auffassung" die „Gewissenspflicht des Bürgers, der Staatsgewalt den Gehorsam zu versagen", wenn sie „mit ihren Geboten in die höhere Sphäre der Moral, der Religion, der Wissenschaft" eingreift, was sie „nicht darf". Das ist die grundsätzliche Rechtfertigung der Revolution. Universalhistorisch oder rechtsphilosophisch sind jene Sätze unentbehrlich, juristisch sind sie unmöglich. Das Gleiche wird von der Bierlingschen „Anerkennung", welcher Theorie Jellinek, öff. Rechte S. 189 beistimmt, behauptet werden müssen, sofern dieselbe über die gesetzlich geordnete Mitwirkung des Volkes bei der Entstehung des Rechtes hinausgreifen soll.

Staatsangehörige aber ist überdies noch in besonderer Weise zur Treue gegen seinen Staat verpflichtet, und diese Treupflicht hat eine ausgedehnte strafrechtliche[9] Spezialisierung erfahren. Gegen die Verletzung der staatsbürgerlichen Treupflicht[10] sind gerichtet die Strafgesetze wegen Hoch- und Landesverrates; der „Verrat" von Ausländern ist ein prinzipiell anderes Delikt als der Verrat von Staatsangehörigen an der dem Vaterlande schuldigen Treue.[11] Das Nämliche gilt von der Majestätsbeleidigung. Wenn Ausländer wegen dieser Delikte bestraft werden, so geschieht dies nur aus dem allgemeinen Gesichtspunkte, daß der Staat in seiner Integrität geschützt werden muß; wogegen für Inländer bei diesen Delikten das staatsrechtliche Moment der Verletzung der dem Staat schuldigen Treue den für die strafrechtliche Konstruktion maßgebenden Gesichtspunkt bietet.[12] Diese staatsrechtlichen Gesichtspunkte

---

[9] Mit Recht weist Laband I, 138 hier auch auf den inneren Zusammenhang hin, in dem §. 20 des Staatsangeh.-G. (s. oben S. 367) mit dieser Treupflicht steht.

[10] Vgl. zum Folgenden Laband I, 133 ff. und die dort zitierte strafrechtliche Litteratur. Gegen den Labandschen Gedanken haben sich die meisten neueren Schriftsteller ausgesprochen, und in der That wird der Schwerpunkt desselben nicht auf dem rechtlichen, sondern auf dem moralischen Gebiete zu suchen sein; doch entbehrt er nicht der rechtlichen Ausprägung, die noch eingehender zu untersuchen sein wird. Dagegen: Seydel, Bayr. StR. III, 387; G. Meyer, Verw.-R. 666; Ehrenberg, Kommendation und Huldigung nach fränk. Recht 112 ff.; Jellinek, subj. öff. Rechte S. 187. Über den Standpunkt des älteren deutschen Rechtes: „indubitatum, hoc crimen non nisi a subditis perpetrari" (Carpzov) s. Rehm 32 ff.; vgl. auch Hänel StR. I, 357 in grundsätzlicher Übereinstimmung mit dem Labandschen Gedankengang.

[11] Laband I, 133 ganz richtig. Vgl. auch Knitschky, Hochverrat 51 ff.; Rehm 32 ff. über die ältere Entwickelung des Gedankens.

[12] Dieses subjektive Moment tritt insbesondere darin hervor,

aber müßten konsequenterweise im Bundesstaat dahin führen, daß ein Unterschied zwischen Reich und Einzelstaat in Bezug auf die speziell gegen den Staat gerichteten Delikte garnicht gemacht würde. Reich und Einzelstaaten in ihrem Zusammenwirken repräsentieren die deutsche Staatsgewalt: die Staatsoberhäupter der Einzelstaaten, in korporativer Einheit gedacht, tragen die deutsche Staatsgewalt (s. oben S. 88 ff.), folglich sollte das Strafrecht hier prinzipiell keinerlei Unterschiede statuieren. Die „subjektive Treuverpflichtung" der Deutschen besteht im Verhältnis zu den sämtlichen Einzelstaaten und deren Landesherren grundsätzlich in gleicher Weise, weil dieselben sämtlich Bestandteile des Reiches, bezw. Träger der Reichsgewalt sind.[13] Durch den „Anteil, welchen die Landesherren aller einzelnen Staaten an

daß Hochverrat, Landesverrat und Majestätsbeleidigung, von Deutschen im Auslande begangen, in jedem Fall nach deutschen Strafgesetzen verfolgt werden können, selbst dann, wenn im Ausland schon eine Strafe erkannt wurde: allerdings ist dies bezüglich des Hochverrates auch für Ausländer möglich, und dem Hochverrat stehen Münzverbrechen und Amtsdelikte gleich. RStGB. §§. 4 Z. 1 u. 2, vb. 5, 7.

[13] Der Satz Labands I, 134: „dagegen fehlt es an der subjektiven Treuverpflichtung im Verhältnis zu den anderen Einzelstaaten und ihren Landesherren" steht durchaus in Widerspruch zu den von Laband I, §. 9 in so ausgezeichneter Weise entwickelten Grundprinzipien der staatsrechtlichen Struktur des Reiches. Richtig John bei v. Holtzendorff, Handb. III, S. 5 ff.; unrichtig Berner, Lehrb. (8) S. 365. Die Erörterung des Textes ist keineswegs, wie Laband jetzt S. 135[1] einwendet, „von der Idee des Einheitsstaates beherrscht", vielmehr ist der Standpunkt Labands und — teilweise — des RStGB. der staatenbundliche. Doch ist allerdings zuzugeben, daß die strenge Logik und das Gefühl der besonderen Verbindung mit dem „eigenen" Landesherrn hier miteinander in Streit liegen mögen.

der Reichsgewalt haben", rechtfertigt sich nicht nur der „Wegfall der Bedingung der Reziprozität" und eine „höhere Normierung des Strafmaßes" als gegenüber auswärtigen Staatsoberhäuptern, sondern jener „Anteil" hat zur logisch notwendigen Konsequenz den Wegfall jeder Verschiedenheit in der Normierung des Strafmaßes.

Das deutsche Strafgesetzbuch hat diesen staatsrechtlichen Gesichtspunkten nicht volle Rechnung getragen,[14] vielmehr macht es in den einschlägigen Rechtssätzen eine vierfache Unterscheidung: 1. das Reich, 2. der Einzelstaat, dem der Delinquent staatsrechtlich angehört, 3. der Einzelstaat des Aufenthaltes, 4. die anderen Einzelstaaten. In gleicher Weise wird hinsichtlich der Träger der Staatsgewalt unterschieden mit der Maßgabe, daß als solcher für das Reich der Kaiser strafrechtlich betrachtet wird.

Was nun die einzelnen hierher gehörigen Delikte betrifft, so stehen für Hochverrat durch Mord oder Mordversuch am Träger der Staatsgewalt (StGB. §. 80) die oben sub 1—3 aufgeführten Kategorieen im Strafschutze vollkommen gleich, indes für die Kategorie sub Ziffer 4 nur ein geringerer Schutz statuiert ist (§. 81 Z. 1). Das gleiche System ist hinsichtlich des Deliktes der Majestätsbeleidigung befolgt (StGB. §§. 94 u. 95, 98 u. 99).

Keine Unterscheidung unter den vier Kategorieen wird dagegen gemacht, die betreffenden Bestimmungen sind somit im Hinblick auf den Bundesstaat staatsrechtlich richtig for-

[14] Berner, Lehrb. (8) 340 behauptet zwar: „das RStGB. stellt ein politisches Strafrecht auf, welches das Reichsganze und die einzelnen Reichsstaaten umfaßt und überall von dem Grundgedanken ausgeht, daß das ganze Reichsgebiet Inland sei", die Behauptung ist aber nur in sehr modifizierter Weise richtig.

muliert: bei dem „Unternehmen"[15] von Hochverrat, der sich gegen das Gebiet oder die Reichsverfassung richtet (StGB. §. 81 Z. 2—4), sowie in bestimmten Fällen des sog. militärischen Landesverrates (StGB. §§. 87, 88), ferner bei dem sog. diplomatischen Landesverrat (§. 92), sowie bei dem gesamten Strafsysteme, das für „Widerstand gegen die Staatsgewalt" aufgerichtet ist (StGB. §. 113).[16]

Die besprochenen Sätze des deutschen Strafrechtes geben noch zu einer weiteren staatsrechtlichen Bemerkung Anlaß. Wie oben bemerkt, muß prinzipiell das subjektive Moment der Verletzung der staatsbürgerlichen Treupflicht für dieselben die Basis der Konstruktion bieten: dieses Moment ist aber vom positiven Recht nur in den §§. 87, 88, 89, 90 („militärischer Landesverrat") berücksichtigt; die genannten §§. sind nur anwendbar auf Deutsche,[17] indes für Ausländer hier das besondere Strafgesetz in §. 91 Abs. 1 zur Anwendung kommt; ausgenommen sind jedoch solche Aus-

[15] S. dazu RStGB. §. 82: ferner §§. 83, 86 über andere Vorbereitungshandlungen, sowie v. Liszt, Straf-R. (3) S. 520 f.

[16] Der Gegensatz zwischen Bundesstaat und Staatenbund tritt besonders klar hervor durch die Vergleichung zwischen dem hinsichtlich des Hochverrates im Reiche geltenden und dem im früheren deutschen Bunde vorhandenen Rechte: vgl. über letzteres Laband I, 136, zu RStGB. §. 92 f. ferner S. 139 f. und die Mitteilung aus den Motiven, vgl. auch Liszt §§. 165—167, 170 II.

[17] Vgl. John a. a. O. 48 ff.; v. Liszt 523 führt aus, daß nur beim Landes-, nicht beim Hochverrat, „das Treuverhältnis des Staatsbürgers zu seinem Staate von entscheidender Bedeutung" sei, wegen der nur in ersterem Delikt liegenden „Verbindung mit einem fremden Gemeinwesen". Eine solche ist aber nicht notwendige oder alleinige Voraussetzung für die Verletzung des dem Staate gegenüber bestehenden Treuverhältnisses.

länder, welche „unter dem Schutze des Deutschen Reiches oder eines Bundesstaates sich innerhalb des Bundesgebietes aufhalten" und während dieser Zeit einen nach §§. 87, 89, 90 strafbaren Landesverrat begehen; für solche gelten die nämlichen Bestimmungen wie für die Inländer (§. 91 Abs. 2). Für alle übrigen oben genannten Delikte dagegen ist das Moment der Staatsangehörigkeit nicht berücksichtigt worden: Deutsche und Ausländer werden vielmehr vollkommen gleich behandelt (also bei diplomatischem Landesverrat, Majestätsbeleidigung, Hochverrat, Widerstand gegen die Staatsgewalt) und die Würdigung des Momentes der Staatsangehörigkeit mag nur bei der Strafausmessung durch den Richter nach freiem Ermessen erfolgen. Es sind demnach in diesen Strafgesetzen zwei ihrer inneren Natur nach prinzipiell verschiedene Thatbestände äußerlich zusammengefaßt, was besser vermieden worden wäre.[18]

Gegenüber „befreundeten" auswärtigen Staaten ist Reziprozität die notwendige Voraussetzung für eine deutscherseits zu bethätigende Bestrafung von Verletzungen des betreffenden Staates (§. 102). Die Verletzung der dem Staate geschuldeten Treu- und Gehorsamspflicht kann außer den oben bezeichneten strafrechtlichen Folgen unter Umständen den Verlust der deutschen Staatsangehörigkeit als Straffolge nach sich ziehen: vgl. hierüber oben §. 12 B Z. 6 (S. 367).

2. Jeder Deutsche ist wehrpflichtig (ausge-

---

[18] Berner, Lehrb. d. Strafrechtes (8) S. 342 meint, die im Text gegebene Ansicht beruhe auf „einer veralteten feudalistischen Auffassung des Staates". Vgl. Hugo Meyer, Lehrb. d. Strafrechts (2) §§. 184[13, 14], 185[9]; Laband I, 133 ff. und besonders Heinze, staatsrechtl. u. strafrechtl. Erörterungen 64 ff.

nommen die Mitglieder der regierenden Häuser und die Standesherren) (RV. Art. 57). In diesem Satz der Verfassung liegt ein zweiter Fundamentalsatz des deutschen Staatsbürgerrechtes: die Pflicht, im Kriegsfalle das Vaterland mit Leib und Leben zu schützen und behufs richtiger Leistung dieses Schutzes bereits im Frieden die Militärpflicht zu erfüllen.

Näheres hierüber unten Bd. II im Militärrecht.

3. Jeder Deutsche hat in finanzieller Beziehung diejenigen Leistungen zu machen, welche das Reich behufs Erfüllung seiner Aufgaben zu fordern für nötig findet: die Steuerpflicht.

Näheres hierüber unten Bd. II im Finanzrecht.

Hinsichtlich der Steuerpflicht gegenüber dem Einzelstaat, deren Ordnung dem partikularen Staatsrecht überwiesen wurde, hat das Reich nur durch G. v. 13. Mai 1870 (BGBl. 119) bestimmt, daß die Besteuerung von Deutschen in dem Staate des Wohnsitzes, eventuell des Aufenthaltes, bei mehrfachem Wohnsitz der Heimat zu erfolgen hat, mehrfache Besteuerung aber verboten ist; Grundbesitz, Gewerbe, Besoldungen sind in demjenigen Staate zu besteuern, wo sie belegen sind, bezw. betrieben oder bezahlt werden.[19]

4. Jeder Deutsche hat überdies die Pflicht, alles zu unterlassen, was dem Staate schaden könnte, bezw. positiv zu thun, was in präventiver Weise zur Verhütung von Schaden vorgeschrieben wird. Durch zahllose Vorschriften polizeilicher Natur hat der angegebene allgemeine Grundsatz seine Spezialisierung erfahren. Die Polizei ist den Einzel-

[19] S. dazu Blochmann in Hirths Ann. 1887, S. 773 ff.

staaten verblieben, doch hat das Reich mehrfach in einschneidender Weise eingegriffen.[20]

### III. Die Rechte.

1. Jeder Deutsche muß im Vollgenuß seiner bürgerlichen und staatsbürgerlichen Rechte von der Staatsgewalt geschützt werden. Alle Deutschen haben in dieser Richtung ein prinzipiell gleiches Recht: weder existieren im Deutschen Reiche Verhältnisse, welche ganze Kategorieen von Staatsangehörigen hinsichtlich des allgemeinen Rechtsschutzes schlechter stellen als andere (Sklaverei, Hörigkeit), noch sind besondere Bevorzugungen einzelner Kategorieen mit den heutigen Staatsprinzipien vereinbar. Doch haben in letzterer Beziehung sich aus der ungeheuren Masse von Privilegien der früheren Zeit noch einige Reste selbst bis in die neueste Gesetzgebung gerettet, nämlich die Befreiung der Mitglieder der regierenden Häuser vom ordentlichen Gerichtsstand, die Privilegien derselben Personen in Bezug auf zeugenschaftliche Vernehmung und gerichtliche Eidesleistung, der denselben gewährte höhere strafrechtliche Schutz; die Standesherren ferner haben das Privileg eines besonderen Gerichtsstandes von Standesgenossen in Kriminalsachen, soweit ein solcher vor Erlaß

[20] So insbesondere auf dem Gebiet der Seuchen- und Medizinalpolizei. — Vor allem fiel unter die Ziff. 4 das vielumstrittene Ges. v. 21. Okt. 1878 (RGBl. 351) gegen die gemeingefährlichen Bestrebungen der Sozialdemokratie, welches, auf Zeit erlassen, wiederholt verlängert wurde und mit dem 30. September 1890 durch Zeitablauf außer Kraft trat; das Gesetz ist mehrfach kommentiert, so von Gareis in Hirths Ann. 1879, 345 ff.

der Reichsjustizgesetze partikularrechtlich noch bestand, behalten.[21]

Der staatliche Rechtsschutz wird geleistet teils vom Reiche, teils von den Einzelstaaten, nach Maßgabe der allgemeinen Kompetenzgrenze zwischen Reich und Einzelstaaten. Die Normen, nach welchen der Rechtsschutz zu leisten ist, sind jetzt in der Hauptsache durch die Reichsgesetzgebung aufgestellt, doch ist immerhin der Sphäre einzelstaatlicher Thätigkeit nicht allein die Durchführung der auf den Rechtsschutz bezüglichen Gesetzgebung, sondern auch diese letztere selbst in weitem Umfange überlassen geblieben. Die materielle und formelle Ordnung des Rechtsschutzes ist der Gegenstand einer Anzahl von besonderen juristischen Disziplinen und scheidet demnach aus der staatsrechtlichen Betrachtung völlig aus: so Civilrecht und Civilprozeß, Strafrecht und Strafprozeß samt allen Separatabzweigungen, die sich in Hinsicht dieser Materien im Laufe der Zeit ergeben haben. Jene sämtlichen Materien sind in die Sphäre der Reichsgesetzgebung einbezogen (RV. Art. 4 Z. 13 u. Ges. vom 20. Dez. 1873, RGBl. 379) und mit Ausnahme des Civilrechtes auch bereits durch hochwichtige Spezialgesetze einheitlich für alle Reichsangehörigen geordnet; die einheitliche Ordnung des Civilrechtes steht noch bevor. Das Reich hat ferner auch die äußere Form der Gerichte durch das Gerichtsverfassungsgesetz v. 27. Jan. 1877 (RGBl. 41) festgestellt und den Einzelstaaten nur die Ausfüllung des gezogenen Rahmens überlassen: die Organisation der

[21] Vgl. die einzelnen Nachweisungen bei Meyer, Lehrb. §§. 227—229.

Gerichte ist einheitlich im ganzen Reiche. Verweigerung des Rechtsschutzes durch einzelstaatliche Gerichte kann durch Beschwerde an das oberste Organ des Reiches, den Bundesrat, gebracht werden, dem die verfassungsmäßige Pflicht obliegt, die gerichtliche Hilfe „zu bewirken" (RV. Art. 77, s. auch oben S. 170).

Der Rechtsschutz aber, den der Staat seinen Angehörigen schuldet, hat seine Grenze nicht an den Grenzen des Staatsgebietes. Prinzipiell zwar muß diese Grenze durchaus festgehalten werden, thatsächlich aber haben die Staaten der Neuzeit sich in dieser Beziehung große Konzessionen gewährt und gestatten eine Bethätigung des Rechtsschutzes für fremde Staatsangehörige in weitem Umfang durch Beamten anderer Staaten innerhalb ihres Gebietes. Demgemäß hat auch das Deutsche Reich seine Schutzpflicht gegenüber deutschen Staatsangehörigen im Auslande prinzipiell in der Verfassung Art. 3 Abs. 6 anerkannt und den internationalen Rechtsschutz der Deutschen durch eine umfassende Spezialgesetzgebung (RV. Art. 4 Z. 7) organisiert. (S. unten Bd. II im Konsularrecht.) In letzter Instanz sind die Mittel, durch welche das Reich seiner Pflicht des Rechtsschutzes gegen Deutsche im Auslande genügen müßte, die Zwangsmittel des internationalen Verkehres.

Der Pflicht des staatlichen Rechtsschutzes entspricht die Gehorsamspflicht der Deutschen im Auslande gegenüber den deutschen Gesetzen und den Vertretern der deutschen Staatsgewalt, soweit der betreffende Territorialstaat eine Bethätigung der deutschen Staatsgewalt in seinem Gebiete gestattet; von praktischer Bedeutung ist dies insbesondere da, wo deutsche Konsuln die Gerichtsbarkeit über Deutsche auszuüben berechtigt sind.

S. hierüber unten Bd. II im Konsularrecht.[22]

2. Der Genuß der staatsbürgerlichen Rechte, d. i. derjenigen Teilnahme, welche dem Volke unmittelbar an der Bethätigung des staatlichen Verfassungslebens eingeräumt ist, hat die Staatsangehörigkeit zur Voraussetzung, ist aber sowohl für das Reich als für die Einzelstaaten noch an besondere Bedingungen geknüpft. Für das Reich kommt hier in Betracht das Recht, zum Reichstag zu wählen und gewählt zu werden. (Vgl. hierüber oben S. 217 f.)

Die Einzelstaaten ordnen die Bedingungen für den Genuß ihrer speziellen staatsbürgerlichen Rechte selbständig, soweit nicht zwingendes Reichsrecht vorhanden ist. (Siehe hierüber oben S. 353 f.)

3. Jeder Deutsche hat das Recht der freien Bewegung und Thätigkeit im Reichsgebiete: das „Grundrecht“ der Freizügigkeit. Hierfür hat jeder Deutsche gleichen Anspruch auf den Schutz des Staates, und innerhalb des Reichsgebietes besteht ein Unterschied zwischen In- und Ausländern in dieser Beziehung nicht. Dieser Grundsatz war bereits in der norddeutschen Bundesverfassung anerkannt und wurde von hier in die Reichsverfassung Art. 3 Abs. 1 u. 2 übernommen; durch das G. v. 1. Novbr. 1867 (BGBl. 55)[28] hatte er schon vor Aufrichtung des Reiches eine umfassende spezialgesetzliche

---

[22] S. auch Laband I, 142 ff.

[28] Speziallitteratur s. bei Seydel 159²; vgl. auch Meyer 656 f., Verw.-R. I, 104 ff.; Gneist, Art. Freizügigkeit in Stengels Wörterb. I, 451 ff.; Rehm 102 ff.; Hänel StR. I, 613 ff.

Durchführung gefunden und das G. v. 6. Juni 1870 (BGBl. 360) über den Unterstützungswohnsitz hat ihn zur vollen Wahrheit gemacht, indem es für das ganze Reichsgebiet, mit Ausnahme von Bayern[24] und Elsaß-Lothringen, einheitliches Armenrecht herstellte und den Grundsatz der Gothaer und Eisenacher Verträge, daß die der Armenunterstützung verfallenen Personen dem Heimatsstaat zugewiesen werden dürfen, beseitigte.[25]

Das Grundrecht der Freizügigkeit läßt sich nach folgenden Richtungen spezialisieren:

a) Ein Deutscher darf nicht aus dem Reichsgebiet verwiesen werden (G. v. 1. Nov. 1867 §. 1). Kein Staat darf nach den heute anerkannten Grundsätzen des internationalen Verkehrs seine Staatsangehörigen, deren er aus irgend einem Grunde sich entledigen möchte, einem anderen Staate zuweisen. Fremde sind im Staate principiell nur geduldet, sie können jederzeit des Reichsgebietes verwiesen werden, wenn das Interesse der öffentlichen Ordnung dies fordert;[26] dieser Grundsatz ist unzweifelhaft Bestandteil des deutschen Rechtes, obwohl er einen unmittelbaren gesetzlichen Ausdruck nicht gefunden hat. Außerdem bestimmt das StGB. §§. 39, 284, 362 noch speziell, daß

---

[24] Verf. Schlußprot. I—III, dazu Cahn 15; Hänel StR. I, 618 f.; G Meyer, Verw.-R. I, 102 ff.; Laband I, 150.

[25] Gothaer Konv. v. 15. Juli 1851: Cahn 217, Eisenacher Konv. v. 11. Juli 1853: Cahn 224, franz. G. v. 15. Okt. 1793: Cahn 322, Verträge mit Österreich-Ungarn, Italien, Dänemark, Belgien, Schweiz, Luxemburg: Cahn 15 ff., 197 ff.

[26] Laband I, 144; Meyer, Lehrb. 648, sowie die N. 11 zitierten Schriftsteller; jetzt bes. Rehm 24. Über die Spezialvorschriften der Niederlassungsverträge s. die Angaben bei Laband I, 144¹.

Ausländer, die wegen der in den genannten §§ behandelten Delikte bestraft sind, ausgewiesen werden können;[27] ebenso können ausländische Jesuiten und Personen, die einer jesuitenverwandten Korporation angehören, nach §. 2 des G. v. 4. Juli 1872 (RGBl. 253) ausgewiesen werden.[28]

b) Ein Deutscher darf einer ausländischen Regierung zur Bestrafung oder Verfolgung nicht ausgeliefert werden (RStGB. §. 9). Verbrechen, welche Deutsche im Ausland begangen haben, werden im Inland bestraft, soweit das StGB. hierfür Strafgesetze enthält (s. oben S. 375[12]); es ist dies jedoch die Ausnahme. Inwieweit Ausländer wegen im Ausland begangener Verbrechen an ihre Staaten ausgeliefert werden, bestimmen die Auslieferungsverträge, welche dem äußeren Staatsrecht angehören.[29]

Innerhalb des Reichsgebietes bestehen für die Strafverfolgung prinzipiell keine Grenzen: schon durch das Rechtshilfegesetz v. 21. Juni 1869 (BGBl. 305) §. 23 war dieser Grundsatz anerkannt worden und durch das Gerichtsverfassungsgesetz und die Prozeßordnungen ist derselbe systematisch dem Reichsrecht eingefügt.[30]

c) Das Korrelat der sub a) und b) bezeichneten negativen Rechte bildet das in der Freizügigkeit enthaltene positive Recht jedes Deutschen, einerseits auszuwandern (vorbehaltlich der oben aufgezählten militärrechtlichen Be-

[27] Die Ausweisungen werden im Centralblatt veröffentlicht.

[28] Dazu die Vorschriften in den jetzt aufgehobenen Gesetzen v. 4. Mai 1874 §. 1 über Religionsdiener, u. vom 28. Oktbr. 1878 §. 22 Abs. 2 über sozialdemokratische Agitatoren.

[29] S. auch die Angaben bei Laband I, 146[3].

[30] StPO. §§. 131, 132, 187; vgl. Laband I, 151 f.

schränkungen),[31] andererseits sich überall im Reichsgebiet behufs gesetzmäßiger Thätigkeit aufzuhalten (§. 1), ohne daß eine Einschränkung dieser freien Bewegung durch staatliche Behörden gestattet wäre, abgesehen von einigen gesetzlich eng umgrenzten Fällen. So kann ausnahmsweise, „wenn die Sicherheit des Bundes oder eines einzelnen Bundesstaates oder die öffentliche Ordnung durch Krieg, innere Unruhen oder sonstige Ereignisse bedroht erscheint", durch kaiserliche Verordnung überhaupt oder für einzelne Teile des Reichsgebietes oder zu Reisen aus und nach bestimmten Staaten des Auslandes der Paßzwang eingeführt werden. (G. v. 12. Okt. 1867, RGBl. 33 §. 9, vgl. dazu z. B. die kais. V. v. 26. Juni 1878, RGBl. 131: Paßzwang für Berlin, ferner K. V. v. 2. Febr. 1879, RGBl. 9: Paßzwang für Reisende, die aus Rußland kommen.) Außerdem sind Aufenthaltsbeschränkungen nur nach Maßgabe folgender Bestimmungen zulässig: $\alpha$) Personen, welche strafgerichtlich unter polizeiliche Aufsicht gestellt sind, können aus bestimmten Bezirken ausgewiesen werden; neben dem Reichsstrafrecht (RStGB. §. 39) sind hierfür auch die Vorschriften des Landesstrafrechtes noch in Kraft geblieben, soweit sie hinsichtlich der dem letzteren überlassenen Materien Aufenthaltsbeschränkungen statuierten (§. 3 Abs. 1);[32] $\beta$) Personen, welche in den letzten zwölf Monaten wegen wiederholten Bettelns oder

---

[31] Ein Auswanderungsverbot kann der Kaiser bei Krieg oder Kriegsgefahr erlassen (§. 17 des G. v. 1. Juni 1870).

[32] Cahn 59 ff., 326 ff.; Entsch. d. OVG. v. 25. Januar 1883, Bd. IX, 415; vgl. auch X, 336, XII, 405. Vgl. auch Württ. G. v. 16. Juni 1885 Art. 57 u. dazu die Erörterungen von Rehm 134 ff.

wiederholter Landstreicherei bestraft wurden, kann der Aufenthalt ebenso wie den sub $\alpha$) genannten Personen in bestimmten Bezirken versagt werden (§. 3);[33] die sub $\alpha$) und $\beta$) bezeichneten Personenkategorieen müssen nur im Heimatsstaat aufgenommen werden;[34] $\gamma$) Mitgliedern des Jesuitenordens oder einer jesuitenverwandten Korporation kann der Aufenthalt durch die Landespolizeibehörden in bestimmten Bezirken versagt oder angewiesen werden, ohne daß die Grenzen der Einzelstaaten hierfür in Betracht kämen (G. v. 4. Juli 1872, RGBl. 253 §. 2 Schlußsatz);[35] $\delta$) Gemeinden oder Armenverbände können neu anziehende Personen von der Niederlassung ausschließen, wenn sie nachweisen, daß dieselben unvermögend sind, sich und ihre nicht arbeitsfähigen Angehörigen notdürftig zu ernähren (§. 4 Abs. 1).[36] Offenbart sich nach dem Anzuge die Notwendigkeit einer öffentlichen Unterstützung, bevor der neu Anziehende den Unterstützungswohnsitz erworben hat, und weist die Gemeinde nach, daß das Unterstützungbedürfnis nicht bloß durch vorübergehende Arbeitsunfähigkeit ver-

---

[33] Cahn 63 ff.: Laband I, 151.

[34] A. A. Meyer, Lehrb. 649; Laband I, 151; vgl. dagegen v. Pözl S. 68²; Seydel in Hirths Ann. 1890, 90 ff., 173 ff. Die Ansicht der 3 erstgenannten Schriftsteller führt notwendig zu der Annahme der Zulässigkeit einer Ausweisung aus dem ganzen Reichsgebiete in den im Text bezeichneten Fällen; §. 3 des Freizügigkeits-Ges. aber hat offenbar eine solche nicht im Sinne. Cahn 64.

[35] S. dazu auch die gleichen Vorschriften im G. v. 4. Mai 1874 §§. 1, 5 über Religionsdiener, jetzt aufgehoben, ebenso G. v. 21. Okt. 1878 §§. 17—20, 22, 28 Z. 3; s. auch Laband I, 151.

[36] Seydel 166 f. Landesgesetzlich darf die durch §. 4 den Gemeinden erteilte Befugnis noch beschränkt werden.

schuldet sei, so kann die Fortsetzung des Aufenthaltes versagt werden (§. 5).[87] ε) Bayern und Elsaß-Lothringen endlich können Personen, die der Armenunterstützung anheimgefallen sind, ihrem Heimatsstaate zuschieben und das Gleiche ist den übrigen Einzelstaaten hinsichtlich der Bayern und Elsaß-Lothringer gestattet.

d) Die Erwerbsthätigkeit ist durch die neuere Gesetzgebung soviel als möglich von den hemmenden Schranken einer früheren Kulturperiode befreit und zugleich das Hindernis der einzelstaatlichen Grenzen im Reiche in dieser Beziehung prinzipiell beseitigt worden. Verfassungsgemäß genießen alle Deutschen im Reichsgebiet gleiche Rechte für den Erwerb von Grundbesitz, den Betrieb von Gewerben und die Fähigkeit zur Bekleidung öffentlicher Ämter, sei es in der Weise, daß für das ganze Reichsgebiet gemeines Recht geschaffen wurde, so im Gewerberecht,[88] sei es, daß die betreffende Materie zwar dem Partikularrecht verblieb, der Unterschied zwischen In- und Ausländern aber für die Angehörigen deutscher Staaten beseitigt wurde.

e) Die Eheschließung von Deutschen ist durch G. v. 4. Mai 1868 (BGBl. 149) von früheren polizeilichen

---

[87] Über die Rechtsmittel gegen polizeiliche Verfügungen s. G. Meyer, Verw.-R. I, 107, 109. Für Preußen Ges. üb. d. allg. Landesverw. §. 127, Entsch. d. OVG. VII, 364 ff.

[88] Vgl. die Lehre vom Gewerbewesen. Hierher gehört auch das „Grundrecht" der Preßfreiheit: daß der Einzelne seine Gedanken durch die Presse zum Ausdruck bringen darf, ist selbstverständlich, soweit nicht Strafgesetze entgegenstehen; daß das Preßgewerbe frei sei, ist ein Bestandteil des allgemeinen Prinzipes der Gewerbefreiheit und gehört demnach systematisch lediglich in den Zusammenhang des Gewerbepolizeirechtes. Historisches s. bei Meyer §. 221.

Beschränkungen befreit und somit auch durch Erleichterung des wichtigsten familienrechtlichen Aktes die freie Bewegung der Bevölkerung wesentlich gefördert worden.[39] Nur in Bayern, wo das oben erwähnte Gesetz nicht eingeführt ist, bezw. für Bayern im übrigen Reichsgebiet,[40] wird eine distriktspolizeiliche Genehmigung zur Eheschließung gefordert, und dieselbe muß versagt werden, wenn die Heimatsgemeinde oder das Regierungsfiskalat nach Maßgabe der gesetzlichen Gründe gegen die Verehelichung Einspruch erhoben haben.[41] Eine obrigkeitliche Erlaubnis wird im übrigen nur für Landesbeamte und Militärpersonen gefordert, nicht aber für Reichsbeamte.[42]

f) Deutsche, welche hilfsbedürftig werden, haben ein Recht auf Armenunterstützung (G. v.

[39] §. 1. „Bundesangehörige bedürfen zur Eingehung einer Ehe oder zu der damit verbundenen Gründung eines eigenen Haushalts weder des Besitzes noch des Erwerbes einer Gemeindeangehörigkeit (Gemeindemitgliedschaft) oder des Einwohnerrechtes, noch der Genehmigung der Gemeinde (Gutsherrschaft) oder des Armenverbandes, noch einer obrigkeitlichen Erlaubnis.

Insbesondere darf die Befugnis zur Verehelichung nicht beschränkt werden wegen Mangels eines bestimmten, die Großjährigkeit übersteigenden Alters oder des Nachweises einer Wohnung, eines hinreichenden Vermögens oder Erwerbes, wegen erlittener Bestrafung, bösen Rufes, vorhandener oder zu befürchtender Verarmung, bezogener Unterstützung oder aus anderen polizeilichen Gründen. Auch darf von der ortsfremden Braut ein Zuzugsgeld oder eine sonstige Abgabe nicht erhoben werden."

[40] A. A. im letzteren Punkte G. Meyer, Verw.-R. I, 111[8], daß „die bayrischen Gesetze außerhalb Bayerns keine Geltung besitzen", ist aber nicht richtig; s. v. Sicherer, Komm. 270 ff. Die Meyersche Ansicht billigt auch Laband I, 156[1].

[41] Vgl. v. Sicherer, Personenstand u. Eheschließung in Deutschland S. 270 ff., bes. 271 N. 38, 333 ff.; G. Meyer, Verw.-R. I, 110 f.

[42] G. v. 6. Febr. 1875 (RGBl. 23) §. 38 vb. Mil.-G. v. 2. Mai 1874 §§. 40, 60; vgl. v. Sicherer a. a. O. 260 ff.

6. Juni 1870, BGBl. 360).[48] Alle Deutschen sind in jedem Teile des Reichsgebietes gleichberechtigt sowohl für Art und Maß der etwa nötig werdenden Unterstützung als auch für den Erwerb und Verlust des Unterstützungswohnsitzes.

Die Ortsarmenverbände sind verpflichtet, diejenigen zu unterstützen, bezw. dauernd zu übernehmen (§. 31), welche den Unterstützungswohnsitz erworben haben; mangels eines solchen tritt die Pflicht desjenigen Landarmenverbandes ein, in welchem der hilfsbedürftig Gewordene sich bei Eintritt dieses Zustandes befand (§. 30). Vorläufige Unterstützung muß von den Ortsarmenverbänden jedem im Bezirk sich aufhaltenden Deutschen, der hilfsbedürftig wird, geleistet werden, vorbehaltlich des Regresses an den definitiv verpflichteten Armenverband (§. 28).

[48] Vgl. die ausführliche und sehr verdienstliche Darstellung des Reichsarmenrechts von Seydel bei Hirth, Ann. 1877, 545—627; Rehm 113 ff., 132 ff., über den Zusammenhang mit der Staats- bezw. Gemeindeangehörigkeit, sowie den merkwürdigen Gegensatz in der Konstruktion des Armenrechtes durch das preußische und jetzige Reichsrecht gegenüber der früheren Entwickelung in sämtlichen deutschen Staaten, an der Bayern heute noch festhält („Unterstützungswohnsitz“ und „Heimatsrecht“), s. auch G. Meyer, Verw.-R. I, 100 ff., 111 ff.

## Fünftes Buch.

# Die Rechtsbildung im Reiche.

### §. 14.

### Die Prinzipien der Rechtsbildung.[1]

#### I. Der Rechtsbegriff.

Die Vorschriften, welche von seiten der Staatsgewalt des Reiches in imperativer Form[2] gegeben und deren Durchführung eventuell durch die dem Reiche zustehenden Zwangsmittel

---

[1] Vgl. v. Gerber, Grundz. (2. Aufl.) §§. 45—53; Laband I §§. 54—63; G. Meyer, Lehrb. §§. 155 ff.; Hänel, Stud. II, 99 ff.; Jellinek, Gesetz u. Verordn.; Regelsberger, Pand. I, 57 ff. Viele Anregung nach der prinzipiellen Seite gewährt E. Meier, die Rechtsbildung in Staat und Kirche (1861). Die Litteratur über die Grundbegriffe der Rechtswissenschaft ist ebenso zahlreich als kontrovers; es kann natürlich davon nicht die Rede sein, hier in Berücksichtigung derselben irgend welche Vollständigkeit zu beanspruchen. In großartiger Darstellung sind die Hauptsätze des Textes entwickelt von Jhering, der Zweck im Recht I, Kap. VIII; ausgezeichnet behandelt ferner die Frage Sarwey, d. öff. R. u. d. Verwalt. §. 1, bes. S. 11, ferner Lasson, Rechtsphilosophie §. 3. Über und gegen die Jellinekſche „Selbstverpflichtung" des Staates als Grundlage des Rechtes Tezner bei Grünhut Z. XXI, 153.

[2] Hänel, Stud. II, 120: „die Imperative „hiernach sollt ihr euch richten", — welche allem objektiven Rechte auch in seinen berechtigenden und ermächtigenden Bestimmungen zu Grunde liegen" — „alle Imperative, alle Sätze des Rechtes bedingen sich gegenseitig" — — jeder Rechtssatz „interessiert nicht nur diejenigen, die es angeht, sondern alle an der Rechtsordnung Beteiligte." S. 123 über den imperativen Charakter von unvollständigen Rechtssätzen.

gesichert ist, bilden in ihrer Gesamtheit das Reichsrecht.[3]

Der Wille, den der Staat als juristische Person des öffentlichen Rechtes geltend zu machen berufen ist, in verfassungsmäßiger Form entstanden und den Beteiligten zur Kenntnis gebracht, ist das Recht.

Das Recht ergreift prinzipiell nicht allein diejenigen Einwohner des Reichsgebietes, welche im staatsrechtlichen Unterthanenverhältnis zum Reiche stehen, sondern überhaupt alle rechtsfähigen Subjekte, die sich im Reichsgebiete befinden, sei es zu dauerndem, sei es zu vorübergehendem Aufenthalte. Der Wille des Staates erstreckt sich über den gesamten territorialen Umfang desselben: die Grenzen des Gebietes sind prinzipiell die territorialen Grenzen des Rechtes.[4] Es wird nicht geleugnet werden dürfen, daß das unsere heutige Rechtsbildung beherrschende Prinzip — im Gegensatz zu dem in früherer Zeit speziell

---

[3] Diese Begriffsbestimmung weicht von der herrschenden Lehre ab. Es ist aber nicht thunlich, hier in die Kontroverse näher einzugehen. Die im Texte gegebene Begriffsbestimmung trifft im wichtigsten Punkte überein mit der von Thon, Rechtsnorm und subjektives Recht S. 8 entwickelten. Vgl. aber auch Thon in Grünhuts Z. für Privat- u. öff. R. VII, 231 ff.; Regelsberger 58: „gesetzt (positiv) und von zwingender Kraft". Hänel StR. I, 122: „die hierdurch" — durch die Gesetzgebung — „erzeugten Rechtssätze, aus welcher Quelle sie auch ihre Geltungskraft schöpfen mögen, sind ihrem Inhalt nach entweder Gebote oder Verbote oder Ermächtigungen und ihrem Geltungsumfange nach entweder allgemeine, die eine vorausgesetzte, unbestimmte Reihe von Thatbeständen regeln, oder spezielle Rechtssätze, wenn die Regelung sich auf einen oder mehrere individuell bestimmte Thatbestände bezieht."

[4] S. hierher die anregende Schrift von Bekker, Kouponprozesse, bes. S. 56 ff., 64 ff.; Wächter im Arch. f. civ. Praxis Bd. 24 u. 25.

bei den Germanen maßgebenden Personalitätsprinzipe — das der Territorialität ist.[5]

Quidquid est in territorio est etiam de territorio.

So das Prinzip. Der reich entwickelte internationale Verkehr unserer Zeit hat jedoch dazu geführt, jenes Prinzip in weitem Umfange zu durchbrechen, und diese Durchbrechung des Prinzipes ist geradezu internationaler Grundsatz geworden.

[5] Vgl. die ungemein präzise prinzipielle Bestimmung dieses Punktes bei Fricker, vom Staatsgebiet S. 26 f. Laband I, 581 bemerkt: „territorial begrenzt ist nur die Handhabung des Rechtsschutzes", „soweit aber die Gesetze — — Rechtsnormen für das Verhalten der Reichsangehörigen aufstellen, ist ihr Geltungsbereich örtlich überhaupt nicht begrenzt". Territorial begrenzt ist allerdings nur der Rechtsschutz (abgesehen vom Konsularrecht), Schutz d. i. Zwang, gehört aber zum Rechtsbegriff, folglich muß das Recht als örtlich begrenzt angenommen werden. Die Verpflichtung von Normen des Reiches außerhalb des Reichsgebietes für Reichsangehörige ist, abgesehen von der Konsularjurisdiktion, eine rein freiwillige, indem die mit dem Ungehorsam verbundenen Rechtsfolgen durch Fernbleiben aus dem Reichsgebiet abgeschnitten werden können. Die Frage der örtlichen Grenzen des Rechtes ist bekanntlich äußerst kontrovers, und es fehlt auch bei dieser wie bei den meisten anderen Zweigen der Lehre von den Rechtsquellen viel, daß man zu einem festen abschließenden Resultate gelangt wäre. Vgl. statt vieler nur Roth, bayr. Civilrecht §. 16; Windscheid, Pand. (4) §. 34 (N. 2 erschöpfende Litteraturangabe); speziell die Darstellung bei letzterem Schriftsteller beweist, wie überaus unsicher der Boden ist, auf welchem diese Lehre sich bis zur Stunde bewegt. Dernburg, Pand. (4) §§. 45—48 u. bes. das Werk von Bar, Theorie und Praxis des internation. Privatr. (2) 2 Bde.: Regelsberger, Pand. I, §. 39 ff. Vgl. auch Hänel Staatsrecht I, 245 ff. zu RV. Artikel 2 „innerhalb dieses Bundesgebietes 2c.": „die räumliche Beziehung für sich allein stellt den unbedingt zureichenden Rechtsgrund für die Unterwerfungspflicht unter das Gesetzgebungsrecht dar — — für alle Rechtssubjekte ohne Ausnahme, welche eine der rechtlichen Regelung zugängliche und bedürftige Wirksamkeit innerhalb des durch das Bundesgebiet bezeichneten Raumes entfalten."

Die Durchbrechung des Prinzipes richtet sich nach zwei Seiten. Zweifellos steht das Reichsrecht in weitem Umfange außerhalb des Reichsgebietes in verbindlicher Kraft.[6] Zweifellos ist aber zugleich, daß Reichsrecht außerhalb des Reichsgebietes nur solche Personen ergreifen kann, die in staatsrechtlichem Unterthanenverbande bezw. im Schutzgenossenverhältnis[7] zum Reiche stehen. Nimmt man an, daß der Rechtszwang zum Begriffe des Rechtes gehöre, so wird man weiter folgern müssen, daß *Reichsrecht außerhalb des Reiches nur insoweit Rechtskraft besitze, als den betreffenden Vorschriften die Möglichkeit eventuellen Zwanges gesichert ist.* Ist dies nicht der Fall, so löst sich das fest umgrenzte Recht auf in die unabgegrenzte und unabgrenzbare Sphäre der Moral: die zwangsweise geschützte Rechtspflicht wird zur schutzlosen Moralpflicht.[7a] Die Möglichkeit des Zwanges aber setzt weiter voraus einmal, daß Organe des Zwanges von Reichswegen im Ausland aufgestellt sind, und sie begrenzt sich durch die jenen Organen vom Reiche zugewiesene sachliche Kompetenz.[8] Zweitens aber hat jene Möglichkeit zur notwendigen Voraussetzung, daß von seiten desjenigen Staates, dessen Gebiet in Frage steht, den fremden Staatsorganen überhaupt die Konzession zur amtlichen Thätigkeit im all-

[6] *Hänel* StR. I, 246 f.; *Laband* I, 581 f.

[7] S. hierüber unten Bd. II im Konsularrecht.

[7a] Vgl. aber auch die schöne Ausführung von *Regelsberger*, Pand. I, §. 10.

[8] Der deutsch-italienische Konsularvertrag Art. 11 Z. 7 räumt den Konsuln das Recht zur Einleitung von Vormundschaften ein; diese Konzession des italienischen Staates war aber ein Vacuum für die deutschen Konsuln, da die deutsche Konsulargesetzgebung den Konsuln jene Funktion überhaupt nicht einräumte; durch G. v. 10. Juli 1879 (RGBl. 197) §. 12 Abs. 2 ist dies jetzt geschehen.

gemeinen oder in Beziehung auf einen bestimmten Punkt erteilt sei.[9]

Auf diesen Voraussetzungen beruht die Thätigkeit der Gesandtschaften des Reiches im Auslande, soweit dieselben nicht ausschließlich diplomatisches Beobachtungs- und Kommunikationsorgan sind; darauf beruht insbesondere ferner die Thätigkeit der Konsuln, und zwar nicht allein der mit Gerichtsbarkeit ausgestatteten im Orient und in mehreren asiatischen Staaten, sondern auch der übrigen, soweit eine Gehorsamspflicht der im Konsularbezirk wohnenden Reichsangehörigen, eventuell ein Zwang durch die dem Konsul, sei es in eigener Hand, sei es durch Hilfeleistung des Residenzstaates, zur Verfügung stehenden Zwangsmittel, vorhanden ist.[10]

Insoweit erstreckt sich das Reichsrecht über die Reichsgrenzen hinaus. Immer aber bedarf es hierfür eines doppelten Titels, denn es handelt sich um eine Ausnahme, um ein Privilegium des einen Staates an den anderen. Die moderne Verkehrs- und ihr folgend die Rechtsentwickelung hat eine weite Ausdehnung jener Privilegien zur Folge gehabt.[11] —

Andrerseits sind Personen, die innerhalb des Reichsge-

---

[9] Den deutschen Konsuln kann das Recht zur Vornahme von Eheschließungen im Auslande übertragen werden. G. v. 4. Mai 1870 (BGBl. 599) §. 1. Wo aber der Grundsatz des §. 41 des deutschen Ges. v. 6. Febr. 1875 über die Beurkundung d. Personenstandes u. d. Eheschl. maßgebend ist, muß jene Bestimmung des deutschen Konsularrechtes unpraktisch bleiben, weil es an der erforderlichen Konzession des Empfangsstaates fehlt.

[10] Vgl. über die prinzipielle Seite des Konsularrechtes Zorn in krit. Viertelj.-Schr. N. F. II, 534.

[11] Vielfach bestehen hierüber besondere Vereinbarungen von Staat zu Staat. Näheres hierüber im Gesandtschafts-, Konsular- und Seerecht (Bd. II).

bietes wohnen, vom Reichsrechte eximiert. Für das Civilrecht wird angenommen einmal im Obligationenrecht, daß ein Rechtsverhältnis nach dem Rechte desjenigen Raumes zu beurteilen sei, „dem es angehört“, falls dies nicht ausdrücklich durch positive Vorschrift zu Gunsten des einheimischen Rechtes ausgeschlossen ist.[12] Ferner für persönliche Rechtsverhältnisse, daß die Voraussetzungen sich nach dem Rechte des Wohnsitzes der betreffenden Person bestimmen.[13] Insoweit kann somit auf dem Gebiete des Civilrechtes auch ausländisches Recht im Inlande Kraft besitzen.

Für das Strafrecht[14] dagegen, sowie für die Formen der Geltendmachung des Rechtes (Civil- und Strafprozeß),[15] gilt das reine Territorialitätsprinzip.

Was das Staatsrecht in seinen verschiedenen Zweigen betrifft, so ist die aktive Teilnahme an der Mitwirkung bei Bildung des Staatswillens, sowie auch der Korporationen des öffentlichen Rechtes, unbedingt abhängig von der Staatsangehörigkeit, soweit aber die allgemeine Verwaltung reicht, werden die Ausländer den Inländern gleich behandelt.

---

[12] Daß dies zulässig, wird jetzt allgemein zugegeben. Damit ist aber auch das im Eingange des §. präzisierte Territorialitätsprinzip zugegeben.

[13] Vgl. Roth a. a. O. §. 16. Für die Frage der Eheschließung vgl. speziell die überaus gründliche und anregende Untersuchung von v. Sicherer, Personenstand und Eheschließung in Deutschland (1879) S. 129 ff., welche einen hochinteressanten Beleg für die Unsicherheit der Wissenschaft in dieser Frage des „internationalen Privatrechtes“ liefert.

[14] RStGB. §. 3: „die Strafgesetze des Deutschen Reiches finden Anwendung auf alle im Gebiete desselben begangenen strafbaren Handlungen, auch wenn der Thäter ein Ausländer ist.“

[15] GVG. §. 18, jedoch mit genereller Ausnahme der „Chefs und Mitglieder der bei dem Deutschen Reiche beglaubigten Missionen“ (s. hierüber unten Bd. II im Gesandtschaftsrecht).

speziell für das Gebiet der Polizei; auch für jene gelten in dieser Beziehung die Formen und Garantieen des inländischen Rechtsschutzes; ebenso aber auch die Verpflichtungen, soweit dieselben nicht prinzipiell auf dem Unterthanenverhältnis beruhen.[16] Übrigens enthalten die Partikulargesetzgebungen hierüber im einzelnen sehr verschiedene Vorschriften. Da es der Theorie bis jetzt nicht gelungen ist, ein festes Prinzip für diese Lehre zu gewinnen, so bewegt sich die Praxis derselben auf einem ziemlich willkürlichen Boden.

## II. Die Formen der Rechtsbildung.

1. Das Recht kann sich bilden auf dem Wege direkter Setzung oder auf dem Wege gewohnheitsmäßiger Übung. Die letztere Art der Rechtsbildung ist die ursprüngliche, tritt aber bei entwickelteren Kulturzuständen mehr und mehr in den Hintergrund, da sie immer eine Rechtsquelle von großer Unsicherheit sein wird.[17]

Ob es für das Gebiet des Staatsrechtes überhaupt erforderlich ist, vom Gewohnheitsrecht zu handeln, ist bezweifelt worden. Man muß jedoch die Gewohnheit als Rechtsquelle auch für das Staatsrecht anerkennen; doch wird das Anwendungsgebiet hier ein beschränktes sein, soweit das Verfassungsrecht in Betracht

[16] Dies letztere ist der Fall bei der Militärpflicht, dagegen nicht in gleich absoluter Weise bei der Steuerpflicht. Über staatsrechtliche Voraussetzungen für gewisse strafrechtliche Thatbestände s. oben §. 13. Vgl. überhaupt zu der Frage v. Pözl, bayr. VerfR. §. 27.

[17] Dies geben auch Meyer, Lehrb. §. 16 Z. 2 u. S. 161 Z. III, sowie v. Gerber §. 6 zu, die im übrigen die Gewohnheit als Rechtsquelle auch für das Staatsrecht stark betonen.

kommt, indes für das Gebiet des Verwaltungsrechtes auch heute noch die Gewohnheit als rechtsbildender Faktor in weitem Umfange wirksam ist. Von einer derogatorischen Kraft des Gewohnheitsrechtes gegenüber dem geschriebenen Rechte kann für das Verfassungsrecht in keinem Falle die Rede sein.[18] Im übrigen werden die vom Civilrecht für das Gewohnheitsrecht aufgestellten Erfordernisse auch für das Staatsrecht anzuerkennen sein.

2. Der „Vertrag“ ist auf dem Gebiete des Staatsrechtes Rechtsquelle nur im uneigentlichen Sinne des Wortes. Der Vertrag setzt immer gleichberechtigte Kontrahenten voraus. Die Staatsgewalt aber hat für ihr Gebiet keine gleichberechtigte Potenz: sie ist die souveräne Macht. Verträge mit seinen Unterthanen kann der Staat demnach nur in seiner privatrechtlichen Eigenschaft als Fiskus abschließen; auf dem Gebiete des öffentlichen Rechtes wird der Staat seinen Unterthanen (also auch den Gliedstaaten)[19] gegenüber niemals vertragsmäßig, d. i. nebengeordnet, sondern immer nur gesetzlich (im weitesten Sinne des Wortes), d. i. übergeordnet thätig.[20]

---

[18] Übereinstimmend Laband I, 580, bes. Jellinek, Ges. u. Ver. S. 324 ff.; v. Pözl, bayr. VerfR. §. 18; Schulze, preuß. StR. §. 6. v. Gerber a. a. O. will die derogatorische Kraft anerkennen, „soweit es sich nicht um jene höchsten Prinzipien handelt, welche dem Einflusse der fortschreitenden Rechtsbildung im Staate überhaupt entrückt sein sollen“. Die juristische Umgrenzung dieser „höchsten Prinzipien“ wird freilich ihre Schwierigkeiten haben. Gareis, Allg. StR. S. 20 f.

[19] Vgl. Meyer, Grundz. 40 ff. über dasjenige Material an Staatsverträgen der Einzelstaaten, das nach Aufrichtung des Reiches noch in Kraft verblieben ist.

[20] Vgl. die ausgezeichnete Erörterung dieses Punktes bei Hänel, Stud. I, §. 15, jetzt auch StR. I, 782: „jeder dahin zielende vertragsmäßige Verzicht ist nichtig“. Daß für das

Wohl aber kann das Reich auf dem Wege des „Vertrages" für das Staatsrecht thätig werden gegenüber anderen Staaten, auf dem internationalen, zwischenstaatlichen, völkerrechtlichen Gebiete.[21] Hier ist die oberste begriffliche Voraussetzung des Vertrages: gleichberechtigte Kontrahenten, gegeben, denn regelmäßig ist die Souveränetät eines jeden Staates juristisch ebenso vollwertig wie die eines jeden anderen Staates.

Recht aber entsteht durch Staatsverträge direkt doch nicht, sondern es wird die Entstehung von Recht durch die zwischenstaatliche Vereinbarung nur vorbereitet, denn Recht ist Ausfluß des höchsten Staatswillens, der Souveränetät, somit begrifflich an den Einzelstaat gebunden; von Staat zu Staat kann darnach Recht garnicht entstehen, da hierfür begrifflich notwendige Voraussetzungen fehlen. Die Staatsverträge sind somit an sich nur thatsächliche Verabredungen ohne allen juristisch bindenden Charakter; den letzteren empfangen sie erst und nur durch die innerstaatliche Sanktion, die ihnen entweder die Form des Gesetzes oder der Verordnung verleiht.[22]

---

Reichsstaatsrecht in dieser Beziehung mehrfache Anomalien vorhanden sind, war oben S. 120 zu bemerken; s. auch Hänel StR. I, 244, der mit Recht bemerkt, daß dies Verhältnis „außerhalb der Verfassung" stehe und sich nur durch „Zufälligkeiten" erkläre.

[21] S. über die Staatsverträge unten §. 18.

[22] Übereinstimmend Meyer, Lehrb. §. 16 Z. 3 insoweit, als nach diesem Schriftsteller die „völkerrechtlichen Verträge für die Unterthanen eines Staates nur kraft einer Einführung durch die Staatsgewalt gelten und dann dieselbe Verbindlichkeit haben wie Gesetze". Ebenso S. 160 II, 1. Vgl. auch Laband bes. S. 628, der zu der

3. Gesetz im weitesten Sinne des Wortes ist jede von der Staatsgewalt gesetzte Vorschrift. Insoweit decken sich Gesetz und Rechtssatz, der letztere Begriff erweitert sich nur dadurch, daß zum geschriebenen gesetzten noch das ungeschriebene, ungesetzte, auf dem Wege der Gewohnheit entstandene Recht hinzutritt.[23]

Das Gesetz im weiteren Sinne gliedert sich in: Gesetz im engeren Sinne[24] und Verordnung.[25] Andere Formen giebt es nicht für die staatliche Rechtssetzung: alle sonstigen Formen und Grade lassen sich auf die beiden genannten Kategorieen zurückführen, so insbesondere auch die Staatsverträge.

Der Unterschied zwischen Gesetz und Verordnung ist kein innerer, derselbe liegt vielmehr nur in der äußeren Form.[26] Kein Versuch,

---

gleichen „logischen Konsequenz" wie Meyer gelangt. S. über die ganze große Streitfrage unten §. 18.

[23] Noch weiter, nämlich im Sinne von Rechtsnorm, ist der Begriff gefaßt in einzelnen neueren Reichsgesetzen, s. Laband I, 512[1]. Den Gegensatz zum Reichsgesetz bildet häufig das Landesgesetz, so an vielen Stellen der Verfassung und der Spezialgesetzgebung s. Laband I, 570. Dieser Gegensatz liegt dem Art. 4 der RV. zu Grunde; dagegen ist die Bezugnahme auf Art. 4 offenbar inkorrekt in RV. Art. 11 Abs. 2 u. Art. 48 Abs. 2, da es sich an diesen beiden Stellen nur um den Gegensatz zwischen Gesetz und Verordnung handeln kann. Vgl. auch Hänel, Stud. II, 109.

[24] Diesen Sätzen gegenüber muß ich die Polemik von Laband, Arch. f. öff. R. I, 184 f., für unzulässig erklären; das unerklärliche Mißverständnis Labands schreibt Seligmann S. 24[1] ab und nach.

[25] Dieser Gegensatz beherrscht insbesondere die preuß. Verf.-Urk. und kommt zum Ausdruck in den zahlreichen Stellen, die besagen, daß eine bestimmte Materie durch „das Gesetz" geregelt werden solle.

[26] Litteraturangaben bei Laband, I, 539[3]. Laband selbst bekämpft diese Ansicht aufs schärfste. S. hierher die m. E. völlig zutreffenden Ausführungen

jenen Unterschied nach inneren Gründen zu fixieren, ist gelungen; weder die praktischen Versuche mehrerer Verfassungen noch die theoretischen Bemühungen haben zu einem Resultate geführt.[27] Der Unterschied der Form aber liegt nur darin, daß beim Gesetz Zustimmung der Volksvertretung[28] zum Inhalte notwendig ist, bei der Verordnung nicht.[29] Somit kann überhaupt nur im konstitutionellen Staate von diesem Unterschiede die Rede sein.[30]

Im übrigen aber kann der Inhalt bei Gesetz wie Verordnung der allerverschiedenste sein; soweit der Staatswille reicht, kann begrifflich jede der beiden Formen zur Anwendung kommen.[31] Ob es sich um eine allgemeine, für die Dauer

---

Hänels, Stud. II, 134 ff., gegen G. Meyer über Gesetz und „Verfügung“: was Hänel über letztere sagt, gilt nach meiner Überzeugung für die „Verordnung“.

[27] Vgl. v. Martitz 242; Arndt, Verordn.R. 73², 169; v. Gerber, Grundz. §. 48, spez. die S. 149 N. 1 zit. Verfassungsurkunden. „Gegenstände, welche an sich und ihrer Natur nach zu denjenigen gehören, welche dem Gebiete der Gesetzgebung angehören“ (v. Rönne II, 13, s. dageg. die eingehende Widerlegung von Arndt 16 ff.) giebt es nicht. Kraft positiver Vorschrift fordert die RV. die Form des Gesetzes in Art. 20 Abs. 2, 41 Abs. 1, 46 Abs. 3, 58, 60, 69, 73, 76 Abs. 2, 78 Abs. 1.

[28] Welche aber nicht als ein irgendwie gearteter „Vertrag“ aufgefaßt werden darf, s. Laband I, 517 ff. die vortreffliche Kritik über die Lehre von der Teilung der Gewalten, durch welche auch der inkorrekte Wortlaut von preuß. Verf.U. Art. 62 bestimmt war.

[29] Arndt, VerordnR. 3, 31: Löning, VerwR. 225; bes. Gneist, Verwaltung, Justiz rc. S. 73 u. die dort zit. Litt.

[30] Vortrefflich Hänel, Stud. II, 140 ff. über die rechtshistorische Entwickelung des Gesetzesbegriffs, ferner Arndt, VerordnR. S. 27 ff.: Gneist, Rechtsstaat S. 107. Laband I, 579 ff. giebt eine sehr anregende aber m. E. unhaltbare Deduktion über Gesetz und Verordnung.

[31] Vgl. Laband I, 513, 679; Jellinek 236 ff.; G. Meyer

bestimmte Rechtsregel oder um Regelung eines ganz konkreten einzelnen Verhältnisses handelt; ob um eine Ordnung

bei Grünhut VIII, 15 ff.; Lehrb. §. 8[1]. Hänel, Stud. II, 124 ff.: „für die Annahme, daß individuelle oder spezielle rechtsverbindliche Regelungen Rechtssätze nicht sein könnten, daß darum Gesetze solchen Inhaltes nicht Gesetze seien, sondern einer besonderen Kategorie des Gesetzes „im formellen Sinne“ zugewiesen werden müßten, besteht eine wissenschaftliche Berechtigung nicht.“ v. Rönne II, 55: „das Gesetz und die Verordnung haben das miteinander gemein, daß beide befehlende Normen allgemeiner Natur sind“. Laband I, 675 f.: „das Wesen der Gesetzgebung besteht in der verbindlichen Anordnung einer Rechtsregel, also in der Aufstellung eines abstrakten Rechtssatzes; das Wesen der Rechtsprechung besteht in der verbindlichen Feststellung eines konkreten Rechtsverhältnisses, in der Anerkennung, Versagung, Fixierung eines Rechtsanspruches, also in der Aufstellung eines konkreten Rechtssatzes.“ Dem stellt Laband gegenüber die Staatsverwaltung als das „staatliche Handeln, das „Thun und Lassen“ des Staates als einer handlungsfähigen Person“. Aber unmöglich ist m. E. in der heutigen Staatsordnung der Labandsche Satz: „die Gebundenheit liegt im Wesen der Entscheidung, die rechtliche Freiheit der Entschließung im Wesen des Verwaltungsaktes“: s. dazu Bernatzik, Rechtsprechung 46 ff.; Zorn im Verwaltungsarchiv II, 74 ff., sehr gut besonders Laband selbst 684, 692; Hänel, Stud. II, 184 ff.: „das Wesen des Verwaltungsaktes ist ebenso wie das der Entscheidung im Verhältnis zur Gesetzgebung Gebundenheit.“ Hänel StR. I, 127: „das Verwaltungsrecht ist das nach den einzelnen Verwaltungszweigen gegliederte System der durch die Staatsgesetzgebung erzeugten oder sonst gültigen öffentlichen Rechtssätze, welche für die Vollziehung des Staates und das öffentlichrechtliche Verhalten seiner Angehörigen und Zugehörigen maßgebend sind“; s. auch Hänel, Stud. II, 178 ff.; ferner v. Sarwey, d. öff. R. S. 8, u. besond. S. 148 ff.; Fricker in d. Tübing. Z. XVII, 674; Jellinek, Ges. u. V. 98 f.: Gneist, d. engl. VerwR. (3) I, 38; Zorn in Hirths Ann. 1885, 301 ff., 1889, 344 ff., über den bes. von Laband u. Jellinek entwickelten Gegensatz von Gesetz (= Rechtssatz) und Verwaltung, den nach meiner Überzeugung verhängnisvollsten Gedanken in der ganzen neueren staatsrechtlichen Litteratur, bes. S. 354 ff.

des gesamten bürgerlichen Rechtes oder um ein Nationaldenkmal; ob um einen Wirtschaftsplan oder um die Dotation verdienter Staatsmänner und Feldherren — das ist an sich vollkommen irrelevant. Die juristische Form und die juristischen Folgen einerseits des Gesetzes, andererseits der Verordnung sind immer die nämlichen, welchen Inhalt auch der in jene Form gegossene Satz haben mag. Insbesondere kann die Unterscheidung zwischen einem materiellen und einem formellen Sinn der Gesetze und Verordnungen, je nachdem es sich um „Rechtsvorschriften" handle oder nicht,[82] nicht als innerlich begründet anerkannt werden, denn Gesetz wie Verordnung sind nur Formen für die Rechtsbildung: um eine **Rechts**vorschrift muß es sich begrifflich bei jedem Gesetz[83] und bei jeder Verordnung[34] handeln.[35] **„Die Form des Gesetzes**

[82] Begründer dieser Lehre ist Laband: „Der Gegensatz von Gesetz und Verordnung im materiellen und ursprünglichen Sinne entspricht daher vollkommen dem Gegensatz von Rechtsvorschrift und Verwaltungsvorschrift." Laband angeschlossen haben sich: Rosin, Polizei-VR. 19 ff.: Seligmann 103 ff.: Jellinek 385 ff. Vgl. auch die sehr anregende Untersuchung von Pernice über formelle Gesetze im röm. Recht (1888). Die Unterscheidung erwähnt, ohne sich weiter darüber zu äußern, Dernburg, Pand. (4) S. 56[5]. Lediglich als offene Frage berührt das „formelle" Gesetz Regelsberger, Pand. I, 92[7].

[38] Hinsichtlich der Verordnungen hat Hänel eine fundamental andere Ansicht als die im Text ausgedrückte. Klärend aber hat Hänel auch in dieser Materie gewirkt, indem er Stud. II §. 13 den Rechtscharakter organisatorischer Verordnungen gegenüber dem konkreten Dienstbefehl vorzüglich darlegt, speziell die Entwickelung vom Dienstbefehl zum Rechtssatz. Die Frage wäre nur, ob eine derartige „Entwickelung" in der That eine „fundamentale Umänderung ihrer rechtlichen Natur" (S. 245) bewirkt; s. dazu die Kritik von Laband II, 1052 f.

[34] Genau ebenso jetzt Hänel, Stud. II, 113 für das Gesetz,

hat den Rechtssatz zu dem ihr notwendigen Inhalt."

während derselbe Schriftsteller allerdings für die Verordnung eine völlig andere Theorie, die im wesentlichen mit der Labandschen identisch ist, entwickelt. Daß alle Gesetze, denen Laband den Rechtsinhalt abspricht, eine „Anordnung" enthalten, zeigt bes. auch Hänel 189 f., 209 ff. gegen Laband I, 678 f., ferner 257 ff. gegen Jellinek.

[35] Laband I §§. 56, 58, 64, 65 begründet, wie bemerkt, die ganze Lehre von den Rechtsquellen auf den Unterschied zwischen „formellen" und „materiellen" Gesetzen, bezw. Verordnungen. Wenn Laband bemerkt: „die Rechtswissenschaft" habe die „doppelte Bedeutung" des Wortes Gesetz angenommen, so dürfte das zu viel behauptet sein; S. 568[2] sind als Vertreter dieser „doppelten Bedeutung" genannt: E. Meier, Schulze und v. Stockmar, dazu kommt G. Meyer in seinem Lehrbuch, sowie bes. in Grünhuts Z. VIII, 1 ff.; Seligmann u. Jellinek, Gesetz 3 ff., 73 ff., 230 ff. S. dagegen die ausgezeichnete Abhandlung v. Martitz in Tübinger Z. XXXVI; Arndt, Verordnungsrecht 5 ff.; Zorn in Hirths Ann. 1885, 301 ff.; Seidler, Budget 184 ff.; Löning, Verw.-R. 227 und jetzt bes. Hänel, Stud. II, 99 ff. Der Kernpunkt des großen Streites ist die Frage: was ist ein Rechtssatz? Laband beantwortet diese Frage nicht (s. G. Meyer bei Grünhut VIII, 9 ff., Hänel 116 ff.), darum entbehrt seine ganze Konstruktion des Fundamentes. Um dies zu schaffen, müßte Laband zuerst den Begriff „Rechtssatz" feststellen und insbesondere nachweisen, warum ein Dotations- oder Wirtschaftsplan nicht unter diesen Begriff solle fallen können. Warum vollends die „instruktionellen Vorschriften der Prozeßordnungen, Subhastationsordnungen ꝛc." nicht „Rechtsnormen" sein sollen (S. 575), ist garnicht einzusehen. Jellinek 354 findet den „Rechtssatz" in der „sozialen Schrankenziehung" (240 ff.); s. dazu Zorn in Hirths Ann. 1889, 354.

Ein „Rechtsgeschäft" kann niemals Inhalt eines Gesetzes sein, sondern, wie schon das Wort Gesetz dies ausdrückt, immer nur eine „Rechtssatzung": ein Rechtsgeschäft hat zur Voraussetzung gleichberechtigte Kontrahenten, ein Gesetz hat zur Voraussetzung die herrschende Staatsgewalt und die gehorchenden Unterthanen; s. dazu jetzt bes. Hänel, Stud. II, 262 ff., bes. S. 271 über das „Rechtsgeschäft" als Inhalt des Gesetzes. Ein „Gesetz", welches nur „Ansichten zum Ausdruck bringt" (Laband I, 580; Jellinek 232, 240 ff.), ist ein Widerspruch in sich. Hänel StR. I, 121 f.: „Die Gesetzgebung ist der Inbegriff derjenigen Willenshandlungen des Staates, welche die leitenden

„Form des Gesetzes hat nur, weil nur dieses sie ohne Widerspruch und Widersinn haben kann, was unter der Formel darstellbar ist: „Wir verordnen und verkündigen rechtsverbindlich.“ Darstellbar unter derselben ist aber nur: was Regeln für das Wollen und Handeln aller seiner Elemente, seiner Organe, seiner Mitglieder und der seiner Territorialherrschaft Zugehörigen zum Inhalt und zur Absicht haben. Diese leitenden Regeln sind aber der Natur des Staates als Gesellschaft zufolge notwendig Rechtsregeln, Rechtssätze. Die Gesetzgebung ist daher die Erzeugung der das Leben des Staates und im Staate regelnden Rechtssätze von Staatswegen.“ Diese Ansicht hat Hänel ausführlich entwickelt in Stud. II, über Rechtssatz 118, objektives Recht 119 ff., „rechtsunverbindlichen Gesetzesinhalt“ 160 ff. („ein rechtliches Nichts kann nicht mehr als ein rechtliches Nichts sein und bleiben“!), s. hierher auch Seidler, Budget S. 192 f.; Zorn in Hirths Ann. 1889, 353 f.; dagegen Laband, Arch. f. öff. R. I, 181 ff.; Eisele im Archiv f. civil. Praxis Bd. 69, S. 275 ff. Was hiergegen Hänel 165 ff. ausführt, ist m. E. völlig durchschlagend. Ich verwerfe mit Hänel „jeden Begriff des Gesetzes, der das rechtlich Irrelevante als seinen möglichen Inhalt einbezieht und mit seinen wesentlichen Merkmalen für verträglich erachtet“. Hänel faßt dann weiter das Gesetz als den Inbegriff der „regulativen Willensbestimmungen“ des Staates, die Verwaltung als deren „Vollziehung“. „Alle Willenshandlungen des Staates sind notwendig und ihrer Natur nach rechtlich qualifiziert, auch dann, wenn ihre Motive der Sittlichkeit, der Klugheit, der Wirtschaftlichkeit entspringen — — alle regulativen Willensbestimmungen des Staates stellen daher notwendig objektives Recht dar, alle seine ausführenden Willensbestimmungen sind notwendig an objektives Recht gebunden.“ Vollkommen zutreffend ist die Begriffsbestimmung von Hänel 201: „Die Gesetzgebung bilden die regulativen Willenshandlungen des Staates, welche behufs Erfüllung der Staatsaufgaben in der Form von rechtlichen Geboten, Verboten und Ermächtigungen die Thätigkeiten und das Verhalten der Organe des Staates und seiner Unterthanen bestimmen. Die Vollziehung (vollziehende Verwaltung) bilden die Willenshandlungen der Staatsorgane, welche in Bindung an die regulativen Gebote, Verbote und Ermächtigungen der Gesetzgebung die Aufgaben des Staates ausführen.“

Wille des Staates ist und was Nachachtung und Gehorsam heischt." (Hänel.)

Daß die Verordnung nur zum Vollzuge von Gesetzen zu dienen habe, ist zwar ein Lieblingssatz der modernen konstitutionellen Doktrinäre, aber innerlich ohne allen Grund.[36]

Der Unterschied zwischen Verfassungsgesetzen und einfachen Gesetzen besteht nur darin, daß vielfach für die Staatsgrundgesetze in Anbetracht ihres besonders wichtigen Inhaltes ein die Abänderung erschwerender Modus vorgeschrieben ist.[37]

## §. 15.

### Die Reichsgesetzgebung.[1]

Wie bei jedem Rechtssatze so ist insbesondere beim Gesetz zu unterscheiden zwischen Inhalt und Befehl.[2] Nur der Befehl macht einen Satz zum Rechtssatz; verschieden aber ist der Befehl in seiner äußeren Fassung und seinen juristi-

---

[36] Vgl. hierüber die trefflichen Bemerkungen von Gneist, Gesetz und Budget 66; Jellinek, Ges. u. Verord. S. 378 ff.

[37] Dagegen vermag ich nicht zu erkennen, inwiefern für diese Unterscheidung der „Gegensatz formeller und materieller Gesetzeskraft" „von maßgebender Bedeutung" — Laband I, 578[1] — sein soll. Gegen Laband s. Hänel, Stud. II, 111 ff., 172 f., in diesem Punkt auch Jellinek, Ges. u. Verord. S. 338.

[1] Laband I, 514 ff.; G. Meyer, Lehrb. §§. 163 ff.

[2] S. zu der nachfolgenden Deduktion, die der Labandschen folgt, die gedankenreiche kritische Erörterung von Fricker, Verpfl. d. Kaisers 11 ff., welche jedoch m. E. die Labandschen Sätze nicht erschüttert hat. Die von Laband gemachte scharfe Unterscheidung zwischen Gesetzesinhalt und Gesetzesbefehl ist m. E. einer der fruchtbarsten Gedanken der neueren staatsrechtlichen Litteratur. Gegen dieselbe haben sich erklärt Gierke bei Schmoller Jahrb. VII, 1174 ff. und Binding in Krit. Viertelj.-Schr. N. F. II, 549 ff.; s. auch die anregende Erörterung von Regelsberger, Pand. I, 84 f.

schen Folgen, je nachdem die Form des Gesetzes oder der Verordnung für die Entstehung des Inhaltes zu verwenden war.

„Die Reichsgesetzgebung wird — nach RV. Art. 5 — ausgeübt durch den Bundesrat und den Reichstag. Die Übereinstimmung der Mehrheitsbeschlüsse beider Versammlungen ist zu einem Reichsgesetze erforderlich und ausreichend." Die Einzelstaaten als solche haben keinen Anteil an der Reichsgesetzgebung.[3]

### A. Die Entstehung der Reichsgesetze.

Die Entstehung eines Gesetzes ist nach verschiedenen Stadien zu unterscheiden.

I. Die juristische Betrachtung der Gesetze[4] kann nach Reichsstaatsrecht — es könnte auch anders sein[5] — erst beginnen, wenn der Gesetzentwurf im Bundesrat oder Reichstag zu offizieller Behandlung gelangt ist. Die vorhergehenden Stufen der Ausarbeitung eines Gesetzes entziehen sich der juristischen Betrachtung gänzlich. Die Initiative zu einem Gesetzentwurf kann ausgehen vom Reichstag oder vom Bundesrat.[6] Der Entwurf kann vorher ausgearbeitet werden

[3] Anders das eidgenöss. u. Unions-Staatsrecht, s. Hänel StR. I, 243.

[4] Vgl. zum Folgenden Laband I, 532 ff.

[5] Laband I, 533[1] (preuß. Staatsrat, Volkswirtschaftsrat u. dgl.).

[6] Hänel, Stud. II, 45 behauptet eine „formelle" Initiative des Kaisers, Bornhak im Arch. f. öff. R. VIII, 455 ff. ein „anerkanntes Gewohnheitsrecht", „welches die Reichsverfassung in einem ihrer ursprünglichen Struktur entgegengesetzten Sinne ergänzt und fortgebildet hat, so daß man beinahe von einem dem geschriebenen Verfassungsrechte derogierenden Reichsherkommen sprechen kann", s. bes. S. 458[22] die interessante

von jedem beliebigen Organ der Reichsstaatsgewalt, nicht minder aber auch von privater Seite.

Die Stellung von Bundesrat und Reichstag ist im ersten Stadium der Entstehung eines Gesetzes eine vollkommen gleichberechtigte; es besteht für keinen der beiden Faktoren eine Vorschrift der Priorität. Der Reichstag ist in der Initiative zum Erlaß von Gesetzen gänzlich unbeschränkt.[7] Hat der Reichstag zuerst einen Entwurf in Beratung genommen[8] und ist hierüber Mehrheitsbeschluß erzielt, so geht der Entwurf durch Vermittelung des Reichstagspräsidiums an das Bundesratspräsidium, den Reichskanzler; letzterer muß jedenfalls den ihm übermittelten Entwurf dem Bundesrate in Vorlage bringen; dieser aber kann über denselben jeden beliebigen Beschluß fassen, also auch dahin, daß in die Beratung des Entwurfes nicht einzutreten sei. Die vom Bundesrat auf Anregungen des Reichstages hin gefaßten Beschlüsse werden dem letzteren herkömmlich mitgeteilt.

Hat der Bundesrat zuerst einen Gesetzentwurf in Beratung genommen,[9] was die Regel bildet, und im Bundesrat ist ein Mehrheitsbeschluß erzielt worden, so ist der Entwurf durch den Reichskanzler an das Präsidium des Reichs-

---

Statistik der „Kaiserlichen Initiative"; s. auch Laband I, 356; G. Meyer, Lehrb. 374.

[7] Die Worte „innerhalb der Kompetenz des Reiches" (RV. Art. 23) sind ohne juristischen Sinn, da zur Kompetenz des Reiches auch Kompetenzerweiterungen gehören. S. Laband I, 535; Hänel, Stud. I, 156 ff., s. oben S. 77 f.

[8] Selbständige Anträge bedürfen der Unterstützung von mindestens 15, bei der 3. Beratung 30 Mitgliedern: Gesch.-O. d. RT. §§. 19, 20, 22 (s. oben S. 248).

[9] Anträge eines Einzelstaates müssen zur Beratung gestellt werden. RV. Art. 7 Abs. 2, GO. §. 8.

tages zu leiten. Dies hat nach Vorschrift der Verfassung „im Namen des Kaisers", also kraft kaiserlichen Spezialbefehles, zu geschehen (RV. Art. 16). Der Kaiser ist verfassungsmäßig verpflichtet, einen vom Bundesrat beschlossenen Gesetzentwurf dem Reichstag in Vorlage zu bringen, und zwar in unveränderter Fassung. „Die Vorlagen werden nach Maßgabe der Beschlüsse des Bundesrates — — an den Reichstag gebracht" (RV. Art. 16). Andererseits hat der Kaiser nicht das Recht, von sich aus dem Reichstag eine Vorlage zu machen.[10] Der Reichstag ist seinerseits verpflichtet, über den in Vorlage gebrachten Entwurf einen materiellen Beschluß zu fassen; einfacher Übergang zur Tagesordnung ist unstatthaft.[11]

Ergeben sich Differenzen zwischen Bundesrat und Reichstag, so ist solange weiter zu verhandeln, bis entweder Ablehnung durch verneinendes Votum einer der beiden Körperschaften oder eine „Übereinstimmung der Mehrheitsbeschlüsse" erzielt ist.[12]

Ist letzteres der Fall, so ist das erste Stadium beendet: der Inhalt des Gesetzes ist festgestellt.[13] Keineswegs aber ist durch das Zustandekommen dieses übereinstimmenden Mehrheitsbeschlusses das Gesetz bereits perfekt

---

[10] Vgl. Fricker, Verpfl. 24; Hänel, Stud. II, 46 ff.; Laband I, 536 f.; G. Meyer, Lehrb. 372, 473; Seydel in Holtzendorffs Jahrb. III, 285. Ueber die entgegengesetzte Ansicht von Bornhak, Arch. f. öff. R. VIII, 455 f.; s. oben S. 186 f.

[11] Gesch.-O. §. 53 Abs. 4: „nach erfolgter Beschlußnahme".

[12] Über die in dieser Beziehung beobachtete Praxis vgl. Laband I, 537[5].

[13] Daß dies schon ein „wesentlicher Bestandteil der Gesetzgebung, und durchaus ein staatsrechtlicher Akt" sei, betont Fricker 14 sehr richtig.

geworden: die Fassung von RV. Art. 5 Abs. 1 ist in dieser Beziehung inkorrekt, indem „die Übereinstimmung der Mehrheitsbeschlüsse beider Versammlungen" zu einem Reichsgesetze zwar „erforderlich" aber durchaus nicht „ausreichend" ist.[14] Der Kaiser ist als solcher an der Feststellung des Gesetzesinhaltes nicht beteiligt; der Reichskanzler ist für den Inhalt in keiner Weise rechtlich verantwortlich.

II. Der Entwurf tritt vielmehr nun in das zweite Stadium, das der Sanktion.[15] Die Sanktion ist derjenige staatsrechtliche Akt, welcher das Gesetz perfekt macht. In der Sanktion liegt der Gesetzesbefehl.[16] Wer den Gesetzes**befehl** erteilt, ist der Gesetz**geber**.[17] Die Sanktion ist der höchste

---

[14] Laband I, 519 f., 539 ff.; Seydel, Komm. 82 f., 124; Fricker, Verpfl. 4, dem aber nicht zugegeben werden kann, daß RV. Art. 5 Abs. 2 u. Art. 17 in demselben Verhältnis stehen wie Preuß. V. Art. 62 u. Preuß. V. Art. 45: das ist durch die grundsätzliche Stellung des Kaisers in der RV. ausgeschlossen. Über das „ausreichend" und seine interessante Entstehungsgeschichte s. Fricker 6 ff., der ausführt, es sei nicht die Absicht gewesen, durch jenes Wort „ein Veto des Präsidiums auszuschließen". Es ist doch bei der Annahme des letzteren Rechtes unerfindbar, welchen Sinn das preußische Veto (Art. 5 Abs. 2, 37) haben soll.

[15] Vgl. zum Folgenden Laband I, 514 ff., 538 ff.; Jellinek 312 ff. in fortgesetzter und in allen hier einschlägigen Punkten unzutreffender Polemik gegen Laband, s. dazu Zorn bei Hirths Ann. 1889, 356 ff.

[16] Laband I, 514 f.: „das spezifische Wirken der Staatsgewalt, das Herrschen, kommt nicht in der Herstellung des Gesetzesinhalts, sondern nur in der Sanktion des Gesetzes zur Geltung", ebenso S. 521.

[17] Eine „Gesetzgebung", die bloß in „Feststellung der Gesetze" (d. h. doch wohl des Inhaltes) besteht (Meyer, Lehrb. 22), ist eben keine, die Gesetzgebung liegt nur in der „verbindlichen Einführung". Daraus ergiebt sich, daß der Staatenbund eine Gesetzgebung nicht hat.

und eigentliche Akt der Rechtssetzung; das Recht der Sanktion steht demnach nur dem Träger der Souveränetät zu. Im monarchischen Staate erteilt die Sanktion der Monarch in voller Freiheit: er ist juristisch der Gesetzgeber;[18] **die Volksvertretung hat nur das Recht der Mitwirkung bei Feststellung des Gesetzesinhaltes,[19] keinerlei Mitwirkungsrecht bei Erteilung des Gesetzesbefehls.**[20] Es

[18] Mejer, Einl. §. 3, bes. §. 6[2]. Darin muß der Kernpunkt der Monarchie gesehen werden. Jede Verpflichtung des Monarchen zur Sanktion ist eine Verneinung derselben (vgl. hierher die sehr charakteristische Vorschrift der Frankfurter RVerf. §. 101 Abs. 2). Über die im Gedanken des „Veto" liegende Verzerrung des Prinzips s. Laband I, 518. Eine grundsätzlich andere Auffassung der Sanktion nach dem positiv preußischen und Reichs-Staatsrecht entwickelt Hänel, Stud. II, 150 ff. Was S. 155 gemäß der VU. für Sachsen §§. 4, 86 festgestellt ist, ist überhaupt das deutsche monarchische Staatsrecht, das in erster Linie auch für Preußen gilt gemäß A. LR. II, 13 §. 1. Vortrefflich Gneist, Rechtsstaat (2) S. 44 ff., richtig auch Gareis, Allg. StR. 61; Schulze, D. StR. I §§. 82 ff.

[19] Fricker 15: die Volksvertretung hat nur „das Veto, keinen Anteil an der Gesetzgebungsfunktion", das Veto aber auch für den Gesetzesbefehl. „Die ganze Verhandlung des Monarchen mit den Ständen dient nur zur Bereinigung der Vetofrage", s. dagegen Laband I, 518, s. auch Sarwey, d. öff. R. 2c. S. 24; G. Meyer, Anteil 2c. S. 24 ff.: Schulze, D. StR. I, 9.

[20] Mit vorzüglicher Schärfe ist dieser Punkt hervorgehoben von Laband I, 538 ff.: a. A. Hänel bei Hirth, Ann. 1877, 91, und Meyer, ebenda 1878, 372 und Lehrb. 8, welche die begrifflich notwendige Einheit der Staatsgewalt zerstören indem sie als Träger derselben „mehrere Organe in ihrem verfassungsmäßigen Zusammenwirken" annehmen. Die „oberste" Funktion ist nicht Feststellung des Inhaltes, sondern Sanktion, diese aber hat nur der Monarch, nicht „Fürst und Volk". Der Satz Hänels, Stud. II, 147: „beide Organe leiten ihre Rechtssphäre nicht das eine von dem anderen oder von einem dritten Organe, sondern jedes die seinige unmittelbar aus der Verfassung ab" —

ist demnach die allgemein gebräuchliche Bezeichnung: gesetzgebende Versammlung für die Volksvertretung staatsrechtlich falsch und ebenso der Sprachgebrauch der preuß. Verf.-Urk. Art. 62 von der „gemeinschaftlichen Ausübung der Gesetzgebung durch König und Kammern."

Nach Reichsstaatsrecht ist Träger der Souveränetät: die juristische Einheit der 25 „verbündeten Regierungen". Diese hat demnach den Reichsgesetzen die Sanktion zu erteilen. Das Organ, in welchem die Einheit der verbündeten Regierungen zum staatsrechtlichen Ausdruck gebracht ist, ist der Bundesrat: derselbe hat somit den Reichsgesetzen im Namen und nach der Instruktion seiner Vollmachtgeber die Sanktion zu erteilen.[21]

---

enthält nach meiner Überzeugung einen fundamentalen Irrtum. Über das englische Recht Jellinek, Ges. u. V. S. 12 ff., bes. das interessante Citat aus Hearn S. 18[24]. Den hier einschlagenden Ausführungen von Martitz in seiner ausgezeichneten Abhandlung über das konstitutionelle Gesetz S. 245 ff. („Gesetz ist der Wille des Landes — — auch der Monarch steht unter dem Gesetz") vermag ich nicht beizustimmen. Die Sätze des Textes entsprechen auch, wie Jellinek nachgewiesen hat, genau dem älteren englischen Staatsrecht, allerdings nicht dem heutigen, nach dem ein Ausschuß der Parlamentsmehrheit den Staat regiert. Unrichtig demnach auch Meyer, Grundz. 64. Eine treffende Bemerkung dagegen bei Seydel 83. A. A. bes. auch Jellinek 316, s. gegen ihn Zorn bei Hirth, Ann. 1889, S. 357.

[21] So insbesondere Laband I, 542, der sich durch die Klarstellung dieses hochwichtigen Punktes ein besonderes Verdienst erworben hat; richtig auch Meyer, Lehrb. 472; Hänel, Stud. II, 52; Jellinek 324; indem Westerkamp 111 annimmt, der Bundesrat sei eine parlamentarische Körperschaft, kommt er zu dem staatsrechtlich ganz unhaltbaren Satze, daß die Stimmen des deutschen Volkes und der deutschen Staaten bei

Dieser staatsrechtlich wichtigste Akt unter allen staatlichen Funktionen tritt nach unserem Reichsstaatsrecht äußerlich garnicht hervor. Selbstverständlich kann die Sanktion zeitlich erst erfolgen, nachdem die anderen beim Entstehen des Gesetzes mitwirkenden Faktoren ihre Funktionen beendet haben. Der vom Bundesrat zu erteilende Sanktionsbeschluß kann demnach juristisch niemals in dem bejahenden Beschlusse des Bundesrates liegen, auf Grund dessen der Entwurf erst an den Reichstag gelangt.

Als Sanktionsbeschluß ist vielmehr juristisch derjenige Beschluß des Bundesrates zu betrachten, durch welchen letzterer einen Gesetzentwurf, dessen Inhalt auch vom Reichstag beschlossen ist, dem Kaiser zu weiterer verfassungsmäßiger Behandlung überweist.[22]

Sanktion ist Erteilung des Gesetzesbefehles. Die hierfür „sakramentale Formel" im einfachen monarchischen Staat, welche „als gemeines Recht angesprochen werden darf"[23] lautet: „Wir — — verordnen, was folgt" oder dgl., welche

---

der Gesetzgebung „gleich schwer wiegen", daß beide „Vollmachtgeber" „gleichmäßig berechtigte Faktoren", „gleichberechtigte legislative Körperschaften" seien. Aus RV. Art. 7 Abs. 1 allerdings ist das Sanktionsrecht des Bundesrates nicht zu folgern, darin hat Fricker, Verpfl. 25 f. Recht. Es ergiebt sich vielmehr lediglich, aber zwingend aus der Konstruktion der Reichsgewalt. Sehr gut G. Meyer, Anteil rc. 54 ff. Dagegen behauptet Bornhak bei Grünhut, Z. VIII, 461 ein durch Gewohnheit begründetes Sanktionsrecht des Kaisers: begründet wird dies durch die Eingangsformel der Reichsgesetze, durch „Usualinterpretation", „Tendenz der Rechtsbildung" und als „Forderung der Rechtslogik".

[22] Dies leugnet v. Held 106, welcher die im Text gegebene Auffassung als „mit den deutlichen Worten des Art. 5 der RV. absolut unvereinbar" erklärt; richtig Laband I, 542; Hänel, Stud. II, 52.

[23] Hänel, Stud. II, 160.

Worte das Gesetz eröffnen. Diese Formel ist im deutschen Bundesstaate beibehalten worden,[24] obwohl sie streng juristisch genommen hier nicht paßt, da der Kaiser als solcher bei der Sanktion der Reichsgesetze garnicht beteiligt ist.[25] Der richtige staatsrechtliche Gesichtspunkt wäre zum Ausdruck gebracht und doch dem monarchischen Machtbewußtsein, dem in den Reichsgesetzen Ausdruck zu geben jedenfalls einem nationalen Bedürfnisse entspricht, Rechnung getragen, wenn die Formel des Gesetzesbefehles lauten würde: „Wir — — verordnen auf Grund und in Ausführung des nach erfolgter Zustimmung des Reichstages vom Bundesrat Namens der verbündeten Regierungen gefaßten Sanktionsbeschlusses, was folgt.“ [26]

III. Mit der vom Bundesrat erteilten Sanktion ist das Reichsgesetz perfekt, aber noch nicht rechtsverbindlich. Zu letzterem Behufe bedarf es noch der Promulgation und Publikation. Der Sinn der Promulgation ist: die äußere

---

[24] Die Eingangsformel der Reichsgesetze lautet: „Wir rc. — verordnen im Namen des Reiches nach erfolgter Zustimmung des Bundesrates und des Reichstags.“

[25] Fricker verneint zwar die kaiserliche Initiative, ferner den Anteil des Kaisers an der Feststellung: „er hat lediglich abzuwarten, daß ihm vom Bundesrat ein Gesetzentwurf dargeboten wird“; aber diesem Entwurf gegenüber ist Fricker geneigt, ein selbständiges Verordnungsrecht des Kaisers aus Art. 17 anzunehmen, woraus dann auch die Freiheit des Kaisers, diese „Verordnung“ nicht zu erlassen, notwendig gefolgert werden müßte. Den „Gesetzgebungswillen“ des Bundesrats erachtet Fricker 34 nicht für aufgehoben, auch wenn er sich „nicht vollendet“.

[26] Laband I, 543 f. Über den Inhalt sowohl wie über die Sanktion beschließt der Bundesrat mit einfacher Stimmenmehrheit: bei Stimmengleichheit entscheidet die preußische Stimme (Art. 7 Abs. 3).

Ausstattung des Gesetzestextes mit authentischer Kraft,[27] die „Erklärung" des Gesetzeswillens.

„Dem Kaiser steht die Ausfertigung und Verkündigung der Reichsgesetze zu" (RV. Art. 17 Abs. 1). Diese Ausfertigung, die Promulgation, unterscheidet sich von der einfachen Publikation.[28] Die erstere ist die authentische solenne Form, durch welche der Rechtswille äußerlich als Gesetz dokumentiert wird. Die Ausfertigung ist eine vollkommene Urkunde mit kaiserlicher Unterschrift und Insiegel, die im Reichsarchiv aufbewahrt wird. Das Datum der Promulgationsurkunde gilt als Datum des Gesetzes.

Bevor der Kaiser die Promulgation erteilt, hat er zu prüfen, ob beim Zustandekommen des Gesetzes die verfassungsmäßigen Normen beobachtet wurden. Ist dies der Fall, dann muß der Kaiser die Promulgation erteilen.[29]

---

[27] Laband I, 522 ff., 549 ff. begründet diesen Akt aus dem Staatsrecht des alten Reiches, das ihn sorgfältig ausgebildet hatte (Litteratur 523[1]), sowie aus dem englischen und französischen Recht. Zugestimmt haben Meyer, Einl. 297; Jellinek 321 ff.; Gareis, Allg. StR. 175; Hänel, Stud. II, 51, 159 ff. (vortrefflich).

[28] Die von Laband a. a. O. gemachte Unterscheidung und deren Begründung, der Gedanke einer „sollemnis editio legis" ist m. E. zutreffend. Widerspruch hat dagegen neuerdings Binding in Krit. Viertelj.-Schr. N. F. II, 550 erhoben; ferner Meyer, Lehrb. §. 169[1]; Gierke bei Grünhut, Z. VI, 230.

[29] Eine in der Litteratur lebhaft kontrovertierte Streitfrage. Die im Text angenommene Meinung vertritt auch Laband I, 550 f. Das Recht, einem Gesetz wegen angenommener Verfassungswidrigkeit die „Ausfertigung und Verkündigung" zu verweigern, räumt Laband dem Kaiser ebenfalls ein, ebenso v. Mohl 292. Unrichtig ist es aber, wenn v. Martitz 53[45] weiter geht und dem Kaiser das Recht einräumt, nach freiem Belieben den Reichsgesetzen die Promulgation zu gewähren oder zu versagen. Eine unbedingte Pflicht des Kaisers zur „Ausfertigung und Verkündigung" nehmen an: Meyer, Grundz. 70, Lehrb. S. 414; Hierse-

Aber auch nur in diesem Fall darf er sie erteilen, denn in der Promulgation liegt eben die feierliche Übernahme der Bürgschaft seitens des Kaisers, daß das Gesetz der Reichsverfassung entspreche. Diese Bürgschaft empfängt eine materielle Garantie durch die Gegenzeichnung des Reichskanzlers,[80] welche nach RV. Art. 17 für alle „Anordnungen und Verfügungen des Kaisers" erforderlich ist.[31] Bei der Promulgation von Gesetzen kann die Verantwortlichkeit des Reichskanzlers sich selbstverständlich nicht auf den

---

menzel I, 70; Westerkamp 131; Riedel 108; v. Rönne 158; Thudichum 88; Seydel 124 f. Westerkamp 131 behauptet, eine Exekution gegen den Kaiser bei Verletzung der Promulgationspflicht könne keine Anwendung finden, „da die Verkündigung der Reichsgesetze nicht eine verfassungsmäßige Pflicht des Bundesgliedes Preußen, sondern Recht und Pflicht des deutschen Kaisers ist". Dieser Grund ist jedenfalls unzutreffend, denn die kaiserlichen Rechte sind eben Rechte des Bundesgliedes Preußen. S. jetzt die anregende Abhandlung von Fricker, die Verpflichtung des Kaisers zur Verkündigung der Reichsgesetze (1885).

[80] Lediglich diese Bedeutung kann hier die Gegenzeichnung des Reichskanzlers haben: materiell kann keinerlei Verantwortlichkeit des Reichskanzlers für Gesetze gedacht werden, insbesondere sind auch die Gesetze nicht „Verordnungen des Kaisers" in dem von Fricker, Verpfl. 27 behaupteten Sinne. Daß man die preußische Praxis: „Wir zc. verordnen" beibehalten hat, erklärt sich aus historischen und thatsächlichen Gesichtspunkten zwingender Natur. Aber die dermalige RV. schließt den Rechtssatz aus: daß der Kaiser den Gesetzesbefehl materiell erteile; dies kann nur der Bundesrat thun, dessen Beschluß dann nach außen und im Anschluß an die monarchische Tradition in die kaiserliche Autorität eingekleidet wird. Ich muß demgemäß die von Fricker 27 scharf abgewiesene Ansicht für richtig, ja nach der heutigen RV. für die einzig mögliche halten; Art. 17 hat mit der Gesetzgebung garnichts zu thun; „unmittelbar im Namen des Reiches, nicht im Namen oder in Repräsentation der Verbündeten" übt der Kaiser sein Verordnungsrecht aus, zu dem aber die Gesetzgebung nicht gehört.

[31] Laband I, 559; Entsch. d. Reichsger. in Civils. VIII, 3.

vom Bundesrat und Reichstag beschlossenen Gesetzes-inhalt beziehen, sondern nur auf die äußere Form, also darauf, daß beim Zustandekommen des Gesetzes den Vorschriften der Verfassung genügt worden sei, und daß der in der Promulgationsurkunde enthaltene Text mit dem vom Reichstag beschlossenen und vom Bundesrat sanktionierten übereinstimmt.

Die Promulgation giebt dem Text des Gesetzes authentische Gestalt, sodaß von einem anderweitigen Prüfungsrecht keine Rede mehr sein kann: weder dürfen die Einzelstaaten noch die Gerichte die Verfassungsmäßigkeit eines ordnungsgemäß promulgierten Gesetzes in Frage ziehen.[32]

IV. In der Promulgation liegt zugleich der kaiserliche Befehl an den Reichskanzler zur Publikation.[33] Die Publikation ist die öffentliche Kundmachung eines Reichsgesetzes an die Reichsunterthanen, die „Vollziehung der Sanktion"; einen selbständigen Willensakt stellt die Publikation nicht dar.[34] Die Publikation kann infolgedessen auch nur ein Akt der Reichsregierung sein, nicht etwa durch die Regierung der Einzelstaaten geschehen. Promulgation und Publikation sind erforderlich, damit ein durch die Sanktion perfekt gewordenes Gesetz rechtsverbindlich werde.[35] Mangels dieser Akte ruht die Rechtskraft

[32] Vgl. v. Gerber S. 155 und Laband I, 551 ff., letzterer in sehr eingehender und zutreffender Deduktion. Ebenso das Reichsgericht, Entsch. in Civils. IX, 235 ff. Dagegen die herrschende von Gneist bestimmte Meinung (vgl. Laband 554¹), für das Reichsrecht speziell vertreten von Hänel, Stud. I, 263 f.

[33] Vgl. zum Folgenden Laband I, 531 f., 560 ff.

[34] Dagegen energisch Fricker 18.

[35] Jellinek 319 ff. überspannt die Bedeutung der Publikation, nachdem er zuvor die

des Gesetzes.[36] Die Publikation erfolgt nach RV. Art. 2 vermittelst eines Reichsgesetzblattes.[37] Ein solches besteht seit 1867, bezw. 1871. Alle Gesetze der Centralgewalt sind in demselben publiziert, und nur was hier publiziert ist, hat verbindliche Rechtskraft für das Reich. Publikation von Reichsgesetzen in den Gesetzblättern der Einzelstaaten ist nicht nur ohne jegliche juristische Bedeutung, sondern direkt wider die Reichsverfassung.[38] Partikulargesetze, die zu Reichsgesetzen erklärt worden sind, müssen in vollem Text im Reichsgesetzblatt publiziert werden.[39] Für

---

Sanktion zu einem Nichts degradiert hat; s. darüber Zorn in Hirths Ann. 1889, 358.

[36] Fricker, Verpfl. 5, 16 ff. läßt, ebenso wie Schulze, Pr. StR. II, 222, erst durch die Verkündigung das Gesetz perfekt werden, sonst müsse man eine Verkündigungspflicht des Königs annehmen. Dieser Schluß ist nicht zwingend: sowohl Sanktion als Publikation sind — nach preuß. Staatsrecht — freie Rechte des Königs, und es lassen sich wohl Fälle denken, wo das Staatsinteresse gebietet, ein sanktioniertes Gesetz nicht zu publizieren, ein perfektes Gesetz nicht zu vollziehen; so auch Fricker 16 gegen Laband. Aber der Satz Frickers 17: „denkt man sich den Gesetzgebungsvorgang auf die größte Einfachheit reduziert, so geht derselbe auf in der Verkündigung", ist doch unrichtig, indem er das rein äußerliche Moment stark überschätzt. In dem Begriff Sanktion liegt, wie schon das Wort beweist, ein tiefer Sinn, den Fricker völlig ignoriert. Gegen Fricker s. auch Laband I, 539[1], aber aus anderen Gründen.

[37] V. vom 26. Juli 1867 (BGBl. 24).

[38] S. Hänel StR. I, 244 f.; Laband I, 561, 582, 615 f. „jede Form der Bekanntmachung von Reichsgesetzen durch Einzelstaaten, welche eine andere Bedeutung für sich in Anspruch nimmt, als die einer schlichten, d. h. der thatsächlichen Kenntnisnahme und Verbreitung dienenden Bekanntmachung, ist rechtlich irrelevant." A. M. Seydel 39, 124 in Konsequenz seiner Grundanschauung über die Souveränetät im Reiche: „es wäre gerade so gut denkbar, daß man die Verkündigung den einzelnen Staaten überlassen hätte".

[39] Über die fehlerhafte Praxis in diesem Punkt vgl. Laband I, 562[1]. Letzterem Autor ist aber in der milden Beurteilung

den im Reichsgesetzblatt publizierten Gesetzestext wie überhaupt für den ganzen Inhalt des Reichsgesetzblattes (V. v. 26. Juli 1867 §. 3, BGBl. 24) ist der Reichskanzler als Herausgeber verantwortlich: er darf den Text nur genau in der Fassung publizieren, in welcher derselbe die kaiserliche Promulgation empfangen hat.[40] —

### B. Die Wirkung der Reichsgesetze.

1. Die Wirkung des Gesetzes ist immer ein Befehl;[41] ob derselbe dauernd oder nur vorübergehend, ob er generell

---

dieser „sehr unregelmäßigen und willkürlichen" Praxis nicht beizustimmen. Was nicht im Reichsgesetzblatt publiziert ist, ist absolut nicht Reichsgesetz. Ist nur der Gesetzesbefehl korrekt publiziert, dagegen für den Inhalt auf irgend eine anderweitige Quelle verwiesen, so existiert juristisch nur ein leerer Gesetzesbefehl. Die a. a. O. durch Beispiele belegte Praxis ist verfassungswidrig. Über die rechtliche Bedeutung der „Bekanntmachung" von durch Novellen abgeänderten und demgemäß neu redigierten Gesetzen (Gewerbeordnung, RGBl. 1883, 176) s. Laband I, 565.

[40] Die Praxis in Preußen hat den Grundsatz von der Diskontinuität ausgebildet. D. h.: ist ein von der Volksvertretung angenommenes Gesetz in der Zeit von einer Session bis zur anderen nicht sanktioniert und publiziert worden, so ist dasselbe neuerdings den Kammern vorzulegen. Auf irgendwelcher verfassungsmäßigen Basis beruht dasselbe für Preußen nicht. Ob „wirkliches konstitutionelles Gewohnheitsrecht" angenommen werden kann (Laband I, 565), bleibe dahingestellt. Für das Reich existiert nur die Gesch.-O. d. Reichstages §. 68 als rechtliche Basis für das Prinzip der „Diskontinuität". v. Rönne II, 16 vgl. auch 51, nennt dasselbe „einen feststehenden aus der Natur der Sache mit Notwendigkeit folgenden Grundsatz des konstitutionellen Staatsrechtes". Daß derselbe auch in die Reichspraxis aufgenommen sei, will v. Rönne a. a. O. N. 5 durch die Gesetze v. 23. Dez. 1874 (RGBl. 194) u. v. 1. Febr. 1876 (RGBl. 15) über die Behandlung der sog. Justizgesetze beweisen; es handelt sich jedoch bei diesen Gesetzen um eine wesentlich andere Frage als die oben berührte. Wohl aber gehört der Präzedenzfall der Postgesetze 1871 hierher.

[41] Laband I, §. 57 bezeich-

oder nur auf einen speziellen Fall gerichtet, ob er direkt an alle Unterthanen des Reiches oder nur an einzelne, z. B. an bestimmte Behörden, oder etwa an Einzelstaaten[42] gewendet sei — das ist durchaus irrelevant. Virtuell ergreift der Befehl eines jeden Gesetzes das gesamte Reichsgebiet, alle Reichsangehörigen und alle Einzelstaaten,[43] praktisch aber kann das Gesetz vielleicht für den größten Teil derselben gegenstandslos sein, wie z. B. das RG. v. 4. Novbr. 1874 (RGBl. 128) über Aufhebung der Art. 14 und 16 T. III Tit. 12 des Rostocker Stadtrechtes oder das BG. v. 4. Mai 1868 für die hohenzollernschen Lande. Das Gesetz kann den allerverschiedensten Inhalt haben; seine charakteristischen Merkmale in jedem Falle sind nur: 1. Aufrichtung eines Rechtssatzes; 2. Mitwirkung der Volksvertretung bei Feststellung des Inhaltes. Wenn an einigen Stellen der Reichsverfassung gesagt ist: „das Reich ausschließlich hat die Gesetzgebung", so darf doch hieraus ein besonderes Rechtsverhältnis — „Ausschließlichkeit der Reichsgesetzgebung" — nicht hergeleitet werden. Die Ausschließlichkeit der Reichsgesetzgebung ist vielmehr das Prinzip. Alle der

---

net es als „formelle" Gesetzeskraft, „daß ein in der Form des Gesetzes ergangener Willensakt nur im Wege der Gesetzgebung aufgehoben oder abgeändert werden kann, und seinerseits allen mit ihm im Widerspruch stehenden älteren Anordnungen derogiert" (S. 573). „Die materiellen Wirkungen der Gesetze bestimmen sich nach deren Inhalt und können daher ebenso verschieden sein wie diese" (S. 578). Über die Souveränetät und Unmittelbarkeit der Befehlskraft der Reichsgesetze s. Hänel StR. I, 267 ff. durchaus zutreffend, besonders auch in der Richtigstellung der von Laband I, 72 ff. entwickelten Gesichtspunkte.

[42] Sehr gut hierüber Laband I, 714 ff.

[43] Hänel StR. I, 246, 268.

Kompetenz des Reiches überwiesenen Angelegenheiten unterliegen grundsätzlich der **ausschließlichen** Reichsgesetzgebung. Der Grundsatz erfährt jedoch eine zwiefache Einschränkung: erstlich insofern, als das Reich durch Spezialtitel die Einzelstaaten zu einer irgendwie gearteten Mitwirkung beruft; zweitens generell insofern, als, solange das Reich von seiner Kompetenz nicht Gebrauch macht — was der Natur der Sache nach die Ausnahme sein muß —, die Kompetenz der Einzelstaaten noch provisorisch in Kraft bleibt.[44]

---

[44] Umgekehrt ist das Verhältnis bestimmt bei Hänel StR. I, 227 ff., 259 ff.: danach wäre das Recht der Einzelstaaten der „Grundsatz", die Ausschließlichkeit der Reichsgesetzgebung die „Abweichung". — Dies widerspricht aber durchaus dem Grundgedanken des Bundesstaates: das „ausschließliche Gesetzgebungsrecht des Reiches" ist nicht eine „auf besonderer Begründung beruhende Ausnahme von der grundsätzlichen und verfassungsmäßig anerkannten Wirksamkeit der Landesgesetzgebung", sondern letztere ist die aufs engste zu interpretierende Ausnahme für das Kompetenzgebiet des Reiches, welchem die in Art. 4 aufgezählten Angelegenheiten grundsätzlich zur ausschließlichen Regelung überwiesen sind. Die Ergreifung dieser Ausschließlichkeit im Gesamtumfang des Art. 4 ist keine „Verfassungsänderung". Auch Laband I, 622 f. unterscheidet die „ausschließliche" und die „fakultative" Reichskompetenz und führt dies näher aus S. 704, wo er, ganz wie Hänel, annimmt, 1. die „Verwaltungsthätigkeit des Reiches" sei durch Art. 4 „ausdrücklich auf die Beaufsichtigung beschränkt", und weiter: „2. die Verwaltungskompetenz des Reiches erstreckt sich auf dieselben staatlichen Angelegenheiten, welche der Gesetzgebung des Reiches unterstellt sind. Diese Kompetenz umfaßt aber regelmäßig nur die Beaufsichtigung und die damit notwendig verbundene oberste Leitung der Verwaltung, während die unmittelbare Geschäftsführung den Einzelstaaten verblieben ist. 3. Die volle Verwaltung steht dem Reiche nur ausnahmsweise zu hinsichtlich derjenigen Angelegenheiten, welche durch besondere Gesetzanordnung der Verwaltung des Reiches überwiesen sind oder nach der Natur der Sache ihr zufallen müssen, wie z. B. die Verwaltung des Aktiv- und Passivvermögens des

2. **Reichsgesetze** gelten nach allgemeinen Grundsätzen bis zu demjenigen Zeitpunkte, in welchem sie in verfassungsmäßiger Form wieder außer Kraft gesetzt werden. Der Zeitpunkt, von welchem ab Reichsgesetze Rechtskraft zu beanspruchen haben, kann entweder im Gesetze selbst bestimmt bezw. einer besonderen Anordnung, sei es wieder durch Gesetz, sei es durch Anordnung eines der Faktoren der Reichsgewalt, vorbehalten sein; mangels einer solchen Bestimmung schreibt RV. Art. 2 vor, daß das Gesetz in Kraft trete „mit dem 14. Tage nach dem Ablauf desjenigen Tages, an welchem das betreffende Stück des Reichsgesetzblattes in Berlin ausgegeben worden ist". Der Tag der Ausgabe ist deshalb — V. v. 26. Juli 1867 (BGBl. 24) §. 2 — auf jedem einzelnen Stück anzugeben.[45] Erfolgte die Ausgabe Montag den 3., so beginnt die Rechtskraft Montag den 17.[46] Nur in den auswärtigen Konsularjurisdiktionsbezirken treten nach §. 47 des G. v. 10. Juli 1879 (RGBl. 205) an Stelle der

---

Reichsfiskus." S. hierzu oben §§. 4, 5. Nichts berechtigt uns, grundsätzliche Anschauungen aus der Einheitsbewegung von 1848 (Hänel StR. I, 232 ff. bes. die Meinung von Waitz N. 5) ohne weiteres als heute geltendes Recht zu behaupten, wie Hänel thut.

[45] Laband I, 584 ff., bes. auch über den rein formalen Charakter der Vorschrift (anders Code civil Art. 1). Ebenso Hänel, Stud. II, 65 ff.

[46] Laband I, §. 57 S. 575 behauptet: bei „formellen" Gesetzen könne von der Zeitbestimmung des Art. 2 der RV. nicht die Rede sein. Dieser gefährlichen Theorie kann unter keiner Bedingung beigepflichtet werden: Art. 2 der RV. spricht einfach und deutlich von „Gesetzen". Nichts giebt die Berechtigung zu der einschränkenden Interpretation Labands. Die Unterscheidung von formeller und materieller Gesetzeskraft ist unmöglich. Über die Einheitlichkeit von Begriff und Bezeichnung „Gesetz" in unserem positiven Rechte s. jetzt auch bes. Hänel, Stud. II, 276 ff.

14 Tage 4 Monate (früher 6 Monate gemäß §. 24 des G. v. 8. Nov. 1867), vom Tage der Verkündigung durch das RGBl. an gerechnet.[47] Ebenso für die Schutzgebiete gemäß §. 2 des Gesetzes v. 19. März 1888 (RGBl. 75)[48].

3. Reichsgesetze gehen den Landesgesetzen[49] vor[50].

4. Landesgesetze, welche den Reichsgesetzen widersprechen, sind ohne Rechtskraft.

5. Landesgesetze treten ipso jure außer Kraft, sobald und soweit ein Reichsgesetz die betreffende Materie behandelt, ohne daß hierfür eine landesrechtliche Aufhebung erforderlich oder auch nur zulässig wäre.[51]

6. Jede Thätigkeit der Landesgesetzgebung ist als unstatthaft zu erachten, wenn es die Absicht war, eine Materie auf dem Wege der Reichsgesetzgebung vollständig zu regeln, was im einzelnen Falle aus der Absicht des Gesetzgebers festgestellt werden muß.[52]

---

[47] Laband I, 587 f.

[48] Über eine bedenkliche Lücke unserer Gesetzgebung s. Laband I, 588 N. 1—3.

[49] Auch dem Landesgewohnheitsrecht Seydel 36; Riedel 82; Laband I, 580, bes. 616 f. A. A. für das Gewohnheitsrecht Hänel I, 250, da RV. Art. 2 lediglich das „Verhältnis der rechtserzeugenden Autoritäten" untereinander betreffe, hiervon aber das „auf dem Prozesse freier Anpassung" beruhende Gewohnheitsrecht unabhängig sei. Ist man grundsätzlich der Ansicht, daß auch das Gewohnheitsrecht auf der „Autorität" des Staates beruhe, dann fällt auch das Gewohnheitsrecht unter Art. 2, dann kann kein dem Reichsrecht widersprechendes Recht irgendwelcher Art entstehen. So richtig Thöl, Handelsrecht (69), I, 86 f.

[50] Vgl. speziell Heinze, das Verhältnis des Reichsstrafrechts zu dem Landstrafrecht. Leipzig 1871. Auch Laband I, 616 ff. sehr ausführlich und zutreffend.

[51] Hänel StR. I, 250 ff.; Laband I, 617.

[52] Hänel StR. I, 255; Laband I, 619; Heinze 31 ff.

7. Authentische Interpretation von Reichsgesetzen kann nur durch die Faktoren der Reichsgesetzgebung, niemals durch die Einzelstaaten erfolgen.[53]

8. Die zur Ausführung eines Reichsgesetzes erforderlichen Verordnungen sind prinzipiell von den Faktoren der Reichsgewalt zu erlassen; landesrechtliche Anordnungen dieser Art sind nur dann erlaubt, wenn das Gesetz ausdrücklich eine die Einzelstaaten hierzu ermächtigende Klausel enthält, wie dies z. B. in der Gewerbeordnung mehrfach der Fall ist.[54]

9. Dispensationen vom Reichsrecht durch landesrechtliche Vorschriften sind unzulässig. — Das Verhältnis zwischen Reichs- und Landesrecht kann im einzelnen Falle große Schwierigkeiten bieten, zu deren Lösung insbesondere auch die neuere strafrechtliche Litteratur wertvolle Beiträge gegeliefert hat.

### C. Die Sphäre der Reichsgesetzgebung.[55]

Für die Abgrenzung der Sphäre von Gesetz und Verordnung läßt sich ein innerer Gesichtspunkt nicht feststellen:[56] es muß vielmehr und kann nur aus dem positiven Recht entnommen werden, wo die Form des Gesetzes

---

[53] Seydel 37 sehr präzis über diesen Punkt. Ebenso Laband I, 617[4] und die dort zit. Schriftsteller.

[54] Über die „Leitung" des Landesrechtes durch das Reich nach dieser Richtung s. Hänel I, 262 ff., bes. die sehr richtige Kritik der von Heinze, Gerichtssaal XXX, 561 ff. entwickelten Meinung. Daß aber Vollz.V. zu Reichsgesetzen grundsätzlich durch die Einzelstaaten zu geben seien (Hänel 276) ist unhaltbar.

[55] Über die Kompetenz des Reiches s. Hänel StR. I, 238 ff.

[56] Westerkamp 156: „der Unterschied zwischen Gesetz und Verordnung ist ein etwas (sic) unklarer."

zur Anwendung zu kommen hat;[57] wo positive Vorschriften fehlen, entscheidet sich die Frage nur aus Gesichtspunkten der Gesetzgebungspolitik. Über die Behauptung, daß „Rechtssätze“ nur durch Gesetz gegeben werden können, s. die Erörterung oben S. 403 ff. Nach dem geltenden Reichsrecht bedarf es der Form des Gesetzes:

I. für alle diejenigen Materien, die bereits durch Gesetz geregelt sind;

II. zur Aufnahme von Anleihen, sowie Übernahme von Garantieen zu Lasten des Reiches (Art. 73);

III. zur Feststellung des alljährlichen Reichshaushaltsetats (Art. 69);

IV. zur Abgrenzung der Wahlkreise für den Reichstag (RV. Art. 20, Wahlges. §. 5);

V. zur etwaigen Erledigung einzelstaatlicher Verfassungskonflikte durch das Reich nach Maßgabe von RV. Art. 76 Abs. 2;

VI. zur Regelung der Verwendung der französischen Kriegskostenentschädigung (Etatsgesetz für 1872 v. 4. Dez. 1871 §. 8. RGBl. 412).

VII. Endlich unterliegen der „Beaufsichtigung[58] und Gesetzgebung des Reiches“ folgende Materien:

---

[57] Vgl. oben S. 401 f. gegen v. Rönne; s. auch Arndt, Verw.-R. 16 ff. gegen Rönne.

[58] Eine selbständige umfassende Erörterung über die Beaufsichtigung giebt Hänel StR. I, 299 ff.; von der Notwendigkeit dieses Kapitels als eines selbständigen neben Gesetzgebung und Verordnungsrecht habe ich mich niemals überzeugen können; die Beaufsichtigung hat nur den „allgemeinen Sinn“, in dem sie „nicht eine der besonderen Hervorhebung und Feststellung bedürftige Kompetenz des Reiches, sondern notwendiger und darum selbstverständlicher Bestandteil jeder ihm durch die Verfassung beigelegten Kompetenz“, ausge-

1. Freizügigkeit, Heimats- und Niederlassungswesen, Staatsbürgerrecht, Paßwesen, Fremdenpolizei, Gewerbebetrieb inkl. Seeschiffahrt, Versicherungswesen, Kolonisation, Auswanderung (RV. Art. 4 Z. 1 vb. Art. 54 Abs. 2);[59]
2. Zoll- und Handelswesen, sowie indirekte Steuern (Art. 4 Z. 2);[60]
3. Maß-, Münz- und Gewichtswesen[60] inkl. Schiffsvermessung, sowie Emission von „fundiertem und un-

---

stattet mit „allen Mitteln, welche sich innerhalb des Begriffes — — als notwendig und zweckmäßig deduzieren lassen", ist. Das Reich hat das Recht der Aufsicht auch dann, wenn es von seinem Recht der Gesetzgebung in der Materie noch nicht Gebrauch gemacht hat, Hänel StR. I, 305 (B. d. BR. v. 11. Juli 1868 über Beaufsichtigung des Auswanderungswesens). Daß das Aufsichtsrecht des Reiches direkt gegen die Behörden der Einzelstaaten geltend gemacht werden kann, leugnet Hänel 307 im Widerspruch zu der Natur des Reiches als Staat wie einer ununterbrochenen, durch zahlreiche Gesetze festgestellten Praxis; die Handhabung der Aufsicht in Zoll- und Steuersachen ist lediglich historisches Überbleibsel des Zollvereins und nur als solches und auch dann nur mit Mühe verständlich, mit nichten aber das „Paradigma für den verfassungsmäßig anerkannten Inhalt des Rechtes der Überwachung". Nach Hänel 307 ist ferner die ganze Organisation der Reichsaufsicht über die Innungsverbände, Berufsgenossenschaften, Invaliditäts- und Altersversicherungsanstalten, Zettelbanken verfassungswidrig, da das Reich nicht befugt sei, „sich Selbstverwaltungskörper unmittelbar unterzuordnen". Alle diese Erörterungen entbehren jeden Grundes: das Reich ist souverän und kann seine Aufsicht organisieren wie es will. Nach Hänel 308 sind ferner Reichscentralbehörden zu direkter Wahrnehmung der Reichsaufsicht über einzelstaatliche Behörden (Bundesamt für Heimatswesen) gleichfalls an sich wider die Verfassung; s. aber doch wieder S. 309 f.

[59] Vgl. hierzu oben §. 5 C die bayrischen Ausnahmerechte.

[60] Vgl. hierzu oben §. 5 C.

fundiertem Papiergeld" (sic!) (Art. 4 Z. 3 vb. Art. 54 Abs. 2);

4. Bankwesen (Art. 4 Z. 4);
5. Patentwesen (ib. Z. 5);
6. Schutz des „geistigen Eigentums" (Z. 6);
7. Schutz des deutschen Handels im Ausland, der deutschen Schiffahrt und Flagge, insbesondere Konsularwesen (Z. 7);
8. Eisenbahnwesen, Straßenbau, soweit das „Interesse der Landesverteidigung und des allgemeinen Verkehrs" in Frage steht (Z. 8);[60]
9. Flößerei und Schiffahrtsbetrieb auf den mehreren Staaten gemeinsamen Wasserstraßen, Seeschiffahrtszeichen, Fluß- und Wasserzölle, Veränderung der Abgaben von fremden Schiffen (RV. Art. 4 Z. 9, dazu SpecGes. v. 3. März 1873 [RGBl. 47], ferner RV. Art. 54 Abs. 5);
10. Post- und Telegraphenwesen (Abs. 4 Z. 10);[60]
11. gegenseitige Rechtshülfe (Z. 11);
12. Beglaubigung von öffentlichen Urkunden (Z. 12);
13. Civilrecht, Strafrecht, Prozeß (Z. 13, dazu SpecGes. v. 20. Dez. 1873 [RGBl. 379]);
14. Militär-[60] und Marinewesen inkl. der Bedingungen, Form und Wirkungen des Belagerungszustandes (Art. 4 Z. 14, Art. 68);
15. Medizinal- und Veterinärpolizei (Art. 4 Z. 15);
16. Presse und Vereinswesen (Art. 4 Z. 16).

VIII. Für Staatsverträge ist die Form des Gesetzes

[60] Vgl. hierzu oben §. 5 C.

immer erforderlich, wo dieselbe erforderlich wäre zur ausschließlich innerstaatlichen Regelung der betreffenden Materie (RV. Art. 11 Abs. 3, s. dazu unten §. 18). —

Durch den Art. 4 der RV. sollte in erster Linie nicht die Grenze zwischen Gesetz und Verordnung gezogen, sondern die Kompetenz zwischen Reich und Einzelstaat abgegrenzt werden. Es ist unzweifelhaft nicht der Sinn des Art. 4, daß alle Rechtssätze, welche sich auf die dort genannten Materien beziehen, nur in der Form des Gesetzes mit Ausschluß der Form der Verordnung sollten erfolgen dürfen. Der Sinn des Art. 4 ist nur der, daß die Regelung der hier aufgezählten Materien durch das Reich erfolgen kann und soll.[61] Inwieweit aber diese Regelung in der Form des Gesetzes oder der Verordnung zu geschehen habe, das ist eine offene weder durch Art. 4 noch durch eine andere Bestimmung der RV. generell entschiedene Frage.[62] Die Entscheidung dieser Frage fällt nicht in erster Linie dem Recht, sondern der Gesetzgebungspolitik zu, und es wird vergeblich sein, nach allgemein gültigen Regeln für diese Entscheidung zu suchen.[63] Die neuere Praxis, speziell der deutschen Parlamente, war dahin gerichtet, die Sphäre der Gesetzgebung möglichst auszudehnen und der Sphäre der

---

[61] A. A. Arndt, V.-R. 188 ff.

[62] Zutreffend hierüber Seydel in Hirths Ann. 1874, 1145 f. (nur ist u. E. die Gegenüberstellung von „Verwaltungsvorschriften" und „positivem Recht" juristisch unhaltbar; vgl. oben S. 405[35] die Bemerkungen gegen Labands „formelle" und „materielle" Gesetze). Daß die Regierung thatsächlich den Weg des Gesetzes viel öfter und ausgedehnter beschritten hat, als erforderlich gewesen wäre, bemerkt sehr richtig Laband I, 574; s. auch G. Meyer bei Grünhut VIII, 26 ff.; Jellinek 256 ff.

[63] Vgl. hierüber die vorzügliche Ausführung von Gneist, Gesetz und Budget, bes. S. 66 ff.

Verordnung, der „administrativen Willkür“, einen möglichst geringen Spielraum zu lassen.[64] Zweifellos ist mit durch dieses Bestreben die Technik unserer Gesetzgebung vielfach eine so mangelhafte geworden, wie man dies dermalen nicht ohne Berechtigung der neueren Gesetzgebung zum Vorwurf macht. Das Gesetz soll nur die wichtigsten Punkte der Materie in lapidarer Kürze behandeln: alles Detail gehört in die Ausführungsverordnungen, deren Brauchbarkeit und Anwendung zu prüfen den Parlamenten ja immer freisteht.

Von den in RV. Art. 4 aufgezählten Materien sind die meisten jetzt durch einschneidende Reichsgesetze geordnet worden;[65] soweit dies noch nicht geschah, sind die Landesgesetze vorerst in Kraft geblieben, können jedoch jederzeit ohne weiteres durch den Erlaß eines Reichsgesetzes außer Kraft gesetzt werden.[66] Sollte sich das Bedürfnis ergeben, die Reichs-

---

[64] Eine verfassungsmäßige Schranke hiergegen enthält für das Post- und Telegraphenwesen RV. Art. 48 Abs. 2. Lediglich diesen Sinn: daß die Freiheit der Verwaltung in Bezug auf die Erfüllung dieser Staatsaufgaben nicht weiter eingeengt werden solle, als früher in Preußen — hat jene Verfassungsvorschrift. Sie ist eine Direktive. Formaljuristisch ist sie allerdings überflüssig: eine „exceptio“, von der man schließen könnte „firmat regulam“, enthält sie nicht. A. A. Laband I, 598; Seligmann 121 ff. Sehr gut dagegen Arndt 53 ff.

[65] Vergl. Heinze, das Verh. d. Reichsstrafrechtes zum Landesstrafrecht (1871): Laband I, 619 ff.; Hänel StR. I, 254 ff.

[66] Hänel I, 253 ff.: die Kompetenz des Reiches wird erst wirksam durch einen Ausübungsakt: bevor ein solcher geübt wird, hat das Landesrecht auch auf dem Gebiet der Reichskompetenz volle Freiheit (Bayr. Schlußprot. Art. VI). Mit der Frage, ob im Bundesstaat in Konsequenz der Souveränetät der Centralgewalt das Recht der Einzelstaaten als ein „abgeleitetes“ konstruiert werden müsse, welche Hänel S. 254 dadurch als im positiven Recht verneint behauptet, hat dieser ein provisorisches Übergangsstadium darstellende Satz nichts zu thun.

kompetenz noch über den Rahmen des Art. 4 auszudehnen — wie dies bereits wiederholt der Fall war — so bedarf es hierzu einer Verfassungsänderung, welche nur nach Maßgabe des Art. 78 geschehen kann (s. hierüber unten D, 2). —

### D. Die Ausnahmen von der regelmäßigen Form der Gesetzgebung.

Während zur Feststellung des Gesetzesinhaltes in der Regel nur übereinstimmender Mehrheitsbeschluß der beiden Körperschaften von Bundesrat und Reichstag erforderlich ist, erleidet diese Regel Ausnahmen in folgenden Fällen:

1. Bei den Rechten einzelner Bundesglieder in deren Verhältnis zur Gesamtheit, welche Vorschriften der Reichsverfassung sind, bedarf es zur Abänderung der „Zustimmung des berechtigten Bundesstaates" (Art. 78 Abs. 2). S. hierüber oben §. 5, D.

2. „Veränderungen der Verfassung gelten als abgelehnt, wenn sie im Bundesrat 14 Stimmen gegen sich haben" (RV. Art. 78 Abs. 1). Preußen hat demnach mit seinen 17 Stimmen die Möglichkeit, jede Verfassungsänderung zu verhindern; ebenso eine Koalition der drei großen Mittelstaaten Bayern, Württemberg und Sachsen.

Ob es sich im einzelnen Falle um eine Verfassungsänderung handelt, ist, wenn sich Streit erhebt, zunächst durch einfachen Mehrheitsbeschluß festzustellen.[67]

[67] Daß hierdurch die Schutzbestimmung des Art. 78 Abs. 1 illusorisch gemacht werden kann, läßt sich nicht bestreiten. Ein Schutz hiergegen aber liegt darin, daß unzweifelhaft der Reichstag einem vom Bundesrat mit einfacher Mehrheit beschlossenen Gesetzentwurf die Zustimmung versagen kann, bloß weil er der

Im übrigen darf Art. 78 Abs. 1 nicht in der Weise interpretiert werden, daß unter „Verfassung" nur der Text der Verfassungsurkunde zu verstehen wäre, daß also die betreffende Vorschrift umgangen werden könnte, wenn nur die Änderung des Verfassungstextes vermieden wird. Vielmehr muß jedes Gesetz, welches materiell eine Verfassungsänderung enthält, nach der Vorschrift des Art. 78 Abs. 1 beurteilt werden. Die Frage, ob ein solches Spezialgesetz ohne vorherige formelle Änderung des Verfassungstextes überhaupt zulässig sei, muß allerdings bejaht werden, da das Reichsrecht kein Verbot enthält.[68] Die korrekte Form für ein solches Gesetz wird allerdings nur die sein, daß zuvor durch Spezialgesetz die erforderliche Abänderung des Verfassungstextes erfolgt. Denn, so bemerkt Hänel treffend:[69] „es widerspricht der dem Wesen des Bundesstaates entspringenden Notwendigkeit einer vollen Klarstellung der verfassungsmäßigen Ermächtigungen des Reiches einerseits und der Einzelstaaten andererseits, wenn eine Änderung der Verfassung sich nicht in einer Änderung des Textes oder in einem Zusatze zur Verfassungsurkunde ausspricht." Praktisch wurde dieser Gesichtspunkt allerdings

Meinung ist, es habe Art. 78 Abs. 1 platzzugreifen. Richtig v. Rönne II, 35; Beseler in Preuß. Jahrb. 28, 193; Hänel, Stud. I, 259 ff., StR. I, 786 ff. ebenso G. Meyer, Lehrb. §. 164 verneinen die Frage gegen Bähr am gleichen Orte S. 72 bis 81; v. Rönne II, 32 schließt sich Beseler an.

[68] Übereinstimmend Laband I, 546; Hänel, Stud. I, 258; Seydel 104 f. zweifelhaft. Beseler im Reichstag, s. Sten. Ber. 1879 S. 2190 f., derselbe in Preuß. Jahrb. 28, 184 ff.,

[69] Stud. I, 258, StR. I, 786, wo Hänel mit Recht moniert, daß diese korrekte Form fast zur Ausnahme geworden sei. Ebenso Laband a. a. O.

mehrfach außer acht gelassen.[70] Jedenfalls aber sollte, wenn eine Änderung des Verfassungstextes nicht vorgenommen wird, in dem betreffenden Gesetz selbst zum Ausdruck gebracht werden, daß es sich um ein Verfassungsgesetz handle; schon darum, weil eine Abänderung dieses Gesetzes ebenfalls wieder logischer Weise den Vorschriften des Art. 78 Abs. 1 unterworfen sein muß.[71] Denn zweifellos ist ein derartiges Spezialgesetz, das nach Maßgabe von Art. 78 Abs. 1 die Verfassung ändert, materiell selbst Bestandteil der Verfassung geworden, ist also gleichfalls den über Verfassungsänderungen geltenden Vorschriften unterworfen.[72] Der Schutz des Art. 78 Abs. 1 ist dem Sinn und Wesen, nicht etwa nur dem Wortlaut der Verfassung gegeben; nur diese Auffassung der Frage ist im Einklang mit der hohen Bedeutung, welche der Verfassung als dem Reichsgrundgesetz zukommen muß.[73] Die Einzel-

---

[70] Laband a. a. O.; v. Rönne II, 34.

[71] A. A. Laband I, 548. Richtig Hänel, Stud. I, 255[6]; Meyer, Lehrb. 416[8]; Westerkamp 133.

[72] Demgemäß ist ein Verfassungsgesetz nichtig, wenn nicht die Form des Art. 78 Abs. 1 gewahrt ist: so auch Hänel StR. 789; auf anderem Standpunkt aber steht die Praxis 790[4].

[73] Die Labandsche Ansicht führt übrigens zu folgendem circulus vitiosus: das gesamte Civilrecht wird ohne Abänderung des Verfassungstextes durch ein unter Einhaltung der Formen von RV. Art. 78 Abs. 1 erlassenes Reichsspezialgesetz zur Kompetenz des Reiches gezogen. Dies erweist sich nach Ansicht eines Teiles der Bundesglieder als unzweckmäßig, und man will wieder auf den Standpunkt der ursprünglichen Ziff. 13 der Verfassung zurückkehren. Um dies zu verhindern, reichen nicht mehr die 14 Stimmen des Art. 78 Abs. 1 aus; der ursprüngliche Text der Verfassung kann vielmehr in den gewöhnlichen Formen der Gesetzgebung wieder gültig hergestellt werden, hat aber jetzt nicht mehr den Ver-

staaten als solche haben auch bei Verfassungsänderungen kein Mitwirkungsrecht.[74]

3. Außerdem hat Preußen in Bezug auf mehrere Materien ein votum decisivum erhalten, ohne Rücksicht auf das anderweitige Stimmenverhältnis. Dieses votum decisivum wird geltend gemacht bei der Abstimmung im Bundesrat. Es besteht auf Grund folgender Vorschriften:

a) In Sachen des Militärwesens und der Kriegsmarine entscheidet, „wenn im Bundesrate eine Meinungsverschiedenheit stattfindet" (also nicht etwa nur bei Stimmengleichheit), die preußische Stimme, „wenn sie sich für Aufrechthaltung der bestehenden Einrichtungen ausspricht.[75] Die 17 Stimmen Preußens konstituieren somit in solchen Fällen ein Veto sogar gegen die übrigen 41 Stimmen (RV. Art. 5 Abs. 2).

b) Das sub a Ausgeführte gilt ebenso bei Gesetzesvorschlägen über „das gesamte Zollwesen, über die Besteuerung des im Bundesgebiete gewonnenen Salzes und Tabaks, bereiteten Branntweines und Bieres und aus Rüben oder anderen inländischen Erzeugnissen dargestellten Zuckers und Syrups, über den gegenseitigen Schutz der in den einzelnen Bundesstaaten erhobenen Verbrauchsabgaben gegen Hinter-

fassungsschutz, sondern kann jederzeit durch einfaches Spezialgesetz wieder geändert werden.

[74] Anders im eidgenöss. und nordamerikanischen Bundesstaat, s. Hänel StR. I, 243.

[75] Im Text der RV. heißt es: „die Stimmen des Präsidiums"; dies ist inkorrekt, da das Präsidium als solches keine Stimme hat. Dagegen meint Fricker 23: die bekannte Präsidialstimme „kann nicht einfach auf Versehen beruhen".

ziehungen, sowie über die Maßregeln, welche in den Zollausschlüssen zur Sicherung der gemeinsamen Zollgrenze erforderlich sind" (RV. Art. 35 ob. 5).

4. Eine Ausnahmebestimmung nach der andern Seite hin enthält die RV. in Art. 7 Abs. 4, darnach sind bei „Angelegenheiten, welche nach den Bestimmungen dieser Verfassung nicht dem ganzen Reiche gemeinschaftlich" sind, nur die beteiligten Staaten stimmberechtigt.[76] Welche Angelegenheiten hierher gehören, ist nicht ausdrücklich gesagt. Selbstverständlich handelt es sich dabei nicht um die Frage der thatsächlichen, sondern nur der juristischen Gemeinschaft. Jedenfalls kann ferner sich die Bestimmung des Art. 7 Abs. 4 nur auf die oben §. 5 C aufgezählten Ausnahmerechte beziehen, und auch auf diese nur, soweit es sich um Exemtionen von der Reichsgesetzgebung, nicht soweit es sich um Exemtionen von der Reichsverwaltung handelt, falls nicht eben die Ordnung der Verwaltung den Inhalt des Gesetzes bildet. Nicht stimmberechtigt sind demnach z. B. die süddeutschen Staaten in Sachen der Bierbesteuerung, dagegen sind Bayern und Württemberg stimmberechtigt in Sachen der Militärgesetzgebung, und Bayern auch bezüglich des Militäretats, ebenso die Hansestädte Bremen und Hamburg in Sachen der Zollgesetzgebung.[77]

---

[76] Vgl. Seydel 105 ff.

[77] Seydel 107 subsumiert unter Art. 7 Abs. 4 die Bestimmungen in Art. 4 Z. 1, 35², 38³, 46², 52, dazu Schlußprot. IV. Übereinstim. Laband a. a. O., der nur über Schlußprot. IV sich nicht äußert: der betr. Punkt ist rein vertragsmäßig, steht also da, wo es sich um die Gesetzgebung handelt, überhaupt nicht zur Frage.

## §. 16.

## Das Budgetgesetz und die Decharge.[1]

### A. Das Budget.

#### I. Die Rechtsquellen.

Die RV. bestimmt in Art. 69.

„**alle** Einnahmen und Ausgaben des Reichs **müssen** für jedes Jahr veranschlagt und auf den Reichshaushalts-Etat gebracht werden. Letzterer wird vor Beginn des Etatsjahres

[1] Fricker, das Recht der Steuerverwilligung und des Finanzgesetzes in Tübinger Z. f. d. ges. Staatswiss. XVII, 636—702; Hänel, Stud. II, 291 ff.: Gneist, Budget u. Gesetz 1867; derselbe, engl. Verw.-R. II, §§. 58—71; derselbe, Gesetz und Budget 1879: Laband, das Budgetrecht in Behrend Ztschr. f. Gesetzgebung IV, 621—708 (auch separat erschienen): derselbe in Hirths Ann. 1873, 524 ff.; derselbe, StR. III, 2, §§. 123—126 der ersten, II, 985 ff. der zweiten Auflage; derselbe, Archiv f. öffentl. R. I, 172 ff.: Schulze, Preuß. StR. II, 205; derselbe, Deutsches StR. I, 574—608; derselbe in Grünhuts Z. f. d. Privat- u. öffentl. R. II, 161—216; G. Meyer, Lehrb. §. 205; derselbe in Grünhuts Z. VIII, 1 ff.: v. Gerber, Grundz. (2. A.) §§. 50, 51: v. Rönne, Preuß. StR. I §. 65: derselbe, Deutsches StR. II, 1 §§. 87—91. Ferner v. Martitz, über den konstitutionellen Begriff des Gesetzes in Tübing. Z. XXXVI, 207 ff.; Seidler, Budget und Budgettheorie (1885); Prazak, Arch. f. öff. Recht II, 441 ff.; Brie ebenda IV, 24 ff.: Arndt ebenda III, 533 ff.; Zorn in Hirths Ann. 1889, 363 ff.: Laband II, 1037 ff. giebt einen kritischen Überblick über die neueste Streitlitteratur des Budgetrechtes und versucht, die gegen seine Theorie erhobenen Einwendungen zu widerlegen, besonders gegenüber Hänel. Der wissenschaftliche Gegensatz erscheint zur Zeit als völlig unausgleichbar; die staatsrechtliche Praxis steht auf dem entgegengesetzten Standpunkt wie Laband.

nach folgenden Grundsätzen durch ein Gesetz festgestellt."

Das Etatsjahr beginnt laut G. v. 29. Februar 1876 (RGBl. 121) mit dem 1. April und endigt mit dem 31. März (analog pr. G. v. 29. Juni 1876).

Die oben angeführte Vorschrift der Reichsverfassung ist wörtlich aus der preußischen Verfassungsurkunde (Art. 99) und die Vorschrift der letzteren aus der belgischen Verf.-Urk. übernommen.[2] Außer jener Vorschrift des Art. 69

---

[2] Belg. VU. Art. 115: chaque année les chambres arrêtent la loi des comptes et votent le budget. Toutes les recettes et dépenses de l'état doivent être portées au budget et dans les comptes." Der Ursprung dieses Satzes ist die französische Charte vom 4. Juni 1814 §. 9. Über die historische Entwickelung des Budgetrechtes in Deutschland Gneist, Ges. u. B. 118 ff., 134 ff. In England hat sich ein Budgetrecht entwickelt seit 1685, in Frankreich seit der Revolution. Über die bei Schaffung des französisch-belgischen Budgetrechtes bestimmenden Gesichtspunkte s. Gneist, B. u. G. 16—19; über das englische R. auch Jellinek, Ges. u. B. 130 ff., über das französische 146 ff., 279, das belgische 165 ff., nur übersieht Jellinek überall das chaque année oder interpretiert es hinweg. Die süddeutsche Entwickelung würdigt Jellinek nicht genügend. Der Unterschied, welchen Laband in Hirths Ann. 1873, 529 für PrVU. Art. 99 u. RV. Art. 69 bezüglich der von letzterem verlangten „Grundsätze" für die Feststellung des Etats behauptet, dürfte aus dem Willen des Gesetzgebers schwerlich zu begründen sein. Eine grundsätzlich andere Gestaltung als diejenige des französisch-belgisch-preußisch-deutschen Budgetrechtes geben andere deutsche Verfassungen, als deren Typus die bayrische zu betrachten ist. S. hierüber die treffliche Darstellung von Seydel in Festgaben für Planck (1887) S. 1 ff., sowie dess. Bayr. StR. IV, 291 ff., dazu auch meine Bemerkungen in Hirths Ann. 1889, 367 ff. — Als Vertreter seiner Theorie nennt Laband S. 1039: Gneist, Gerber, G. Meyer, Seligmann, Gareis, Prazak, Bornhak, Zeller, denen auch H. Schulze zugefügt werden darf. Die Hauptgegner sind v. Martitz (der früher allerdings ganz anderer Meinung war, was aber selbstverständlich heute

enthält die Reichsverfassung noch folgende, das Budgetrecht betreffende Vorschrift in Art. 71 Abs. 1: „die gemeinschaftlichen Ausgaben werden in der Regel für ein Jahr bewilligt, können jedoch in besonderen Fällen auch für eine längere Dauer bewilligt werden." Von dieser durch die Verfassung eingeräumten Fakultät war bis zum Jahre 1874 bezüglich des Militäretats Gebrauch gemacht worden; seitdem steht auch dieser Spezialetat unter den allgemeinen Rechtssätzen über den Staatshaushalt.[3]

Die preußische VU. enthält ferner noch folgende hochinteressante und vielumstrittene budgetrechtliche Vorschriften: Art. 109: „die bestehenden Steuern und Abgaben werden forterhoben, — — — — bis sie durch ein Gesetz abgeändert sind;" ferner Art. 100: „Steuern und Abgaben für die Staatskasse dürfen nur, so weit sie in den Staatshaushalts-Etat aufgenommen oder durch besondere Gesetze angeordnet sind, erhoben werden."[4]

Die Reichsverfassung enthält diese beiden Vorschriften nicht.

---

gleichgültig ist), Hänel, Seidler. Eine selbständige Theorie, die von den Labandschen Vordersätzen durch einen Saltomortale in der Hauptsache zu dem Hänelschen Resultat gelangt, giebt Jellinek, Ges. u. Verordn. S. 277 ff., s. die völlig zutreffende Kritik von Laband II, 1041 ff., sowie meine Bemerkungen bei Hirth, Ann. 1889, 370 ff.

[3] Darauf bezieht sich RV. Art. 71 Abs. 2, nach welchem der Militäretat für die in RV. Art. 60 bestimmte Zeit dem Bundesrat und Reichstag nur zur Kenntnisnahme und Erinnerung vorzulegen war; diese Übergangszeit wurde dann durch G. v. 9. Dez. 1871 (RGBl. 411) bis 31. Dez. 1874 prolongiert; eine weitere Prolongation ist nicht erfolgt. Andere Anwendungsfälle registriert Laband II, 988[4].

[4] Vgl. über diese beiden Artikel Gneist, G. u. B. 143 ff.

Dagegen enthält das G. v. 25. Mai 1873 über die Rechtsverhältnisse der zum dienstlichen Gebrauch einer Reichsverwaltung bestimmten Gegenstände (RGBl. 113) noch eine Spezialbestimmung, welche eine an sich schon aus der generellen Vorschrift der RV. Art. 69 folgende Konsequenz noch zu besonderem gesetzlichen Ausdruck bringt. Darnach müssen nämlich alle Einnahmen aus der Veräußerung von Grundstücken, Materialien, Utensilien oder sonstigen Gegenständen, welche sich im Besitz der Reichsverwaltung befinden, für jedes Jahr veranschlagt und auf den Reichshaushaltsetat gebracht werden; ebenso dürfen Ausgaben aus derartigen Einnahmen, soweit dieselben aus Grundstücken fließen, nur unter Genehmigung von Bundesrat und Reichstag gemacht werden; ist diese Genehmigung nicht erteilt, so sind derartige Summen lediglich als Einnahmen in den nächsten Etat einzustellen.[5]

### II. Die rechtliche Natur des Budgets.

1. Über Sinn und Inhalt der oben angegebenen Verfassungsbestimmungen hat sich ein in der staatsrechtlichen Litteratur mit äußerster Heftigkeit geführter Streit entsponnen. Die Verfassung schreibt für das Budget die Form des Gesetzes vor, die Theorie[6] dagegen, insbesondere vertreten durch Gneist und Laband, spricht dem Budget den Charakter des Gesetzes ab, sei es, indem dasselbe direkt als

[5] G. v. 25. Mai 1873 §§. 10 [1], 11. Vgl. Laband III, 2, 351.

[6] S. die Zusammenfassung bei v. Martitz a. a. O. 207—210; s. auch Seidler, Budget 44 ff. über ältere Litt.; Gneist, Rechtsstaat (2) 168 N. 34 über die englische Auffassung.

eine Verwaltungsmaßregel (Gneist) bezeichnet, sei es, indem für dasselbe eine besondere Kategorie „formeller" Gesetze konstruiert wird, welchen die Wirkungen der materiellen Gesetze in der Hauptsache fehlen (Laband).[7] Zuerst hatte Fricker dem Budget den Gesetzescharakter prinzipiell ohne Beziehung auf das positive Recht bestritten: „der Etat ist ein Verwaltungsakt;" „der Begriff Etat ist überhaupt kein rechtlicher, sondern ein wirtschaftlicher Begriff, jede Wirtschaft von der kleinsten bis zur größten erfordert einen bestimmten Plan, nach dem sie zu führen ist."[8] „Ein Etat, der nicht mehr blos vermöge seiner inneren Richtigkeit, sondern als formelle objektive Norm die Thätigkeit der Verwaltung bestimmt, ist nicht mehr Etat, sondern Gesetz", und darin liegt „eine Absorption der Verwaltung durch die Gesetzgebung."[9] „Der Etat ist ein Verwaltungsakt, er kann weder ausdrücklich noch implicite etwas enthalten, was über die Zuständigkeitsgrenze der Verwaltung hinausginge, er soll das ganze Bild der Verwaltung (soweit diese mit Einnahmen oder Ausgaben verknüpft ist) enthalten. Soweit (?) er auf Gesetz beruht, enthält er nichts, was nicht schon ohne ihn vorhanden wäre: er spricht nur die Thatsache aus, daß ein Gesetz da sei und vollzogen werden müsse; soweit er auf bloßem Voranschlag beruht, spricht er ebenfalls nur

[7] Laband, Budgetrecht 624 ff., Staatsrecht II §. 58, III, 2, 340: „weder die Aufstellung des Etats für einen zukünftigen, noch die Kontrolle der Rechnungen über einen vergangenen Zeitraum hat etwas zu schaffen mit der Gesetzgebung als der Regelung der staatlichen Rechtsordnung."

[8] Tüb. Z. f. d. ges. Staatswiss. XVII, 640.

[9] Fricker a. a. O. 651.

Thatsachen aus, und zwar Thatsachen, deren künftige wirkliche Gestaltung noch nicht mit Bestimmtheit vorhergeschaut werden kann; soweit er aber den Plan der künftigen Thätigkeit der Verwaltung enthält, wird er eine Norm für diese und dadurch einem Gesetze ähnlich. Von der eigentlichen Gesetzesnatur bleibt er aber so weit verschieden, als eben ein selbstgeschaffener Plan verschieden ist von der anzuerkennenden Vorschrift eines Dritten und soweit als eine Norm, deren Vollziehung erst noch von der wirklichen Gestaltung von Zeit und Umständen abhängt, verschieden ist von einer absoluten, ohne alles weitere ihre Vollziehung fordernden Norm." [10]

„Alle im Etat vorausgesetzten Rechtsverhältnisse leiten ihre Begründung nicht aus dem Etat her, sondern aus der allgemeinen Gesetzgebung." „Ein solcher Finanzplan enthält unmittelbar keine Rechtsregel, kein Gebot oder Verbot an die Unterthanen, kein auf gleiche Fälle anzuwendendes Recht." [11]

„Das Wesen eines Gesetzes besteht darin, daß dasselbe eine bindende Rechtsnorm ausspricht. Ein solcher Inhalt aber fehlt dem Etat, welcher wesentlich nur Thatsachen und zwar in der Zukunft zu erwartende Thatsachen enthält." „Eine bloße Verwaltungsnorm kann dadurch niemals Gesetz werden, daß dazu die Zustimmung eines anderen Faktors verlangt wird." [12]

Laband bezeichnet den Etat zwar als Gesetz, aber als ein Gesetz, welchem der materielle Charakter des Gesetzes vollständig fehle, da es nur Rechnungsposten nicht Rechts-

---

[10] Fricker a. a. O. 643.

[11] Gneist, G. u. B. 163.

[12] Schulze bei Grünhut 189, derselbe Deutsch. StR. 519, 587.

regeln enthalte. In diesem Sinne nennt er den Etat ein „formelles" Gesetz, gemäß seiner prinzipiellen Unterscheidung der Gesetze in zwei Kategorieen, materielle und formelle, für welche ganz verschiedene juristische Gesichtspunkte gelten. Diese Unterscheidung ist von einer Anzahl von Schriftstellern gebilligt, von anderen, sei es stillschweigend, sei es ausdrücklich, verworfen worden.[13]

2. Nach den bereits oben §§. 14, 15 gegebenen Deduktionen erscheint die Labandsche Unterscheidung als unhaltbar.[14] Gesetze in dem von

---

[13] Staatsrecht II §. 56, III, 2 §. 123. Budgetrecht 627 ff., 635 ff. in Hirths Ann. 1873, 24 ff.

Vgl. auch v. Stockmar in Ägidis Z. f. deutsches StR. 196 ff., bes. 208 f. Die ältere deutsche Theorie sowie das konstitutionelle Staatsrecht anderer Länder kennen jene Unterscheidung nicht (v. Martitz 223). Der Labandsche Gedanke, aber in anderer Fassung, findet sich auch schon bei Keller, Pandekten (1861) §. 2 S. 4. Keller exemplifiziert dabei gleichfalls schon auf den Etat als „im Wege der Gesetzgebung" zustande gekommen, aber „dessenungeachtet durchaus der Gesetzesnatur entbehrend". Die Wendung, welche G. Meyer bei Grünhut VIII, 10 ff. der Lehre giebt, enthält in der Betonung des Unterschiedes von allgemeinen u. speziellen Rechtssätzen (vgl. auch Keller a. a. O.) unzweifelhaft einen gesunden und für die Weiterbildung der Lehre von den Rechtsquellen fruchtbaren Gedanken. Nichts aber berechtigt nach unserem geltenden Rechte dazu, den Begriff des Gesetzes exklusiv den ersteren Sätzen zu vindizieren, auch nicht die stattliche Fülle von Citaten aus der älteren Litteratur. Der Begriff „Verfügung in Gesetzesform" existiert als ein staatsrechtlicher bei uns bis jetzt nicht. Ganz die Meyersche Argumentation findet sich übrigens schon bei Zachariä DStR. 83. Sehr gut äußert sich hiergegen Böhlau, Mecklenb. LR. I, 283 f., der auch betont, daß die herrschende Theorie dem „formal staatsrechtlichen Charakter des Gesetzes" nicht gerecht wird.

[14] v. Martitz 235 nennt mit Recht diese Lehre „evident unrichtig," „eine vollständige Verkennung der Absichten und Wirkungen, die mit der legislativen Fixierung eines staatlichen Willensaktes in rechtlich zulässiger Weise verknüpft werden." Mit

Laband behaupteten formellen Sinne des Wortes giebt es nicht. Was auch im übrigen der Inhalt des Gesetzes sein mag: eine Rechtsregel muß jedes Gesetz enthalten.[15] „Gesetz ist der Ausspruch des Staates, daß etwas Recht sein solle;"[16] Gesetz im engeren Sinne ist der unter Zustimmung der Volksvertretung durch den Träger der Souveränetät gegebene Befehl an die Unterthanen, eine bestimmte Vorschrift zu befolgen. Der Inhalt dieser Vorschrift ist für den Begriff des Gesetzes vollkommen irrelevant." „Sobald ein Gesetz vorliegt, erlangt die darin niedergelegte Willensbestimmung des Staates, worauf sie sich auch richte, wie speziell, wie unbestimmt, wie unzweckmäßig, wie ungerecht, wie unsittlich sie auch sei oder im vorkommenden Falle sich bewähre, welche Rechtsfolgen auch an ihre Übertretung geknüpft seien, die Kraft des Gesetzes. Formelle Gesetzeskraft ist nichts anderes als

---

Recht weist v. Martitz 226 insbesondre auch darauf hin, daß doch ein äußerlich erkennbares Merkmal vorhanden sein müßte, an welchem der Unterschied zwischen formellen und materiellen Gesetzen im konkreten Falle wahrzunehmen wäre.

[15] Richtig v. Martitz 220 ff., 238 f., 252. A. A. Laband Budgetrecht 630: „diejenige Anordnung der Staatsgewalt, die keine auf einen bestimmten Thatbestand anwendbare Regel ausspricht, ist kein Gesetz." „Eine Äußerung des Staatswillens, die überhaupt nicht unter den Begriff der Rechtssatzung, also des Gesetzes i. w. S. d. W. fällt, kann auch dadurch, daß dieser Staatswille unter Uebereinstimmung der Krone und der Volksvertretung ausgesprochen wird, diesen Charakter nicht erlangen. Denn was sich dem Genus nicht unterordnen läßt, kann auch keiner zu diesem Genus gehörenden Spezies untergeordnet werden. Es hängt auch keineswegs vom Belieben des Gesetzgebers ab, etwas, was seinem Inhalte nach kein Gesetz ist und kein Gesetz sein kann, dadurch allein, daß er es Gesetz nennt, zum Gesetz zu machen." Ebenso Gneist, G. u. B. 164; Schulze a. a. O.

[16] Windscheid, Pand. §. 14.

eben Gesetzeskraft, sie kommt mit der materiellen ganz auf das Nämliche heraus. Es giebt überhaupt nur eine Gesetzeskraft, und es giebt kein Gesetz ohne Gesetzeskraft." „Das Gesetz ist, was auch sein Inhalt sein möge, unter allen Umständen objektives Recht, ist eine Rechtsregel; Gesetze, die keinen Rechtssatz enthielten, die nur in formellem Sinne, nur scheinbar Gesetze wären, giebt es nicht." „Jene „formellen" Gesetze sind mit nichten Urkunden, durch welche die parlamentarische Zustimmung zu einer Regierungsmaßregel konstatiert wird, nicht das Parlament spricht seinen Konsens aus, sondern das Staatsoberhaupt „verordnet" mit Zustimmung des Landtags, daß etwas geschehen solle oder dürfe oder nicht zu geschehen habe." (v. Martitz.)[17]

---

[17] Wenn Gerber 157[1] (ebenso auch Laband, StR. III. 2, 233 BR. 632 ff.) hiergegen auf die Gesetze über die Aufnahme von Staatsanlehen verweist und bemerkt, daß diese Aufnahme doch trotz des „Gesetzes" Verwaltungshandlung bleibe, so ist dagegen zu erinnern, daß die Aufnahme der Anleihe auch garnicht durch das Gesetz, sondern auf Grund eines Gesetzes erfolgt. (S. auch v. Martitz 231 ff.) Daß die Mitwirkung der Stände beim Zustandekommen des Etatsgesetzes nichts anderes sei, als eine „Konstatierung der ständischen Anerkennung der von der Regierung gemachten Ansätze", ist positiv nicht richtig; die Mitwirkung der Stände beim Etatsgesetz unterscheidet sich in nichts von der Mitwirkung bei anderen Gesetzen. Ähnlich wie Gerber auch Fricker: „soll der Etat seine Natur beibehalten, soll er eine von der Verwaltung sich selbst gegebene (!) Norm bleiben, so erhält die Mitwirkung der Stände eine ganz andere Bedeutung. Sie kann in nichts anderem bestehen, als im Urteil über die Richtigkeit und Zweckmäßigkeit des Planes der Regierung, kurz in einer vorausgehenden Kontrolle." Schulze spricht von einem in der Form des Gesetzes „konstatierten Einverständnis zwischen Regierung und Volksvertretung."

Man hat demgegenüber insbesondere darauf hingewiesen, daß der Etat in seinen Rechnungsposten ja nur approximative Feststellungen enthalte, und daß demselben aus diesem Grunde der Charakter von Rechtssätzen notwendig fehlen müsse.[18] Es fragt sich jedoch, ob dieser Grund stichhaltig ist, zumal da sich ja das Etatsgesetz selbst nur als „Voranschlag" bezeichnet.[19] Aber selbst wenn man den Rechtscharakter der einzelnen Rechnungsposten völlig preisgeben würde, bliebe immer noch die wichtigste rechtliche Seite des Etats bestehen: die Anweisung der Regierung, für bestimmte Zwecke Ausgaben zu leisten und die Ermächtigung derselben, bestimmte Einnahmen zu erheben. Übrigens ist selbst der Charakter der Rechnungsposten keineswegs ein approximativer: die definitive Fixierung, die selbstverständlich erst nach Ablauf des Wirtschaftsjahres erfolgen kann, liegt in der allgemeinen Jahresrechnung, auf Grund deren die Decharge erteilt wird.

Die theoretischen Gesichtspunkte, aus welchen man einen juristischen Unterschied zwischen dem Etatsgesetz und anderen Gesetzen zu konstruieren versuchte, sind demnach unhaltbar. Auf die Praxis des deutschen Budgetrechtes haben übrigens jene Theorieen keinerlei Einfluß geübt, vielmehr hat die Praxis den juristischen Charakter des Budgetgesetzes als eines wirklichen materiellen Gesetzes immer festgehalten und daraus alle juristischen Konsequenzen gezogen.[20]

---

[18] Gerber 157; Fricker 643 ff., 670; Gneist, G. u. B. 163; G. Meyer bei Grünhut VIII 47.

[19] Vgl. v. Martitz a. a. O., ferner sehr zutreffend Hänel, Stud. II, 266 f., auch Jellinek Ges. und V. 286.

[20] v. Martitz 214; „der durch anscheinende communis

Der Etat ist demnach, wie die Verfassung sagt, Gesetz und hat alle Wirkungen des Gesetzes. Auf dieses Gesetz sind verfassungsmäßig **alle** Einnahmen und Ausgaben des Reiches zu bringen und zwar ist das Gesetz vor Beginn des Jahres, für welches dasselbe den Finanzplan enthält, festzustellen. Die Dauer des Gesetzes ist verfassungsmäßig ein Jahr; nach Ablauf dieses Jahres tritt das Gesetz wegen Zeitablaufes ipso jure außer Kraft;[21] nach Ablauf der verfassungsmäßigen Gültigkeitsdauer äußert das frühere Gesetz zwar seine Wirkungen fort, soweit es ausgeführt ist, neue Anordnungen irgend welcher Art auf Grund des mit dem Abschluß des letzten Tages des

---

opinio getragenen Doktrin haben die deutschen Regierungen und unter ihnen vornehmlich die preußische eine praktische Folge in irgend welcher Form zu geben auch nicht im entferntesten gedacht." „Die Entwickelung des deutschen Finanzrechts, in der wir seit 1866 stehen, hat das Dogma „das Etatsgesetz ein bloßer Verwaltungsakt" nicht nur nicht bekräftigt, im Gegenteil sie steht im Begriff, mit jedem Jahre sich weiter von ihm zu entfernen. Sie hat die offenkundige Richtung eingeschlagen, die materielle Gesetzesnatur des Finanzetats legislatorisch über allen Zweifel zu stellen." v. Martitz ist bei diesem Stand der Dinge berechtigt zu dem Urteil: man erhalte den „befremdenden Eindruck, daß die Theorie des deutschen Staatsrechts in diesem wie in manch anderem Punkt in satter Selbstgenugsamkeit ruhig ihre Zirkel weiter zieht, während das Leben ihrer spottet." Vollkommen übereinstimmend im Resultate jetzt auch Hänel, Stud. II, 326 ff. Nach bayrischem Recht allerdings ist das Budget nicht Gesetz, sondern Wirtschaftsplan, den die Kammern lediglich zu „prüfen" haben (V.-U. Tit. VII §. 4). Vgl. auch Zorn in Hirths Ann. 1889, 370 f.

[21] v. Rönne II, 1, 148, 170; Laband, StR. III, 2, 345.

Etatsjahres außer Kraft getretenen Gesetzes können jedoch nicht mehr vorgenommen werden.[22]

Da der Etat Gesetz ist, gelten für denselben alle Vorschriften über das Zustandekommen von Reichsgesetzen, insbesondere auch das durch RV. Art. 5 Abs. 4 konstituierte preußische Veto in Zoll-, Steuer- und Militärsachen, sowie die Vorschriften in Art. 78 Abs. 1 über Abänderung der Verfassung und Art. 78 Abs. 2 über die Ausnahmerechte.[23]

3. Aus dieser juristischen Natur des Etatsgesetzes folgt, daß durch dasselbe Bestimmungen früherer Gesetze mit Rechtskraft abgeändert werden können.[24] Jedes Gesetz kann durch ein neues Gesetz ergänzt, modifiziert, aufgehoben werden;

---

[22] Die Aufstellung des Etats für die zwei folgenden Jahre in zwei getrennten Gesetzen in einer Sitzungsperiode des Reichstages widerspricht nach Laband II, 990 nicht dem Wortlaut der Verfassung; gewiß aber widerspricht eine solche dem Willen des Gesetzgebers bei Erlaß derselben. Dies gesteht auch Laband selbst zu. Interessante Debatten hierüber im Reichstag Dezember 1882; das Verlangen der Regierung, daß die beiden Etats von 1883/4 und 1884/5 durch Gesetz zugleich festgestellt würden, war nicht der Verfassung gemäß, ergo wider die Verfassung. Wohl aber hätte es sich für den Reichstag dringend empfohlen, den vorgelegten Etatsentwurf für 1884/5 dem Antrag v. Kardorff gemäß in Beratung zu nehmen, behufs Prüfung der technischen Frage, ob einer zweijährigen Etatsperiode materielle Bedenken im Wege stehen.

[23] Vgl. oben §§. 5, 15, ferner Laband in Hirths Ann. 1873, 526, 527, StR. II, 986 f.; v. Rönne II, 1, 146.

[24] A. A. Fricker 645 f., 648: „Der Etat hat jedes Gesetz, das nicht aus anderen Gründen ungiltig ist, anzuerkennen." Ebenso Gneist, G. u. B. 100; ferner Laband, BR. 644; dagegen Hänel, Stud. II, 309.

der Umstand, daß das frühere Gesetz ohne Beifügung einer Zeitgrenze seiner Gültigkeit, das spätere nur für einen bestimmten Zeitraum erlassen wurde, ändert nichts an dem allgemeinen Satze: lex posterior derogat priori.

4. Aus der juristischen Natur des Budgets folgt sodann weiter, daß durch dasselbe alle neuen Vorschriften erlassen werden können, welche überhaupt in der Form eines Gesetzes erlassen werden können bezw. müssen, daß also insbesondere durch den Etat „organisiert" werden kann.[25] Es mag unzweckmäßig sein, durch ein nur für die Dauer eines Jahres bestimmtes Gesetz organische Einrichtungen zu treffen, aber an der Rechtskraft solcher durch den Etat geschaffenen Institutionen fehlt nichts.[26]

5. Nach der Verfassung sind alle Einnahmen und Ausgaben auf das alljährlich zu erlassende einheitliche Budgetgesetz zu bringen.[27] Der Etat besteht demgemäß aus den beiden großen Rubriken der Ausgaben und der Einnahmen.

Es fragt sich nun: welchen rechtlichen Sinn haben diese

[25] A. A. Fricker 645 ff.; Arndt VR. 156 ff. Was Gneist, G. u. B., hiergegen bezüglich des belgisch-französischen Rechtes bemerkt, ist politisch gewiß sehr richtig, aber keine juristische Begründung, s. auch Laband I, 345 [3].

[26] So beruhen viele Institutionen des Reichsstaatsrechts nur auf dem Etatsgesetz, z. B. das Reichsjustizamt, das Auswärtige Amt, das Reichsamt des Innern.

[27] Dadurch sind jedoch die sog. Nachtragsetats nicht ausgeschlossen und solche kommen in der Praxis sehr häufig für spezielle Punkte vor. Vgl. Laband in Hirths Ann. 1873, 528; v. Rönne II, 1, 147.

Etatsvorschriften? Diese Frage läßt sich nur dahin beantworten:

a) Die in das Etatsgesetz aufgenommenen, nach den Verwaltungszweigen des Staates eingeteilten Ausgabeposten enthalten die gesetzliche Ermächtigung der Regierung, für bestimmte Zwecke bestimmte Summen zu verwenden und zugleich die gesetzliche Verpflichtung, diese Summen zu den betreffenden Zwecken zu verwenden.[28]

[28] Hänel, Stud. II, 317: „erst durch das Budgetgesetz empfängt die Finanzverwaltung das **Recht** der Verwendung, der Verausgabung, der Verfügung über die etatsmäßigen Einnahmen, aber auch die **Pflicht** ihrer Bereitstellung für die Verwendungszwecke." Über die „übertragbaren" Fonds S. 320. Vgl. auch Seidler, Budget 139. Im bayrischen Finanzgesetz findet sich seit 1850 stereotyp der Satz: „die Etats sind in der Regel unüberschreitbar. Jeder Staatsminister ist dafür verantwortlich, daß die für seinen Geschäftskreis festgesetzten Summen zu den bestimmten Zwecken verwendet werden," und diese Prinzipien sind auch anerkannt in dem durch G. v. 11. Februar 1875 zum Reichsgesetz erhobenen preuß. Oberrechnungskammergesetz v. 27. März 1872 (GS. 278), §§. 18, Z. 2, 19; weiteres Material bei Hänel, Stud. II, 320. Richtig v. Rönne II, 1, 171. Laband II, 1005 stellt den exorbitanten Satz auf: „Staatsrechtlich erscheinen alle Ausgabepositionen des Etats nur als Ermächtigung der Regierung, dieselben zu leisten, so daß ihre Nichtleistung oder Ersparung weder eine juristische Verantwortlichkeit begründet noch einer Genehmigung des Reichstages bedarf." Also: die Regierung kann staatsrechtlich mit dem Ausgabebudget anfangen was sie will! (s. Hänel, Stud. II, 323.) Übereinst. mit dem Text jetzt Hänel, Stud. II, 310 ff., in eingehender und zutreffender Bekämpfung der Labandschen Theorie: „Die Auffassung des Budgets, dieses Wirtschaftsplanes des Staates als einer Rechnung oder Berechnung, als eines Referates über Thatsachen

b) Die in das Etatsgesetz eingestellten Einnahmen haben den gleichen juristischen Charakter. Die Regierung wird durch das Etatsgesetz ermächtigt und verpflichtet, diese Einnahmen zu erheben.[29]

6. Wenn alle Einnahmen und Ausgaben auf den Etat gebracht werden müssen,[30] und dieser Etat ein für die Dauer eines Jahres geltendes Gesetz ist, wie dies die

---

und nicht als eines Willensaktes, der eine Reihe von Willensakten leitet und maßgebend bestimmt, heißt einen klaren und durchsichtigen Thatbestand auf den Kopf stellen." Auf dem gleichen Standpunkt hinsichtlich des Ausgabenetats — anders dagegen für den Einnahmenetat — steht Arndt im Arch. f. öff. R. III, 558 ff. und giebt dafür eine wesentlich politische Begründung, die er aus der Entstehungsgeschichte der preuß. Verfassung entwickelt. Was dagegen Laband politisch einwendet, war, so richtig es m. E. ist, doch nicht die Auffassung bei Feststellung der Verfassung: darin hat Arndt m. E. Recht.

[29] Ebenso Hänel, Stud. II, 320 ff.; Laband StR. III, 2, 374², ebenso 2. Aufl. II, 1017², fragt, wie man sich das zu denken habe: ob etwa, wenn das Etatsgesetz nicht zustande gekommen, am 1. April alle Waren zollfrei eingehen? Darauf ist lediglich zu erwidern, daß, falls die juristische Schlußfolgerung zu einer Absurdität führt, es nicht statthaft ist, diese Absurdität durch eigene vernünftige Gedanken zuzudecken, wie Laband dies thut. Die im Text gegebene juristische Schlußfolgerung aber ist richtig; denn 1. alle Einnahmen müssen auf den Etat gebracht werden, 2. der Etat gilt nur für ein Jahr, 3. kommt nach Ablauf des Jahres der neue Etat nicht zustande, so existieren juristisch keine Einnahmen. Wenn dies absurd ist, so ist dies nicht meine Schuld, sondern die des Gesetzgebers, die zu bemänteln m. E. nicht die mindeste Veranlassung vorliegt. Sehr zutreffend äußert sich übrigens im gleichen Sinne über das Verhältnis von Jurisprudenz u. Politik Laband, VR. 621 ff. Sehr richtig sind auch Labands Bemerkungen StR. II, 1044 f.

[30] Dieses „müssen" bezieht Jellinek, Ges. u. V. S. 289, auf eine Rechtspflicht der Volksvertretung, Einnahmen und Ausgaben zu bewilligen! f. dazu Zorn in Hirths Ann. 1889, S. 371 f.

Verfassung vorschreibt, so folgt daraus mit logischer Notwendigkeit: daß es dauernde Einnahmen und Ausgaben im Staate rechtlich überhaupt nicht giebt. Alle Gesetze, welche dem Staate ständige Einnahmequellen eröffnen und alle Gesetze, welche dem Staate dauernde Ausgabepflichten auferlegen, sind nach der Verfassung in ihrer rechtlichen Existenz bedingt von dem alljährlich zu erlassenden Vollzugsgesetz, welches im Etat liegt.[31] Alle Rechte des Staa-

[31] Diese Folgerung lehnt auch Hänel, Stud. II, 327, kategorisch ab. Aber wenn er sagt: „Die einzelnen Einnahmen und Ausgaben erhalten eine neue und spezifische rechtliche Qualifikation dadurch, daß sie auch rechtlich in ein Verhältnis der Abhängigkeit zu dem gesetzlichen Gesamtfinanzplan gebracht werden," ferner: die Spezialgesetze „erhalten eine Ergänzung, welche ihre rechtliche Wirksamkeit bedingt und beschränkt; die auf ihnen beruhenden Einnahmen u. Ausgaben können nur verwandt und bewirkt werden, ihre Ermächtigungen und ihre Gebote werden nur vollziehbar auf Grund des ihre Bestimmungen in einen Gesamtplan einordnenden und sie damit ergänzenden Budgetgesetzes," und endlich S. 330: „diese anderen Gesetze müssen diejenigen Modifikationen und diejenigen Deutungen empfangen, welche dem Budgetgesetze in der Gesamtheit seiner Bestimmungen und damit dem Art. 69 d. RV. in der Fülle seines Wortlautes rechtliche Kraft und Wirkung beimessen" — so vermag ich einen Unterschied gegenüber der im Text präzisierten Rechtsanschauung nicht mehr zu finden.

Nach Jellinek, Ges. u. V. S. 292, 298, ist das Budget zwar „rechtliche Bedingung", aber nicht „Vollmacht" der Finanzwirtschaft des Staates; das ist Wortspielerei, s. Zorn in Hirths Ann. 1889, S. 372.

Die Sätze des Textes decken sich durchaus mit der Rechtsauffassung Bismarcks in dem großen preußischen Verfassungskonflikt s. Sybel, Gründung d. Deutschen Reiches II, 442 ff.

Die französische Verfassung v. 3. Sept. 1791 bestimmte in Tit. V, Art. 2 wenigstens: „sous aucun prétexte les fonds nécessaires à l'acquittement de la dette nationale et au paiement de la liste civile ne pourront être ni réfusés ni suspendus,"

tes auf Einnahmen und alle Pflichten des Staates zu Ausgabe n existieren nach unserem positiven Verfassungsrecht nur für ein Jahr.[32]

---

s. Jellinek, Ges. u. V. S. 28, 78 [14].

[32] Ausdrücklich gesagt ist dies in der belg. VU. Art. 111: „les impôts au profit de l'état sont votés annuellement. Les lois qui les établissent n'ont de force que pour un an, si elles ne sont renouvelées." Vgl. Pözl, Bayr. VR. 533 ff.: „die Erhebung der Steuern ohne vorhergegangene Bewilligung oder über die Zeit der Bewilligung hinaus, ist verfassungswidrig." „Die Beschaffenheit des Bedürfnisses ist nie ein Grund, der die Regierung berechtigen könnte, nicht bewilligte Steuern zu erheben." Ebenso S. 535 bezüglich der Ausgaben.

Die sämtlichen übrigen Schriftsteller dagegen sind anderer Meinung und weisen die im Text gezogene juristische Konsequenz aufs schärfste zurück. Laband, Budgetrecht 644 ff.: „die Feststellung des Etats muß dem geltenden Rechte gemäß geschehen, und daran ist die Volksvertretung ebenso sehr gebunden wie die Regierung. Soweit giltige Gesetze bestehen, welche irgend welche Einnahmen oder Ausgaben direkt oder indirekt bestimmen, ist bei der Feststellung des Etats für die freie Willensentschließung eine Schranke gezogen, deren Respektierung sowohl für die Regierung wie für den Landtag eine staatsrechtliche Pflicht ist." „Die Einnahmen beruhen sämtlich auf Gesetzen oder gesetzlich begründeten Einrichtungen des Staates und es liegt nicht in der Machtbefugnis des Landtags, einseitig diese Gesetze oder Einrichtungen abzuändern oder aufzuheben." „Die Streichung einer gesetzlich bestehenden Steuer aus dem Etat seitens des Landtages ohne Zustimmung der Regierung wäre ein Rechtsbruch, ein staatsrechtlich unwirksamer Akt." „So wenig der Landtag das bestehende Recht und die gesetzlich bestehenden Einrichtungen des Staates direkt durch einseitige Beschlüsse ohne Zustimmung der Krone aufheben kann, ebensowenig kann er es indirekt thun durch Verweigerung der zu ihrer Durchführung erforderlichen Ausgaben." Ebenso StR. 1. A. III 340 ff., 370.

Fricker 647: „wäre der Sinn der Mitwirkung der Stände zur Etatsberatung der, daß keine Ausgabe oder Einnahme ohne Zustimmung der den Etat beratenden Stände zulässig wäre, so würden sämtliche Gesetze, soweit sie zu Einnahmen oder Ausgaben führen, nur vorläufige sein, die, um zu wirklicher Existenz und Anwendung zu gelangen, noch der Aufnahme in den Etat

7. *Wenn alle Einnahmen und Ausgaben*

---

bedürften und nur je auf die Dauer einer Etatsperiode Leben und Geltung erhielten. Niemand zweifelt daran, daß eine solche Behauptung nur mit vollständiger Verkennung des Verhältnisses von Gesetzgebung und Budget aufgestellt werden könnte." Vgl. auch S. 633, wo gesagt ist, was das Budget bezüglich der Steuern enthalte, sei nur „Rechenexempel", könne also unmöglich den Inhalt eines Rechtes ausmachen, Recht seien nur die dauernden Steuergesetze. Nach *Schulze* bei Grünhut 195: soll der Etat nur „zu den bereits vorhandenen materiellen Rechtsgründen, auf welchen die Einnahmen und Ausgaben des Staates meistens schon beruhen, hinzutreten" und das „Zurückgehen auf den materiellen Rechtsgrund der einzelnen Positionen überflüssig" machen. Ähnlich auch *Schulze* DStR. §. 208.

*Gneist*, G. u. B. 163: „alle im Etat vorausgesetzten Rechtsverhältnisse leiten ihre Begründung nicht aus dem Etat her, sondern aus der allgemeinen Gesetzgebung." 108: „*die Gesetze, welche die dauernden Grundnormen der Staatsthätigkeit feststellen, können nicht durch jährlich wechselnde Beschlüsse von der Seite des Finanzinteresses außer Kraft gesetzt oder verändert werden.*"

Ebenso erklärt jetzt *Hänel*, Stud. II, 299, diejenigen Einnahmen und Ausgaben, die „nach ihrer Art oder zugleich nach Art und Maß durch das Gesetz angeordnet oder durch die Aufrechterhaltung der auf Gesetz beruhenden Einrichtungen und Anstalten begründet oder mit den durch das Gesetz vorgeschriebenen Maßregeln notwendig verknüpft sind", als „staatsrechtlich notwendige" Einnahmen und Ausgaben, die „einseitig" nicht „verweigert werden" können. Aber S. 347 führt er durchaus richtig aus, allerdings nur „gegenüber der Finanzverwaltung": „*die Ausgaben jedes größeren Staatswesens bilden ein so dichtes und unauflösliches Gefüge, in dem sich alle Einzelheiten so sehr gegenseitig tragen und bedingen, daß der Versuch einer Scheidung nach jenen beiden Kategorieen — staatsrechtlich notwendige und rechtlich ungebundene Ausgaben — für den geordneten Gang des Finanzdienstes, für die dringendsten und unabweisbarsten Bedürfnisse der Staatsverwaltung unthunlich und unmöglich ist. Der Versuch würde bereits scheitern an der freien Schätzung des Bedarfes an Federn, Tinte und Papier für die gesetzlichsten aller gesetzlichen Behörden.*" Diese Sätze sprechen eine so unbestreitbare Wahrheit aus, daß es nur zu verwundern ist, wie *Hänel* S. 299 doch den

des Staates lediglich auf dem alljährlich zu erlassenden Etatsgesetz beruhen, so ist die Regierung rechtlich nicht befugt, Einnahmen und Ausgaben zu machen, falls dieses Gesetz nicht zustande gekommen ist.[33]

juristischen Begriff der „staatsrechtlich notwendigen" Ausgaben annehmen und daraus hochwichtige juristische Folgerungen ziehen konnte. Die ganze scharfe Kritik von Hänel 347 ff. gegen Laband gilt vollständig auch gegen Hänel 299. Sehr zutreffend ist hier die Kritik von Laband II, 1054 ff. gegen Hänel.

Ebenso Meyer, Lehrb. §. 205, der Etat „muß sich innerhalb der gesetzlichen Schranken bewegen", „die gesetzlich feststehenden Einnahmen und Ausgaben" stehen im Etat lediglich als Deklaration, sie können vom Landtage nicht verweigert werden, weil diesem nicht das Recht zusteht, einseitig die bestehenden Gesetze aufzuheben". Als „gesetzlich feststehend" werden insbesondere Gebühren und indirekte Steuern erklärt. Der Meyersche Trugschluß findet sich bei allen Vertretern der herrschenden Lehre, jetzt selbst bei Hänel, Stud. II, 299, auch bei Jellinek, G. u. V., S. 288. „Gesetzlich feststehend" sind nach der Verfassung eben **alle** Einnahmen und Ausgaben nur auf ein Jahr. Dann tritt entweder eine neue gesetzliche Feststellung auf ein Jahr oder ein Vacuum ein. Wenn das Parlament Einnahmen oder Ausgaben, welche aus dauernden Gesetzen resultieren, im Etat anzuerkennen verweigert, so erhebt es doch nicht den Anspruch, „**einseitig** die bestehenden Gesetze aufzuheben", sondern es verweigert lediglich seine Zustimmung zu dem nach der Verfassung alljährlich neu zu erlassenden Vollzugsgesetz zu den dauernde Normen über Einnahmen und Ausgaben des Staates enthaltenden Spezialgesetzen.

[33] v. Rönne PrStR. I §. 65, speziell auch über die Versuche gesetzgeberischer Abhilfe. Ein juristisches System der Budgetlosigkeit konstruiert Laband II §. 129 auf dem Satze, daß die „staatsrechtlich notwendigen" Ausgaben von der Staatsregierung auch ohne Budgetgesetz gemacht werden „können und müssen". S. die Kritik dieses „Rechtssatzes" von Hänel, Stud. II, 347 ff., das mit dem Text übereinstimmende Resultat S. 351 f. Nach Laband ist der Unterschied zwischen dem zustande gekommenen und dem nicht zustande gekommenen Budget lediglich der, daß im ersteren Falle

„Über die Feststellung des Staatshaushaltsetats, so bezeugt die preußische Thronrede vom 5. August 1866, hat eine Vereinbarung mit der Landesvertretung in den letzten Jahren nicht herbeigeführt werden können. Die Staatsausgaben,[34] welche in dieser Zeit geleistet worden sind, entbehren daher der gesetzlichen Grundlage, welche der Staatshaushalt, wie ich wiederholt anerkenne, nur durch das nach Art. 99 der Verf.-Urk. (=RV. Art. 69) alljährlich zwischen Meiner Regierung und den beiden Häusern des Landtags zu vereinbarende Gesetz erhält." —

Nur ausnahmsweise „in besonderen Fällen" können nach der Verfassung die Ausgaben auf eine längere Dauer bewilligt werden;[35] bezüglich der Einnahmen dagegen giebt die Verfassung eine analoge Fakultät nicht.

---

„die Regierung im voraus von ihrer Verantwortlichkeit entlastet wird", im anderen, „daß sie die Regierung auf eigene Verantwortlichkeit fortführt" (S. 1013); bezüglich der in ihrer Höhe feststehenden staatsrechtlich notwendigen Ausgaben „hat die Aufnahme in das Etatsgesetz gar keine selbständige Bedeutung", also hat „auch das Fehlen des Etatsgesetzes keine Bedeutung" (1015), ebenso bezüglich der auf dauernden Gesetzen beruhenden Einnahmen (1017). Dagegen mit dem Text übereinstimmend Jellinek, G. u. V. S. 308. Der Text des preuß. Indemnitätsgesetzes vom 14. September 1866 bei Hänel, Stud. II, 269. Vgl. auch Rönne, PrStR. I, 622 ff.

[34] Von den Einnahmen spricht die Thronrede wegen Art. 100 u. 109 der preuß. VU. nicht, die RV. enthält diese Artikel nicht; für das Reichsrecht ist demnach das Rechtsverhältnis bezüglich der Einnahmen ganz unzweifelhaft das gleiche wie bezüglich der Ausgaben; die betreffenden Kontroversen des preußischen Staatsrechtes haben im Reichsstaatsrecht keinen Platz.

[35] v. Rönne II, 1, 147; Laband II, 988.

Der Reichstag aber ist, wie bei allen Gesetzen so auch beim Etatsgesetz, vollkommen frei in Bezug auf seine Zustimmung oder Ablehnung. Es giebt weder Einnahmen noch Ausgaben, welche rechtlich vom Parlament bewilligt werden müßten.[36]

Mit vollem Recht hat man diesen staatsrechtlichen Zustand ein Jahresabonnement auf Kündigung genannt. Der Zustand darf unbedenklich als geradezu absurd bezeichnet werden. Aber diese Absurdität[37] giebt nicht die Befugnis, das positive Recht durch künstliche juristische Konstruktionen zu beseitigen, wenn dasselbe auf dem klaren Wortlaute der Verfassung beruht, sondern kann nur eine starke Mahnung sein, durch klares Aufdecken des juristischen Inhaltes der betreffenden Verfassungsvorschriften und ihrer Konsequenzen einer gesunden Weiterbildung des preußisch-deutschen Finanzrechtes die Bahn zu ebnen.[38]

---

[36] A. A. jetzt auch Hänel, Stud. II, 299, der als Rechtssatz der Verfassung behauptet die „Notwendigkeit des Zustandekommens des Budgetgesetzes."

[37] Das gleiche Urteil über NB. Art. 69 bei v. Martitz, Betrachtungen über die norddeutsche Bundesverfassung (1867) S. 101, während in der neuen oben wiederholt zitierten Abhandlung sich Verf. eines Urteils enthält und den gegenwärtigen Zustand für einen gesunden zu halten scheint.

[38] Die herrschende Lehre lehnt die im Text als geltendes Recht behaupteten Sätze mit größter Schärfe ab. Fricker 677: „ganz unzulässig erscheint ein Veto in Beziehung auf Einnahmen inklusive Steuern und Ausgaben im ganzen; so gewiß mit der Existenz des Staates auch Ausgaben mannigfacher Art unvermeidlich sind, so gewiß ist auch der Bezug von Einnahmen eventuell von Steuern eine nicht zu entfernende Notwendigkeit. Aus diesem Grunde muß daher unter allen Umständen der Unterschied zwischen eigentlichem Gesetz und Finanzgesetz eingeräumt werden,

daß das letztere nicht überhaupt oder wegen einzelner Punkte im ganzen verworfen werden kann." 679: „sowohl bei den Einnahmen wie bei den Ausgaben führt ein beiderseitiges Veto von Regierung und Ständen nach Analogie des Gesetzesvetos zu juristischen Unlösbarkeiten." Gneist G. u. B. 183 ff.: „das Recht einer Verweigerung des Gesamtbudgets (totale Steuerverweigerung), welches in der französischen und belgischen Budgettheorie aus dem Grundsatz der Volkssouveränetät zu folgern ist, läßt sich nach deutschen Staatsgrundsätzen nicht konstruieren." Ein solcher Akt wäre nach Gneist ein „actus inanis". Ebenso G. Meyer bei Grünhut VIII, 49. Hänel, Stud. II, 300 f.: „Die Verwerfung des Budgets im ganzen und schlechthin ist entweder revolutionärer Akt oder Staatsstreich" (Unterschied?).

Mehrere Schriftsteller versuchen, der Kontroverse die Spitze dadurch abzubrechen, daß sie zwischen notwendigen und nützlichen Ausgaben unterscheiden und das Parlament zur Bewilligung der ersteren für verpflichtet erklären, so Pözl, Mohl, Gerber, Schulze, Jellinek, G. Meyer, ähnlich auch Gneist (über den Selbstwiderspruch bei Hänel s. oben N. 32). Aber diese Theorie scheitert an zwei Gründen: 1. an der Unmöglichkeit der Grenzziehung zwischen den nützlichen und den notwendigen Ausgaben, 2. an der Unmöglichkeit, das freie Recht der Volksvertretung in eine Pflicht zu verwandeln, die sie erfüllen muß. Ein solches Muß kann immer nur moralisch, nicht juristisch gedacht werden. Auch Schulze gesteht zu (DStR. 201): „es ist juristisch unmöglich, mehreren Faktoren, die ihren selbständigen Willen haben, die Übereinstimmnng zu befehlen." Vgl. jedoch auch ebenda S. 589. Und Gneist, G. u. B. 161 (vgl. auch 112): „man soll keine Vorschriften geben über das, was die Volksvertretungen thun müssen." Der alte deutsche Bund erließ unter dem 18. Juni 1832 einen Beschluß, kraft dessen die Landstände „die zur Ausführung einer den Bundespflichten und der Landesverfassung entsprechenden Regierung erforderlichen Mittel" unter keinen Umständen sollten verweigern dürfen (Gneist, G. u. B. 161). Ebenso ist in der sächsischen VU. §. 97, dazu G. v. 5. Mai 1851 und 27. November 1860, eine positive Rechtspflicht der Kammern statuiert. Wo dies aber nicht durch die Gesetzgebung ausgesprochen ist, kann die Wissenschaft diese Rechtspflicht nicht in die Verfassung hinein interpretieren. Vgl. Fricker 652, 657; Laband BR. 643 ff., 656 ff., ferner in Hirths Ann. 532 ff. „Ausgaben, welche zur Durchführung und Aufrechterhaltung der bestehenden Gesetze und In-

„Es liegt," sagt Gneist,[39] „in diesen Verhältnissen eine Kette von Widersprüchen und der Keim zu wiederkehrenden Konflikten, welche eine Mäßigung von beiden Seiten bedingen. Es ist der Volksvertretung dem Buchstaben

---

stitutionen erforderlich sind, dürfen nicht verweigert werden." Ebenso jetzt StR. II, 993 ff., 1006. Dafür beruft sich Laband speziell auf RV. Art. 62 Abs. 4, dem jedoch der Gesetzgeber schwerlich den von Laband postulierten Sinn beigelegt wissen wollte. Demgemäß wird dann unterschieden zwischen willkürlichen und notwendigen Ausgaben und nur eine Verweigerung der ersteren dem Parlament freigegeben. Bezüglich der Einnahmen sagt Laband: „was die Einnahmen des Reiches anlangt, so spricht die RV. von einer Bewilligung derselben seitens des Reichstages oder durch das Etatsgesetz nicht. Die Einnahmen des Reiches beruhen vielmehr auf dauernden, einer jährlichen Genehmigung nicht bedürftigen gesetzlichen Titeln." Schulze, DStR. 592, findet den Unterschied zwischen einer Regierung mit und einer solchen ohne Etatsgesetz nur darin, daß im letzteren Falle „das Ministerium die Beweislast trifft, indem es der Landesvertretung gegenüber die Gesetzlichkeit (aber das von der Verfassung geforderte „Gesetz" ist ja nicht vorhanden!) und Notwendigkeit jeder einzelnen Ausgabe darlegen muß. Auch v. Rönne II, 1, S. 173 u. Pr. StR. I, 602 ff. bewegt sich in Erörterungen wie: „staatsrechtlich sind allerdings der Bundesrat wie der Reichstag verbunden, die auf der Reichsverfassung und auf gesetzlicher Verpflichtung beruhenden, sowie die sonst als notwendig anzuerkennenden Ausgaben zu bewilligen und ein rein willkürliches Verweigerungsrecht findet keinen Boden in der Verfassung des Deutschen Reiches." Derartige Erörterungen sind lediglich moralischer Natur und entbehren des rechtlichen Fundamentes völlig. Wenn es v. Rönne bange wird vor den rechtlichen Konsequenzen des Art. 69, so kann er doch nur die Absurdität des in jenem Artikel liegenden Prinzips anerkennen. — Als einen „Notstand" charakterisieren eine Verwaltung ohne Budgetgesetz: H. Schulze, Brie, Jellinek, wogegen Laband II, 1040 sich energisch wendet. Die Unterscheidung zwischen dem „verfassungsmäßigen" Budget, das fehlen, und dem „wirtschaftlichen" Budget, das nicht fehlen könnte — Jellinek, Ges. u. V. 292, 303 — ist für die juristische Betrachtung nur Wortspielerei.

[39] In v. Holtzendorffs RLex. I, 431.

nach die Befugnis beigelegt, Ausgaben zu verweigern, welche sie rechtlich bewilligen muß, und sogar jede Staatsverwaltung durch Verweigerung aller zur Führung der Geschäfte notwendigen Mittel zum Stillstand zu bringen. Andrerseits sind die Kammern außer stande, der Staatsregierung die Einnahmen des Staats vorzuenthalten,[40] zugleich fehlt jede Rechtsprechung über die Gesetzmäßigkeit der Steuern und eine wirksam geltend zu machende Ministerverantwortlichkeit. Die Widersprüche sind lediglich durch Einschaltung einzelner inkongruenter Sätze aus der belgischen Verfassung entstanden, welche auf dem Prinzip der Volkssouveränetät aufgebaut,[41] als Wahlkapitula-

[40] S. dageg. oben S. 455[34]: das Rechtsverhältnis der Einnahmen ist nach der Reichsverfassung das nämliche wie das der Ausgaben.

[41] S. über diese politischen Einflüsse bei der Entstehung der preußischen Verfassung die Ausführungen von Arndt im Arch. f. öff. R. III, 533 ff., auch Seidler 231 ff., Gierke in Schmollers Jahrb. VII, 1150 ff. Laband II, 1048 f. meint, ich sei den Beweis dafür „schuldig" geblieben, „daß die französisch-belgische lex annua wirklich rezipiertes Recht sei", ich stelle dies als ein „keines Beweises bedürfendes Axiom auf" und dies sei „das Merkwürdigste an der ganzen Deduktion"; er nennt meine Darstellung „ein bloßes Schreckgespenst". Hänel, Stud. II, 292, spricht in gleicher Richtung von einem „tendenziösen Zerrbild des französisch-belgischen Budgetrechts, welches man zur Abschreckung entworfen hat", und würdigt meine Darstellung, mit der die jetzt von Hänel gegebene juristisch in der Hauptsache völlig zusammentrifft, daraufhin garkeines Wortes. Ich muß dem gegenüber lediglich betonen, den Beweis für die Übereinstimmung der Hauptgrundsätze des französisch-belgischen mit dem preußisch-deutschen Budgetrecht habe ich im Text zu erbringen versucht und halte mich fast für berechtigt, für diese belgisch-französischen Einflüsse „Notorietät" zu behaupten. Die Gefahren dieses Rechtszustandes zu betonen, erachte ich für ein durch die Weltgeschichte begründetes Recht der Wissenschaft; wenn

tion für eine neu eingesetzte Dynastie bestimmt, mit den deutschen Grundsätzen vom Rechtsstaat nicht zu vereinigen sind."

Selbstverständlich wird die Regierung aber die Staatsverwaltung auch dann weiter führen, wenn ein Budgetgesetz nicht zustande gekommen ist. Der verfassungsmäßigen Grundlage entbehrt ein solcher Zustand unzweifelhaft:[42] die Minister bezw. der Reichskanzler haben dafür die staatsrechtliche Verantwortlichkeit zu tragen gemäß Verfassung und Gesetzen, eine civilrechtliche Haftbarkeit dagegen für die ohne Etatsgesetz geleisteten Ausgaben kann mangels einer dies positiv begründenden Vorschrift, nicht behauptet werden.[43]

8. Wenn demnach alle Einnahmen und Ausgaben des Staates der gesetzlichen Basis verfassungsmäßig bedürfen, so sind Einnahmen, die im Etatsgesetz nicht vorgesehen sind, an sich verfassungswidrig und dürften nicht gemacht werden. Gleichwohl wird der Staat selbstverständlich derartige Einnahmen sich nicht entgehen lassen.[44] Das gleiche

Hänel darin anderer Meinung ist, so giebt dies doch nicht das Recht, von einem „tendenziösen Zerrbild" zu sprechen, das „man" entworfen habe.

[42] Richtig v. Rönne II, 1, §. 90; Zachariä in Gött. Gel. Anz. 1871, 380 ff. Das Beispiel der erledigten Reichstagsmandate, welches Laband bei Hirth 548[3] dagegen anführt, paßt nicht, denn nirgends steht geschrieben, daß die sämtlichen Reichstagsmandate besetzt sein müssen, damit der Reichstag fungieren könne, während doch die Verfassung klar besagt, daß die Einnahmen und Ausgaben auf den Etat gebracht werden müssen.

[43] Nur v. Rönne II, 1, 183[4] nimmt, im Banne der konfliktszeitlichen Theorieen befangen, eine solche an. Dagegen Laband BR. 698; Gneist, G. u. B. 101, 171 ff.

[44] S. dazu RG. v. 11. Nov. 1871 über den Reichskriegsschatz

Verhältnis kann sich bezüglich der Ausgaben ergeben. An sich ist der Staat nur berechtigt, die Ausgaben zu machen, welche ihm der Etat bewilligt; gleichwohl wird man auch hier nicht umhin können zuzugeben, daß der Staat unter Umständen in die Notwendigkeit versetzt sein kann, Ausgaben zu machen, welche im Etat nicht vorgesehen sind.

Die Verfassung enthält für solche Fälle keinerlei Rechtssätze. Die Praxis aber hat sich auch im Reiche — anschließend an Pr. VU. Art. 104 Abs. 1 — dahin festgestellt, daß die Staatsverwaltung zunächst auf ihre eigene Verantwortlichkeit handelt und auf dem Wege der nachträglichen Genehmigung (nicht eines formellen Gesetzes) sich die verfassungsmäßig erforderliche gesetzliche Basis zu schaffen sucht.

Dieses Herkommen hat auch bezüglich der Ausgaben durch das pr. G. v. 27. März 1872 §. 19 (dazu §. 10 des G. v. 25. Mai 1873 über das Reichseigentum) eine gesetzliche Grundlage empfangen. Darnach müssen a) alle Etatsüberschreitungen und b) die außeretatsmäßigen Ausgaben jedesmal im nächsten Jahre, nachdem sie entstanden sind, zur budgetmäßigen Genehmigung vorgelegt werden.[45] Als Etatsüberschreitungen sind alle diejenigen Mehraus-

§. 2, welcher über derartige Einnahmen disponiert. S. auch v. Rönne PrStR. I, 617 ff.

[45] Schulze bei Grünhut II, 194; v. Rönne II, 1 §. 89; Tüb. Z. XXXII, 529; Laband II, 1000 f. 1026; Hänel, Stud. II, 339; Seidler, Budget 139 ff. Daß diese „Genehmigung" sich in vielen, vielleicht den meisten Fällen, materiell „auf die Anerkennung der Thatsache" reduziert, ist für die formell juristische Betrachtung irrelevant. S. auch Laband II, 1007 ff. über Restverwaltung und Vorschußverwaltung, ferner Hänel, Stud. II, 320.

gaben zu betrachten, welche gegen die einzelnen Kapitel und Titel des Etats oder der Spezialetats stattgefunden haben, soweit nicht einzelne Titel ausdrücklich als übertragbar bezeichnet sind und bei solchen die Mehrausgabe in dem einen Titel durch Minderausgabe in dem betreffenden anderen Titel kompensiert ist.[46] Andererseits findet sich in der Spezialgesetzgebung auch eine Vorschrift über außeretatsmäßige Einnahmen, welche unbedenklich generalisiert werden darf. Ergeben sich bei Veräußerung von Reichseigentum Mehreinnahmen, die im Etat garnicht vorgesehen sind oder die Ansätze des Etats überschreiten, so sind dieselben spätestens in dem auf das Etatsjahr folgenden zweiten Jahr dem Bundesrat und Reichstag zur nachträglichen Genehmigung vorzulegen, ferner die vereinnahmten Summen in jedem Falle, wenn nicht durch gemeinsamen Beschluß von Bundesrat und Reichstag darüber verfügt ist, in den nächsten Etat einzustellen.[47] Freilich besteht dabei immer die Eventualität, daß die Zustimmung des Reichstags nicht erteilt wird. Für diese Eventualität aber fehlt nach Lage unseres positiven Rechtes jede Möglichkeit einer juristischen Konstruktion, ebenso wie bei einer vollständigen Verweigerung des Budgets durch Ablehnung des verfassungsmäßig hierfür erforderlichen Gesetzes. Daß ein solcher Akt des Reichstages rechtsunwirksam wäre, läßt sich juristisch nicht begründen: der Reichstag ist in Bezug auf Annahme und Ablehnung eines Gesetzentwurfes vollkommen frei.

Dies sind die formell juristischen Konsequenzen, welche

[46] Laband III, 2, 357¹: Hänel, Stud. II, 313 f.

[47] G. v. 25. Mai 1873 §. 10 f.

Vgl. Laband III, 2, 351 f., 362 ff. bei Hirth 539 ff.; Hänel, Stud. II, 316, 337 f.

sich aus den Prinzipien des preußisch-deutschen Budgetrechtes mit logischer Notwendigkeit ergeben. Aber die staatsrechtliche Betrachtung hat allen Anlaß zu betonen, daß die formell juristischen Gesichtspunkte bei derartigen großen Streitfragen zwischen Parlament und Staatsregierung nicht ausreichen; „der Staat mit seinen gewaltigen Pflichten und Rechten gleicht einem Riesen, der sich mit so schwachen Fäden nicht binden läßt".[48] In jedem Falle bedarf das preußisch-deutsche Budgetrecht dringendst einer Weiterbildung, welche die möglichen Konflikte zwischen Regierung und Parlament in Budgetsachen auf ein Maß reduziert, daß dadurch die Existenz des Staates nicht gefährdet werde. „Die emphatische Behauptung, daß das sogenannte Budgetrecht der „Eckstein und die Grundlage aller Rechte der Volksvertretung" sei, hat keine geschichtliche Berechtigung" (Gneist).[49]

---

[48] Gneist, G. u. B. 159. Dieser Gneistsche Ausspruch gehört wohl auch zu den „Phrasen", gegen welche Laband StR. III. 2, 368², mit G. Meyer sich wendet. Und von den Schlußsätzen der Labandschen Abhandlung über das Budgetrecht müßte wohl das gleiche Urteil gelten! S. auch Jellinek, Ges. u. V. 304, über „die Unmöglichkeit der Lösung eines derartigen Falles nach Rechtsregeln, weil das formale Recht hier mit den Existenzbedingungen des Staates in Widerspruch geräth", und besonders Ihering, Zweck im Recht I, 252 ff.; Gierke bei Schmoller J. VII, 53.

[49] Hierin liegt der fundamentale Unterschied der im Text vorgetragenen von der v. Rönneschen Budgettheorie. Die aus Pr. VU. Art 99 u. RV. Art 69 sich ergebenden Konsequenzen sind nicht „angeblich absurd" (v. Rönne II, 1, 173), sondern wirklich absurd. Auch Jellinek meint, nur bei „politisch

9. Eine Reform des deutsch-preußischen Budgetrechtes wäre nach folgenden Gesichtspunkten anzustreben: 1. Verlängerung der Etatsperiode,[50] 2. gesetzliche Fixierung der notwendigen Staatseinnahmen und Ausgaben durch Ausscheidung derselben aus dem Etatsgesetz,[51] 3. Zusammen-

ungeschulten Nationen" (Preußen und Dänemark!) wären Konflikte aus diesem Budgetrecht zu befürchten.

[50] Zweijährige Budgetperiode haben Bayern, Sachsen, Baden, dreijährige Württemberg und Hessen. Vgl. G. Meyer 536[6]; Seidler, Budget 118 ff. Der dem Reichstag 1881 von der Regierung vorgelegte Entwurf über zweijährige Budgetperioden wurde mit großer Majorität abgelehnt. — Nach bayrischem Recht ist überdies das Budget nicht Gesetz, weiter ist ein großer Teil des Ausgabe- wie des Einnahmebudgets feststehend, s. die oben citierten Arbeiten von Seydel, sowie Zorn in Hirths Ann. 1889, 367 ff., ferner Hänel, Stud. II, 242 f.

[51] So das englische Budgetrecht, welches G. Meyer, Lehrb. S. 534 dahin zusammenfaßt: „dabei wurde aber stets der Grundsatz festgehalten, daß die gesetzlich feststehenden Einnahmen und Ausgaben nicht Gegenstand parlamentarischer Bewilligung seien. Nur diejenigen Positionen des englischen Budgets, welche den Charakter von beweglichen Einnahmen und Ausgaben besitzen, gelangen überhaupt zur Cognition des Parlamentes. Da nun fast alle Steuern und ebenso die Gebühren ihre Regelung durch besondere Gesetze erhalten haben, so beschränkt sich die Einnahmebewilligung des Parlamentes in der Regel auf die bewegliche Einkommensteuer und einige indirekte Steuern." Gerber schlägt die dauernde Feststellung eines Ordinariums vor, „neben welchem nur die Abänderungen zur jedesmaligen Verabschiedung blieben". Über das engl. Budgetrecht besonders Gneist, Budget u. Gesetz 7 ff., ferner Jellinek, Ges. u. V. 130 ff.: etwa 1/6 der gesamten Staatseinnahmen unterliegen der alljährlichen Bewilligung (Einkommensteuer und Theezoll), ca. 10 1/2 Mill. £, wogegen 60 Mill. £ feststehen. Von den Ausgaben werden ca. 38 Mill. jährlich bewilligt, ca. 30 stehen dauernd fest; s. dazu auch Jellinek S. 135, nach dem nur 1/7 der Ausgaben wirklich der jährlichen Bewilligung unterliegt; s. ferner Seidler, Budget 133 ff. über das „konsolidierte" Budget in England.

„Das Englische B. enthält keinen Gesamtbeschluß über den Staatshaushalt, sondern nur eine ergänzende Beschließung über periodische

fassung der im Etatsgesetz zu bewilligenden Einnahmen und Ausgaben in größere Kapitel, welche der Beschlußfassung der Volksvertretung unterliegen.[52]

Nur auf Grundlage dieser Sätze läßt sich ein den zwingenden Anforderungen des Staatswohles konformes Budgetrecht gewinnen. Es ist das hohe Verdienst Gneists, parlamentarisch und litterarisch für eine richtige Gestaltung des Budgetrechtes gewirkt zu haben: vielleicht wäre der Erfolg jenes Schriftstellers ein viel durchschlagenderer gewesen, wenn er sich lediglich auf die politische Begründung de

---

Steuern und Überschüsse des Staatsschatzes einerseits, eine Beschließung über die beweglichen Ausgaben andrerseits. Auch von den Ausgaben sind nämlich die Zinsen der Staatsschuld, die Richtergehalte und andere Ausgaben nach Gesetz und common law auf den Staatsschatz angewiesen und von einer „Bewilligung" des Parlaments unabhängig gestellt. Diese scheinbare Zerstückelung ist dadurch bedingt, daß die dauernde gesetzliche Ordnung des Staates über der jährlich wechselnden Ordnung des Haushaltes stehen soll. Die gesetzlich feststehenden Einnahmen u. Ausgaben sollen nicht noch einmal vom Unterhaus „bewilligt" werden, damit nicht die Wirksamkeit der dauernden gesetzlichen Institutionen von Jahr zu Jahr durch Beschlüsse des Unterhauses in Frage gestellt werde. Diesem Grundgedanken des „Rechtsstaats" entsprechend, faßt das Unterhaus seine Budgetbeschlüsse nur auf Initiative der Krone, und beschränkt die Vorlage, Berathung u. Beschließung auf den „Dienst des Jahres", d. h. auf den beweglichen Teil des Staatshaushaltes, mit Ausschluß der Einnahmen u. Ausgaben, welche durch Gesetz ein für allemal feststehen. Die Einheit des Finanzplans wird durch das mündliche Exposé des Schatzkanzlers u. die mündliche Besprechung im ganzen Hause erhalten." (Gneist bei v. Holtzendorff, RLex. I, 429.) Was Hänel, Stud. II, 299 ff., ausführt, ist nicht, wie er annimmt, positives Recht, wohl aber eine zwingende Forderung de lege ferenda. Das Gleiche gilt bezüglich des von Laband II, 1055 behaupteten „konstanten Bestandteil des Budgets".

[52] Über England Gneist, G. u. V. 113; Frankreich 129; Deutschland 173 ff.; vgl. auch Seidler 139 ff. 77.

lege ferenda beschränkt und nicht den juristisch unhaltbaren Versuch gemacht hätte, seine richtigen und gesunden Prinzipien des Budgetrechtes in dem geltenden preußischen und deutschen Recht zu finden, in welchem sie eben nicht enthalten sind, und in welches sie auch durch die scharfsinnigste juristische Kunst nicht hineingebracht werden können.[53]

### III. Die formelle Einteilung des Budgets.[54]

Die formelle Einrichtung des deutschen Reichshaushaltsetats ist dahin geordnet, daß dem Gesetze, welches den Etat sanktioniert und welches daneben in der Regel noch finanzrechtliche Bestimmungen von untergeordneter Bedeutung enthält, der Etat selbst in Anlage beigefügt ist. Der Gesetzescharakter des Etats wird durch diese Form nicht berührt; auch der Zolltarif ist in analoger Weise einem Gesetz als „Anlage" beigefügt.

Der Etat teilt sich in zwei große Gruppen: Einnahmen und Ausgaben, deren letztere wieder in einen „fortdauernden" und einen „einmaligen" Teil zerfällt.[55] Die Ausgaben sind in XV Titeln vorgetragen: Bundesrat, Reichs-

[53] Gneist, Gesetz u. Budget 92, behauptet, daß im englischen Recht „die entscheidenden Obersätze der Frage identisch sind mit den hergebrachten Grundsätzen des deutschen Landesstaatsrechtes". Nach den ausgezeichneten Ausführungen von Gneist selbst ist dies jedoch nicht richtig: die preußisch-deutschen Rechtssätze — und nur um diese kann es sich doch handeln! — sind vielmehr — leider! — identisch mit den Obersätzen des französisch-belgischen Rechtes. Die beiden Hauptgrundsätze, auf denen das engl. Recht ruht: 1. Perpetuität der bedeutendsten Steuern, 2. Perpetuität der Ausgaben für Verzinsung der Staatsschuld, Beamtengehälter und Pensionen widersprechen direkt dem Wortlaut und Sinne unserer Verfassungsvorschriften.

[54] Laband StR. II, 990 ff.

[55] Der Etat für 1894/95 schließt ab mit 1286536060 Mk.

tag, Reichskanzler und Reichskanzlei, Auswärtiges Amt, Reichsamt des Innern, Verwaltung des Reichsheeres, Marineverwaltung, Reichsjustizverwaltung, Reichsschatzamt, Reichseisenbahnamt, Reichsschuld, Rechnungshof, Allgemeiner Pensionsfond, Reichsinvalidenfond, Beitrag zur Durchführung des Altersstufensystems bei den Beamtenbesoldungen.[56] Der Militäretat[57] ist in drei Kolumnen gegliedert, für die drei Spezialverwaltungen des Reichsheers, welche von Preußen, Sachsen, Württemberg geführt werden; der auf Bayern entfallende Betrag wird ebenfalls vom Reiche getragen, figuriert aber im Reichsetat nur als durchlaufender Posten wegen der besonderen Rechtsstellung Bayerns in dieser Hinsicht (s. oben S. 209 Z. 7).

Die Einnahmen sind in XII Titeln vorgetragen: Zölle und Verbrauchssteuern, Reichsstempelabgaben, Post- und Telegraphenverwaltung, Reichsdruckerei, Eisenbahnverwaltung, Bankwesen, Verschiedene Verwaltungseinnahmen, Aus dem Reichsinvalidenfond, Zinsen aus belegten Reichsgeldern, Erlös aus veräußertem Festungsterrain, Überschüsse aus früheren Jahren, Matrikularbeiträge, Außerordentliche Deckungsmittel.[58]

---

Die Entwickelung des deutschen Bundesstaates seit 1867 läßt sich in sehr lehrreicher Weise an den Etatsgesetzen verfolgen.

[56] Die Post- u. Telegraphenverwaltung figuriert im Ausgabeetat nur unter den „einmaligen Ausgaben". Ebenso die Eisenbahnverwaltung. Im übrigen ist der Post- u. Eisenbahnetat nur bei den Einnahmen vorgetragen, was ganz inkorrekt ist.

[57] Die Rechtsfrage des Militäretats vor 1874 (RV. Art. 71, Abs. 2) zu betrachten, ist jetzt rechtlich gegenstandslos. Ueber den bayrischen Militäretat s. Laband II, 992 f.: Seydel, bayr. StR. IV, 457.

[58] Die richtige Systematik des Einnahmeetats wäre 1. Zölle, 2. Verbrauchssteuern, 3. Reichssteuern, 4. Gebühren, 5. Einnahmen aus Geschäften, 6. Matrikularbeiträge. Der Etat unter

Der Besoldungsetat für das Direktorium der Reichsbank ist bei der besonderen Rechtsstellung der Reichsbank (s. unten §. 26) dem Hauptetat besonders beigefügt (§. 2).

Jede der beiden großen Rubriken des Etats enthält eine sehr bedeutende Anzahl einzelner Rechnungsposten. Selbstverständlich kann nicht über jeden Rechnungsposten der Reichsfinanzwirtschaft selbständig verhandelt und votiert werden; vielmehr müssen die einzelnen Posten in größere Gruppen zusammengefaßt werden. Nach welchen Gesichtspunkten dies zu geschehen habe, ist positiv nicht bestimmt. Die preußisch-deutsche Praxis huldigt einer überaus weitgehenden Spezialisierungsmethode. Dadurch wird allerdings eine möglichst umfassende, parlamentarische Kontrolle gesichert, aber es fragt sich doch, ob die herrschende Praxis nicht einer Vereinfachung aus Sparsamkeitsrücksichten dringend bedarf.[59]

---

1. u. 2. ist korrekt gefaßt, wäre aber zu teilen; unter 3. fallen die Stempelsteuern, sowie die Banknotensteuer; unter 4. die Post- und Eisenbahneinnahmen, sowie ein großer Teil der unter den „verschiedenen Verwaltungseinnahmen" vorgetragenen Posten (Gerichtssporteln, Konsulargebühren, Patentgebühren); unter 5. die Reichsdruckerei und der Anteil des Reiches an der Reichsbank; unter 6. wäre das Verhältnis der Aversen zu den eigentlichen Matrikularbeiträgen auch äußerlich zum Ausdruck zu bringen. Ein 7. Titel hätte dann die übrigen Einnahmen aus Zinsen, Verkäufen &c. zusammenzufassen. An den Anfang des ganzen Etats wären die Überschüsse, an den Schluß die Einnahmen aus Anleihen zu stellen.

[59] Nach der preußisch-deutschen Praxis werden etwa zwanzigmal mehr einzelne Etatspositionen bewilligt als in England: Gneist, G. u. B. 175: vgl. auch Laband bei Hirth 536. „Die Idee, die Staatsgewalt durch den ökonomischen Mechanismus eines solchen Budgetrechtes zu beherrschen (am plumpsten entwickelt in den Reden des Deputierten Royer-Collard in der französischen 2. Kammer von 1822), beruht auf einer so beschränkten Auffassung der rechtlichen und sittlichen Natur des Staates, daß die bür-

## B. Die Decharge.[60]

Dem Budget entspricht die Decharge: beide in ihrer Einheit bilden die formelle Basis für die Finanzwirtschaft des Reiches.

I. Die Verfassung bestimmt in Art. 72: „über die Verwendung aller Einnahmen des Reiches ist durch den Reichskanzler dem Bundesrate und dem Reichstage jährlich Rechnung zu legen." Eine weitere Vorschrift enthält die Verfassung nicht.[61] Es wird sonach nicht entsprechend dem Budgetgesetz ein Entlastungsgesetz gefordert; zwar ist die Entlastung durch die beiden nach Art. 5 an der Gesetzgebung des Reiches beteiligten Faktoren zu erteilen, aber nicht in der einheitlichen Form des Gesetzes, sondern in der Form zweier übereinstimmender Einzelbeschlüsse.

Die staatsrechtliche Entlastung wird vorbereitet durch ein sehr spezialisiertes und genau geordnetes Kontrollverfahren über die gesamte Finanzwirtschaft des Reiches, welches von seiten des Reichsrechnungshofes[62] durchzuführen ist. Eine definitive reichsrechtliche Ordnung hat

---

gerliche Freiheit auf ihrem Boden nicht erwachsen kann." (Gneist.) Vgl. noch Laband, BR. 684 ff.

[60] E. Meier s. v. Oberrechnungskammer in v. Holtzendorffs RLex. II 923 ff.; Laband in Hirths Ann. 1873, 552—562 u. insbesond. die ausführliche anonyme Abhandlung in Z. f. d. ges. Staatswiss. B. XXXII, 479 ff., XXXIII, 23 ff.; Gneist, G. u. B. 182 f.; v. Martitz 216; v. Rönne II, 1, §§. 49, 91; G. Meyer §. 206; Laband StR. II, 1018 ff., BR. 693 ff.; Hänel, Stud. II, 332 ff.; Hertel, die preuß. Oberrechnungskammer (1884).

[61] Analog, doch genauer, Pr. VUrk. Art. 104 Abs. 2 u. 3; s. dazu v. Rönne Pr. StR. I, 643 ff.

[62] S. über denselben Laband I, 384.

bis jetzt die genannte Behörde weder in Beziehung auf Organisation noch auf Verfahren gefunden. Der von der Reichsregierung dem Reichstag im Jahre 1872 vorgelegte Entwurf konnte nicht zum Gesetz erhoben werden.[63] Wohl aber wurde für Preußen gemäß dem in VU. Art. 106 gegebenen Versprechen ein Abschluß für diesen wichtigen Teil des Budgetrechtes erzielt durch das G. v. 27. März 1872 (GS. 278), betr. die Einrichtung und die Befugnisse der Oberrechnungskammer.[64] Diese letztere Behörde war schon vorher auch mit den Funktionen eines Reichsrechnungshofes betraut worden, zuerst durch G. v. 4. Juli 1868 (BGBl. 433) für den Zeitraum von 1867 bis 1869. Dieses Gesetz übertrug der preußischen Oberrechnungskammer als dem Rechnungshof des Norddeutschen Bundes die Kontrolle über den gesamten Bundeshaushalt durch 1. Prüfung und Feststellung der Rechnungen über

[63] Vgl. hierüber v. Rönne II, 1, 333; Tüb. Ztschr. XXXII, 515 ff.; XXXIII, 22 ff.; Laband II, 1020 f.

[64] Vgl. Laband II, 1021[3]. — Historisches s. bei Schulze in Grünhuts Z. II, 177; E. Meier 928. Die Oberrechnungskammer ist begründet durch Friedrich Wilhelm I, KO. v. 16. Juni 1717. Die Grundlage der heutigen Organisation und des Verfahrens ist die K. Instr. v. 18. Dez. 1824 (Kamptz, Ann. IX, 2 ff.). Über die Bedeutung und Notwendigkeit einer von den Verwaltungsstellen ganz unabhängigen obersten Revisionsbehörde s. Tüb. Ztschr. XXXII, 490, 504, bes. 510 ff.: „der konstitutionelle Staat beruht auf der Idee der Staatseinheit, und wenn in demselben sich auch verschiedene Kräfte regen und von verschiedenen Standpunkten aus thätig sind, so ist es doch wieder eine Macht, in welcher sie zusammenlaufen, und diese Macht kommt zur Erscheinung im Gesetz. Dieser einheitlichen Macht und dieser Herrschaft des Gesetzes entspricht es, daß sich Regierung und Volksvertretung einer Behörde bedienen, um die administrative wie die verfassungsmäßige Kontrolle auszuüben." Vgl. auch 535.

Einnahmen und Ausgaben von Bundesgeldern, 2. über Zugang und Abgang von Bundeseigentum und 3. über die Verwaltung der Bundesschulden.[65] Behufs Erfüllung dieser Funktion wurde die preußische Oberrechnungskammer „durch eine auf Grund näherer Bestimmung des Bundesrates eintretende Vermehrung ihrer Mitglieder nach Bedürfnis verstärkt",[66] und materiell wurden die preußischen Vorschriften als maßgebend erklärt.[67]

Die so fixierte Kompetenz der preußischen Oberrechnungskammer als des Reichsrechnungshofes wurde dann weiterhin durch alljährlich erlassene Spezialgesetze prolongiert; diese Spezialgesetze verwiesen bis zum Jahre 1875 lediglich auf das G. v. 4. Juli 1868. Durch das G. v. 11. Februar 1875 (RGBl. 61) wurde diesem Hinweis der Zusatz beigefügt: „an die Stelle der im §. 3 des Gesetzes v. 4. Juli 1868 aufgeführten Vorschriften treten jedoch die für die Wirksamkeit der Oberrechnungskammer als preußische Rechnungs-Revisionsbehörde geltenden Bestimmungen, insbesondere diejenigen des Gesetzes v. 27. März 1872, betreffend die Einrichtung und die Befugnisse der preußischen Oberrechnungskammer." In dieser Weise erfolgt nunmehr seit 1875 die alljährliche Prorogation der Rechte der preußischen Oberrechnungskammer. Schon durch das G. v. 4. Juli 1868 §. 5 war für den Rechnungshof eine besondere, dem Bundesrat und Reichstag mitzuteilende Instruktion des Reichskanzlers in Aussicht genommen, welche dann unterm 5. März 1875 (CBl. 157) erging.

---

[65] G. v. 4. Juli 1868 §. 1. Pr. G. v. 27. März 1872 §. 1.

[66] Ebenda §. 2; vgl. dazu über die Verstärkung Tüb. Ztschr. XXXII, 516[2].

[67] G. v. 4. Juli 1868 §. 3.

II. Der Reichsrechnungshof ist wie alle Behörden des Reiches dem Reichskanzler untergeordnet; jedoch ist diese Unterordnung eine lediglich formelle, materiell ist der Reichsrechnungshof vollkommen selbständig.[68] Derselbe besteht aus je einem Präsidenten und Direktor, ferner der erforderlichen Zahl von Departementsräten, endlich einer großen Anzahl von Revisionsbeamten; die Mitglieder sind einmal diejenigen der preußischen Oberrechnungskammer; diese werden vom König von Preußen ernannt, und zwar der Präsident[69] auf Vorschlag des Staatsministeriums, die Direktoren und Räte auf Vorschlag des Präsidenten, jedoch so, daß Vater und Sohn, Schwiegervater und Schwiegersohn, Brüder und Schwäger nicht zugleich Mitglieder des Kollegiums sein dürfen.[70] Dazu treten die „nach Bedürfnis" für Zwecke des Reiches beizuordnenden Mitglieder, welche vom Bundesrat gewählt und vom Kaiser formell angestellt werden.[71] Die Mitglieder des Rechnungshofes dürfen keine Nebenämter oder mit Remuneration versehene Nebenbeschäftigung ausüben, auch nicht Mitglieder des preußischen Landtages, wohl aber des Reichstages sein.[72] In disziplinarischer Hinsicht gelten für dieselben

[68] Pr. G. v. 27. März 1872 §. 1 und Tüb. Ztschr. XXXII, 511 ff.; dazu Laband I, 384 f.

[69] Über die Befugnisse des Präsidenten s. die Instruktion f. d. RRH. §§. 6, 7¹, 10², 11 bis 22; des Direktors §§. 23 bis 26; der Räte §§. 27—33; der Revisionsbeamten §§. 34 bis 38. Vgl. auch E. Meier 931 f.

[70] Pr. G. v. 27. März 1872 §§. 2, 3.

[71] G. v. 4. Juli 1868 §. 2.

[72] Der Ges.-Entw. v. 1872 schloß auch dies aus. Vgl. Tüb. Ztschr. XXXII, 511. Die ratio legis ist allerdings für den Reichstag dieselbe.

die gleichen Vorschriften wie für die preußischen Richter.[73] Die Unterbeamten des Rechnungshofes werden vom Präsidenten ernannt, der auch die Disziplinargewalt über dieselben auszuüben hat; entscheidende Disziplinarbehörde über dieselben ist das Plenum des Rechnungshofes.[74] An die Direktoren und Räte kann der Präsident nur Mahnungen erlassen. Mit Beibehaltung seines Ranges kann jedes Mitglied des Rechnungshofes auch wider seinen Willen in ein richterliches oder anderes Amt der höheren Verwaltung versetzt werden.

III. Die Arbeiten des Rechnungshofes vollziehen sich in erster Linie in den Revisionsbureaus.[75] An der Spitze jedes dieser Bureaus steht ein Departementsrat, der für die Arbeiten desselben allein verantwortlich ist.

In einer Reihe von Fällen fordert jedoch das Gesetz kollegialische Beratung und Beschlußfassung; die Beschlüsse werden mit Stimmenmehrheit unter Stichentscheid des Präsidenten gefaßt; die kollegialische Entscheidung hat einzutreten:[76]

1. wenn die für Bundesrat und Reichstag bestimmten Bemerkungen (s. unten V) festgestellt,

2. wenn allgemeine Grundsätze aufgestellt oder bestehende abgeändert,

3. wenn allgemeine Instruktionen erlassen oder abgeändert werden sollen,

4. wenn Gesetze, Verordnungen und Erlasse der obersten

---

[73] Pr. G. v. 27. März 1872 §§. 4, 5; dazu jetzt die Abänderungen durch G. v. 9. April 1879 (GS. 345) §. 8.

[74] Ebenda §. 6.

[75] Instr. §. 35 s. unten IV.

[76] G. v. 27. März 1872 §. 8. Instr. §. 8.

Verwaltungsbehörden ergehen, welche auf das Verfahren des Rechnungshofes von Einfluß sind oder den Geschäftskreis mehrerer Revisionsbureaus berühren, speziell wenn über Anordnungen der obersten Verwaltungsbehörden Gutachten erstattet werden sollen; zu diesem Zweck sind alle Verfügungen der Centralbehörden, welche derartige allgemeine Vorschriften enthalten, oder schon bestehende abändern oder erläutern, sofort dem Rechnungshof mitzuteilen, ebenso alle auf die Rechnungslegung bezüglichen Beschlüsse des Reichstags; allgemeine Anordnungen der übrigen Behörden über Kassenverwaltung und Buchführung sind schon vor ihrem Erlaß dem Rechnungshof in Vorlage zu bringen, damit derselbe etwaige Bedenken dagegen geltend machen kann,[77]

5. wenn Meinungsverschiedenheiten entweder zwischen dem Rechnungshof und den obersten Verwaltungsbehörden oder zwischen den Mitgliedern des Rechnungshofes selbst zur Erörterung kommen, namentlich auch wenn in den Grundsätzen oder dem Verfahren einzelner Revisionsbureaus Abweichungen zu Tage treten,

6. wenn Zweifel über Anwendung und Auslegung von Gesetzen, Verordnungen ꝛc. der Erledigung bedürfen,

7. wenn anderweitige Gegenstände von dem Präsidenten oder dem Direktor zur Beschlußfassung des Plenums verwiesen werden,

8. wenn von einem Departementsrat der Vortrag bezw. die Beschlußfassung des Kollegiums für erforderlich erachtet wird.

Jeder Beschluß, durch welchen ein allgemeiner Grundsatz

---

[77] Pr. G. v. 27. März 1872 §. 14¹, ², ⁴.

festgestellt wird, ist schriftlich zu formulieren und allen beteiligten Revisionsbureaus abschriftlich mitzuteilen. Der Präsident kann den Vollzug von Beschlüssen des Kollegiums beanstanden, muß dann aber die Sache binnen 14 Tagen von der ersten Beschlußfassung an zu erneuter Abstimmung im Kollegium bringen; der daraufhin gefaßte Beschluß ist sofort auszuführen.[78] Die Sitzungen des Reichsrechnungshofes müssen getrennt von denjenigen der preußischen Oberrechnungskammer stattfinden.[79]

IV. Die Kompetenz des Reichsrechnungshofes ist eine dreifache:[80]

A. Die rein kalkulatorische Rechnungsjustifikation.[81]

Demgemäß sind alle Rechnungen, welche sich auf den Etat beziehen, der Revision des Reichsrechnungshofes zu unterbreiten, insbesondere die Rechnungen der sämtlichen Behörden und Institute, sowie auch der gewerblichen Betriebsanstalten des Reiches über Einnahmen wie Ausgaben; ebenso derjenigen Anstalten und Stiftungen, welche vom Reiche subventioniert werden.[82]

Rechnungen von untergeordneter Bedeutung können „innerhalb der bisher bestandenen Grenzen" von der Prüfung des Reichsrechnungshofes freigelassen und lediglich der Revision

---

[78] Instr. §. 16.

[79] Instr. §. 6.

[80] Über anderweitige Funktionen des Rechnungshofes s. Laband I, 358 f.

[81] S. darüber Laband II, 1022 ff. bei Hirth 556; E. Meier a. a. O. 931.

[82] Pr. G. v. 27. März 1872 §. 9; Laband bei Hirth 553; v. Rönne II, 1, 180. Die Rechnungen des Rechnungshofes selbst werden vom Präsidenten revidiert.

und Dechargierung der betreffenden Verwaltungsbehörden anheimgegeben werden. Doch soll der Rechnungshof auch solche Rechnungen von Zeit zu Zeit einfordern, um die vorschriftsmäßige Verwaltung zu kontrollieren.[83] Die Rechnungen über die Fonds zu geheimen Ausgaben unterliegen der Kontrolle des Rechnungshofes nicht.[84]

In gleicher Weise hat der Reichsrechnungshof Kontrolle zu üben über das gesamte Reichseigentum; es sind demgemäß auch alle Rechnungen über Naturalien, Vorräte, Materialien und das gesamte nicht in Geld bestehende Reichseigentum der Revision desselben zu unterwerfen; auf Erfordern sind zugleich die Inventarien vorzulegen.[85] Über die formelle Einrichtung der Jahresrechnungen und Justifikatorien erläßt der Rechnungshof die erforderlichen Vorschriften nach Einholung des Gutachtens der betreffenden Centralstelle.[86]

B. Der Reichsrechnungshof hat ferner die Kontrolle darüber zu bethätigen, ob die Finanzwirtschaft des Reiches nach Maßgabe des Etatsgesetzes geführt wurde. „Das G. v. 27. März 1872 hat den Sinn, daß die von der Regierung über ihre Finanzverwaltung dem Landtage abzulegende Rechenschaft und die vom Landtage der Regierung zu erteilende Entlastung erfolgen muß auf Grundlage und nach Maßgabe des durch Landesgesetz festgestellten Staatshaushaltsetats, der in dieser Beziehung weder im ganzen noch

[83] Pr. G. v. 27. März 1872 §. 11: Laband bei Hirth 555.

[84] Ebenda §. 9³; Laband bei Hirth 554; StR. II, 1022⁴.

[85] Pr. G. v. 27. März 1872 §. 10.

[86] Pr. G. v. 27. März 1872 §. 14³; Laband III, 2, 383².

im einzelnen, weder durch die von den Ressortchefs aufzustellenden Kassenetats der budgetlosen Zeit, noch durch königliche, den von einer Behörde zu vertretenden Defekt auch ohne gesetzmäßigen Grund als erledigt erklärende, Befehle, noch durch Hinweis auf die bestehenden Einrichtungen und Verpflichtungen ersetzt werden kann." (v. Martitz.) Demgemäß hat der Reichsrechnungshof die Prüfung, ob a) bei Erhebung und Verwendung der Staatseinkünfte, Steuern und Abgaben, b) bei der Erwerbung, Benutzung, Veräußerung von Reichseigentum nach den bestehenden Gesetzen und Vorschriften unter genauer Beachtung der maßgebenden Verwaltungsgrundsätze verfahren worden ist.

C. Endlich hat der Reichsrechnungshof zu prüfen, ob und wo nach den aus den Rechnungen zu beurteilenden Ergebnissen der Verwaltung zur Beförderung der Staatszwecke Abänderungen nötig oder ratsam sind.[87]

Die Kontrolle durch diese Behörde verfolgt somit einmal einen rein rechnerischen Zweck, sodann die Prüfung der Übereinstimmung der Finanzwirtschaft mit dem positiven Recht, endlich die Erteilung von Ratschlägen behufs eventueller Verbesserung des letzteren.[88]

Die Basis für diese Kontrolle bieten in erster Linie die nach Vorschrift des Gesetzes binnen der bestimmten Frist einzureichenden Rechnungen, bezw. die auf

[87] Pr. G. v. 27. März 1872 §. 12.

[88] Über die Methode der Arbeit vgl. insbes. Instr. §. 27 ff.

Anordnung des Rechnungshofes zugleich mitzuteilenden Inventarien. Außerdem kann er noch von den Behörden jede ihm wünschenswert scheinende Auskunft begehren,[89] ebenso die Einsendung von Büchern, Schriftstücken, ferner der Akten, ausgenommen die der Centralstellen; auch kann der Präsident Kommissarien an Ort und Stelle zur Erörterung einzelner Punkte entsenden und endlich können jederzeit auf seine Anordnung außerordentliche Kassen- und Magazinrevisionen vorgenommen werden. Von Maßnahmen der letzteren beiden Arten müssen jedoch die betreffenden Verwaltungschefs zuvor in Kenntnis gesetzt und ihnen gleichfalls die Absendung von Kommissarien gestattet werden.[90] Alle Anordnungen des Rechnungshofes können durch Strafbefehle im Rahmen der den obersten Verwaltungsstellen zustehenden Strafkompetenz erzwungen werden; alle Verwaltungsstellen, ausgenommen die Centralstellen, sind ihm bezüglich der Rechnungskontrolle untergeordnet.[91] Findet der Rechnungshof die ihm vorgelegten Rechnungen in Ordnung, so hat er Decharge zu erteilen; andernfalls sind der betreffenden Behörde die Monita zur Beantwortung binnen bestimmter Frist mitzuteilen;[92] erfolgt diese in genügender Weise, so wird Decharge erteilt, andernfalls ist vom Rechnungshof nur die weitere Verfolgung der Sache durch die kompetenten Instanzen anzuordnen.[93] Der

[89] Instr. §. 14 Z. 4.

[90] Pr. G. v. 27. März 1872 §. 13.

[91] Ebenda §. 16. Vgl. v. Rönne II, 1, 182.

[92] G. v. 27. März 1872 §. 15, dazu Laband II, 1028 f.

[93] Ebenda §. 17. Dazu über die Rechtswirkung der „Quittung“, sowie über die eventuelle weitere Verfolgung Laband II,

Rechnungshof hat dafür zu sorgen, daß die Decharge im Laufe des dem Geschäftsjahre folgenden Jahres erteilt werde.[94]

V. Über die gesamte Kontrolle ist seitens des Rechnungshofes unter selbständiger unbedingter Verantwortlichkeit dem Bundesrat und Reichskanzler und durch diesen dem Reichstage[95] ein Generalbericht zugleich mit der allgemeinen Rechnung vorzulegen,[96] aus welchem zu ersehen ist

1. ob die in der allgemeinen Rechnung aufgeführten Beträge in Einnahmen und Ausgaben mit den vom Rechnungshof revidierten Kassenrechnungen übereinstimmen,

2. „ob und inwieweit bei der Vereinnahmung und Erhebung, bei der Verausgabung oder Verwendung von Reichsgeldern oder bei der Erwerbung, Benutzung oder Veräußerung von Reichseigentum Abweichungen von den Bestimmungen des gesetzlich festgestellten Staatshaushaltsetats oder der von der Landesvertretung genehmigten Titel der

---

1025 ff., über die Entscheidung letzter Instanz durch Bundesrat bezw. Kaiser ebenda 1029, speziell die „justifizierenden Kabinettsordres des Kaisers" 1029 ff. und Joël in Hirths Ann. 1888, 805 ff., sowie die wiederholten, bei Laband 1029[2] näher bezeichneten Erörterungen im Reichstag. Hänel, Stud. II, 343 ff. hält solche Ordres für rechtlich unzulässig, Joël überträgt das preuß. Recht auf das Reich und stellt den Kaiser dem König von Preußen gleich; Laband 1031 ff. erklärt sie für unzulässig, soweit Gesetze jus cogens enthalten, sonst für zulässig; s. auch v. Rönne, Pr. StR. I, 649 ff.

[94] Instr. §. 5[3].

[95] Ueber Umfang und Grenzen der parlamentarischen Kontrolle s. Tüb. Ztschr. XXXII, 504 ff., 541 ff.

[96] Instr. §. 31.

Spezialetats oder von den mit einzelnen Positionen des Etats verbundenen Bemerkungen stattgefunden haben," [97]

3. zu welchen Etatsüberschreitungen und außeretatsmäßigen Ausgaben die Genehmigung des Reichstages noch nicht erholt ist[98] (s. oben S. 460 f.).

VI. Auf Grund des ihnen erstatteten Generalberichtes fassen sodann Reichstag und Bundesrat ihre den Reichskanzler dechargierenden Beschlüsse. Welche Rechtsfolgen bei Verweigerung der Decharge eintreten würden, ist weder in der Verfassung noch in der Spezialgesetzgebung des Reiches normiert.[99]

VII. Endlich hat der Rechnungshof über seine gesamte Geschäftsthätigkeit alljährlich dem Kaiser Bericht zu erstatten und dabei zugleich gutachtliche Vorschläge zu machen, ob und wo etwa neue Vorschriften zur Verbesserung der finanziellen Verwaltung des Reiches notwendig sind.[100]

---

[97] Laband bei Hirth 558; E. Meier 930; in Tüb. Ztschr. XXXII, 553 ist diese Vorschrift als „ein entschiedener Mißgriff" gekennzeichnet, s. dagegen Hänel, Stud. II, 336 f.

[98] Pr. G. v. 27. März 1872 §§. 18, 19[8]; Laband II, 1026.

[99] Laband III, 2, 389 ff. Über den Umfang der konstitutionellen Verantwortung des Reichskanzlers s. Hänel, Stud. II, 330 ff., bes. 342 ff. über die rechtlichen Folgen der verweigerten Entlastung.

[100] Ebenda §. 20; Laband bei Hirth 558.

## §. 17.

## Das Reichsverordnungsrecht.[1]

### I. Der Begriff der Verordnung.

Der Begriff der Verordnung ist kein fest umgrenzter; nur negativ läßt sich sagen: alle objektivrechtlichen Äußerungen des imperativen Staatswillens, die nicht Gesetz sind, fallen unter den Begriff der Verordnung.[2] Vielfach wird es sich bei diesen um Anordnungen zur Durchführung von Gesetzen handeln, aber keineswegs ist dies begrifflich notwendig. Das „selbständige" Verordnungsrecht bildet einen notwendigen Bestandteil der Staatsordnung; keine Regierung könnte ohne ein solches regieren.[3] Soweit der Staatswille sich überhaupt äußert, kann er sich der Form der Verordnung bedienen; nur dann ist dieselbe ausgeschlossen, wenn die Form des Gesetzes zur Anwendung zu kommen hat. Wann letzteres der Fall, ist aus dem positiven Recht zu entnehmen, eventuell mangels positiver Rechtssätze eine Frage der Gesetzgebungspolitik.[4]

---

[1] Laband I §§. 58, 65; Hänel, StR. §§. 43—48: Seydel in Hirths Ann. 1874 S. 1143, 1876 S. 11 ff.; Meyer, Lehrb. §. 165; v. Rönne II, 57 ff.; Hänel, Stud. II, 62 ff., und Jellinek 125 ff., 255.

[2] Ebenso Jellinek, Ges. u. V. 366, 383, freilich nicht ohne Selbstwidersprüche.

[3] Sehr gut hierüber Jellinek, Ges. u. V. 371 ff., der die Anerkennung eines solchen von allen fordert, „denen nicht doktrinäre Voreingenommenheit den Blick getrübt hat". Lehrreich die französ. Entwickelung seit Montesquieu s. Jellinek 63 ff.

[4] Vgl. oben §§. 14, 15. Über die Verwirrung in der Terminologie (Verordnung, Verfügung, Erlaß, Bekanntmachung u. s. f.) s. Zorn in Hirths Ann. 1885, S. 309.

Gemeinsam mit dem Gesetz hat die Verordnung, daß es sich hier wie dort um eine Rechtsvorschrift handelt; der Unterschied liegt darin, daß dort zur Feststellung des Inhaltes Mitwirkung der Volksvertretung erforderlich ist, hier nicht. Der „Grundsatz, daß Rechtsvorschriften im Wege der Gesetzgebung zu erlassen sind", ist weder — wie Laband behauptet — in der Reichs- noch in der preußischen Verfassung „als selbstverständlich vorausgesetzt", noch ist er „auch in der That selbstverständlich".[5]

[5] Daß das ältere preußische Recht diesen Satz nie gekannt hat, zeigt erschöpfend Arndt, VR. 26 ff., 85 ff. Die „Delegationen" (Laband I, 598) sind allerdings meist überflüssig, dienen aber in jedem Falle der Rechtssicherheit. Übereinstimmend mit Laband besonders Hänel StR. I, 279; Jellinek 125 ff., s. dagegen Zorn in Hirths Ann. 1889, 361 ff. Gegenüber dieser herrschenden Theorie hat jetzt eine sichere Grundlage für die Konstruktion des Verordnungsrechtes gegeben Arndt in seinem vortrefflichen Buche über das Verordnungsrecht (1884), sowie in weiterer Begründung gegenüber abweichenden Ansichten im Archiv f. öff. R. I, 512 ff. Über einen, allerdings fundamentalen Differenzpunkt der im Text gegebenen Ausführungen gegenüber denjenigen von Arndt, nämlich das „selbständige" Verordnungsrecht des Bundesrates, s. Zorn in Hirths Ann. 1885, 301 ff., dagegen wieder Arndt, ebenda 701 ff. Meine Ausführungen bezeichnet Hänel StR. I, 272², als „auf einer vollkommenen Verkennung der besonderen Stellung des Verordnungsrechtes im zusammengesetzten Staate, auf einer falschen Übertragung einer falschen Doktrin über das Verordnungsrecht im Einheits-, überdies im monarchischen Einheitsstaate" beruhend. Trotz dieser dreifachen Hinrichtung halte ich meine frühere Auffassung in vollem Umfange fest; dieselbe grundsätzliche Auffassung hat Arndt nunmehr vortrefflich entwickelt, der Differenzpunkt zwischen Arndt und mir bezieht sich nicht auf die grundsätzliche Auffassung des Verordnungsrechtes, sondern der Grundlagen des Reiches. Ich widerspreche, daß die Grundsätze des Verordnungsrechtes im

Die Ausübung des Verordnungsrechtes kann den verschiedensten Organen der Staatsgewalt obliegen: im einfachen monarchischen Staate ist Träger der Verordnungsgewalt prinzipiell der Monarch als Staatsoberhaupt; aus dieser obersten Quelle fließt alle Verordnungsgewalt der Staatsbehörden, als der dem Monarchen zur Führung der Staatsgewalt beigeordneten Hilfsorgane.

Der Inhalt der Verordnung darf nicht gegen[6] ein Ge-

---

zusammengesetzten Staate andere sein können, als im einfachen Staate; ich widerspreche ferner, daß die Behauptung eines grundsätzlichen, eines Titels nicht bedürfenden, Verordnungsrechtes im monarchischen Staate — und ebenso im Deutschen Reiche, das als Pleonarchie durchaus nach diesen Grundsätzen beurteilt werden muß — „falsch" sei. Aber indem ich die Hänelsche Auffassung für „falsch" und dem Wesen des monarchischen Staates widersprechend erkläre, bin ich mir bewußt, daß ich diese Behauptung ebensowenig mit rein wissenschaftlichen Mitteln erweisen kann, wie Hänel die seinige. Die Bemerkungen Hänels 272, 274 f. beweisen die „innere Notwendigkeit", das Verordnungsrecht im Bundesstaate anders zu konstruieren, als im einfachen Staate, in keiner Weise; natürlich handelt es sich zuerst um die Kompetenzfrage; dies ist aber beim Gesetz ganz ebenso. Auf Grund der festgestellten Kompetenz aber ist die „organisatorische . . . Auseinandersetzung der verfassungsmäßigen Befugnisse" hier wie dort gleich notwendig und gleich bedeutsam. Ebensowenig vermag ich die Ausführungen im §. 46 über diese innere Verschiedenheit für konkludent zu halten. Vgl. auch S. 296, wo Hänel doch in gewisser Weise das Reichsverordnungsrecht als „eine mit dem Verordnungsrecht des Einheitsstaates vollkommen gleichartige Funktion" anerkennt.

[6] Dagegen Hänel StR. I, 279 f.: die Verordnung dürfe nicht contra, praeter, intra, sondern nur secundum legem sein, d. i. „von dem Gesetze selbst gewollt sein". Richtig Arndt, VR. 83, 211 ff., wogegen dieser Schriftsteller in Hirths Ann. 1885, 111, sich der Ansicht von Hänel anschließt. Hänel stützt sich auf das Wort „erforderlich" in RV. Art. 7. Demgemäß erklärt Hänel 281 eine Reihe wichtiger Verordnungen für nichtig, weil verfassungswidrig.

setz sein und auch nicht in Materien eingreifen, welche der gesetzlichen Regelung vorbehalten sind (darf nicht contra, wohl aber praeter legem sein). Verordnungen, die hiergegen verstoßen, sind nichtig. Dagegen ist die Behauptung, daß „Rechtsverordnungen", erlassen ohne Delegation des Gesetzgebers, nichtig seien, ohne jeden Grund; erstens ist der Begriff „Rechtsverordnung" nicht festzustellen, zweitens besteht keinerlei verfassungsmäßige Vorschrift, auf die jene Behauptung zu stützen wäre.[7] Die Gesetzmäßigkeit von Verordnungen zu prüfen, ist Recht und Pflicht nicht allein der Gerichte, sondern aller Behörden.[8] Sonst aber kann der Inhalt jeder denkbaren Art sein; der Unterschied zwischen „materiellen" Verordnungen, d. h. solchen, die Verwaltungsvorschriften geben, und „formellen" Verordnungen, d. i. solchen, welche Rechtsvorschriften enthalten,[9] ist

[7] Anders in diesem Kardinalpunkte Hänel, Stud. II, 282 ff., und Laband, s. dagegen Arndt §§. 5, 7, 8; Zorn in Hirths Ann. 1875, 312. Die Laband-Hänelsche Theorie beruht auf dem Satze des belg. Verfassungsrechts: „il faut que chaque arrêté prenne sa source dans la constitution ou dans une loi," **den die preußische und die Reichsverfassung nicht kennen, und den in diese Verfassungen hineinzutragen die Wissenschaft kein Recht hat.** Übereinst. mit Laband u. Hänel Jellinek 125, 255, s. dagegen Zorn in Hirths Ann. 1889, 356 f. und bes. Arndt 57 ff., 64 f.

[8] Richtig Laband I, 609 (abgesehen freilich von der „Delegation"). A. A. v. Martitz, Betracht. 132 ff.

[9] Hänel, Stud. II, 199, 285 ff., leugnet das selbständige Verordnungsrecht für das preußische und Reichsstaatsrecht, erkennt es aber für diejenige Gruppe der deutschen Verfassungen an, welche einen den Gegenständen nach fest bestimmten Kreis der Gesetzgebung statuieren. Ähnlich Jellinek, G. u. V. 124 ff. Jene Versuche, den Umkreis der Gesetzessphäre zu bestimmen, sind aber in ihrer vagen Allgemeinheit ganz wertlos, es können daraus demnach auch keinerlei Folgerungen gezogen werden. Das selbständige Verordnungsrecht des Monarchen (Jellinek

somit ganz unbegründet: Rechtsvorschriften und Verwaltungsvorschriften sind kein Gegensatz, vielmehr handelt es sich auch bei letzteren immer nur um Rechtssätze. Die Verordnung ist diejenige Form der staatlichen Willensäußerung, welche gegenüber dem schwerfälligen Apparat der Gesetzgebung recht eigentlich den Zweck hat, den täglichen und wechselnden Bedürfnissen des Lebens, denen die Verwaltung dienen muß, gerecht zu werden. — Ein „Notverordnungsrecht", analog demjenigen des Art. 63 der Preuß. Verf.-Urk., enthält das Reichsstaatsrecht nicht. Für alle Materien, in welchen nach der Verfassung dem Reich die Gesetzgebung zusteht, steht ihm auch in unbegrenzter Weise die Verordnungsgewalt zu.[10]

## II. Das positive Reichsstaatsrecht.

1. Wie im einfachen monarchischen Staate der Monarch[11] prinzipiell Träger der Verordnungsgewalt ist, so im Bundesstaate der Träger der Centralgewalt, also im Reiche die Einheit der verbündeten Regierungen bezw. der dieselbe repräsentierende Bundesrath.[12]

---

124 für Bayern) ist deutsches Staatsgrundprinzip, welches ursprünglich die ganze Rechtssetzung umfaßte, jetzt aber konstitutionell beschränkt ist.

[10] A. A. Hänel StR. I, 276.

[11] Über das preußische Recht vortrefflich Arndt §. 7.

[12] Man braucht dazu weder den Art. 45 der Pr. VU. — in der Bayr. VU. steht darüber kein Wort — noch eine analoge Vorschrift der Reichsverfassung, die übrigens m. E. in Art. 7 gegeben wäre. In diesem Sinne verstehe ich die von Laband I, 436, 596 citierten Worte Delbrücks: „daß eine materielle Änderung des Bestehenden damit kaum herbeigeführt ist." Von einer „Gesetzgebungsbefug-

Die Grundsätze, welche oben hinsichtlich des Bundesstaatsbegriffes im allgemeinen und hinsichtlich unserer Reichsgewalt im besonderen entwickelt wurden, haben zur notwendigen Konsequenz den Rechtssatz: *daß der prinzipielle Träger der Verordnungsgewalt im Reiche der Bundesrat ist, daß somit mangels ausdrücklicher Bestimmungen für diesen die Präsumtion spricht.*[13] **Der Bundesrat hat das „selbständige" Reichsverordnungsrecht.**[14]

---

nis" des Bundesrates kann dabei natürlich nicht die Rede sein: Verordnungen sind aber eben keine Gesetze! Übereinst. bezüglich der *Delbrückschen* Erklärung auch *Arndt* 50 ff. A. A. *Hänel* StR. I, 295: „die Entstehungsart wie die zusammengesetzte Natur des Reiches schloß die Annahme aus, daß demselben ein Verordnungsrecht „stillschweigend", als ein notwendig gefordertes und darum unmittelbar aus der Verfassung folgendes Attribut seiner Organisation und Funktion beigelegt war." Das ist eine ganz willkürliche Behauptung! A. A. *Laband* I, 594 ff.; *Hänel* StR. I, 278 ff.

[13] S. auch *Zorn* in Hirths Ann. 1885, 313 ff.; *Klöppel* in Pr. Jahrb. 1883, 173 ff., dagegen in der Frage des „selbständigen" Verordnungsrechts insbesondere *Arndt* VR. 13, in Hirths Ann. 1885, 701 ff.; *Laband* I, 595 („vollkommen grundlos u. willkürlich", „absurde Konsequenzen"). Wo ist denn die Mitwirkung des Reichstags zum „Erlaß von Rechtsvorschriften" „*verfassungsmäßig vorgeschrieben*?" Als „selbstverständlich" „vorausgesetzt" ist sie, aber nicht von der *Verfassung*, sondern von *Laband*! Gegen solche „selbstverständlichen" „Voraussetzungen" ist kein wissenschaftlicher Kampf möglich. Daß in der Praxis „der Bundesrat nicht in allen Fällen der ihm durch die Verfassung gezogenen Schranken sich klar bewußt gewesen ist", recte: daß die Praxis nicht auf dem *Labandschen* Standpunkt steht, sagt *Laband* selbst 599; *Hänel*, Stud. II, 199.

[14] A. A. *Arndt* §. 3 auf Grund des unmöglichen Vordersatzes: daß der deutsche Bundesstaat „durch Gesetz" geschaffen worden sei, s. die Widerlegung dieses Satzes oben S. 30 ff. Ebenso wie *Arndt* auch *Jellinek*, 127, 372, s. dazu *Zorn* in Hirths Ann. 1889, 360.

Dieses Prinzip hat auch Anerkennung gefunden in den nachfolgenden Bestimmungen der Reichsverfassung (Art. 7 Abs. 1 Z. 2 u. 3):

„Der Bundesrat beschließt:[15] — — —

2. über die zur Ausführung der Reichsgesetze erforderlichen allgemeinen Verwaltungsvorschriften und Einrichtungen, sofern nicht durch Reichsgesetz etwas Anderes bestimmt ist;[16]

3. über Mängel, welche bei der Ausführung der Reichsgesetze oder der vorstehend erwähnten Vorschriften oder Einrichtungen hervortreten."[17]

Damit ist die positive wie die negative Seite des Verordnungsrechtes in zutreffender Weise zum Ausdruck gelangt.

Wo keine Spezialbestimmung vorhanden, hat somit,

---

[15] Hänel StR. I, 290 ff., folgert aus diesem Worte, daß der Bundesrat nicht berechtigt ist, Verordnungen zu „erlassen", d. i. direkte Anordnungen zu treffen; hierzu seien, gemäß dem allgemeinen Grundsatz, daß das Reich zwar „Gesetzgebung und Beaufsichtigung", die Einzelstaaten aber die Vollziehung haben, nur die Einzelstaaten befugt; dies folge aus der „ursprünglichen Grundstellung der Einzelstaaten in der Kompetenzverteilung des Bundesstaates in ihrem Kernpunkt"; demnach sei die „Rechtsverbindlichkeit" solcher Verordnungen abhängig von der „Form der Partikularverordnung", die auch giltig sei — valide sed non licite —, wenn sie der Vorschrift des Bundesrates widerspreche! Ferner behauptet Hänel 293 f. ein generelles Vollzugsverordnungsrecht der Einzelstaaten für das Gesamtgebiet der Reichsgesetzgebung, soweit es nicht ausdrücklich ausgeschlossen sei; erst durch die Ausübung der Reichskompetenz höre dasselbe auf. S. über und gegen dieses nur „mittelbare" Reichsverordnungsrecht auch Arndt 85 ff.

[16] S. dazu die erschöpfende, vorzügliche Erörterung bei Arndt 35 ff.

[17] Hänel StR. I, 313 f., über die „Mängelabhilfe" zutreffend.

ohne daß irgend welche Delegation erforderlich wäre, der Bundesrat einzutreten.[18]

Der Bundesrat beschließt Verordmungen mit einfacher Mehrheit; nur wenn es sich um Verordnungen zur Durchführung des Art. 37 (Zollwesen und indirekte Steuern) handelt, hat Preußen ein unbedingtes Veto, wenn dessen Stimme „für Aufrechthaltung der bestehenden Vorschrift oder Einrichtung" abgegeben wird (RV. Art. 37). Dagegen existiert im Militär- und Marinewesen ein preußi-

[18] Lediglich auf diese Verfassungsvorschriften stützen sich, nehmen also nur ein „unselbständiges" Verordnungsrecht des Bundesrates an, Riedel, 22; Thudichum in Holtzendorffs Jahrb. I, 22; G. Meyer, Lehrb. §. 165[12], u. bes. Arndt, 35 ff., 85 ff.; ferner Löning VR. 229[4]; dagegen Laband I, 596, energisch unter Berufung auf den Wortlaut „Verwaltungsvorschriften" und den darin liegenden Gegensatz zu „Rechtsvorschriften". Ebenso Hänel StR. I, 282; mit Recht weist Arndt 47 ff. darauf hin, daß in der Praxis nie ein Unterschied zwischen Rechts- u. Verwaltungsvorschriften gemacht wurde u. werden konnte. S. 599 erkennt Laband selbst den „untrennbaren Zusammenhang" an. Und S. 610 kommt er zu dem m. E. ganz ungeheuerlichen Resultat, daß eine Verordnung „als Rechtsvorschrift ungiltig sein, als Verwaltungsvorschrift dagegen Wirkungen haben kann!" — dem Rosin und Seligmann zustimmen. Als Beispiel für diese theoretische Spielerei wird keine geringere Verordnung, als das Eisenbahnbetriebsreglement citiert. Die von Laband 611 erwähnten Entsch. d. Reichsgerichts beruhen aber nicht etwa auf dem Labandschen Unterschied zwischen Rechtssatz und Verwaltungsvorschrift, sondern lediglich auf dem sehr klaren u. richtigen Unterschied zwischen Rechtssatz und Vertragsbestimmung. Übereinst. mit dem Text bezüglich der „Verwaltungsverordnungen" Laband I, 706 f. Was Laband hier ausführt, ist das allgemein gültige Reichsverordnungsrecht. Hänel StR. I, 282 ff., geht davon aus, daß der Ausdruck „Verwaltungsvorschriften" in der Sprache der Reichsgesetze keine objektive, sondern eine subjektive Bedeutung habe, daß er nicht bezeichne Vorschriften, die für die, sondern die von der Verwaltung erlassen seien. Somit könne daraus nicht ein gene-

sches Veto nur bei „Gesetzesvorschlägen" (RV. Art. 5).[19] Eine konstitutionelle Verantwortung für Verordnungen des Bundesrates besteht mangels einer, eine solche begründenden Verfassungsvorschrift — die Verantwortlichkeit des Reichskanzlers bezieht sich nur auf Regierungshandlungen des Kaisers — überhaupt nicht.[20]

2. „Sofern nicht durch Reichsgesetz etwas anderes bestimmt ist." Nichts steht im Wege, daß sofort im Gesetz der zum Erlaß der erforderlichen Verordnungen kompetente Faktor bezeichnet, und nichts steht im Wege, daß dieser Faktor ein anderer sei als der Bundesrat. Jedes Organ, welchem das Reich einen Befehl zu erteilen berechtigt ist, kann mit der Ausübung des Verordnungsrechtes betraut werden: der Kaiser, die Einzelstaaten, der Reichskanzler, die Reichscentralbehörden und so fort in der Ämterhierarchie. Alle diese eben aufgeführten Organe aber können das Verordnungsrecht nur kraft eines besonderen reichsgesetzlichen Titels haben.[21]

Einer besonderen Erörterung bedürfen von diesen Gra-

---

relles Verordnungsrecht des Bundesrates für das Gebiet der Verwaltung mit Laband gefolgert werden, wohl aber ergebe sich ein solches für Vollzugsverordnungen aus dem staatsrechtlichen Grundverhältnis von Gesetz (einschließlich der Rechtsverordnung) und Vollziehung.

[19] S. hierzu Laband I, 601 darüber, daß für Militär und Marine das Veto in dieser Fassung genüge, da es auch die „Delegation" der Verordnungsgewalt einschließe. Das gilt dann aber doch genau ebenso für Zölle und Steuern.

[20] S. dazu die völlig zutreffende Kritik von Hänel, Stud. II, 89 ff.; Zorn in Hirths Ann. 1885, 318 f.

[21] Besonders charakteristisch ist hier das Polizeiverordnungsrecht der Konsuln, das systematisch hierher zu stellen wäre, aus Zweckmäßigkeitsgründen aber dem Konsularrecht vorbehalten bleibt.

den des Verordnungsrechtes nur das des Kaisers und das der Einzelstaaten. Was letzteres angeht, so handeln in solchem Falle die Einzelstaaten im Namen des Reiches. Für die Form der Verordnung ist zwar mangels besonderer Vorschriften das Landesrecht maßgebend, die Wirkungen aber sind die des Reichsrechtes: eine Landesverordnung der angegebenen Art bricht als materielles Reichsrecht sogar die Landesverfassung.[22]

Das Verordnungsrecht des Kaisers bedarf gleichfalls immer eines besonderen Titels. Schon in der Verfassung selbst ist ein solcher mehrfach für den Kaiser konstituiert, und zwar in genereller Weise, so bezüglich des Post- und Telegraphenwesens in Art. 50 Abs. 2, bezüglich des Militärwesens Art. 63 Abs. 3 und bezüglich anderer Materien. Ferner gehören hierher sehr viele in Spezialgesetzen enthaltene Bestimmungen, die einzeln anzuführen den betreffenden Abschnitten der Darstellung vorbehalten bleibt, da es sich an dieser Stelle nur um den prinzipiellen Gesichtspunkt handelt.

Man hat,[23] gestützt auf RV. Art. 17, behauptet: dem Kaiser sei durch den angezogenen Artikel ein prinzipielles Verordnungsrecht übertragen worden, das also mit dem des Bundesrates konkurriere und eventuell auch kollidieren könne, ohne daß die Verfassung für solchen Fall eine entscheidende Norm enthielte. Diese Auffassung ist unrichtig.

---

[22] Laband I, 605 f., s. bes. 606 [3]; Seydel bei Hirth a. a. O.

[23] Zorn, Krit. Viertelj.-Schr. Bd. 17 S. 394 u. im Anschluß hieran v. Rönne II, 57 ff. Darüber, daß im Nordd. Bund das Rechtsverhältnis ein etwas anderes war s. Hänel StR. I, 277, 312 [10], Stud. II, 74 ff.

Die prinzipielle Struktur unseres Reichsstaatsrechtes nötigt dazu, den Bundesrat, den Repräsentanten der Reichssouveränetät als Träger des Verordnungsrechtes zu betrachten. Behält man dies im Auge, so kann in Art. 17, der dem Kaiser die „Überwachung der Ausführung der Reichsgesetze" überträgt, ein Kontrollrecht nur in dem Sinne enthalten sein, daß der Kaiser vorgefundene Mängel, soweit für sein direktes Einschreiten kein gesetzlicher Titel gegeben ist, dem Bundesrat zur Anzeige zu bringen hat, damit dieser die nötigen Maßnahmen treffe.

Eine Subdelegation des kaiserlichen Verordnungsrechtes an den Reichskanzler muß als unzulässig erachtet werden, da das dem Kaiser übertragene Verordnungsrecht zugleich eine ihm übertragene Pflicht enthält, mithin nicht zu seiner freien Verfügung steht.[24]

Mehrfach ist der Kaiser in Ausübung seines Verordnungsrechtes an die Zustimmung des Bundesrates gebunden worden. In diesem Falle wäre eine ohne Zustimmung des Bundesrates ergangene kaiserliche Verordnung nichtig; andererseits aber hat der Kaiser auch nach erlangter Zustimmung des Bundesrates vollkommen die Möglichkeit, der betreffenden Verordnung die Sanktion zu versagen.[25]

Mehrfach ist ferner bestimmt worden, daß Verordnungen, sei es des Bundesrates, sei es des Kaisers dem Reichstage bei seinem nächsten Zusammentritt vorgelegt werden

[24] Laband I, 507[3]; a. A. Arndt 169 ff. Zweifelhaft ist die Frage allerdings. In der Praxis wird von der Befugnis der Delegation bei allen Arten des Verordnungsrechtes im weitesten Umfange Gebrauch gemacht, s. die Angaben von Arndt 174 ff.

[25] Laband I, 602.

müssen und sofort außer Kraft zu treten haben, wenn dieser ihnen die Genehmigung versagt. Dabei handelt es sich also um eine staatsrechtliche Resolutivbedingung.[26]

### III. Die Form der Reichsverordnungen.[27]

Reichsverordnungen, welche seitens der Einzelstaaten erlassen werden, haben primär in der durch die reichsgesetzliche Vollmacht vorgeschriebenen, eventuell in der Form des Landesstaatsrechtes zu ergehen.

Verordnungen des Bundesrates sind urkundlich auszufertigen und vom Vorsitzenden, dem Reichskanzler, zu vollziehen, von letzterem auch zu publizieren.

Verordnungen des Reichkanzlers sind in gleicher Weise auszufertigen und zu publizieren; jedenfalls wird in der urkundlichen Ausfertigung selbst zum Ausdruck gebracht werden müssen, ob eine Verordnung des Bundesrates oder des Reichskanzlers in Frage steht. Verordnungen des Reichskanzlers können auch durch dessen, gemäß dem G. v. 3. März 1878 (RGBl. 7) ernannte, Stellvertreter erlassen werden, selbstverständlich nur für die Sphäre der Stellvertretung.

Verordnungen des Kaisers sind urkundlich auszufertigen, mit kaiserlicher Unterschrift zu vollziehen und von dem Reichskanzler bezw. dessen gesetzlichen Stellvertreter zu kontrasignieren. Nur letzteres ist verfassungsmäßig vorgeschrieben (RV. Art. 17); sonstige Formvorschriften für kaiserliche Verordnungen existieren nicht. —

[26] Z. B. EinfG. z. CPO. §. 6.

[27] Die Form der Verordnungen ist sehr verschieden und vielfach willkürlich; die Theorie giebt Gliederungen der verschiedensten Art, s. bes. Hänel, Stud. II, 63 ff., darüber und dagegen Arndt, VR. 227, vgl. auch Rosin, Pol.VR. 8 ff. über „Verfügung“.

Die Publikation der Reichsverordnungen[28] ist leider eine höchst ungeordnete.[29] Nur bezüglich der kaiserlichen Verordnungen, obwohl diese garnicht den höchstenRanggrad von Reichsverordnungen repräsentieren, ist durch Spezialvorschrift (V. v. 26. Juli 1867) Publikation im Reichsgesetzblatt vorgeschrieben.[30] Gesetzlich fest geordnet ist ferner die Publikation von Polizeiverordnungen in den Konsulargerichts-, den Schutzgebieten und den Kriegshäfen.[31] Die Verordnungen des Bundesrates, des Reichskanzlers und der Reichscentralbehörden erfordern eine allgemeine Publikation nur, wenn sie an die sämtlichen Reichsangehörigen gerichtet sind. Nur insoweit findet eine Publikation in Centralorganen statt, und zwar geschah dies früher im Reichsgesetzblatt,[32] seit einiger Zeit aber auch im Reichsanzeiger und im Centralblatt des Deutschen Reiches.[33] Beide Publi-

---

[28] Arndt 198 ff.

[29] Mehrere charakteristische Beispiele führt Laband a. a. O. an; s. auch Fricker, Verpfl. 29; Zorn in Hirths Ann. 1875, 317⁴.

[30] Laband I, 611 f. fordert die Publikation aller Verordnungen, die „Rechtsvorschriften" enthalten, gemäß RV. Art. 2 im Reichsgesetzblatt, da zu den „Reichsgesetzen" im Sinne des Art. 2 auch die „Rechtsverordnungen" gehörten. Verordnungen sind aber keine Gesetze. Laband hält demgemäß „Rechtsverordnungen", die nicht im RGBl. publiziert sind, für nichtig; ihm haben zugestimmt Thudichum, Hänel, Binding, Seligmann, G. Meyer u. a. m. Richtig Arndt 182 ff., 198 ff.; Löning VR. 239¹. Dagegen darin, daß kaiserliche Verordnungen auch anderswo als im RGBl. publiziert werden dürfen, kann Arndt 202 nicht beigestimmt werden.

[31] G. v. 10. Juli 1879 (RGBl. 198) §. 4 Abs. 5; Ges. vom 19. März 1888 §. 11; G. v. 19. Juni 1883 (RGBl. 106) §. 2 Abs. 2. S. dazu unten im Konsular-, Kolonial- und Militärrecht.

[32] S. Arndt 204 f., 208.

[33] Herausgegeben im Reichskanzleramt. Verlag von C. Heymann in Berlin. gemäß Bek. d. Reichskanzlers v. 22. Dez. 1872 (Reichsanz. 304), s. darüber Zorn in Hirths Ann. 1875,

kationsorgane tragen zwar offiziellen Charakter, ermangeln aber jeder gesetzlichen Basis; handelt es sich um Rechtsvorschriften, die allgemein befolgt werden sollen, so ist es sehr fraglich, ob durch eine Publikation im Reichsanzeiger oder Centralblatt dem allgemeinen Rechtsprinzip genügt ist: daß die Publikation in einer Weise erfolgen müsse, die dem zum Gehorsam Verpflichteten die Möglichkeit giebt, die Vorschrift rasch und sicher kennen zu lernen.[34] Verordnungen, die nur an einzelne Staatsorgane sich wenden (Dienstinstruktionen 2c.), bedürfen auch lediglich einer ihrem Zwecke entsprechenden Kundmachung; Vorschriften allgemeiner Natur bestehen hierfür nicht.[35] Immer aber muß die Publikation eine amtliche sein; eine Bekanntmachung „im Buchhandel" ist absolut nichtig (so z. B. das Warenverzeichnis zum Zolltarif).[36]

Nach welchen Gesichtspunkten der Ort zur Publikation der Reichsverordnungen ausgewählt wird, läßt sich aus der Praxis garnicht feststellen. Das Centralblatt publiziert übrigens neben Reichsverordnungen auch Entscheidungen des Bundesamtes für Heimatswesen und anderer Centralbehörden, was an sich höchst dankenswert; ferner Ernennungen von Reichsbeamten, besonders Konsuln: der Rechtsstoff aber sollte in selbständiger, abgegrenzter Weise vom übrigen

---

309 f.; Hänel, Stud. II, 91, StR. I, 292; Laband I, 614, 707¹.

[34] Windscheid, Pand. §. 14: „in gehöriger Weise bekannt gemacht". Zu weit geht Laband I, 707, wenn er behauptet, die Publikation im Centralblatt habe rechtlich keine andere Bedeutung, als der Abdruck der Erkenntnisse des Reichsgerichts in den von seiten desselben herausgegebenen „Entscheidungen". Ebenso Hänel StR. I, 292; dagegen Arndt 209.

[35] Arndt 201.

[36] A. M. Arndt 207.

Stoffe gesondert werden. Die statistischen Übersichten über Rinderpest, Münzprägung u. dgl. würden wohl überhaupt besser der Mitteilung durch die Tagespresse überwiesen.

Am zweckmäßigsten erscheint es, neben dem Reichsgesetzblatt ein Reichsverordnungsblatt zu schaffen, welches offiziell und ausschließlich zur Publikation aller allgemeinen Verordnungen des Bundesrates, Kaisers, Reichskanzlers und der Reichscentralbehörden, soweit für dieselben nicht spezielle Verordnungsblätter erforderlich sind, zu dienen hätte. —

## §. 18.

## Die Staatsverträge.[1]

### I. Begriff.

Für das äußere Staatsrecht, d. i. die Lehre von den internationalen Beziehungen des Staates, bilden die hauptsächlichste Quelle die sogenannten Staatsverträge. Die regelmäßigen Formen der einfachen innerstaatlichen Rechtssetzung, Gesetz und Verordnung, entnehmen für das äußere

[1] E. Meier, Der Abschluß von Staatsverträgen (1874); Laband I, 626 ff.; G. Meyer §§. 189, 190; Seydel, Komm. 118; Jellinek, die rechtliche Natur der Staatenverträge (1880); derselbe, Ges. u. V. 341 ff., dazu Zorn in Hirths Ann. 1889, 374 ff.; derselbe in Tübinger Z. f. d. ges. Staatswiss. 1880, 1—39; Pröbst, der Abschluß völkerrechtlicher Verträge in Hirths Ann. 1882 241 ff.; Unger in Grünhuts Ztschr. f. Priv. u. öff. R. VI, 349 ff.; Leoni im Archiv f. öff. R. I, 490 ff.; Hänel StR. I, 537 ff. Ziemlich trostlos ist die Behandlung der Materie bei Bluntschli, Völkerrecht §§. 402 bis 461; ganz trostlos bei Heffter-Geffcken, Völkerrecht §§. 81—99.

Staatsrecht in der Regel ihren Inhalt aus zwischenstaatlichen Vereinbarungen, Staatsverträgen.

Staatsverträge sind Vereinbarungen zwischen mehreren Staaten über Gegenstände des staatlichen Lebens; alles, was sich auf das staatliche Leben bezieht, kann zum Gegenstande eines zwischenstaatlichen Vertrages gemacht werden;[2] ob es sich um Gegenstände der hohen Politik, des wirtschaftlichen Lebens, der Rechtspflege handelt, ist für die juristische Betrachtung völlig irrelevant.[3] Ebenso ist völlig irrelevant, ob an dem Abschluß des Vertrages nur zwei oder mehrere Staaten beteiligt sind; es ist schlechterdings nicht einzusehen, wie aus der Zahl der Kontrahenten ein Unterschied der juristischen Betrachtung sollte resultieren können.[4]

---

[2] Laband I, 627.

[3] In den Systemen des Völkerrechtes werden in Übertragung der privatrechtlichen Schablone auf das öffentliche Recht bestimmte Voraussetzungen bezüglich des Inhaltes der Staatsverträge als juristische behauptet: der Vertragsinhalt darf nicht unmöglich, nicht unsittlich, nicht früheren Verträgen mit anderen Staaten widersprechend, der Abschluß darf nicht mit Zwang erwirkt sein. Alle diese Erörterungen sind für das öffentliche Recht ganz unbrauchbar. A. A. Jellinek 59 ff. Alles, was fähig ist, Rechtssatz zu sein, kann den Vertragsinhalt bilden. Vgl. auch die charakteristischen Erörterungen bei Bluntschli §§. 409—412; Heffter-Geffcken §§. 83 ff.

[4] A. A. insbes. Bluntschli §§. 12, 13, 402, ebenso die übrigen Theoretiker. Man konstruiert auf Grund jener thatsächlichen Verschiedenheit zwei Kategorieen von Verträgen, die Staatsverträge und die völkerrechtlichen Verträge. So sagt Bluntschli: „verschieden von den Verträgen, welche besonderes Vertragsrecht unter den Vertragsparteien begründen, ist eine völkerrechtliche Übereinkunft mehrerer Staaten, welche eine allgemeine Rechtsregel ausspricht. Im letzteren Falle ist das pactum instar legis, und es entsteht dem Inhalte nach Gesetzesrecht, wenn auch in der vielköpfigen Form der Vereinbarung. Sehr viele Bestimmungen der völkerrechtlichen Kongresse haben diesen letzteren und nicht den ersteren Charakter und begründen daher nicht konventionelles,

Der juristische Charakter der Staatsverträge bildet einen Hauptkontroverspunkt der Jurisprudenz seit alter Zeit bis auf diese Stunde. Ist das Recht zu definieren als der Komplex von Imperativen, welche der Staat an seine Unterthanen richtet und mit Zwang schützt (s. oben S. 392 f.), so ergiebt sich hieraus mit logischer Notwendigkeit, daß Staatsverträge als solche gar keinen juristischen Charakter haben, da es sich bei denselben an sich nicht um Befehle des Staates an die Unterthanen, sondern um Verabredungen von Staat zu Staat handelt und da von einem Zwangsschutze rechtlicher Art bei solchen Verabredungen nicht die Rede sein kann. Während

---

sondern notwendiges Recht." „Die gemeinsame Erklärung des übereinstimmenden Willens ist nur dann ein wirklicher Vertrag, wenn dieser Wille dahin gerichtet ist, sich je den anderen Parteien gegenüber dadurch zu verbinden, nicht aber, wenn in demselben nur die Überzeugung kundgegeben wird von dem, was allgemeine Rechtsordnung sei und daher auch von jedem Staate beachtet werden müsse. Was völkerrechtlich im Gewande des Vertragsrechtes erscheint, ist bei näherer Prüfung oft dem Wesen nach Gesetzesrecht, d. h. eine Rechtsregel, deren notwendig verbindliche Kraft durch den Vertrag nur anerkannt und bestätigt, nicht erst neu begründet wird." „Das sog. konventionelle, d. h. auf Vertragswillen beruhende Völkerrecht ist nur bindend für die Vertragsparteien, das notwendige Völkerrecht dagegen bindet, soweit seine Notwendigkeit reicht (sic!), auch die Staaten, welche sich nicht erklärt haben, ja sogar dissentierende Staaten (!). Die Zweifel, ob ein Rechtssatz notwendig oder nur konventionell sei, sind nicht durch den bloßen Hinweis auf einen Staatsvertrag zu beseitigen, welcher denselben ausspreche, denn in dem Vertrage kann sowohl konventionelles Recht willkürlich festgestellt, als notwendiges Recht gemeinsam ausgesprochen worden sein." Das sind völlig willkürliche und verwirrte subjektive Meinungen Bluntschlis, welche des juristischen Untergrundes durchaus ermangeln. Ähnlich wie Bluntschli auch Heffter-Geffcken S. 18.

der privatrechtliche Vertrag seinen Zwangsschutz durch die Mittel der Staatsgewalt findet, entbehrt der sogenannte Staatsvertrag völlig des rechtlichen Zwangsschutzes, da die Aufrichtung eines diesen Rechtsschutz verbürgenden Welttribunales bis jetzt ein frommer Wunsch der Theoretiker geblieben ist. Der Staatsvertrag als solcher reicht somit nicht bis in die Sphäre des Rechtes hinein, sondern ist nur ein Bestandteil des Moralgebietes und führt zu Unrecht die juristische Bezeichnung Vertrag.[5]

[5] S. oben S. 399 f.; vgl. Laband I, 628: „ein Staatsvertrag hat an und für sich gar keine Rechtswirkungen nach innen, sondern einzig und allein nach außen." Sehr treffend Thudichum, Verf.R. d. Nordd. Bundes 91. Jellinek 6 ff. sucht den Nachweis, daß Staatsverträge auch schon an sich juristisch „etwas sind" von dem Fundamentalsatze aus zu erbringen: daß das Recht teils aus Geboten, welche der Staat an sich selbst richtet, teils aus solchen, welche er an die Unterthanen richtet, bestehe. Unter die erstere Kategorie von „Recht" falle einmal das Völkerrecht, speziell die Staatsverträge, sodann aber auch das ganze innere Staatsrecht. Definiere man Recht als Imperative des Staates an die Unterthanen, so falle nicht allein das Völkerrecht, sondern auch das ganze innere Staatsrecht aus dem Rahmen des Rechtes heraus. In höchst anregender Weise behandelt Jellinek von diesem Fundamentalsatze aus die Lehre von den Staatsverträgen und Staatenverbindungen. Daß der Fundamentalsatz unhaltbar ist, läßt sich an dieser Stelle nicht ausführlich begründen. Die Darstellung in seinem Werke „Gesetz und Verordnung" enthält einen Rückschritt, indem sie einfach den civilrechtlichen Vertragsbegriff zu Grunde legt, s. dazu Zorn in Hirths Ann. 1889, 375. Bluntschli §. 410 erhebt sich zu dem zwar pathetischen, aber schwerlich juristischen Satze: „die Rechtsverbindlichkeit der Staatenverträge beruht auf dem Rechtsbewußtsein der Menschheit und ist ein notwendiger Bestandteil der völkerrechtlichen Weltordnung!" Die Bemerkungen, welche Laband jetzt I, 633[1] gegen mich macht, richten sich nur gegen meine Identifizierung von Sanktion und Ratifikation und sind in dieser Beziehung berechtigt.

Der Vertrag gewinnt jedoch den Rechtscharakter dadurch, daß die zwischenstaatliche Vereinbarung zum Gesetz oder zur Verordnung erhoben wird. Als Gesetz oder als Verordnung können die Sätze der zwischenstaatlichen Vereinbarung zum Befehl an die Unterthanen werden und dadurch den Rechtscharakter gewinnen.[6] Nur diejenigen Staatsverträge aber, welche in dieser Weise in den Kreis des Rechtes aufgenommen sind, haben überhaupt einen juristischen Charakter, die übrigen nicht. Korrekt wird demgemäß in mehreren Staaten die Publikation eines Staatsvertrages immer durch ein beigefügtes Gesetz oder eine Verordnung vorgenommen, eine Praxis,

Gegen meine grundsätzliche Auffassung der Staatsverträge bringt Laband nichts vor, lehnt sie aber ab.

[6] Unhaltbar ist die vom Reichsgericht (Entsch. i. Civ. Bd. 24, S. 13 f.) geteilte Auffassung Labands a. a. O., daß die Staatsverträge „Rechtsgeschäfte" seien, „durch welche nur die Kontrahenten gegeneinander Ansprüche und Verpflichtungen begründen". Staatsverträge können begrifflich niemals „Rechtsgeschäfte" sein, weil es solche auf dem Gebiete des öffentlichen Rechtes überhaupt nicht giebt. Der privatrechtliche Satz „Verträge verpflichten ihrer juristischen Natur nach immer nur die Kontrahenten" ist auf Staatsverträge „ihrer juristischen Natur nach" unanwendbar. Vortrefflich aber Laband I, 629: „es ist nicht der Staatsvertrag, der imstande wäre, diese" — abändernden, ergänzenden — „Rechtssätze hervorzubringen, sondern der Staatsvertrag erzeugt nur die Verpflichtung für die kontrahierenden Staaten, daß diese, und zwar jeder in seinem Gebiete, die vereinbarten Rechtssätze schaffen. Dazu ist ein Befehl der Staatsgewalt erforderlich, welcher die Befolgung der in dem Vertrage enthaltenen Rechtsregeln verordnet, sie mit Gesetzeskraft ausstattet, d. i. ein Gesetzesbefehl." Über Rechtssätze auf Grund nicht publizierter Staatsverträge Laband I, 630[1]. — Auch Jellinek, Ges. u. V. 341, behauptet, Staatsverträge „normieren subjektive Rechte und Pflichten", s. dazu Zorn in Hirths Ann. 1889, 376.

die man allenthalben befolgen sollte, da nur durch sie der juristische Charakter der Staatsverträge zum richtigen Ausdruck gebracht wird.[7] Leider wird diese Praxis in Preußen und dem Deutschen Reiche nicht befolgt, sondern lediglich der Text der Staatsverträge publiziert, der „Befehl, den Staatsvertrag zu befolgen, aber als selbstverständlich unterdrückt."

Staatsverträge sind somit an sich lediglich faktische Verabredungen zwischen mehreren Staaten; den Rechtscharakter empfangen sie, indem si e mit der Kraft des Gesetzes oder der Verordnung ausgestattet werden.[8]

## II. Der Abschluß.

Wenn auch die Staatsverträge an sich keinen Rechtscharakter haben, so ist doch ihre moralische Bedeutung für den internationalen Verkehr eine sehr große; das zwischen mehreren Staaten verpfändete Wort, einer bestimmten Vereinbarung den Rechtscharakter gemäß den Formen der innerstaatlichen Rechtssetzung verleihen zu wollen, giebt der Vereinbarung eine Kraft, welche die des formalen Rechts vielleicht noch übertrifft.

Da in dem Abschluß der Vereinbarung unter den Staaten das bindende Versprechen liegt, den Inhalt derselben zum Recht erheben zu wollen, so ergiebt sich mit logischer Notwendigkeit der Satz: daß als Subjekte von Staats-

[7] Es geschah dies auch in der Mehrzahl der deutschen Einzelstaaten, ebenso geschieht dies in Italien und in Belgien. Vgl. E. Meier 330 ff.; Laband I, 631 („Loi qui approuve la convention" — — Art. unique: „La convention — — sortira en plein et entier effet").

[8] S. Hänel StR. I, 538.

verträgen nur solche Staaten in Betracht kommen können, welche bezüglich der Rechtssetzung unbeschränkt sind, d. i. souveräne Staaten.[9] Demgemäß sind die sog. halbsouveränen Staaten nicht fähig, Staatsverträge abzuschließen, da sie bezüglich der Rechtssetzung von einer übergeordneten Gewalt bedingt sind. In zusammengesetzten Staaten bemißt sich die Vertragsfähigkeit nach der Souveränetät: im Staatenbund und bei Personalunion sind die Einzelstaaten, im Bundesstaat die Centralgewalt berechtigt zum Abschluß der Staatsverträge.[10]

Dieses Prinzip ist auch in den drei existierenden Bundesstaaten anerkannt, jedoch mit der Modifikation, daß auch den Einzelstaaten bis zu einem gewissen Grade das Vertragsrecht eingeräumt wird. In der eidgenössischen Bundesverfassung,[11] ebenso in der Unionsverfassung finden sich hierüber ausdrückliche Vorschriften: die Einzelstaaten haben demgemäß das Vertragsrecht als von der Centralgewalt übertragenes und in seinem Umfang bestimmtes Recht.

Die deutsche Reichsverfassung enthält eine positive Vorschrift hierüber nicht; die Schriftsteller[12] nehmen an, daß

[9] Die Politik allerdings hat diesen Satz häufig beiseite gesetzt; vgl. aber z. B. für Bulgarien den Berliner Vertr. v. 13. Juli 1878 Art. VIII.

[10] Es gelten hier durchaus die nämlichen Sätze wie im Gesandtschaftsrecht (s. unten).

[11] Eidg. BV. Art. 9. Const. of the U. St. a. I. sect. 10 §. 1. Vgl. dazu Hänel StR. I, 539.

[12] E. Meier 271; Laband I, §. 63; Seydel 118; Pröbst in Hirths Ann. 1882, 245; G. Meyer §. 188. „Dieser Satz ist so zweifellos und unbestritten, und durch eine so konstante und unangefochtene Praxis bekräftigt, daß er keiner weiteren Begründung bedarf.“ (Laband.)

den Einzelstaaten innerhalb der ihnen überhaupt verbliebenen Kompetenz auch das Vertragsrecht verblieben sei;[13] diese Ansicht ist mangels eines positiven Rechtssatzes zwar aus prinzipiellen Gründen nicht zweifelsfrei,[14] durch die Praxis aber vollauf gerechtfertigt. Preußen ließ früher korrekterweise seine Staatsverträge durch das Reich abschließen.[15]

In welcher Weise erfolgt nun der Abschluß von Staatsverträgen?

Die herrschende Lehre[16] unterscheidet zwischen der völker-

---

[13] S. hierüber die eingehende Untersuchung von Pröbst bei Hirth 246—264, sowie Laband a. a. O.

[14] Laband I, 667: entzogen ist den Einzelstaaten „das gesamte Gebiet der auswärtigen Politik". Gehört nicht jeder Staatsvertrag als solcher in dies Gebiet? S. 670 entwickelt übrigens Laband die „prinzipiellen" Bedenken, die er in der gegen mich gerichteten N. 3 S. 666 zurückweist, selbst vortrefflich: „die Einzelstaaten sind außer stande, die Erfüllung der von ihnen mit anderen Staaten abgeschlossenen Verträge durch die völkerrechtlichen Mittel zu erzwingen." „Wenngleich die Befugnis der Einzelstaaten zum Abschluß von Staatsverträgen mit auswärtigen Staaten durch das Reich nicht absorbiert ist, so fällt dem Reiche doch die Vertretung der Einzelstaaten bei der völkerrechtlichen Geltendmachung der aus den Staatsverträgen resultierenden Ansprüche und Verpflichtungen aktiv und passiv zu."

[15] E. Meier 272.

[16] Dieselbe wurde begründet durch ein von Gneist dem preuß. AbgH. erstattetes Gutachten, abgedruckt bei E. Meier 337—368. Dieselbe führt zu einem unlösbaren juristischen Dilemma, indem der Monarch, dem allein der „Abschluß" zukommt, den Vertrag dann nicht in „Wirksamkeit" setzen kann, wenn die Volksvertretung ihre Zustimmung versagt; der Vertrag hat dann nur Rechtskraft „nach außen", aber nicht „nach innen". Ob diese Rechtskraft „nach außen" irgendwelchen Wert hat, möchte allerdings zweifelhaft erscheinen. Daß der von Gneist behauptete Satz: daß der Monarch allein zum völkerrechtlichen „Abschluß" berechtigt sei, als Satz des „Völkerrechtes" nicht existiert, hat E. Meier 91 ff. aus Theorie und Praxis unwiderleglich nachgewiesen. In England ist allerdings die Gneistsche Ansicht positives

rechtlichen und staatsrechtlichen Seite, demgemäß zwischen völkerrechtlichen und staatsrechtlichen Wirkungen, zwischen Abschluß und Durchführung des Vertrages. Sind die obigen Grundsätze richtig, so existieren diese Unterschiede für das Recht nicht: es kann dann für das Recht überhaupt nur von einer staatsrechtlichen Seite und staatsrechtlichen Wirkungen die Rede sein,[17] der Vertrag kann als im juristischen Sinne abgeschlossen erst betrachtet werden, wenn er überhaupt den Rechtscharakter empfangen hat, und dies kann er nur entweder in der Form des Gesetzes oder in derjenigen der Verordnung.

Die schriftlichen oder mündlichen Verhandlungen zwischen Vertretern der Staaten, die Feststellung und Genehmigung

Recht, in der Union geht man sogar so weit, als Rechtssatz zu behaupten, daß das Repräsentantenhaus seine Zustimmung garnicht verweigern dürfe; dasselbe hat dann also nur das Recht der Kenntnisnahme des vom Präsidenten und Senat abgeschlossenen Vertrages. S. die ausführliche und sorgfältige Darstellung bei E. Meier 115 ff., 163 ff. Laband acceptiert die Gneistsche Theorie als positives deutsches Recht I, 629 f., 635 ff.; ebenso G. Meyer §§. 189, 190.

Das Dilemma ist einmal ein praktisch jederzeit mögliches, und es ist keine Lösung desselben, wenn Gneist behauptet, in solchen Fällen gehe immer das Völkerrecht als das höhere Recht dem Staatsrecht vor. Bluntschli S. 73 meint gerade entgegengesetzt: „in diesen Dingen geht das Staatsrecht dem Völkerrecht vor." Es ist vor allem theoretisch unmöglich, daß ein derartiger Widerspruch zwischen Recht und Recht angenommen werden könne: „die Giltigkeit läßt sich nicht spalten: ein Vertrag kann nicht nach außen giltig und nach innen ungiltig sein", bemerkt mit Recht Unger 355. Vgl. Zorn 16 bis 20, 22—25; E. Meier 103 bis 114; Jellinek, Ges. u. V. 343 ff.; Leoni 504 gegen, Pröbst 265 ff. für Laband.

[17] Ebenso jetzt Jellinek, Ges. u. V. 351 ff., ohne die — wörtlich bereits in der 1. Aufl. enthaltenen — Ausführungen im Texte zu erwähnen.

des Textes, die Unterschrift des Textes durch die Bevollmächtigten, ja eventuell durch die betreffenden Staatsoberhäupter selbst,[18] führen immer nur bis zum Entwurf eines Rechtssatzes, nicht bis zum Rechtssatze selbst.

Zum Recht wird der Vertrag nur als Gesetz oder Verordnung. Die Reichsverfassung enthält über den Abschluß von Verträgen nur folgende vielumstrittene Bestimmung:[19]

„Der Kaiser hat das Reich völkerrechtlich zu vertreten, im Namen des Reichs — — Frieden zu schließen, Bündnisse und andere Verträge mit fremden Staaten einzugehen. — Insoweit die Verträge mit fremden

[18] Laband I, 653: „der Staatsvertrag wird perfekt in dem Moment der Unterzeichnung der Vertragsurkunde durch beide Kontrahenten — oder, falls jeder der beiden Kontrahenten eine von ihm allein unterzeichnete Urkunde dem anderen Kontrahenten übergiebt, mit der Zustellung (Auswechslung) der unterzeichneten Urkunde."
656: „der völkerrechtliche Vertrag wird erst durch die Ratifizierung abgeschlossen, erst durch sie im juristischen Sinne perfekt." In der 1. Aufl. hatte ich diese Sätze als einen Widerspruch bezeichnet; dagegen verwahrt sich Laband 653[1] mit Recht, wenn die „Kontrahenten" des ersten Satzes die Staatsoberhäupter sind und „Unterzeichnung" = „Ratifizierung" ist. Warum aber dann die das Mißverständnis provozierende Verschiedenheit des Ausdrucks?

[19] RV. Art. 11 Abs. 1 u. 3. Nach dem ursprünglichen Entwurfe der nordd. BV. sollte nur der Bundesrat und nur bei Handels- und Schiffahrtsverträgen ein Recht der Zustimmung haben; die verbündeten Regierungen dehnten das Recht auf alle Verträge aus, und der konstituierende Reichstag fügte noch seine „Genehmigung" hinzu. Aus dieser Mosaikarbeit mag sich die unglückselige Redaktion des Art. 11 erklären. Laband I, 638[1]. Vgl. Pr. VU. Art. 48: hier wird die Zustimmung der Volksvertretung zur Giltigkeit erfordert für Handelsverträge und solche, welche „dem Staate Lasten oder einzelnen Staatsbürgern Verpflichtungen" auferlegen.

Staaten sich auf solche Gegenstände beziehen, welche nach Artikel 4 in den Bereich der Reichsgesetzgebung gehören, ist zu ihrem Abschluß die Zustimmung des Bundesrates und zu ihrer Gültigkeit die Genehmigung des Reichstages erforderlich."

Diese Sätze bieten der Interpretation große Schwierigkeiten.

1. Zunächst ist das Recht, Verträge „einzugehen", dem Kaiser übertragen als ein Stück der allgemeinen Funktion, das Reich „völkerrechtlich zu vertreten". Darin liegt einmal die Kompetenz, behufs Verhandlung und Vereinbarung von Verträgen Vertreter zu ernennen und zu beauftragen, mit Vollmacht und Instruktionen zu versehen.[20] Kein anderer Faktor hat hieran Teil. Nur zu den Verhandlungen über Handelsverträge mit Österreich-Ungarn und der Schweiz sollen Vertreter der angrenzenden Einzelstaaten,[21] ebenso zu den Verhandlungen über Post- und Telegraphenverträge Vertreter der etwa an die betreffenden Staaten angrenzenden Einzelstaaten beigezogen werden.[22]

2. Sodann aber ist aus der dem Kaiser übertragenen Pflicht, das Reich völkerrechtlich zu vertreten, noch eine weitere Folgerung zu ziehen. Die Rechtssetzung liegt im einfachen monarchischen Staate bei dem Träger der Souveränetät,

---

[20] Laband I, 652. Überschreiten die Bevollmächtigten ihre Instruktionen, so hat dies für den Abschluß des Vertrages keinerlei Bedeutung, sondern provoziert höchstens ein disziplinarisches Einschreiten. Die Lehre von den „Sponsionen" hat keinen juristischen Boden.

[21] Schl.-Prot. z. ZVV. v. 8. Juli 1867 Art. 8 §. 6.

[22] Schl.-Prot. z. VersV. mit Bayern v. 23. Nov. 1870 Z. XI.

dem Monarchen, in welchem prinzipiell die ganze Fülle der Staatsgewalt konzentriert ist, auch dann, wenn er sich konstitutionell beschränkt hat. Diese Rechtssetzung erfolgt durch den positiven Akt der Sanktion, welcher zugleich das negative Recht des Veto einschließt. Im deutschen Bundesstaate erfolgt die Sanktion durch den Bundesrat (s. oben §. 15). Handelt es sich nun bei dem zu setzenden Rechte um einen Inhalt, welcher zuvor mit einem dritten Staate auf dem Wege des Staatsvertrages vereinbart worden ist, so muß angenommen werden, daß in gleicher Weise die Sanktion durch den Bundesrat zu erfolgen habe.[23]

3. Dazu aber kommt noch weiter die Ratifikation.[24] In denjenigen Staaten, in welchen Staatsverträge den Rechtscharakter dadurch empfangen, daß sie im Rahmen eines Gesetzes oder einer Verordnung erscheinen (Belgien, Italien), fallen Ratifikation und Sanktion auch äußerlich auseinander; die Sanktion hat in diesem Falle keinerlei sie unterscheidende Besonderheit; aber auch wo dies nicht der Fall ist, müssen Sanktion und Ratifikation als zwei verschiedene Rechtsakte angenommen werden. Die Ratifikation ist die formelle Erklärung des Staatsoberhauptes gegen-

[23] Laband I, 660 ff. Die in der 1. Aufl. von mir angenommene juristische Identität von Sanktion und Ratifikation ist nicht haltbar.

[24] Über diesen Begriff herrscht jedoch keineswegs Einverständnis. Vgl. Zorn in Tüb. Z. 25 ff., ferner Laband I, 650 ff., 656; Jellinek 54 ff., der sich mit großer Entschiedenheit („ganz unrichtig") gegen die Ansicht wendet, daß in der Ratifikation der Gesetzesbefehl an die Unterthanen liege. Unklar u. widerspruchsvoll Bluntschli §§. 419—421, noch unklarer Heffter-Geffcken §. 87; auch Geffcken durch seine der Note 3 beigegebene Erörterung S. 190 bis 192 bringt keine Klarheit.

über dem oder den anderen Kontrahenten, daß der Staatsvertrag der getroffenen Verabredung gemäß den Rechtscharakter empfangen habe, in Rechtskraft getreten sei. Herkömmlich werden die Ratifikationsurkunden zu gleicher Zeit ausgetauscht, wodurch das gleichzeitige Inkrafttreten des Vertrages in allen beteiligten Staaten gesichert ist.

Indem die Verfassung dem Kaiser die gesamte völkerrechtliche Vertretung des Reiches und als einen Bestandteil derselben das Recht zuweist, Staatsverträge mit fremden Staaten „einzugehen", hat sie demselben, wie dies auch durch eine niemals unterbrochene Praxis bestätigt wird, das Recht der Ratifikation von Staatsverträgen übertragen. Der Kaiser hat verfassungsgemäß das Recht, Staatsverträge mit fremden Staaten einzugehen, d. i. zu ratifizieren; die Ratifikation aber erfolgt auf Grund des vom Bundesrat gefaßten Sanktionsbeschlusses.

4. Der Kaiser ist jedoch in Beziehung auf dieses Recht konstitutionell beschränkt: das ist der einfache und erschöpfende Sinn des in resultatlosem Streite so vielumstrittenen[25] dritten Absatzes von Art. 11. Soweit die Form der Verordnung ausreicht, um einem Staatsvertrage die Rechtskraft zu geben, ist der Kaiser, abgesehen von der,

---

[25] E. Meier 278 f., sowie das verwirrte Zwiegespräch zwischen dem Abg. Lette und dem Minister Graf Itzenplitz im konstituierenden Reichstag (Sten. Ber. 1867, 518 f.), das ich nicht mit Laband I, 646 f. als eine „authentische Interpretation" anzuerkennen vermag.

gemäß RV. Art. 17, auch hier unbedingt erforderlichen Kontrasignatur des Reichskanzlers[26] unbeschränkt, auch der Bundesrat hat für diese Sphäre keinerlei Kompetenz der Mitwirkung. Staatsverträge im Rahmen der Verordnungsgewalt fallen, gemäß RV. Art. 11 in Verbindung mit Art. 17, nur in das Gebiet der dem Kaiser überwiesenen Gewalt.

Kein anderer Faktor der deutschen Staatsgewalt aber ist nach dem Wortlaut der Verfassung berechtigt, Verträge mit fremden Staaten einzugehen.[27]

Wo aber die Form des Gesetzes notwendig ist, bedarf der Staatsvertrag, um in Rechtskraft zu treten, der Zustimmung von Bundesrat und Reichstag, da muß derselbe gemäß Art. 5 bezw. Art. 78 der Verfassung verabschiedet werden[28] und braucht überdies noch die Sank-

---

[26] Laband I, 664[2].

[27] Laband I, 653 handelt ausführlich von der „nicht solennen Vertragsform", d. i. wenn Minister, Gesandte ꝛc. den Vertrag als definitiven abschließen. Gegenüber dem präzisen Wortlaut der Verfassung erscheint dies aber überhaupt unzulässig, in der Praxis ist allerdings die Labandsche Ansicht recipiert. Vgl. die 653[2], 654[1] gegebenen Beispiele, die sich aus neuerer Zeit noch sehr vermehren lassen. Mit Laband übereinstimmend auch Pröbst 281. Auch den Bemerkungen Labands in der 2. Aufl. gegenüber kann ich mich nicht von der verfassungsmäßigen Zulässigkeit der „nicht solennen Vertragsform" überzeugen.

[28] Vgl. Zorn 29, 32; Thudichum 108, 127; Bluntschli §. 234; Meier 268, 281; im Resultat jetzt Laband I, 642, 658 ebenso; die Differenz ist gegenüber den Ausführungen Labands in der 2. Aufl. nunmehr sehr gering. Laband hält gemäß Art. 11 Abs. 1 den Kaiser für grundsätzlich legitimiert zum Abschluß; „indirekt" aber ist er durch Abs. 3 beschränkt: „es würde nämlich weder der Würde des Kaisers und seines Ministers, noch der des Reiches entsprechen, wenn

tion des Bundesrates und weiterhin die kaiserliche Ratifikation. Diese letztere kann demnach nicht erteilt werden bezw. wäre nichtig, wenn die Zustimmung vom Bundesrat oder Reichstag verweigert würde; sie kann gleichfalls nicht erteilt werden bezw. wäre nichtig, bevor

---

der Kaiser Staatsverträge abschließen würde, die er nicht erfüllen kann; wenn er insbesondere den Erlaß von staatlichen Befehlen (Gesetzen) zusichern würde, zu denen er rechtlich gar nicht befugt ist"; — — „der Vorgang ist nicht der, daß erst der Staatsvertrag abgeschlossen und dann derselbe vom Reichstag genehmigt wird, sondern der regelmäßige und übliche" — vielmehr der rechtlich allein mögliche! — „ist der, daß der Bundesrat und der Reichstag zuerst ihre Zustimmung zur Ausführung des Vertrages erteilen und daß darauf erst der Kaiser den Vertrag abschließt;" endlich: es ist „verfassungsmäßige Rechtspflicht des Kaisers", den Vertrag erst abzuschließen, „nachdem er die Zustimmung des Bundesrates und die Genehmigung des Reichstages erlangt hat". Damit vermag ich allerdings den weiteren Satz bei Laband nicht zu vereinigen: „die völkerrechtliche Gültigkeit des vom Kaiser ratifizierten Vertrages bliebe gänzlich unberührt davon, weil diese Verpflichtung des Kaisers die formelle Legitimation desselben zum Vertragsabschlusse nicht berührt, der fremde Staat aber nur diese Legitimation zu prüfen hat"; und S. 646 ff. nimmt Laband die vorher entwickelte richtige Ansicht vollkommen zurück, indem er die Vorlegung an den Reichstag grundsätzlich nur „nachträglich" verlangt. S. 657 aber kehrt er wieder zur richtigen Ansicht zurück: „so kann man es in der That als eine Rechtspflicht des Souveräns bezeichnen, bei allen das Gebiet der Gesetzgebung berührenden Verträgen den Vertragsentwurf der Volksvertretung vorzulegen und erst nach erteilter Genehmigung den Vertrag zu ratifizieren d. h. abzuschließen." Eine rechtlich verschiedene Mitwirkung von Bundesrat und Reichstag beim Zustandekommen von Staatsverträgen hat Laband in der 1. A. aus dem Wortlaut der Verfassung dahin deduziert, daß der Bundesrat das Recht habe, schon vor dem völkerrechtlichen Abschluß, d. i. der Unterzeichnung des Entwurfstextes gehört zu werden und seine „Zustimmung" soll rechtlich notwendig zu diesem „Abschluß" sein. Vgl. ferner Pröbst 281 ff., bes. 285, 309.

Bundesrat und Reichstag zugestimmt haben;[29] die Verfassung sieht keinen einzigen Ausnahmefall vor, ein „Notverordnungsrecht“ kennt das Reichsstaatsrecht auch für Staatsverträge nicht.[30]

---

[29] Richtig E. Meier 110 ff.; v. Mohl, das deutsche Reichsstaatsrecht 304; vgl. Zorn 26, 31. Auch Laband und G. Meyer nehmen eine „Rechtspflicht“ des Kaisers an, die Zustimmung des Reichstages vor Erteilung der Ratifikation zu erholen, sprechen sich aber nicht über die Rechtsfolge einer Verletzung dieser Rechtspflicht aus. „Das Staatsoberhaupt“, so bemerkt E. Meier zutreffend, ist an die Zustimmung der Volksvertretung gebunden, so daß diese Zustimmung zur rechtlichen Existenz des Vertrages notwendig ist. Es giebt also insofern keine dem Staatsoberhaupt ausschließlich zustehende Vertragsschließungsgewalt, die Vertragschließung ist einfach auf den Weg der Gesetzgebung verwiesen.“ „Indem die Zustimmung der Volksvertretung zum Abschluß des Vertrages erfordert wird, so macht der Mangel dieser Zustimmung den Vertrag nicht bloß unvollziehbar, sondern geradezu ungültig. Ein Konflikt zwischen Staatsvertrag und Gesetz kann mithin nicht eintreten, Staatsvertrag und Gesetz sind eben identisch. Wo kein Gesetz zustande gekommen ist, ist auch kein Staatsvertrag zustande gekommen.“ Der deutsch-österreichische Handelsvertrag v. 16. Dezbr. 1878 (RGBl. 365) wurde ratifiziert und publiziert, bevor der Reichstag die Zustimmung erteilt hatte; dieses Verfahren war nach dem oben Ausgeführten wider die Verfassung und der Vertrag nichtig. Das „ausnahmsweise Verfahren“, von dem Laband I, 643[2] spricht, ist ein rechtlich unzulässiges Verfahren, was sich auch aus dem RG. v. 10. Sept. 1883 (RGBl. 303) ergiebt, das für einen anderen Fall dieser Art „Indemnität“ erteilt. Unger und Jellinek erklären den Staatsvertrag als nur „bedingt“ abgeschlossen, solange die erforderliche Zustimmung der Volksvertretung fehlt; diese privatrechtlichen Gedankengänge sind für das Staatsrecht unbrauchbar; s. hierüber Zorn in Hirths Ann. 1889, 376 f., Tüb. Z.

[30] Laband I, 644 bemerkt, es heiße vom fremden Staate Unerfüllbares fordern, wenn er, wie dies nach der im Text vertretenen Ansicht unerläßlich ist, die Legitimation des ihm gegenüberstehenden Kontrahenten erst

Bundesrat und Reichstag können bei der Behandlung eines Staatsvertrages ganz ebenso wie bei Gesetzentwürfen Abänderungsanträge beschließen,[31] welche allerdings hier unter Umständen zu einem sehr weitläufigen Verfahren nötigen werden, um den Entwurf doch zu einem Abschlusse zu bringen.

Der Hinweis auf Art. 4 der RV. ist ohne Sinn,[32] da es sich bei Art. 4 um die Abgrenzung des „Bereiches der Reichsgesetzgebung" gegenüber dem Bereiche der Einzelstaaten, bei Art. 11 Absatz 3 aber um die Abgrenzung des Bereiches der Gesetzgebung von dem der Verordnung handelt. Daß Friedensverträge immer nur in die Sphäre der Verordnung einzureihen seien,[33] läßt sich juristisch nicht erweisen, so zweckmäßig es auch sein möchte; zwar weist Art. 11 Abs. 1 dem Kaiser das Recht zu, „Frieden zu schließen", Art. 11 Abs. 3 aber fordert generell die Zustimmung der beiden gesetzgebenden Faktoren, „insoweit die Verträge in den Bereich der Gesetzgebung fallen".

Über die Abgrenzung der Sphäre von Gesetz und Verordnung s. oben S. 401 f.

---

prüfen müsse; s. dagegen Zorn in Tübing. Z. S. 34 u. bes. Laband I, 635: „es ist in der That nicht möglich, diesen Rechtssatz (von der Legitimationsprüfungspflicht) zu leugnen, ohne mit den Grundbegriffen des Rechts und der Logik in Konflikt zu geraten."

[31] E. Meier 61, 222; Laband I, 659 f.; Zorn 25 f.

[32] Übereinstimmend E. Meier 294 ff.; G. Meyer 489[13]; Laband I, 638 ff. Eine andere Auslegung hatten nur v. Mohl 303 ff.; Gorius in Hirths Ann. 1874, 771, u. jetzt Arndt, Verordn.-R. 189, versucht.

[33] So E. Meier 305 ff.; G. Meyer 489[14]; v. Rönne II §. 124. Richtig Laband I, 661[2] u. die hier citiert. Schriftsteller. Vgl. auch Pröbst 292, 314.

5. Die Publikation der Staatsverträge[34] hat im Reichsgesetzblatt zu erfolgen. Die Staatsverträge sind entweder Gesetze, für welche dieser Modus der Publikation durch RV. Art. 2, oder Verordnungen des Kaisers, für welche der nämliche Publikationsmodus vorgeschrieben ist.[35] Jede Publikation durch ein anderes Organ ist demnach unzulässig.[36]

Leider erfolgt nach preußisch-deutscher Praxis die Publikation der Staatsverträge in juristisch ganz inkorrekter Weise dadurch, daß nur der Text des Vertrages abgedruckt wird,[37] ohne daß derjenige Akt, welcher die sollemnis editio des Vertrages enthält, die Ratifikation, einen anderen Ausdruck fände, als durch einen ganz formlosen Zusatz.[38] („Die vorstehende Übereinkunft ist ratifiziert worden und die Auswechselung der Ratifikationsurkunden hat stattgefunden.")[39]

Erst wenn die Sanktion erfolgt und die Ratifikation erteilt ist, kann man im juristischen Sinne von einer „Perfektion" des Vertrages reden, vorher ist überall nur ein, wenn auch moralisch noch so bindender, doch rechtsunverbindlicher Entwurf vorhanden. Die Verwirrung in

[34] E. Meier 329 ff.; Laband I, 663 ff.; Jellinek, Ges. u. V. 361 f.; beide in herber aber vollauf berechtigter Kritik des gegenwärtigen Verfahrens.

[35] V. vom 26. Juli 1867 (BGBl. 24) §. 1.

[36] Die Praxis kehrt sich hieran nicht, zahlreiche Staatsverträge sind im Centralblatt publiziert.

[37] Über und gegen diese „stillschweigende" Art, den Gesetzesbefehl zu erteilen, Laband I, 654 f.

[38] Der allerdings nicht, wie Laband I, 664 meint, von einem „Setzerlehrling der Staatsdruckerei" herrühren kann, da der Reichskanzler die Verantwortlichkeit für den Inhalt des RGBl. trägt; s. oben S. 420.

[39] Den der schwedischen GS. entnommenen Text einer deutschen Ratifikationsurkunde teilt Laband I, 651 mit.

der Lehre von den Staatsverträgen rührt hauptsächlich davon her, daß man von „Abschluß" bereits redet, wenn die Bevollmächtigten den Entwurfstext festgestellt und unterzeichnet haben;[40] von diesem „Abschluß" unterscheidet man dann den „definitiven" „vollständigen" Abschluß, der erst angenommen wird, wenn der Vertrag Rechtskraft „nach unten" empfangen hat.[41] „Abgeschlossen" im juristischen Sinne kann aber doch ein Rechts-Akt nur genannt werden, wenn an der Rechtskraft nichts mehr fehlt.[42] Der „Abschluß" liegt somit bei Staatsverträgen nur in der authentischen Erklärung, daß der Befehl des Staates, den Inhalt des Vertrages als bindende Vorschrift anzusehen, erfolgt sei.

6. Über die Form der Staatsverträge bestehen im allgemeinen Rechtssätze nicht, wohl aber internationale Gepflogenheiten verschiedener Art. Ein Rechtssatz ist jedoch das sog. Alternat,[43] d. i. Staaten gleichen Ranges haben das Recht, in der für sie selbst bestimmten Vertragsurkunde zuerst zu unterschreiben und die eigenen Titel voran zu stellen.[44] Neuerdings wird jedoch bei der Unterschrift die alphabetische Reihenfolge beobachtet.[45]

---

[40] Vgl. Zorn in Tübing. Z. 22 ff., 37 f.

[41] Meyer §. 190.

[42] Vgl. Windscheid, Pand. §. 286[1] über den Satz: „perfecta est emptio."

[43] Wiener Prot. v. 19. Aug. 1815 Art. VII.

[44] Preußen wurde das Alternat zuerst i. J. 1741 von Frankreich zugestanden, s. hierüber Ranke, Preußische Geschichte, Sämtl. W. Bd. 27/28 S. 427.

[45] Vgl. Berliner Vertrag v. 13. Juli 1878 (RGBl. 307), Internat. Meterkonv. v. 20. Mai 1875 (RGBl. 1876, 191).

Die Einteilung in Paragraphen, Artikel, Separatartikel, Schlußprotokolle u. dgl. hat an sich keinerlei juristische Bedeutung; der gesamte Inhalt des Vertrages bildet, wo nichts anderes vereinbart ist, ein juristisch unteilbares und gleichwertiges Ganze.[46] Nicht selten enthalten jedoch Nachtragsprotokolle oder Separatartikel Deklarationen oder Abänderungen des Hauptvertrages.

### III. Die Aufhebung von Staatsverträgen.

Handelt es sich beim Staatsvertrag an sich überhaupt nicht um einen selbständigen juristischen Begriff, sondern löst sich derselbe auf in die juristischen Begriffe des Gesetzes oder der Verordnung, so gelten auch keine besonderen Rechtssätze bezüglich der Aufhebung oder Beendigung der Verträge, sondern es kommen hier lediglich die allgemeinen Grundsätze über Aufhebung von Gesetz oder Verordnung zur Anwendung.[47] Die „völkerrechtlichen" Auflösungsgründe haben

[46] Vgl. über das eigentümliche Rechtsverhältnis, welches in dieser Beziehung beim Zollvereinigungsvertrag v. 8. Juli 1867 obwaltet unten Bd. II im Zollrecht.

[47] Die ganze Streitfrage, ob Verträge nur unter der clausula rebus sic stantibus abgeschlossen werden und demgemäß bei Änderung der Verhältnisse einseitig gekündigt werden können, eine der besonderen Lieblingsmaterien des „Völkerrechtes", ist nur eine moralisch-politische Frage, und es fehlt dafür jede Möglichkeit einer juristischen Erörterung. Die Großmächte haben sich unterm 13. März 1871 auf den Satz geeinigt: „que c'est un principe essentiel du droit des gens, qu' aucune puissance ne peut se delier des engagements d'un traité ni en modifier les stipulations qu'à la suite de l'assentiment des parties contractantes au moyen d'une entente amicale". Vgl. hierher die sich vielfach widersprechenden Äußerungen von Bluntschli §§. 415, 437 b—d, 454, 456, 457, 460, deren Vergleichung überaus lehrreich für das juristische Verständnis der Rechtsdisziplin des „Völkerrechtes" ist.

dann nur moralische Bedeutung und bieten höchstens den Grund für die juristische Aufhebung von Verträgen, können aber nicht diese selbst bewirken, so insbesondere die Nichterfüllung des Vertrages von der anderen Seite.[48] Daß der Kaiser kraft seines Rechtes zur völkerrechtlichen Vertretung des Reiches „befugt" sei, „ohne Mitwirkung von Bundesrat und Reichstag die Gesetzeskraft eines Staatsvertrags aufzuheben, indem er derselben die völkerrechtliche Grundlage entzieht, auf welcher sie beruht"[49] — ein Satz von eminentester Tragweite —, könnte selbst dann nicht als richtig anerkannt werden, wenn (wie in der 1. Auflage angenommen war) der Kaiser das Sanktionsrecht bei Staatsverträgen hätte. Regelmäßig werden jetzt die Staatsverträge im Gegensatz zu ihrer früheren „Ewigkeit" auf Zeit abgeschlossen, treten somit, falls keine Erneuerung erfolgt, ipso jure mit Ablauf der Zeitfrist außer Kraft. Das Gleiche gilt bei Eintritt einer auflösenden Bedingung, unter der der Abschluß erfolgte, ebenso bei Erfüllung, falls die Verträge nur einen bestimmten Zweck zum Gegenstand hatten, wie beispielsweise die auf Gründung des Norddeutschen Bundes gerichteten August-Verträge von 1866 und die auf Gründung des Deutschen Reiches gerichteten November-Verträge von

Das Gleiche gilt von den Bemerkungen Jellineks, die Lehre von den Staatenverbind. 102 ff.; Heffter-Geffcken §. 98[3].

[48] Sehr zutreffend behandelt jetzt in der 2. Aufl. Laband I, 665 diesen Punkt, indem er auf die „wichtige Verschiedenheit der Staatsverträge gegenüber anderen Gesetzen hinsichtlich der Aufhebung ihrer Geltung" hinweist, aber als „unerläßliches Erfordernis" eine ordnungsmäßige Publikation im RGBl. fordert.

[49] Laband I, 666; ebenso Jellinek, Ges. u. V. 362 f.; dazu Zorn in Hirths Ann. 1888, 378 f.

1870.[50] Untergang eines der kontrahierenden Staaten macht den Vertrag wegen ermangelnder Voraussetzung ipso jure hinfällig. Änderung der Staatsform dagegen alteriert die Geltung der Verträge nicht,[51] es sei denn, daß die Staatsform eine unzweifelhafte Voraussetzung bei Abschluß des Vertrages gewesen wäre. Ausbruch des Krieges mit dem anderen Kontrahenten hebt alle Rechtsbeziehungen, also insbesondere auch die aus Staatsverträgen resultierenden auf,[52] es sei denn, daß dieselben gerade mit Bezug auf die Kriegführung eingegangen worden wären, wie z. B. die Genfer und Petersburger Konvention.

[50] S. hierüber die Angaben oben S. 30 ff., welche auf der ausgezeichneten Erörterung von Hänel, Stud. I, 89 ff. beruhen.

[51] Die Großmächte einigten sich i. J. 1831 auf den Satz: „les traités ne perdent pas leur puissance, quels que soient les changements qui interviennent dans l'organisation intérieure des peuples."

[52] A. A. Bluntschli §. 461.

# Sechstes Buch.

# Elsaß-Lothringen.[1]

## §. 19.

## Das elsaß-lothringische Staatsrecht von der Errichtung des Generalgouvernements (14. August 1870) bis zum Gesetz v. 4. Juli 1879.[2]

### I. Die Zeit der militärischen Okkupation.

(14. August 1870 bis 28. Juni 1871.)

Als bald nach dem Ausbruche des deutsch-französischen Krieges die beiden französischen Provinzen Elsaß und Lothringen sich in der Gewalt der deutschen Heere befanden, wurde durch den Oberbefehlshaber der deutschen Armee

[1] Die besondere Gestaltung, welche die Staatsgewalt des Reiches gegenüber Elsaß-Lothringen und den Kolonien angenommen hat, versucht Hänel StR. I, 823, zu kennzeichnen durch die Terminologie: „konsolidierte Reichsgewalt".

[2] Vgl. für die erste Zeit besonders die verdienstliche Arbeit von E. Löning, die Verwaltung des Generalgouvernements im Elsaß (1874), ferner G. Ritscher, Elsaß-Lothringen unter deutscher Verwaltung in Preuß. Jahrb. XXXIII, 269 ff., 388 ff., 552 ff.; XXXIV, 1 ff., 404 ff., 473 ff. (eine sehr spezielle Darstellung des gesamten Rechtszustandes des Reichslandes.) Laband I, §§. 6, 67—69; Meyer, Lehrb. §§. 69, 138—141, 166; Seydel, Komm. 31, 92 ff.; Leoni in Marquardsens Handb. II, 216—302; Hänel StR. I, 823 ff.; Mejer, Einl. (2) §. 79; Schulze II, 354 ff.

mit Kab.-O. v. 26. August 1870 für die Verwaltung jenes Gebietes ein Generalgouvernement für das Elsaß eingerichtet. Der territoriale Umfang desselben wurde durch mehrere Verordnungen des Oberbefehlshabers genau abgegrenzt[3] und damit von vornherein ein prinzipieller Unterschied für die Verwaltung des Generalgouvernements statuiert gegenüber der Verwaltung derjenigen französischen Gebietsteile, die außerdem noch von den deutschen Heeren okkupiert wurden.[4]

Die alte Staatsgewalt war damit faktisch beseitigt, und das Gleiche ist auch trotz der entgegenstehenden Ansicht der Theoretiker des Völkerrechtes juristisch anzunehmen; kraft des völkerrechtlichen Erwerbsgrundes der debellatio, der Eroberung, war an Stelle der französischen Staatsgewalt zunächst die rein militärische Autorität des Oberbefehlshabers der deutschen Armee getreten,[5] welcher nicht die fran-

---

[3] Löning 6 (Ver. v. 21. Aug. und 7. Nov. 1870); Mitscher in Pr. Jahrb. XXXIII, 269; Bluntschli bei v. Holtzendorff, Jahrb. I, 309.

[4] Damit nahm man m. E. deutscherseits von vornherein für das Gebiet des Generalgouvernements den Standpunkt des Schulbegriffes „debellatio" im klaren Gegensatz zu dem Schulbegriff „occupatio" ein.

[5] Ebenso jetzt Leoni a. a. O. 219. Vgl. die eingehende völkerrechtliche Deduktion bei Löning 8 ff., der freilich 27 ff. den im Text behaupteten Satz leugnet (ebenso Laband I, 750 f.) und bemerkt: „darüber herrscht gegenwärtig keine Verschiedenheit der Ansichten, daß die Staatsgewalt nicht in ihrem ganzen Umfang auf den Okkupanten übergegangen ist. Das besetzte Gebiet ist von dem bisherigen Staatsverband weder staatsrechtlich noch völkerrechtlich getrennt; die Einwohner sind Bürger des Staates geblieben, ein Wechsel der Souveränetät hat nicht stattgefunden" rc. Die ganze Ausführung Lönings ist zwar mit der herrschenden Theorie im Einklang, trotzdem unhaltbar. Die Staatsgewalt kann nicht in einem

zösische Staatsgewalt, sondern die vier an der Eroberung

---

Stück ihres „Umfanges“ hier, in einem anderen dort sein: entweder es besteht die alte Staatsgewalt während der Okkupation zu Recht fort, oder es ist eine neue Staatsgewalt an deren Stelle getreten, ein Mittelweg ist undenkbar. Entscheidend ist 1. die Thatsache der Eroberung, debellatio; zwar wendet die Theorie des Völkerrechtes diesen Begriff nur für die vollständige Niederwerfung eines Staates an; der Gedanke der debellatio trifft aber auch dann zu, wenn ein Staat in einem Teil seines Gebietes so vollständig niedergeworfen ist, daß die Besitznahme nicht mehr als vorübergehende Besetzung (occupatio), sondern als dauernde Besitzergreifung erscheint, wenn hinzutritt 2. der auf das Behalten des Landes gerichtete Wille, der animus des Debellanten. Darnach war die deutsche Staatsgewalt im Elsaß am 14. August in aller Form Rechtens konstituiert. Der Satz Lönings S. 29: „das gesamte übrige öffentliche Recht (ausgenommen die Staatsververfassung u. die Ausführungsgesetze hierzu) dagegen und das Privatrecht bleiben in Giltigkeit“ ist gleichfalls unhaltbar, übrigens von Löning selbst sub Ziff. 2 u. 4 widerlegt; das bisherige Recht bleibt nur soweit in Kraft, als der Okkupant kraft der ihm zustehenden „höchsten“ (Löning a. a. O.) d. i. aber Staatsgewalt, dies zuzulassen für gut findet. Die Wahlen zu der Nationalversammlung zu Bordeaux hätte die deutsche Regierung in Elsaß-Lothringen nicht zu gestatten gebraucht; daß sie es that, hatte gute politische Gründe. Uebrigens muß an dieser Stelle auf eine Widerlegung aller von Löning für seine These vorgebrachten Gründe verzichtet werden. Unter den vielen verwirrten Partieen des Völkerrechtes ist jedenfalls die Lehre von der occupatio und debellatio eine der verwirrtesten. Ebenso wie Löning, Bluntschli bei v. Holtzendorff, Jahrb. I, 307 ff.; derselbe, Völkerrecht 560 ff. Bluntschli sagt jedoch über unsere Frage: „wenn die Absicht das Land zu behalten mit der Macht verbunden ist, derselben eine dauernde Wirkung zu verschaffen und das thatsächliche Verhältnis für die Dauer als ein notwendiges zur Anerkennung zu bringen, d. h. in ein Rechtsverhältnis umzugestalten, dann zeigt sich eine neue Rechtsbildung, ein werdendes Recht, welches während des Werdens ebenso geschützt werden kann wie das ungeborene Kind im Mutterleibe mit Rücksicht auf die wahrscheinliche Geburt einer Person.“ Darin liegt, wenn auch sehr verklausuliert, doch

beteiligten deutschen Staaten: den Norddeutschen Bund, Bayern, Württemberg und Baden, staatsrechtlich repräsentierte. Namens des Oberbefehlshabers wurde die Verwaltung unter der Herrschaft der militärischen Okkupation von einem Generalgouverneur geführt. Die deutschen Autoritäten ließen von Anbeginn keinen Zweifel darüber bestehen, daß sie das Gebiet des Generalgouvernements als definitiv erobert betrachteten. Der Generalgouverneur erklärte in der Proklamation, mit welcher er die Regierung antrat, daß „die kaiserlich französische Staatsgewalt außer Wirksamkeit gesetzt und die Autorität der deutschen Mächte an deren Stelle getreten sei“.[6]

Die materiellen Normen dieser zwar provisorischen aber nichtsdestoweniger juristisch vollkommen perfekten Herrschaft bildete vorerst die beibehaltene frühere Gesetzgebung des eroberten Landes, die französische; dieselbe wurde nur soweit außer Kraft gesetzt, als dies unbedingt notwendig erschien;[7] soweit letzteres der Fall war, vollzog sich

---

der richtige Gedanke so wie er im Text formuliert ist. Vgl. aber dann wieder die widersprechende Ausführung a. a. O. 338. Pufendorf, de jur. belli VIII, 6, 20, ist jedenfalls weit klarer als die heute herrschende Lehre, wenn er sagt: „iam per adprehensionem bellicam adquiri jus quod valeat adversus quemvis tertium pacatum. Sed ut adquirat captor dominium valiturum etiam adversus eum cui res erepta est necesse ut accedat hujus cum altero pacificatio et transactio.“

[6] Löning 7; Laband I, 752.

[7] Löning 189 ff.; die Ausführung Lönings an dieser Stelle, ob die von der Regierung der nationalen Verteidigung erlassenen Gesetze in den okkupierten Gebieten Rechtskraft gewonnen haben, ist vollkommen zutreffend; vgl. auch Laband I,

die neue Rechtsbildung ganz in den Formen der militärischen Diktatur. Die Instruktion vom 21. August 1870, nach welcher der Generalgouverneur das Regiment führte, wurde nicht publiziert.[8]

Alle vom Generalgouverneur erlassenen Anordnungen — veröffentlicht vom 1. Septbr. 1870 ab in den „Amtlichen Nachrichten" — sind in ihrer Rechtskraft vollkommen unanfechtbar; wäre es dem französischen Staat gelungen, die deutsche Eroberung jener Länder wieder aufzuheben, so wären nach völkerrechtlichen Grundsätzen jure postliminii[9] die deutschen Gesetze und Verordnungen von selbst wieder außer Kraft getreten; nachdem aber der Frankfurter Friede vom 10. Mai 1871 den provisorischen Rechtstitel in einen definitiven verwandelt hatte, war vom 14. August 1870 bis auf den heutigen Tag eine ununterbrochene und unanfechtbare Kontinuität des deutschen Rechtes[10] gewonnen; nur die Formen, in welchen das Recht sich bildete, waren verschieden, für das Recht selbst aber und seine verbindende Kraft war es irrelevant, ob dasselbe in der Form des militärischen Befehls oder der kaiserlichen Verordnung oder des konstitutionellen Gesetzes entstand.

An die Stelle des Rechtstitels der Eroberung trat am 26. Februar 1871 der Präliminarfriede von Versailles (RGBl. 215 ff.) und am 10. Mai 1871 (RGBl. 213 ff.) der definitive Friede von Frankfurt,

750 f., Mitscher in Pr. Jahrb. XXXIII, 377; Richthofen in Hirths Ann. 1874, 521.

[8] Löning 7[2].

[9] Heffter, VR. (7) §§. 187 188; Löning 37 ff.; Bluntschli §. 728.

[10] A. A. Laband I, 750 f. und die übrigen Schriftsteller mit Ausnahme von Leoni.

welcher bestimmte: „l'Empire Allemand possèdera ces territoires à perpétuité en toute souveraineté et propriété." Durch den ersten Artikel des Friedensinstrumentes trat die französische Staatsgewalt formell das in Zusatz-Artikel III näher cirkumskribierte Gebiet (eine Abänderung erfolgte weiterhin noch durch Staatsvertrag v. 12. Okt. 1871 Art. 10, RGBl. 363)[11] an das Deutsche Reich ab. Der Rechtsnachfolger des französischen Staates in dem cedierten Gebiete war nur das Deutsche Reich. Der „Beitritt der süddeutschen Staaten" zu den Friedensverträgen, der ausdrücklich erklärt wurde (RGBl. 222, 238), ist juristisch ohne Bedeutung, da bereits vom 1. Januar 1871 ab das Deutsche Reich als Gesamtstaat konstituiert war, die Minister der süddeutschen Staaten demnach juristisch nur als Vertreter des Deutschen Reiches in Betracht kommen konnten.[12]

Die staatsrechtliche Bedeutung des Frankfurter Friedens für Elsaß-Lothringen ist nicht die, daß dadurch das Deutsche Reich überhaupt erst ein juristisches Recht auf Elsaß-Lothringen erworben hätte; die Abtretung dieser Lande war vielmehr nicht nur faktisch bereits durchgeführt, sondern sie war auch rechtlich vollkommen perfekt; durch den Frankfurter Frieden trat nur an Stelle des seiner Natur nach unsicheren — „völkerrechtlichen" — Erwerbstitels der kriegerischen Eroberung der sichere staatsrechtliche Erwerbstitel friedlicher Cession.[13] An der Legitimität des deutschen Rechtes und

[11] Die genauen Angaben über die Abgrenzung s. bei Laband I, 49 f.

[12] Vgl. auch Laband I, 49.

[13] A. A. Löning 181; Laband §. 6; G. Meyer, Lehrb. 162.

der deutschen Verwaltung in Elsaß-Lothringen fehlte auch v. 14. August 1870 bis 10. Mai 1871 kein Titelchen.

### II. Elsaß-Lothringen unter kaiserlichem Regiment.[14]
(28. Juni 1871 bis 1. Januar 1874.)

Formelle Anerkennung durch die gesetzgebenden Faktoren des Deutschen Reiches fand die Abtretung von Elsaß-Lothringen an das Reich durch das Reichsgesetz vom 9. Juni 1871 (RGBl. 212, in Kraft getreten am 28. Juni, da das betreffende Stück des RGBl. am 14. in Berlin ausgegeben wurde). Die juristische Bedeutung dieses Gesetzes liegt jedoch nicht in der „staatsrechtlichen" Einverleibung der abgetretenen Gebiete in das Reich, sondern in der Neuordnung der elsaß-lothringischen Staatsgewalt.[15] Auch nach der definitiven Einverleibung von Elsaß-Lothringen in das Deutsche Reich durch den Frankfurter Frieden war nämlich die Staatsgewalt in

---

[14] Hänel StR. I, 827; Laband I, 754 ff.

[15] Man kann nicht mit Laband I §. 6 sagen, der Friedensvertrag sei der völkerrechtliche, das G. v. 9. Juni 1871 der staatsrechtliche Erwerbstitel des Reiches für Elsaß-Lothringen gewesen. Staatsrechtlicher Erwerbstitel war einzig und allein der Friedensvertrag, bezw. die vorherige Eroberung. Das Gesetz v. 9. Juni 1871 bezog sich staatsrechtlich garnicht auf den Titel des Erwerbes (§. 1 ist juristisch gegenstandslos), sondern auf die Organisation des erworbenen Gebietes. Die staatsrechtlich erforderliche Mitwirkung des Reichstages zur Inkorporation von E.-L. lag lediglich in der Zustimmung desselben zum Friedensvertrag. Sobald der letztere deutsches Recht geworden war, war damit ipso jure die Inkorporation des Reichslandes in das Reich definitiv erfolgt und damit zugleich die Reichsverfassung in der erforderlichen Weise abgeändert. Der Friedensvertrag hätte allerdings dem Reichstag nicht zur „Kenntnisnahme", sondern zur „Genehmigung" vorgelegt werden sollen. Vgl. hierzu auch E. Meier, Abschluß von Staatsverträgen 307 ff.

dem neu erworbenen Gebiete zunächst in der Form militärischer Diktatur weitergeführt worden. Vom 21. Juni 1871 ab aber trat an Stelle der bisherigen Militärgewalt eine feste staatsrechtliche Organisation durch den im §. 3 des Gesetzes fixierten Grundsatz: „die Staatsgewalt in Elsaß-Lothringen übt der Kaiser aus." Damit hatte die militärisch-staatsrechtliche Plenipotenz des Generalgouverneurs ihr Ende gefunden.

Der Kaiser wurde als Träger der deutschen Staatsgewalt in und über Elsaß-Lothringen durch die gesetzgebenden Faktoren des Deutschen Reiches delegiert;[16] kraft des Rechtes, das ihm vom Reiche durch das allegierte Gesetz übertragen wurde,[17] führt der Kaiser bis zur Stunde das Staatsruder in Elsaß-Lothringen. Darauf beruht auch heute das geltende elsaß-lothringische Verfassungsrecht, freilich nicht in dem — überdies juristisch ganz unkonstruierbaren — Gedanken, daß der Kaiser monarchischer Rechtsnachfolger des Reiches geworden wäre, sondern so, daß der Kaiser Organ des Reiches ist und zwar — im Unterschied vom

[16] A. A. Leoni a. a. O. 224 ff. Dieser Schriftsteller entwickelt im Gegensatz zu allen übrigen die Theorie: Elsaß-Lothringen sei monarchischer Einzelstaat und der Kaiser konstitutionell beschränkter Monarch desselben. „Der Kaiser herrscht über Elsaß-Lothringen als höchster Vertreter der Rechte und Interessen des Landes; er ist Rechtsnachfolger, nicht blos Delegierter des Reiches, bei welch letzterem jedoch die Souveränetät und damit das Recht, dem Lande eine andere staatliche Form zu geben, verblieben ist." Das ist ein unlösbarer Widerspruch; der letzte Satz schließt den Gedanken der „Rechtsnachfolge" m. E. völlig aus. Widerlegt wurden die Ausführungen Leonis besonders durch Stöber im Archiv f. öff. R. I, 646 ff.

[17] Eine interessante strafrechtliche, reichsgerichtlich festgestellte (RG. Entsch. in Strafsachen X, 312 ff., XVII, 334 ff.) Konsequenz dieses Satzes merkt Laband I, 716[1] an.

sonstigen Reichsstaatsrecht — als delegierter Träger der gesamten Staatsgewalt.

Die Rechtsbildung in dem neu gewonnenen Gebiete sollte zunächst nicht wie sonst im Reiche in der konstitutionellen Form, sondern nach der Weise des absoluten Staates sich vollziehen. Der Kaiser als Gesetzgeber[18] für das Reichsland wurde jedoch hinsichtlich des Inhaltes der Gesetze an die Zustimmung des Bundesrates als des Organes der verbündeten Regierungen gebunden, und in zwei Fällen sollte auch der Reichstag mitwirken, nämlich 1. bei der Aufnahme von Anleihen, 2. bei der Übernahme von Garantieen für Elsaß-Lothringen zu Lasten des Reiches.[19] Die Sanktion aber war ein Recht des Kaisers; dieselbe konnte demgemäß trotz der Zustimmung des Bundesrates zu dem Inhalt des Entwurfes vom Kaiser versagt werden, ein Recht, welches der Kaiser sonst bei Reichsgesetzen nicht hat (vgl. oben S. 186 f. u. § 15). Außerdem sollte dem Reichstag „über die erlassenen Gesetze und allgemeinen Anordnungen und über den Fortgang der Verwaltung" jährlich Mitteilung gemacht werden. Der Bundesrat hatte seit dem 28. Mai 1871 einen ständigen — den IX. — Ausschuß für Elsaß-Lothringen gebildet; ferner wurde im Reichskanzleramt eine besondere Abteilung (III) als Centralverwaltungsstelle für Elsaß-Lothringen, ein elsaß-lothringisches Ministerium, errichtet.[20] Zur Publikation der auf das Reichsland bezüglichen Gesetze wurde durch Ges. v. 3. Juli 1871 ein besonderes Gesetzblatt für Elsaß-Lothringen ge-

[18] Laband I, 754 ff.

[19] Laband I, 754.

[20] Über den Oberpräsidenten f. Elsaß-Lothringen s. Laband I, 731 ff.

schaffen. Reichsgesetze, die auf Grund der Reichsverfassung erlassen waren, mußten in dieser Periode, da die Verfassung für Elsaß-Lothringen noch nicht galt, erst besonders für das Reichsland als Gesetze nach Maßgabe der hierfür durch das G. v. 9. Juni 1871 vorgeschriebenen Form erlassen werden, andernfalls gewannen sie daselbst überhaupt keine Rechtskraft; solche Reichsgesetze konnten demnach während dieser Periode in Elsaß-Lothringen einfach auf dem durch das G. vom 9. Juni 1871 bezeichneten Wege mit voller Rechtskraft abgeändert oder aufgehoben werden.[21]

### III. Elsaß-Lothringen unter der unmittelbaren Herrschaft der Reichsverfassung (1. Jan. 1874 bis 2. Mai 1877).[22]

Nach §. 2 des Ges. v. 9. Juni 1871 sollte die Reichsverfassung mit dem 1. Januar 1873 in Elsaß-Lothringen in Kraft treten, jedoch mit folgenden Modifikationen: 1. daß Art. 3. „sofort" (also vom 28. Juni 1871 ab) gelten, 2. daß einzelne Teile der Verfassung schon vor jenem Termine durch kaiserliche Verordnung mit Zustimmung des Bundesrates sollten eingeführt werden dürfen. Von dieser Befugnis wurde Gebrauch gemacht für die nachfolgenden Abschnitte:

1. RV. Art. 33 wurde durch Kais. V. v. 17. Juli 1871 (RGBl. 325 dazu Vollz.-V. v. 19. u. 30. Aug. 1871, RGBl. 326, 329) eingeführt und dadurch Elsaß-Lothringen v. 1. Januar 1872 ab dem deutschen Zollgebiet einverleibt.

---

[21] Sehr eingehend handelt über die Formen der Rechtsbildung in dieser Periode Laband I, §. 69, II. Die ganze höchst komplizierte Frage hat dermalen in der Hauptsache nur noch historische Bedeutung, bietet aber eine lehrreiche Analogie für das Kolonialrecht (s. unten §. 22).

[22] Hänel StR. I, 827 f.; Laband I, 764 ff.

2. RV. Absch. VIII, das Post- und Telegraphenwesen betr., ebenfalls v. 1. Januar 1872 ab (K. V. v. 14. Okt. 1871, RGBl. S. 443).
3. RV. Absch. VII, das Eisenbahnwesen betr., ebenso v. 1. Januar 1872 ab (K. V. v. 11. Dez. 1871, RGBl. S. 444).
4. RV. Art. 57—59, 61, 63—65, das Reichskriegswesen betr., sowie das Ges. v. 9. Nov. 1867 über die Verpflichtung zum Kriegsdienst sollten sofort — d. i. v. 17. Februar 1872 — in Kraft treten (G. v. 23. Januar 1872, RGBl. S. 31, ausgegeben 3. Febr. 1872).

Überdies wurden noch an Reichsgesetzen speziell in Elsaß-Lothringen in Kraft gesetzt: das Ges. über Rechtshülfe v. 21. Juni 1869 (G. v. 11. Dez. 1871, RGBl. S. 445), über Maßregeln gegen die Rinderpest v. 7. April 1869 (G. v. 11. Dez. 1871, RGBl. S. 471), über Beschränkungen des Grundeigentums in der Umgebung von Festungen v. 21. Dez. 1871 (G. v. 21. Februar 1872, RGBl. S. 56), der die rechtliche Stellung der Ärzte betreffende §. 29 der Gewerbeordnung v. 21. Juni 1869 (G. v. 15. Juli 1872, RGBl. S. 350 nebst Vollz.-V. v. 19. Juli 1872, ibid. S. 351), das Gesetz über das Urheberrecht an Schriftwerken u. s. w. v. 11. Juni 1870 (G. v. 27. Januar 1873, RGBl. S. 42).

Ferner wurde durch G. v. 14. Juni 1871 (RGBl. S. 315) das Reichsoberhandelsgericht als oberster Gerichtshof für Elsaß-Lothringen an Stelle des Kassationshofes zu Paris eingesetzt.

Der in §. 2 des G. v. 9. Juni 1871 fixierte Termin

für Einführung der Reichsverfassung in Elsaß-Lothringen wurde durch G. v. 20. Juni 1872 (RGBl. S. 208) auf den 1. Januar 1874 verlegt; durch G. v. 24. Juni 1873 (RGBl. S. 161) wurde dieser Termin bestätigt[23] und zugleich bestimmt, einmal, daß Elsaß-Lothringen dem in RV. Art. 1 bezeichneten Bundesgebiete hinzutrete (Einf.-Ges. §. 2), ferner, daß das Reichsland 15 Vertreter zum Reichstage (§. 8) nach dem Wahlgesetz v. 31. Mai 1869 (§. 6), das zugleich für das Reichsland eingeführt wurde, zu wählen habe; die Abgrenzung der Wahlkreise erfolgte durch V. d. BR. v. 1. Dez. 1873 (RGBl. S. 373) und die erste Wahl selbst wurde durch kaiserl. Ver. v. 19. Dez. 1873 (RGBl. S. 380) auf den 1. Febr. 1874 anberaumt; endlich bestimmte das Einf.-Ges., daß Elsaß-Lothringen von der Reichsgesetzgebung über die Biersteuer frei und dieselbe „bis auf weiteres" der „inneren Gesetzgebung" „vorbehalten" (§. 4), ebenso daß der Oktroi zunächst in bisheriger Weise erhalten bleibe (§. 5). Nicht eingeführt wurde ferner Reichspreßgesetz v. 4. Mai 1874 (RGBl. 65), sodaß für diese Materie vorerst das ältere französische Recht in Kraft verblieb.[24]

Indem mit dem 1. Februar 1874 die Reichsverfassung in Elsaß-Lothringen in Kraft trat, änderte sich abermals die Form der Entstehung elsaß-lothringischen Rechtes. Wie die Militärdiktatur durch die kaiserliche Diktatur, so wurde nunmehr die letztere abgelöst durch die Formen des konstitutionellen deutschen Reichsstaatsrechtes.

---

[23] Über das Verfassungsänderungsgesetz v. 20. Dez. 1873 und das hierbei bezüglich Elsaß-Lothringens erfolgte Versehen s. Laband I, 51[6].

[24] S. hierüber Kayser in Holtzendorffs Jahrb. IV, 135 ff.

Es trat nunmehr das eigentümliche Verhältnis ein, daß die gesetzgebenden Faktoren des Reiches, Bundesrat und Reichstag, neben der Centralgesetzgebung für das ganze Reich noch die Partikulargesetzgebung für einen einzelnen Bestandteil des Reiches auszuüben hatten; daß die Formen für die Entstehung des Reichsrechtes zugleich die Formen für die Entstehung elsaß-lothringischen Landesrechtes waren. Während in der vorigen Entwickelungsperiode (II) Reichsrecht und elsaß-lothringisches Landesrecht zwar materiell übereinstimmend sein konnten, staatsrechtlich aber sich an keinem Punkte deckten, und dennoch das elsaß-lothringische Landesrecht gleichfalls Reichsrecht war, fallen in dieser Periode beide Sphären vollständig zusammen.[25]

Die in diesem Verhältnis liegende Anomalie springt in die Augen: für 25 territorial begrenzte Teile des Reiches existierte neben der centralen Rechtsbildung des Reiches noch eine partikulare Rechtsbildung der Einzelstaaten. Elsaß-Lothringen war ebenfalls territorialer Bestandteil des Reiches und deshalb der centralen Rechtsbildung des Reiches jetzt nach Einführung der Reichsverfassung ebenso unterworfen wie die Einzelstaaten; diese Rechtsbildung beruhte und beruht durchaus auf dem Prinzip, daß ein Rechtssatz des Reichsrechtes nur entstehen kann durch das Zusammenwirken der im Reiche zusammengefaßten Einzelstaaten: *diese letzteren waren und sind einer centralen Rechtsbildung unterworfen, deren Träger sie*

[25] Vgl. die vorzüglich scharfe Deduktion von *Laband* I, 761 ff. A. A. *Leoni* a. a. O., der auf Grund seiner oben erwähnten Auffassung Bundesrat und Reichstag als Träger nicht der Reichs-, sondern der Landesgewalt bezeichnet.

selbst sind (s. oben §. 4). Anders bei Elsaß-Lothringen. Dieser Bestandteil des Reiches war nach Einführung der Verfassung der centralen Rechtsbildung zwar ganz in gleicher Weise unterworfen wie die Einzelstaaten, aber ohne zugleich Mitträger derselben zu sein; während die Einzelstaaten zugleich in einem passiven und in einem aktiven Verhältnisse zum Reiche stehen, war das Verhältnis Elsaß-Lothringens zum Reiche und ist bis zur Stunde nur ein passives (vgl. auch unten §. 21).

Noch anomaler aber als bezüglich der centralen Rechtsbildung war das Verhältnis nach Einführung der Reichsverfassung für Elsaß-Lothringen bezüglich der partikularen Rechtsbildung. Die letztere beruht in den deutschen Einzelstaaten durchweg auf dem Prinzipe: Sanktion (Erteilung des Rechtsbefehles) durch den Träger der Souveränetät, Feststellung des Inhaltes der Rechtssätze durch das Zusammenwirken von Staatsregierung und Volksvertretung nach Maßgabe der konstitutionellen Landesverfassungen. In Elsaß-Lothringen aber waren nach Einführung der Reichsverfassung die Träger der partikularen Rechtsbildung nicht Landesregierung und Landesvertretung, sondern Reichsregierung und Reichsparlament, jedoch mit der Modifikation, daß die Sanktion des Landesrechtes nicht, wie dies sonst für das Reichsrecht prinzipiell angenommen werden muß, durch den Bundesrat als den Repräsentanten der Reichssouveränetät erfolgte (s. oben S. 411 ff.), sondern durch den Kaiser als den delegierten Vertreter des Souveräns in Ausübung der elsaß-lothringischen Landesstaatsgewalt; der

Bundesrat trat somit in dieser Periode für das elsaß-lothringische Landesrecht ganz in die Stellung eines Oberhauses, einer Pairskammer, und hatte nur die nämlichen Rechte wie der Reichstag.[26]

Demgemäß hätte in dieser Periode alles elsaß-lothringische Landesrecht, soweit es durch die obersten Faktoren der Reichsgewalt erging, im Reichsgesetzblatt (RV. Art. 2) publiziert werden müssen; dies geschah jedoch nicht, vielmehr wurde in Widerspruch mit dem Prinzip, aber praktisch durchaus angemessen, zu jenem Zwecke das elsaß-lothringische Landesgesetzblatt verwendet.[27]

Außerdem war noch durch §. 8 des G. v. 25. Juni 1873 dem Kaiser das Recht beigelegt worden, auch nach Einführung der RV. „bis zu anderweiter gesetzlicher Regelung" Verordnungen mit Gesetzeskraft zu erlassen, jedoch unter nachfolgenden Voraussetzungen: 1. daß der Bundesrat zuvor zugestimmt habe, 2. daß der Reichstag nicht versammelt sei. Sachlich ferner war die Kompetenz zu solchen „Notstandsverordnungen" nach folgenden Richtungen beschränkt: dieselben durften 1. weder die Verfassung noch

[26] A. A. Laband I, 765[1] und die dort citierten Schriftsteller, die zwar eine Sanktion der elsaß-lothringischen Landesgesetze durch den Kaiser auf Grund der Gesetze v. 9. Juni 1871 und 2. Mai 1877 behaupten, dagegen die Sanktion auf Grund d. G. v. 25. Juni 1873 dem Bundesrat vindizieren. Sanktion der Gesetze ist der höchste Akt der Staatsgewalt, die Staatsgewalt aber übt in Elsaß-Lothringen der Kaiser, und daran wurde auch durch Einführung der RV. nichts geändert; demgemäß stand auch in dieser Periode das Sanktionsrecht dem Kaiser zu. A. A. auch G. Meyer, Anteil der Reichsorgane 2c. 81 ff., Lehrb. 396[2], dort auch weitere Litteraturangaben.

[27] Vgl. hierüber Laband I, 769[1] („Spezial-Reichsgesetzblatt").

2. die in Elsaß-Lothringen in Kraft stehenden Reichsgesetze ändern, noch 3. sich auf Anleihen und Garantieen zu Lasten des Reichslandes beziehen. Dagegen ist ein eigentlicher „Notstand", analog dem Art. 63 der preuß. Verf.-Urk., nicht Voraussetzung dieses kaiserlichen Verordnungsrechtes. Endlich schrieb das Gesetz vor, daß solche Notstandsverordnungen dem Reichstag sofort bei seinem Wiederzusammentritt vorzulegen seien und außer Kraft treten sollten, wenn der Reichstag denselben seine Genehmigung versage; sie galten demnach bei ihrem Erlaß als resolutiv bedingt.[28]

### IV. Elsaß-Lothringen in den Anfängen selbständiger Konstituierung[29] („Landesgesetzgebung").

Eine Neuordnung des elsaß-lothringischen Landesstaatsrechtes enthält dann weiter das Ges. v. 2. Mai 1877 (RGBl. S. 491).

1. Nach diesem Gesetze wird zwar einerseits die Möglichkeit aufrecht erhalten, daß elsaß-lothringische Landesgesetze auf dem bisherigen Wege, nämlich durch die Reichsgesetzgebung, gegeben werden; Änderung oder Aufhebung solcher Gesetze kann selbstverständlich auch nur auf dem Wege der Reichsgesetzgebung erfolgen (§. 2).[30] Ein Unterschied

---

[28] Laband I, 770 ff.

[29] Hänel StR. 1, 828.

[30] Daß nur auf dem Wege des Reichsgesetzes auch für die vor Mai 1877 auf Grund der Gesetze v. 9. Juni 1871 und 25. Juni 1873 ergangenen Landesgesetze eine Änderung möglich sei, verneint Laband I, 770 jetzt im Gegensatz zu den Ausführungen der 1. Auflage, aber doch nur, weil dies „praktisch zu den größten Mißständen führen müßte". Das hätte der Gesetzgeber bedenken sollen, die Wissenschaft wird doch bei der „strengen Konsequenz des Prinzips" bleiben müssen. S. jedoch

gegenüber der übrigen Reichsgesetzgebung besteht nur insofern, als für elsaß-lothringische Partikulargesetze, auch wenn sie in der Form des Reichsgesetzes ergehen, der Kaiser das Sanktionsrecht mit den daran geknüpften Rechtsfolgen (s. oben S. 530 vb. 411 ff.) hat.[81]

2. Ferner bleibt das Notverordnungsrecht des Kaisers nach §. 8 des Ges. v. 25. Juni 1873 in Kraft (s. oben IV).[82]

3. Daneben aber wird ein zweiter Weg der Gesetzgebung als gleichberechtigt mit der Reichsgesetzgebung gestattet (und nach Lage der thatsächlichen Verhältnisse mußte dieser zweite Weg in kurzem notwendig der Hauptweg werden): es wurde nämlich eine „Landesgesetzgebung"[83] durch den Kaiser mit Zustimmung 1. des Bundesrates und 2. des Landesausschusses eingerichtet. Dieser letztere war bereits durch kaiserl. Ver. v. 29. Oktober 1874 (RGBl. 1877 S. 492) errichtet worden, „um den Wünschen entgegenzukommen, welche von Vertretern der Interessen des Reichslandes auf den Bezirkstagen kundgegeben worden sind, und von der Absicht geleitet, die Verwaltung bei der Vorbereitung der Landesgesetze durch die Erfahrung und Sachkunde von Männern beraten zu sehen, welche durch das Vertrauen

---

auch Stöber im Arch. f. öff. R. I, 663[70].

[81] Ebenso Leoni a. a. O. 264. Die Verkündigung dieser Art von Gesetzen erfolgt durch den Reichskanzler, wogegen Laband I, 746 mit Recht Bedenken erhebt.

[82] Laband I, 766.

[83] Diese Bezeichnung kann immer nur unter dem unten S. 552 gegebenen Vorbehalt (s. auch Laband I, 765 f.) gebraucht werden.

ihrer Mitbürger ausgezeichnet sind", wie der kaiserliche Erlaß besagte. Derselbe wurde gebildet auf der Basis der elsaß-lothringischen Bezirkstage,[34] deren jeder 10 Mitglieder und 3 Stellvertreter in geheimer Wahl mit einfacher Stimmenmehrheit auf 3 Jahre zu ernennen hatte. Mitgliedschaft am Bezirkstag war darnach rechtliche Voraussetzung für die Mitgliedschaft am Landesausschuß. Die Regierung war vertreten durch den Oberpräsidenten und dessen Kommissarien, die die Vorlagen einzubringen hatten und jederzeit im Plenum und in den Kommissionen das Wort ergreifen konnten. Ort und Zeit der Sitzungen zu bestimmen, blieb kaiserlicher Anordnung vorbehalten, die Sitzungen sollten geheim sein. Präsidium und Geschäftsordnung sich zu geben, wurde dem Landesausschuß selbst überlassen.

Dieser Landesausschuß erhielt zunächst durch die Ver. v. 29. Okt. 1874 nur eine beratende Kompetenz. Zur „gutachtlichen Beratung" sollten diesem Landesausschuß vorgelegt werden: 1. der Landeshaushaltsetat, 2. alle Gesetzentwürfe über Materien, die nicht durch die Reichsverfassung der Reichsgesetzgebung vorbehalten sind, 3. fakultativ „Verwaltungsmaßregeln von allgemeiner Bedeutung, welche nach der bestehenden Gesetzgebung nicht der Beratung oder Beschlußfassung der Bezirkstage unterliegen". Das gutachtliche Votum des Landesausschusses sollte in beglaubigter Ausfertigung die Beschlüsse der Plenarversammlung, deren Begründung und die in der Minderheit gebliebenen Ansichten enthalten.

[34] S. über dieselben Ritscher in Preuß. Jahrb. XXXIV, 477 ff.

Durch das G. v. 2. Mai 1877 erhielt weiterhin der Landesausschuß eine beschließende Kompetenz und trat als Faktor der Landesgesetzgebung an Stelle des Reichstages (§. 1), bezw. demselben als gleichberechtigt zur Seite. Die Sanktion der auf diesem Wege inhaltlich festgestellten Gesetze blieb aber Recht des Kaisers „mit Zustimmung des Bundesrates"; die Publikation erfolgt im elsaß-lothringischen Gesetzblatt.[35] Außerdem blieb der Erlaß und entsprechend auch die Aufhebung elsaß-lothringischer Landesgesetze im Wege der ordentlichen Reichsgesetzgebung vorbehalten (§. 2). Daß eine durch Reichsgesetz erfolgte Abänderung reichsgesetzlicher Vorschriften, die in Elsaß-Lothringen als Landesrecht gelten, ohne weiteres auch im Reichsland in Kraft trete, kann durch kaiserliche Verordnung mit Zustimmung des Bundesrates angeordnet werden (G. v. 7. Juli 1877, RGBl. 377).

Ferner sollte die Entlastung bezüglich der Rechnungen für den Landeshaushaltsetat künftig neben dem Bundesrat durch den Landesausschuß erteilt werden, jedoch mit der Modifikation, daß die etwa vom Landesausschuß verweigerte Entlastung an dessen Stelle durch den Reichstag mit Rechtskraft erteilt werden könne (§. 3). Im übrigen (also insbesondere hinsichtlich der Zusammensetzung des Landesausschusses) verblieb die V. v. 29. Okt. 1874 in Kraft (§. 4).

---

[35] Vgl. Laband I, 767[4]. Über den Landesausschuß 733 f.

## §. 20.

## Das geltende elsaß-lothringische Staatsrecht.[1]

(G. v. 4. Juli 1879, RGBl. 165.)

Eine durchgreifende Änderung erfuhr die staatsrechtliche Organisation Elsaß-Lothringens endlich durch das hochwichtige Gesetz v. 4. Juli 1879 (RGBl. 165); dasselbe trat gemäß der hierfür vorbehaltenen kaiserlichen Verordnung v. 23. Juli 1879 (RGBl. 281) mit dem 1. Okt. 1879 in Kraft, und unter dem gleichen Datum erging eine zweite kaiserliche Verordnung (RGBl. 282), den Übergang landesherrlicher Befugnisse auf den kaiserlichen Statthalter betreffend.

Die Faktoren der elsaß-lothringischen Staatsgewalt sind nach dem G. v. 4. Juli 1879 folgende:

### I. Der Kaiser.

An dem Prinzip des G. v. 28. Juni 1871, daß der Kaiser namens des Reiches, d. i. der Einheit der verbündeten Regierungen (s. oben §. 4), die elsaß-lothringische Staatsgewalt auszuüben habe, ändert auch die neueste Gesetzgebung nichts. Demgemäß sanktioniert der Kaiser[2] insbesondere die elsaß-lothringischen Landesgesetze und hat folglich auch das Recht, denselben trotz Zustimmung von

[1] Sten. Ber. d. Reichstags 1879 1616 ff., 1737 ff., 1770 ff., dazu Anlagen 1532 ff. Behufs Durchführung des Hauptgesetzes wurde unter dem 5. Juli 1879 noch ein Nachtragsgesetz zum Reichshaushaltsetat erlassen (RGBl. 169). Vgl. auch Leoni a. a. O. 224 ff.; Hänel StR. I, 828 ff.; Laband I, 714, 735 f.; G. Meyer StR. §. 138; Löning VR. 77 ff.

[2] Laband I, 767.

Bundesrat und Reichstag bezw. Landesausschuß seine Zustimmung zu versagen. Die Kontrasignatur der kaiserlichen Anordnungen erfolgt durch den Statthalter, für welchen der Staatssekretär als Generalstellvertreter kraft Gesetzes eintreten kann, soweit nicht bestimmte Funktionen dem Statthalter ausschließlich vorbehalten sind.[3] Das durch §. 8 des G. v. 25. Juni 1873 konstituierte Notverordnungsrecht des Kaisers[4] ist, da hierüber eine „anderweitige gesetzliche Regelung“ bis jetzt nicht getroffen wurde, als fortbestehend zu erachten. Daraus ergiebt sich allerdings die sonderbare Konsequenz, daß der Kaiser durch eine Notverordnung ein unter Zustimmung des Landesausschusses erlassenes Gesetz abändern kann, wenn nur der Reichstag nicht versammelt ist. Das gewöhnliche Verordnungsrecht steht dem Kaiser zu; über die erforderliche Gegenzeichnung s. unten S. 542. Der Bundesrat ist an der Ausübung der elsaß-lothringischen Staatsgewalt im allgemeinen nicht beteiligt: die Präsumtion spricht bei allen landesherrlichen Befugnissen für den Kaiser. Nur soweit besondere gesetzliche Vorschriften bestehen, ist der Bundesrat zur Mitwirkung an der Regierung berufen; so ist insbesondere seine Zustimmung erforderlich zu den Notverordnungen des Kaisers nach §. 8 des Ges. v. 25. Juni 1873.[5]

---

[3] G. v. 4. Juli 1879 §§. 2, 4, 6; G. Meyer, Lehrb. 397; Laband I, 746.

[4] Über das durch RG. v. 7. Juli 1887 (RGBl. 377) begründete singuläre Verordnungsrecht des Kaisers und dessen materielle Bedeutung s. Laband I, 773, 774 d.

[5] S. Laband I, 737 f.

II. **Der Statthalter des Kaisers** (§§. 1, 2).[6]

Der Kaiser kann sich durch einen Statthalter vertreten lassen, welcher in Straßburg residiert. Der Statthalter wird vom Kaiser ernannt und abberufen, die betreffenden Verfügungen sind vom Reichskanzler gegenzuzeichnen. Der Kaiser hat von der ihm durch das Gesetz erteilten Vollmacht Gebrauch gemacht und einen Statthalter ernannt.[7] Ist die Stelle nicht besetzt, so sind die landesherrlichen Rechte vom Kaiser, die übrigen vom Staatssekretär wahrzunehmen.[8]

Der Statthalter tritt:

1. An Stelle des Kaisers.

Die dem Kaiser erteilte gesetzliche Vollmacht, dem Statthalter landesherrliche Befugnisse zu übertragen,[9] fand ihren Vollzug zuerst durch die kaiserl. V. v. 23. Juli 1879, weiterhin durch V. v. 28. Sept. 1885, 15. März und 20. Juni 1888, 11. Dez. 1889, 14. März 1893. Die vom Kaiser, dem Delegaten des Reiches, vorgenommene Subdelegation lautete auf den Namen des

---

[6] Laband I, 742 ff.; Hänel StR. I, 829. In Bezug auf Wartegeld und Pension gelten für den Statthalter dieselben Vorschriften wie für den Reichskanzler, Ges. v. 28. April 1886 (RGBl. 129) s. oben S. 339.

[7] Aber es widerspricht dem Wortlaut des Gesetzes, wenn Leoni a. a. O. S. 238 annimmt, daß der Statthalter ernannt werden muß. Ebenso auch Laband 744 für obligatorische Ernennung, „nur die Übertragung landesherrlicher Befugnisse ist fakultativ". Richtig G. Meyer, Lehrb. 396[3]; O. Mayer in Stengels Wörterb. II, 538.

[8] Vgl. den Allerh. Erl. v. 29. Juni 1885; Laband I, 744[1].

[9] Laband I, 742 bezeichnet die Ausübung dieser Funktion als „Rechtsgeschäft", die Sache beruht in der Hauptsache auf dem franz. Recht.

Feldmarschalls von Manteuffel, sie war somit keine sachliche, auf den jeweiligen Statthalter bezogene, sondern rein persönliche. In gleicher Weise wurde später der Fürst von Hohenlohe-Schillingsfürst zum Statthalter ernannt (V. v. 28. Sept. 1885, RGBl. 274 i. Eingang) und bei jedem Thronwechsel neuerdings persönlich mit der Wahrnehmung dieser landesherrlichen Befugnisse beauftragt. Der Kaiser überträgt dem Genannten nicht alle landesherrlichen Befugnisse, sondern nur ganz bestimmt bezeichnete Kategorieen derselben. Nach Ausweis der Verhandlungen im Reichstag handelte es sich dabei hauptsächlich um solche Funktionen, welche nach französischem Staatsrecht der Spezialdekretur des Monarchen vorbehalten waren, nach deutschem Staatsrecht aber regelmäßig den Ministerien zustehen. Die Ausübung dieser Funktionen fällt im Falle der Behinderung des Statthalters wieder an den Kaiser zurück.

Die in Betracht kommenden Befugnisse lassen sich folgendermaßen gruppieren: a) Erlaß von Verordnungen über die verschiedensten, speziell aufgeführten Gegenstände der Landesverwaltung, b) Nachlaß von Geldstrafen und Gewährung der Rehabilitation, sowie verschiedene andere fiskalische Befugnisse, c) Ernennung bezw. Bestätigung gewisser Beamtenkategorieen.

Für die Ausübung dieser landesherrlichen Funktionen ist der Statthalter unverantwortlich. „Aus dem Wesen der Delegation folgt, daß der Statthalter für die von ihm in Vertretung des Staatsoberhauptes vollzogenen Regierungsakte nur seinem Machtgeber, im übrigen aber gleich diesem nicht verantwortlich sein kann" (Motive, Sten. Ber. 1533). Damit ist also neben dem Kaiser noch ein zweites unverantwortliches — wenn auch nur in bestimmt begrenztem Umfange — Organ in das Reichsstaatsrecht eingeführt.

Die Kontrasignatur dieser landesherrlichen Anordnungen des Statthalters hat vielmehr der Staatssekretär des elsaß-lothringischen Landesministeriums zu bethätigen und damit die parlamentarische Verantwortlichkeit zu übernehmen (§. 4, Ziff. 1).[10] Die Verantwortlichkeit ist gegenüber dem früheren Reichsstaatsrecht vollständig neu: sie leitet sich nicht aus RV. Art. 17 bezw. dem hierzu ergangenen Stellvertretungsgesetz (s. oben §. 9) ab; sie ist keine aus dem Reichskanzler fließende, sondern eine in Reichssachen neben der allgemeinen Verantwortlichkeit des Reichskanzlers und unter Ausschluß dieser letzteren neu konstituierte Spezialverantwortlichkeit. Der Reichskanzler hat demnach auch keinerlei Befugnis, hinsichtlich der einschlägigen Amtshandlungen selbst einzutreten, Statthalter und Staatssekretär sind vielmehr für diese Sphäre dem Reichskanzler gegenüber vollkommen unabhängig.

2. An Stelle des Oberpräsidenten.[11]

Der frühere Oberpräsident von Elsaß-Lothringen hatte neben der Centralverwaltung des Reichslandes, die jetzt auf

---

[10] G. Meyer, Lehrb. 397 [8]. Eine Vertretung des Staatssekretärs durch die Unterstaatssekretäre dagegen ist staatsrechtlich durchaus unzulässig; anders freilich die Praxis, s. Laband I, 744 [5].

[11] Über die Kompetenz des früheren Oberpräsidenten vgl. Meyer, Lehrb. §. 139, ferner Motive, Sten. Ber. Anl. 1535. Leoni a. a. O. 240 f.; Laband I, 731 ff.

das Ministerium (s. unten III.) übergegangen ist, noch eine Reihe außerordentlicher Vollmachten auf Grund des §. 10 des G. v. 30. Dez. 1871 (GBl. f. E. L. 1872, 49),[12] welche nunmehr auf den Statthalter übertragen wurden (§. 2).

3. An Stelle des Reichskanzlers.

„Auf den Statthalter gehen zugleich die durch Gesetze und Verordnungen dem Reichskanzler in elsaß-lothringischen Landesangelegenheiten überwiesenen Befugnisse und Obliegenheiten über" (§. 2).

---

[12] Vgl. die langen und lebhaften Debatten im Reichstag über diesen „Diktaturparagraphen" Sten. Ber. 1619, 1741, 1745, 1748 u. a. O. Juristische Ausbeute bieten diese Debatten wenig, ferner Stengel in Hirths Ann. 1878, 113 ff., dazu G. Meyer, Lehrb. 398[10]. Der kritische §. 10 lautet: „Bei Gefahr für die öffentliche Sicherheit ist der Oberpräsident (nach obigem §. 2 der Statthalter) ermächtigt, alle Maßregeln zu treffen, welche er zur Abwendung der Gefahr für erforderlich erachtet. Er ist insbesondere befugt, innerhalb des der Gefahr ausgesetzten Bezirks diejenigen Gewalten auszuüben, welche der §. 9 des Gesetzes vom 9. August 1849 (Bulletin des lois, Ser. 10, Nr. 1511) der Militärbehörde für den Fall des Belagerungszustandes zuweist. Von den erlassenen Verfügungen ist dem Reichskanzler ohne Verzug Anzeige zu machen. Zu polizeilichen Zwecken, insbesondere auch zur Ausführung der vorbezeichneten Maßnahmen ist der Oberpräsident berechtigt, die in Elsaß-Lothringen stehenden Truppen zu requirieren."
Das französische Gesetz vom 9. August 1849 ist „das Gesetz über den Belagerungszustand", welches in §. 9 lautet:
„Die Militärbehörde hat das Recht: 1) Haussuchungen bei Tag und bei Nacht vorzunehmen; 2) Personen, welche schon gerichtlich bestraft sind oder ihren Wohnsitz nicht in den vom Belagerungszustand betroffenen Orten haben, zu entfernen; 3) die Ablieferung von Waffen und Schießbedarf anzubefehlen und die Aufsuchung und Wegnahme vorzunehmen; 4) Veröffentlichungen und Versammlungen zu verbieten, welche nach ihrem Er-

Das Oberpräsidium und das Reichskanzleramt für Elsaß-Lothringen werden aufgelöst (§. 3); der Reichskanzler tritt in Bezug auf elsaß-lothringische Landesangelegenheiten gänzlich außer Funktion, soweit es sich bei solchen nicht etwa zugleich um allgemeine Reichsangelegenheiten handelt.[13]

„Dieser sub 2. und 3. bezeichnete Übergang der Befugnisse und Obliegenheiten des Reichskanzlers auf den Statthalter umfaßt auch die konstitutionelle Verantwortlichkeit" (Motive 1534); da die Funktionen des Oberpräsidenten nach dieser Richtung staatsrechtlich Funktionen des Reichskanzlers waren, so folgt daraus: für die sub 2. und 3. bezeichneten Funktionen ist der Statthalter dem Reichstag verantwortlich.[14] Diese Verantwortlichkeit ist eine durchaus selbständige, nicht aus RV. Art. 17 fließende, sondern neben dieser Vorschrift neu konstituierte, der Statthalter ist nicht Stellvertreter des Reichskanzlers für Elsaß-Lothringen, sondern er ist selbst Reichskanzler für diesen besonderen Teil der Reichsangelegenheiten. Der Reichskanzler hat demnach nicht die Möglichkeit, in die Kompetenz des Statthalters

---

messen geeignet sind, Unordnung hervorzubringen oder zu unterhalten."

[13] Abg. Windthorst: „der Reichskanzler hat in Bezug auf Elsaß-Lothringen keine anderen Befugnisse, als diejenigen, welche ihm in Ausübung der Reichsfunktionen rücksichtlich jedes anderen deutschen Landes zustehen, und außerdem die Kontrasignatur der Ernennung des Statthalters und der etwaigen Abberufung desselben" (Sten. Ber. 1771).

[14] Vgl. die präcise Erklärung des Unterstaatssekretärs Herzog auf Anfrage des Abg. Windthorst, Sten. Ber. 1632, 1638; ferner die Rede des Abg. v. Puttkamer-Löwenberg, ibid. 1628, und die Motive Anl. 1532, 1534: „die Obliegenheiten des Reichskanzlers werden von seiner Person gelöst und einem anderen Träger anvertraut."

einzugreifen durch Vornahme von Amtshandlungen, wie er dies nach dem G. v. 17. März 1879 für den Bereich der Stellvertretungsämter kann (vgl. oben S. 265).[15]

Der Statthalter seinerseits aber hat in dem Staatssekretär, dem Vorsitzenden des elsaß-lothringischen Landesministeriums, einen Stellvertreter im Sinne des allegierten Gesetzes zur Seite, und zwar kraft des Gesetzes (§. 4[2]), nicht kraft besonders erteilter Vollmacht, wie diese sonst erforderlich ist.[16]

Der Staatssekretär trägt somit a) kraft der Gegenzeichnung die Verantwortlichkeit für die **landesherrlichen** Funktionen des Statthalters, b) kraft der ihm gesetzlich und zwar ganz generell zugewiesenen Stellvertretung die Verantwortlichkeit für alle sonstigen Amtshandlungen des Statthalters. Es liegt also lediglich im freien Belieben des letzteren, die Verantwortlichkeit des Staatssekretärs abzugrenzen, und in jedem Falle kann der Statthalter jede in den Bereich der Stellvertretung fallende Angelegenheit selbst vornehmen (§. 4 [2]). Wer im einzelnen Falle die Verantwortlichkeit trägt, Statthalter oder Staatssekretär, ergiebt sich lediglich aus der Unterschrift des betr. Erlasses; der Statthalter kann aber nicht die Verantwortung vor dem Reichstag für einen von ihm unterzeichneten Erlaß dem Staatssekretär zuweisen.

Gegenüber dem Landesausschuß besteht eine Verantwortlichkeit juristisch nicht.[17]

---

[15] Ebenso Laband I, 743 und bes. über eine fehlerhafte Praxis 744[7].

[16] Sten. Ber. 1617.

[17] Sten. Ber. 1748 (Abg. Windthorst). Laband I, 745

### III. Das Landesministerium (§. 3).[18]

Die Centralverwaltung für Elsaß-Lothringen, bisher geführt a) vom Oberpräsidium, b) vom Reichskanzleramt für Elsaß-Lothringen, c) vom Reichsjustizamt, geht an ein Landesministerium über, an dessen Spitze der Staatssekretär steht. Das Ministerium ist nicht kollegialisch organisiert, aber in Abteilungen gegliedert, welche von Unterstaatssekretären geleitet werden; auch dem Staatssekretär kann die Leitung einer Abteilung übertragen werden (§. 5). Im übrigen wurde die Organisation kaiserlicher Verordnung vorbehalten.[19] Auf das Landesministerium geht ferner eine Reihe von Funktionen des Bundesrates hinsichtlich der Landesbeamten über (§. 8). Vom Ministerium wird ferner das elsaß-lothringische Gesetzblatt herausgegeben (§. 22). Die Unterstaatssekretäre tragen für ihre Ressorts nur die disziplinarische, nicht aber die konstitutionelle Verantwortlichkeit; die letztere liegt nur dem Statthalter bezw. Staatssekretär nach den oben dargelegten Grundsätzen ob; daraus folgt, daß diese Träger der Verantwortlichkeit das Recht haben müssen, jederzeit Amtshandlungen im Bereich der einzelnen Ressorts der Unterstaatssekretäre vorzunehmen (s. oben S. 542 f.). Selbständig in dem Sinne z. B. des preußischen Ministerialsystemes sind die elsaß-lothringischen Ressorts demnach nicht.

Der Staatssekretär, die Unterstaatssekretäre und Ministe-

„thatsächlich ist die Verantwortlichkeit nur dem Landesausschuß gegenüber verwirklicht."

[18] Leoni 241 ff., Laband I, 745 ff.; Hänel StR. I, 829 f.

[19] Solche ergingen unter dem 23. Juli 1879, 29. Juli 1881, 5. Juni 1882, 25. April 1887, 21. April 1882.

rialräte werden vom Kaiser ernannt und entlassen, die übrigen höheren Beamten vom Statthalter, die niederen vom Staatssekretär (§. 6 [1]). Staatssekretär und Unterstaatssekretäre können mit Gewährung des gesetzlichen Wartegeldes jederzeit einstweilig in Ruhestand versetzt werden (§. 6 [2] vb. Reichsbeamtenges. §. 25), sie können ferner jederzeit auch ohne eingetretene Dienstunfähigkeit ihre Entlassung erhalten und fordern; der gesetzliche Pensionsanspruch besteht jedoch nur dann, wenn sie mindestens zwei Jahre das Amt bekleidet haben (§. 6 [2] vb. Reichsbeamtenges. §. 35). Die sämtlichen Beamten des Ministeriums sind elsaß-lothringische Landesbeamte nach Maßgabe des G. v. 23. Dez. 1873 (GBl. f. E.-L. 479) (§. 6 [3]).[20]

IV. Vertretung im Bundesrat (§. 7).[21]

Dem Statthalter ist gestattet, „zur Vertretung der Vorlagen aus dem Bereiche der Landesgesetzgebung, sowie der Interessen Elsaß-Lothringens bei der Reichsgesetzgebung" Kommissarien in den Bundesrat zu entsenden; die Zahl derselben ist nicht bestimmt; die Vertreter Elsaß-Lothringens haben nur beratende, nicht beschließende Stimme; ihre Instruktionen empfangen sie vom Statthalter. Bevollmächtigte zum Bundesrat im Sinne der Reichsverfassung sind die Vertreter Elsaß-Lothringens somit nicht und können dies nach der staatsrechtlichen Stellung des Reichslandes nicht sein. Sie haben demnach keinerlei Rechte im und am Bundesrat. Es steht dem letzteren völlig frei, dieselben zu

---

[20] Über die els.-lothr. Verwaltungsorganisation s. G. Meyer, Lehrb. 399 f.

[21] Leoni 232.

hören und ihr Votum zu berücksichtigen. Nach der Gesch.-O. v. 26. April 1880 §. 4 können die elsaß-lothringischen „Kommissare“ an den Beratungen teilnehmen, Anträge stellen, mit Referaten beauftragt werden; die Vorlagen sind ihnen zuzustellen.

### V. Der Staatsrat (§§. 9, 10).[22]

Als beratendes Regierungsorgan wurde ferner in die staatsrechtliche Organisation des Reichslandes der Staatsrat eingefügt.

Demselben gehören kraft ihres Amtes an: der Staatssekretär, die Unterstaatssekretäre, der Präsident des Oberlandesgerichtes und der erste Beamte der Staatsanwaltschaft; ferner ernennt der Kaiser 8—12 Mitglieder auf je 3 Jahre; der Landesausschuß hat das Recht, dem Kaiser 3 dieser Mitglieder in Vorschlag zu bringen, ohne daß der Kaiser hieran gebunden wäre.

Den Vorsitz im Staatsrat führt der Statthalter, bei Verhinderung desselben der Staatssekretär. Die Geschäftsordnung festzustellen ist dem Kaiser vorbehalten.

Die Funktionen des Staatsrates sind:

1. Vorberatung und Begutachtung von Gesetzentwürfen, sowie allgemeinen Vollzugsverordnungen;

[22] Vgl. hierher die Rede des Abg. v. Puttkamer-Löwenberg im Reichstag, Sten. Ber. 1630; ferner über den franzöſ. Conseil d'État 1758 ff.; ferner Leoni a. a. O. 245 f., 287 f.; Laband I, 747; v. Stengel: die Übertragung der Verwaltungsrechtsprechung auf die ordentlichen Gerichte in Hirths Ann. 1875, 1321 ff.; derselbe, das öffentliche Recht und die Verwaltungsgerichtsbarkeit in Elsaß-Lothringen, ebenda 1876, 808 ff., 897 ff. Der Staatsrat ist durch die kaiserlichen Ernennungen konstituiert worden.

2. Erledigung der ihm vom Statthalter außerdem vorgelegten Angelegenheiten;
3. Erfüllung der ihm etwa durch die Landesgesetzgebung überwiesenen Angelegenheiten.

Bei 1. handelt es sich um ein definitiv festgestelltes Recht: Gesetze und allgemeine Vollzugsverordnungen müssen dem Staatsrat zur Vorberatung vorgelegt werden, bei 2. um eine dem Statthalter generell erteilte Fakultät, bei 3. um einen Vorbehalt für die Landesgesetzgebung, der bis jetzt eine Ausführung noch nicht gefunden hat.[23]

VI. **Der Landesausschuß** (§§. 12—21, dazu G. v. 23. Mai 1884 [RGBl. 98]).[24]

Die elsaß-lothringische Volksvertretung, der Landesausschuß, wird durch die neue Gesetzgebung nicht wesentlich bezüglich ihrer Kompetenz, wohl aber bezüglich ihrer Zusammensetzung berührt. Der Landesausschuß ist nach wie vor das Organ zur ordentlichen Mitwirkung bei Herstellung der Landesgesetze (§. 21 [2]). Während er aber bis jetzt nur aus 30 Mitgliedern bestand, je 10 für Oberelsaß, Unterelsaß und Lothringen, wird nunmehr die Zahl der Mitglieder auf 58 erhöht, und zwar sind 34 von den Bezirks-

[23] Das Gesetz behält vor, daß dem Staatsrat „beschließende" Funktionen übertragen werden; nach Ausweis der Verhandlungen im Reichstag bezieht sich dies speziell auf die Verwaltungsgerichtsbarkeit höchster Instanz, welche vom kaiserlichen Rat an den Staatsrat oder eine Abteilung desselben übergehen sollte. Sten. Ber. S. 1755 (Abg. North), vgl. auch Motive Anl. 1536.

[24] Leoni a. a. O. 232 ff., 263 f.; Laband I, 739: „stellvertretender Spezialreichstag", „Surrogat des Reichstages"; Hänel StR. I, 832 [2], richtig gegen H. Meyer, Lehrb. §. 141 [2], richtig auch Stöber im Archiv I, 667.

tagen nach Maßgabe der kaiserl. Verordnung v. 29. Okt. 1874 aus ihrer Mitte zu ernennen (10 für Oberelsaß, 11 für Lothringen, 13 für Unterelsaß) (§. 12), 4 weitere von den vier großen Städten des Landes, Straßburg, Metz, Kolmar, Mühlhausen, aus der Mitte der Gemeinderäte, endlich sind 20 Mitglieder von den Landkreisen (§. 13) nach folgendem Wahlmodus auf je 3 Jahre zu wählen:

„Die Wahl in den Kreisen wird derart vorgenommen, daß die Gemeinderäte aus ihren Mitgliedern, in Gemeinden mit weniger als 1000 Einwohnern einen Wahlmann, in Gemeinden mit über 1000 Einwohnern für je volle 1000 Einwohner mehr, einen Wahlmann mehr wählen.

Die Wahlmänner jeden Kreises wählen den Abgeordneten desselben.

Die Wahlen der Abgeordneten werden innerhalb vier Wochen nach der Wahl der Wahlmänner vorgenommen. Wählbar zum Abgeordneten ist, wer das aktive Gemeindewahlrecht besitzt und im Bezirke seinen Wohnsitz hat.

Die Wahlen der Wahlmänner und der Abgeordneten geschehen in geheimer Abstimmung auf drei Jahre.

Das Recht des Wahlmannes, sowie der von den Gemeinderäthen unmittelbar gewählten Abgeordneten erlischt mit der Mitgliedschaft im Gemeinderat" (§§. 14, 15).

In Gemeinden mit aufgelöstem oder suspendiertem Gemeinderat ruht das Wahlrecht (§. 16). Die so gewählten Mitglieder haben wie die aus der Mitte der Bezirkstage gewählten Mitglieder vor dem Eintritt in den Bezirkstag, vor dem Eintritt in den Landesausschuß dem Kaiser Treue zu schwören (§. 18); die Ausübung des Mandates ist hiervon rechtlich bedingt.[25] Der Landesausschuß wird vom Statthalter zu seinen Sitzungen berufen, eine obligatorische Verpflichtung zur Berufung besteht jedoch nicht. Seine Präsidenten und Schriftführer wählt der Landesausschuß selbst; ebenso giebt er sich seine Geschäftsordnung. Das Recht, den Landesausschuß zu vertagen oder aufzulösen, ist dem Kaiser vorbehalten (§. 19 Abs. 1); die Auflösung des Landesausschusses zieht die Auflösung der Bezirkstage nach sich (§. 19 Abs. 2); die Neuwahlen zu den Bezirkstagen haben alsdann binnen 3, die zum Landesausschuß binnen 6 Monaten vom Termin der Auflösungsverordnung ab zu erfolgen (§. 19 Abs. 3).

Die Kompetenz des Landesausschusses wurde nur insofern erweitert, als ihm auch das Recht zur Initiative bei Gesetzesvorschlägen, sowie das Recht, dem Ministerium Petitionen zu überweisen, eingeräumt wurde (§. 21 Abs. 3). Bis dahin konnte der Landesausschuß nur auf Initiative der Regierung in die Beratung von Gesetzentwürfen eintreten.

Die Mitglieder und Kommissare des Ministeriums können jederzeit im Plenum und den Kommissionen des Landesausschusses das Wort ergreifen (§. 20).

Die Verhandlungen sind öffentlich und deutsch; Mitglieder, die der deutschen Sprache nicht mächtig sind, dürfen deutsche Reden verlesen (Ges. v. 23. Mai 1881, RGBl. 98, in Kraft seit 1. März 1882). Die straf- und prozeßrechtlichen Privilegien der Volksvertretungen (RStGB. §§. 11, 12, 105, 106, 339 Abs. 2. StPO. §§. 49, 72. CPO.

---

[25] Über die Wahlprüfungen nach dem Ges. v. 22. Juni 1833, Art. 50 ff. und der Verordnung v. 1. Okt. 1879 vgl. Laband I, 740.

§§. 347, 367, 785, 786) gelten auch für den elsaß-lothringischen Landesausschuß.[26]

VII. Der kaiserliche Rat (§. 11, ob. G. v. 31. Dez. 1871 §. 8).[27]

Steuerreklamationen, Gemeindewahlen, Streitigkeiten über Benutzung von Gemeindegütern ꝛc. gehörten nach französischem Recht in erster Instanz vor die conseils de préfecture, an deren Stelle unter der deutschen Verwaltung die Bezirksräte traten, in zweiter vor den Staatsrat. Die letztere Institution als Verwaltungsgerichtshof II. Instanz wurde vorerst beibehalten und mit den Funktionen desselben das Kollegium der Räte des Oberpräsidiums als „kaiserlicher Rat" betraut. Nach Auflösung des Oberpräsidiums ist der kaiserliche Rat vorläufig aufrecht erhalten worden und soll aus 10 frei vom Kaiser zu ernennenden Mitgliedern bestehen. Seine Kompetenz ist durch die Spezialgesetzgebung normiert. Die Institution des kaiserlichen Rates ist jedoch nach der Erklärung des Regierungsvertreters in den Reichstagsverhandlungen nur ein „Notbehelf", „an dessen Stelle eine andere zweckmäßige Einrichtung zu setzen sein werde".

VIII. Durch besondere gesetzliche Vorschrift wird alljährlich der Reichsrechnungshof zur Kontrolle der Finanzwirtschaft des Reichslandes nach Maßgabe des für

---

[26] Laband I, 741 f. durchaus zutreffend, ebenso Leoni 235. A. A. H. Meyer, Lehrb. 404[15], auf Grund einer Buchstabeninterpretation der betr. Gesetzesvorschriften; ich stimme ganz den Ausführungen von Stöber im Arch. f. öff. R. I, 659 ff. in der Frage über „die Landtagsqualität des Landesausschusses" bei.

[27] Vgl. die Rede des Staatssekretärs Herzog im Reichstag, Sten. Ber. 1758 ff., sowie die oben S. 499[9] bezeichnete Litteratur; ferner Leoni a. a. O. 288.

Preußen und das Reich geltenden materiellen Rechtssätze berufen.[28] (S. oben S. 469 ff.)

IX. Die im Reichsland fungierenden Beamten sind staatsrechtlich Reichsbeamte; da jedoch für die besonderen Verhältnisse des Reichslandes neben dem allgemeinen Reichsbeamtenrecht noch mehrfach besondere Vorschriften erforderlich waren, haben die elsaß-lothringischen Reichsspezialbeamten eine den Landesbeamten thatsächlich analoge Rechtsstellung erhalten, insbesondere dadurch, daß sie aus der elsaß-lothringischen Landeskasse ihr Gehalt empfangen.[29]

## §. 21.

## Reich und Reichsland.[1]

Als Elsaß-Lothringen dem Deutschen Reiche einverleibt wurde, verlor es einerseits die Reichsstellung einer einfachen Provinz, welche das Land im französischen Staatswesen innegehabt hatte und erhielt andererseits doch nicht die Stellung eines autonomen Gliedstaates im Deutschen Reiche,[2] der wie die übrigen Gliedstaaten zu seinem Teile Mitträger der

---

[28] Ges. v. 14. Mai 1894 (RGBl. 449).

[29] Ges. v. 15. Okt. 1873, sowie die von Laband I, 749[1] angegebenen Gesetze. Die von Laband 747 ff. entwickelte grundsätzliche Auffassung ist zutreffend gegen Leoni 249 und Löning VR. 78 („mittelbare" Reichsbeamte).

[1] Löning 178 ff.; Meyer, Lehrb. §§. 138 ff.; Laband I, 710 ff.; ferner die anonyme Schrift: Elsaß-Lothringen als kaiserliches Kronland, Köln 1878; Stöber im Arch. f. öff. R. I, 654 ff.

[2] Nur Seydel, Komm. 31, und nach ihm Leoni 223 ff. erklären Elsaß-Lothringen für einen „Staat"; als „korporatives Gemeinwesen" betrachten das Reichsland Löning VR. 99, und G. Meyer, Staatsr. §. 138. Dagegen Laband I, 714[3]; Hänel StR. I, 830[1]; Stöber im Archiv f. öff. R. I, 646 ff.

Reichssouveränetät wäre. Elsaß-Lothringen wurde nicht gleichberechtigtes Mitsubjekt der Reichssouveränetät wie die Gliedstaaten, sondern es wurde nur Objekt der Reichssouveränetät, wurde „Reichsland". Nur als solches bildete es in seiner staatsrechtlichen Position ein Analogon zu den Einzelstaaten, indes alles, was sich auf die Mitträgerschaft der Reichsstaatsgewalt durch die Einzelstaaten bezieht, bei Elsaß-Lothringen wegfiel.[3] „Objektiv fällt die Unterscheidung zwischen Reichsgewalt und Staatsgewalt in Elsaß-Lothringen vollständig zusammen mit der verfassungsmäßigen Kompetenzabgrenzung zwischen Reich und Einzelstaaten; subjektiv aber stehen beide Klassen von obrigkeitlichen Befugnissen im Reichslande demselben Berechtigten, nicht wie im übrigen Reichsgebiete zwei verschiedenen Berechtigten, zu" (Laband).

Darnach mußte das Reichsland alle Lasten und Pflichten des Reichsverbandes mittragen, ermangelte aber aller Rechte, die dieser Verband den Einzelstaaten als solchen bot. Elsaß-Lothringen teilte mit allen Gliedstaaten das Verhältnis, vom Reich regiert zu werden; es teilte aber nicht mit den übrigen Gliedstaaten das Recht, in verfassungsmäßiger Form selbst mit zu regieren. Und auch in ersterer Beziehung bestand eine Verschiedenheit für das Reichsland gegenüber den Gliedstaaten: während bei den letzteren die Sphären der Reichskompetenz, der einzelstaat-

[3] S. die erschöpfende Erörterung bei Laband I, 711 f. Über die Bezeichnung „Reichsland" 712[2], über den mangelnden Staatscharakter 714[2]; auch Stöber im Arch. f. öff. R. I, 656 ff., der gegen das „nur Objekt" polemisiert, da die Elsaß-Lothringer als „Bürger" des Reiches auch Mitsubjekt seien.

lichen Selbstverwaltung auf Grundlage von Reichsgesetzen und der einzelstaatlichen Selbstgesetzgebung unterschieden werden müssen (s. oben §. 5), war für letztere im Reichsland zunächst kein Raum, da eigene Organe partikularer Gesetzgebung nicht vorhanden waren; eine partikulare Selbstverwaltung wurde zwar alsbald eingerichtet, aber auch diese verlief sehr viel mehr in die eigene Reichsverwaltung, als dies bezüglich der Einzelstaaten der Fall war.

Die Reichsverfassung, sowie die ganze auf Grund derselben ergangene Spezialgesetzgebung hat selbständige Staatsgebilde, die als solche an der Bildung des Reichsstaatswillens teilnehmen und die erforderlichenfalls auch durch eigene Organe zur Durchführung der Reichsgesetzgebung mitwirken können, zur notwendigen Voraussetzung.[4] Für Elsaß-Lothringen fehlt diese Voraussetzung. Demgemäß konnte es sich bei der Einbeziehung dieser Länder in den staatsrechtlichen Organismus des Reiches nicht darum handeln, die Reichsverfassung *einzuführen*, sondern vielmehr nur sie für den neuen Bestandteil des Reiches *anzupassen*.

Die historische Entwickelung zeigte, daß die Organisation, die man im Anfange dem Reichsland gegeben hatte, nicht haltbar war: die Verhältnisse des letzteren waren allzu anomal gegenüber den Verhältnissen der Gliedstaaten, und es konnte sich von Anfang an nur fragen, wohin die Entwickelung des Reichslandes sich richte, ob *zur Einverleibung in einen der bisherigen Gliedstaaten des Reiches oder zur Konstituierung eines eigenen neuen Gliedstaates*. Einen festen Abschluß hat die Entwickelung dermalen noch nicht gefunden, doch

[4] Vgl. *Laband* I, 711.

war der bisherige Gang zweifellos nach der letzteren Alternative gewendet, sowohl was den positiven Ausdruck desselben in der Gesetzgebung, als was die Absichten der verbündeten Regierungen und die Wünsche der Bevölkerung des Reichslandes selbst betrifft.

Ein erster Schritt nach dieser Richtung lag schon darin, daß dem elsaß-lothringischen Oberpräsidenten ein großes Maß von Selbständigkeit und ein viel weiterer Kreis von Machtbefugnissen eingeräumt wurde, als dies bei den preußischen Oberpräsidenten der Fall ist. Immerhin aber stand neben dem Oberpräsidenten in Straßburg als Centralbehörde noch die Abteilung des Reichskanzleramtes für Elsaß-Lothringen in Berlin, und die Centralverwaltung lief, sowohl soweit sie in Straßburg als soweit sie in Berlin geführt wurde, in den Reichskanzler als verantwortlichen Minister aus. Seitdem kraft des Ges. v. 17. März 1878 ein Spezialstellvertreter des Reichskanzlers für Elsaß-Lothringen in der Person des Unterstaatssekretärs, der an der Spitze des Reichskanzleramtes für Elsaß-Lothringen stand, bestellt wurde, war dieser dem Oberpräsidium übergeordnet, und es trat noch klarer als früher hervor, daß Elsaß-Lothringen staatsrechtlich nur Verwaltungsdistrikt des Reiches war. Dies Verhältnis war aber nach anderer Richtung bereits sehr entschieden durchbrochen worden, und die Tendenz drängte gerade zur entgegengesetzten Entwickelung.

Ein erster Schritt zur selbständigen Konstituierung des Reichslandes als Gliedstaat war die Einfügung desselben in den Verband des Reichstages. Dieselbe erfolgte mit Einführung der Reichsverfassung vom 1. Januar 1874 ab. Zwar wurde keine selbständige elsaß-lothringische „verbündete“

Regierung konstituiert, von einer Vertretung des Reichslandes im Bundesrate konnte folglich nicht die Rede sein, aber dem elsaß-lothringischen Bestandteil des deutschen Volkes wurden von jenem Zeitpunkt ab die nämlichen Rechte der Teilnahme an der Bildung des Reichsstaatswillens eingeräumt, welche alle anderen Bruchteile des deutschen Volkes haben. Im übrigen blieb das Reichsland nach wie vor Provinz und Verwaltungsdistrikt des Reiches. Durch seine Vertreter im Reichstag aber nahm Elsaß-Lothringen an der Regierung des Reiches wenigstens insoweit Teil, als dem Volke neben den Regierungen eine solche Teilnahme durch die Reichsverfassung eingeräumt ist.

Einen weiteren Schritt auf diesem Wege bezeichnet das Gesetz v. 2. Mai 1877. Daß schon zuvor die Reichsgesetzgebung nach ihrem Inhalte sich sonderte in die wirkliche centrale Reichsgesetzgebung und in elsaß-lothringische Landesgesetzgebung, war eine notwendige Folge der thatsächlichen Verhältnisse: die Form aber war für beide Arten der Reichsgesetzgebung seit 1. Januar 1874 die nämliche, abgesehen von dem äußerlich nicht hervortretenden Unterschiede, daß die wirklichen Reichsgesetze der Bundesrat, die elsaß-lothringischen Landesreichsgesetze kraft gesetzlicher Delegation der Kaiser sanktionierte.

Indem durch das G. v. 2. Mai 1877 der Landesausschuß zum beschließenden Faktor der Reichsgesetzgebung neben dem Reichstag erhoben wurde, wurde auch der Form nach die Möglichkeit partikularer Landesgesetzgebung geschaffen, wenn auch noch nicht mit der gleichen Selbständigkeit, welche die übrigen Landesgesetzgebungen im Reiche haben.[5]

[5] Hänel StR. I, 832. Wenn Laband mit Recht sich gegen

Den letzten und bedeutendsten bisher nach dieser Richtung gemachten Schritt repräsentiert endlich das Gesetz vom 4. Juli 1879. Dasselbe stellt in weitem Umfange die Voraussetzungen eines selbständigen Staates für Elsaß-Lothringen fest. Der Kaiser zwar bleibt prinzipiell Träger der landesherrlichen Befugnisse, aber er subdelegiert dieselben zu großem Teile einem im Lande residierenden und nur mit den Angelegenheiten desselben betrauten Statthalter; wenn auch zunächst das Gesetz nur fakultativ gefaßt ist, so waltete dabei doch die bestimmte Absicht ob, die Einrichtung, falls sie sich bewähre, zu einer dauernden zu machen. Statthalter und Landesministerium bilden ferner eine vollkommen selbständige centrale Landesverwaltung, wie solche die anderen Bundesstaaten sachlich ebenfalls besitzen. An der Bildung des Reichsstaatswillens nimmt Elsaß-Lothringen, abgesehen vom Reichstag, zwar noch nicht in beschließender Weise Anteil, doch ist ihm das Recht eingeräumt, wenigstens durch beratende Vertreter, die im Bundesrate Sitz haben, darauf einzuwirken.

Damit sind die wesentlichsten Voraussetzungen für die nämliche staatsrechtliche Existenz des Reichslandes geschaffen, deren die Einzelstaaten sich erfreuen: eigene Centralverwaltung, eigene Partikulargesetzgebung in konstitutioneller Form;

---

diejenigen Schriftsteller erklärt, welche dem Landesausschuß den Rechtscharakter eines Provinziallandtages vindizieren, so darf er auch die elsaß-lothringischen „Landesgesetze“ nicht als „Provinzialgesetze des Reiches“ bezeichnen; auch hier wird vielmehr der von Laband S. 761 vortrefflich entwickelte juristische Gedanke am zutreffendsten durch die Bezeichnung „Spezial-Reichsgesetze“ ausgedrückt.

eigene Organe zu einer (wenngleich noch modifizierten) Teilnahme an der Feststellung des Reichsstaatswillens.

Unterschiede gegenüber den Einzelstaaten bestehen noch: erstens insofern als der Chef der Selbstverwaltung[6] des Reichslandes Subdelegat des Kaisers ist, welch letzterer nach wie vor als Delegat der verbündeten Regierungen Träger der elsaß-lothringischen Staatsgewalt bleibt. Zweitens insofern als Elsaß-Lothringen nur beratendes Votum im Bundesrat hat. Drittens insofern als der Reichstag noch die rechtliche Möglichkeit hat, an Stelle des elsaß-lothringischen Landesausschusses als Organ der partikularen Gesetz-

[6] Laband I, 717 f. lehnt die Möglichkeit einer „Selbstverwaltung" für Elsaß-Lothringen überhaupt ab und erkennt nur an, daß „die Verwaltung dezentralisiert sein könne in demselben Maße wie im übrigen Reiche", dies sei aber „Reichsverwaltung, nicht Selbstverwaltung." Dieser Gegensatz aber ist nicht vorhanden: die Selbstverwaltung der preußischen Städte ist Selbstverwaltung und doch preußische Verwaltung. Gerade für denjenigen Zweig der Verwaltung, den Laband so zutreffend als Selbstverwaltung im Reiche charakterisiert, dürfte ein Unterschied zwischen Einzelstaaten und Reichsland nicht bestehen, indem hierfür beim Reichsland die Voraussetzungen des Einzelstaates: ein selbständiger Behördenorganismus hergestellt wurde, der juristisch ebenso ein spezialreichsrechtlicher ist, wie das elsaß-lothr. Landesgesetzblatt ein Spezial-Reichsgesetzblatt. Mit der Annahme einer elsaß-lothr. Selbstverwaltung wird man weder zu der Annahme eines elsaß-lothr. „Staates" (Seydel, Leoni), noch eines selbständigen „korporativ gestalteten Gemeinwesens" (Löning) genötigt. Ebenso verhält es sich mit der elsaß-lothr. Autonomie: auch sie ist „Spezial-Reichsgesetzgebung". In allen diesen Beziehungen ist das staatsrechtliche Verhältnis genau das gleiche, wie dies in finanzrechtlicher Hinsicht von Laband I, 727 ff. sehr zutreffend ausgeführt wird; daß es sich bei den Finanzen „nicht um staatliche Hoheitsrechte und staatliche Aufgaben, sondern um vermögensrechtliche Ansprüche und Leistungen handelt", kann unter keinen Umständen zugegeben werden.

gebung einzutreten. Viertens insofern als das Reichsland unfähig aller selbständigen internationalen Beziehungen ist, auch insoweit als solcher die Einzelstaaten dermalen noch fähig sind (s. darüber oben S. 501 f.).

Auch nach anderen Richtungen finden sich im Reichslande die Voraussetzungen zu einem selbständigen Gliedstaate des Reiches gegeben: Elsaß-Lothringen hat wie ein Landesministerium so auch Landesbeamte; zwar gelten für die Verhältnisse dieser Beamten die materiellen Vorschriften des Reichsbeamtengesetzes, ihr Gehalt aber empfangen die Landesbeamten aus der Landeskasse.[7] Dies führt auf ein weiteres Moment der Selbständigkeit: den elsaß-lothringischen Landesfiskus. Aber auch dieser Landesfiskus ist nicht mehr und nicht weniger als ein Spezialreichsfiskus und ließe sich unmöglich auf blos privatrechtliche — „vermögensrechtliche" — Gesichtspunkte, wie Laband will, konstruieren. Der Sprachgebrauch „Staat" in einzelnen Finanzgesetzen bezieht sich auch nicht auf den Staat als Fiskus des Privatrechts, sondern auf den Staat als Allgemeinbegriff.[8] Die Lasten der Landesverwaltung wurden von Anbeginn nicht aus der Reichskasse, sondern aus der Landeskasse bestritten, und damit von Anbeginn die Identität von Reich und Reichsland in einem der wichtigsten Punkte thatsächlich durchrissen.[9] Elsaß-Lothringen bezahlt selbst seine Verwaltung

[7] G. v. 15. Okt. u. 23. Dez. 1873 (GBl. 273), vgl. Laband I, 727 ff.

[8] S. dagegen Laband I, 727 f., 729 f.

[9] Die Basis hierfür bildet das G. v. 8. Dez. 1873 (E.L. GBl. 387), durch welches das Reichsgesetz v. 25. Mai 1873 über die Rechtsverhältnisse der zum dienstlichen Gebrauch einer Reichsverwaltung bestimmten Gegenstände im Reichsland eingeführt wurde.

und wird zu den Matrikularumlagen ganz in der Weise beigezogen wie die Gliedstaaten des Reiches,[10] hat seinen Anteil an Reichskassenscheinen empfangen und zahlt ein Aversum für die Brausteuer an die Reichskasse. Demgemäß mußte für Elsaß-Lothringen ein System von Landessteuern und Abgaben eingerichtet werden, deren Ertrag in die Landes-, nicht in die Reichskasse fließt. Zu letzterer trägt das Reichsland nicht mehr und nicht in anderem Maßstabe bei, als die Gliedstaaten. Seitdem ein selbständiger elsaß-lothringischer Landesfiskus besteht, kann das Reichsland auch unabhängig vom Reiche Schulden kontrahieren.[11]

Ausnahmerechte im technischen Sinne des Wortes kann Elsaß-Lothringen, da es nicht „einzelner Bundesstaat" ist (RV. Art. 78 Abs. 2), ebensowenig wie Mitgliedschaftsrechte haben. Materiell aber hat das Reichsland bezüglich der Besteuerung des Bieres gemäß Reichsges. v. 25. Juni 1873 (RGBl. 161) §§. 4, 5 das gleiche Ausnahmerecht, wie die süddeutschen Staaten (s. oben §. 5 S. 119 ff.), nur finden darauf die Vorschriften des Art. 78 Abs. 2 nicht Anwendung.[12]

Eine ganz besondere Anomalie bildet die elsaß-lothringische Staatsangehörigkeit.[13] Wie oben §. 11 ausgeführt, ist die Staatsangehörigkeit im Deutschen Reiche prinzipiell Reichsangehörigkeit, formell aber Landesangehörigkeit. Die letztere ist positive Voraussetzung der ersteren. Da Elsaß-

---

[10] Über die auf Staatsverträgen, welche vom Reich abgeschlossen sind, beruhenden Verpflichtungen der Landeskasse s. Laband I, 728.

[11] Laband I, 728[2]; Löning 232 ff.; Hänel StR. I, 733 f.

[12] Laband I, 720.

[13] Laband I, 721 ff.; dagegen G. Meyer in Hirths Ann. 1876, 678 f.; Leoni 277 ff. Zutreffend Hänel StR. I, 832 f.: „Ausschnitt aus der Reichsangehörigkeit."

Lothringen kein Staat ist, kann es begrifflich auch keine elsaß-lothringische Landesangehörigkeit geben, sondern die Elsaß-Lothringer wären darnach ohne einzelstaatliche Vermittelung Reichsangehörige. Dies ist auch die Rechtsauffassung und der Sprachgebrauch der Bestimmungen der Friedensverträge.[14] Gleichwohl wurde das Gesetz v. 1. Juni 1870 über Erwerb und Verlust der Staatsangehörigkeit auch im Reichsland eingeführt, und es wird trotz der darin liegenden Anomalie auf Grund dieses Gesetzes auch in Elsaß-Lothringen ebenso verfahren, als sei das Reichsland Einzelstaat. Das Wahlrecht zu den elsaß-lothringischen Kommunalvertretungen, aus welchen auch der Landesausschuß hervorgeht, ist jedoch nicht bedingt durch die „elsaß-lothringische Staatsangehörigkeit", sondern wahlberechtigt wie wählbar ist „jeder Deutsche", der im Reichsland sein Domizil hat (G. v. 24. Januar 1873 §§. 3, 6).[15]

Die staatsrechtliche Stellung Elsaß-Lothringens im Deutschen Reiche ist somit zur Zeit noch eine durchaus anomale: so wie die Verfassung des Landes ursprünglich organisiert war, bildete sie geradezu einen Gegensatz zu den Prinzipien der Reichsverfassung. Schritt vor Schritt hat man im Verlaufe eines Dezenniums diesen Gegensatz zu mildern gesucht, und die neueste Organisation des Reichslandes steht bereits den Prinzipien der Reichsverfassung sehr nahe. Entwickeln

---

[14] S. die durchaus zutreffenden Erörterungen hierüber von Laband I, 723 ff., bes. 726 f.

[15] Laband I, 722 ff. (bes. auch über das Verhältnis zum franz. Recht). Dies ist das — der Reichsgesetzgebung entgegengesetzte — Prinzip der nordamerikanischen Unionsgesetzgebung, s. oben S. 345. Vgl. auch G. Meyer, Lehrb. 401.

sich die Dinge in normaler Weise weiter, so wird zunächst an die Faktoren der Reichsgewalt die Frage herantreten, ob Elsaß-Lothringen mit beschließender Stimme im Bundesrat auszustatten sei. Man wird Elsaß-Lothringen auf die Dauer hiervon nicht ausschließen können noch wollen. Bereits bei den letzten Verhandlungen über die Organisation Elsaß-Lothringens stand jene Frage mit im Vordergrund, doch wurde sie für diesmal noch umgangen.

Auch die neueste Organisation, so sehr dieselbe bereits dem Gedanken der staatlichen Selbständigkeit des Reichslandes Raum giebt, beruht doch auf dem Prinzip: Elsaß-Lothringen ist kein Gliedstaat, sondern Verwaltungsdistrikt, Unterthanenland des Reiches; es hat keine eigene Staatsgewalt, sondern *seine Staatsgewalt ist die Staatsgewalt des Reiches, in dessen Namen der Kaiser sie ausübt.* Die elsaß-lothringischen Landesgesetze sind demnach bis zur Stunde staatsrechtlich Reichsgesetze und nichts anderes. Demgemäß wirkt das Reichsland nicht mit bei Feststellung des Willens der „verbündeten Regierungen". Soll jedoch Elsaß-Lothringen zur Stimmführung im Bundesrate zugelassen werden, so muß jenes Prinzip aufgegeben und das Land ganz als selbständiger Einzelstaat konstituiert werden. Die Entwicklung der Dinge scheint darauf hinzudrängen. Die Umformung Elsaß-Lothringens aber zu einem eigenen Staate hätte nicht allein für das Verhältnis dieses Landes zum Reiche, sondern überhaupt für die Grundlagen unseres Reiches tiefgreifende Folgen und die Frage dieser Umformung ist staatsrechtlich jedenfalls mit Schwierigkeiten verbunden (vgl. oben §. 4 S. 95 ff.), denn weder kann die Ernennung elsaß-lothringischer Bevollmächtigter zum Bundesrat Preußen noch dem Kaiser übertragen werden: ersteres ist verfassungsmäßig unstatthaft, letzteres ist begrifflich unmöglich, da das Reich nicht Bevollmächtigte bei sich selbst bestellen kann.[16]

[16] Laband I, 720 völlig zutreffend.

## Siebentes Buch.

# Die Kolonieen (Schutzgebiete).[1]

§. 22.

### I. Der Erwerb der Kolonieen.

Seit dem Jahre 1884 war auch das Deutsche Reich in den Wettbewerb der Nationen um überseeischen Kolonialbesitz eingetreten, zuerst durch Aneignung südwestafrikanischen Gebietes. In dem inzwischen abgelaufenen Jahrzehnt hat das Deutsche Reich weite Gebiete in Afrika, sowie auf den Inseln der Südsee seinem Staatskörper angegliedert. Nach mehrfachen diplomatischen Verhandlungen mit England, Frankreich und Portugal ist der deutsche Kolonialbesitz dermalen folgendermaßen festgestellt:[2] 1. das

[1] Laband I §. 70; Hänel StR. I §§. 143—145; G. Meyer, Lehrb. §§. 69a, 141a, 169; die Monographieen von Stengel (1886), Lentner (1886), Pann (1887), G. Meyer (1888); ferner Stengel in Hirths Ann. 1889, 1 ff.; Joël ebenda 1887, 191 ff.; Bornhak im Arch. f. öff. R. II, 1 ff.; Adam ebenda VI, 193 ff. — Offizielles Material bes. in dem Weißbuch von 1885, sowie im Kolonialblatt (seit 1890). Eine dem jetzigen Stande der thatsächlichen und rechtlichen Entwickelung unserer Kolonieen entsprechende Darstellung fehlt. — Aeltere Litteratur (bis 1888) in der Monographie von G. Meyer 1 ff.

[2] S. die näheren Angaben bei

südwestafrikanische Schutzgebiet; 2. das Kamerun-Gebiet; 3. das Togo-Gebiet mit Hinterland, beide am Golf von Guinea; 4. das große ostafrikanische Schutzgebiet; 5. das Gebiet der Neu-Guinea-Compagnie, nämlich Kaiser Wilhelms-Land auf Neu-Guinea, der Bismarck-Archipel und die Salomons-Inseln in der Südsee; endlich 6. die Marschall-, Brown- und Providence-Inseln in der Südsee.[3]

Der völkerrechtliche Erwerb dieser Kolonieen erfolgte in sehr verschiedener Weise.[4] Die sämtlichen vorgenannten Länder sind von einer mehr oder minder zahlreichen, mehr oder minder, aber durchweg wenig, civilisierten eingeborenen Bevölkerung bewohnt. Soweit vor der deutschen Besitzergreifung diese Bevölkerung nur von ihren eingeborenen Fürsten regiert wurde, vollzog sich der Erwerb rechtlich in den Formen von Verträgen, welche, sei es von Vertretern der deutschen Staatsgewalt direkt, sei es von Reisenden oder Kaufleuten zu Gunsten der deutschen Staatsgewalt abgeschlossen, ihre endgültige Bestätigung als deutsches Recht durch kaiserliche Schutzbriefe fanden. Das Recht des Kaisers zur Ausstellung dieser Schutzbriefe folgerte man aus der

Laband I, 774 ff., ferner das Handbuch f. d. D. Reich 97 f. Das Witugebiet in Ostafrika wurde zu Gunsten der Engländer aufgegeben durch den Staatsvertrag vom 1. Juli 1890. G. Meyer, Schutzgeb. 5 ff., über Witu 21 ff.

[3] S. zu 6. den interessanten Jahresbericht KolBl. 1893, 383, zu 2. ebenda Beil. zu Nr. 20, zu 1. u. 4. die Denkschriften Beil. zu Nr. 23, sowie die zahlreichen Mitteilungen im KolBl. über alle Seiten des kolonialen Lebens.

[4] Eine sehr ausführliche und sorgfältige Darstellung des Ganges der Dinge bis 1888 giebt G. Meyer a. a. O.

in RV. Art. 11 Abs. 1 dem Kaiser übertragenen „völkerrechtlichen Vertretung“ des Reiches. Der Inhalt der Schutzbriefe war im einzelnen verschieden: in der Hauptsache aber sind alle Schutzbriefe darin gleich, daß durch sie die Souveränetät des Deutschen Reiches auf die Schutzländer ausgedehnt wurde.[5] Unter deutscher Souveränetät verblieb den eingeborenen Fürsten ein je nach den thatsächlichen Verhältnissen verschieden bemessenes Gebiet autonomer Gewalt über die von ihnen beherrschten Stämme. Bei dieser Entwickelung — und sie bildet quantitativ die Hauptmasse — ergab sich ein eigentümliches Verhältnis von deutscher Oberstaatsgewalt und eingeborener Unterstaatsgewalt, welches in letzterer Richtung einer genauen rechtlichen Formulierung weder fähig noch bedürftig ist, in ersterer Beziehung sich allmählich und in verschiedener Weise dahin entwickelte, daß durch deutsche Beamte und deutsche Militärgewalt eine staatsrechtliche Organisation geschaffen wurde.

Nicht wesentlich anders gestaltete sich das Rechtsverhältnis in denjenigen Kolonieen, welche durch Vermittelung von Kaufleuten und Handelshäusern an das Reich übergingen. Die Obergewalt, welche ursprünglich von deutschen Kaufleuten in einer aus privatrechtlichen und staatsrechtlichen Momenten gemischten Weise über das Land und die

[5] Vgl. z. B. den Wortlaut des Schutzbriefes für die damalige ostafrikanische Gesellschaft v. 27. Febr. 1885 bei Laband I, 778 f., s. auch 785. Über den Rechtscharakter der deutschen Schutzgebiete ist in der Litteratur, sowie im Reichstag viel verhandelt worden, s. besond. v. Stengel in Hirths Ann. 1887, 805 ff.; G. Meyer, Schutzgeb. 67 ff., u. die dortigen weiteren Angaben, s. alsbald unten S. 577 f.

Eingeborenen erworben und ausgeübt worden war, ging derart an das Reich über, daß sich zunächst ein stufenweiser Aufbau der Staatsgewalt ergab, indem auch die Kaufleute Funktionen der Staatshoheit ausübten unter der Oberhoheit des Reiches;[6] der Natur der Sache gemäß trat jedoch dieses Mittelglied mehr und mehr in seine rein privatrechtliche Sphäre zurück, sodaß die Organisation sich der zuerst besprochenen gleich gestaltete. Die Landesverwaltung im Schutzgebiet der Neu-Guinea-Compagnie, wo zuvor nicht einmal die Anfänge einer organisierten Staatsgewalt vorhanden waren,[7] war durch Kaiserl. V. v. 6. Mai 1890 (RGBl. 67) vom Reich übernommen und alle richterlichen und Verwaltungsbefugnisse einem kaiserlichen Kommissar übertragen worden; durch V. v. 15. Juni 1892 (RGBl. 673) wurde jedoch der frühere Rechtszustand wieder hergestellt (s. dazu die V. des Reichskanzlers v. 21. Februar 1894, CBl. 61). Nur in diesem Schutzgebiet hat dermalen die Frage nach dem Verhältnis von Staatshoheit und Kolonialgesellschaften praktische Bedeutung.

Das Wesentliche bei sämtlichen Formen des Entwickelungsganges war: die Aufrichtung der Souveränetät der Reichsgewalt in den Schutzgebieten.

Viel verwickelter war die Abgrenzung der deutschen Kolonialgewalt gegenüber den europäischen Mächten. In der Hauptsache sind auch diese Streitfragen nunmehr durch feste Abmachungen erledigt. Die Erledigung erfolgte in

---

[6] Vgl. G. Meyer, Schutzgeb. 152 ff.; Bornhak 34; Laband I, 787 hält das Recht der Gesellschaften für ein eigenes: „sie üben nicht Rechte des Reichs, sondern ihre Rechte aus."

[7] Vgl. über die Südseeländer Laband I, 781.

der Form der Feststellung von „Interessensphären“.[8] Nach den bisher fast allgemein anerkannten Grundsätzen des internationalen Verkehres wurde zum Erwerb von Kolonialgebiet neben der Erklärung des Besitzergreifungswillens, sei es in der Form von schriftlichen Abmachungen, sei es durch Flaggenhissung oder andere Zeichen, noch die thatsächliche Besitzergreifung (occupatio) durch Einrichtung einer irgendwie gearteten Staatsgewalt (militärische Stationen, Stationierung von Kriegsschiffen, Einsetzung von Gouverneuren oder Gerichten u. dgl.) gefordert.[9] Eine derartige thatsächliche Besitzergreifung war bei den weiten Länderstrecken, um die es sich bei den deutschen Kolonialerwerbungen handelte, vielfach zunächst ein Ding der Unmöglichkeit. Demgemäß einigten sich die beteiligten europäischen Mächte zunächst auf Feststellung derjenigen Grenzen, innerhalb deren jeder Staat befugt sein solle, künftighin seine Staatsgewalt aufzurichten, auf Feststellung der „Interessensphäre“; diese Sphäre sollte ausschließlich der Willensmacht desjenigen Staates unterliegen, dem sie zugewiesen war; die Abgrenzung erfolgte lediglich durch geographische Bestimmung auf der Landkarte. Ein juristischer Unterschied zwischen Kolonie, Schutzgebiet, Interessensphäre kann jedoch nicht anerkannt werden: auch die Interessensphäre

---

[8] Hänel I, 837 ff.; s. auch v. Martitz im Arch. f. öff. R. I, 17 ff., sowie besonders die Debatten im Reichstag, wo der Chef der Kolonialabteilung, Kayser, den Begriff als einen juristischen zu fixieren und zu definieren versuchte (Sten. Ber. 1893, S. 210).

[9] S. die Litteraturangaben u. die eigene Darstellung bei G. Meyer, Schutzgeb. 27 ff. Vgl. die Kongo-Akte v. 26. Februar 1885 (RGBl. 215) Art. 35, dazu G. Meyer 35 f.

ist der Souveränetät des Staates unterworfen, wie das Schutzgebiet; der Unterschied ist nur ein thatsächlicher, insofern im letzteren die Staatsgewalt bereits aufgerichtet ist, in der ersteren vorerst nur die rechtliche Möglichkeit hierfür geschaffen ist, aber als eine ausschließliche Befugnis anderen Mächten gegenüber. Für die internationale Regelung der Besitzverhältnisse wurde in den schwebenden Kolonialfragen die thatsächliche Okkupation durch eine urkundliche Abmachung ersetzt; damit wurde staatsrechtlich Interessensphäre und Schutzgebiet identifiziert („nasciturus pro jam nato“).

Wie aber staatsrechtlich ein Unterschied zwischen Schutzgebiet und Interessensphäre nicht konstruiert werden kann, so kann auch thatsächlich schon jetzt eine Abgrenzung dieser beiden Formen von Kolonialbesitz kaum mehr gemacht werden. Für die deutsche Interessensphäre in Afrika ist durch Kaiserl. V. v. 2. Mai 1894 (RGBl. 461) dem Reichskanzler Generalvollmacht erteilt, falls „der fortschreitende Einfluß der deutschen Verwaltung die Vereinigung mit dem Schutzgebiet angezeigt erscheinen läßt, die hierzu erforderlichen Anordnungen in betreff der Organisation der Verwaltung und Rechtspflege nach Maßgabe der für das Schutzgebiet geltenden Vorschriften zu treffen“. Damit ist nur der selbstverständliche Grundsatz ausgesprochen, daß in dem rechtlich der deutschen Souveränetät anheimgegebenen Gebiete auch thatsächlich Einrichtungen der deutschen Staatsgewalt hergestellt werden können.

Eine Aufzählung der zwischen dem Deutschen Reich direkt oder indirekt erfolgten Abmachungen mit eingeborenen

Fürsften, sowie der daraufhin ergangenen einzelnen Schutzbriefe entbehrt dermalen schon des juristischen Interesses. Dagegen sind die Staatsverträge mit europäischen Mächten über die Abgrenzung der Interessensphäre von dauernder Bedeutung. Diese Staatsverträge sind hauptsächlich: das große Abkommen mit England v. 1. Juli 1890 über die Abgrenzung der beiderseitigen Interessensphären in Ost-, Südwest- und Westafrika (KolBl. 120, dazu Denkschrift S. 163 ff.), durch welches die früheren Verhandlungen und Abmachungen ihre Erledigung fanden; dazu noch die besonderen deutsch-englischen Abkommen über die Kameruner Grenze vom 14. April 1893 (KolBl. 213), über die Grenzen in Ostafrika v. 8. Juli 1893 (KolBl. 370), am Golf von Guinea v. 15. November 1893 (KolBl. 531). — Anderweitige Abmachungen dieser Art sind noch getroffen mit Frankreich und Portugal; eine amtliche Publikation ist erfolgt bezüglich der großen Vereinbarung über die Kameruner Grenze bis zum Tschad-See mit Frankreich vom 15. März 1894 (KolBl. 159), s. ferner über Abmachungen mit Portugal KolBl. 1894, 486.

Die Abgrenzung der Schutzgebiete ist durch diese Abmachungen in fester Form durchgeführt. Als kompetent hierzu wurde ausschließlich der Kaiser kraft RV. Art. 11 Abs. 1 erachtet. Daß auch weiterhin Grenz f e st st e l l u n g e n lediglich durch kaiserliche Anordnung erfolgen können, wird nicht zu bezweifeln sein, daß andererseits finanzielle Aufwendungen für Kolonieen der Form des Gesetzes bedürfen, ebenso. Eine mittelbare Einwirkung der gesetzgebenden Faktoren auf Erwerb und Aufgabe von Kolonieen ist dadurch in jedem Falle ermöglicht; ob im übrigen eine direkte

Mitwirkung dieser Faktoren zum Erwerb bezw. der Aufgebung von Kolonieen rechtlich geboten ist, ist positiv nicht bestimmt und wird in der Litteratur geleugnet;[10] immerhin wird diese Frage als eine offene zu betrachten sein; wenn auch eine gesetzliche Fixierung des deutschen Kolonialbesitzes bis jetzt nicht stattgefunden hat, so ist doch der Umstand, daß überhaupt eine gesetzliche Organisation der Schutzgebiete erfolgt ist, sowie daß Erwerb wie Verlust von Kolonieen immer notwendig budgetrechtliche Folgen haben werden, derart rechtlich bedeutsam, daß die Ansicht juristisch gerechtfertigt werden könnte: Erwerbung wie Aufgebung von Kolonieen bedarf der Zustimmung der gesetzgebenden Faktoren. Dagegen liegt die Vornahme von Grenzfeststellungen unzweifelhaft in der vom Gesetz dem Kaiser als ausschließliche Prärogative überwiesenen Schutzgewalt (s. unten S. 573 ff.).

### II. Die staatsrechtliche Organisation.

I. Die Reichsverfassung überweist die Kompetenz zum Erlaß von Rechtsvorschriften über „Kolonisation" in Art. 4 Z. 1 der Gesetzgebung des Reiches;[11] nach dem ganzen Zusammenhang dieser Vorschrift handelt es sich hierbei lediglich um die Kompetenzverteilung zwischen Reich und Einzelstaaten, nicht aber will jene Vorschrift bestimmen, daß die Rechtssätze über Kolonisation nur in der Form des Gesetzes mit Ausschluß der Verordnung sollten erlassen werden dürfen.[12] Die Form des Gesetzes ist für die

[10] S. besond. Hänel I, 651 unter Hinweis auf den Verzicht auf Witu; ebenso G. Meyer, Schutzgeb. 210: v. Stengel in Hirths Ann. 1889, 866.

[11] Vgl. Schutzgeb.G. §. 1: „im Namen des Reiches": vgl. Hänel I, 848 f.

[12] A. A. Hänel I, 839[6], richtig Bornhak im Arch. f.

Regelung des Kolonialrechtes vielmehr nur insoweit erforderlich, als anderweitige Vorschriften sie fordern, so insbesondere für alle Geldaufwendungen des Reiches gemäß Art. 69, ferner insoweit bereits Gesetze bestehen. Im übrigen aber ist, wie überhaupt, so auch für das Kolonialrecht eine allgemeine Grenzbestimmung für die Sphären von Gesetz und Verordnung nicht möglich, die Entscheidung dieser Frage im einzelnen Fall vielmehr Sache der Gesetzgebungspolitik (s. oben S. 401 ff.).

II. Da der Erwerb von Kolonieen unbedingt, die Einrichtung von solchen jedenfalls mittelbar, zur „völkerrechtlichen Vertretung des Reiches gehört,[13] so wurde als das hierzu kompetente Reichsorgan zunächst, gemäß RV. Art. 11 Abs. 1, der Kaiser erachtet. Soweit nicht das Budgetrecht Schranken setzte, war demgemäß nach der Verfassung der Kaiser berufen, die Vorschriften über Kolonialwesen zu geben. Die Reichsregierung hat jedoch, sobald das Kolonialwesen größere Dimensionen und festere Gestaltung annahm, für notwendig erachtet, die Materie in ihren Grundzügen auf dem Wege der Gesetzgebung zu ordnen: demgemäß erging unter dem 17. April 1886 das Reichsgesetz über die Rechts-

---

öff. R. II, 3 ff. Aus den Worten des Art. 2: „innerhalb dieses Bundesgebietes", folgt allerdings nichts. Das Wort „Gesetzgebung" in Art. 4 aber ist nicht entscheidend, da es nur die Kompetenzverteilung betrifft; oder sollten über alle in Art. 4 genannten Materien nur Gesetze mit Ausschluß des Verordnungsrechtes statthaft sein? Das Wort „Kolonisation" aber bedeutet doch nicht, wie Hänel meint, nur den Erwerb, nicht auch die Einrichtung von Kolonieen, umfaßt vielmehr beides und ist sicherlich auch so bei Fassung des Art. 4 verstanden worden. Ähnlich wie Hänel argumentiert auch G. Meyer, Schutzgeb. 52 ff.; die Streitfrage entbehrt jetzt des aktuellen Interesses.

[13] S. auch Hänel I, 849.

verhältnisse der deutschen Schutzgebiete (RGBl. 75),[14] welches in den folgenden Jahren mehrfach durch Spezialgesetze ergänzt, seine definitive Gestaltung in der Redaktion v. 19. März 1888 (RGBl. 75) fand. Neben diesem Gesetz ergingen noch folgende weitere, das Kolonialwesen betreffende, Spezialgesetze: das G. v. 31. Mai 1887 (RGBl. 211) über die Rechtsverhältnisse der Beamten; das G. v. 22. März 1891 (RGBl. 53) über die ostafrikanische Schutztruppe; das G. v. 30. März 1892 (RGBl. 369) über das Budgetrecht für die Schutzgebiete, nebst G. v. 14. Mai 1894 (RGBl. 449) über die Kontrolle des Kolonialbudgets; außerdem gelten in den Kolonieen die besonders in Kraft gesetzten Reichs- und preußischen Gesetze, sowie die zahlreichen auf Grund aller dieser Gesetze ergangenen Verordnungen des Kaisers und des Reichskanzlers (s. deren Angabe in der Spezialdarstellung).

Die Publikation der Gesetze erfolgt gemäß RV. Art. 2 im Reichsgesetzblatt, die der Verordnungen teils im Centralblatt, teils im Kolonialblatt. Über RGBl. und CBl. s oben §. 17. — Das KolBl. beruht nicht auf gesetzlicher Vorschrift, bezeichnet sich aber als „Amtsblatt für die Schutzgebiete des Deutschen Reiches, herausgegeben — seit 1890 in einzelnen Stücken, die zu Jahrgängen zusammengefaßt werden — in der Kolonialabteilung des Auswärtigen Amtes"; es enthält neben dem amtlichen Teil einen nichtamtlichen, der eine hochinteressante und vortreffliche Ent-

---

[14] Dieses Gesetz ist ein einfaches, kein Verfassungsgesetz: Hänel I, 850; G. Meyer, Schutzgeb. 190 ff. Historisches ebenda 47 ff.

wickelungsgeschichte unserer Kolonieen darbietet. Über die Rechtsfrage der Publikation von Kolonialrecht s. unten.

Im Zusammenhang mit den obigen Gesetzen über die Schutzgebiete stehen die Gesetze, betreffend Postdampfschiffverbindung mit überseeischen Ländern, v. 6. April 1885, 27. Juni 1887, 1. Febr. 1890, 20. März 1893 (RGBl. 1885, 85; 1887, 275; 1890, 19; 1893, 95). Ferner mag hier erwähnt werden das G. v. 23. Mai 1887 (RGBl. 193), durch das der Reichskanzler beauftragt wurde, im Einvernehmen mit der preußischen Regierung an der Universität Berlin aus Reichsmitteln ein Seminar für orientalische Sprachen zu errichten.[15]

III. Die staatsrechtliche Organisation der Kolonieen[16] erfolgte gesetzlich durch den Fundamentalsatz: die Schutzgewalt übt der Kaiser (G. v. 19. März 1888 §. 1).

### A. Die Schutzgewalt des Kaisers.

Die „Schutzgewalt" ist identisch mit Staatsgewalt;[17] in gleicher Weise wie für Elsaß-Lothringen wurde der Kaiser auch in den Kolonieen als Delegat des Trägers der Souveränetät, der verbündeten Regierungen, zur Ausübung der deutschen Staatsgewalt berufen.[18] Soweit nicht durch positive gesetzliche Vorschriften andere Reichsorgane berufen sind, hat demgemäß der Kaiser Recht und Pflicht, die Aufgaben der deutschen Staatsgewalt in

---

15 S. den Bericht über die Wirksamkeit dieses Seminars im KolBl. 1893, 138.

16 Hänel I, 841 ff.; Laband I, 783 ff., 794 ff.; G. Meyer, Schutzgeb. 122 ff.

17 Ebenso Laband I, 785; G. Meyer, Schutzgeb. 84.

18 Nicht als selbständiger Träger der Souveränetät: richtig Hänel I, 850 gegen Bornhak im Arch. II, 10.

den Kolonieen zu erfüllen. Die Form hierfür ist, soweit nicht der militärische Befehl anzuwenden ist, kaiserliche Verordnung[19] unter Gegenzeichnung des Reichskanzlers bezw. dessen gesetzlichen Stellvertreters für die auswärtigen Angelegenheiten. Die Gegenzeichnung des Reichskanzlers ist zwar nicht positiv vorgeschrieben, bildet aber einen integrierenden Bestandteil des verfassungsmäßigen Kaisertumes, ist demnach als in der Vorschrift, die dem Kaiser die Schutzgewalt überträgt, enthalten zu betrachten.[20]

Die Centralinstanz der Kolonialverwaltung ist der Reichskanzler, in dessen Stellvertretung das Auswärtige Amt, in welchem eine besondere Kolonialabteilung eingerichtet ist; der Chef der Kolonialabteilung ist jedoch nicht befugt, an Stelle des Reichskanzlers oder Staatssekretärs des Auswärtigen Amtes staatsrechtliche Funktionen aus RV. Art. 17 und Stellvertretungsgesetz v. 17. März 1878 (s. oben S. 260 ff.) wahrzunehmen. Dem Reichskanzler steht ein durch K. V. v. 10. Oktbr. 1890 (RGBl. 179) eingesetzter Sachverständigenbeirat, der Kolonialrat, zur Seite;[21] die Mitglieder werden vom Reichskanzler auf ein Jahr ernannt, wobei die Kolonial-

---

[19] G. Meyer, Schutzgeb. 125 bezeichnet dies als „Recht der Gesetzgebung". Sachlich stimmt G. Meyer mit der Ansicht des Textes überein; ob man das Recht des Kaisers als Gesetzgebungs- oder Verordnungsrecht bezeichnet, ist für die Kolonieen gleichgültig; in Anbetracht der konstitutionellen Ausprägung des Gesetzesbegriffs im Reichsstaatsrecht ist m. E. die Formulierung des Textes vorzuziehen.

[20] Ebenso Hänel I, 851, aber mit anderer Begründung; vgl. auch Laband I, 794; G. Meyer, Schutzgeb. 127 f.

[21] Handb. f. d. D. Reich 45. V. d. RK. v. 10. Oktober 1890 (CBl. 339); Geschäftsordnung KolBl. 1890, 257 ff.

gesellschaften ein Präsentationsrecht haben sollen; das Amt ist Ehrenamt; die Sitzungen werden vom Reichskanzler angeordnet und vom Chef der Kolonialabteilung des Auswärtigen Amtes geleitet. Der Kolonialrat hat auf Verlangen des Reichskanzlers Gutachten zu erstatten, kann auch selbständige Anträge stellen.

Ein ständiger Ausschuß von 3 aus der Mitte des Kolonialrates gewählten Personen vertritt den Kolonialrat außer der Sitzungszeit in Erstattung von Gutachten.

Für die ostafrikanische Schutztruppe ist das Reichsmarineamt Centralinstanz (K. V. v. 9. April 1891, KolBl. 167).

Die dem Kaiser gesetzlich zugewiesene Schutzgewalt umfaßt generell und präsumtiv alle Staatsaufgaben, soweit nicht die Gesetzgebung diese zu erfüllen unternommen hat oder künftig unternimmt.[22] In die gesamte von der Reichsgesetzgebung freigelassene Sphäre der Staatsthätigkeit tritt das Recht des Kaisers ein. Vollzugsverordnungen zum Schutzgebietsgesetz zu erlassen ist der Reichskanzler berufen bezw. in seiner Stellvertretung der Staatssekretär des Auswärtigen Amtes; die Befugnis kann Kolonialbeamten oder mit kaiserlichem Schutzbrief begabten Kolonialgesellschaften übertragen werden (SchutzgebG. §. 11). Überdies ist dem Kaiser durch besondere Gesetzesvorschrift das Recht eingeräumt, Strafvorschriften für Materien, die nicht im Strafgesetzbuch — über dessen rechtliche Kraft in den Kolonieen s. unten S. 620 — behandelt sind, zu erlassen mit Strafandrohung bis zu 1 Jahr Gefängnis, Haft, Geldstrafen,

[22] Hänel I, 850f.; Laband I, 795; G. Meyer, Schutzgeb. 122 ff.

Einziehung von Sachen (SchutzgebG. §. 3 Ziff. 3); das gleiche Recht ist dem Reichskanzler [23] mit dem Rechte der Delegation an andere Beamte oder an Kolonialgesellschaften mit kaiserlichem Schutzbrief bis zur Grenze von 3 Monaten Gefängnis, sowie Haft, Geldstrafen, und den Kolonialrichtern bis zur Grenze von 150 M. Geldstrafe eingeräumt.[24]

Von diesem Recht wurde ein sehr ausgedehnter Gebrauch gemacht zur Regelung der verschiedensten Verhältnisse; so ergingen für Kamerun Verordnungen über die Jagd auf Flußpferde und Elefanten, das Lagern von Schießpulver, den Handelsbetrieb an Bord von Schiffen auf den Reeden, die Einfuhr von Schußwaffen und Munition, über die Sonntagsruhe, eine Quarantäneordnung, über Hafenabgaben, den Handel mit Palmkernen, eine Friedhofsordnung, über Verfälschung der zur Ausfuhr bestimmten Landeserzeugnisse (KolBl. 1893, 51, 52, 75, 242; 1892, 245; 1891, 307, 309; 1890, 31, 50; 1894, 336); für Togo eine Quarantäneordnung, eine V. über die Einfuhr von Schußwaffen, über Firmenabgaben (KolBl. 1892, 603, 633); für Ostafrika über die Perlfischerei, eine Quarantäne-, eine Hafen- und eine Bauordnung für Daressalam, Einführung von Feuerwaffen, Ausübung der Jagd, den Karawanenverkehr, Ausübung des Schankgewerbes, Verbot des Opiumverkaufs an farbige Soldaten und Angestellte in

[23] SchutzgebG. §. 11 Abs. 2, 3.

[24] Dies Recht beruht auf §. 4 Abs. 3 d. KonsGerGes. KV. v. 5. Juni 1886 §. 3 speziell für Neu-Guinea, v. 13. Sept. 1886 §. 3 für die Marschall-, Brown- und Providence-Inseln; V. d. RK. v. 1. Jan. 1891 (CBl. 7) §. 2 für Ostafrika (Gouverneur); V. d. RK. v. 29. März 1889 (CBl. 251) §. 2 für Kamerun und Togo (der Richter 2. Instanz für beide Schutzgebiete, der Richter 1. Instanz für Togo).

deutschem Dienst (KolBl. 1894, 418, 204, 180, 100; 1893, 485; 1892, 1, 97, 157, 573; 1891, 336, 429, 500); für Südwestafrika über Einfuhr und Vertrieb von geistigen Getränken, Einfuhr von Feuerwaffen (KolBl. 1893, 261; 1892, 484); für Neu-Guinea über die Jagd auf Paradiesvögel, eine Quarantäneordnung (KolBl. 1893, 446; 1892, 120); für die Marschall-Inseln eine Quarantäneordnung (KolBl. 1892, 348) und andere Verordnungen mehr. Alle diese Verordnungen bieten einen guten Einblick in die allmähliche und teilweise sehr intensive Entwickelung der deutschen Staatsthätigkeit in den Kolonieen. Insbesondere gehören hierher auch die zahlreichen und hochwichtigen Polizeiverordnungen über die Regelung der Verhältnisse der Eingeborenen, vor allem das mehrfach ergangene Verbot der Anwerbung und Verschiffung von Eingeborenen als Arbeiter in das Ausland (s. darüber unten S. 584 f., bes. 586[39]).

### B. Das Schutzgebiet.

Nach den oben gegebenen grundsätzlichen Erörterungen sind die Kolonieen deutsches Staatsgebiet;[25] in keinem Sinne und keiner Weise kann der Begriff „Ausland" rechtlich auf die deutschen Schutzgebiete bezogen werden; in keiner Art stehen sich Bundesgebiet und Schutzgebiet „wie Inland und Ausland gegenüber".[26] Aber das deutsche Schutzgebiet ist als deut-

[25] Vgl. Laband I, 789 ff.; G. Meyer, Schutzgeb. 68 ff., 88 ff., 164 ff. Der Unterschied zwischen „Kronschutzgebieten" und „Gesellschaftsschutzgebieten" ist heute so gut wie gegenstandslos.

[26] So Hänel I, 842, der die Eigenschaft der Kolonialgewalt als Staatsgewalt leugnet, weil

sches Staatsgebiet erworben und eingerichtet worden, ohne daß es dem Bundesgebiet der RV. Art. 1 einverleibt wurde. Während Elsaß-Lothringen dem deutschen Bundesstaatsgebiete eingegliedert wurde, wurden die Kolonieen dem deutschen Bundesstaatsgebiete lediglich angegliedert. Daraus ergiebt sich die schwerwiegende Rechtsfolge: daß jeder der beiden Bestandteile des deutschen Staatsgebietes sein abgeschlossen selbständiges Rechtssystem hat; das Recht des Deutschen Reiches gilt **nicht** in den Kolonieen, und das Recht der Kolonieen gilt nicht im Deutschen Reiche; die Übertragung von deutschem Reichsrecht auf die Kolonieen bedarf besonderen gesetzgeberischen Aktes, der für alle oder nur für einzelne Schutzgebiete erfolgen kann; gemeinsam für beide Bestandteile des deutschen Staates ist zwar das Recht zur Gesetzgebung, völlig gesondert aber die territoriale Wirkungssphäre.[27]

---

erstere nicht „im Interesse der Schutzgebiete und ihrer Bevölkerung, sondern im Interesse des Reiches und seiner Angehörigen" ausgeübt werde. Das ist ganz unhaltbar: sollten die Aufhebung und Unterdrückung der Sklaverei, geordnete Verwaltung und Rechtsprechung nicht im „Interesse" der Bevölkerung der Schutzgebiete liegen? Vollkommen zutreffend Hänel I, 845: „die Kolonialgewalt des Reiches über seine Angehörigen konsolidiert sich damit zu einer vollen, jede Zwischenstellung eines deutschen Einzelstaates oder eines anderen fremden Staates ausschließenden Staatsgewalt." Sehr gut und ohne Selbstwidersprüche G. Meyer, Schutzgeb. 75 ff.

[27] Vgl. Laband I, 790: zutreffend G. Meyer 88 ff. in der Sache, dann ist es aber irreführend, in irgendwelcher Weise die Kolonieen „Ausland" zu nennen; die Kolonieen sind nicht Ausland, sondern ein rechtlich anders als das Bundesgebiet gestaltetes,

Daß die Kolonialgewalt sich verschieden äußert gegenüber den verschiedenen Bestandteilen der Kolonialbevölkerung, ändert nichts an ihrem Charakter als Staatsgewalt, da analoge Verhältnisse auch innerhalb des Bundesgebietes bestehen.

Demnach müssen die Schutzgebiete, obwohl staatsrechtlich „Inland" und in keinem Sinne „Ausland", als ein vollständig abgeschlossenes und selbständiges Rechtsgebiet betrachtet werden. Daraus ergeben sich folgende Rechtsgrundsätze:

1. Die Reichsverfassung und alle auf Grund derselben erlassenen Gesetze und Verordnungen gelten im Schutzgebiete nicht;

2. die Schutzgebiete haben lediglich ihr eigenes Recht; insoweit Reichsrecht dort in Kraft treten soll, bedarf es hierfür immer einer besonderen Einführung, wie dies für eine große Zahl von Reichsgesetzen und Verordnungen geschehen ist, so für das Reichsbeamtengesetz, das Konsulargerichtsgesetz u. a. m.;

3. das Gleiche gilt für die Staatsverträge; die vom Reich und für das Reich abgeschlossenen Staatsverträge gelten in den Kolonieen nur, wenn sie dort ausdrücklich in Kraft gesetzt, oder wenn sie zugleich mit für die Schutzgebiete abgeschlossen sind;[28]

---

zweites Inland; „Nebenland" nennt sie zutreffend G. Meyer 68; der Streit um das Wort „Protektorat" ist ganz gegenstandslos.

[28] A. A. G. Meyer, Schutzgeb. 212 für gewisse Kategorieen, so z. B. für Auslieferungsverträge, weil für Strafrecht und Prozeß Reich und Kolonieen „ein einheitliches Rechtsgebiet" seien. Dies ist aber nicht der Fall. Ein besonderer Auslieferungsvertrag ist

4. Recht für die Kolonieen kann erzeugt werden:

a) auf dem regelmäßigen Wege der Reichsgesetzgebung; die souveräne Reichsgesetzgebung beherrscht auch die Kolonieen und kann für dieselben in jeder Beziehung rechtserzeugend thätig werden, wie sie es in einer Reihe von Materien geworden ist; demgemäß steht auch nichts im Wege, daß neue Reichsgesetze zugleich mit für die Kolonieen ergehen, doch bedarf dies immer eines besonderen Ausdruckes; Reichsgesetze für die Kolonieen ergehen in der gewöhnlichen Form und müssen gemäß RV. Art. 2 im Reichsgesetzblatt publiziert werden;

b) außerdem aber kann Kolonialrecht erzeugt werden auf Grund der dem Kaiser zur Ausübung namens des Reiches übertragenen Schutz- d. i. Staatsgewalt; über die Grenzen dieses kaiserlichen Rechtes s. oben; über die Subdelegation desselben an Reichskanzler, Kolonialbeamte und speziell Kolonialrichter s. gleichfalls oben. An der Entstehung dieser Art von Kolonialrecht sind die gesetzgebenden Faktoren des Reiches unbeteiligt; dasselbe kann nur für die Schutzgebiete bezw. einzelne von ihnen gelten. Die Publikation ist positivrechtlich nicht geregelt. Die V. v. 26. Juli 1867, wonach kaiserliche Verordnungen im Reichsgesetzblatt publiziert werden müssen, gilt nach dem oben Ziff. 1 für die Kolonieen formulierten Prinzip nicht, doch dürfen selbstverständlich solche kaiserliche Verordnungen auch im RGBl. publiziert werden; andererseits fehlt ihrer Rechtskraft nichts, wenn sie z. B. im Kolonialblatt publi-

---

vom Reich für das ostafrikanische Schutzgebiet mit dem Kongostaat abgeschlossen (KolBl. 1891, 195).

ziert sind, da dieses Publikationsorgan den allgemeinen Rechtsgrundsätzen über Bekanntmachung von Rechtssätzen durchaus genügt. Danach verfährt auch, ganz korrekterweise, das Auswärtige Amt; zahlreiche Kolonialverordnungen des Kaisers sind nur im Kolonialblatt publiziert;

5. der Begriff „Ausland" in den Reichsgesetzen ist auf die Kolonieen an sich unanwendbar; soll er zur Anwendung kommen, so bedarf es auch hierfür immer einer positivrechtlichen Vorschrift;[29] danach wäre insbesondere bezüglich der Militär- und der Zollgesetzgebung, die an sich gleichfalls für die Kolonieen nicht gilt, eine besondere Regelung erforderlich;

6. die Bestimmung in §. 6 Abs. 2 des Schutzgebietsgesetzes, wonach „für die Naturalisation und das durch dieselbe begründete Verhältnis der Reichsangehörigkeit" außer dem Gesetz v. 1. Juni 1870 auch noch RV. Art. 3 und §. 4 des Wahlgesetzes für den deutschen Reichstag „entsprechende Anwendung" finden sollen, ist verwirrend; daß §. 4 des Wahlgesetzes (Wählbarkeit zum Reichstag) auch in den Kolonieen gilt, ist einfach die Folge des Inlandcharakters der Kolonieen; von Art. 3 der RV. kann nur der Satz für die Kolonieen gelten, daß sie nicht Ausland sind, indes die ganze auf Grund jenes Artikels ergangene Spezialgesetzgebung dort nicht gilt; die Vorschriften über Erwerb und Verlust der

[29] Eine charakteristische Vorschrift dieser Art ist diejenige über die Naturalisation der Eingeborenen, s. unten S. 584; dagegen sind die Auslandsvorschriften der §§. 20, 21 des G. v. 1. Juni 1870 nicht auf die Kolonieen anwendbar; die Auslandsvorschriften des Ges. vom 1. April 1888 sind ausdrücklich für Ostafrika in Kraft gesetzt.

Reichsangehörigkeit sind somit der einzige Rechtsinhalt der obigen Vorschrift; über das „Verhältnis der Reichsangehörigkeit“ enthält das G. v. 1. Juni 1870 Vorschriften überhaupt nicht, die Rechtsfolgen der Reichsangehörigkeit im Reich sind absolut verschieden von den Rechtsfolgen der Reichsangehörigkeit in den Kolonieen.

### C. Die Staatsangehörigkeit.

Erhebliche Schwierigkeiten bietet die Frage der Staatsangehörigkeit in den Kolonieen, insbesondere in Bezug auf die Eingeborenen, auch auf die Angehörigen anderer Staaten.[30] Diejenigen Personen, welche den Rechtscharakter von deutschen Reichsangehörigen formalrechtlich nach dem G. v. 1. Juni 1870 haben, behalten diesen Rechtscharakter selbstverständlich auch in dem deutschen Kolonialgebiete bei;[31] insbesondere kann die Vorschrift des Gesetzes über Verlust der deutschen Staatsangehörigkeit durch längeren Aufenthalt im Auslande (G. v. 1. Juni 1870 §§. 20, 21) auf die Kolonieen, da sie juristisch Inland sind, nicht zur Anwendung kommen.[32] —

Der Rechtsinhalt der Staatsangehörigkeit erfährt frei-

---

[30] Für einige der Schutzgebiete ist eine besondere Meldepflicht der Europäer angeordnet, so für Togo KolBl. 1893, 30; für Ostafrika KolBl. 1892, 184; für Kamerun KolBl. 1891, 308.

[31] Hänel I, 843 meint, die Reichsangehörigen in den Kolonieen seien „nicht nur dies“. Das ist ein unvollziehbarer Gedanke: der Begriff der Reichsangehörigkeit duldet keine Steigerung; auch sind die Reichsangehörigen in den Kolonieen keineswegs „eine exemte und privilegierte Rechtsgenossenschaft“.

[32] Ausdrücklich ausgesprochen im SchutzgebG. §. 6, vor dessen Erlaß Laband I, 791 im Banne des Wortes zu dem entgegengesetzten Schlusse kam, trotzdem er das wirkliche Rechtsverhältnis S. 790 vortrefflich formuliert hatte.

lich in den Kolonieen besondere Modifikationen gemäß der oben betonten grundsätzlichen Verschiedenheit der kolonialen Rechtsordnung von der im Reichsgebiet geltenden. Doch treffen die allgemeinen, früher erörterten Gesichtspunkte über die Gehorsams- und Treupflicht des Unterthanen gegenüber seinem Staate auch hier zu, wenn auch in einer besonderen rechtlichen Ausprägung. Andererseits hat das Deutsche Reich kraft der übernommenen Schutzgewalt die staatsrechtliche Pflicht, die erforderliche Rechts- und Staatsordnung für die Lebens- und Erwerbsthätigkeit in den Kolonieen herzustellen, nicht auf Grund der Verfassungsvorschrift über den Schutz der Deutschen „im Auslande“,[33] sondern kraft der vom Staate den Unterthanen geschuldeten Staatspflicht. — Eine Unterordnung von Reichsangehörigen unter eingeborene oder kaufmännische Autoritäten kann juristisch nur kraft eines vom Reiche als der souveränen Schutzgewalt verliehenen Rechtstitels stattfinden.

Eine besondere Vorschrift erging für die Kolonieen über den Erwerb der deutschen Staatsangehörigkeit durch den Formalakt der Naturalisation. Das System der Reichsgesetzgebung beruht auf dem Grundsatze, daß die Reichsangehörigkeit erworben wird durch das Medium der einzelstaatlichen Staatsangehörigkeit, also bei Naturalisation durch einen vom Einzelstaat vorzunehmenden Formalakt (s. oben §. 11). Rechtlich möglich wäre dies auch für die Kolonieen gewesen, aber unzweckmäßig. So wurde das System der Reichgesetzgebung durchbrochen mit der gesetzlichen Vorschrift: daß in den Kolonieen die Natu-

[33] Wie Hänel I, 843 behauptet; sehr richtig Laband I, 783.

ralisation durch den Reichskanzler oder einen anderen von ihm zu beauftragenden Beamten, also ohne Mitwirkung eines Einzelstaates erfolgen könne (SchutzgebG. §. 6).[34] Daneben bleibt auch die regelmäßige Form der Naturalisation anwendbar. — Auch auf „Eingeborene" ist diese Vorschrift ausgedehnt.

Die Ausländer haben eine besondere Rechtsstellung in den Kolonieen an sich nicht. Doch sind die sog. Schutzgenossen,[35] nämlich Österreicher, Ungarn, Schweizer, Luxemburger, ausdrücklich den Reichsangehörigen rechtlich gleichgestellt und es ist dem Kaiser vorbehalten, dieses Rechtsverhältnis auch auf andere Ausländer auszudehnen (SchutzgebG. §. 3 Nr. 1).

Das Rechtsverhältnis des Reiches zu der eingeborenen[36] Bevölkerung beruht zwar auf dem nämlichen Grundprinzip von Staatsgewalt und Unterthanenschaft,[37] hat aber that-

---

[34] G. Meyer 111 ff.

[35] S. über diesen Begriff unten im Konsularrecht. Daß Laband I, 791 den Begriff auf „alle fremden civilisierten Nationen" ausdehnt, ist willkürlich: vgl. G. Meyer, Schutzgeb. 107: s. jedoch die Spezialvorschrift in §. 2 der V. vom 5. Juni u. 13. Septbr 1886 (RGBl. 187 u. 291) für die Südseekolonieen.

[36] Den Begriff „Eingeborener" zu bestimmen, ist für Südwestafrika dem kaiserl. Kommissar, vorbehaltlich der Genehmigung des Reichskanzlers, zugewiesen, K. V. v. 8. Nov. 1892 (RGBl. 1037), ebenso für Kamerun und Togo K. V. v. 21. April 1886 (RGBl. 128), für Ostafrika K. V. v. 1. Januar 1891 (RGBl. 1) §. 3, für Neu-Guinea dem Reichskanzler nach Anhörung der N.-G.-Compagnie, K. V. v. 5. Juni 1886 (RGBl. 187) §. 2. Vgl. auch G. Meyer, Schutzgeb. 106 ff., 178 ff. Für Südwestafrika V. d. kaiserl. Kommissars v. 1. Dezbr. 1893 (KolBl. 1894, 122).

[37] Dies leugnet Hänel I, 848: vgl. auch Laband I, 792: „Ausländer" sind die Eingeborenen nicht, sie sind „reichsangehörig", aber nicht im Sinne der Reichsverfassung. In der Sache zutreffend Laband I, 792 f.;

sächlich nach der Natur der Dinge eine wesentlich andere Gestaltung gefunden. Es ist zur Zeit noch unmöglich, dieses Verhältnis in einzelnen Rechtssätzen auszudrücken; nur das Prinzip steht fest: daß auch die eingeborene Bevölkerung der Kolonialgewalt als der souveränen Staatsgewalt unterthan ist. Es mag früher wohl bei dem zögernden und schwankenden Gang der deutschen Kolonialpolitik die grundsätzliche Meinung offiziellen Ausdruck gefunden haben, es sei nicht Aufgabe des Reiches, „für die Herstellung staatlicher Einrichtungen unter barbarischen Völkerstämmen einzutreten und dort eine unseren Anschauungen entsprechende Ordnung der Verwaltung und Justiz herzustellen"; es mag immerhin zugegeben werden, daß diese Ordnung auch heute noch und wohl noch für kaum absehbare Zeit in den allerersten Anfängen sich befindet und oft nur in den Formen militärischer Gewalt sich geltend macht; dennoch ist das Reich die souveräne Staatsgewalt über die Eingeborenen mit allen Rechten, welche hieraus im einzelnen abgeleitet werden wollen und können und mit der Pflicht, im Kolonialgebiete eine wirkliche Staatsordnung und für die eingeborene Bevölkerung die Möglichkeit eines geordneten, friedlichen, menschenwürdigen Daseins herzustellen.

Die Anschauung, daß die Kolonialgewalt nur den Zweck verfolge, „die eingeborene Bevölkerung den kolonialen Zwecken des Reiches und seiner Angehörigen dienstbar zu

---

G. Meyer 108. Für die Erteilung der Naturalisation behandelt das SchutzgebG. §. 6 allerdings auch die Eingeborenen — prinzipwidrig, aber wohl zweckmäßig — als Ausländer.

machen",[38] ist des Deutschen Reiches unwürdig und, falls sie jemals bestanden haben sollte, längst aufgegeben, wie die Einrichtungen für militärischen und Rechtsschutz,[39] für Unterdrückung der Sklaverei, für die Gesundheitsverhältnisse,[40] für Mission und Unterricht, für Handel und Verkehr beweisen.[41] Eine juristische Darstellung dieser Dinge ist allerdings dermalen noch ausgeschlossen, und die rechtliche Ausgestaltung dieser Kulturarbeit ist in den verschiedenen Kolonieen eine sehr verschieden weit vorgeschrittene. In weitem Umfange sind der eingeborenen Bevölkerung noch ihre bisherigen Ordnungen belassen;[42] die staatsrechtliche Grundlage aber für alle diese Ordnungen ist im gesamten Kolonialgebiet lediglich die Souveränetät des Reiches.

Einen rechtlichen Ausdruck findet das Prinzip der souveränen Staatsgewalt des Reiches in der dem Kaiser

---

[38] Diese Anschauung entwickelt merkwürdigerweise besonders Hänel I, 746 ff.: ähnlich auch Laband I, 788.

[39] Für das Togogebiet wurde die Anwerbung von Eingeborenen zu Diensten außerhalb des Schutzgebietes unter besondere staatliche Kontrolle gestellt (Kol. Bl. 1892, 99). Ebenso für Neu-Guinea.

[40] Für das Neu-Guinea-Schutzgebiet z. B. erging eine besondere Verordnung (KolBl. 1892, 155), die gesundheitliche Kontrolle der zu Arbeiten angeworbenen Eingeborenen betreffend, s. auch KolBl. 1894, 185, 186.

[41] In einigen Beziehungen hat diese deutsche Staatsaufgabe eine breitere Grundlage in internationalen Abmachungen, so besonders in der Brüsseler Antisklavereiakte v. 2. Juli 1890, über deren Inhalt s. KolBl. 1891, 215 ff. Über die Unterdrückung der Sklaverei s. auch unten S. 609.

[42] S. die zahlreichen „Verträge" bei. im Weißbuch des Reichstages von 1885, deren Grundlage durchweg die gleiche ist: Übertragung der Souveränetät auf das Reich. Im Resultat übereinstimm. auch Hänel I. 848.

überwiesenen Aufgabe, die für die Reichsangehörigen in den Kolonieen geltenden Rechtssätze nach Ermessen auf die Eingeborenen auszudehnen (SchutzgebG. §. 3 Nr. 1).[43] Daraus ergiebt sich, daß die Kolonialgewalt auch im Verhältnis zu den Eingeborenen grundsätzlich Staatsgewalt ist und sein will.[44] Demgemäß ist in Ostafrika die deutsche Gerichtsbarkeit grundsätzlich auch auf die Eingeborenen ausgedehnt (K. V. v. 1. Januar 1891, RGBl. 1 §§. 2, 3); ebenso in Kamerun, Togo, Neu-Guinea, Südwestafrika (s. unten S. 607 f.).

Eine Sondervorschrift giebt das SchutzgebG. §. 7 für die Führung der deutschen Flagge durch Eingeborene; solchen kann das Recht hierzu durch kaiserliche Verordnung erteilt werden, jedoch mit dem Vorbehalt, daß auch dann für solche Schiffe die deutsche Unfallversicherungsgesetzgebung nicht gelte (G. v. 13. Juli 1887 §§. 1, 2 „Seefahrzeug").[45]

### D. Die Kolonialgesellschaften.[46]

Der Erwerb der deutschen Kolonieen erfolgte, wie oben bemerkt, mehrfach in der Weise, daß das Deutsche Reich an die Stelle kaufmännischer Unternehmungen von Einzelnen oder Gesellschaften trat. Der Übergang der Staatshoheit von diesen Gesellschaften auf das Reich vollzog sich langsam, aber stetig; heute ist nur mehr die Neu-Guinea-

---

[43] Älteres analoges Recht zitiert Laband I, 792 f. S. ferner über Rechtsgeschäfte der und mit den Eingeborenen unten S. 608.

[44] Entgegengesetzt Hänel a. a. O.

[45] K. V. v. 19. Sept. 1893 (KolBl. 443) f. d. Marschall-Inseln.

[46] Hänel I, 853 f.; Laband I, 775, 778 f., 786 f.; G. Meyer, Schutzgeb. 129 ff.

Kompagnie in weiterem Umfange nach dieser Richtung thätig; indes die Kolonialgesellschaften in den anderen Kolonieen mehr und mehr einen privatrechtlichen Charakter annahmen.[47] Da nach preußischem Recht auch für die privatrechtliche Seite Schwierigkeiten bestanden, erfolgte eine reichsgesetzliche Regelung der Stellung der Kolonialgesellschaften durch das SchutzgebG. §§. 8—10. Diese Vorschriften beziehen sich nur auf „deutsche Kolonialgesellschaften, welche die Kolonisation der deutschen Schutzgebiete, insbesondere den Erwerb und die Verwertung von Grundbesitz, den Betrieb von Land- und Plantagenwirtschaft, den Betrieb von Bergbau, gewerblichen Unternehmungen und Handelsgeschäften in denselben zum ausschließlichen Gegenstand ihres Unternehmens und ihren Sitz entweder im Reichsgebiet oder in den deutschen Schutzgebieten haben, oder denen durch kaiserliche Schutzbriefe die Ausübung von Hoheitsrechten in den deutschen Schutzgebieten übertragen ist" (§. 8). Demgemäß stehen ausländische Gesellschaften,[48] nach Maßgabe der im §. 8 enthaltenen näheren Erläuterung, nicht unter jenen Vorschriften; da deren Verhältnisse auch sonst keine positivrechtliche Normierung fanden, muß angenommen werden, daß hier eine besondere Regelung durch das höchste Organ der Schutzgewalt, den Kaiser, im einzelnen Falle zu erfolgen hätte. Dabei mag es wohl als selbstverständlich

[47] G. Meyer, Lehrb. 406.

[48] Über die Zulassung fremder Kolonialgesellschaften faßte der Kolonialrat Beschlüsse, welche KolBl. 1891, 331 publiziert sind. Das Auswärtige Amt hat in dem Fall der Damaraland-Konzeision (s. unten N. 51) diese Beschlüsse nicht berücksichtigt.

erscheinen, daß eine derartige spezielle Ordnung nicht ausländische Gesellschaften besser stellen dürfte, als die deutschen Kolonialgesellschaften nach §§. 8 ff. des Gesetzes gestellt sind.[49]

Der Kernpunkt des Gesetzes ist die Vorschrift, daß die Kolonialgesellschaften der Staatsaufsicht, als deren Organ der Reichskanzler bezeichnet ist, unterworfen sind; die näheren Vorschriften über Art und Umfang dieser Aufsicht sind statutarisch zu normieren (§. 10). Voraussetzung dieser Aufsicht ist ein vom Reichskanzler zu genehmigender Gesellschaftsvertrag (Statut), auf Grund dessen die Gesellschaft durch Beschluß des Bundesrates das Recht empfängt, „unter ihrem Namen Rechte, insbesondere Eigentum und andere dingliche Rechte an Grundstücken zu erwerben, Verbindlichkeiten einzugehen, vor Gericht zu klagen und verklagt zu werden", mit der besonderen Maßgabe, daß nur das Gesellschaftsvermögen den Gläubigern haftet. Ein Auszug des Statuts und der Beschluß des Bundesrates sind im Reichsanzeiger zu publizieren (§. 8). Die Genehmigung des Statuts durch den Reichskanzler, welche die rechtliche Voraussetzung für den Beschluß des Bundesrates bildet, hängt rechtlich davon ab, daß den gesetzlichen Vorschriften über den Inhalt des Statutes genügt ist; nach diesen hat das Statut „insbesondere" Bestimmungen zu enthalten: 1. über Erwerb und Verlust der Mitgliedschaft, 2. Vertretung der Gesellschaft gegenüber Dritten, 3. Be-

[49] G. Meyer, Schutzgeb. 147 hält die Erteilung von Korporationsrechten an ausländische Gesellschaften als durch das Gesetz ausgeschlossen. S. unten N. 51 über die Damaraland-Konzession.

fugnisse der Leitungs- und Aufsichtsorgane, 4. Rechte und Pflichten der einzelnen Mitglieder, 5. Jahresrechnung und Gewinnverteilung, 6. Auflösung und Liquidation (§. 9). —

Jedenfalls ist das Reich immer befugt, die Ausübung von Staatshoheitsrechten an Kolonialgesellschaften zu übertragen, sei es in Form von Schutzbriefen, sei es durch kaiserliche Verordnungen. Die Gesellschaften üben in solchem Fall das Recht des Reiches aus.[50] Das SchutzgebG. sieht dies in §. 8 ausdrücklich vor, jedoch nur für deutsche Kolonialgesellschaften; die Übertragung der Ausübung von Staatshoheitsrechten an ausländische Kolonialgesellschaften ist zwar nicht positiv verboten, wird aber als mit dem Begriff der deutschen Staatshoheit unvereinbar und demgemäß als unzulässig zu bezeichnen sein,[51] es sei denn, daß es sich um ganz außerordentliche Verhältnisse handelt, denen Rechnung zu tragen die Reichsregierung als dringendes Gebot der Staatsnotwendigkeit erachtet. Gemäß der grundsätzlichen Vorschrift des §. 8 kann der Reichskanzler das ihm zugewiesene Ausführungs- und Polizeiverordnungsrecht auch an Kolonialgesellschaften, die nach §§. 8 ff. organisiert sind und einen kaiserlichen Schutzbrief haben, übertragen (SchutzgebG. §. 11 Abs. 3).

---

[50] Die Polemik von Laband I, 787 gegen Bornhak scheint nur ein Wortstreit.

[51] Einen höchst bedenklichen Präzedenzfall bildet in dieser Beziehung die der englischen South Westafrican-Company erteilte Damaraland-Konzession (KolBl. 1892, 456), die weder mit dem geltenden Recht noch mit der Würde des Deutschen Reiches vereinbar sein dürfte. Mit Recht legte der Kolonialrat Verwahrung gegen dieselbe ein, was dann ein besonderes „Protokoll“ (KolBl. 1892, 564) zur Folge hatte.

Wie übertragen, so kann die Ausübung von Staatshoheitsrechten den Kolonialgesellschaften auch wieder entzogen werden kraft des vom Reiche auszuübenden Oberaufsichtsrechtes.[52]

Praktisch ist die Frage der Ausübung von Staatshoheitsrechten durch Kolonialgesellschaften nur mehr für die Neu-Guinea-Kompagnie. Von älteren Gesellschaften ist insbesondere die deutsch-ostafrikanische zu nennen (s. den Bericht KolBl. 1894, S. 317).

Außerdem wurden an Kolonialgesellschaften auf Grund des Gesetzes errichtet: 1. die Hanseatische Land-, Minen- und Handelsgesellschaft für Südwestafrika (KolBl. 1893, 399 ff.), 2. die Usambara Kaffeebaugesellschaft (ebd. 427 f.), 3. die Astrolabe-Kompagnie (ebd. 1892, 40), 4. die Kaiser Wilhelms-Land-Plantagengesellschaft (ebd. 1891, 125), 5. die Usambara-Eisenbahngesellschaft (ebd. 477).

### E. Die Finanzverwaltung.

Die Streitfrage, ob der Budgetartikel der Reichsverfassung für die Kolonieen im ganzen Umfang und mit allen Rechtsfolgen in Kraft stehe,[53] hat nunmehr ihre Erledigung gefunden durch das Spezialgesetz v. 30. März 1892 (RGBl. 369). Danach ist 1. der Etat für die Schutzgebiete selbständig, aber in der nämlichen Rechtsform wie der Hauptetat des Reiches aufzustellen, nämlich a) durch Gesetz, b) über alle Einnahmen und Ausgaben, c) für

[52] G. Meyer, Schutzgeb. 162 f. S. dazu die Konzession KolBl. 1891, 531.

[53] Hänel I, 582; G. Meyer, Schutzgeb. 230 ff. Über das Budgetrecht der Reichsverfassung s. oben §. 16.

jedes Jahr,[54] d) vor Beginn des Etatsjahres (§. 1), e) über- und außeretatsmäßige Ausgaben sind nachträglich durch die gesetzgebenden Faktoren zu genehmigen (§. 2 Abs. 2).

2. In gleicher Weise bedarf der Reichskanzler für die Finanzverwaltung der Schutzgebiete des alljährlich vom Bundesrat und Reichstag zu fassenden Entlastungsbeschlusses (§. 3); zu diesem Zwecke sind dem Bundesrat und Reichstag nach Abschluß des Etatsjahres, spätestens im zweiten Jahre danach, die Übersichten der wirklichen Einnahmen und Ausgaben vorzulegen (§. 2 Abs. 1). Die Kontrolle erfolgt ebenso wie für den Hauptetat durch den Reichsrechnungshof gemäß Spezialgesetz vom 14. Mai 1894 (RGBl. 449).

3. Aufnahme von Anleihen und Übernahme von Garantieen im Interesse der Schutzgebiete bedarf der Form des Gesetzes (§. 4).

4. Für Verbindlichkeiten der Schutzgebiete besteht eine civilrechtliche Haftung nur an dem Vermögen des betreffenden Schutzgebietes (§. 5).[55]

5. In den vom Reich finanziell verwalteten Schutzgebieten sind spezielle Reservefonds gebildet, denen etwaige Mehreinnahmen und Ersparnisse zufließen (s. die Etatsgesetze je sub III).

6. Soweit die Kosten der Kolonialverwaltung in einer Kolonie ausschließlich von einer Kolonialgesellschaft getragen

---

[54] Der Etat für 1892/93 wurde durch §. 6 des Ges. v. 30. März 1892 als auch für 1893/94 und 1894/95 maßgebend erklärt, s. dazu auch die Übergangsbestimmung in §. 7 Abs. 2.

[55] Demgegenüber ist der Satz, den die früheren Darstellungen enthalten (G. Meyer, Schutzgeb. 224): die Schutzgebiete seien keine selbständigen Rechtssubjekte, nicht mehr haltbar.

werden, kommen die obigen Bestimmungen nicht zur Anwendung (§. 7 Abs. 1).

Nach diesen Vorschriften ist dermalen die Finanzverwaltung geordnet für Ostafrika, Kamerun, Togo, Südwestafrika (G. v. 30. März 1892, RGBl. 370; G. v. 26. März 1893, RGBl. 123).[56]

IV. Die lokale Organisation der Staatsgewalt[57] in den Kolonieen ist folgendermaßen geordnet:[58]

A. Die innere Verwaltung einschließlich der Militärgewalt. Ein besonderes Organisationsgesetz über die Verwaltung der Kolonieen ist bis jetzt nicht ergangen; die Einrichtung der Verwaltung erfolgt in den einzelnen Kolonieen nach Maßgabe der thatsächlichen Verhältnisse, insbesondere auch, was den notwendigen Zusammenhang mit der Militärgewalt betrifft. Regelmäßig werden an die Spitze der Kolonieen kaiserliche Gouverneure oder Kommissare mit den erforderlichen Unterbeamten gestellt; die Chefs der Verwaltung führen in Ostafrika und Kamerun den amtlichen Titel Gouverneur, in

[56] Kamerun: 580000, Togo 143000, Südwestafrika 273000 M., erstere Posten ohne Reichszuschuß, der letzte mit Zuschuß von 267300 M.; für Ostafrika waren durch G. v. 2. Februar 1889 (RGBl. 3) 2 Mill. Mark „für Maßregeln zur Unterdrückung des Sklavenhandels und zum Schutz der deutschen Interessen" zur Verfügung gestellt worden. Historisches bei G. Meyer, Schutzgeb. 42 ff. S. die Jahresrechnungen über die Einnahmen in Ostafrika 1892/93 (1 105 456 M.), 1893/94 (1 130 256 M.) KolBl. 1894, 471 f.

[57] Über die Dienstflagge der Regierungsgebäude und -Fahrzeuge s. K. V. v. 13. August 1893 (CBl. 273), ferner K. V. v. 18. Dez. 1893 (KolBl. 1894, 1), sowie die Mitteilungen CBl. 1893, 275 u. 359 u. a. dgl. m.

[58] Vgl. Laband I, 797 f.

den übrigen Kolonieen Landeshauptmann; die Unterbeamten haben verschiedene Titel (Kommissar, Bezirksamtmann, Intendant, Polizeimeister u. a.). Diese Beamten sind unzweifelhaft sämtlich Reichsbeamte; das Reichsbeamtengesetz gilt aber für sie gemäß den oben entwickelten Grundsätzen an sich nicht; durch Spezialgesetz vom 31. Mai 1887 (RGBl. 211) erfolgte jedoch die Ausdehnung jenes Gesetzes auch auf die Kolonieen — zwar ist dies nicht ausdrücklich ausgesprochen, bildet aber die notwendige Voraussetzung dieses Gesetzes[59] — mit der Maßgabe, a) daß Gouverneure, Kommissare und Kanzler der Schutzgebiete jederzeit vom Kaiser mit Wartegeld zur Disposition gestellt werden können (s. oben S. 334); b) daß den vom Kaiser bestellten Kolonialbeamten durch Bestimmung des Bundesrates die Dienstzeit im Kolonialdienst bei der Pensionierung doppelt angerechnet werden kann, falls sie überhaupt länger als ein Jahr in diesem Dienst verwendet waren (s. auch dazu oben S. 319[98]). Demgemäß ist durch V. des Reichskanzlers v. 6. Mai 1894 (KolBl. 261) die Doppelrechnung der Dienstzeit für die „im Dienst der Schutzgebiete von Kamerun, Togo und Deutsch-Ostafrika stehenden Landesbeamten" verfügt worden.[60]

Im übrigen ist eine besondere Regelung der Rechtsverhältnisse der in den Schutzgebieten angestellten Beamten für die einzelnen Kolonieen durch kaiserliche Verordnungen erfolgt, so zuletzt für Ostafrika durch K. V. v. 22. April

---

[59] In den alsbald zu behandelnden Spezialverordnungen ist der Grundsatz überdies noch ausdrücklich ausgesprochen.

[60] Für die ostafrikanische Schutztruppe die analoge Vorschrift §. 11 des G. v. 22. März 1891.

1894, publiziert im CBl. 115 f., dazu über die Rangverhältnisse und Uniformen KolBl. 1891, 270 K. V. v. 3. Juni 1891; ferner KolBl. 1890, 1; vorher für Kamerun und Togo durch K. V. v. 3. August 1888 (CBl. 753 f.). Für die anderen Schutzgebiete sind analoge Verordnungen bis jetzt nicht erlassen. Die Kolonialbeamten werden in jenen Verordnungen als „Landesbeamte" bezeichnet; damit kann juristisch lediglich gesagt sein, daß das Reichsbeamtenrecht für diese Beamten an sich nicht gilt; inkorrekt aber ist die Bezeichnung doch, da der Ausdruck „Landesbeamte" technisch ist für die Beamten der Einzelstaaten, was die Kolonialbeamten nicht sind; diese bilden vielmehr eine besondere Kategorie von Reichsbeamten, für welche ein besonderes Recht gilt, analog wie für die elsaß-lothringischen „Landesbeamten", die grundsätzlich auch Reichsbeamte sind. Davon werden sodann unterschieden diejenigen Beamten, welche Reichsbeamte im Sinne des RBeamtG. (s. z. B. KolBl. 1892, 455) sind. Der Unterschied liegt nur darin, daß letztere aus Reichsmitteln, erstere aus Mitteln der Kolonieen bezahlt sind. — Publiziert sind jene kaiserlichen Verordnungen im Centralblatt. Dies widerspricht der V. v. 26. Juli 1867, welche die Publikation der kaiserlichen Verordnungen im Reichsgesetzblatt fordert, und erklärt sich nur durch die Annahme, daß jene Verordnung ausschließlich für das Reichsgebiet Geltung hat (s. oben S. 580). Die V. für Kamerun und Togo bestimmt: 1. für die aus Fonds des Schutzgebietes bezahlten Beamten in Kamerun und Togo gelten die für die Reichsbeamten ergangenen Gesetze v. 31. März

1873, 20. April 1881, 21. April 1886, 31. Mai 1887 und 5. März 1888 mit der Maßgabe, daß überall an Stelle des Reiches das Schutzgebiet tritt;[61] 2. die zwangsweise Versetzung in den Ruhestand (RBeamtG. §. 66 Abs. 1) erfolgt durch den Kaiser allein, ohne Einvernehmen des Bundesrates;[62] 3. oberste Reichsbehörde im Sinne des Reichsbeamtengesetzes ist der Reichskanzler, durch ihn erfolgen die Entscheidungen nach §§. 5 Abs. 1, 18, 39, 52, 68 Abs. 2 des RBeamtG., sowie nach §. 1 des Ges. v. 31. Mai 1887, endlich die endgültige Entscheidung nach RBeamtG. §. 66 Abs. 2;[63] 4. über den Ersatz von Umzugskosten für pensionierte und zur Disposition gestellte Beamte bestimmt der Reichskanzler;[64] 5. das Disziplinarrecht des RBeamtG. (§§. 84—124) bleibt außer Anwendung; Entfernung aus dem Amt erfolgt durch den Kaiser bei Beamten mit kaiserlicher Bestallungsurkunde, sonst durch den Gouverneur von Kamerun, gegen dessen Entscheidung Beschwerde an den Reichskanzler eingelegt werden kann;[65] 6. die Entscheidungen aus RBeamtG. §§. 127, 128 Abs. 2, 131 erfolgen durch den obersten Beamten des Schutzgebietes mit Beschwerde an den Reichskanzler.[66]

---

[61] Ebenso für Ostafrika Art. 1 mit Hinzufügung des G. v. 1. April 1888. Die Behauptung G. Meyers, Schutzgeb. 91, daß dieses Gesetz über die Zurückbeförderung der „im Ausland" befindlichen Hinterbliebenen von Beamten an sich für die Kolonieen gelte, ist unrichtig; die Bezugnahme der ostafrikanischen Beamtenverordnung auf das Gesetz war demnach korrekt und notwendig. Die Kolonieen sind in keinem Sinne „Ausland".

[62] Ebenso Ostafrika Art. 2.

[63] Ostafrika Art. 3.

[64] Ostafrika Art. 7.

[65] Ostafrika Art. 9 mit der Modifikation, daß für Bezirksrichter an Stelle des Gouverneurs der Oberrichter tritt.

[66] Ostafrika Art. 10 mit der vorbemerkten Modifikation für

Die Verordnung für Ostafrika bestimmt noch ferner: 1. der Gouverneur und sein Stellvertreter, der Chef der Finanzverwaltung und der Oberrichter erhalten eine kaiserliche Bestallung, die übrigen Beamten werden vom Reichskanzler angestellt, welcher das Recht der Ernennung mittlerer und unterer Beamten dem Gouverneur subdelegieren kann (Art. 4), 2. die Vorschriften über Urlaub, Stellvertretung, Einbehaltung des Gehaltes bei längerem Urlaub oder Krankheit giebt der Reichskanzler (Art. 5), 3. Pensions- und Reliktenansprüche hat das Schutzgebiet insoweit zu tragen, als sie die Gehalts-, Pensions- und Reliktenansprüche, welche dem Beamten aus Reichs-, Staats- und Kommunalmitteln zustehen, übersteigen; ein Beamter, welcher nicht mehr zum Tropendienst fähig ist, muß bei Verlust seiner Ansprüche aus dem Kolonialdienst, eine gleich oder höher besoldete Stelle im Reichs-, Staats- oder Kommunaldienst annehmen (Art. 6), 4. gegen den Oberrichter und die **Bezirksrichter** können Geldstrafen nur vom Reichskanzler, gegen die dem Gouverneur unterstellten Beamten können Geldstrafen bis zum gesetzlichen Höchstbetrag von diesem, gegen die ihnen unterstellten Beamten können Geldstrafen bis zu 30 Mk. vom Chef der Finanzverwaltung, dem Zolldirektor und den Bezirksamtmännern verhängt werden (Art. 8 vb. §§. 80—83 des RBeamtG.).[67]

Ein besonderer Diensteid für die „Landesbeamten" in den Kolonieen wurde festgestellt durch K. V. v. 4. Sept. 1892 (KolBl. 455).

---

**Bezirksrichter. — Über den Inhalt der allegierten Vorschriften des Reichsbeamtenrechtes** s. oben §. 10.

[67] S. im übrigen zum Vorstehenden die Darstellung des Beamtenrechtes oben §. 10.

Die militärische Organisation erfuhr bis jetzt eine feste rechtliche Ordnung nur für Ostafrika durch G. v. 22. März 1891 (RGBl. 53), dazu K. V. v. 5. Mai 1893 (KolBl. 241) über die Organisation des Sanitätsoffizierkorps und die organisatorischen Bestimmungen in K. V. v. 9. April 1891 (KolBl. 167). Auf Grund jenes Gesetzes wurde eine kaiserliche Schutztruppe für dieses Schutzgebiet gebildet mit dem doppelten Zwecke, einmal „zur Aufrechterhaltung der öffentlichen Ordnung und Sicherheit", sodann „insbesondere zur Bekämpfung des Sklavenhandels" (§. 1) zu dienen.[68] Diese Schutztruppe stellt eine militärische Organisation außerhalb des Reichsheeres dar; die militärrechtlichen Vorschriften für das Reichsheer gelten an sich für die Schutztruppe nicht; die aus dem Landheer in die Schutztruppe übertretenden Personen „scheiden aus dem Landheer aus". Dagegen verbleiben die aus der Marine übergehenden Personen rechtlich in dem Verbande derselben, gelten nur als „zeitweise abkommandierte Angehörige", bleiben somit auch den für die Marine geltenden Vorschriften unterworfen, jedoch mit dem Vorbehalt, daß die Spezialvorschriften für die Schutztruppe in erster Linie

[68] In ähnlicher Weise wurde neuerdings eine Schutztruppe gebildet für Südwestafrika (s. KolBl. 1893, 179), doch ohne daß bis jetzt Rechtsvorschriften für dieselbe erlassen worden wären; Polizeitruppen in verschiedener Anzahl bestehen auch in den übrigen Schutzgebieten (s. z. B. für Togo KolBl. 1893, 41). Über die Dislokation der ostafrikanischen Schutztruppe s. KolBl. 1893, Beil. zu Nr. 22, 1894, 472 f. Auch die ostafrikanische Schutztruppe ist gegliedert in eine Schutztruppe im engeren Sinne und eine Polizeitruppe (KolBl. 1891, 167; 1893, 241, bes. 1892, 185). Über die Polizeitruppe für Groß-Windhoek KolBl. 1894, 251.

zur Anwendung zu kommen haben; die Militärbeamten werden der Schutztruppe „zugeteilt" und stehen unter den allgemeinen Rechtsgrundsätzen für Militärbeamte (§. 3). Oberster Kriegsherr der Schutztruppe ist der Kaiser (§. 1); gebildet wird sie aus Freiwilligen des Landheeres und der Marine, sowie aus angeworbenen Farbigen (§. 2), eventuell auch angeworbenen Deutschen (§. 18). Die Schutztruppe ist dem Reichsmarineamt unterstellt (KolBl. 1891, 77). Hinsichtlich der Versorgungsansprüche sind die Personen der Schutztruppe der Marine gleichgestellt (§. 5), jedoch mit einer Reihe besonderer Vorschriften: so ist für den Begriff der Dienstbeschädigung im Sinne der Militärpensionsgesetze (G. v. 27. Juni 1871 §§. 3, 51, 59) auch den „klimatischen Einflüssen" besondere Rechnung getragen (§. 6); als „pensionsfähiges Diensteinkommen" gelten nicht die Bezüge in der Schutztruppe, sondern für Offiziere und die ihnen gleichstehenden Personen das nach Charge und Dienstalter bestimmte Einkommen in der Marine, für das untere Personal wird dieses Einkommen im Gesetz selbst fixiert (§. 7); eine besondere Pensionserhöhung ist vorgesehen für Invaliden, die „nachweislich durch den Dienst in der Schutztruppe invalide" geworden sind (für Offiziere ꝛc. 1020 bezw. 750 Mk. jährlich, für die Unterklassen 300 Mk., bei mehr als dreijährigem Dienst in der Schutztruppe noch jährlich $^1/_6$ mehr bis zum Doppelbetrag, §. 9); auf Grund ununterbrochenen 12jährigen Dienstes in der Schutztruppe besteht der Anspruch auf Pension auch ohne Invalidität, für Pensionserhöhung dagegen ist Nachweis der Invalidität erforderlich (§. 10). Die Dienstzeit in Afrika wird, falls sie überhaupt mehr als sechs Monate betrug, doppelt gerechnet (nach näherer Vorschrift des §. 11, dazu auch §. 19).[69] Witwen und eheliche Nachkommen von Angehörigen der Schutztruppe erhalten außer dem Sterbemonat noch ein volles Gnadenquartal (§. 15); bei Tod infolge einer militärischen Aktion oder der klimatischen Einflüsse kommen für die Hinterbliebenen die Vorschriften des Gesetzes v. 27. Juni 1871 §§. 41 ff., 56, 94 ff. zur Anwendung (§. 16). Oberste Reichsbehörde im Sinne der Pensionsgesetze ist für die Schutztruppe der Reichskanzler bezw. der Staatssekretär des Reichsmarineamts (§. 17).

Hinsichtlich des Strafverfahrens überließ das Gesetz (§. 4) dem Kaiser, auf dem Wege der Verordnung die erforderlichen Sondervorschriften gegenüber dem allgemeinen Recht zu treffen. Diese Verordnung erging unter dem 3. Juni 1891 (RGBl. 341). Durch dieselbe wurde die Militärstrafgerichtsordnung v. 3. April 1845 dahin ergänzt, daß die Gerichtsbarkeit über die Schutztruppe zu verwalten, d. i. die Einleitung und Untersuchung durchzuführen, sei 1. durch das Gericht der Schutztruppe, 2. durch Abteilungsgerichte (§. 2); ersteres besteht aus dem Kommandeur der Schutztruppe als Gerichtsherrn und einem Auditeur (s. dazu §. 6), mit dem Recht der höheren und niederen Gerichtsbarkeit über sämtliche Militärpersonen der Schutztruppe (§. 3); letztere werden bei jeder aus mehreren Compagnieen bestehenden Abteilung aus dem Chef der Abteilung als Gerichtsherrn und einem untersuchungführenden

[69] Dazu kommt noch eventuell die Doppelrechnung der Kriegsdienstzeit nach §. 23 des G. v. 27. Juni 1871, s. z. B. KolBl. 1893, S. 2 (Feldzug gegen die Wahehe), S. 214, 1892, 484, 1890, 3, 1894, 417; die Art der Berechnung ist geordnet durch K. V. v. 24. Okt. 1891 (KolBl. 1891, 449).

Offizier für die der Abteilung zugehörigen Militärpersonen gebildet, mit dem Rechte der niederen Gerichtsbarkeit (§. 4). Der Urteilsspruch ist zu fällen durch Kriegsgerichte oder Standgerichte (§. 7); zu einem Kriegsgerichte sind als Richter zu berufen: 1. über einen Offizier: ein Oberführer oder älterer Compagnieführer als Präses, zwei Compagnieführer, zwei Lieutenants; 2. über einen Unteroffizier: ein Oberführer oder älterer Compagnieführer als Präses, zwei Offiziere (Compagnieführer oder Lieutenants), zwei Unteroffiziere; 3. über einen Militärbeamten: ein Oberführer oder älterer Compagnieführer als Präses, zwei Offiziere (Compagnieführer oder Lieutenants), zwei obere Militärbeamte, thunlichst vom Dienstzweige des Angeschuldigten. Die Offiziere können im Bedarfsfalle durch Sanitätsoffiziere, die Militärbeamten durch Offiziere oder Sanitätsoffiziere ersetzt werden (§. 8).

Zu einem Standgericht sind als Richter zu berufen: 1. über einen Unteroffizier: ein Compagnieführer als Präses, ein Lieutenant, ein Unteroffizier; 2. über einen unteren Militärbeamten: ein Compagnieführer als Präses, ein Lieutenant, ein unterer Militärbeamter. Die Offiziere können im Bedarfsfalle durch Sanitätsoffiziere, die unteren Militärbeamten durch Unteroffiziere ersetzt werden (§. 9).

Das Recht der Verteidigung steht dem Angeklagten persönlich oder durch eine andere Militärperson in jedem Falle zu; ist das Delikt mit Tod oder lebenslänglicher Freiheitsstrafe bedroht, so muß ein Verteidiger beigezogen werden (§. 12). Die Verhandlung vor dem Spruchgericht ist mündlich; über dieselbe ist ein genaues Protokoll aufzunehmen (sehr genaue Vorschriften über Verhandlung und

Protokoll im §. 14, über Dolmetscher §. 11, über summarisches Verfahren §. 13, über die Spruchfällung §§. 15, 16, das Erkenntnis §. 17). Erkenntnisse wider Offiziere und obere Militärbeamte bedürfen nach erfolgter Begutachtung durch einen Auditeur (§. 19) der Bestätigung des Kaisers; der Reichskanzler bezw. Staatssekretär des Reichsmarineamtes hat das Bestätigungsrecht des kommandierenden Admirals, der Chef der Schutztruppe dasjenige eines Marinestationschefs (§. 18); bei Aufhebung eines Erkenntnisses hat neue Verhandlung vor dem Spruchgericht zu erfolgen, bei welcher „die rechtliche und militärdienstliche Beurteilung" der Aufhebungsverfügung zu Grunde gelegt werden muß (§. 20). Freiheitsstrafen bis zu 6 Monaten werden womöglich an Ort und Stelle, längere in der Heimat nach den für die Marine geltenden Vorschriften vollstreckt (§. 21). Der Generalauditeur und das Generalauditoriat für die Marine haben auch als solche für die Schutztruppe zu fungieren (§. 22).

B. Die Gerichtsbarkeit.[70]

I. Die Einrichtung der Rechtspflege in den Kolonieen erfolgte zweckmäßigerweise in Anlehnung an die Gestaltung der Konsulargerichtsbarkeit. Zwar besteht zwischen beiden der prinzipielle Unterschied, ja Gegensatz, daß letztere eine deutsche Gerichtsbarkeit im Ausland darstellt, somit zur notwendigen Voraussetzung die Zulassung durch den fremden Staat hat, indes erstere eine deutsche Gerichtsbarkeit im Inland, zwar nicht im Rechtsgebiet der Reichsverfassung, aber doch in einem dem Deutschen Reiche zugehörigen, der

[70] G. Meyer, Schutzgeb. 195 ff.

Staatsgewalt des Reiches unterworfenen, Gebiete darstellt,[71] dieser Gegensatz aber hindert nicht, der Analogie der thatsächlichen Verhältnisse im Kolonial- mit dem Konsulargerichtsgebiete durch gleiche Gerichtsorganisation Rechnung zu tragen. Demnach besteht auch in den Kolonieen ein dreifacher Instanzenzug ebenso wie in den Konsulargerichtsbezirken:[72] 1. der Richterkommissar als Einzelrichter, 2. das Schutzgebietsgericht als Kollegialgericht, 3. das Reichsgericht. Die nähere Darstellung dieser Gerichtsverfassung und der damit in Anlehnung an die Gerichtsverfassung im Reichsgebiet gegebenen Kompetenzverteilung ist dem Konsularrecht (Bd. II §. 24) vorzubehalten.

Dem Kaiser ist ausdrücklich das Recht vorbehalten, auf dem Verordnungswege Änderungen dieser Gerichtsorganisation in einer Anzahl genau im Gesetz bestimmter Einzelpunkte vorzunehmen (SchutzgebG. §. 3).

II. Demgemäß wurden für die sämtlichen Schutzgebiete durch kaiserliche Verordnung Abänderungen der Gerichtsverfassung und des Verfahrens angeordnet: für Ostafrika durch V. v. 1. Januar 1891 (RGBl. 1); im wesentlichen übereinstimmend waren die Verhältnisse bereits durch K. V. v. 10. August 1890 (RGBl. 171) für Südwestafrika geregelt worden; ebenso für die Marschall-Inseln durch K. V. v. 13. Sept. 1886 (RGBl. 291) u. V. v. 7. Febr. 1890 (RGBl. 55),[73] für Kamerun und Togo durch K. V. v. 2. Juli 1888 (RGBl. 211), für Neu-Guinea durch K. V.

---

[71] Treffend präzisiert diesen Gesichtspunkt auch Laband I, 789.

[72] SchutzgebG. §. 2.

[73] Citiert Marschall-Inseln I u. II.

v. 5. Juni 1886 (RGBl. 187) und 13. Juli 1888 (RGBl. 221).[74] [75]

So wurde für Ostafrika durch die V. v. 1. Jan. 1891 (RGBl. 1) bestimmt: 1. Als Berufungs- und Beschwerdegericht tritt gemäß SchutzgebG. §. 3 Ziff. 9 an Stelle des Reichsgerichts ein am Sitze des Gouvernements zu errichtendes einheimisches Kolonialgericht, bestehend aus dem Richter zweiter Instanz und vier nach den Bestimmungen des Konsulargerichtsgesetzes zu bestellenden Beisitzern (§. 5);[76] 2. Schwurgerichtssachen gehören gemäß SchutzgebG. §. 3 Z. 7 vor die vom Reichskanzler zu bezeichnenden Gerichte erster Instanz (§. 13);[77] 3. im übrigen bestimmt der Reichskanzler die Gerichtssitze und Gerichtsbezirke (§. 4);[78] 4. in besonderer Weise sind gemäß SchutzgebG. §. 3 Ziff. 10 Zustellungen (§§. 6, 7)[79] und

[74] Citiert Neu-Guinea I u. II.

[75] Zu diesen Verordnungen ergingen weiterhin noch sehr detaillierte Dienstanweisungen durch den Reichskanzler: für Kamerun und Togo v. 7. Juli 1888 (CBl. 404) nebst Grundbuchordnung (ebd. 414); für Neu-Guinea v. 1. Nov. 1886 (CBl. 371), dazu für die Salomonsinseln v. 24. Jan. 1887 (CBl. 28); für die Marschall-, Brown- und Providence-Inseln v. 2. Dez. 1886 (CBl. 397), dazu ergänzend für die Marschallinseln v. 10. März 1890 (CBl. 55); für Ostafrika v. 12. Jan. 1891 (CBl. 14), 25. Okt. 1891 (ebd. 299); für das südwestafrikanische Schutzgebiet v. 27. Aug. 1890 (CBl. 304); ferner weitere Anordnungen über die Abgrenzung der Gerichtsbezirke (Neu-Guinea KolBl. 217, Südwestafrika KolBl. 1890, 209 u. a. m.).

[76] Südwestafrika (SWA.) V. v. 10. Aug. 1890, §. 4, Marsch.-Inf. II §. 6 (auch an Stelle des Konf.Ger. in Apia), Kam. §. 5, in Kamerun, Neu-Guinea II §. 6, am Sitze des Landeshauptmanns.

[77] SWA. §. 12; für die Marschallinseln Jaluit, Marschallinseln II §. 5; für Kamerun und Togo in Kamerun §. 13; Neu-Guinea II §. 5.

[78] SWA. §. 3; für Kamerun und Togo wurde an jedem Orte ein Gericht 1. Instanz eingesetzt durch §. 4 der K. V.

[79] SWA. §§. 5, 6; Marschall-

Zwangsvollstreckungen (§§. 9, 10)[80] geordnet; 5. die Beisitzer[81] nehmen in bürgerlichen Rechtsstreitigkeiten, Konkurssachen und Sachen der freiwilligen Gerichtsbarkeit in der zweiten Instanz nur an der Verhandlung, nicht an der Entscheidung teil, außer über das Rechtsmittel der Beschwerde dann, wenn in erster Instanz Beisitzer mitwirkten (§. 8 Abs. 1);[82] in Strafsachen wirken gemäß SchutzgebG. §. 3 Ziff. 6 Beisitzer nicht mit, wenn der Beschluß über Eröffnung des Hauptverfahrens auf eine schöffengerichtliche oder reichsgerichtliche Sache lautet (§. 11), sonst mit vollem Stimmrecht;[83] 6. Anwaltszwang findet in der zweiten Instanz nicht statt (§. 8 Abs. 2);[84] 7. in minder wichtigen Strafsachen kann der Angeklagte gemäß SchutzgebG. §. 3 Ziff. 5 vom persönlichen Erscheinen (vgl. StPO. §§. 229 u. 232) entbunden werden (§. 12);[85] 8. an Stelle der nicht anwendbaren Gesetze über die Gerichtskosten und Gebühren hat gemäß SchutzgebG. §. 3 Z. 10 der Reichskanzler die erforderlichen Vorschriften zu erlassen (§. 16);[86] 9. die Vollstreckung der Todesstrafe erfolgt ge-

---

inseln I §§. 5, 6 Abs. 2—7, II §. 1; Kam. §§. 6, 7; Neu-Guinea I §§. 5, 6 Abs. 2—7, II §. 1, dazu ausführliche Vorschriften in den Dienstanweisungen §. 6.

[80] SWA. §§. 8, 9; Marsch.-Inseln I § 7. Abs. 2—8, II §. 2; Kam. §§. 9, 10; Neu-Guinea I §. 7 Abs. 2—8, II §. 2, dazu ausführliche Vorschriften in den Dienstanweisungen §. 7.

[81] Dienstanweis. für Kamerun §. 3, ebenso für die übrigen Schutzgebiete.

[82] SWA. §. 7; Marschall.-I. II §. 7; Kamerun §. 8; Neu-Guinea II §. 7.

[83] SWA. §. 10; Marschall-I. II §§. 3, 8; Kamerun §. 11; Neu-Guinea II §§. 3, 8.

[84] SWA. §. 7 Abs. 2; Marschall-I. II §. 7 Abs. 2; Neu-Guinea II §. 7 Abs. 7.

[85] SWA. §. 11; Marschall-I. II §. 4; Kamerun §. 12; Neu-Guinea II §. 4.

[86] SWA. §. 15; Marschall-I. II §. 10; Kamerun §. 16; Neu-Guinea §. 10.

mäß SchutzgebG. §. 3 Z. 8 durch Erhängen oder Erschießen nach Anordnung des Gouverneurs im einzelnen Fall (§. 15);[87] 10. die Mitwirkung einer Staatsanwaltschaft findet ebenso wie in den Konsulargerichtsbezirken grundsätzlich nicht statt (§. 14 Abs. 2);[88] doch kann durch Kaiserliche Verordnung die Mitwirkung einer solchen vorgeschrieben werden (s. den Vorbehalt SchutzgebG. §. 3 Z. 4a); 11. eine Verteidigung ist nur in Schwurgerichtssachen, sowie in den Fällen von StPO. §. 140 Abs. 1 gesetzlich notwendig (§. 14 Abs. 4);[89] 12. die grundsätzlich zur Reichskasse fließenden Geldstrafen (KonsGerG. §. 46) können Kolonialgesellschaften durch kaiserliche Verordnung zugewiesen werden, falls diese die Kosten der Rechtspflege bestreiten (SchutzgebG. §. 3 Ziff. 11); 13. durch Kaiserliche Verordnung können ferner die gesetzlichen Fristen verlängert werden (SchutzgebG. §. 3 Ziff. 12), und es ist von dieser Ermächtigung des Gesetzes umfassender Gebrauch gemacht worden; 14. die Vornahme einzelner Handlungen der Rechtspflege, ausgenommen Urteilsfällung, Zulassung zur Rechtsanwaltschaft, Entscheidung über Durchsuchungen, Beschlagnahme, Verhaftung, Ernennung und Beeidigung von Beisitzern, kann von den Richtern auch anderen geeigneten Personen übertragen werden;[90] 15. die Rechtsanwälte sind

---

[87] SWA. §. 14; Marschall-J. II §. 9; Kamerun §. 15; Neu-Guinea II §. 9.

[88] SWA. §. 18 Abs. 2; Marschall-J. II §. 8 Abs. 3; Kamerun §. 14 Abs. 2; Neu-Guinea II §. 8 Abs. 3.

[89] SWA. §. 13 Abs. 4; Marschall-J. II §. 8 Abs. 5; Kamerun §. 14 Abs. 4; Neu-Guinea II §. 8 Abs. 5, dazu Dienstanweis. für Kamerun §. 8 Z. 3, ebenso für die anderen Schutzgebiete.

[90] Dienstanweis. f. Kamerun und Togo §. 2 Z. 7, ebenso für die übrigen Schutzgebiete.

durch die Richter zuzulassen, juristische Vorbildung und Reichsangehörigkeit sind nicht erforderlich; über die zugelassenen Rechtsanwälte ist ein amtliches Verzeichnis zu führen;[91] 16. den Dienstanweisungen sind besondere Tarife, die das Kostenwesen regeln, beigefügt;[92] 17. die Militärgerichtsbarkeit ist im Gesetz über die Konsulargerichtsbarkeit ausdrücklich vorbehalten (§. 49); dies gilt demnach auch für die Kolonieen und hat hier eine besondere praktische Bedeutung für die Mannschaften der Marine (s. oben S. 598 f.).

III. Die Gerichtsbarkeit der deutschen Konsulargerichte bezieht sich grundsätzlich nur auf Reichsangehörige und Schutzgenossen. An diesem Punkte mußte alsbald der Gegensatz des Prinzipes zwischen dem für Ausland bestimmten Konsularrecht und dem für deutsches Gebiet geltenden Kolonialrecht hervortreten; auf dem Wege der vom Gesetz (SchutzgebG. §. 3 Z. 1) nach dieser Richtung vorgesehenen kaiserlichen Verordnungsgewalt wurde die Lösung des Gegensatzes herbeigeführt. Demgemäß wurde durch K. V. v. 1. Januar 1891 (RGBl. 1) §. 2 für Ostafrika bestimmt, daß die deutsche Gerichtsbarkeit sich auf alle dort wohnenden oder sich aufhaltenden Personen, sowie auf die dort zur Aburteilung gelangenden Sachen beziehe,[93] einzig mit dem Vorbehalt, daß die Eingeborenen derselben nur insoweit unterliegen, als „sie

[91] Ebenda §. 5, ebenso für die übrigen Schutzgebiete.

[92] Ebenda §. 9, ebenso für die übrigen Schutzgebiete.

[93] Demnach haben auch die Kolonialbeamten ihren ordentlichen Gerichtsstand nur im Schutzgebiet, ohne Konkurrenz der heimatlichen Gerichte; s. dagegen G. Meyer, Schutzgeb. 92 f.

nach der bisherigen Übung der Gerichtsbarkeit des Reichskommissars unterstellt waren"; nach §. 3 kann jedoch durch den Gouverneur mit Genehmigung des Reichskanzlers eine weitere Ausdehnung der Gerichtsbarkeit auf Eingeborene verfügt werden.

Das Gleiche gilt für Südwestafrika (V. v. 10. Aug. 1890 §§. 1, 2), ebenso für die Marschall-, Brown- und Providence-Inseln (V. v. 13. Sept. 1886 §. 2), für Kamerun und Togo (V. v. 2. Juli 1888 §§. 2, 3), für Neu-Guinea (V. v. 5. Juni 1886 §§. 2, 3).[94]

Eine interessante Entwickelung der deutschen Gerichtsbarkeit über Eingeborene stellt die Verordnung des Gouverneurs von Ostafrika über den Abschluß von Rechtsgeschäften Farbiger v. 23. Sept. 1893 (KolBl. 486) dar, kraft deren die Gültigkeit solcher Rechtsgeschäfte durch den Abschluß vor dem deutschen Bezirksamtmann bezw. Stationschef bedingt ist. Auch die Regulierung der Nachlässe von Farbigen in Ostafrika wurde bereits durch das deutsche Recht geregelt (KolBl. 1894, 41 V. v. 4. Nov. 1893). Eine ähnliche Verordnung für Rechtsgeschäfte mit Eingeborenen war bereits unter dem 16. Oktbr. 1889 für das Schutzgebiet der Marschall-Inseln ergangen (KolBl. 1890, 49), eine andere erging neuerdings für Kamerun (KolBl. 367), für den Viktoriabezirk in Kamerun wurde ein Eingeborenen-Schiedsgericht mit Berufung an den Kaiserlichen Bezirksamtmann eingerichtet (V. v. 9. Dez. 1893, KolBl. 1894, 104).

[94] In den für sämtliche Schutzgebiete besonders erlassenen Dienstanweisungen ist die Frage, welche Personen der deutschen Gerichtsbarkeit unterworfen sind, noch speziell behandelt.

IV. Eine besondere Form und ein besonderes Verfahren ist dann weiterhin durch K. V. v. 17. Febr. 1893 (RGBl. 13) für Ostafrika eingerichtet worden, behufs Unterdrückung des Sklavenhandels.[95] Die Vorschriften sind erlassen in Ausführung der Generalakte der Brüsseler Antisklavereikonferenz v. 2. Juli 1890 (RGBl. 1892, 605) Art. XLIX—LIX. Schiffe unter deutscher Flagge, die auf Grund dieser Akte Art. XLIX von fremden Kreuzern angehalten und in den Hafen eines Schutzgebietes geführt sind, unterliegen einem durch den Kolonialrichter erster Instanz durchzuführenden Untersuchungsverfahren wegen mißbräuchlicher Flaggenführung oder Sklavenhandel (§§. 1—3). Gegen die Entscheidung des Einzelrichters wegen mißbräuchlicher Flaggenführung steht sofortige Beschwerde beim Kolonialgericht binnen drei Tagen nach erfolgter Zustellung frei (§. 4); erscheint Sklavenhandel als erwiesen, so wird die Sache formell dem Richter erster Instanz überwiesen, der in mündlicher Verhandlung unter Zuziehung von zwei Beisitzern den Spruch fällt, wenn möglich auf Grund der Vorträge des Offiziers des fremden Kreuzers und des Angeklagten selbst; das Urteil wird sofort mit der Verkündigung rechtskräftig (§§. 5, 7, 8). Ergeht auf Grund der Untersuchung die Entscheidung, daß das Schiff zu Unrecht angehalten sei, so erfolgt mit der

[95] S. hierüber ferner die V. d. Kommissars für Togo vom 15. Januar 1893 (KolBl. 105) über die Befreiung der in Sklaverei gehaltenen Personen, den Bericht KolBl. 1893, 565 ff., die V. des Gouverneurs für Ostafrika v. 1. Septbr. 1891 (KolBl. 502) über den Freikauf von Sklaven, sowie die vielfachen und interessanten Mitteilungen über die Frage im Kolonialblatt.

Freigabe zugleich die Festsetzung der Entschädigung; hiergegen kann der Offizier des fremden Kreuzers binnen drei Tagen Einspruch erheben, der die Rechtsfolge hat, daß die Sache formell durch das Gericht erster Instanz erledigt werden muß (§. 6). Im übrigen sind — mit einigen Sonderbestimmungen für die Untersuchung, speziell die Vereidigung von Zeugen, Sachverständigen und Beteiligten (§§. 10—12) — die Vorschriften der Generalakte und die in den deutschen Schutzgebieten allgemein für Strafsachen geltenden Vorschriften anzuwenden (§. 9). — In nahem Zusammenhang mit dieser Materie stehen die Verordnungen, durch welche die Anwerbung von farbigen Arbeitern und Verschiffung derselben in das Ausland in den deutschen Schutzgebieten von Staatswegen teils ganz verboten, teils unter strenge Staatskontrolle gestellt wurde,[96] ein Werk der Humanität gegenüber der eingeborenen Bevölkerung, das klar beweist, daß die deutsche Schutzgewalt auch die Staatspflicht der Wohlfahrtspflege gegenüber den Eingeborenen grundsätzlich anerkennt.

C. Das Bergwesen.

Von besonderer Wichtigkeit erschien für die Schutzgebiete von Südwestafrika und Kamerun die Frage der Gewinnung von Edelmetallen — Gold, Silber, Platin, andere Metalle, gediegen oder als Erze, Edelsteine, Graphit, Bitumen, schwefel-, alaun-, vitriol- und salpeterhaltige

[96] Marschall-Inseln V. vom 1. Septbr. 1893 (KolBl. 1894, 186); Kamerun V. v. 11. Dez. 1893 (KolBl. 1894, 105); Togo V. v. 24. Septbr. 1891 (KolBl. 1892, 79); Neu-Guinea V. v. 3. Novbr. 1887, 12. Juli 1892 (KolBl. 1892, 431).

Mineralien[97] — durch bergmännischen Betrieb. Demgemäß erging gemäß dem Vorbehalt in SchutzgebG. §. 8 Ziff. 2 bereits unter dem 25. März 1888 (RGBl. 115) eine Kaiserliche Verordnung zur Regelung dieser Materie für Südwestafrika, welche privat- und öffentlich-rechtliche Vorschriften enthielt; diese Verordnung wurde aufgehoben durch K. V. v. 15. Aug. 1889 (RGBl. 179),[98] welcher die V. v. 6. Septbr. 1892 (RGBl. 789) ergänzend zur Seite trat.

In analoger Weise wurde durch K. V. v. 28. Sept. 1892 (RGBl. 1045) das Bergwesen, unter Aufhebung der bis dahin in Kraft gewesenen Vorschriften, im Schutzgebiet von Kamerun geordnet.

Die Bergverwaltung in den beiden genannten Schutzgebieten wurde grundsätzlich derart organisiert, daß die oben bezeichneten Edelmetalle als Regal bezeichnet wurden (§. 1); die Gewinnung derselben kann demgemäß nur auf Grund einer von Staatswegen erfolgten Verleihung geschehen (§. 4); unbefugte Gewinnungsarbeiten sind mit

---

[97] Die V. v. 28. Sept. 1892 für Kamerun fügt in §. 1 dazu noch: Steinkohle und Braunkohle.

[98] Diese Verordnung ist erlassen „für das südwestafrikanische Schutzgebiet" und in demselben gemäß §. 57 Abs. 2 „mit dem Tage ihrer Veröffentlichung im Reichsgesetzblatt in Kraft" getreten. Demgegenüber ist §. 11 Abs. 2 der V. v. 6. Sept. 1892 ohne rechtlichen Sinn, der besagt: „in denjenigen Teilen des Schutzgebietes, in welchen die V. v. 15. Aug. 1889 noch keine Geltung hat, treten die Abschnitte VII u. IX derselben gleichzeitig mit der gegenwärtigen Verordnung in Kraft. Der Zeitpunkt des Inkrafttretens der Abschnitte I—VI u. VIII wird durch den Reichskanzler bestimmt." Die V. v. 15. Aug. 1889 steht rechtlich längst im ganzen südwestafrikanischen Schutzgebiete in Kraft; s. oben über die „Interessensphäre" S. 567 f.

Geldstrafe bis 4000 Mk. oder Gefängnis bis zu 4 Monaten bedroht;[99] die Verwaltung des Bergwesens ist einer besonderen, unter Oberaufsicht des kaiserlichen Kommissars stehenden Bergbehörde übertragen, welche insbesondere das Register über die erfolgten Verleihungen zu führen, die Bergpolizei auszuüben, Streitigkeiten der Interessenten zu entscheiden, die Gebühren zu erheben, sowie Anteile auszuzahlen und Entschädigungen festzusetzen hat; endgültig entscheidende Beschwerdeinstanz ist der kaiserliche Kommissar (§§. 49, 50).[100] Die öffentlichen Bekanntmachungen der Behörde erfolgen in ortsüblicher Weise, das Aufgebot überdies noch durch bestimmte Zeitungen (§. 51, dazu V. v. 6. Sept. 1892 §. 4).

Die Verleihung darf nur erfolgen an Personen, die im Schutzgebiet wohnen oder sich aufhalten oder der Bergbehörde einen im Schutzgebiete sich dauernd aufhaltenden Vertreter bezeichnet haben; letzteres ist auch Vorschrift für Gesellschaften, die ihren Sitz nicht innerhalb des Schutzgebietes haben (§. 2).[101] Die einzelnen Schurfgebiete werden von der Bergbehörde amtlich abgegrenzt (§. 3), die Schurferlaubnis wird von der gleichen Behörde auf die Zeitdauer von 6 Monaten gegen Zahlung einer Gebühr von 5 Mk. erteilt (§. 4);[102] über die erteilten Berechtigungen ist ein öffentliches Schurfregister zu führen und je ein Schurfschein auszustellen (§. 5);[103] der Schurfschein

[99] Ebenso Kam. §. 13.

[100] Nach Kam. §. 12 ist der Gouverneur Bergbehörde und der Reichskanzler zweite Instanz.

[101] Ebenso Kam. §. 2.

[102] Ebenso Kam. §. 3.

[103] Ebenso Kam. §. 4.

ist übertragbar, die Übertragung erfolgt rechtlich durch Eintrag in das Schurfregister;[104] für den Eintrag ist eine Gebühr von 10 Mk. zu entrichten (§. 6). Daraufhin kann das Schurfrecht ausgeübt werden auf einer frei zu wählenden kreisförmigen Fläche von 2 km Durchmesser und wird durch Aufrichtung eines Schurfmerkmales ausschließlich (§. 7); auf öffentlichen Plätzen, Wegen, Straßen, Friedhöfen, sowie auf den von der Bergbehörde im öffentlichen Interesse ausgeschlossenen Grundstücken darf die Befugnis garnicht, unter Gebäuden und 50 Meter im Umkreis von solchen, sowie in eingefriedigten Bodenflächen nur mit Genehmigung des Eigentümers ausgeübt werden (§§. 9, 10).[105]

Der Fund von Gold, Silber, Platin, Edelsteinen[106] muß der Bergbehörde angezeigt werden[107] bei Geldstrafe bis 4000 Mk. oder bis 4 Monate Gefängnis (§§. 12, 13, 52); daraufhin oder auch von Amtswegen kann die Bergbehörde nach erfolgter Untersuchung das Gebiet zum öffentlichen Grubengebiet erklären (§. 14); innerhalb dieses Gebietes kann die Bergbehörde auf Antrag, gemäß den §§. 15—25 der V., Grubenfelder von bestimmter Ausdehnung erteilen; „die Ausdehnung eines alluvischen Feldes beträgt 50 mal 50 Meter, diejenige eines Riff-Feldes 50 Meter in der Richtung des Riffes und 150 Meter

---

[104] Ebenso Kam. §. 5.

[105] Ebenso Kam. §§. 6—9.

[106] Über das Rechtsverhältnis bei Verbindung dieser Edelmetalle mit anderen Mineralien s. die besonderen Vorschriften §§. 44, 45.

[107] Die Anzeigepflicht auch Kam. §. 11 mit der gleichen Strafvorschrift in §. 13; der Erlaß weiterer civil-, straf- und verwaltungsrechtlicher Vorschriften ist vorbehalten.

in der Breite (§. 119). Die Felder sollen, soweit nicht örtliche Verhältnisse eine andere Gestaltung bedingen, die Form eines Rechteckes haben. Innerhalb der festgesetzten Grenzen geht das Abbaurecht senkrecht in die ewige Teufe" (§. 20). Dabei haben Finder und Eigentümer bestimmte Vorrechte; die Verleihung erfolgt urkundlich und giebt ein ausschließliches Recht auf Gewinnung der oben bezeichneten Edelmineralien; die Gebühr für Verleihung beträgt monatlich 20 Mk.; die Verleihung umfaßt auch das Recht zur Herstellung der erforderlichen Ein- und Vorrichtungen.[108] Wissentlich unwahre Anzeigen werden mit Geld bis 2000 Mk. oder Gefängnis bis zu 3 Monaten bestraft (§. 53).[109] Weitere Vorschriften enthält die Verordnung über den Betrieb (§§. 25—29). Als Sachverständigenkollegien fungieren für jedes öffentliche Grubengebiet Grubenausschüsse, die aus den Interessenten (Beliehenen und Grundeigentümern) gebildet werden und den Behörden Aufschlüsse jeder Art zu erteilen verpflichtet sind (§§. 30, 31). — Neben der Schurfberechtigung in öffentlichen Grubenfeldern können noch besondere Berechtigungen außerhalb des öffentlichen Grubengebietes an Finder, sowie bestimmt begrenzte Abbauberechtigungen auf mindestens 5 und höchstens 20 Jahre an Grundeigentümer gegen eine bestimmte Gebühr (§. 34 Abs. 3) für ihre Grundstücke erteilt werden; auch in diesem Falle steht die Gewinnung unter festgeordneter Staatsaufsicht und kann bei Verstoß gegen dieselbe das Recht entzogen werden (§§. 31—35). — Auch die

---

[108] Das Nähere in §. 11 für das Schurfrecht überhaupt, §. 22 für Grubenfelder.

[109] Ebenso Kam. §. 14.

Gewinnung von anderen Mineralien ist unter den Gesichtspunkt des Regales gestellt und durch besondere Rechtsvorvorschriften geordnet, deren Mittelpunkt gleichfalls eine durch die Behörde zu erteilende Verleihung bildet (§§. 36 bis 43).

Werden Grubenfelder für Grundflächen, die im Privateigentum stehen, verliehen, so erhält der Eigentümer die Hälfte der Gebühren; ebenso eingeborene Häuptlinge für ihre Gebiete, nach näherer Bestimmung durch den kaiserlichen Kommissar (§§. 46, 47).

Eine besondere Ausnahmestellung wurde der Kolonialgesellschaft für Südwestafrika eingeräumt (§§. 48, 54—56).

Zur Ergänzung der obigen Vorschriften bestimmte die K. V. v. 6. Sept. 1892, daß die älteren[110] Gerechtsame im südwestafrikanischen Schutzgebiete im Wege des öffentlichen Aufgebotes festgestellt werden sollten; das Aufgebot ist durch den kaiserlichen Kommissar öffentlich anzuordnen (§§. 2—4). Daraufhin hat die Anmeldung der Gerechtsame unter Vorlegung der Beweismittel bei der Bergbehörde zu erfolgen (§. 5); die Behörde hat eine genaue Prüfung zu veranstalten und daraufhin nach gepflogener mündlicher Verhandlung Entscheidung zu treffen (§§. 7—9), gegen welche binnen sechs Monaten Beschwerde an den kaiserlichen Kommissar, als die letzte Instanz, offensteht (§. 10). Die Unterlassung der fristzeitigen Anmeldung hat den Verlust

---

[110] §. 1: „vor dem Erlaß der Verfügung des stellvertretenden kaiserl. Kommissars v. 19. April 1888 oder in den erst später zum Schutzgebiet hinzugekommenen Gebietsteilen der Interessensphäre vor dem Erlaß der Verfügung des kaiserl. Kommissars v. 1. April 1890"; s. dazu die V. v. 15. August 1889 §. 54.

des Anspruches zur Rechtsfolge (§§. 3 Z. 3, 6). Personen oder Gesellschaften, welche nicht im Schutzgebiete wohnen oder sich aufhalten bezw. ihren Sitz haben, haben der Bergbehörde auch für dieses Aufgebotverfahren einen im Schutzgebiete wohnhaften dauernden Vertreter zu bestellen (§§. 3 Z. 4, 5).

D. Die Seeschiffahrt.

Durch Spezialvorschriften auf Grund von SchutzgebG. §. 5[111] wurden den Kolonialrichtern erster Instanz für Ostafrika noch folgende Funktionen übertragen: a) die Ausstellung von Flaggenattesten gemäß G. v. 25. Oktbr. 1867 (BGBl. 35) §. 16; b) die Einsetzung neuer Schiffsführer an Stelle verstorbener, erkrankter oder untauglich gewordener gemäß G. v. 8. Nov. 1867 (BGBl. 137) §. 35; c) als Seemannsämter gemäß der Seemannsordnung v. 27. Dezbr. 1872 (RGBl. 432) und sonstigen Reichsgesetzen;[112] die für die Konsuln in den genannten Beziehungen erlassenen Ausführungsbestimmungen gelten auch für die Kolonialrichter, ebenso die Tarifvorschriften des G. v. 1. Juli 1872 (RGBl. 245).

Das Gleiche gilt für Kamerun und Togo gemäß V. des Reichskommissars v. 29. März 1889 (CBl. 251), für die Marschall-, Brown- und Providence-Inseln gemäß V. des RK. vom gleichen Datum (CBl. 252); für das Schutzgebiet der Neu-Guinea-Compagnie sind durch V. des RK.

[111] V. d. RK. v. 1. Januar 1891 (CBl. 7) §. 1. — G. Meyer, Schutzgeb. 218 ff. zutreffend über die rechtliche Bedeutung der im Text genannten Gesetze für die Kolonieen.

[112] Über die umfassenden und wichtigen Funktionen der Seemannsämter s. unten Bd. II im Seerecht, vgl. auch die Skizze bei G. Meyer, Schutzgeb. 220 f.

v. 23. Mai 1890 (CBl. 144) die nämlichen Funktionen dem kaiserlichen Kommissar mit dem Rechte der Delegation an andere Beamte des Schutzgebietes, die jedoch der Genehmigung des Reichskanzlers bedarf, übertragen.[118] Für Südwestafrika ist diese Materie noch nicht geregelt.

E. Eine besondere Zollverwaltung durch deutsche Zollämter ist für die sämtlichen deutschen Schutzgebiete eingerichtet worden; jedes der Schutzgebiete bildet ein abgeschlossenes Zollgebiet, demgegenüber alles übrige Gebiet als „Zollausland" gilt; s. die Zollordnung für Ostafrika v. 1. April 1893 (KolBl. 164, dazu 1894, 270), den Zolltarif für Kamerun und Togo (KolBl. 1892, 40), die Anordnungen über zollfreie Waren-Niederlagen in Ostafrika (KolBl. 1892, 345), über erhöhten Zoll auf Spirituosen in Togo (ebd. 367), über Privatläger unter Zollmitverschluß in Togo (ebd. 1894, 473, vgl. auch 369). Von den Erzeugnissen der Schutzgebiete werden im Reich die vertragsmäßigen Zollsätze erhoben (Beschluß des BR. v. 2. Juni 1893, KolBl. 283). Die christlichen Missionsgesellschaften haben in Ostafrika das Privileg der Zollfreiheit (KolBl. 1892, 126). Über die Organisation der Zollverwaltung in Ostafrika s. KolBl. 1891, 335, die zollamtliche Behandlung der Kriegsschiffe in Ostafrika ebenda 364. Im Kolonialblatt werden jeweils die Nachweisungen der Zolleinnahmen publiziert, welche für einzelne Schutzgebiete schon jetzt Zeugnis

[118] S. über den materiellen Inhalt der oben bezeichneten Gesetze das Konsulat- u. Seerecht im II. Band. Ferner V. d. R. K. v. 1. März 1893 für Ostafrika (KolBl. 215), v. 20. Juni (ebd. 395).

von einem verhältnismäßig hoch entwickelten Handel geben. Für Togo wurde ein einheitliches Zollsystem mit der englischen Goldküste östlich vom Volta vereinbart (Staatsvertr. v. 24. Febr. 1894, KolBl. 267).

F. In gleicher Weise ist durch Spezialverordnungen die Besteuerung[114] geordnet worden; s. die V. des Gouverneurs von Ostafrika v. 17. Febr. 1894 (KolBl. 203) über die Erhebung einer Steuer von den dort hergestellten Spirituosen, deren Herstellung zugleich von einer Staatskonzession abhängig gemacht wird; V. v. 27. Okt. 1890 über Erhebung einer Firmenabgabe in Togo (KolBl. 1891, 178); über verschiedene Gebühren in Ostafrika (ebd. 1891, 338 ff.), über Einführung einer Verbrauchssteuer in Ostafrika (ebd. 428), über die Einführung einer Erbschaftssteuer in Ostafrika V. v. 4. Nov. 1893 (ebd. 1894, 41), einer persönlichen Steuer für das Schutzgebiet der Marschall-Inseln (ebd. 1890, 148); auch andere Verordnungen, so die Hafenordnungen, die Verordnungen über Ausübung der Jagd u. a. m. enthalten finanzrechtliche Vorschriften, ebenso wie fast sämtliche Verordnungen über die Einrichtung der Verwaltung bestimmte Gebührensätze aufstellen.

G. Durch besondere Vorschriften sind ferner in einzelnen Kolonieen die Anfänge eines geordneten Schulwesens hergestellt worden.[115]

H. In gleicher Weise wurde der Anfang einer geordneten Post- und Telegraphenverwaltung gemacht

[114] Vgl. G. Meyer, Schutzgeb. 228.

[115] S. KolBl. 1893, 83 den Bericht über die Schule in Tanga, sowie die Berichte über das Schulwesen in Kamerun und Togo.

(s. die Berichte im KolBl. 1892, 21, 637, ferner V. v. 5. Mai 1892, KolBl. 300 u. a. m.), über den Postverkehr nach den Innenstationen von Deutsch-Ostafrika s. KolBl. 1894, 181.

I. Die sowohl von der evangelischen wie von der katholischen Konfession in den Kolonieen errichteten zahlreichen Missionsstationen bilden zwar keinen Zweig der Staatsverwaltung, stehen aber grundsätzlich unter Staatsaufsicht und haben sich in jeder Hinsicht der weitgehendsten Förderung seitens der staatlichen Verwaltungsorgane zu erfreuen. Dieselben bilden einen besonders bedeutsamen Bestandteil der civilisatorischen Thätigkeit der Deutschen in den Kolonieen.[116]

K. Eine besondere Regelung erfuhr ferner das Münzwesen, s. z. B. für Ostafrika die K. V. v. 14. April 1890 (KolBl. 31), V. des Gouverneurs v. 17. Januar 1893 (ebd. 1893, 144), v. 20. Sept. 1893 (ebd. 486), für Südwestafrika V. des Gouverneurs v. 1. Aug. 1893 (ebd. 444), für Togo (ebd. 515), für Neu-Guinea V. der Neu-Guinea-Compagnie v. 1. Aug. 1894 (ebd. 420); in Kamerun wurde durch V. v. 6. April 1894 (ebd. 301) neben dem deutschen Maß- und Gewichts- auch das deutsche Münzsystem grundsätzlich eingeführt.

L. Ferner wurden in Ostafrika Einrichtungen für das

---

[116] S. den Bericht über den Stand der Missionen KolBl. 1893, 271 und andere Mitteilungen im KolBl., bes. auch 1892, 30 auf Grund des in der preuß. Generalsynode 1891 erstatteten Berichtes des D. Warneck. Das KolBl. giebt sowohl über die evangelische wie über die katholische Missionsthätigkeit zahlreiche und wertvolle Nachrichten.

Vermessungswesen behufs Einrichtung der Grundbücher getroffen (KolBl. 1893, 429).

## III. Das materielle Recht.

Die Grundlage für die materielle Rechtsordnung in den Kolonieen bildet §. 2 des Schutzgebietsgesetzes. Danach ist grundsätzlich das Kolonialgebiet unter die gleichen Vorschriften gestellt, welche gemäß Ges. v. 20. Juli 1879 (RGBl. 197) für die Konsulargerichtsbezirke gelten: 1. für das bürgerliche Recht, 2. für das Strafrecht, 3. für das gerichtliche Verfahren einschließlich der Gerichtsverfassung, jedoch mit dem Vorbehalt, daß der Zeitpunkt der Inkraftsetzung zu bestimmen sei (SchutzgebG. §. 2 Abs. 2); zugleich wurde dem Kaiser das Recht vorbehalten, in einer Reihe einzeln aufgezählter Punkte Änderungen an dem in den Konsulargerichtsbezirken geltenden Recht für die Kolonieen vorzunehmen (§. 4 Ziff. 1—12). Das Konsulargerichtsgesetz wurde in Kraft gesetzt für die Salomons-Inseln durch K. V. v. 11. Januar 1887 (RGBl. 4), für das ostafrikanische Schutzgebiet durch K. V. v. 18. Nov. 1887 (ebd. 527), für Südwestafrika durch K. V. v. 21. Dez. 1887 (ebd. 535), für die Marschall-Inseln durch K. V. v. 13. Septbr. 1886 (ebd. 291) §. 1, für Kamerun und Togo durch K. V. v. 2. Juli 1888 (ebd. 211) §. 1, für Neu-Guinea durch K. V. v. 5. Juni 1886 (ebd. 187) §. 1. 4. Weiter wurde für die Eheschließung und die Beurkundung des Personenstandes das Ges. v. 4. Mai 1870 (RGBl. 599) als auf die Kolonieen anwendbar erklärt, jedoch auch dieses Gesetz mit der Maßgabe, daß die Inkraftsetzung erst durch besondere kaiserliche Verordnung zu geschehen hat; an Stelle der Konsuln treten für die Kolonieen die durch den Reichskanzler besonders zu ermächtigenden Beamten;[117] das Gesetz kann auch auf andere Personen als Reichsangehörige ausgedehnt werden, doch bedarf es hierfür besonderer kaiserlicher Verordnung (§. 4). Das Gesetz wurde in Kraft gesetzt durch G. v. 1. März 1888 (RGBl. 63) für die Salomons-Inseln bezüglich aller Nichteingeborenen, durch K. V. v. 8. Novbr. 1892 (ebd. 1037) in gleicher Weise für das südwestafrikanische Schutzgebiet, durch K. V. v. 21. April 1886 (ebd. 128) in gleicher Weise für Kamerun und Togo, durch K. V. v. 1. Januar 1891 (ebd. 1) §. 18 ebenso für Ostafrika, durch K. V. v. 13. Sept. 1886 (ebd. 291) §. 10 für die Marschall-, Brown- und Providence-Inseln, durch K. V. v. 5. Juni 1886 (ebd. 187) §. 10 ebenso für Neu-Guinea. 5. Konsularische Befugnisse außerhalb der Gesetze v. 10. Juli 1879 u. 4. Mai 1870 können den Kolonialbeamten durch den Reichskanzler besonders übertragen werden (§. 5).[118] 6. Besondere Vorschriften ergingen sodann weiter für Südwestafrika und Kamerun bezüglich des Bergwerkseigentums durch die K. V. v. 15. Aug. 1889 (RGBl. 179) nebst V. v. 6. Septbr. 1892 (ebd. 789) — Südwestafrika — und K. V. v. 28. Nov. 1892 (ebd. 1045) — Kamerun.[119] 7. Der Erwerb von Grundeigentum und die dingliche Belastung

[117] Diese Ermächtigungen werden im Centralblatt publiziert und lauten auf Namen.

[118] S. hierher oben S. 616 „Seeschiffahrt“.

[119] S. über diese Verordnungen, welche privat- und verwaltungsrechtliche Normen zusammenfassen, oben S. 610 ff.

von Grundstücken[120] wurden, gemäß SchutzgebG. §. 3 Ziff. 2, besonders geordnet für das Schutzgebiet der Neu-Guinea-Compagnie durch K. V. v. 21. Juli 1887 (RGBl. 379). Demnach wurde als für diese Rechtsverhältnisse maßgebend erklärt das preußische Recht,[121] insbesondere das preußische Spezialgesetz v. 5. Mai 1872 (GesS. 433), jedoch mit einer Reihe den besonderen Verhältnissen im Schutzgebiete Rechnung tragenden Sondervorschriften, kraft deren speziell die preußische Grundbuchordnung, sowie die Vorschriften des preußischen Rechtes über Grundschuld und Bergwerkseigentum außer Anwendung bleiben und durch besondere Anordnungen des Reichskanzlers zu ersetzen sind; ferner ist der Grunderwerb von herrenlosen Gütern sowie von Grundstücken der Eingeborenen besonders zu regeln. Der Neu-Guinea-Compagnie werden für den Grunderwerb besondere Privilegien erteilt. Alles Grundeigentum ist in ein Grundbuch einzutragen, dessen Einrichtung vom Reichskanzler zu bestimmen ist; für die Grunderwerbungen britischer Staatsangehöriger ist ein besonderer Vorbehalt auf Grund einer deutsch-englischen Vereinbarung v. 10. April 1886 gemacht. Eine im wesentlichen hiermit übereinstimmende K. V. erging unter dem 22. Juni 1889 (RGBl. 145) für den Grunderwerb im Schutzgebiet der Marschall-Inseln. — Für Ostafrika wurde unter ausdrücklicher Aufhebung des in §. 2 des SchutzgebG. aufgestellten Prinzipes dem Reichskanzler und mit dessen Genehmigung dem Gouverneur das Recht übertragen, die

[120] S. G. Meyer, Schutzgeb. 181 f.

[121] Zum Gebührentarif siehe auch KolBl. 1893, 369.

Rechtsverhältnisse an unbeweglichen Sachen ausschließlich des Bergwerkseigentums, insbesondere auch die Voraussetzungen für den Erwerb und die dingliche Belastung von Grundstücken durch Rechtsgeschäfte mit den Eingeborenen, zu ordnen durch besondere Vorschriften (V. v. 1. Januar 1891, RGBl. 1, §. 17, s. ferner die V. v. 1. Sept. 1891 und 27. Febr. 1894, KolBl. 250).[122] — Eine weitere kaiserliche V. zur Regelung des Grunderwerbes erging für Südwestafrika unter dem 2. April 1893 (RGBl. 143).[123] Durch öffentliches Aufgebot des kaiserlichen Kommissars für die ganze Kolonie oder einzelne Teile derselben sollten die Rechtsverhältnisse des Grundeigentums im dortigen Schutzgebiet in Ordnung gebracht werden (§§. 1, 2); die Unterlassung der Anmeldung auf Grund des Aufgebots hat den Verlust des Rechtsanspruchs zur Folge (§. 6); fremde, nicht im Schutzgebiet domizilierte oder sich aufhaltende Personen und Gesellschaften haben für das Verfahren einen im Schutzgebiet sich dauernd aufhaltenden Vertreter zu bestellen (§§. 3 Ziff. 4, 5 Abs. 2); die Entscheidung über den Rechtstitel erfolgt nach durchgeführter Beweiserhebung und gepflogener Verhandlung durch das deutsche Gericht (§§. 7—9); gegen die Entscheidung kann Beschwerde beim Gericht zweiter Instanz eingelegt werden (§. 10); die Verhandlungen und Entscheidungen erfolgen ohne Zuziehung von Beisitzern (§. 11). — Der Grunderwerb und die ding-

[122] Daraufhin erging nunmehr vor kurzem die umfassende K. V. v. 24. Juli 1894 (KolBl. 389) mit Grundbuchformular und Tarif; ferner ein Enteignungsgesetz (V. v. 15. Januar 1894, KolBl. 270).

[123] Die V. v. 21. Dez. 1887 über diese Materie war bereits durch §. 16 der V. v. 10. Aug. 1890 aufgehoben.

liche Belastung von Grundstücken in Kamerun und Togo wurden geordnet durch die §§. 17—21 der K. V. vom 2. Juli 1888 (RGBl. 211). Auch hier wurde das pr. G. v. 5. Mai 1872 zu Grunde gelegt (§. 17), jedoch auch hier mit Ausnahme der Vorschriften über Grundschuld, Bergwerkseigentum und der Grundbuchordnung, an deren Stelle die erforderlichen Bestimmungen durch den Reichskanzler zu erlassen sind (§. 19). Die Regelung des Grunderwerbes durch Verträge mit den Eingeborenen oder durch Besitzergreifung von herrenlosem Land erfolgt durch den Gouverneur von Kamerun mit Genehmigung des Reichskanzlers (§. 21 Abs. 1); auf den Grundbesitz der Eingeborenen finden die Vorschriften des deutschen Rechtes Anwendung, falls er im Grundbuch eingetragen ist (§. 20); die von Eingeborenen oder durch Besitzergreifung von herrenlosem Land erworbenen Grundstücke werden in das Grundbuch eingetragen auf Grund einer vom obersten Beamten des Schutzgebietes oder in dessen Ermächtigung erteilten Bescheinigung über den Erwerb (§. 21 Abs. 2). —

Auf Grund dieser Verordnungen wurden dann besondere Grundbuchordnungen erlassen, s. die V. des RK. v. 7. Juli 1888 (CBl. 414) für Kamerun und Togo nebst dem Formular des Grundbuches (ebd. 419), für Hypothekenbriefe (ebd. 424) und Spezialtarif (ebd. 425).

# Sachregister.

Pierer'sche Hofbuchdruckerei. Stephan Geibel & Co. in Altenburg.

FSC
www.fsc.org
MIX
Papier | Fördert
gute Waldnutzung
FSC® C083411

Kolibri 360 GmbH
Ferdinand-Jühlke-Straße 7
99095 Erfurt, Deutschland
produktsicherheit@kolibri360.de